세상을 움직이려면
먼저 나 자신을 움직여야 한다.

– 소크라테스(Socrates)

KB199628

2025 최신판

에듀윌 TESAT
영역별 600제
기출 208제 포함
+무료특강

언제 어디서나 활용하는

빈출핵심
이론노트

시험 직전까지 무한반복하라!

1 희소성(Scarcity)

(1) 개념

자원의 양이 절대적으로 적은 상태를 의미하는 것이 아니라, 인간의 욕구를 충족시키기 위해 필요한 양보다 부족한 상태

(2) 희소성 여부에 따른 재화의 구분

자유재 (Free Goods)	사람들의 욕구를 충족시켜 줄 만큼 자원이 충분하기 때문에, 즉 희소하지 않기 때문에 비용을 지불하지 않고 누구나 얻을 수 있는 재화 예 공기, 햇빛
경제재 (Economic Goods)	사람들의 욕구에 비해 그 양이 부족하기 때문에, 즉 희소하기 때문에 대가를 지불해야 얻을 수 있는 재화 예 대가를 치르고 구입하는 재화와 서비스

(3) 희소성으로 인해 발생하는 비용

구분	기회비용(Oppotunity Cost)	매몰비용(Sunk Cost)
정의	포기한 것의 가치로 표현되는 선택한 것의 가치	한번 지출되면 되돌려 받는 것이 불가능한 비용
특징	합리적 의사결정 시 반드시 고려해야 하는 비용	합리적 의사결정 시 고려해서는 안 되는 비용
비고	모든 경제적 비용은 기회비용	기회비용과의 구별이 중요함

2 생산가능곡선(PPC: Production Possibility Curve)

(1) 개념

경제 내에 존재하는 자원과 기술 등 생산에 필요한 자원들이 모두 주어진 상황에서 생산할 수 있는 생산물의 조합을 그래프로 나타낸 것

곡선 위 (C, D점)	주어진 자원을 최대한 사용해 효율적인 생산이 이루어지는 지점
곡선 안 (F점)	주어진 자원을 일부만 사용해도 도달할 수 있는 수준이므로 비효율적인 생산이 이루어지는 지점
곡선 밖 (E점)	주어진 자원을 통해서는 도달할 수 없는 수준이므로 한 경제에서 선택할 수 없는 점

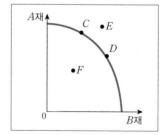

(2) **생산가능곡선과 경제성장**

① 경제성장의 의미

한 국가의 생산능력이 향상되는 것. 즉, 이전보다 더 많은 재화와 서비스를 생산할 수 있게 된 상태

② 경제성장의 원인

경제 내의 생산요소가 많아지거나 기술이 발전하는 경우

3 경제 순환도

경제 순환도는 경제 전체의 움직임을 한눈에 알아보기 쉽게 만든 것으로, 경제 순환 과정을 일목요연하게 모형으로 나타낸 것

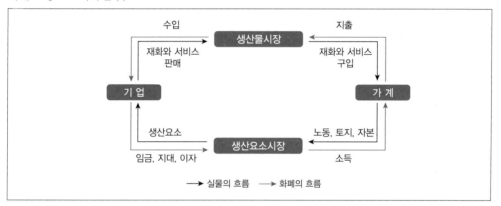

4 경제체제

(1) **시장경제체제**

사유재산제도를 바탕으로 경제문제의 해결에 시장과 가격을 활용하며, 경제활동의 주체들은 모두가 사익을 추구함

장점	• 사유재산권을 바탕으로 한 시장과 가격메커니즘에 의해 경제활동 참여자들의 다양한 욕구가 충족됨 • 자원배분의 효율성 달성이 가능함
단점	• 효율성에 비해 형평성 달성이 어려워 빈부격차가 발생할 수 있음 • 경제 확장과 침체가 반복되는 불안정함이 발생할 수 있음

(2) 계획경제체제

사유재산권이 인정되지 않고 정부가 거의 모든 물적 생산요소를 소유함. 즉, 무엇을 얼마나 어떻게 생산하여 누구에게 분배할 것인가의 경제문제를 중앙 정부가 모두 결정

장점	• 정부 주도의 경제로 소득분배의 형평성 달성이 용이함 • 시장 실패 문제 해결이 용이함
단점	• 중앙 당국의 계획이 치밀하지 않을 경우 자원배분의 비효율성이 발생함 • 경제적 유인이 존재하지 않아 생산성이 낮음

(3) 혼합경제체제

시장경제체제를 토대로 하되 경기변동, 소득분배, 시장 실패 등의 문제를 해결하려고 정부가 시장에 개입하는 경제체제

5 사전 준비 개념

(1) 변수

수식을 통해 경제이론을 단순명료하게 보여줄 수 있는데, 수식을 이해하기 위해서는 변수의 성격을 이해하는 것이 중요함

① 유량변수 vs. 저량변수

유량변수	일정 기간을 명시해야 하는 변수 예 GDP, 소비, 국제수지 등
저량변수	특정 시점을 명시해야 하는 변수 예 통화량, 환율 등

② 외생변수 vs. 내생변수

외생변수	• 분석 대상에 직접적인 영향을 미치지 않는 변수 • 특정 값이 주어진 것 혹은 사전적으로 결정되어 있는 것으로 간주함 　예 가격이 변했을 때 소비량이 어떻게 변하는지 살펴보고자 할 때 가격 이외에 소비량에 　　영향을 미칠 수 있는 요인들은 모두 고정되어 있는 것으로 간주함
내생변수	• 분석 대상에 직접적인 영향을 주는 변수 • 가격이 변했을 때 소비량의 변화를 분석하고자 할 경우, 가격이 내생변수임

(2) 경제학의 방법론

① 귀납법 vs. 연역법

귀납법	개별 사례로부터 일반적인 원리나 법칙을 도출해 내는 방법 예 소크라테스도 죽었다. 공자도 죽었다. 석가도 죽었다. 　소크라테스, 공자, 석가는 사람이다. 　그러므로 모든 사람은 죽는다.
연역법	일반적으로 알려진 사실이나 법칙으로부터 다른 구체적인 법칙을 이끌어내는 방법 예 모든 사람은 죽는다(대전제). 　소크라테스는 사람이다(소전제). 　그러므로 소크라테스는 죽는다(결론).

② 인과의 오류 vs. 구성의 오류

인과의 오류	선후관계를 인과관계로 착각하는 오류 예 에어컨 판매량이 증가하면 여름이 온다는 식의 판단
구성의 오류	부분에서는 성립하던 것이 전체로 확장하면 성립하지 않는 오류 예 영화관에서 영화를 관람할 때 서서 보면 영화를 더 잘 볼 수 있다.(○) 　　모든 사람들이 서서 보면 더 잘 보인다.(×)

③ 상관관계 vs. 인과관계

상관관계	• 두 변수 사이에 어떤 관계가 있는 경우를 의미함 • 양(+)의 상관관계: x와 y 사이에 x의 값이 커짐에 따라 y의 값이 대체로 커지는 관계 • 음(−)의 상관관계: x의 값이 커짐에 따라 y의 값이 대체로 작아지는 관계 • 두 변수의 관계가 불분명한 경우는 '상관관계가 없다.'고 말함
인과관계	두 변수 사이에 원인과 결과의 관계가 성립하는 경우를 의미함 예 열을 가했더니 물이 끓었다면 열을 가한 것이 원인, 물이 끓은 것이 결과임

수요 및 공급이론

1 가격에 대한 이해

(1) 가격결정 메커니즘

수요	재화나 서비스를 구입하고자 하는 의사
공급	재화나 서비스를 생산하여 판매하고자 하는 의사
가격	• 수요와 공급이 만나는 점에서 결정 • 사려는 힘 > 팔려는 힘: 가격이 상승 • 사려는 힘 < 팔려는 힘: 가격이 하락

(2) 수요곡선의 도출

① 수요의 개념

일정 기간 동안 재화와 서비스를 구매하고자 하는 욕구(수요를 실현시킬 수 있는 능력도 함께 수반되어야 함)

② 수요곡선

가격 이외에 수요량에 영향을 미칠 수 있는 모든 요인은 고정되어 있다는 가정하에, 각각의 가격 수준과 수요량의 관계를 그래프로 나타낸 곡선(일반적으로 가격이 하락하면 수요량이 증가하여 수요곡선은 우하향함)

③ 수요량과 수요의 변화

㉠ 수요량의 변화: 가격의 변화로 인한 변동으로, 수요곡선상의 이동으로 나타남

㉡ 수요의 변화: 가격 이외의 변화로 인한 변동으로, 수요곡선 자체의 이동으로 나타남

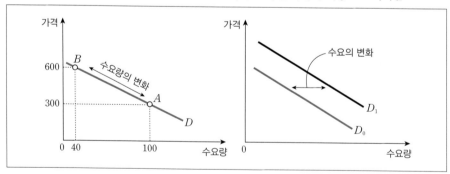

(3) 공급곡선의 도출

① 공급의 개념

특정 가격 수준에 해당 재화와 서비스를 제공할 의사를 나타내는 것(공급은 실제 공급한 정도를 의미하는 것이 아니라 공급 능력이 있는 것을 말함)

② 공급곡선

가격 이외에 공급의사에 영향을 미칠 수 있는 요인들은 모두 일정하다는 가정 아래, 가격에 따라 공급자가 공급하고자 하는 의사가 어떻게 달라지는지를 설명하는 곡선

③ 공급량과 공급의 변화

㉠ 공급량의 변화: 가격의 변화로 인한 변동으로, 공급곡선상의 이동으로 나타남

㉡ 공급의 변화: 가격 이외의 변화로 인한 변동으로, 공급곡선 자체의 이동으로 나타남

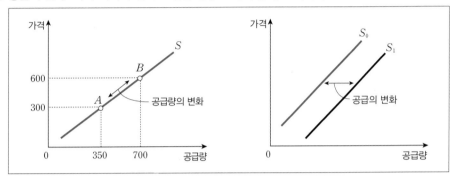

④ 시장균형

수요곡선과 공급곡선이 일치하여 형성된 가격과 거래량으로, 이렇게 형성된 가격과 거래량은 시장에 충격이 발생하지 않는 한 변하지 않으므로 균형이라고 함

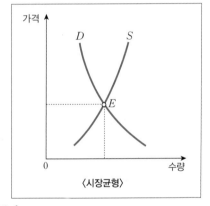

〈시장균형〉

㉠ 수요의 변동

• 수요곡선 우측이동: 균형가격 상승, 균형거래량 증가

• 수요곡선 좌측이동: 균형가격 하락, 균형거래량 감소

㉡ 공급의 변동

• 공급곡선 우측이동: 균형가격 하락, 균형거래량 증가

• 공급곡선 좌측이동: 균형가격 상승, 균형거래량 감소

㉢ 수요와 공급의 동시변동

수요와 공급이 모두 변동할 경우 수요 및 공급곡선의 이동폭에 따라 균형거래량과 균형가격이 달라짐

(4) 소비자 상호 간에 영향을 주는 효과

밴드왜건효과	다른 사람들의 소비가 증가하면 여기에 편승하여 재화 소비가 추가적으로 증가하는 효과
스놉효과	다른 사람들의 재화 소비량이 증가하면 자신은 다른 사람들과 다르다는 것을 보여주기 위해 오히려 해당 재화의 소비량을 감소시키는 효과
베블런효과	• 재화가격이 상승할 때 해당 재화의 소비량이 증가하는 효과 • 자신이 값비싼 재화를 소비할 능력이 있음을 과시하기 위해 재화가격이 상승할수록 재화구입량을 증가시키는 양상을 띰

2 탄력성

(1) 수요의 가격탄력성

① 개념

가격이 변할 때 수요량이 얼마나 변하는지를 나타내는 지표로, 가격이 1% 변할 경우 수요량이 몇 % 변화하는지를 나타냄

$$\varepsilon_p = \left| \frac{\text{수요량 변화율}}{\text{가격 변화율}} \right| = \left| \frac{\frac{\Delta Q}{Q}}{\frac{\Delta P}{P}} \right| = \left| \frac{\Delta Q}{\Delta P} \times \frac{P}{Q} \right|$$

② 수요의 가격탄력성 해석

탄력적($\varepsilon_p > 1$)	상품의 가격 변화보다 해당 상품의 수요량이 더 크게 변화하는 경우를 의미함 예 귀금속과 같은 사치품 등
비탄력적($0 < \varepsilon_p < 1$)	상품의 가격 변화보다 해당 상품의 수요량이 더 작게 변화하는 경우를 의미함 예 소금, 약과 같은 필수품 등
완전 탄력적($\varepsilon_p = \infty$)	아주 작은 가격의 변화에도 불구하고 수요량이 큰 값으로 변하는 극단적인 경우를 의미함
완전 비탄력적($\varepsilon_p = 0$)	가격이 아무리 변해도 수요량이 변하지 않는 극단적인 경우를 의미함

③ 수요의 가격탄력성 결정요인

㉠ 대체의 정도: 대체재가 많을수록 탄력적, 적을수록 비탄력적

㉡ 지출 비중: 상품 가격이 전체 소득에서 차지하는 비중이 클수록 탄력적, 작을수록 비탄력적

㉢ 필수재 여부: 사치재일수록 탄력적, 필수품일수록 비탄력적

㉣ 측정 기간: 장기일수록 탄력적, 단기일수록 비탄력적

④ 수요의 가격탄력성과 기업의 매출(판매수입) 극대화 전략

구분	비탄력적인 경우	탄력적인 경우	단위 탄력적인 경우
가격 상승	• 가계의 지출액 증가 • 기업의 판매수입 증가	• 가계의 지출액 감소 • 기업의 판매수입 감소	가격 변화에 상관없이 가계의 지출액과 기업의 판매수입은 일정
가격 하락	• 가계의 지출액 감소 • 기업의 판매수입 감소	• 가계의 지출액 증가 • 기업의 판매수입 증가	

(2) **수요의 소득탄력성**

① 개념

소득 변화에 따른 수요의 변화 정도를 측정하는
척도로, 0을 기준으로 0보다 크면 탄력적, 0보다
작으면 비탄력적임

$$\varepsilon_I = \frac{\text{수요량 변화율}}{\text{소득 변화율}} = \frac{\dfrac{\Delta Q}{Q}}{\dfrac{\Delta I}{I}} = \frac{\Delta Q}{\Delta I} \times \frac{I}{Q}$$

② 정상재와 열등재

정상재	소득이 증가함에 따라 수요량이 증가하는 재화(소득탄력성>0)
열등재	소득이 증가함에 따라 수요량이 감소하는 재화(소득탄력성<0)

(3) **수요의 교차탄력성**

① 개념

한 재화(Y재)의 가격이 변화할 때 다른
재화(X재)의 수요량 변화 정도를 측정
하는 척도

$$\varepsilon_{XY} = \frac{X\text{재 수요량 변화율}}{Y\text{재 가격 변화율}} = \frac{\dfrac{\Delta Q_X}{Q_X}}{\dfrac{\Delta P_Y}{P_Y}} = \frac{\Delta Q_X}{\Delta P_Y} \times \frac{P_Y}{Q_X}$$

② 대체재와 보완재

대체재	• 서로 경쟁관계에 있는 재화 • 한 재화의 가격이 상승하면 경쟁관계에 있는 다른 재화의 수요가 증가함($\varepsilon_{XY}>0$)
보완재	• 재화를 따로 소비할 때보다 함께 소비할 때 더 큰 만족을 주는 재화 • 한 재화의 가격이 상승하면 보완관계에 있는 다른 재화의 수요가 감소함($\varepsilon_{XY}<0$)

(4) **공급의 가격탄력성**

① 개념

제품의 가격이 변화함에 따라 공급자가 물건을
공급하려는 의사를 얼마만큼 변화시키려는지
를 나타냄

$$\varepsilon_s = \frac{\text{공급량 변화율}}{\text{가격 변화율}} = \frac{\dfrac{\Delta Q}{Q}}{\dfrac{\Delta P}{P}} = \frac{\Delta Q}{\Delta P} \times \frac{P}{Q}$$

② 공급의 가격탄력성 결정요인

㉠ **생산량 변화에 따른 비용 변화**: 생산량이 증가 시 생산비용이 증가하면 공급자가 추가 생산
을 망설이게 되어 공급이 비탄력적임

㉡ **기술수준**: 기술수준의 발전이 빠를수록 더욱 탄력적임

㉢ 이 밖에 재화의 저장 가능성과 유휴설비 존재 여부, 기간의 장단에 따라 공급의 가격탄력성
이 달라짐

3 소비자잉여와 생산자잉여

(1) 소비자잉여와 생산자잉여

소비자잉여	소비자가 상품을 구입하기 위해 지불하고자 했던 금액 − 실제 지불한 금액
생산자잉여	생산자가 실제로 받은 금액 − 생산자가 물건을 제공하여 최소한 얻고자 했던 금액
총잉여	소비자잉여 + 생산자잉여

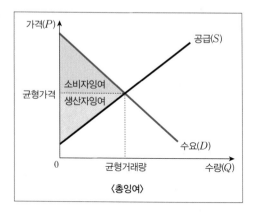

〈총잉여〉

(2) 가격규제

최고가격제	• 정부가 시장에서 형성된 가격이 지나치게 높다고 판단하여 소비자를 보호할 목적으로 균형가격보다 낮은 수준으로 가격의 상한선을 정하는 제도 • 공급자는 공급량을 줄이게 되고 이로 인해 암시장이 형성되어 가격상한제 시행 전보다 더 높은 가격으로 거래가 이루어짐
최저가격제	• 정부가 시장에서 형성된 가격이 지나치게 낮다고 판단하여 공급자 보호할 목적으로 균형가격보다 높은 수준으로 가격의 하한선을 정하는 제도 • 실업, 재고누적이 발생할 수 있음

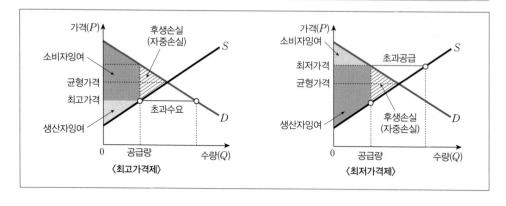

〈최고가격제〉　　　　〈최저가격제〉

THEME 03 | 소비자이론

1 소비자이론

(1) 소비자이론의 기초

① 합리적 경제주체의 조건

완비성	임의의 두 소비묶음 간에 선호의 순서를 판단할 수 있음
이행성	선호관계는 일관된 순서가 있으며 이는 역전되지 않음
강단조성	소비량이 증가하면 효용도 증가함
볼록성	극단적인 소비묶음보다 여러 재화를 골고루 소비할 수 있는 상품묶음을 더 선호함
연속성	단절되지 않는 연속적인 선호체계를 가져야 함

② 효용함수와 한계효용

효용함수	재화나 서비스의 양과 그 효용의 대응 관계를 나타낸 함수
한계효용	재화 소비가 한 단위 증가했을 때 총효용의 변화

(2) 무차별곡선

① 개념

㉠ 소비자가 동일한 효용을 갖는 두 재화(X와 Y)의 구매묶음을 연결한 곡선

㉡ 무차별곡선 위의 점이라면 서로 다른 두 재화의 구매묶음이라 하더라도 동일한 만족을 누린다는 것을 의미함

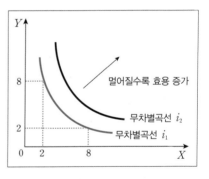

② 기본 성격

완비성	좌표평면상의 어느 점에서도 무차별곡선을 그릴 수 있음
이행성	두 무차별곡선은 교차하지 않음
강단조성	원점에서 멀어질수록 높은 효용을 나타냄
볼록성	원점에 대해 볼록한 모양을 가짐
대체가능성	무차별곡선은 우하향하는 모양을 가짐

(3) 예산선

주어진 소득을 전부 사용하여 구매할 수 있는 두 재화
(X, Y)의 구매묶음을 연결한 선

$$P_X X + P_Y Y = M$$

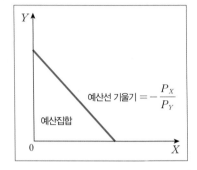

2 효용극대화 조건

(1) 한계대체율(MRS_{XY})

① 무차별곡선의 기울기를 의미함

② X재를 1단위 추가 구매할 때 포기하는 Y재의 단위수를 나타내는 주관적 교환비율, 즉 X재의 한계효용을 Y재의 한계효용으로 나눈 비율

③ 한계대체율체감의 법칙: X재의 소비량이 증가할수록 한계대체율이 작아지는 현상

$$MRS_{XY} = -\frac{\Delta Y}{\Delta X} = \frac{MU_X}{MU_Y}$$

(2) 상대가격

① 예산선의 기울기를 의미함

② 예산선상에서 X재를 1단위 추가 구매할 때 포기하는 Y재의 단위수를 나타내는 객관적 교환비율, 즉 X재의 가격을 Y재의 가격으로 나눈 비율

$$상대가격 = -\frac{\Delta Y}{\Delta X} = \frac{P_X}{P_Y}$$

(3) 효용극대화 조건

① 주관적 개념인 한계대체율과 객관적 개념인 상대가격이 같아질 때 예산선상에서 총효용이 극대화됨

② 무차별곡선과 예산선이 접하는 두 재화(X, Y)의 구매묶음에서 효용이 극대화되어 다음 두 조건이 동시에 성립해야 함

$$
\begin{aligned}
&\cdot MRS_{XY} = \frac{P_X}{P_Y} \\
&\cdot P_X X + P_Y Y = M
\end{aligned}
$$

생산자이론

1 생산이론

(1) 생산이론의 기초

생산	생산요소를 투입하여 인간에게 유용한 재화와 서비스를 창출하는 과정
생산요소	재화를 생산하는 데 투입되는 모든 인적 및 물적 자원
생산함수	• 일정 기간 동안 생산요소(노동(L)과 자본(K)) 투입량과 재화 및 서비스의 최대 산출량 간의 기술적인 관계를 보여주는 함수 • $Q=F(L,\ K)$

(2) 장 · 단기 구분(시간의 길이가 아닌 가변성 여부)

장기	개별 기업의 입장에서는 모든 생산요소가 가변생산요소인 경우이고, 산업 전체로 보았을 때에는 기업의 진입과 퇴출이 자유로운 기간
단기	개별 기업의 입장에서는 고정생산요소가 존재하는 기간이며, 산업 전체로 보았을 때에는 기존 기업의 이탈이나 새로운 기업의 진입이 어려운 기간

(3) 단기 생산함수

① 개념

ⓐ 고정생산요소가 존재할 때의 생산함수로, 가변생산요소의 투입량과 산출량 간의 기술적인 관계를 나타내는 함수

ⓑ 단기에 기술이 고정된($\overline{K}$) 생산요소라면, 단기 생산함수는 다음과 같이 나타낼 수 있음

$$Q=F(L,\ \overline{K})$$

② 총생산물, 한계생산물, 평균생산물

ⓐ 총생산물(TP: Total Product)

• 가변생산요소를 투입하였을 때 생산물의 총량을 의미함

• 가변생산요소 투입량이 증가하면 처음에는 총생산물이 증가하지만, 일정 수준을 넘어서면 오히려 총생산물이 감소함

ⓑ 한계생산물(MP: Marginal Product)

• 가변생산요소를 한 단위 추가적으로 투입하였을 때 총생산물의 증가분을 의미함

• 한계생산물은 총생산물곡선의 접선의 기울기로 나타냄

$$MP_L=\frac{\Delta Q}{\Delta L}=F(L+1,\ \overline{K})-F(L,\ \overline{K})$$

ⓒ 한계생산물(MP)과 총생산물(TP)의 관계
- 한계생산물이 양(+)의 값을 갖는 경우: 총생산물 증가
- 한계생산물이 음(−)의 값을 갖는 경우: 총생산물 감소
- 한계생산물이 0의 값을 갖는 경우: 총생산물 일정, 총생산물 최대

② 평균생산물(AP: Average Produce)
- 투입된 생산요소 1단위당 생산량을 의미함
- 총생산물곡선의 원점에서의 기울기로 나타냄

$$AP_L = \frac{Q}{L}$$

⑩ 한계생산물(MP)과 평균생산물(AP)의 관계
- 한계생산물 > 평균생산물: 평균생산물 증가
- 한계생산물 < 평균생산물: 평균생산물 감소
- 한계생산물 = 평균생산물: 평균생산물 최대

ⓑ 한계생산물체감의 법칙(수확체감의 법칙)
- 생산요소의 투입량이 일정할 때 추가적인 가변요소 투입에 대한 한계생산은 점차 감소함
- 수확체감의 법칙은 정도의 차이는 있으나 단기에 거의 모든 산업부문에서 나타나는 일반적인 현상임

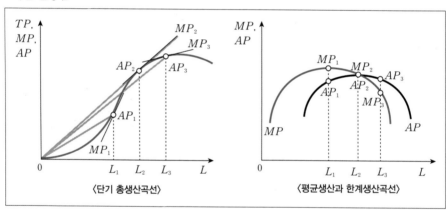

〈단기 총생산곡선〉　　　　〈평균생산과 한계생산곡선〉

(4) 장기 생산함수

① 등량곡선

㉠ 개념
- 동일한 수준의 생산량을 달성할 수 있는 생산요소의 조합을 보여주는 곡선
- 모든 생산요소가 가변적일 때의 생산함수인 장기 생산함수를 그림으로 나타낸 것

㉡ 등량곡선의 기본성격
- 등량곡선이 원점에 멀어질수록 생산량 수준이 커짐
- 등량곡선 간에는 서로 교차하지 않음
- 등량곡선은 원점에 대해 볼록한 우하향의 곡선임
- 좌표평면상의 어느 점에서도 등량곡선을 그릴 수 있음

② 등비용선

　㉠ 개념

　　• 생산자가 동일한 생산량을 산출하는 두 생산요소(L, K)의 투입 묶음을 연결한 곡선으로 장기생산함수를 도출함

$$wL + rK = TC$$

　　• 상대소가격(w/r)이 일정하면 등비용선은 노동요소의 최대투입량과 자본요소의 최대투입량을 잇는 직선

　㉡ 등비용선의 표현

　　총투입비용(TC)을 노동과 자본 구입에 모두 지출한다면 비용 제약은 다음과 같이 나타낼 수 있으며, 이를 K에 대해 정리하면 등비용곡선이 도출됨

$$TC = wL + rK \Leftrightarrow K = -\frac{w}{r}L + \frac{TC}{r}$$

③ 비용극소화 조건

　㉠ 한계기술대체율(MRTS)

　　• 동일한 생산량을 유지하면서 노동을 추가로 1단위 더 고용하기 위해 감소시켜야 하는 자본의 수량을 의미함

$$MRTS_{LK} = -\frac{\Delta K}{\Delta L} = \frac{MP_L}{MP_K}$$

　　• 등량곡선에 접하는 직선(접선)의 기울기를 의미함

　㉡ 한계기술대체율 체감의 법칙

　　• 동일한 생산량을 유지하면서 자본을 노동으로 대체해감에 따라 한계기술대체율이 점차 감소하는 현상을 의미함

　　• 등량곡선이 원점에 대해 볼록하므로 노동의 투입이 늘어날수록 한계기술대체율은 체감함

　㉢ 비용극소화 조건: 등량곡선과 등비용곡선이 접하는 점에서 생산자의 비용극소화가 달성되는데, 이를 '한계생산물균등의 법칙'이라고 함

(5) 규모에 대한 수익

① 개념

　모든 생산요소 투입량을 동일 비율로 변화시킬 때 생산량의 변화를 나타내는 것

② 구분

규모에 대한 수익체증	모든 생산요소 투입량을 k배 증가시켰을 때 생산량이 k배보다 더 크게 증가하는 경우
규모에 대한 수익불변	모든 생산요소 투입량을 k배 증가시켰을 때 생산량도 k배만큼 증가하는 경우
규모에 대한 수익체감	모든 생산요소 투입량을 k배 증가시켰을 때 생산량이 k배보다 더 작게 증가하는 경우

2 비용이론

(1) 기초 개념

① 기회비용
- ㉠ 어떤 경제적 대상을 얻기 위해 포기해야 하는 다른 선택의 가치를 의미함
- ㉡ 기회비용은 명시적 비용과 암묵적 비용을 모두 포함함

② 명시적 비용와 암묵적 비용

명시적 비용	기업의 생산활동 과정에서 실제로 지출된 비용
암묵적 비용	자신이 소유한 생산요소에 대한 비용, 명시적 비용에 포함되지 않는 비용

③ 회계적 비용과 경제적 비용

회계적 비용	생산과정에서 실제로 지출된 금액으로 명시적 비용
경제적 비용	생산에 소요된 모든 비용을 기회비용의 관점에서 측정한 비용

④ 고정비용과 가변비용

고정비용	기업의 산출량과 무관하게 생산활동을 할 때 발생하는 비용
가변비용	기업의 생산규모에 따라 달라지는 비용

(2) 비용함수

① 단기 및 장기의 비용함수
- ㉠ 장기에는 시설규모의 조정이 가능해 동일한 생산량을 최소한의 비용으로 생산할 수 있는 규모와 생산량을 동시에 결정할 수 있음
- ㉡ 단기총비용은 장기총비용곡선의 위쪽에, 단기평균 및 한계비용은 장기평균비용곡선의 위쪽에 위치함
- ㉢ 단기총비용곡선과 장기총비용곡선이 접하는 지점에서 장·단기평균 및 한계비용곡선이 접함
- ㉣ 단기총비용곡선과 장기총비용곡선이 교차하는 지점에서 장·단기평균 및 한계비용곡선은 교차함
- ㉤ 장기평균비용곡선은 단기평균비용곡선을 안고 있는 포락선의 형태임

② 규모의 경제, 규모의 불경제, 범위의 경제

규모의 경제	산출량이 증가함에 따라 장기평균비용이 하락하는 경우
규모의 불경제	산출량이 증가함에 따라 장기평균비용이 상승하는 경우
범위의 경제	관련 재화들을 한 회사에서 생산할 때 투여되는 총비용이 해당 재화들을 여러 회사들이 구분하여 생산할 때 투여되는 총비용보다 적은 경우

1 시장이론

(1) 기초 개념

① 시장의 개념
　　㉠ 재화와 서비스의 거래가 이루어지는 유·무형의 장소
　　㉡ 경제학에서는 재화 및 서비스의 거래가 이루어지는 추상적인 매커니즘 일체를 의미하는 넓은 개념임

② 시장의 구분

구분	완전경쟁시장	불완전경쟁시장		
		독점시장	독점적 경쟁시장	과점시장
공급자의 수	다수	하나	다수	소수
상품의 질	동질	동질	이질	동질, 이질
시장참여	항상 가능	불가능	항상 가능	어려움
가격통제력	없음	큼	작음	작음
비가격경쟁	없음	없음	매우 강함	강함
시장의 예	주식시장	전력	주유소, 약국	이동통신

③ 기업의 목표

이윤극대화 가설	기업의 유일한 목표는 이윤극대화이며, 기업의 모든 의사결정은 이윤극대화의 관점에서 이루어진다는 가설
장기이윤극대화 가설	기업은 매 시점이 아닌 장기간을 설정해 놓고 해당 기간에 전체의 이윤극대화를 추구한다는 가설
제약된 이윤극대화 가설	일정한 제약하에 이윤극대화를 추구한다는 가설 예 시장점유율을 유지하는 가운데 이윤극대화를 추구하는 전략
판매수입극대화 가설	기업은 총수입에서 총비용을 제한 이윤의 극대화를 목표로 두지 않고 총수입의 극대화를 목표로 한다는 가설
만족이윤 가설	• 기업들이 완전히 합리적이라는 경제학의 기본가정을 받아들이지 않는 가설 • 제한된 합리성하에서 기업 목표를 적절한 선에서 만족하는 것으로 설정한다는 가설
경영자 재량 가설	소유와 경영이 분리된 상태에서 경영자들은 주주의 이윤극대화보다는 자신의 효용극대화를 위해 재량권을 행사한다는 가설
기업가의 효용극대화 가설	기업의 소유와 경영이 분리되지 않은 상태에서 기업가는 효용극대화를 추구한다는 가설

(2) 완전경쟁시장

① 성립조건

다수의 수요자와 공급자	수많은 수요자와 공급자가 존재하므로 개별수요자와 개별공급자는 시장에서 결정된 가격을 주어진 것으로 받아들이는 가격수용자로 행동함
재화의 동질성	상품과 관련된 모든 것이 질적으로 동일함
자원의 완전이동성	진입장벽이 존재하지 않아 특정 산업으로의 진입과 퇴출이 자유로움
완전한 정보	경제주체들이 가격에 관한 완전한 정보를 보유하고 있으며, 미래 불확실성이 없음

② 장단점

장점	단점
• 효율적인 자원배분이 이루어짐 • 최적시설규모에서 생산됨 • 정상이윤만 얻을 수 있음 • 모든 경제주체의 의사결정이 분권화됨	• 완전경쟁시장의 조건을 충족하는 시장은 현실에서 찾기 어려움 • 소득분배의 공평성이 보장되지 않음

(3) 독점시장

① 개념

모든 혹은 거의 대부분의 재화 공급이 시장지배력을 갖는 한 개의 기업에 의해 이루어지는 시장

② 특징

㉠ 시장지배력을 가지며, 가격설정자로 행동함

㉡ 직접적인 대체재가 존재하지 않고, 경쟁상대가 없으므로 독점기업이 직면하는 수요곡선은 시장 전체의 수요곡선과 같음

③ 가격차별

㉠ 개념: 동일한 재화에 대해 서로 다른 가격을 설정하는 것으로, 독점이윤을 증대시키기 위해 실시함

㉡ 실시 조건

• 소비자를 특성에 따라 시장의 구분이 가능해야 함

• 구분된 시장 간 전매가 불가능해야 함

• 시장분리에 소요되는 비용이 시장분리를 통해 얻는 수입보다 커야 함

㉢ 구분

제1급 가격차별	각 단위의 재화에 대해 소비자들이 지불할 용의가 있는 최대금액을 설정하는 것(모든 재화의 가격은 서로 다르게 설정)
제2급 가격차별	상품을 그룹별로 구분하여 같은 상품에 다른 가격을 설정하는 것(구매량에 따라 가격을 다르게 설정)
제3급 가격차별	소비자를 그룹별로 구분하여 다른 가격을 설정하는 것(수험생 할인, 임산부 할인 등 소비자 특성에 따라 가격을 다르게 설정)

(4) **독점적 경쟁시장**

① 개념

㉠ 완전경쟁시장과 유사하지만 완전동질적인 제품이 아니라 차별화된 상품을 공급하는 시장구조

㉡ 독점적 요소와 경쟁적 요소를 동시에 지니고 있음

② 특징

㉠ 상표, 품질, 디자인 등 조금씩 차이가 있는 재화를 생산함

㉡ 독점적 경쟁을 통해 불완전한 시장지배력을 가짐

㉢ 시장 내에 다수의 기업이 존재하므로 개별기업은 독립적으로 행동함

㉣ 진입과 퇴출이 자유로움

㉤ 비가격경쟁을 함

③ 장단점

장점	단점
• 제품차별화를 통해 다양한 제품이 생산됨 • 소비자의 후생이 증가됨	• 균형에서 $P > MC$이므로 재화 생산이 비효율적임 • 비가격경쟁에 따라 자원의 낭비가 초래됨 • 초과설비의 문제가 있음

(5) **과점시장**

① 개념

㉠ 소수의 생산자에 의해 지배되는 시장

㉡ 기업 간에 상호의존적인 전략적 상황에 처하게 되어 비가격경쟁이 이루어지기도 하고, 담합 등의 비경쟁행위를 하기도 함

② 장단점

장점	단점
• 완전경쟁시장이나 독점시장보다 연구개발이 훨씬 활발함 • 다양한 재화의 공급이 이루어져 소비자의 선택폭이 넓음	• 과소생산이 이루어져 효율성이 떨어짐 • 과도한 광고비 지출 등 사회적인 자원낭비가 발생할 수 있음

2 게임이론

(1) **구성**

경기자	보수게임에 참여하는 경제주체
전략	경기자들이 이윤(효용) 극대화를 위해 선택할 수 있는 대안
보수	게임의 결과로 경기자들이 얻게 되는 것
균형	• 외부의 교란이 없는 한 경기자들의 전략이 유지되는 상태 • 게임균형: 모든 경기자들이 현재의 결과에 만족하여 더 이상 자신의 전략을 바꿀 유인이 없는 상태

(2) **우월전략과 우월전략균형**

① 개념

㉠ 우월전략: 각 경기자가 상대의 전략에 관계없이 항상 자신이 보수를 더 크게 하는 전략

㉡ 우월전략균형: 각 경기자의 우월전략으로 이루어진 쌍

② 예시

용의자 A \ 용의자 B	자백	부인
자백	(징역 5년, 징역 5년)	(징역 0년, 징역 8년)
부인	(징역 8년, 징역 0년)	(징역 2년, 징역 2년)

게임의 구성	게임의 결과
• 경기자: 용의자 A와 B • 전략: 자백 혹은 부인	• 용의자 A의 우월전략: 자백 • 용의자 B의 우월전략: 자백 • 우월전략균형: (자백, 자백)

(3) **내쉬전략과 내쉬전략균형**

① 개념

㉠ 내쉬전략: 각 경기자가 상대의 전략에 따라 자신의 보수를 더 크게 하는 전략

㉡ 내쉬전략균형: 각 경기자의 내쉬전략으로 이루어진 쌍

② 예시

용의자 A \ 용의자 B	자백	부인
자백	(징역 5년, 징역 5년)	(징역 2년, 징역 8년)
부인	(징역 8년, 징역 2년)	(징역 0년, 징역 0년)

게임의 구성	게임의 결과
• 경기자: 용의자 A와 B • 전략: 자백 혹은 부인	• 용의자 A의 내쉬전략: 용의자 B가 자백일 경우 자백, 부인일 경우 부인 • 용의자 B의 내쉬전략: 용의자 A가 자백일 경우 자백, 부인일 경우 부인 • 내쉬전략균형: (자백, 자백), (부인, 부인)

THEME 06 | 노동시장과 소득분배

1 소득분배

(1) 소득분배 관련 지표

① 10분위분배율

㉠ 개념: 소득분배의 불균형 정도를 측정하는 방법

$$10분위분배율 = \frac{최하위\ 40\%\ 계층의\ 소득점유율}{최상위\ 20\%\ 계층의\ 소득점유율}$$

㉡ 해석
- 10분위분배율은 0에서 2 사이의 값을 가지며, 그 값이 클수록 평등한 소득분배를 의미함
- 측정이 간단하여 연구에 자주 활용됨
- 사회구성원 전체의 소득분배 상태를 보여 주지 못한다는 한계가 있음

② 로렌츠곡선

㉠ 개념: 저소득자부터 고소득자에 이르기까지 인구누적점유율과 소득누적점유율 간의 관계를 나타낸 곡선으로, 소득분배가 완전균등하면 인구누적점유율과 소득누적점유율이 정비례함

㉡ 해석
- 소득분배가 균등할수록 로렌츠곡선은 대각선에 가까워짐(Z의 면적이 작아짐)
- 어느 정도로 평등해지는지 정확하게 판단할 수 없다는 문제가 있음
- 로렌츠곡선이 교차할 경우 소득분배 상태를 비교할 수 없음

③ 지니계수

㉠ 개념: 로렌츠곡선이 보여 주는 소득분배 상태를 하나의 숫자로 나타낸 것으로, 완전균등분배선과 로렌츠곡선 사이의 면적(Z)을 완전균등분배선 아래의 삼각형 면적으로 나누어 계산함

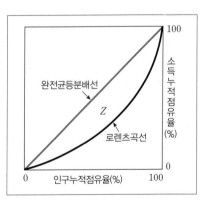

㉡ 해석
- 지니계수는 0에서 1 사이의 값을 가짐
- 지니계수와 소득분배의 균등도는 반비례함
- 국가 전체의 소득분배균등도를 측정할 수 있으나, 특정 계층의 소득분배균등도는 보여 주지 못함

④ 앳킨슨 지수
  ㉠ 개념: 현재의 평균소득과 균등분배대등소득을 이용하여 소득분배 상태를 측정하는 지수
  ㉡ 해석
    • 0과 1 사이의 값을 가짐
    • 앳킨슨 지수와 소득분배의 균등도는 반비례함
    • 사회구성원들이 공정성을 중시할수록 앳킨슨 지수는 높아짐(기존의 불평등이 더 큰 문제로 간주되어 지수가 높아짐)

(2) **소득재분배를 위한 정책수단**

누진세제	소득이 증가할수록 높은 세율을 과세하므로 계층 간 소득격차를 축소시켜 주는 역할을 수행
부의 소득세제	일정 소득 이상의 소득자에 대해서는 정상적으로 과세하지만, 일정 소득에 미달한 소득자에 대해서는 부의 소득세율을 적용하는 제도
사회보장제도	국민연금, 의료보험 등과 같이 보험원리에 따라 운영되는 사회보험과 빈곤층에 대해 직접적인 보조금을 지급하는 공공부조 등
최저임금제	소득이 낮은 근로자들이 최소한의 일정한 소득을 얻을 수 있게 되지만, 전체적인 고용량은 감소하는 문제가 발생함

2 지대

(1) **지대**

공급이 완전히 고정된 생산요소가 얻게 되는 보수로, 단·장기를 막론하고 공급이 일정하게 고정된 생산요소가 생산과정에 참여하여 얻는 보수를 의미함

(2) **전용수입**

기업의 입장에서는 생산요소를 현재 용도로 사용하기 위해 지급해야 하는 최소한의 비용을 의미하고, 생산요소 공급자의 입장에서는 생산요소를 현재의 고용 상태에 제공하는 데 발생하는 기회비용을 의미함

(3) **경제적 지대**

해당 생산요소를 사용하여 생산할 경우 전용수입을 초과하여 얻을 수 있는 수익

(4) **지대추구 행위**

고정된 생산요소로부터 발생하는 경제지대를 얻거나 지키려고 노력하는 행위로, 사회적 후생손실을 초래함

THEME 07 | 시장 실패와 정부 실패

1 시장 실패와 정부 실패

(1) 시장 실패
① 시장이 자원배분을 효율적으로 하지 못하는 상황
② 시장 실패가 발생하면 자원배분이 효율적으로 이루어지지 못하므로 정부의 시장개입이 필요함

(2) 정부 실패
① 시장 실패에 대한 정부의 개입이 오히려 역효과를 불러오는 현상
② 정책수단의 불완전성, 관료의 사익추구가 원인임

2 시장 실패의 종류

(1) 외부성
① 개념
어떤 경제주체의 경제활동으로 인해 제3자에게 의도하지 않은 혜택(외부경제)이나 손해(외부불경제)를 주면서도 이에 대한 보상이 이루어지지 않는 현상
② 해결

합병	외부효과를 유발하는 경제주체와 외부효과에 영향을 받는 경제주체가 합병하여 외부효과를 내부화하는 방법
코즈의 정리	• 소유권이 명확하고, 거래비용이 무시할 정도로 적다면, 당사자 간 협상을 통해 효율적인 자원배분을 달성할 수 있다는 이론 • 현실에서는 협상비용이 크고, 외부성의 측정의 어려움 등의 문제로 코즈정리를 통한 문제 해결은 한계가 있음
조세 부과 및 보조금 지급	외부불경제가 발생하는 경우 조세를 부과하고, 외부경제가 발생하는 경우 보조금을 지급하여 해결하는 방법

(2) 공공재
① 개념
㉠ 모든 사람이 공동으로 이용할 수 있는 재화 또는 서비스로, 경합성과 배제성이 없음
㉡ 공공재는 수요의 유인만 있고 생산의 유인은 없어, 시장에 맡길 경우 사회 최적량이 생산되지 않음
② 무임승차자 문제
개인들이 공공재 생산에 대한 비용은 부담하지 않으면서 생산이 이루어지면 최대한 이용하려는 행태

1 정보 비대칭성

경제적인 이해관계가 있는 당사자들 간 정보 수준에 차이가 존재하는 상황으로, 감추어진 특성과 감추어진 행동의 상황으로 구분함

감추어진 특성	• 거래당사자 중 일방이 상대방의 특성에 대해 잘 모르는 상황. 즉 거래당사자들 사이에 정보 수준의 차이가 있는 경우를 말함 • 대표적인 문제로 '역선택'이 있음
감추어진 행동	• 거래당사자 모두에게 영향을 미치는 어느 일방의 행동을 상대방이 관찰할 수 없거나 통제 불가능한 상황 • 대표적인 문제로 '도덕적 해이'와 '주인–대리인 문제'가 있음

2 역선택과 도덕적 해이

(1) **역선택**

① 개념

감추어진 특성에 대해 비교적 잘 알고 있는 상대방과 거래할 경우 바람직하지 못한 거래를 할 가능성이 높아지는 현상 **예** 실제로는 500만 원이면 살 수 있는 중고차를 750만 원에 구매하는 경우

② 해결 방법

신호 보내기	정보를 가지고 있는 측이 상대방에게 적극적으로 정보를 알리는 행동
선별	정보를 갖지 못한 측에서 상대방의 숨겨진 특성을 알아내려는 방법
정부의 역할	모든 당사자들이 강제적으로 거래에 참가하도록 하는 거래강제 제도 및 정보정책 활성화

(2) **도덕적 해이**

① 개념

자신의 행동이 상대방에 의해 쉽게 파악될 수 없어 행동에 대한 정보를 가진 측이 바람직하지 못한 행동을 하는 현상 **예** 보험가입 이후 보험가입자의 태도가 바뀌는 행태

② 해결 방법

기초공제제도	각종 보험에서 사고발생이 있을 때 손실의 일부분을 가입자에게 부담시켜 보험 가입 이후의 사고에 대해 경각심을 갖게 만드는 제도
규제제도	사외이사, 감사제도 등을 통한 감시제도를 활용하여 규제하는 제도
유인구조	주인–대리인 문제와 같은 도덕적 해이가 유발되는 것을 방지하기 위해 경영자에게 주주를 위해 일할 수 있도록 스톡옵션과 같은 유인을 제시하는 방법

국가경제활동의 측정

1 국가경제활동측정

(1) **국내총생산(GDP: Gross Domestic Product)**
일정 기간 동안 한 국가 내에서 생산된 모든 최종 재화와 서비스의 시장가치

(2) **국민소득 삼면등가의 원칙**
일정 기간 동안 한 국가에서 생산된 모든 최종생산물의 시장가치를 모두 합산한 수치(생산 측면)와 생산품을 각 경제 주체가 수요하기 위해 지출한 금액(지출 측면), 그리고 생산주체가 얻은 소득의 합(분배 측면)이 모두 같아진다는 원칙

(3) **GDP의 계산**

$$GDP = 가계소비(C) + 기업투자(I) + 정부지출(G) + 순수출(NX)$$

가계소비(C)	재화와 서비스에 대한 일반 가계의 지출
기업투자(I)	신규 자본재를 구입하기 위한 기업의 지출
정부지출(G)	정부가 그 해에 생산된 재화와 서비스를 구입하는 데 쓴 지출액(사회보장기금, 의료보장지출 등의 이전지출은 포함하지 않음)
순수출(NX)	수출액에서 수입액을 뺀 금액으로, 우리나라에서 생산된 재화와 서비스에 대한 외국의 지출을 의미함

(4) **GDP의 종류**

① 명목 GDP와 실질 GDP

명목 GDP	• 물가 변화가 반영되지 않은 GDP 명목 GDP = 당해 연도 생산량×당해 연도 가격 • 당해 연도의 경제활동 규모와 산업구조를 파악하는 데 유용
실질 GDP	• 물가 변화를 반영한 GDP • 기준 연도의 가격을 기준으로 산정한 GDP 실질 GDP = 기준 연도 가격×당해 연도 생산량 • 기준 연도 가격을 사용할 경우 생산량의 변화만을 비교해 볼 수 있으므로 생산활동의 증감을 파악하기에 적합

② 실제 GDP와 잠재 GDP

실제 GDP	측정시점에서 목격 가능한 GDP
잠재 GDP	주어진 자원을 정상적인 범위 내에서 완전히 사용할 경우 달성할 수 있는 최대 GDP로, 완전고용 GDP라고도 함

③ GDP 갭

$$GDP\ 갭 = 실제\ GDP - 잠재\ GDP$$

㉠ GDP 갭>0: 경기과열(호황), 총수요억제 필요
㉡ GDP 갭<0: 경기침체(불황), 총수요확대 필요

(5) GDP의 한계

① 측정의 일관성 결여 **예** 주부의 가사일은 GDP에 포함되지 않지만, 가사도우미의 가사일은 경제활동으로 GDP에 포함됨
② 삶의 질을 측정하지 못함 **예** 환경 오염은 반영되지 않음
③ 지하경제를 반영하지 못함 **예** 마약, 밀수품 등의 지하경제는 GDP에 포함되지 않음
④ 생산의 부작용 반영 불가능 **예** 이직 후 과로로 인해 병원비가 발생한다면 소득의 증가가 무의미함
⑤ 기술의 발전 반영 불가능 **예** 최고급 사양의 TV는 15년 전과 기술 차이는 크지만 가격은 비슷함

2 GDP 관련 개념

(1) **국민총생산(GNP), 국민총소득(GNI)**

① 국민총생산(GNP: Gross National Product)
일정 기간 동안 한 국가의 국민이 생산한 모든 최종생산물의 시장가치

〈국내총생산(GDP)과 국민총생산(GNP) 비교〉

② 국민총소득(GNI: Gross National Income)
일정 기간 동안 한 나라의 국민이 만들어낸 모든 최종생산물로 벌어들인 소득

$$GNI = GDP + 국외순수취요소소득 + 교역조건 변화에 따른 실질무역손익$$

(2) **GDP 디플레이터(Deflator)**

명목 GDP와 실질 GDP를 사용하여 물가의 변화를 살펴보는 지수

$$GDP\ 디플레이터 = \frac{명목\ GDP}{실질\ GDP} \times 100$$

1 총수요곡선(Aggregate Demand Curve)

(1) **개념**

① 각 물가 수준에서 수요되는 실질총생산을 나타내는 곡선

② 총수요는 경제 내에 존재하는 모든 수요를 합한 것을 의미하지만, 단순히 개별 상품에 대한 수요를 모두 합쳤다고 해서 총수요가 도출되지는 않음

(2) **총수요의 구성요인**

가계수요(C) + 기업투자수요(I) + 정부지출수요(G) + 순수출수요(NX)

(3) **총수요곡선이 우하향하는 이유**

실질잔고효과	물가 상승은 소비자의 실질소득을 감소시켜 수요가 감소함
이자율효과	물가 상승은 더 많은 화폐를 필요로 하게 만들어 이자율을 상승시키므로 투자와 소비가 감소함
무역수지효과	우리나라의 물가 상승은 국산품에 대한 수요를 줄이고 수입품에 대한 수요를 늘어나게 만듦

(4) **총수요곡선의 이동**

물가의 변동은 총수요곡선상에서의 이동을 야기하는 반면, 물가 이외의 요인들의 변동은 총수요곡선 자체를 이동시킴

① 소비지출의 변화

② 투자지출의 변화

실질이자율 상승	실질이자율의 상승은 차입비용의 증가를 의미하므로 투자여력을 감소시켜 총수요의 감소로 이어짐
기대수익 증가	현재 수익이 낮더라도 향후 높은 수익이 예상되는 경우 투자가 증가하게 되고, 이는 총수요의 증가로 이어짐

③ 정부지출의 변화(도로나 항만 건설과 같은 대규모 공공프로젝트나 국방비 증가 등)

④ 순수출의 변화

해외소득의 증가	해외거주자들의 소득이 증가하면 국내상품에 대한 수요가 증가할 수 있어 수출 증가 요인이 되고, 이는 총수요의 증가로 이어짐
환율의 변화	• 명목환율의 상승은 해외시장에서 우리나라 상품의 가격경쟁력을 높여 수출이 증가하는 요인으로 작용할 수 있음 • 수출의 증가는 순수출의 증가로 이어지고 이는 총수요의 증가로 이어짐

2 총공급곡선(Aggregate Supply Curve)

각각의 물가 수준에서 기업들이 팔고자 하는 총생산을 나타내는 곡선으로, 총수요와 마찬가지로 개별 기업들의 모든 공급을 단순히 합한다고 해서 총공급이 도출되는 것은 아님

(1) **단기 총공급곡선**

생산요소의 가격은 고정되어 변할 수 없으나 상품의 가격은 변할 수 있는 단기의 총공급곡선을 의미하며, 우상향의 모양을 가지고, 주로 분석의 대상이 됨

(2) **장기 총공급곡선**

생산요소와 상품의 가격 모두 자유롭게 변할 수 있는 장기의 총공급곡선을 의미하며, 완전고용생산량 수준에서 수직선의 모양을 가짐

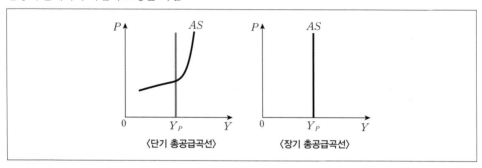

〈단기 총공급곡선〉　　〈장기 총공급곡선〉

(3) **총공급곡선의 이동**

① 국내외 생산요소 가격이 증가할 때

기업들의 생산비용 증가를 야기하여 총공급곡선이 좌측으로 이동함

② 생산성이 증가할 때

동일한 생산요소의 투입으로 더 많은 생산이 가능함을 의미하므로 총공급곡선이 우측으로 이동함

③ 제도가 변화할 때

세금 및 보조금이 기업의 생산비용에 영향을 미쳐 총공급곡선의 이동요인으로 작용함

3 균형 물가 및 균형생산량의 결정

(1) **총수요와 총공급의 균형**

총수요와 총공급이 만나는 지점에서 결정되는 물가를 '균형물가'라고 하고, 이때의 생산량을 '균형생산량'이라고 함

(2) **총수요와 총공급의 불균형 상황**

총수요 > 총공급	총수요 억제정책이 필요(세율 인상, 정부지출 축소, 이자율 인상)
총수요 < 총공급	총수요 확대정책이 필요(세율 인하, 정부지출 확대, 이자율 인하)

11 | 화폐와 국민경제

1 화폐의 기능과 화폐수요

(1) 화폐의 경제적 기능
① 교환의 매개수단
② 가치의 척도(회계의 단위)
③ 장래지불의 표준
④ 가치의 저장수단

(2) 화폐의 수요
① 고전학파의 화폐수요이론(화폐수량설)
　㉠ **교환방정식**: 화폐의 기능 중 교환의 매개수단을 강조한 화폐수요이론으로, 거래를 위해 사람들이 화폐를 보유한다는 입장임

$$\text{물가}(P) \times \text{실질국민총생산}(Y) = \text{통화량}(M) \times \text{화폐유통속도}(V)$$

　　• [가정 1] 화폐유통속도는 거래관습이나 제도에 의해 결정되므로 안정적임
　　• [가정 2] 실질국민총생산은 단기에 쉽게 변할 수 없음
　　• 일정 기간 동안의 총지출(MV)는 총거래액(PY)과 항상 같음
　　• 명목국민소득을 거래하기 위해서는 일정 비율의 화폐가 필요함
　　• Y와 V가 일정하므로 통화량과 물가는 정비례함
　　• 화폐수요는 명목국민소득에 비례함
　㉡ **현금잔고방정식**: 교환방정식과 유사하지만, 화폐의 기능 중 가치의 저장수단 기능을 강조한 화폐수요이론으로, 물가 수준이 통화량의 증가에 의해 이루어진다는 기계적인 방식에서 벗어나 화폐의 수요와 공급에 의해 결정된다는 것을 보여 줌
② 케인스학파의 화폐수요이론(유동성선호설)
　㉠ 케인스는 사람들이 화폐를 수요하는 이유가 유동성 때문이라고 주장함
　㉡ 유동성 선호의 이유를 거래적, 예비적, 투기적 동기로 구분함

거래적 동기	• 교환의 매개로 사용하기 위해 화폐를 수요한다는 이론 • 소득과 양(＋)의 관계를 가짐
예비적 동기	• 가계와 기업은 앞으로 있을지 모르는 지출을 위해 예비적인 동기로 화폐를 보유하게 된다는 이론 • 소득과 양(＋)의 관계를 가짐(소득이 많을수록 더 많은 예비적 동기에 의한 화폐 보유가 가능하기 때문)
투기적 동기	• 케인스는 금융자산을 화폐와 채권으로 구분함 • 현실에서 거래적, 예비적인 동기에 의한 필요보다 더 많은 화폐를 보유하는 이유는 채권을 구입하기 위해서라고 봄 • 이자율과 음(－)의 관계를 가짐

③ 종합

화폐수요는 이자율과 음(−)의 관계, 소득과 양(+)의 관계에 있음

2 화폐의 공급

(1) 통화지표

현재 경제에 존재하는 통화의 총량을 파악하여 효과적으로 조절할 필요가 있는데, 이때 파악의 척도가 되는 것이 '통화지표'임

(2) 통화지표의 종류

통화지표	$M1$	=현금통화+요구불예금+수시입출식 저축성 예금
	$M2$	=$M1$+정기예·적금 및 부금*+시장형 상품+실적배당형 상품*+금융채*+기타 (투신증권저축, 종금사 발행어음) *만기 2년 이상 제외
유동성 지표	Lf	=$M1$+$M2$ 포함 금융상품 중 만기 2년 이상 정기예·적금 및 금융채 등+한국증권금융(주)의 예수금+생명보험회사(우체국보험 포함)의 보험계약준비금+농협 국민생명공제의 예수금 등
	L	=Lf+정부 및 기업 등이 발행한 유동성 시장금융상품(증권회사 RP, 여신전문기관의 채권, 예금보험공사채, 자산관리공사채, 자산유동화전문회사의 자산유동화증권, 국채, 지방채, 기업어음, 회사채 등)

※ $M1$에서 L로 갈수록 유동성이 낮아짐

(3) 통화공급

① 본원통화 – 중앙은행의 통화공급

㉠ 개념: 한국은행 금고에 보관되어 있다가 한국은행의 창구를 통해 시중에 나온 현금

㉡ 구성

화폐발행액	• 한국은행창구를 통해 시중에 풀린 금액 • 민간보유화폐 + 금융기관의 시재금으로 구성됨
지급준비예치금	금융기간의 중앙은행에 대한 예금지급준비금

② 신용창조 – 민간의 통화공급

예금은행의 시스템을 통한 예금통화의 창출, 즉 은행이 기업이나 가계에 대출함으로써 통화량을 늘리는 과정을 말함

◉ 지급준비율이 10%인 경우

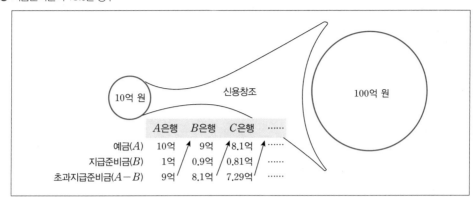

	A은행	B은행	C은행	……
예금(A)	10억	9억	8.1억	……
지급준비금(B)	1억	0.9억	0.81억	……
초과지급준비금($A-B$)	9억	8.1억	7.29억	……

1 총수요관리정책

(1) 경기안정화정책

① 경기에 따른 정책방향

경기침체 시	완전고용생산량보다 현저하게 낮다고 판단되는 경우 정부는 정부지출을 늘려 생산량을 증가시킴
경기과열 시	정부지출을 줄여 생산량과 물가를 낮춤

② 장·단기적 정책

장기적 정책	생산성 향상을 통해 총공급곡선을 우측으로 이동시켜 생산량을 증가시키려는 경제성장 정책이 있음
단기적 정책	• 총수요곡선을 활용하여 경기순환의 진폭을 줄이려는 총수요관리정책이 있음 • 총수요가 부족한 경우 단기적으로는 정부지출의 증가를 통해 총수요를 증가시킬 수 있음

(2) 재정정책

① 개념

  ㉠ 총수요에 영향을 미치기 위해 세율과 정부지출을 변화시키는 일련의 정책

  ㉡ 총수요를 구성하는 소비, 투자, 정부지출, 순수출 중 정부가 직접적으로 조절할 수 있는 정부지출을 변화시켜 총수요를 조절하는 정책

② 수단

정부지출의 변화	총수요의 구성요인 중 정부지출을 증가시켜 총수요를 증가시킴
세율의 변화	세율의 감소는 가처분소득을 증가시켜 경제 전체의 소비와 저축을 증가시킴

③ 확장적 재정정책과 승수효과

  ㉠ 확장적 재정정책으로 총수요를 확장하는 정책임

  ㉡ 정부지출의 증가는 총수요를 증가시키는데, 이는 소득과 소비의 증가로 이어지는 연쇄효과를 야기하여 총수요를 더 큰 폭으로 증가시킬 수 있음

④ 긴축적 재정정책과 톱니효과

  ㉠ 긴축적 재정정책은 총수요를 억제하는 정책임

  ㉡ 물가 수준이 오를 때에는 톱니가 움직이듯 천천히 오르지만, 한 번 올라간 가격은 좀처럼 하락하지 않음

(3) **통화정책**

① 개념

　　㉠ 화폐의 발행을 담당하는 중앙은행이 통화공급과 이자율을 조정하여 물가 수준과 생산량을
　　　적정하게 조절하는 정책

　　㉡ 화폐와 이자율은 투자를 매개로 총수요에 간접적으로 영향을 미쳐 총수요를 조절하는 정책임

② 종류

확장적 통화정책	이자율을 낮춰 투자활성화를 야기하는 통화정책
긴축적 통화정책	이자율을 높여 투자를 억제하는 통화정책

③ 작동원리

　　화폐시장에서 실질이자율 변화 → 투자 변화 → 실물경제에 영향

　　㉠ 화폐시장에서 실질이자율 변화

　　　• 화폐시장에서의 화폐수요와 공급에 의해 실질이자율이 결정됨

　　　• 통화량이 증가할 경우 이자율이 감소함

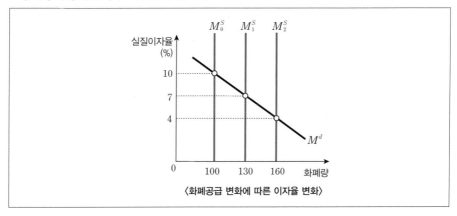

〈화폐공급 변화에 따른 이자율 변화〉

　　㉡ 투자의 변화

　　　실질이자율은 투자의 차입비용이므로 투자에 영향을 미침

　　㉢ 총수요곡선의 이동

　　　실질이자율의 하락이 투자를 증가시켜 총수요를 확장시키는 과정은 총수요곡선의 우측이동
　　　으로 이어져 생산량이 증가하고 물가가 상승하게 됨

④ 수단

공개시장조작	중앙은행이 직접 채권을 매입·매도하여 시중의 통화량을 조절하는 방법
지급준비율 정책	고객의 예금인출 요구에 응하기 위해 시중은행들로 하여금 예금의 일정 부분을 남겨두도록 강제하는 지급준비율을 조절하여 통화량을 관리하는 방법
재할인율 정책	시중은행이 중앙은행으로부터 대출할 때 적용받는 이자율인 재할인율을 조절하여 시중의 통화량을 조절하는 방법

2 재정정책과 통화정책의 방해요인

(1) **구축효과 – 재정정책의 방해요인**

① 확장적 재정정책 효과의 일부가 투자의 감소로 상쇄되는 현상

② 재정정책 수행을 위한 재원을 국채 발행으로 조달할 경우 채권시장에서 채권공급 증가로 채권의 가격이 하락하고, 이것이 이자율의 증가를 야기하여 투자의 감소요인이 되어 총수요가 감소하는 현상

(2) **유동성 함정 – 통화정책의 방해요인**

경기가 극도로 침체되었을 때 이자율을 아무리 낮추어도 은행들은 대출을 기피하고, 기업들은 투자를 꺼려 총수요가 증가하지 않는 현상

3 정책시차

(1) **내부시차(Inside Lag)**

① 개념

경제에 발생한 충격을 인지하고 정책을 수립하여 집행될 때까지의 기간

② 재정정책과 통화정책의 내부시차

㉠ 재정정책의 내부시차 > 통화정책의 내부시차

㉡ 재정정책 수행을 위해서는 행정부와 입법부에 걸친 내부절차가 긴 반면, 통화정책은 중앙은행 내부에서 의사결정이 이루어지므로 내부시차는 통화정책이 짧음

(2) **외부시차(Outside Lag)**

① 개념

정책이 시행된 이후 그 효과가 경제에 영향을 미치는 시점까지 소요되는 기간

② 재정정책과 통화정책의 외부시차

㉠ 재정정책의 외부시차 < 통화정책의 외부시차

㉡ 통화정책은 그 자체로 경제에 영향을 미칠 수 없고 투자를 증가시켜 총수요가 확대되어야 하기 때문에 이 과정에서 시간이 소요되는 반면, 재정정책은 정부지출을 통해 총수요 확대에 직접적인 영향을 미칠 수 있어 효과가 통화정책보다 빠르게 나타남

1 물가와 물가지수

(1) **물가**

상품과 서비스의 가격을 종합하여 전반적인 가격동향을 살펴보는 개념

(2) **물가지수**

① 개념

㉠ 경제의 전반적인 가격 수준인 물가를 측정하는 도구

㉡ 경제에 존재하는 수많은 상품과 서비스의 가격들을 일정한 방식으로 평균하여 작성한 지표

㉢ 기준시점의 물가를 100으로 놓고, 비교시점의 물가를 이와 비교하여 물가를 나타내는 지수

② 종류

㉠ 생산자물가지수

- 국내에서 생산하여 국내시장에 출하되는 모든 재화와 서비스 요금이 측정 대상
- 상품부문 781개, 서비스부문 103개가 포함되어 총 884개의 품목을 조사하여 작성
- 2020년 기준(2020 = 100)으로 측정
- 서비스요금은 부가가치세를 제외한 공장도가격을 기준으로 측정

㉡ 소비자물가지수

- 도시가계가 일상생활을 영위하기 위해 구입하는 상품가격과 서비스요금의 변동을 종합적으로 측정하기 위해 작성하는 지수
- 가계소비지출에서 차지하는 비중이 1/10,000 이상인 품목 458개를 대상으로 작성
- 2020년 기준(2020 = 100)으로 측정

㉢ 근원물가지수

- 소비자물가 조사품목 중 외부충격에 취약한 곡물 이외의 농산물과 석유류(도시가스 포함)를 제외하고 산정한 물가지수
- 일시적인 충격에 영향을 많이 받는 품목들을 제외하여 순수한 물가 변동의 추이를 분석하는 데 유용함

㉣ 생활물가지수

- 소득과 무관하게 반드시 구입해서 사용하는 기본생필품을 대상으로 작성한 물가지수
- 생필품 144개의 품목으로 구성

(3) **물가지수와 체감물가의 차이가 발생하는 이유**

① 개인별 소비품목의 차이

② 상황으로 인한 착각 📵 지출의 증가를 물가의 증가로 오해하는 경우

③ 통계집계상의 한계(물가지수의 주기는 급변하는 경제 환경을 제대로 반영하지 못할 가능성이 높음)

2 인플레이션(Inflation)

(1) **개념**

물가가 지속적으로 상승하는 현상

(2) **영향**

① 예상하지 못한 인플레이션의 영향

㉠ 소득의 재분배
- 경제 환경의 변화로 인해 특정 집단에서 다른 집단으로 소득이 이전되는 현상을 의미함
- 예상하지 못한 인플레이션이 발생하면 채무자는 실질적으로 낮은 가치의 돈으로 빚을 갚아 이득을 보고, 채권자는 실질가치가 줄어든 돈을 받아 손해를 보며, 금융자산 보유자는 불리하고 실물자산 보유자는 유리해지는 등 경제 주체 간 소득의 재분배가 발생함
- 화폐가치의 하락은 화폐를 보유한 사람에게 실질비용이 되며, 이를 인플레이션 조세라고 함

㉡ 생산과 고용의 변화
- 예상하지 못한 인플레이션은 단기적으로는 생산과 고용을 변화시킬 수 있음
- 단기적으로는 생산요소 가격(특히 임금 등)이 경직적이므로, 물가 상승이 즉각적인 비용 증가로 이어지지 않으며, 이에 따라 기업의 실질 이윤이 증가함으로써 생산과 고용을 증가시키는 요인으로 작용할 수 있음

㉢ 경제 전체의 효율성 저하
예상하지 못한 인플레이션이 지속될 경우 미래의 물가 상승에 대한 예측가능성이 낮아져 소비와 투자 계획을 세우지 못하게 되고, 이는 경제 전체적인 불확실성으로 이어짐

② 예상된 인플레이션의 영향

㉠ 소득의 재분배 현상이 없음
인플레이션으로 인한 화폐가치 하락만큼 이자율을 요구하기 때문에 채권자와 채무자 사이의 소득재분배가 발생하지 않음

명목이자율 = 실질이자율 + 예상 인플레이션율

㉡ 구두창비용과 메뉴비용

구두창비용 (Shoe Leather Cost)	인플레이션이 발생하는 경우 화폐가치가 떨어져 화폐자산이 아닌 부동산과 같은 실물자산을 더 선호하는 현상이 생기는데, 금융기관과 투자처를 알아보기 위해 여기 저기 다니면서 발생하는 사회적 비용을 의미함. 구두창이 닳아 이를 교환해야 하는 비용이 든다고 하여 붙여짐
메뉴비용 (Menu Cost)	물가가 상승하면 식당의 음식가격이 변하기 때문에 메뉴판을 모두 교체해야 하는데, 식당주인 입장에서 물가가 상승할 때마다 메뉴판을 교체해야 하는 비용이 드는 것처럼 가격 변화로 인해 부담해야 하는 비용을 의미함

1 실업의 정의와 유형

(1) 정의

일할 의사와 능력을 가진 사람이 일자리를 구하지 못한 상태

(2) 유형

마찰적 실업	• 직장을 옮기거나 새로운 직장을 구하고자 할 때 탐색기간으로 인해 발생하는 자발적 실업 • 완전고용 상태에서도 존재 가능한 실업 유형이므로, 마찰적 실업만이 존재하는 상태를 '완전 고용 상태'라고 함
구조적 실업	• 특정 분야에 대한 노동수요가 줄어들어 발생하는 실업 • 경제 환경의 변화로 인한 실업이므로, 직업훈련교육과 기술훈련지원을 위한 제도의 도입으로 해결이 가능함
경기적 실업	• 총수요의 부족으로 인해 발생하는 실업 • 경기침체로 인해 발생하는 실업이므로, 경기부양을 위한 총수요 확장정책이 근본 대책임

2 실업 관련 지표

(1) 국가경제활동인구의 구분

전체 인구	15세 이상 인구	생산 가능 인구	경제 활동 인구	취업자	• 수입을 목적으로 1시간 이상 일한 자 • 18시간 이상 일한 무급가족종사자 • 일시 휴직자
				실업자	15일을 포함한 지난 1주 동안 수입을 목적으로 1시간도 일하지 않고 지난 4주간 일자리를 찾아 적극적으로 구직활동을 하였던 사람으로서 일이 주어지면 곧바로 취업할 수 있는 자
			비경제활동인구		주부, 학생, 진학준비자, 연로자, 심신장애자, 구직단념자 등
		군인 · 재소자 · 의무경찰			
	15세 미만 인구	근로기준법상의 노동력 제공이 불가능한 연령			

(2) 실업 관련 주요 지표

경제활동참가율 (*L*)	• 생산가능인구 가운데 경제활동인구가 차지하는 비율 • $L = \dfrac{경제활동인구}{생산가능인구} \times 100$
실업률 (*U*)	• 경제활동인구에서 실업자가 차지하는 비율 • $U = \dfrac{실업자}{경제활동인구} \times 100$
고용률 (*E*)	• 생산가능인구에서 취업자가 차지하는 비율로, 한 경제의 실질적인 고용창출능력을 나타내는 지표 • $E = \dfrac{취업자}{생산가능인구} \times 100$

15 | 필립스곡선

1 필립스곡선

(1) 개념

1950년대 말 경제학자 필립스가 약 90년간 영국의 실업률과 인플레이션 자료를 분석한 결과, 이들 간에 역(−)의 상관관계가 존재하는 것을 발견하여 곡선의 형태로 소개한 것

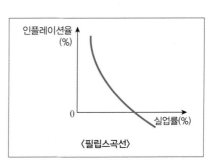

〈필립스곡선〉

(2) 정책적 시사점

① 인플레이션과 실업률을 동시에 달성할 수 없음

② 실업률을 낮추면 인플레이션율이 높아지고, 인플레이션율을 낮추면 실업률이 증가함

2 단기와 장기의 필립스곡선

(1) 단기 필립스곡선의 도출

① 우상향하는 단기 총공급곡선이 존재하는 경우, 총수요 증가로 총수요곡선이 우측으로 이동하면 생산량 증가와 물가 상승을 야기함

② 생산량의 증가는 고용규모의 확대로 이어져 실업률이 감소함

③ 인플레이션율은 상승하지만 실업률은 감소하는 우하향하는 모습의 필립스곡선이 도출됨

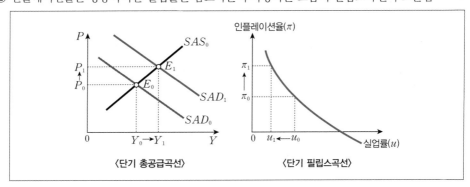

〈단기 총공급곡선〉　　　　〈단기 필립스곡선〉

(2) 스태그플레이션 – 안정적인 음(−)의 상관관계의 약화

① 총공급곡선의 좌측 이동으로 인해 생산량이 감소하면서 물가가 상승하는 현상

② 실업률 증가와 인플레이션율 상승이 동반됨을 의미함

③ 실업률과 인플레이션율 간의 안정적인 상관관계가 약화되었음을 보여 줌

(3) **장기 필립스곡선의 도출**

　① 장기 필립스곡선은 장기 총공급곡선으로부터 도출되며, 완전고용산출량 수준에서 수직인 장기
　　총공급곡선으로부터는 자연실업률 수준에서 수직인 장기 필립스곡선이 도출됨

　② 수직 형태의 장기 필립스곡선이 존재하는 경우, 총수요 증가는 생산량에 변화를 가져오지 못하
　　고 물가만 상승시키므로 필립스곡선도 실업률의 변화 없이 물가만 상승시켜 자연실업률 수준에
　　서 수직의 형태를 갖게 됨

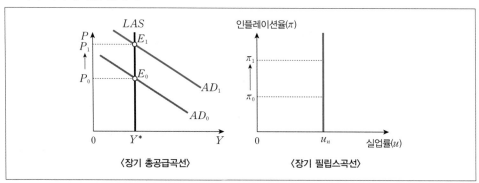

〈장기 총공급곡선〉　　　　　〈장기 필립스곡선〉

(4) **필립스곡선의 이동**

단기 필립스곡선	예상 인플레이션이 상승하면 우측으로, 감소하면 좌측으로 이동
장기 필립스곡선	자연실업률이 증가하면 우측으로, 감소하면 좌측으로 이동

3 자연실업률 가설

(1) **개념**

　① 장기에 실업률이 자연실업률 수준으로 되돌아간다는 주장

　② 장기에는 실업률이 자연실업률 수준으로 돌아와 해당 수준에서 수직의 모양을 갖게 되어 실업
　　률을 낮추려는 노력은 인플레이션만 높일 뿐 무력하게 된다는 내용

(2) **시사점**

　① 장기에는 실업률-인플레이션율 간의 상충관계가 성립하지 않음

　② 장기적인 총수요확장정책은 효과가 없음

4 적응적 기대와 합리적 기대

(1) **적응적 기대(Adaptive Expectation)**

과거의 자료를 바탕으로 예상오차를 조금씩 수정하여 미래를 예측하는 것

(2) **합리적 기대(Rational Expectation)**

① 개념

적응적 기대의 문제점을 지적하며 등장한 개념으로, 경제주체들이 미래를 예측함에 있어 사용
가능한 모든 정보를 활용하는 것

② 시사점

㉠ 합리적 기대라고 해서 항상 정확한 예측을 하는 것은 아님

㉡ 합리적 기대하에서도 예상치 못한 정책은 단기적으로 효과를 발휘할 수 있음

1 경기변동

(1) 슘페터의 경기변동

경제의 호황과 불황이 반복되어 나타나는 현상

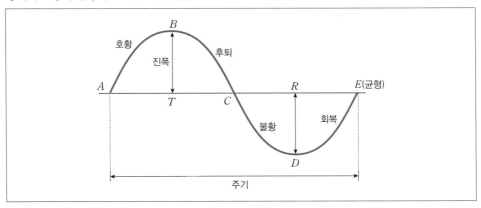

호황 국면 (Prosperity phase)	• A에서 정점 B까지의 구간 • 경제가 평균보다 높은 수준으로 성장하는 시기
후퇴 국면 (Recession phase)	• B에서 C까지의 구간 • 경제는 언제나 급격한 성장을 지속할 수는 없으므로 시간이 지나면 성장속도가 느려지는데, 후퇴 국면은 이처럼 성장속도가 감속하는 시기임
불황 국면 (Depression phase)	• C에서 저점 D까지의 구간 • 감소하던 경제성장률이 0%가 되고, 나중에는 마이너스(–) 성장을 하게 됨 • 이 구간에 있을 때 한 국가의 경제가 불황에 빠졌다고 말함
회복 국면 (Recovery phase)	• D에서 E까지의 구간 • 어떤 경제라도 영원히 급격한 성장을 계속할 수 없고, 혹은 계속해서 불황 상태에 머물러 있지도 않으므로 점차 경제는 처음 수준으로 회복됨
주기 (Cycle)	호황 국면에서 시작하여 회복 국면으로 끝나는 과정
진폭 (Amplitude)	한 경제의 경기변동 과정에서 정점과 저점의 차이로, 경기변동의 심화 정도를 나타냄

(2) **경기변동의 원인**

① 새 고전학파의 경기변동이론(실물적 경기변동이론)

　새 고전학파 경제학자들은 기술혁신, 경영혁신, 석유파동, 기후 등과 같이 총공급곡선에 영향을 미치는 요인들이 경기변동의 주요 원인이라고 주장함

② 새 케인스학파의 경기변동이론

　㉠ 총수요 측면에 있다고 주장

　　케인스학파의 전통을 이어받아 민간소비(C), 투자지출(I), 순수출(NX) 등 총수요 측면에서 충격이 발생하여 경기변동이 발생한다고 주장함

　㉡ 경기변동의 원인은 총수요와 총공급 모두에 있다고 주장

　　경기변동의 주기마다 그 원인이 새 고전학파가 주장하는 총공급 측면일수도, 새 케인스학파가 주장하는 총수요 측면일 수도 있다고 주장함

2 경제성장

(1) **개념**

　일정 기간 동안 발생한 실질 GDP의 증가를 의미하기도 하고, 일정 기간에 걸쳐 발생한 1인당 실질 GDP의 상승을 의미하기도 함

(2) **종류와 원인**

① 종류

외연적 성장	• 경제성장이 인구의 증가와 연관된다는 이론 • 인구의 증가는 노동력의 양적 증가를 의미하고, 이는 잠재적 산출량의 증가로 이어짐
내연적 성장	• 경제성장은 양적인 변화뿐만 아니라 기술변화와 같은 질적 변화를 포함해야 한다는 이론 • 슘페터는 교육투자의 증가, 노동자 1인당 자본장비율의 제고를 통한 노동생산성의 증가가 경제발전에 기여한다고 강조함

② 요인: 투자, 저축, 기술진보

③ 경제성장의 6가지 특징(Simon Kuznets)

　㉠ 1인당 실질 GDP와 인구의 증가율이 높음

　㉡ 노동생산성의 증가율이 높음

　㉢ 경제구조의 전환율이 높음

　㉣ 이념상의 전환이 빠름

　㉤ 시장과 원자재 확보를 위한 대외진출성향이 강함

　㉥ 경제성장의 성과는 전 세계적으로 확산되는 것이 아니라 제한적으로 세계 인구의 1/3에만 한정되어 있음

3 경기지수

(1) **경기종합지수(CI: Composition Index)**

국민경제 전체의 경기동향을 쉽게 파악하고 예측하기 위해 경제부문별로 경기에 민감하게 반응하는 주요 경제지표들을 선정한 후 이 지표들의 전월 대비 증감률을 합성하여 작성한 지수

선행종합지수	경제심리지수, 건설수주액, 재고순환지표 등과 같이 앞으로 일어날 경제현상을 미리 알려주는 7개 지표들의 움직임을 종합하여 작성함
동행종합지수	현재의 경기 상태를 나타내는 지표로서 광공업생산지수, 소매판매액지수, 비농림어업 취업자 수 등과 같이 국민경제 전체의 경기변동과 거의 동일한 방향으로 움직이는 7개 지표로 구성됨
후행종합지수	경기의 변동을 사후에 확인하는 지표로서 생산자제품재고지수, 회사채유통수익률 등과 같은 5개 지표로 구성됨

(2) **기업경기실사지수(BSI: Business Survey Index)**

기업활동실적 및 계획, 향후 경기전망에 대한 기업가들의 의견을 직접 조사하여 이를 바탕으로 지수화한 것

(3) **소비자동향지수(CSI: Consumer Survey Index)**

장차 소비자들의 소비지출계획이나 경기전망에 대한 설문조사를 진행하여 이 결과를 지수로 환산한 지표

THEME 17 | 무역이론과 제도

1 무역이론

(1) 고전학파 이전의 무역이론

중상주의	중농주의
• 수출 장려, 수입 억제 • 국부의 원천은 금(金) • 행정적 규제의 심화	• 오직 농업만이 부가가치를 창출할 수 있는 산업 • 경제활동에 국가가 개입하는 것을 반대

(2) 고전학파 무역이론

① 절대우위론(Theory of Absolute Advantage)

ⓘ 개념

한 국가가 다른 국가보다 더 적은 비용으로 재화를 생산할 수 있을 때 무역이 이루어진다는 이론

ⓛ 예시

영국은 섬유 생산에 절대우위, 포르투갈은 포도주 생산에 절대우위가 있음

구분	섬유	포도주
영국의 노동 투입 시간	10시간	8시간
포르투갈의 노동 투입 시간	18시간	7시간

② 비교우위론(Theory of Comparative Advantage)

ⓘ 개념

리카도가 주장한 무역이론으로 한 국가가 다른 국가에 비해 두 가지 재화 생산 모두에 절대열위에 놓여 있더라도 상대적으로 낮은 비용으로 생산할 수 있는 재화를 수출하고 상대적으로 높은 비용으로 생산하는 재화를 수입하면 양국 모두 무역의 이득을 얻을 수 있다는 이론

ⓛ 예시

포르투갈은 포도주 생산에, 영국은 섬유 생산에 비교우위가 있음

구분	섬유	포도주
영국의 노동 투입 시간	10시간	6시간
포르투칼의 노동 투입 시간	18시간	7시간

ⓒ 계산
- 영국과 포르투갈의 섬유 생산비 = 10 : 18
- 영국이 포르투갈에 비해 약 56% 비용으로 섬유 생산 가능
- 영국과 포르투갈의 포도주 생산비 = 6 : 7
- 영국이 포르투갈에 비해 약 86%의 비용으로 포도주 생산 가능
- 영국은 섬유를 수출하고 포르투갈은 포도주를 수출함

(3) **근현대의 무역이론**

① 헥셔-올린 이론

㉠ 개념

국가마다 생산비의 차이가 발생하는 이유는 국가마다 생산요소의 부존량이 다르므로 생산에 투입되는 노동과 자본의 비율 차이 때문이라고 주장하는 이론

㉡ 기본가정
- 두 나라와 두 개의 재화, 두 개의 생산요소(노동과 자본)
- 생산요소의 이동은 불가능
- 두 국가 간 생산함수가 동일(기술의 동질성)
- 규모에 대한 수익불변

㉢ 제1정리(요소부존도 이론)

무역이 발생하는 원인이 국가마다 요소부존량의 차이가 존재하기 때문이라는 이론

㉣ 제2정리(생산요소가격균등화)

생산요소의 이동이 불가능하기 때문에 비교우위에 있는 상품의 교역이 양국 사이에서 자유롭게 이루어지면서 양국의 생산요소의 가격이 같아진다는 이론

㉤ 이론의 한계(레온티예프 역설)
- 미국의 경제학자 레온티예프가 미국의 자료를 분석한 결과 헥셔-올린 이론의 주장과 반대되는 사례를 발견함
- 자본집약적 국가인 미국이 노동집약적인 재화를 수출하고, 자본집약적 재화를 수입하는 결과가 목격됨

② 대체적 무역이론

㉠ 기본가정의 변화: 시장 형태와 국가 간 생산기술에 대한 가정이 변화됨

전통적 무역이론	완전경쟁시장과 국가마다 동일한 생산기술을 가정
대체적 무역이론	독점적 경쟁시장과 국가마다 상이한 생산기술을 가정

㉡ 기술격차이론(Technology Gap Theory)
- 기술수준의 차이로 비교우위가 발생한다는 주장으로 포스너와 후프바우어에 의해 주장됨
- 제2차 세계대전 이후 인조섬유의 비교우위 요소를 검토한 결과, 연구개발이 앞선 국가가 비교우위를 갖게 된다는 것을 발견함

㉢ 제품수명주기설(Product Life Cycle Theory)

'개발, 성숙, 표준화, 쇠퇴단계'로 구성되는 제품수명주기에 의해 비교우위가 발생한다는 주장

2 무역정책

(1) 자유무역론(Free Trade Movements)
수출입을 통제하지 않고 자유롭게 두었을 때 모두에게 이득이 된다고 주장하는 이론으로, 자유로운 무역이 가능할 때 가장 효율적인 자원배분이 가능해진다고 주장함

(2) 보호무역론(Protectionism)
자국의 산업을 육성하기 위해 국가 주도로 수입을 규제하려는 무역정책임

① 보호무역 시행 이유

유치산업의 보호, 고용의 안정, 국가안보

② 보호무역을 위한 정책수단

㉠ 관세장벽: 수입 억제를 통해 높은 관세를 부과하는 것

반덤핑관세	수입국 정부가 덤핑수입으로 인해 실질적 피해를 입었거나 입을 우려가 있는 경우 국내산업을 보호하기 위해 마련된 덤핑차액 이하에 상당하는 관세
상계관세	• 상대국의 보조금 지급으로 인한 자국의 피해를 막기 위해 부과할 수 있는 합법적인 조치 • 생산물의 제조, 생산 혹은 수출에 직·간접적으로 부여된 보조금을 상쇄할 목적으로 부과되는 특별관세
보복관세	• 자국상품에 불리한 대우를 하는 나라의 상품에 대한 보복의 성격을 가진 관세 • 자국의 제품에 대해 부당 또는 차별적인 조치를 취하여 손실이 발생하였다고 판단되는 경우 피해액의 범위 내에서 관세를 부과할 수 있음

㉡ 비관세장벽

수입허가제	재화를 수입함에 있어 정부의 허가를 받도록 하는 제도
수입할당제	수입 가능한 상품의 수량을 정해 놓고 그 범위 안에서만 수입을 허가하는 수량제한제도로, 수입을 억제하여 국내산업을 육성하기 위한 제도
협정무역	무역당사자 간에 무역상품과 수량을 정해 놓고 그 범위 안에서만 교역을 진행하는 것
수출자율규제	수출국이 자율적으로 수출물량을 일정 수준 이하로 억제하도록 하는 제도

18 국제수지와 국제금융

1 국제수지(Balance of Payments)

(1) 국제수지와 국제수지표

① 국제수지

일정 기간 동안 한 나라 거주자와 다른 국가의 거주자 간에 이루어진 모든 경제적 거래

② 국제수지표

국제수지를 표로 기록한 것

(2) 구성

① 경상계정(Current Account)

국가 간 재화와 서비스의 거래를 표기한 항목

상품수지	재화의 수출액과 수입액의 차이
서비스수지	서비스 수출로 수취한 금액과 수입으로 지급한 금액의 차이
본원소득수지	국내 거주자와 비거주자 간에 급료 및 임금 또는 투자의 대가로 받은 배당금이나 이자소득의 차이
이전소득수지	거주자와 비거주자 간에 대가 없이 주고받은 거래의 차이

② 자본·금융계정(Capital and Financial Account)

우리나라가 다른 나라와 행한 자본의 거래를 기록한 계정

자본계정	자본이전과 비생산·비금융자산 등으로 구분
금융계정	직접투자, 증권투자, 파생금융상품, 기타투자 및 준비자산으로 구성

2 국제금융

(1) 환율(Exchange Rate)

국가 간 화폐의 교환비율로, 외화에 대한 가격이라고 할 수 있음

(2) 평가절상과 평가절하

평가절상	자국의 통화가치 상승, 명목환율 하락을 의미함
평가절하	자국의 통화가치 하락, 명목환율 상승을 의미함

에듀윌과 함께 시작하면,
당신도 합격할 수 있습니다!

취업 성공을 위해
한경TESAT S급을 취득하여 자신감을 얻은 취업 준비생

바쁜 일상 속에서도
새로운 도전으로 1급 합격을 이룬 직장인

비전공자여서 망설였지만
두 달 만에 2급에 합격하여 학점을 취득한 편입 준비생

누구나 합격할 수 있습니다.
해내겠다는 '다짐' 하나면 충분합니다.

마지막 페이지를 덮으면,

**에듀윌과 함께
한경TESAT 합격이 시작됩니다.**

에듀윌 한경TESAT 합격 스토리

에듀윌 합격 커리큘럼으로 S급 달성했어요!

에듀윌 인강으로 TESAT 공부를 시작했습니다. 전공이 상경계열이라 쉽게 이해되는 부분도 있었지만, 배운 지 오래된 내용들은 잘 기억이 나지 않았기에 에듀윌 인강이 많은 도움이 되었습니다. 특히 이론에 실제 기사 내용을 접목시켜서 설명해 주신 것이 이해하는 데 큰 도움이 되었습니다. 교재는 한권끝장을 1회독 후 600제 문제집으로 부족한 부분의 문제를 풀었습니다. 맞힌 문제와 틀린 문제 모두 오답 정리를 꼼꼼히 한 덕분에 최고 등급의 성적을 받을 수 있었던 것 같습니다. 다른 수험생 분들도 에듀윌 인강으로 개념을 익힌 후 충분히 복습하신다면 좋은 성적을 받으실 것 같습니다.

황O욱 합격생

기출문제가 있어 합격이 쉬웠어요!

단기간에 TESAT을 준비해야 했던 저는 에듀윌 한권끝장 교재를 중심으로 인강을 수강했습니다. 경제이론은 책과 강의 내용을 충분히 이해하는 것이 중요합니다. TESAT은 기출문제가 굉장히 중요한데, 에듀윌 교재에는 실제 기출문제가 함께 수록되어 있었습니다. 거의 동일한 문제가 출제되는 등 실제 시험에 적중률이 높아 이를 풀어보고 시험에 응시한 점이 '1급'을 획득할 수 있었던 포인트였던 것 같습니다. 이론 뒤에 수록된 기출동형 연습문제도 실제 시험과 매우 유사하기 때문에 시간이 된다면 문제를 모두 풀어보는 것을 추천합니다.

정O진 합격생

비전공자도 고등급 취득 가능해요!

저는 편입을 준비하고 있어 학점을 취득하기 위해 TESAT을 공부했어야 했습니다. 하지만 저는 경제 관련 전공자가 아니고, 다른 일과 병행했기에 시간이 많이 없었습니다. 그래서 독학보다는 인강을 듣는 게 더 효율적이라고 보았습니다. 저는 에듀윌 이종학 교수님의 강의를 수강했는데요. 비전공자임에도 불구하고 교수님의 알기 쉬운 설명과 재치 있는 입담으로 지루하지 않게 들을 수 있었습니다. 에듀윌에서 만든 TESAT 한권끝장 교재도 이름이 왜 한권끝장인지 알 수 있는 알찬 구성이었습니다. 강의와 교재로 공부한 결과, 3급이 목표였는데 결과는 '2급'으로 기분 좋게 초과 달성했습니다!

이O진 합격생

다음 합격의 주인공은 당신입니다!

더 많은 합격 스토리

회원 가입하고
100% 무료 혜택 제공

무료 혜택 1

초보 수험 가이드

학습플랜/샘플문제
&고득점 전략 TIP 제공

*PDF로 제공

무료 혜택 2

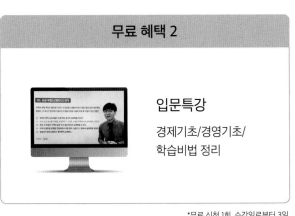

입문특강

경제기초/경영기초/
학습비법 정리

*무료 신청 1회, 수강일로부터 3일

무료 혜택 3

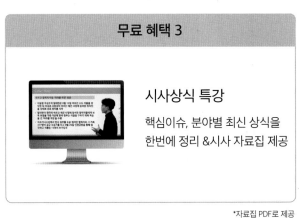

시사상식 특강

핵심이슈, 분야별 최신 상식을
한번에 정리 &시사 자료집 제공

*자료집 PDF로 제공

무료 혜택
바로 가기

eduwill

1초 합격예측 모바일 성적분석표

클릭 한 번으로 1초 안에 성적을 확인할 수 있습니다!

활용 GUIDE

실시간 성적분석 방법!

STEP 1
QR 코드 스캔

STEP 2
모바일 OMR 입력

STEP 3
자동채점 & 성적분석표 확인

STEP 1

QR 코드 스캔

- 에듀윌 도서몰(book.eduwill.net) - 도서자료실(부가학습자료) 다운로드 가능
- QR 코드를 모바일로 스캔 후 에듀윌 회원 로그인

STEP 2

모바일 OMR 입력

- 회차 확인 후 '응시하기' 클릭
- 모바일 OMR에 답안 입력
- 문제풀이 시간까지 측정 가능

STEP 3

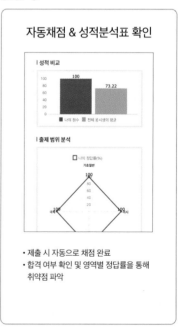

자동채점 & 성적분석표 확인

- 제출 시 자동으로 채점 완료
- 합격 여부 확인 및 영역별 정답률을 통해 취약점 파악

※ 상기 서비스는 본 교재의 부가자료로 제공하는 '보너스 기출문제' 풀이 시 활용 가능함

에듀윌 TESAT

영역별 600제

기출 208제 포함 + 무료특강

빠르고 쉽게 고등급을 받는 방법은?
영역별 600제 문제풀이!

1 기출로 먼저 익히고 기출 예상문제로 실전훈련 단기 완성!

주요 테마별 구성

시험에 필수로 나오는, 자주
출제되는 테마들만 엄선하였습니다.

영역별 기출문제

기출문제를 각 영역에 배치하여
실제 문제의 유형을 익힐 수 있도록
하였습니다.
※ 약 200문항

영역별 예상문제

단기간에 영역별 강점을 강화하고
취약 부분을 극복할 수 있도록
다양한 예상문제를 수록하였습니다.

CHAPTER 01 | 경제학의 기초

01 50회 기출
갑은 상품 A, B, C 중 하나만 선택하려고 한다. 금전적으로 평가한 편익과 구매할 경우의 가격이 아래 표와 같다. 다음 내용 중 옳은 것은?

(단위: 원)

구분	A	B	C
편익	14,000	12,000	9,000
가격	10,000	10,000	8,000

* 편익에서 기회비용을 뺀 것을 순편익이라고 한다.

① 편익에서 명시적 비용을 뺀 금액이 B가 가장 작다.
② B를 선택할 때와 C를 선택할 때의 암묵적 비용은 다르다.
③ C 선택의 기회비용이 가장 크다.
④ 순편익은 A가 C보다 크다.
⑤ 갑은 B를 선택한다.

02 79회 기출
영국의 경제학자 케인스가 말하는 저축의 역설과 관련한 설명 중 옳지 않은 것은?

① 구성의 오류를 나타내는 사례이다.
② 박제가의 우물론과 같이 소비의 중요성을 설명한다.
③ 저축의 증가는 기업 투자를 늘려, 총수요곡선을 좌측으로 이동시킨다.
④ 저축의 증가는 소비지출의 감소를 의미하고 이는 총수요의 감소로 이어져 국민소득이 감소한다.
⑤ 각 개인이 저축을 늘리려고 시도하면 결과적으로는 사회 전체적으로 저축이 오히려 줄어들 수 있다.

03 62회 기출
정부가 추진할 수 있는 경제성장 정책으로 적절하지 않은 것은?

① 기술진보를 위하여 민간부문의 연구개발활동을 장려하는 정책을 시행한다.
② 4차 산업분야와 같이 신(新)산업에 대한 규제개혁을 한다.
③ 교육은 인적자본에 대한 투자이기 때문에 좋은 학교를 만들고 국민들이 학교 교육을 받도록 장려한다.
④ 해외자본의 투자는 이익을 본국으로 회수해가므로 해외자본의 유입을 제한하는 정책을 시행한다.
⑤ 다른 조건이 같다면 건강한 근로자들이 생산성이 높기 때문에 국민건강 증진을 위한 정책을 시행한다.

04 50회 기출
시장경제체제에서 사회적 분업을 조정하는 힘으로 가장 알맞은 것은?

① 평등한 분배
② 절제된 이기심
③ 정부의 경제정책
④ 중앙은행의 통화정책
⑤ 시장에서 형성된 가격의 신호

2 자세하고 편한 해설로 이론 개념까지 완벽하게 정리

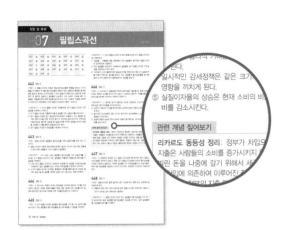

철저한 오답풀이와 해설은 당연한 것.
보기도 편해야 좋은 해설!

정답해설과 오답해설을 분리하여 선택적으로 볼 수 있도록 하였으며, '관련 개념 짚어보기'를 통해 함께 나온 이론까지 모두 학습할 수 있도록 하였습니다.

3 오직 에듀윌에서만 제공하는 추가자료

[별책부록] 빈출핵심 이론노트
핵심 이론
무한 반복학습!

휴대하기 좋은 크기로,
시험에 자주 출제되는
핵심적인 이론들만 모아
압축하였습니다.

[PDF] 보너스 기출문제 2회분
실전 감각을 일깨우는
기출문제 2회분

확실하게 마무리할 수 있도록
보너스 기출문제와 등급예측 서비스를
무료로 제공합니다.
※ [에듀윌 도서몰]-[도서자료실]

[특강] 핵심이론 + 공부법
학습 효율을
높여주는 무료특강

TESAT 핵심이론과 공부법 특강을
제공합니다.
※ [에듀윌 도서몰]-[동영상강의실]

고등급 합격을 응원합니다!

처음 TESAT 시리즈를 기획하고 발간할 때 경제경영 분야의 학습자를 늘리는 데 기여했으면 좋겠다는 바람이 있었습니다. 놀랍게도, 매년 조금씩 새로운 분들이 TESAT에 관심을 주시더니 2018년부터는 학점은행제를 통해 공부하시는 분들까지 TESAT 시험에 더 많은 관심을 보여주고 있습니다. 모든 사람들이 경제 기초를 이해해야 한다고 주장하는 한 사람으로서 해마다 공부하는 분들이 늘어나는 건 매우 의미있는 일이라고 생각합니다.

『TESAT 한권끝장』이 경제적인 감각과 사고력을 갖추기 위한 기초 개념을 접하고, 이해하는 과정이었다면 『TESAT 영역별 600제』는 익힌 개념을 활용하여 고등급 준비를 하는 과정입니다. 때로는 한 개념의 깊숙한 측면을 묻기도 하고, 때로는 복수의 개념들이 하나의 문제를 구성하기도 합니다. 실제 현실에서는 경제 이론 하나만으로 설명되지 않는 현상들이 더 많기 때문에 개념 간의 유기적 연결을 통한 문제해결은 TESAT 고득점을 위해서도, 현실에서 더 나은 선택을 하기 위해서도 매우 중요한 능력입니다.

『TESAT 영역별 600제』는 확대된 독자층과 TESAT이 의도하는 바에 보다 가까워질 수 있도록 내용을 강화하는 등의 개정이 대폭 이뤄졌습니다. 최근 자주 출제되는 유형의 기출과 예상문제를 모두 접할 수 있도록 구성하였습니다. 무엇보다 정답과 오답 모두를 설명하는 상세한 해설을 준비하였습니다.

『TESAT 영역별 600제』가 많은 수험생들에게 큰 사랑을 받는 이유는 무엇보다 살아있는 문제입니다. 경제 개념을 실제 현실에 적용할 수 있기 위해서는 살아있는 예시가 필수적입니다. 이를 위해 실제 한국은행 및 통계청의 자료들과 정부부문의 보도자료 등을 문제의 소재로 활용하였습니다. 『TESAT 한권끝장』을 통해 학습한 경제개념을 실제 현실의 사례들을 해석하는 도구로 활용하는 기회가 되었으면 합니다. 실제 비즈니스 현장에서 경제 개념을 활용하는 데 큰 도움이 될 것이라고 생각합니다.

언제나 강조하지만 TESAT은 기출문제를 반드시 활용해야 합니다. 본서에 실린 기출문제와 예상문제들을 모두 풀고 부족한 개념은 없는지 필히 체크해 보시기 바랍니다.

본서가 TESAT 고득점은 물론이거니와 살아있는 경제 개념을 이해할 수 있는 계기가 되었으면 합니다.

여러분의 고등급 합격을 응원합니다.

저자 David Kim

TESAT의 모든 것

TESAT이란?

TESAT이란 'Test of Economic Sense And Thinking'의 약어로 시장경제에 대한 지식과 이해도를 측정하는 경제 지력 · 사고력 테스트이다. 단편적인 경제 지식을 묻는 퀴즈식 시험이 아니라 복잡한 경제 현상을 얼마나 잘 이해하고 있는가를 객관적으로 평가하는 종합경제 시험이다. 한국경제신문이 주최하며 2010년 11월 정부로부터 '국가공인' 자격시험으로 인정받았다.

출제기준 및 배점

☑ 출제기준

▶ **경제이론**

경제 정보를 이해하는 데 필요한 주요 경제 이론 지식을 테스트한다. 경제기초, 미시, 거시, 금융, 국제 등 경제학 전 분야에서 골고루 출제된다.

▶ **시사경제(경영)**

경제 · 경영과 관련된 뉴스를 이해하는 데 필요한 배경지식을 테스트한다. 새로운 경제정책과 산업, 기업 관련 뉴스 이해에 필요한 경제 · 경영 상식을 검증한다.

▶ **응용복합(상황판단)**

경제, 경영, 시사 상식을 결합한 심화 영역으로 경제 상황을 분석 · 추론 · 판단할 수 있는 종합 사고력을 테스트한다. 자료(통계)해석형, 이슈분석형, 의사결정형의 문항으로 출제한다. 여러 변수를 고려해야 하는 경제이해력의 특성을 감안해 마련한 영역이다.

☑ **배점**

영역	출제 범위	지식이해 (3점)	적용 (4점)	분석추론 (5점)	합계
경제이론	기초일반, 미시, 거시, 금융, 국제	20문항 60점	10문항 40점	–	**30문항 100점**
시사경제 (경영)	정책(통계), 상식(용어), 경영(회사법, 회계, 재무)	20문항 60점	10문항 40점	–	**30문항 100점**
응용복합 (추론판단)	자료해석, 이슈분석 의사결정(비용편익분석)	–	–	20문항 100점	**20문항 100점**

2025 시험일정 및 시간

☑ **2025 시험일정**

회차	시험일자	접수기간	성적발표일
95회	2025.02.15.(토)	2025.01.02.~2025.02.03.	2025.02.21.
96회	2025.03.22.(토)	2025.02.18.~2025.03.10.	2025.03.28.
97회	2025.05.17.(토)	2025.03.25.~2025.05.05.	2025.05.23.
98회	2025.06.28.(토)	2025.05.20.~2025.06.16.	2025.07.04.
99회	2025.08.09.(토)	2025.07.01.~2025.07.28.	2025.08.14.
100회	2025.09.20.(토)	2025.08.12.~2025.09.08.	2025.09.26.
101회	2025.11.15.(토)	2025.09.23.~2025.11.03.	2025.11.21.
102회	2025.12.27.(토)	2025.11.18.~2025.12.15.	2026.01.02.

☑ **시험시간**

입실	오전 9시 30분까지	고사장	서울, 인천, 수원, 부산, 대구, 대전, 광주, 전주, 창원, 제주, 강원
시험시간	100분 (오전 10시 ~ 11시 40분)		

※ 상황에 따라 고사장이 변경될 수 있으므로 정확한 내용은 TESAT 홈페이지를 참고하시기 바랍니다.

TESAT의 모든 것

☑ 점수에 따른 등급

총점을 기준으로 경제이해력 정도를 나타내는 S(최고 등급), 1~5의 등급을 부여하며, 백분율 석차도
함께 표시하고 있다.

TESAT이 검증하는 경제이해력 : 국내외에서 발생하는 각종 경제 정보를 제대로 이해하고 이를 바탕으로 주어진 경제
상황에서 합리적인 판단을 내리거나 주요 경제 이슈에 대해 독자적으로 의견을 제시할 수 있는 능력이다.

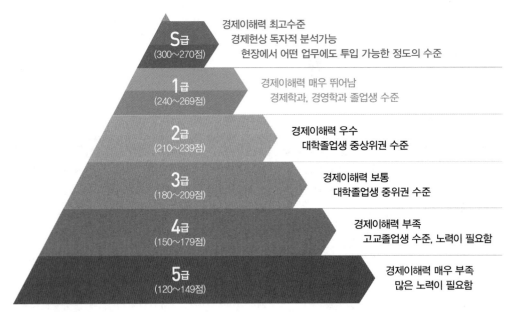

S급 (300~270점)	경제이해력 최고수준 경제현상 독자적 분석가능 현장에서 어떤 업무에도 투입 가능한 정도의 수준
1급 (240~269점)	경제이해력 매우 뛰어남 경제학과, 경영학과 졸업생 수준
2급 (210~239점)	경제이해력 우수 대학졸업생 중상위권 수준
3급 (180~209점)	경제이해력 보통 대학졸업생 중위권 수준
4급 (150~179점)	경제이해력 부족 고교졸업생 수준, 노력이 필요함
5급 (120~149점)	경제이해력 매우 부족 많은 노력이 필요함

* 120점 미만은 등급 외

☑ 성적 유효기간

성적 유효기간은 응시일로부터 2년이다. 2년 후에는 성적표의 재발급이나 성적 확인이 불가능하다.

TESAT의 활용 현황

☑ 활용 기업 · 단체

대졸 신입사원 채용 시 활용하는 기업 · 단체	• 삼성그룹 • SK • 코오롱 • 아모레퍼시픽 • 오뚜기 • 신영증권 • 한화그룹	• 현대차 • GS리테일 • BGF리테일 • 대우건설 • KT&G • IBK기업은행 • SPC그룹	• 현대제철 • 대림 • CJ • 넥센타이어 • 한국거래소 • 미래에셋증권 • 애경산업	• 현대카드 • S-oil • 모두투어 • 신세계 • KB국민카드 • 한국관광공사
임직원 승진 인사에 활용하는 기업 · 단체	• 퍼시스 • SK네트웍스	• 한국투자증권 • DB그룹	• 한국경제인연합회	

☑ 대입(학생부종합전형 기재) 시 사용

소관 부처	자격종목	등급	자격관리자
기획재정부	국제금융역	–	(사)한국금융연수원
	외환전문역	Ⅰ · Ⅱ종	
	경제이해력검증시험(TESAT)	S급, 1 · 2 · 3급	한국경제신문사
	경제경영이해력인증시험 매경TEST	최우수, 우수	매일경제신문사
	원가분석사	–	(사)한국원가관리협회

☑ 학점은행제 인정 학점으로 사용

분류	자격명	인정학점		표준교육과정 해당 전공	
		기존	변경 (18.04.01)	전문학사	학사
경영/경제	경제이해력검증시험(TESAT) S급	20	20	경영	경영학, 경제학
	경제이해력검증시험(TESAT) 1급	18	19		
	경제이해력검증시험(TESAT) 2급	16	18		
	경제이해력검증시험(TESAT) 3급	14	17		

TESAT의 모든 것

1
시험의 의도를 생각해 볼 것!

지피지기면 백전백승이라고 했다. 어떤 시험이든 좋은 점수를 얻기 위해서는 시험의 의도가 무엇인지를 먼저 생각해봐야 한다. 시험의 의도를 파악해야 비로소 어떤 범위에서 어떤 내용이 출제될지 가늠해 볼 수 있기 때문이다. TESAT은 이론 위주의 시험이 아니라 실제 경제현상을 경제지식을 갖고 바라볼 수 있는 소양을 갖추었는지를 확인하는 시험이다. 특정 개념이 반복되어 출제되는 이유가 바로 여기에 있다. 실제 경제환경을 해석하기 위해 필요한 지식은 결코 어렵고 복잡한 개념이 아니기 때문이다.

2
빠르게 여러 번 반복 학습할 것!

경제학은 경제개념으로 사회를 분석하는 학문이라 다양한 요인들이 유기적으로 얽혀있다. 이와 같이 TESAT 시험도 각 개념이 촘촘하게 연결되어 있는 탓에 전체를 파악하지 못하면 정확한 이해가 어렵다. 하나의 개념을 완벽하게 이해하고 넘어가기 보다는 빠르게 여러 번 전체를 반복하여 학습하는 것이 효율적이다. 이렇게 반복하다보면 이해의 공백이 줄어드는 것을 느낄 수 있을 것이다. 어렵다고 포기하지 말고, 모르면 넘어가자. 앞 장에서 이해가 되지 않던 개념이 뒷장에서가 저절로 이해가 되는 신기한 체험을 할 수 있을 것이다.

3
기출문제와 출제 예상 문제를 통해 학습한 이론을 적용할 것!

구슬이 서 말이어도 꿰어야 보배이다. TESAT의 핵심 개념들을 습득했다 하더라도 문제풀이에 접목하는 연습을 게을리 하면 효과적인 학습이라 할 수 없다. 반드시 기출문제와 예상문제를 통해 실제 시험에 대비하여야 한다. 특히, 기출문제는 TESAT 학습의 처음이자 끝이다. 최대한 기출과 흡사하게 구성된 최신 문제집을 골라 대략적인 출제 경향을 확인하고 어느 정도 학습이 이루어진 이후에는 최근 3~5회의 문제를 통해 학습한 내용들을 확인해야 한다.

4
시사 이슈에 관심을 가질 것!

경제 혹은 경영학의 개념들로 채울 수 없는 부분은 시사적인 부분이다. 시사 이슈는 책 속의 내용이 아닌 현실의 경제현상이 어떤 배경에서 움직이고 있는지를 보여주는 중요한 내용이다. 시사적인 이슈를 경제·경영학의 개념들로 해석해낼 수 있을 때 TESAT 고득점은 물론이거니와 사회가 필요로 하는 인재의 소양을 갖추게 됨을 기억하자.

차례

PART

01

미시경제

한눈에 보는 학습 중요도 & BEST 출제 키워드

구분	학습 중요도(10점 만점)	BEST 출제 키워드
CHAPTER 01 경제학의 기초	8	• 희소성, 자유재와 경제재, 기회비용, 매몰비용 • 생산가능곡선, 경제 순환도 • 경제문제와 경제체제, 효율성과 형평성 • 변수의 이해(독립 및 종속 · 내생 및 외생 · 유량 및 저량변수)
CHAPTER 02 수요 및 공급이론	8	• 수요(공급)와 수요(공급)곡선 • 수요와 공급의 탄력성 • 소비자잉여, 생산자잉여, 총잉여 • 최고가격제와 최저가격제
CHAPTER 03 소비자이론	7	• 효용의 측정 방법, 한계효용균등의 법칙 • 무차별곡선, 예산선 • 가격효과(정상재, 열등재) • 확실성 · 불확실성하의 소비자선택이론
CHAPTER 04 생산자이론	7	• 생산자이론의 기초 • 단기 · 장기 생산함수, 비용함수
CHAPTER 05 시장이론	9	• 시장의 개념과 구분 • 시장의 유형, 단기 · 장기균형 • 가격차별, 게임이론
CHAPTER 06 노동시장과 소득분배	6.5	• 10분위분배율, 로렌츠곡선, 지니계수, 앳킨슨지수 • 지대와 경제적 지대
CHAPTER 07 시장 실패와 정부 실패	9	• 시장 실패, 외부효과 • 정부 실패
CHAPTER 08 정보경제	9	• 역선택의 정의와 해결책 • 도덕적 해이 및 주인−대리인 문제

※ 학습 중요도와 BEST 출제 키워드는 출제빈도 분석과 출제기준 자료를 바탕으로 수록했습니다.

경제학의 기초

01 50회 기출

갑은 상품 A, B, C 중 하나만 선택하려고 한다. 금전적으로 평가한 편익과 구매할 경우의 가격이 아래 표와 같다. 다음 내용 중 옳은 것은?

(단위: 원)

구분	A	B	C
편익	14,000	12,000	9,000
가격	10,000	10,000	8,000

*편익에서 기회비용을 뺀 것을 순편익이라고 한다.

① 편익에서 명시적 비용을 뺀 금액이 B가 가장 작다.
② B를 선택할 때와 C를 선택할 때의 암묵적 비용은 다르다.
③ C 선택의 기회비용이 가장 크다.
④ 순편익은 A가 C보다 크다.
⑤ 갑은 B를 선택한다.

02 79회 기출

영국의 경제학자 케인스가 말하는 저축의 역설과 관련한 설명 중 옳지 않은 것은?

① 구성의 오류를 나타내는 사례이다.
② 박제가의 우물론과 같이 소비의 중요성을 설명한다.
③ 저축의 증가는 기업 투자를 늘려, 총수요곡선을 좌측으로 이동시킨다.
④ 저축의 증가는 소비지출의 감소를 의미하고 이는 총수요의 감소로 이어져 국민소득이 감소한다.
⑤ 각 개인이 저축을 늘리려고 시도하면 결과적으로는 사회 전체적으로 저축이 오히려 줄어들 수 있다.

03 62회 기출

정부가 추진할 수 있는 경제성장 정책으로 적절하지 않은 것은?

① 기술진보를 위하여 민간부문의 연구개발활동을 장려하는 정책을 시행한다.
② 4차 산업분야와 같이 신(新)산업에 대한 규제개혁을 한다.
③ 교육은 인적자본에 대한 투자이기 때문에 좋은 학교를 만들고 국민들이 학교 교육을 받도록 장려한다.
④ 해외자본의 투자는 이익을 본국으로 회수해가므로 해외자본의 유입을 제한하는 정책을 시행한다.
⑤ 다른 조건이 같다면 건강한 근로자들이 생산성이 높기 때문에 국민건강 증진을 위한 정책을 시행한다.

04 50회 기출

시장경제체제에서 사회적 분업을 조정하는 힘으로 가장 알맞은 것은?

① 평등한 분배
② 절제된 이기심
③ 정부의 경제정책
④ 중앙은행의 통화정책
⑤ 시장에서 형성된 가격의 신호

05 61회 기출

영국의 경제학자 토머스 맬서스는 인구 증가로 인해 인류는 총체적 빈곤 상태에 빠질 것이라고 예측했다. 하지만 이러한 예상은 잘못된 것으로 밝혀졌다. 맬서스가 간과한 것은 무엇인가?

① 기술의 진보
② 정부의 개입
③ 시장 실패
④ 인구의 자동 조절 기능
⑤ 인구 증가로 인한 노동력 증가

06 51회 기출

X, Y재 두 재화만을 생산하는 어떤 국가의 생산가능곡선이 (가)에서 (나)로 변하였다. 〈보기〉에서 옳은 설명을 모두 고르시오.

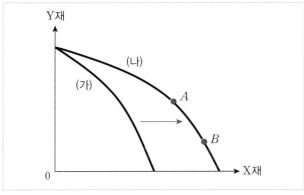

〈보기〉

가. 실질GDP가 증가하였다.
나. A점에서의 생산이 B점에서보다 효율적이다.
다. X 생산의 기술이 발달하여 Y재 생산량도 증가하였다.
라. Y재를 한 단위 생산하는 기회비용은 A점에서보다 B점에서 크다.

① 가, 나   ② 가, 다
③ 나, 다   ④ 나, 라
⑤ 다, 라

07 56회 특별 기출

그림에서 A와 B는 민간 경제의 주체이다. 이에 대한 설명 중 옳은 것은?

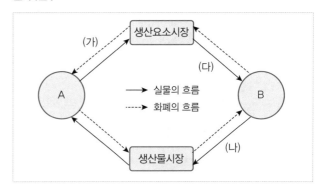

① (가)는 A가 생산에 참여한 대가로 볼 수 있다.
② (나)의 대표적인 형태로 공공재를 들 수 있다.
③ (다)는 재화와 용역을 소비하는 행위로 볼 수 있다.
④ A는 생산물시장에서는 공급자, 생산요소시장에서는 수요자 역할을 한다.
⑤ 전통사회에서 A는 소비의 주체일 뿐 생산 활동에는 전혀 참여하지 않았다.

08 68회 기출

"경제학은 대체적 용도를 가진 희소자원의 사용에 대한 연구이다."라는 말을 두고 다섯 명의 대학생이 대화를 나누고 있다. 이 말을 가장 이해하지 못한 사람은 누구인가?

① 영호: 희소자원의 배분을 어떻게 결정하느냐에 따라 전체 사회의 삶에 영향을 미친다고 할 수 있다.
② 철수: 경제학의 관심은 희소자원을 이용해 생산하는 것, 즉 투입을 산출로 만드는 것에 있다.
③ 민영: 만약 모든 자원의 용도가 하나뿐이라면 경제학은 훨씬 단순했을 것이다.
④ 광복: 수요가 없는 재화의 생산에 투입하는 자원을 다른 용도로 쓰면 효율성을 더 끌어올릴 수 있다.
⑤ 진구: 희소한 자원은 매우 소중하기 때문에 엉뚱한 곳에 쓰이지 않도록 배분과정을 국회나 소비자단체들이 협의해야 한다.

09 61회 기출

애덤 스미스가 『국부론』에서 이야기한 '보이지 않는 손(Invisible Hands)'의 원리에 대한 설명으로 옳지 않은 것은?

① 시장을 통해 자원의 효율적 사용이 가능하다는 주장이다.
② 독점시장을 전제한다고 할 수 있다.
③ 사익을 추구하는 사람들 사이의 경쟁이 공익을 만들어낸다는 주장이다.
④ 애덤 스미스가 시장의 작동원리에 대해 설명한 표현이다.
⑤ '보이지 않는 손'은 시장에서 결정된 가격을 의미한다.

10 53회 기출

희소성이 발생하는 이유로 옳은 것은?

① 국가 간 생산방식에 차이가 존재하기 때문이다.
② 정부가 재화와 서비스 생산에 대해 규제를 시행하기 때문이다.
③ 사람들의 모든 욕구를 충족시키기에는 사용 가능한 자원이 유한하기 때문이다.
④ 소득분배가 불평등하게 이루어지기 때문이다.
⑤ 사람들이 필요 이상으로 재화와 서비스를 많이 소비하기 때문이다.

11 79회 기출

경제문제가 발생하는 가장 근본적인 이유는?

① 임금이 급격하게 증가하기 때문이다.
② 인간의 행동은 이타적이기 때문이다.
③ 인간의 소비패턴이 일정하기 때문이다.
④ 인간의 욕구에 비해 자원이 희소하기 때문이다.
⑤ 식량의 증가 속도가 기술발전으로 매우 빠르기 때문이다.

12 79회 기출

경제체제와 관련한 아래의 지문과 관련한 설명 중 옳은 것은? (단, A와 B는 각각 시장경제체제와 계획경제체제 중 하나이다.)

경제체제는 자원의 배분 방식에 따라 A와 B로 구분할 수 있다. A는 B와 달리 정부의 명령과 통제에 따라 자원 배분이 이루어진다.

① A는 시장에 의한 자원 배분을 중시한다.
② A에서는 희소성에 의한 경제문제가 발생하지 않는다.
③ B는 원칙적으로 생산 수단의 사적 소유를 인정하지 않는다.
④ B는 A보다 시장에서의 경제적 유인을 강조한다.
⑤ B는 경제문제의 해결 기준으로 형평성을 중시한다.

13 79회 기출

미시경제학(Microeconomics)은 개별 경제주체들의 행동을 분석하는 데 초점을 맞추고 있다. 이때 미시경제학의 분석 분야에 해당하지 않는 것은?

① 산업 구조
② 경기 변동
③ 기업 행동
④ 소비자 행동
⑤ 시장의 효율성

14 56회 특별 기출

다음 지문을 읽고 갑돌이의 기회비용을 구하면?

갑돌이는 취업 준비 결과 최종 3개의 회사에 합격하였다. A 회사는 월 200만 원의 급여를 지급하고, B 회사는 월 150만 원, C 회사는 월 250만 원의 급여를 지급한다. 갑돌이는 고심 끝에 자신과 가장 잘 맞을 것 같은 A 회사를 선택하였다.

① 0원　　　　　　　　② 100만 원
③ 150만 원　　　　　　④ 200만 원
⑤ 250만 원

15 62회 기출

시장경제의 작동원리를 잘못 설명한 것은?

① 시장경제는 정부의 자의적인 규제가 없는 경제적 자유를 기본 가치로 삼는다.

② 시장경제는 개인들이 성실·노력·재주·능력 등을 투입해 소득을 얻는 시스템이다.

③ 시장에는 분배하는 실체가 없기 때문에 분배결과를 정의롭다거나 정의롭지 않다는 말로 시장의 분배결과를 평가하는 것은 옳지 않다.

④ 새로운 지식과 이윤기회를 찾는 기업가정신의 존재 때문에 시장은 끊임없는 과정 속에 있다고 말할 수 있다.

⑤ 시장경제에서 복지는 국가가 보장하기 때문에 정부가 세금을 통해 개인의 재산권을 제약할 수 있다.

16 74회 특별 기출

ⓐ~ⓓ에 대해 옳게 설명한 것을 〈보기〉에서 고르면?

> ⓐ 가격
> ⓑ 경제적 자유
> ⓒ 사유재산권 보장
> ⓓ 경쟁

〈보기〉

가. 시장경제체제에서 ⓐ는 자원을 적재적소에 배분하는 기능을 수행한다.

나. ⓑ를 통해 소득 분배의 형평성만 추구할 수 있다.

다. ⓑ와 ⓒ는 밀접한 관계가 있으며, ⓒ가 없는 ⓑ는 허울에 불과하다고 할 수 있다.

라. ⓓ가 생산자들 간에 이루어지면 가격이 오르고 자원배분이 비효율적으로 이루어진다.

① 가, 나 ② 가, 다

③ 나, 다 ④ 나, 라

⑤ 다, 라

17 78회 기출

시장과 관련한 설명 중 가장 옳지 않은 것은?

① 시장은 자본주의 이전부터 존재해왔다.

② 시장은 사회적 분업을 더욱 촉진시켰다.

③ 시장에서 완전하고 공평한 분배가 가능하다.

④ 기계의 등장으로 시장은 더욱 발전하였다.

⑤ 산업혁명 이후로 시장의 규모는 더욱 폭발적으로 증가하였다.

18

미시경제학과 거시경제학에 대한 설명으로 옳은 것은?

① 미시경제학은 경기변동, 장기 성장, 국민경제와 같은 총합적인 경제개념을 탐구한다.

② 거시경제학은 개별 경제주체의 의사결정과 상호작용을 연구한다.

③ 구성의 오류를 피하기 위해서는 미시경제학과 거시경제학의 종합적인 고려가 필요하다.

④ 미시경제학과 거시경제학의 통합에 대한 진전은 이루어지지 않고 있다.

⑤ 거시경제학은 부분 균형, 미시경제학은 일반 균형에 대해 관심이 있다.

19

초밥 가게를 개업하고자 한다. 다음 중 매몰비용의 성격이 가장 강한 것은?

① 인건비 ② 제품 개발비

③ 압력 밥솥 ④ 활어 구입비

⑤ 점포 임대 보증금

20

다음은 한 국가의 생산가능곡선이다. 이에 대한 설명으로 옳지 않은 것은?

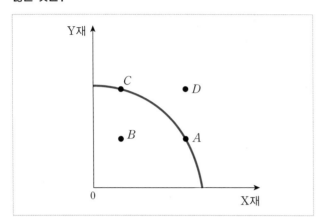

① 점 A에서 생산이 이루어질 경우, 자원을 효율적으로 사용했다고 볼 수 있다.
② 독점기업의 경우에는 B와 같이 곡선 안에 있는 점에서 생산이 이루어질 가능성이 높다.
③ 점 D의 경우 현재는 달성하기 어려운 생산 수준으로, 기술개발 등이 이루어져야 생산이 가능하다.
④ X재를 생산하는 기업이 해외로 이전하면 점 A가 점 C로 이동하게 된다.
⑤ 점 A는 점 C보다 X재를 생산하기 위해 포기해야 하는 Y재가 더 많다.

21

TV에서 청년실업률과 황혼실업률이 증가하고 있다는 뉴스가 보도되고 있다. 이 보도에 나온 경제현상을 생산가능곡선으로 옳게 표현한 것은?

① 생산가능곡선 바깥쪽에 있다.
② 생산가능곡선 안쪽에 있다.
③ 생산가능곡선상에 있다.
④ 생산가능곡선과 수요함수가 만나는 점에 있다.
⑤ 생산가능곡선과 생산함수가 만나는 점에 있다.

22

다음 자료에 대한 옳은 설명을 〈보기〉에서 고른 것은?

인간의 욕구에 비해 자원이 상대적으로 적게 존재하는 경우에 희소성이 있다고 한다. 이에 비해 인간의 욕구와 무관하게 자원이 절대적으로 적게 존재하는 경우에는 희귀성이 있다고 한다.

〈희소성과 희귀성에 따른 재화의 분류〉

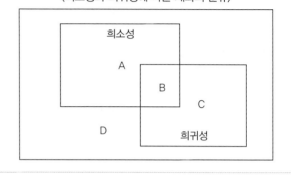

〈보기〉
가. A에 속하는 재화는 자유재이다.
나. C에 속하는 재화는 경제재이다.
다. 깨끗한 물은 과거에 비해 D의 성격이 약화되고 있다.
라. 유명 화가의 원작은 B에 해당한다.

① 가, 나　　　　　② 가, 다
③ 나, 다　　　　　④ 나, 라
⑤ 다, 라

23

다음 상황에서 뮤지컬 티켓 구입비를 매몰비용으로 보았을 때, 합리적인 주장을 한 사람을 〈보기〉에서 고른 것은?

예술대학 학생들이 해외 팝스타의 내한공연을 보기 위해 논의하던 중, 해외 팝스타의 내한공연이 돌연 취소되었다는 소식이 들려 왔다. 그래서 학생들은 대신 뮤지컬을 관람하기로 결정하였다. 그런데 며칠 뒤 해외 팝스타가 다시 내한공연을 하기로 결정하였다고 한다.

※ 학생들이 이미 예매한 뮤지컬 티켓은 환불되지 않는다.

─〈보기〉─
민수: 뮤지컬 티켓을 구입한 돈이 허비되지 않게 극장에 꼭 가야 해.
철수: 우리는 팝스타 공연을 좋아하니 다시 예매하자.
병수: 뮤지컬 티켓을 구입한 돈을 문제 삼지 말고, 둘 가운데 뭐가 더 좋은지만을 생각해.
상지: 해외 팝스타 공연을 위해 지출한 돈이 없으니까 다시 팝스타 공연 티켓을 구입하자.

① 민수, 병수 　　　② 민수, 상지
③ 철수, 병수 　　　④ 철수, 상지
⑤ 병수, 상지

24

다음은 구소련의 경제 상황에 대한 신문보도 내용을 발췌한 것이다. 이에 대한 옳은 설명을 〈보기〉에서 고른 것은?

〈A 신문〉
러시아는 그동안 국영농장의 운영 방식을 개선하기 위해 국영농장의 전체 경작지 중 5%에 해당하는 부분을 민간에 분양하였다. 그 결과, 전체 5%에 해당하는 부분의 산출량이 나머지 부분에서 산출된 양의 절반 수준에 해당하였다.

〈B 신문〉
러시아는 1990년대 초반 가격자유화 조치와 함께 이전까지 국가에서 소유한 국영 기업들에 대한 권한과 소유권을 민간에 이양하고 있다. 이러한 과정에서 대규모 실업과 임금 구조의 불평등 양상이 목격되고 있다.

─〈보기〉─
가. A 신문은 경제문제를 해결하기 위해 시장경제체제가 효율적임을 보여 준다.
나. A 신문은 민간의 자율적인 의사결정이 혼란을 야기할 수 있음을 보여 준다.
다. B 신문은 경제문제를 해결함에 있어 기회비용이 야기될 수 있음을 보여 준다.
라. B 신문은 정부가 시장에 개입해야 할 필요성이 없음을 보여 준다.

① 가, 나 　　　② 가, 다
③ 나, 다 　　　④ 나, 라
⑤ 다, 라

25

경제적 측면에서 가장 합리적인 사람은?

① 소연: 영화가 재미없었지만 입장료가 아까워서 끝까지 봤다.
② 지훈: 대학 진학을 고민할 때 대학 진학을 포기하고 할 수 있는 일은 고민하지 않았다.
③ 영우: 영어학원 등록에 대한 경제적 비용은 수강료와 교통비이다.
④ 창호: 내일 시험을 앞두고 지금부터 한 시간 동안 더 공부를 할 것인지 휴식을 취할 것인지를 결정하였다.
⑤ 훈민: 서점에서 구입한 책이 재미가 없었지만 비싼 책값을 생각하여 끝까지 읽었다.

26

다음 글은 시장경제체제에서의 정부 유형을 비유적으로 나타낸 것이다. 이에 대한 진술로 가장 적절한 것은?

> 자녀 양육에서 나타나는 부모의 유형은 크게 두 가지이다. 첫 번째는 ㉠ 자유방임형 부모이다. 이 유형의 부모는 굳이 부모가 자녀의 일에 나서서 간섭하거나 참견하지 않아도 자녀는 스스로 잘 성장한다고 믿는다. 부모로서 최소한의 돌봄 기능만 수행하되 다른 부분은 자녀의 자율에 맡긴다. 두 번째는 ㉡ 우두머리형 부모이다. 이 유형의 부모는 기본적으로 자녀의 자율성을 인정해 주되 부족한 부분에 대해서는 적극적으로 개선시키고자 노력하고 자녀가 나아가야 할 올바른 방향을 제시한다.

① 대공황은 ㉠과 같은 유형의 정부가 옳았음을 입증하는 계기였어.
② ㉠과 같은 유형의 정부는 '보이지 않는 손'에 대한 믿음이 확고했지.
③ ㉡과 같은 유형의 정부는 작은 정부에 해당하겠군.
④ 1970년대의 석유 파동 이후 ㉡과 같은 유형의 정부가 등장했어.
⑤ ㉠과 ㉡ 모두 시장 실패에 적극적으로 대처하는 정부 유형에 해당해.

27

선박과 자동차만 생산하는 A국에서 선박 생산기술의 혁신으로 선박과 자동차로 표현한 생산가능곡선이 이동하였고 경제성장을 달성하였다. 이 경우 나타나는 현상으로 옳지 않은 것은?

① 자동차 생산의 기회비용은 증가한다.
② 선박과 자동차 생산의 기회비용에는 변화가 없다.
③ 생산가능곡선상의 교환비율은 곡선상의 위치에 따라 다를 수 있다.
④ 생산가능곡선상의 교환비율은 시간에 따라 변할 수 있다.
⑤ 선박 생산의 기회비용은 감소한다.

28

다음 중 유량변수가 아닌 것은?

① 저축 　　　　　　② 수요
③ 국부 　　　　　　④ 소비
⑤ 투자

29

'외국기업의 국내 진출을 저지할 경우, 국내 해당 분야의 고용이 증가하여 경제 전체에 고용 증대 효과가 나타날 것이다.'라는 주장에 대한 옳은 설명을 〈보기〉에서 모두 고른 것은?

> 〈보기〉
> 가. 규범경제학(Normative Economics)의 내용이다.
> 나. 실증경제학(Positive Economics)의 내용이다.
> 다. 인과의 오류(Post hoc Fallacy)이다.
> 라. 구성의 오류(Fallacy of Composition)이다.

① 가 　　　　　　② 나
③ 가, 다 　　　　　④ 나, 다
⑤ 나, 라

30

다음은 어느 나라의 경제개혁을 나타낸 것이다. 여기에 나타난 변화를 통해 추론할 수 있는 내용을 〈보기〉에서 고른 것은?

> **〈전통적 사회주의 계획경제체제〉**
> 사유재산제 부정, 정부계획으로 모든 가격 결정
>
> ▼
>
> **〈자원 배분 체계 개혁〉**
> 시장원리를 적용하여 당국이 가격 결정

〈소유제 개혁〉	〈의사결정제도 개혁〉
• 공유제 원칙 유지	• 국가통제 완화
• 개인 재산 일부 허용	• 기업 자체 결산 실시

> 〈보기〉
> 가. 자본주의 시장경제체제 요소가 적용되었을 것이다.
> 나. 초과 수요가 발생한 상품의 가격이 높아졌을 것이다.
> 다. 개인과 기업에 대한 경제적 유인이 확대되었을 것이다.
> 라. 기업의 경제활동은 시장의 상황과 무관하게 이루어졌을 것이다.

① 가, 나 　　　　　② 가, 다
③ 나, 다 　　　　　④ 나, 라
⑤ 다, 라

31

다음 그림은 A국과 B국의 생산가능곡선이다. 이에 대한 설명으로 옳지 않은 것은?

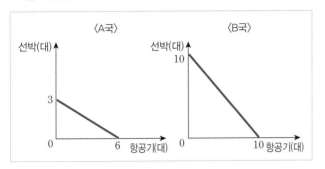

① 두 나라에서 주어진 자원을 사용하여 최대한 생산할 수 있는 선박과 항공기의 양을 보여 준다.
② A국이 선박 2대, 항공기 1대를 생산하는 것은 비효율적이다.
③ B국이 항공기 1대를 더 생산하기 위한 기회비용은 선박 1대이다.
④ B국이 선박 생산을 포기하고 A국에서 선박을 수입하면 이득이 된다.
⑤ 두 나라는 일정한 조건하에서 교역을 통해 특화의 이점을 누릴 수 있다.

32

다음 그림의 ㉠~㉫에 대한 설명으로 옳지 않은 것은?

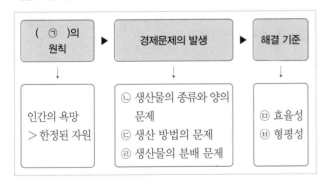

① 다이아몬드가 물보다 비싼 것은 ㉠ 때문이다.
② 정부가 임대주택을 건설할 것인가, 도로를 건설할 것인가의 문제는 ㉡의 사례이다.
③ 기업이 사원 수를 늘릴 것인지, 공장 자동화 설비를 늘릴 것인지의 문제는 ㉢의 사례이다.
④ 주말 여가 시간에 낚시를 포기하고 등산을 가는 것은 ㉣의 사례이다.
⑤ ㉣을 해결할 때에는 ㉤과 ㉥을 함께 고려해야 한다.

33

다음 그림은 주어진 자원을 사용하여 생산할 수 있는 자동차와 쌀의 생산량 조합을 나타낸 생산가능곡선이다. 이에 대한 설명으로 옳지 않은 것은?

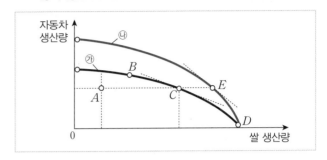

① D점에서는 자원을 낭비하지 않고 생산한다.
② B점은 A점보다 자원을 효율적으로 사용하고 있다.
③ B점에서 쌀 1단위 생산의 기회비용은 C점보다 작다.
④ C점에서 자동차 1단위 생산의 기회비용은 E점보다 작다.
⑤ 자동차 생산 기술이 진보하면 곡선은 ㉮에서 ㉯로 이동한다.

34

다음 그림에 제시된 경제체제와 〈보기〉의 내용을 연결하고자 할 때, A~D에 들어갈 내용으로 옳은 것은?

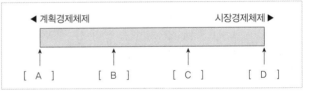

〈보기〉
가. 모든 경제문제는 '보이지 않는 손'에 의해 해결될 수 있다.
나. 사회주의와 같은 잡초를 심을지언정 자본주의의 싹을 키워선 안 된다.
다. 가격 기구는 본질적으로 큰 문제가 없으므로 고장이 났을 때만 수선하면 된다.
라. 기본적으로 생산과 분배 문제는 정부가 결정하여 공유하되, 경우에 따라서는 부분적으로 자원 배분을 시장에 맡길 수도 있다.

	A	B	C	D		A	B	C	D
①	나	다	라	가	②	나	라	가	다
③	나	라	다	가	④	라	가	나	다
⑤	라	나	가	다					

35

생산가능곡선에 대한 설명으로 옳지 않은 것은?

① 생산가능곡선이 원점에 대해 볼록하다면 이는 재화 생산의 기회비용이 체감함을 의미한다.

② 재화 생산에 있어 규모의 경제가 발생하면 생산가능곡선은 원점에 대해 볼록한 형태이다.

③ 소비자들이 X재를 더 선호하면 Y재 생산이 감소하고 X재 생산이 증가하므로 생산가능곡선의 형태가 더욱 완만하게 변한다.

④ 기회비용이 일정하다면 생산가능곡선이 우하향하는 직선이므로 한계변환율이 일정하다.

⑤ 현실에서 기회비용이 일정한 경우는 찾기 어렵지만, 리카도의 비교우위론에서는 기회비용이 일정하다고 가정한다.

36

다음에 나타난 경제문제에 대한 옳은 설명을 〈보기〉에서 모두 고른 것은?

S사는 신규 스마트폰 개발을 중단하는 등 휴대폰 사업에서 완전히 철수하기로 했다. 현재 스마트폰 사업에 종사하는 600명의 종업원은 다른 사업 부문에 배치하기로 하였으며, 자사에 축적된 통신 관련 기술은 자사가 경쟁 우위를 점할 수 있는 신제품 개발에 적극 활용한다는 계획이다. S사는 앞으로 주력 산업인 자동차 부품, 공작기계 등에 경영 자원을 집중하기로 했다.

〈보기〉

가. 자원의 최적 배분과 관련된 문제로 효율성이 강조된다.

나. 자본주의 경제에서는 기본적으로 시장을 통한 해결을 모색한다.

다. 이러한 문제 발생의 근본 원인은 자원의 희소성이다.

라. 중국의 임금 상승으로 인한 우리나라 기업의 리쇼어링 현상도 동일한 문제이다.

① 가, 나   ② 가, 다
③ 나, 라   ④ 가, 나, 다
⑤ 나, 다, 라

37

다음 경제활동의 흐름에 대한 옳은 설명을 〈보기〉에서 모두 고른 것은?

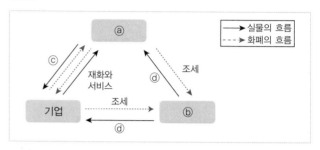

〈보기〉

가. ⓐ는 최소 비용으로 최대 만족을 얻는 것을 추구한다.

나. ⓑ는 ⓓ 생산을 통해 민간 경제활동을 조절하고 통제하고자 한다.

다. ⓒ의 규모와 질적 수준은 기업의 생산성을 결정하는 핵심 요인이다.

라. 조세는 ⓐ가 ⓑ로부터 제공받은 ⓓ의 종류와 양에 비례한다.

① 가, 나   ② 가, 다
③ 나, 다   ④ 가, 나, 라
⑤ 나, 다, 라

38

다음 그림은 보유하고 있는 생산요소를 모두 투입하여 사과와 바나나만을 생산하는 어느 농부의 생산가능곡선이다. 이에 대한 설명으로 옳지 않은 것은?

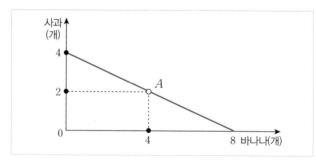

① 사과 1개 생산의 기회비용은 바나나 2개이다.

② 바나나 4개와 사과 8개를 동시에 생산할 수 없다.

③ 사과 2개와 바나나 4개를 동시에 생산할 수 있다.

④ 사과 생산을 늘릴 때마다 추가로 포기해야 하는 바나나의 양은 일정하다.

⑤ A점에서 바나나 1개를 추가로 더 생산하기 위해서는 사과 2개를 반드시 포기해야만 한다.

39

다음은 A 기업의 생산가능곡선이다. 이에 대한 옳은 설명을 〈보기〉에서 고른 것은?

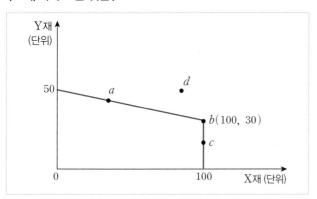

〈보기〉

가. X재와 Y재는 대체재 관계에 있다.

나. 점 a에서 X재의 생산을 늘릴 경우 X재 1단위 생산의 기회비용은 Y재 1/2단위이다.

다. 점 c에서 점 b로 Y재의 생산을 늘릴 경우 Y재 1단위 생산의 기회비용은 영(0)이다.

라. 기술 발전으로 인해 장기적으로 점 d에서의 생산도 가능해질 수 있다.

① 가, 나　　　　② 가, 다
③ 나, 다　　　　④ 나, 라
⑤ 다, 라

40

다음 그림은 국민경제의 흐름을 나타낸 것이다. 이에 대한 설명으로 옳은 것은? (단, 화살표는 모두 실물의 흐름을 나타내거나, 모두 화폐의 흐름을 나타낸다.)

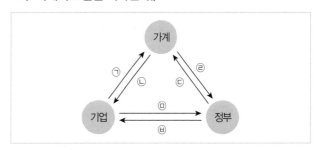

① ㉠이 재화와 서비스라면, ㉡에서 지출 국민소득을 파악할 수 있다.

② ㉡이 노동, 자본, 토지라면, ㉠에는 임금, 이자, 지대가 들어갈 수 있다.

③ ㉢이 정부의 보조금이라면, ㉂에는 국방, 치안 서비스가 들어갈 수 있다.

④ ㉭이 조세라면, ㉣에는 생산 요소 시장에서 거래되는 상품이 들어갈 수 있다.

⑤ ㉂이 공공재라면, ㉭에는 생산물 시장에서 거래되는 상품이 들어갈 수 있다.

41 56회 특별 기출

수요와 공급의 법칙이 성립하는 시장에서의 균형에 대한 설명으로 옳지 않은 것은?

① 시장에서 균형이 달성되면 자원 배분의 효율성이 충족된다.
② 수요와 공급이 증가하면 균형거래량은 반드시 증가한다.
③ 시장이 균형 상태에 도달하면 수요량과 공급량이 언제나 일치한다.
④ 초과 공급이 존재하면 가격이 상승하면서 시장은 균형 상태로 수렴한다.
⑤ 다른 조건이 일정할 때 수요가 증가하면 균형가격과 균형거래량이 모두 증가한다.

42 61회 기출

그림은 X재 시장을 나타낸다. D에서 D', S에서 S'로의 변동 원인으로 옳은 것을 고르면? (단, X재는 정상재이다.)

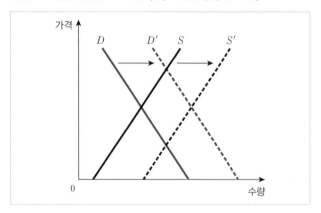

	$D - D'$	$S - S'$
①	X재 가격 상승	X재 가격 하락
②	X재 선호 증가	X재 생산비 상승
③	X재 선호 감소	X재 생산비 상승
④	X재 가격 상승 예상	X재 생산비 하락
⑤	X재 소비자들의 소득 증가	X재 가격 상승 예상

43 51회 기출

아래 그림과 같이 가격상한이 P_0로 설정되면 시장에서 초과수요($Q_D - Q_S$)가 발생한다. 가격상한에 의해 발생하는 자중손실의 크기는 무엇인가?

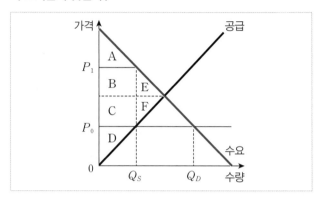

① B + E
② C + F
③ B + C
④ E + F
⑤ B + C + E + F

44 32회 기출

박제 토끼의 시장 수요곡선은 $Q = 3,600 - 20P$이다. 정부는 박제 토끼 한 마리당 5달러의 세금을 부과하려고 한다. 공급곡선이 $Q = 500$일 때 자중손실(Deadweight Loss)의 크기는?

① 0
② 50달러
③ 100달러
④ 150달러
⑤ 200달러

45 54회 기출

다음 수요의 가격탄력성에 대한 설명 중 옳은 것은?

① 해당 재화의 대체재가 많을수록 수요의 가격탄력성은 커진다.
② 해당 상품의 공급이 적을수록 수요의 가격탄력성은 작아진다.
③ 수요곡선이 직선인 경우는 단위 탄력적 수요곡선을 의미한다.
④ 수요량을 예측하는 기간이 짧을수록 수요의 가격탄력성은 커진다.
⑤ 소득이 증가할수록 수요의 가격탄력성은 커진다.

46 79회 기출

경제 동향 보고서의 밑줄 친 내용에 해당하는 변화를 추론한 〈보기〉의 설명 중 옳은 것을 고르면?

〈경제 동향 보고서〉

국제 원자재 X재의 공급이 크게 줄었다. 이에 따라 X재를 핵심 원료로 하는 Y재 시장에도 변화가 발생하여 관련 주가가 요동쳤다.

─ 〈보기〉 ─

가. 가격이 하락할 것이다.
나. 거래량이 증가할 것이다.
다. 소비자잉여가 감소할 것이다.
라. Y재 수요의 가격탄력성이 탄력적이라면, 소비자 총지출액이 감소할 것이다.

① 가, 나   ② 가, 다
③ 나, 다   ④ 나, 라
⑤ 다, 라

47 61회 기출

그림의 A, B는 서로 다른 시기의 X재 시장의 균형점을 나타낸다. A에서 B로의 이동요인으로 옳은 것은? (단, A, B는 동일한 공급곡선상에 있으며, X재는 정상재이다.)

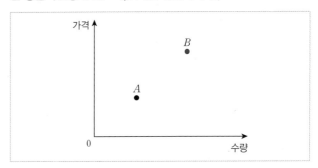

① X재 생산비 증가
② X재 소비자의 소득 감소
③ X재에 대한 소비자 기호 감소
④ X재와 대체 관계에 있는 재화의 공급 증가
⑤ X재와 보완 관계에 있는 재화의 가격 하락

48 51회 기출

아래 감자 시장 변화를 바르게 나타낸 그래프는?

감자는 연간 4회 출하되는데 3 ~ 5월에는 시설 봄감자, 6 ~ 7월은 노지 봄감자, 8 ~ 11월은 고랭지감자가 생산된다. 10월부터 이듬해 1월까지는 가을감자가 시장에 나온다. 전체 생산량의 70%를 차지하는 노지 봄감자는 지난해 재배지가 줄었다. 고랭지감자는 여름 내내 계속된 폭우와 폭염 등의 영향을 받았다. 가을감자는 한파가 덮치자 맥을 못췄다. 3월부터 출하되는 시설 봄감자도 올 초 강추위에 타격을 받았다.

○○경제신문, 2018. 5. 21.

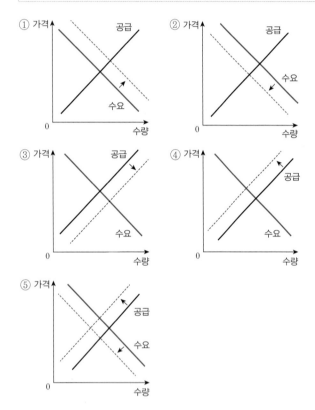

49 54회 기출

수요의 가격탄력성에 대한 다음 〈보기〉의 설명 중 옳은 것을 모두 고르면?

〈보기〉

가. 대체재가 존재할 경우, 존재하지 않는 경우에 비해 수요의 가격탄력성이 크다.
나. 재화의 구매비용이 소득에서 차지하는 비중이 클수록 수요의 가격탄력성이 크다.
다. 단기의 가격탄력성이 장기의 가격탄력성에 비해 크다.

① 가   ② 다
③ 가, 나   ④ 나, 다
⑤ 가, 나, 다

50 51회 기출

다음 경제 동향 보고서의 밑줄 친 내용에 해당하는 변화를 옳게 추론한 것을 〈보기〉에서 고르면?

〈경제 동향 보고서〉

국제 원자재 X재의 가격이 크게 하락하고 있다. 이에 따라 X재가 핵심 원료인 Y재 시장에도 변화가 발생하여 관련 주가가 요동쳤다.

〈보기〉

가. 소비자잉여가 커질 것이다.
나. Y재 수요가 가격탄력적이라면 소비자 총지출액이 늘어날 것이다.
다. 가격이 상승할 것이다.
라. 거래량이 감소할 것이다.

① 가, 나   ② 가, 다
③ 나, 다   ④ 나, 라
⑤ 다, 라

51 51회 기출

아파트 임대시장에서 임대료가 시장균형보다 낮게 거래되고 있다고 하자. 시장경제체제에서 발생할 장기적인 결과로 가장 적절한 것은 무엇인가?

① 정부가 가격하한제를 실시하여 임대료를 규제하는 것이 균형 상태에 도달하는 가장 효율적인 방법이다.
② 시장에 아무런 규제가 없다면 임대시장은 불균형 상태에 계속 머물러 있을 것이다.
③ 아파트 임대시장의 임대료는 계속 시장균형보다 낮게 유지될 것이다.
④ 시장에 아무런 규제가 없다면 아파트 임대인과 임차인의 경제적 유인으로 인해 시장은 균형 상태에 도달할 것이다.
⑤ 아파트 임대시장의 임대인은 장기적으로 임대공급을 늘릴 유인을 가진다.

52 54회 기출

한 지역의 노동수요곡선과 노동공급곡선이 아래와 같을 때, 최저임금제가 시간당 8,500원으로 시행되었을 경우 다음 보기 중 옳은 것을 고르면?

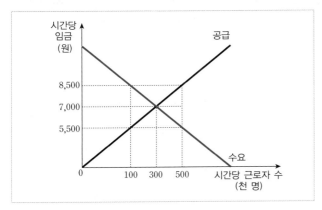

① 20만 명의 근로자가 일자리를 잃게 된다.
② 30만 명의 근로자는 시간당 8,500원을 벌게 된다.
③ 근로자 전체가 받는 총근로소득은 증가한다.
④ 근로자잉여는 늘어날 것이다.
⑤ 경제적 총잉여는 늘어날지 줄어들지 알 수 없다.

53 61회 기출

수요·공급의 법칙이 성립하는 완전경쟁시장에서 거래되는 세 개의 재화 A, B, C는 그림과 같은 관계에 있다. 각 재화의 공급 변화에 따른 영향으로 옳은 것을 〈보기〉에서 고르면?

─〈보기〉─
가. A재 공급이 증가하면 B재 수요가 증가한다.
나. B재 공급이 증가하면 A재 가격이 증가한다.
다. B재 공급이 감소하면 C재 수요가 증가한다.
라. C재 공급이 감소하면 A재 가격이 하락한다.

① 가, 나   ② 가, 다
③ 나, 다   ④ 나, 라
⑤ 다, 라

54 56회 특별 기출

수요의 가격탄력성을 감안할 때, 다음 설명 중 옳지 않은 것은?

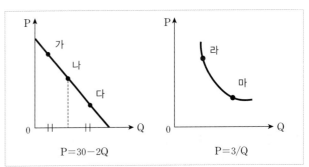

① '가'점의 탄력성은 1보다 크다.
② '다'점은 쌀과 같은 필수재가 주로 해당한다.
③ '나'점은 가격의 변화율과 수요량의 변화율이 동일하다.
④ '가'점은 생산 기업이 가격을 올리면 수입이 증가한다.
⑤ '라'점과 '마'점은 수요의 가격탄력성이 동일하다.

55 54회 기출

다음 자료의 밑줄 친 내용을 읽고 (가) 껌의 수요·공급곡선과 (나) 껌의 가격과 판매수입의 변화를 옳게 짝지은 것은?

자일리톨 껌과 담배는 소비자의 입장에서 볼 때 경쟁적인 관계에 있다. ○○연구기관은 <u>담배가격을 인상한 정부의 조치가 자일리톨 껌에 미친 영향</u>을 분석한 보고서를 발표하였다.

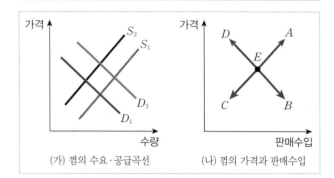

(가) 껌의 수요·공급곡선   (나) 껌의 가격과 판매수입

	(가)	(나)
①	$D_1 \to D_2$	$E \to B$
②	$D_1 \to D_2$	$E \to A$
③	$D_1 \to D_2$	$E \to D$
④	$S_1 \to S_2$	$E \to A$
⑤	$S_1 \to S_2$	$E \to D$

56 52회 기출

다음 중 최저임금의 급격한 인상이 시장에 미치는 영향을 설명한 것으로 가장 옳지 않은 것은?

① 영세한 중소기업의 인건비 부담 가중
② 기업의 고용 확대로 인한 실업률 하락
③ 기업의 비용 증가로 시장 전반적인 물가 인상
④ 가계소득 증가로 인한 소비 증가 및 경제 활성화
⑤ 저숙련 근로자와 청장년 실업률이 높아지는 부작용

57 51회 기출

어떤 이가 피자를 소비하려 한다. 이 사람의 첫 번째 판에 대한 지불용의는 1만 원, 두 번째 판에 대한 지불용의는 7,000원, 세 번째 판에 대한 지불용의는 4,000원, 네 번째 판에 대한 지불용의는 2,000원이다. 피자 한 판의 가격이 5,000원이라고 할 때, 이 사람의 총 소비자잉여는?

① 6,000원   ② 7,000원
③ 9,000원   ④ 10,000원
⑤ 11,000원

58 62회 기출

최저임금제($\overline{W}$)로 인한 경제적 총잉여의 순감소(경제적 순손실)를 아래 노동시장 그래프에 바르게 표시한 것은?

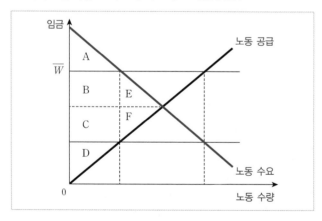

① E + F   ② C + F
③ A + D   ④ B + C
⑤ B + E

59 62회 기출

그림은 A~C지역에서 수요의 법칙을 따르는 X재의 가격과 총판매수입과의 관계를 나타내고 있다. 이에 대한 올바른 분석과 추론을 〈보기〉에서 모두 고르면?

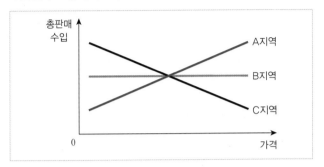

〈보기〉

가. X재의 수요의 가격탄력성은 C지역보다 A지역이 크다.

나. B지역에서 X재의 수요의 가격탄력성은 A지역보다는 작고 C지역보다는 크다.

다. B지역에서의 X재의 수요의 가격탄력성은 단위 탄력적이다.

라. X재의 대체재가 가장 많이 존재하는 지역은 C지역일 가능성이 크다.

① 가, 나
② 나, 다
③ 다, 라
④ 가, 나, 라
⑤ 나, 다, 라

60

다음 그림은 국산 자동차 시장에서 나타난 변화를 보여 준다. 이의 변화 원인을 〈보기〉에서 고른 것은?

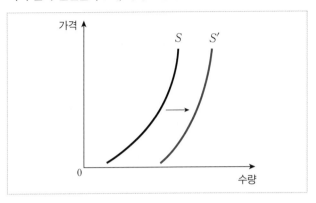

〈보기〉

가. 국민소득의 증가

나. 종업원 임금의 하락

다. 생산 기술의 발달

라. 수입 자동차의 가격 하락

마. 국산 자동차 선호 증가

바. 원자재의 가격 하락

① 가, 나, 라
② 가, 다, 마
③ 나, 다, 바
④ 나, 마, 바
⑤ 다, 라, 바

61

다음 사례를 바탕으로 경기장 안에서의 수요와 공급을 바르게 예측한 것은?

> 실내 경기장을 찾은 관중들은 경기를 재미있게 관전하기 위해 경기 내용에 몰입하여 열광적인 응원을 펼치게 된다. 그러다가 갈증을 느껴 음료수를 사려고 하면, 동일한 음료수가 경기장 바깥보다 매우 비싸다는 것을 알게 된다. 하지만 관중들은 경기 내용이나 응원에 더 많은 관심을 가지고 있기 때문에 비싼 값에도 불구하고 별다른 불평 없이 소비하게 된다.

① 관중들은 가격에 대해 탄력적으로 소비할 것이다.
② 음료수를 대신할 수 있는 재화가 많이 있을 것이다.
③ 음료수의 수요곡선은 수직보다 수평에 가까울 것이다.
④ 음료수 판매를 위한 공급자의 시장 진입이 용이해질 것이다.
⑤ 음료수의 가격을 인상하면 공급자의 판매수입은 증가할 것이다.

62

시장에서 A 재화의 가격이 상승하면서 동시에 거래량이 증가했다. 이러한 변동이 일어나는 원인으로 적절한 것은? (단, A 재화는 정상재이다.)

① A 재화와 대체 관계에 있는 재화의 가격 상승
② A 재화와 보완 관계에 있는 재화의 가격 상승
③ A 재화의 생산에 투입되는 요소의 가격 상승
④ A 재화의 생산에 투입되는 요소의 가격 하락
⑤ A 재화와 보완 관계에 있는 재화의 종류 증가

63

탄력성에 대한 설명으로 옳은 것은?

① 가격이 1% 상승할 때 수요량이 4% 감소했다면 수요의 가격탄력성은 1이다.
② 소득이 5% 증가할 때 수요량이 1%밖에 증가하지 않았다면 이 상품은 기펜재이다.
③ 잉크젯프린터와 잉크카트리지 간의 수요의 교차탄력성은 0보다 작다.
④ 수요의 소득탄력성은 항상 0보다 크다.
⑤ 수요의 가격탄력성을 통해서 해당 재화가 정상재인지 열등재인지 구분할 수 있다.

64

다음은 각 제품 공급의 가격탄력성을 나타낸 것이다. 이를 바탕으로 옳게 추론한 것을 〈보기〉에서 고른 것은?

제품	A재	B재	C재	D재
공급의 가격탄력성	0.5	0.9	1.5	2.9

〈보기〉
가. A재는 공급의 가격탄력성이 비탄력적인 재화로 공산품보다 농산물에 가까울 것이다.
나. B재와 같이 공급의 가격탄력성이 비탄력적인 제품은 가격을 인하하면 판매수입이 증가할 것이다.
다. C재는 B재보다 생산 기간이 짧을 것이다.
라. 소득에서 차지하는 지출의 비중이 클수록 D재보다 B재에 가까울 것이다.

① 가, 나
② 가, 다
③ 나, 다
④ 나, 라
⑤ 다, 라

65

담배 판매액의 5%를 건강증진부담금으로 징수한다고 한다. 건강증진부담금 부과 후에도 소비자잉여가 변하지 않았다고 할 때, 그 원인을 가장 잘 설명한 것은?

① 담배 수요가 가격에 대해 완전 탄력적이기 때문이다.
② 담배 공급이 가격에 대해 완전 탄력적이기 때문이다.
③ 담배의 수요곡선이 수직선이기 때문이다.
④ 담배 수요가 가격에 대해 단위 탄력적이기 때문이다.
⑤ 담배에 대한 소비자의 기호가 변하기 때문이다.

66

다음 표에 대한 옳은 분석을 〈보기〉에서 고른 것은? (단, X(Y)재의 수요의 교차탄력성은 Y(X)재의 가격 변화율에 대한 X(Y)재의 수요 변화율을 의미한다.)

구분	수요의 소득탄력성	수요의 교차탄력성
X재	1.3	−0.8
Y재	−0.6	−1.4

〈보기〉
가. X재는 정상재이다.
나. X재는 열등재이다.
다. Y재는 정상재이다.
라. Y재는 열등재이다.
마. X재와 Y재는 서로 보완재이다.
바. X재와 Y재는 서로 대체재이다.

① 가, 다, 마   ② 가, 라, 마
③ 가, 라, 바   ④ 나, 다, 마
⑤ 나, 라, 바

67

다음 신문기사에 대한 갑, 을의 주장을 통해 추론할 수 있는 쌀의 수요·공급곡선은?

〈A 신문〉
'우리가 늘 먹는 주식인 쌀은 가격이 내려도 그 소비량에는 변화가 거의 없다.'
갑: 그러니 가격이 폭등락하지.

〈B 신문〉
'쌀은 봄에 어느 정도 생산할지를 결정해서 파종을 하기 때문에 중간에 시장의 가격이 변화했다고 해서 추가적으로 생산량을 늘리기 어렵다.'
을: 그러니 가격이 폭등락해도 대처하기 어렵지.

	갑	을
①	탄력적인 수요곡선	비탄력적인 수요곡선
②	탄력적인 수요곡선	비탄력적인 공급곡선
③	탄력적인 수요곡선	탄력적인 공급곡선
④	비탄력적인 수요곡선	비탄력적인 공급곡선
⑤	비탄력적인 수요곡선	탄력적인 공급곡선

68

다음 자료에 대한 옳은 설명을 〈보기〉에서 고른 것은?

- 갑국에서는 스마트폰의 보급이 늘면서 노트북 컴퓨터 판매량이 줄어들고 있다. 갑국 국민들은 간단한 메일을 확인하거나 정보를 검색하기 위해 굳이 노트북 컴퓨터를 사용할 필요가 없다고 생각하기 때문이다.
- 을국에서는 스마트폰 보급이 늘면서 노트북 컴퓨터 판매량도 증가하고 있다. 을국 국민들은 스마트폰과 노트북 컴퓨터를 함께 사용하여 언제 어디서나 높은 수준의 정보 처리 작업을 하려는 성향이 있기 때문이다.

〈보기〉
가. 갑국에서 스마트폰의 공급 증가는 노트북 컴퓨터의 수요를 감소시킬 것이다.
나. 을국에서 스마트폰의 공급 증가는 노트북 컴퓨터의 가격을 하락시킬 것이다.
다. 을국에서 스마트폰과 노트북 컴퓨터의 관계는 '바늘 가는 데 실 간다.'라는 속담으로 설명할 수 있다.
라. 스마트폰 생산 기술의 발달은 갑국과 을국 모두에서 노트북 컴퓨터 시장의 총잉여를 증가시킬 것이다.

① 가, 나   ② 가, 다
③ 나, 다   ④ 나, 라
⑤ 다, 라

69

다음 (가), (나)에 대한 설명으로 옳은 것은?

셰일가스(shale gas)는 원유를 대체할 수 있는 자연 자원이다. (가), (나)는 셰일가스 시장에 변화를 준 요인이다.
(가): 산유국들이 원유 공급을 큰 폭으로 늘렸다.
(나): 셰일가스 굴착 기술이 좋아져 채굴 시간이 크게 단축되었다.

① (가)는 셰일가스의 수요 증가요인이다.
② (나)는 셰일가스의 공급 감소요인이다.
③ (가), (나) 모두 셰일가스의 균형가격 하락요인이다.
④ (가), (나) 모두 셰일가스의 균형거래량 증가요인이다.
⑤ (가)는 (나)와 달리 셰일가스의 판매수입 증가요인이다.

70

소득이 증가하면 감자튀김의 수요가 감소한다고 할 때, 이에 대한 설명으로 옳은 것은?

① 소득의 증가는 감자튀김의 공급량을 증가시킨다.
② 소득의 감소는 감자튀김의 균형가격을 하락시킨다.
③ 소득의 증가는 감자튀김의 수요곡선을 우측으로 이동시킨다.
④ 소득의 증가는 감자튀김의 보완재인 토마토 케첩의 수요를 감소시킨다.
⑤ 소득의 감소는 감자튀김 판매점의 수입을 감소시킨다.

71

A와 B는 대체재이며, 각 상품의 수요곡선은 우하향하고 공급곡선은 우상향하는 것으로 알려져 있다. 어느 시장조사회사가 A 시장에서 다음 그림과 같은 12개의 관찰치를 수집했을 때, 이들 관찰치가 나타낼 수 있는 것으로 적절하지 않은 것은?

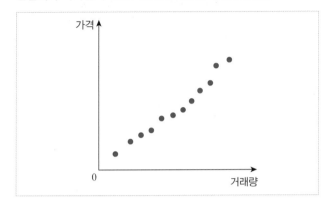

① 소비자들의 평균 소득 수준이 다른 12개 도시별 A 가격과 거래량의 조합
② 12개월간 B의 공급 변동에 따른 월별 A 가격과 거래량의 조합
③ 12개월간 B의 수요 변동에 따른 월별 A 가격과 거래량의 조합
④ 12개월간 A의 가격 변동에 따른 월별 A 가격과 거래량의 조합
⑤ B의 가격 수준이 다른 12개 도시별 A 가격과 거래량의 조합

72

수요-공급이론에 대한 설명으로 옳은 것은?

① 공급이 매우 비탄력적인 재화의 경우 공급이 증가하면 판매자의 총수입이 감소한다.
② 어떤 기업이 판매하는 재화의 수요의 가격탄력성이 1보다 크면 가격과 총수입은 서로 반대 방향으로 움직인다.
③ 슬기는 항상 자기소득의 20%는 도서 구입에 사용한다. 이 경우 책의 소득탄력성은 0.2이다.
④ 소득이 감소하면 정상재의 구입액이 소득에서 차지하는 비중이 낮아진다.
⑤ 대체재의 교차탄력성은 0보다 작다.

73

A 또는 B 방안이 시행되면 세금을 부과하기 전에 비해 1주일간 폭죽의 거래가격과 거래량이 어떻게 변하는가?

표는 폭죽의 가격에 따른 1주일간 수요량과 공급량을 나타낸 것이다. 폭죽으로 인한 인명사고가 자주 발생하자 정부는 폭죽의 사용을 줄이기 위해 다음 A 또는 B의 방안을 시행하기로 했다.
• A 방안: 폭죽 판매자가 판매 후 개당 600원의 세금을 납부
• B 방안: 폭죽 구매자가 구매 후 개당 600원의 세금을 납부

가격(원)	수요량(개)	공급량(개)
1,000	11	2
1,100	10	4
1,200	9	6
1,300	8	8
1,400	7	10
1,500	6	12
1,600	5	14
1,700	4	16
1,800	3	18

	〈A 방안〉		〈B 방안〉	
	거래가격	거래량	거래가격	거래량
①	400원 상승	4개 감소	200원 하락	4개 감소
②	400원 상승	4개 감소	400원 하락	4개 감소
③	400원 상승	4개 감소	600원 하락	6개 감소
④	600원 상승	6개 감소	300원 하락	6개 감소
⑤	600원 상승	6개 감소	600원 하락	6개 감소

74

다음 각 시장이 보여 주는 공통적인 속성은?

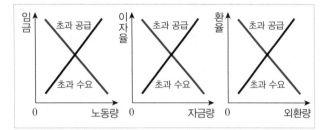

① 물가의 변동
② 가격탄력성의 변화
③ 시장 형태의 구분
④ 가격의 소득분배 기능
⑤ 가격의 자원 배분에 대한 신호 기능

75

다음은 배춧값 폭등 파동과 관련된 기사들이다. 이에 대한 분석으로 옳지 않은 것은?

> • 김장철 채소류 수급 안정 대책에 따르면 수입배추와 무에 27%, 30%씩 적용되는 관세를 연말까지 한시적으로 폐지하기로 했다. aT(한국농수산식품유통공사)가 10월 중 중국에서 들여올 배추와 무는 각각 100t(33,000포기), 50t(30,000개)이다.
> • 대통령 식탁에 양배추 김치가 등장했다. 배춧값이 폭등하자 배추김치를 양배추 김치로 대신해 수요를 줄이는 데 동참하겠다는 것이다. 최근 시장을 다녀온 영부인이 1포기에 1만 원을 훌쩍 넘는 배춧값을 보고 걱정을 하자 대통령이 청와대 주방장을 불러 배추가 비싸니 식탁에는 배추김치 대신 양배추 김치를 올리라고 지시한 것으로 알려졌다.

① 양배추 가격은 상승할 것이다.
② 중국산 배추의 관세 인하 및 수입으로 국내 배추 가격은 하락할 것이다.
③ 배추김치가 필수재라면 배춧값 폭등의 결과 배추 농가 수입은 감소했을 것이다.
④ 배추 공급이 축소된 상태에서 배추 수요가 감소하면 사회 전체 소비자 후생은 줄어들 것이다.
⑤ 공급의 변화가 없다면 배추김치를 담그는 데 쓰이는 고춧가루, 젓갈 등의 가격은 하락할 것이다.

76

다음과 같은 현상들이 발생한 이유로 적절한 것은?

> • 입시철마다 대학 주변의 하숙촌은 때아닌 호황을 맞는다.
> • 여름철마다 강원도 속초 주변의 민박촌은 호황을 맞는다.
> • 밸런타인데이에 초콜릿보다 장미의 가격이 더 높아진다.
> • 단기적으로 토지에 세금을 부과할 경우 토지 가격이 세금의 현재 가치만큼 하락한다.

① 업자 간 담합 때문
② 지나친 규제 때문
③ 정보의 비대칭 때문
④ 수요가 너무 많기 때문
⑤ 공급이 비탄력적이기 때문

77

소비자잉여에 대한 설명으로 옳은 것은?

① 공급이 감소하여 가격이 상승한 경우 소비자잉여는 감소한다.
② 수요가 증가하여 가격이 상승한 경우 소비자잉여는 감소한다.
③ 수요의 가격탄력성이 클수록 소비자잉여도 크다.
④ 공급의 가격탄력성이 클수록 소비자잉여도 크다.
⑤ 소비자잉여를 늘리는 정책은 자원 배분의 효율성을 제고한다.

78

소비자잉여에 대한 설명으로 옳은 것은?

① 가격이 같을 경우 수요가 탄력적일수록 소비자잉여는 커진다.
② 가격이 같을 경우 공급이 탄력적일수록 소비자잉여는 커진다.
③ 수요가 가격에 대해 완전 탄력적일 경우 소비자잉여는 0이다.
④ 공급이 가격에 대해 완전 탄력적일 경우 소비자잉여는 0이다.
⑤ 수요곡선의 형태와 소비자잉여는 관련 없다.

79

다음 기사를 통해 추론할 수 있는 내용이 아닌 것은?

미국 청바지 브랜드 트루릴리전은 주력 상품 가격대가 59만 8,000~64만 8,000원이다. 청바지 가격이 웬만한 겨울 코트보다 비싸지만 30~40대 사이에서는 인기가 많다. 59만 원대 청바지의 수입 원가는 20만 원이 채 안 된다. 실제로 미국 쇼핑 사이트에서는 172달러(19만 1,000원) 정도에 팔리고 있다. 백화점 관계자는 "경제적 여유가 있는 전문직들이 주요 고객"이라며, "고가의 수입 청바지를 입는다는 자부심 때문에 이 브랜드를 찾는 이가 많은 것 같다."고 말했다. 그는 "가격을 굳이 내리려면 내릴 수는 있겠지만, 30만~40만 원대로 가격을 책정하면 오히려 판매량이 줄어들 것"이라고 덧붙였다.

① 한국의 유통비용이 미국의 유통비용보다 높을 것이다.
② 일부 계층의 허영심을 이용한 고가 마케팅이 가격 상승을 가져온다.
③ 고가 명품의 경우에는 밴드왜건효과가 나타날 가능성이 크다.
④ 수입 물품 유통에 대한 본사의 장악력이 높을 것이다.
⑤ 정부의 세금 정책에 의해 수입물품의 가격이 상승한다는 지적이 있을 수도 있다.

80

플랫폼 택시 기사인 A씨는 운행건수당 일정 금액의 수수료를 받는다. A씨는 당일 수입금액이 일정 수준이 되면 그 날 영업을 종료하는데, 이 경우 A씨의 노동공급의 임금탄력성은?

① -2   ② -1
③ 0   ④ 1
⑤ 2

81

다음 글에 대한 설명으로 옳은 것은?

닭고기는 불황에 따른 소고기의 대체 수요로 급격한 소비 증가세를 보이면서 가격이 급등한 반면, 오리고기는 물량이 넘쳐나 가격이 폭락하는 양상을 보이고 있다. 이는 축산 농가들의 수급 조절 실패에 기인하지만, 장기 불황에 따른 소비 지출의 감소에도 영향을 받은 것으로 분석된다. 오리고기협회 관계자는 "불황의 영향으로 상대적으로 가격이 비싼 오리고기보다 닭고기를 찾는 소비자가 늘었고, 소고기의 대체 수요도 닭고기 쪽에서만 발생하고 있는 것 같다."라고 말했다.

① 닭고기와 오리고기는 대체 관계에 있다.
② 오리고기는 열등재, 닭고기는 우등재이다.
③ 소고기는 경기변동의 영향을 받지 않는다.
④ 오리고기에 비해 닭고기의 가격 변동이 심하다.
⑤ 오리고기는 초과 수요, 닭고기는 초과 공급 상태에 있다.

CHAPTER 03 | 소비자이론

82 61회 기출

어떤 이가 햄버거를 소비하려 한다. 이 사람의 첫 번째 햄버거에 대한 지불용의는 1만 원, 두 번째 햄버거에 대한 지불용의는 7,000원, 세 번째 햄버거에 대한 지불용의는 4,000원, 네 번째 햄버거에 대한 지불용의는 2,000원이다. 햄버거 하나의 가격이 3,000원이라고 할 때, 이 사람의 총소비잉여는 얼마인가?

① 12,000원
② 14,000원
③ 16,000원
④ 18,000원
⑤ 20,000원

83 52회 기출

두 재화 X, Y에 대해 한계대체율이 체감하는 무차별곡선에 대한 설명으로 옳은 것을 〈보기〉에서 모두 고르면?

─〈보기〉─

가. 원점에 대해 볼록한 형태를 띤다.
나. 동일 무차별곡선상에서 두 재화의 한계효용이 항상 같다.
다. X와 Y의 합이 일정할 때, 극단적인 상품조합보다 X와 Y가 골고루 들어간 상품조합을 더 선호한다.
라. 동일 무차별곡선상에서 한 재화가 적어질수록 다른 재화로 나타낸 그 재화의 주관적 가치가 커진다.

① 가, 나
② 가, 다
③ 나, 다, 라
④ 가, 다, 라
⑤ 가, 나, 다, 라

84 77회 특별 기출

아래 나열한 내용을 지칭하는 소비 행태는 무엇인가?

• 친구 따라 강남 간다.
• 남들이 구매하는 제품은 나도 구매해야 한다.

① 기저 효과
② 파레토 법칙
③ 파랑새 증후군
④ 밴드왜건 효과
⑤ 피터팬 증후군

85 51회 기출

무차별곡선이 다음과 같을 때, 옳지 않은 설명을 고르시오. (단, 무차별곡선이 화살표 방향으로 이동할수록 더 높은 효용을 나타낸다.)

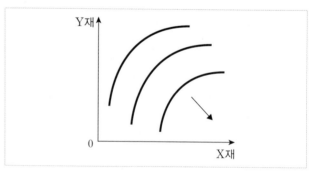

① X재는 소비량이 늘어날수록 효용이 증가한다.
② Y재는 소비량이 늘어날수록 효용이 감소한다.
③ X재와 Y재가 동시에 늘어나면 개인의 효용은 항상 증가한다.
④ X재 1개, Y재 3개 있는 상황과 X재 3개, Y재 7개 있는 상황이 동일한 무차별곡선 위에 있는 경우, X재 2개, Y재 5개 있는 상황은 앞의 두 상황보다 더 큰 효용을 준다.
⑤ 10개의 X재만 가지고 있는 것보다 X, Y재를 각각 5개씩 갖는 것이 더 작은 효용을 준다.

86 56회 특별 기출

다음 자료에 대한 추론으로 옳은 것을 〈보기〉에서 고르면?

어떤 모임에서 콩쥐는 무료로 제공되는 과자가 맛있어서 연속해서 5개를 먹었다. 팥쥐가 과자 1개를 더 권했지만 콩쥐는 더 이상 안 먹기로 했다.

〈보기〉

가. 콩쥐가 6개째 과자를 먹으면 총효용이 음이 된다.
나. 과자 5개째의 한계효용은 양이다.
다. 콩쥐가 6개째 과자를 먹으면 총효용이 증가한다.
라. 6개째 과자의 한계효용은 총효용보다 작다.

① 가, 나   ② 가, 다
③ 나, 다   ④ 나, 라
⑤ 다, 라

87 62회 기출

신종 코로나바이러스 감염증(코로나19)과 같은 외부요인에 의해 억눌렸던 소비가 한꺼번에 분출되는 현상을 무엇이라고 일컫는가?

① 동조 소비   ② 유효 소비
③ 보복 소비   ④ 핀볼효과
⑤ 베블런효과

88 79회 기출

아래 지문과 표와 관련한 〈보기〉의 설명 중 옳은 것을 고르면?

아래 표는 갑의 X재와 Y재에 있어 재화 1개를 추가로 소비함에 따른 만족감의 증가분을 나타낸다. 갑의 용돈은 9달러이고, X재와 Y재 가격은 모두 개당 3달러이다. (단, 갑은 용돈을 모두 사용하여 X재와 Y재를 소비한다.)

소비량	1개째	2개째	3개째
X재 1개 추가 소비에 따른 만족감의 증가분	200	150	100
Y재 1개 추가 소비에 따른 만족감의 증가분	180	160	140

〈보기〉

가. X재만 구입할 때의 총만족감은 Y재만 구입할 때보다 크다.
나. X재 1개를 추가 소비함에 따라 얻는 만족감의 증가분은 일정하다.
다. X재 1개와 Y재 2개를 구입하는 것이 합리적이다.
라. 갑의 용돈이 6달러로 감소한다면, X재 1개, Y재 1개를 구입하는 것이 합리적이다.

① 가, 나   ② 가, 다
③ 나, 다   ④ 나, 라
⑤ 다, 라

89 52회 기출

소비자잉여에 대한 설명 중 옳지 않은 것은?

① 소비자잉여를 극대화하는 자원배분을 효율적이라고 한다.
② 소비자잉여는 소비자가 시장에 참여하여 얻는 이득을 나타낸다.
③ 수요와 공급의 균형 상태에서 소비자잉여와 생산자잉여의 합이 극대화된다.
④ 소비자잉여는 수요곡선의 아래, 가격 수준 윗부분의 면적으로 계산할 수 있다.
⑤ 소비자잉여란 구입자의 지불용의에서 구입자가 실제로 지불한 금액을 뺀 나머지 금액을 말한다.

90

김밥과 우유에 대한 무차별곡선이 아래 그래프와 같은 모양일 때, 이에 대한 설명으로 옳지 않은 것은?

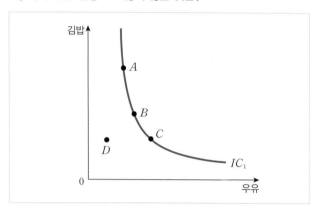

① A점과 C점은 소비의 만족도가 같다.
② D점은 A, B, C와 다른 효용 수준을 나타낸다.
③ A점과 C점에서 어느 점의 비용이 더 많은지는 알 수 없다.
④ A점에서는 우유 소비보다 김밥 소비에서 더 큰 한계효용을 얻을 수 있다.
⑤ 소비자의 선호가 C점에서 B점으로 이동한다면 그는 우유 소비를 줄이고 김밥 소비를 늘릴 수 있다.

91

두 재화의 평면에 나타낸 원점에 대해 볼록하고 우하향하는 무차별곡선에 대한 설명으로 옳지 않은 것은?

① 원점에 대해 볼록하고 우하향한다는 것은 한계대체율과 관련 있다.
② 북동쪽에 있는 소비묶음이 남서쪽에 있는 소비묶음보다 선호된다.
③ 이러한 무차별곡선이 교차하지 않는다면 이행성이 성립한다는 것을 의미한다.
④ 새로운 무차별곡선이 기존의 것보다 오른쪽에 있다면 이는 더 낮은 효용을 주는 소비묶음의 집합이다.
⑤ 두 재화의 상대 가격이 변한다고 하더라도, 무차별곡선은 이동하지 않는다.

92

어떤 대학생이 경영학, 경제학, 회계학 3과목의 중간고사를 치러야 한다. 다음 표는 투입시간에 따른 예상점수를 보여 준다. 총점을 극대화하는 것이 목표이고, 모두 10시간을 공부할 수 있다면 어떻게 시간을 배분해야 하는가? (단, 투입시간이 0인 경우 과목별 예상점수는 0으로 가정한다.)

투입시간	경영학	경제학	회계학
1시간	45	45	37
2시간	64	62	57
3시간	82	78	76
4시간	91	93	94

① 경영학 3시간, 경제학 3시간, 회계학 4시간
② 경영학 4시간, 경제학 2시간, 회계학 4시간
③ 경영학 4시간, 경제학 3시간, 회계학 3시간
④ 경영학 3시간, 경제학 4시간, 회계학 3시간
⑤ 경영학 4시간, 경제학 3시간, 회계학 4시간

93

다음 무차별곡선에 대한 설명으로 옳은 것은?

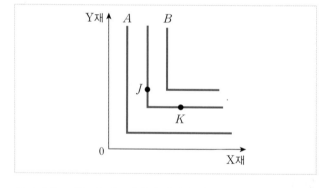

① X재와 Y재는 완전보완재의 성격을 가지고 있다.
② A와 B의 무차별곡선의 효용 수준은 동일하다.
③ K가 J보다 높은 효용 수준을 가지고 있다.
④ 무차별곡선이 오른쪽과 높은 곳에 위치할수록 더 낮은 효용 수준을 의미한다.
⑤ 500원짜리 동전 2개와 1,000원짜리 한 장이 위와 같은 무차별곡선으로 표현되는 대표적인 예이다.

94

술만 좋아하고 다른 어떤 재화도 효용을 증가시켜 주지 못하는 알코올 중독자의 무차별곡선은 어떤 모양을 하고 있을까? (단, X축이 술, Y축이 술 이외의 재화이다.)

① Y축과 나란한 수직선
② Y축과 수직으로 된 직선
③ 원점에 대해 볼록한 무차별곡선
④ 이 자료만으로는 무차별곡선을 그릴 수 없다.
⑤ 원점에 대해 오목한 곡선

95

원점에 대해 볼록한 무차별곡선에 대한 설명으로 옳지 않은 것은?

① X재의 소비량이 많아질수록 X재 소비 1단위를 늘릴 때 포기하는 Y재의 양이 증가한다.
② 무차별곡선의 기울기는 두 재화의 한계효용의 비율이다.
③ 두 상품의 구성이 극단적인 경우보다 골고루 섞여 있는 상품 묶음을 더 선호한다.
④ 하나의 무차별곡선상에 있는 모든 상품묶음은 효용 수준이 같다.
⑤ X재와 Y재의 대체성이 높아질수록 원점에 대해 볼록한 무차별곡선은 완만해진다.

96

철수에게 콜라와 사이다는 완전대체재이다. 어느 날 철수가 콜라 20병과 사이다 20병을 샀다고 했을 때, 이에 대한 설명으로 옳은 것은? (단, 콜라와 사이다 1병의 용량은 동일하며, 철수는 가격만을 고려해 선택한다.)

① 콜라가 사이다보다 비싸다.
② 사이다가 콜라보다 비싸다.
③ 콜라와 사이다의 가격은 같다.
④ 철수는 콜라를 사이다보다 좋아한다.
⑤ 철수는 사이다를 콜라보다 좋아한다.

97

100원짜리 동전과 500원짜리 동전에 대한 소비자의 선호를 무차별곡선으로 나타내면 어떤 형태를 갖는가?

① 원점에 대하여 오목한 곡선
② 원점에 대하여 볼록한 곡선
③ L자형
④ 우하향하는 직선
⑤ 직각쌍곡선

98

다음 자료에 대한 분석으로 옳은 것은?

> 표는 소비자 갑, 을이 X재를 구입하기 위해 지불할 의사가 있는 최대 금액과 생산자 병이 X재를 판매하면서 받고자 하는 최소 금액을 나타낸다. (단, 갑~병은 X재 시장에 참여한 무수히 많은 소비자와 생산자 중 일부이다.)

(단위: 원)

구분	갑	을	병
첫 번째 X재	1,000	900	200
두 번째 X재	900	800	400
세 번째 X재	700	600	700
네 번째 X재	400	300	1,100

① 가격이 550원일 때 갑의 수요량은 4개이다.
② 가격이 650원일 때 병의 공급량은 3개이다.
③ 가격이 750원일 때 을의 수요량이 병의 공급량보다 많다.
④ 가격이 850원일 때 병의 생산자잉여는 450원이다.
⑤ 가격이 850원일 때 갑의 소비자잉여는 을의 소비자잉여보다 150원만큼 크다.

99

X재와 Y재를 소비하는 甲의 소비량에 따른 한계효용이 다음 표와 같다. X재의 가격이 10, Y재의 가격이 20일 때 효용극대화 조건이 충족되는 甲의 소비묶음은?

소비량	1개	2개	3개	4개	5개	6개
X재의 한계효용	10	9	8	7	6	5
Y재의 한계효용	10	8	6	5	3	2

① X＝1, Y＝4
② X＝2, Y＝3
③ X＝3, Y＝2
④ X＝5, Y＝3
⑤ X＝6, Y＝1

100

다음의 소비행태에 관한 설명으로 가장 옳은 것은?

> 자신이 경제적·사회적으로 다른 사람보다 앞선다는 것을 보여주려는 욕구에서 나오는 소비이다. 과시형 소비, 전시형 소비라고도 한다.

① 모방소비라고도 한다.
② 밴드왜건효과라고도 한다.
③ 소득 수준에 비해 과도하게 소비한다.
④ 가짜 상표 상품의 확산에 영향을 미친다.
⑤ 가격 상승으로 인한 이익을 목적으로 한다.

101

세금을 부과할 때 국민경제에 미칠 영향은 면밀하게 검토되어야 한다. 다음 중 조세원칙과 관련하여 가장 중요하게 고려되어야 할 사항은?

① 소득재분배효과와 자원배분효과
② 소비억제효과와 생산증대효과
③ 소비억제효과와 소득재분배효과
④ 세수증대효과와 자원배분효과
⑤ 세수증대효과와 소득재분배효과

102
54회 기출

A 기업이 상품을 생산하는 데 있어 규모의 경제를 누리고 있다고 한다. A 기업에 대한 설명으로 옳은 것은?

① 기업의 장기 평균비용곡선이 우하향한다.
② 기업의 장기 총비용함수는 직선이 된다.
③ 공장의 크기를 2배로 하면 생산량이 2배가 된다.
④ 모든 투입요소를 2배로 늘리는 경우 생산량도 2배 증가한다.
⑤ 노동의 투입량을 한 단위 증가시킬 때마다 추가로 생산되는 상품의 양이 증가한다.

103
62회 기출

A 기업은 선풍기를 생산하는 독점기업이다. 선풍기에 대한 소비자들의 지불용의는 〈보기〉와 같다고 한다. 이 기업이 이윤을 극대화하기 위해서는 4개의 선풍기만 판매해야 한다고 한다. 이 기업이 4개의 선풍기를 생산할 때 지출되는 한계비용은 얼마인가?

┌─── 〈보기〉 ───

수요량	지불용의
1개	20,000원
2개	18,000원
3개	17,000원
4개	16,000원
5개	15,000원
6개	13,000원
7개	10,000원

① 4,000원   ② 13,000원
③ 16,000원   ④ 64,000원
⑤ 72,000원

104
68회 기출

○○기업의 생산량이 0, 1, 2단위인 경우 총비용이 400만 원, 480만 원, 540만 원인 것으로 나타났다. 이때 표 빈칸 중에서 A, B, C, D, E에 들어갈 숫자가 맞게 연결된 것을 고르시오.

총 생산량 (Q)	총 고정비용 (TFC)	총 가변비용 (TVC)	총 비용 (TC)	평균 가변비용 (AVC)	평균 비용 (AC)	한계 비용 (MC)
0		B	400만 원			
1	A		480만 원			
2			540만 원	C	D	E

① A: 200만 원
② B: 0원
③ C: 90만 원
④ D: 150만 원
⑤ E: 30만 원

105
79회 기출

경제주체 중 하나인 기업과 관련한 설명 중 옳지 않은 것은?

① 기업이 지속가능하기 위한 궁극적인 목표는 이윤 극대화이다.
② 기업의 손실은 소비자의 요구를 충족시키지 못한 결과로도 볼 수 있다.
③ 기업은 소비자를 만족시키는 양질의 재화를 공급해야 이윤을 얻을 수 있다.
④ 기업의 규모는 시장 거래의 한계비용과 내부 거래의 한계비용이 같아질 때까지 커질 수 있다.
⑤ 기업은 재화 생산에 필요한 모든 시장 거래를 기업 내에 내부화하는 것이 가장 효율적이다.

106 62회 기출

기업 A는 시계 회사로 한 달에 200개의 시계를 생산하여 판매하고 있다. 이 기업은 시계 생산 재료비로 매달 300만 원을 쓰고 있고, 근로자들에게 매월 100만 원의 임금을 지급하는데 근로자 1명의 월 평균 생산량은 40개라고 한다. 시계를 생산하는 데 들어가는 비용은 재료비와 인건비 밖에 없다고 한다면 이 기업이 손실을 보지 않기 위한 시계 한 개의 최소 가격은?

① 2만 원 　　　　　② 3만 원
③ 4만 원 　　　　　④ 5만 원
⑤ 10만 원

107 60회 기출

다음 표는 많은 업체와 경쟁하고 있는 어느 카페의 생산 함수이며, 커피 한 잔의 가격은 4달러이다. 노동자 임금이 주당 400달러에서 700달러로 상승할 때 이 카페 주인이 고용할 노동자 수의 변화로 옳은 것은?

노동자 수(명)	커피 생산량(잔/주)
0	0
1	200
2	350
3	450
4	500

① 1명 고용에서 변동 없음
② 3명에서 2명으로
③ 3명에서 1명으로
④ 4명에서 2명으로
⑤ 4명에서 1명으로

108 78회 기출

기업의 생산기술이 규모에 대한 수익체증이라고 하자. 이에 대한 설명 중 옳은 것은?

① 이 기업의 생산기술은 래퍼곡선으로 설명할 수 있다.
② 모든 생산요소의 투입을 두 배 늘려도 산출량은 변하지 않는다.
③ 모든 생산요소의 투입을 두 배 늘리면, 산출량이 두 배 이상 늘어난다.
④ 고정요소의 투입을 두 배 늘려도 산출량은 변하지 않는다.
⑤ 고정요소의 투입을 두 배 늘리면, 산출량이 두 배 미만으로 늘어난다.

109 56회 특별 기출

어떤 산업에서 노동과 자본의 투입량을 2배로 늘리면 산출량은 4배로 늘어난다고 한다. 다음 중 옳은 진술을 모두 고르면?

> 가. 규모의 경제가 존재한다.
> 나. 범위의 경제가 존재한다.
> 다. 자연독점이 발생한다.
> 라. 비대칭정보 현상이 발생한다.

① 가, 나 　　　　　② 가, 다
③ 나, 다 　　　　　④ 나, 라
⑤ 다, 라

110 52회 기출

기업의 비용곡선에 대한 옳은 설명을 〈보기〉에서 고르면?

> ─〈보기〉─
> 가. 평균고정비용이 감소할 때 평균가변비용은 증가하거나 감소한다.
> 나. 평균총비용이 최소일 때 한계비용과 평균총비용은 일치한다.
> 다. 한계비용이 최소일 때 한계비용과 평균가변비용은 일치한다.
> 라. 단기에서 한계비용곡선이 궁극적으로 상승하는 이유는 규모의 불경제 때문이다.

① 가, 나 　　　　　② 가, 다
③ 나, 다 　　　　　④ 나, 라
⑤ 다, 라

111 54회 기출

회사에서 새로 판매하는 전자제품의 가격을 개당 20,000원으로 책정했다. 이 회사는 새 전자제품을 생산하는 데 1억 원의 고정비용이 들었으며, 전자제품 1개당 10,000원의 가변비용이 들었다. 이 제품의 손익분기점은 몇 개인가?

① 5,000개   ② 10,000개

③ 15,000개   ④ 20,000개

⑤ 30,000개

112 79회 기출

수지는 머그잔을 만들어 시장에 팔고 있다. 머그잔 시장은 완전 경쟁시장이고, 머그잔 한 개의 가격은 18,000원이다. 수지가 머그잔을 만드는 데 드는 총생산비용은 아래 표와 같다. 이와 관련한 설명 중 옳은 것은?

머그잔 생산량(개)	총 생산비용(천 원)
0	120
1	131
2	143
3	157
4	174
5	195

① 수지가 머그잔을 5개 생산할 경우 머그잔 생산에 대한 수지의 평균가변비용은 39,000원이다.

② 수지는 단기에 머그잔 생산을 중단할 것이다.

③ 수지의 이윤을 극대화하는 생산량에서 수지는 음(−)의 이윤을 얻는다.

④ 수지가 머그잔을 1개 생산할 경우, 머그잔 생산에 대한 수지의 총가변비용은 한계비용보다 크다.

⑤ 머그잔 생산량이 늘어날수록 평균가변비용은 감소한다.

113

어떤 기업의 생산함수가 규모에 대해 수익이 체감한다면, 경영자가 가변생산요소 투입을 한 단위 증가시켰을 때 나타날 수 있는 현상으로 옳은 것은?

① 총생산량이 감소하기 시작한다.

② 한계생산물의 값이 음(−)의 값을 갖는다.

③ 평균생산량은 증가할 수도 있고, 감소할 수도 있다.

④ 한계생산물은 감소하지만, 총생산량과 평균생산량은 무조건 증가한다.

⑤ 한계생산물은 증가하지만, 총생산량과 평균생산량은 무조건 감소한다.

114

다음 자료에서 지훈의 합리적 선택과 관련된 설명으로 옳지 않은 것은? (단, 이자는 고려하지 않는다.)

> 약사인 지훈이는 월 150만 원의 임대료를 받고 있는 자기소유 점포에서 전업주부인 아내와 함께 약국을 개업할 예정이다. 약국 경영으로 월 800만 원의 매상을 올릴 수 있지만 각종 경비로 월 200만 원을 지출해야 한다. 또한 아내 대신 가사를 맡아줄 도우미를 월 100만 원에 고용해야 한다. 현재 지훈이는 다른 약국에서 고용 약사로 근무하면서 300만 원의 월급을 받고 있다.

① 가사도우미 고용은 GDP를 증가시킨다.

② 월 임대료 150만 원은 기회비용에 포함된다.

③ 총수입에서 기회비용을 뺀 경제적 이윤은 월 150만 원이다.

④ 약국 운영에 드는 경비 200만 원은 명시적 비용에 포함된다.

⑤ 약국 개업이 고용 약사로 일하는 것보다 합리적 선택이다.

115

정호는 자신이 소유한 빌딩을 이용하여 새로운 사업을 시작하려고 한다. 새로운 사업이 시작되면 이 사업으로 인해 매월 발생되는 총수입은 3,500만 원이고, 투자비용은 2,000만 원이다. 정호가 새로운 사업을 포기하면 회사에 취직해서 500만 원의 월급여를 받을 수 있고, 빌딩으로 월 1,200만 원의 임대료를 받아 추가수입을 올릴 수 있다. 이와 같은 상황에서 정호의 합리적인 선택은?

① 새로운 사업을 시작한다.
② 새로운 사업을 포기한다.
③ 급여가 2,300만 원을 초과하는 경우에만 사업을 포기한다.
④ 어떠한 선택을 하든지 상관이 없다.
⑤ 위의 정보만으로는 합리적 선택을 내릴 수 없다.

116

지훈이와 성훈이는 2,000원의 용돈으로 과자, 아이스크림 그리고 초콜릿 중 하나만을 구매할 수 있다. 지훈이는 어떤 선택에 따른 비용을 지출한 돈의 금액으로 계산하고, 성훈이는 어떤 선택에 따른 비용을 기회비용으로 계산한다. 지훈이와 성훈이의 과자, 아이스크림 그리고 초콜릿에 대한 편익이 다음 표와 같을 때, 이에 대한 추론으로 옳은 것은?

이름 \ 품목	과자	아이스크림	초콜릿
지훈	2,200원	2,300원	2,500원
성훈	2,200원	2,500원	3,000원

① 지훈이는 과자를 사먹든 초콜릿을 사먹든 동일한 비용이 든다고 생각하지 않는다.
② 성훈이는 과자를 사먹든 초콜릿을 사먹든 동일한 비용이 든다고 생각한다.
③ 지훈이는 아이스크림을 사먹든 초콜릿을 사먹든 동일한 편익을 얻는다고 생각한다.
④ 성훈이는 아이스크림을 사먹든 초콜릿을 사먹든 동일한 비용이 든다고 생각한다.
⑤ 지훈이와 성훈이가 모두 초콜릿을 선택한다면 순편익(편익－비용)은 동일하다.

117

다음 글에 대한 분석으로 옳지 않은 것은?

> 혜영과 준수는 같은 아파트의 위층과 아래층에 사는 이웃이다. 최근 혜영이는 건강을 위해 러닝머신을 구매했다. 밤마다 혜영이가 러닝머신을 이용하여 발생하는 소음이 준수를 잠못들게 한다. 준수가 겪는 수면 방해를 돈으로 환산하면 5만 원에 해당한다. 준수가 혜영에게 불편함을 호소하자 혜영이는 아파트 근처 헬스클럽을 이용하려고 회비를 알아보았더니 매월 10만 원이었다.

① 혜영이가 집에서 운동하는 시간이 길수록 준수의 수면시간이 짧아진다.
② 혜영이가 준수에게 매월 8만 원어치의 과일상자를 선물로 주고 집에서 러닝머신을 하는 편이 혜영에게 유리하다.
③ 준수가 매월 8만 원어치의 과일상자를 받고 혜영에게 불평하지 않으면 혜영과 준수의 이익의 합계는 2만 원이다.
④ 혜영과 준수가 매월 8만 원어치의 과일로 거래를 하는 편이 혜영이가 헬스클럽에 가는 것보다 둘 모두에게 유리하다.
⑤ 준수가 받는 고통이 15만 원이라면 혜영이는 헬스클럽에 가는 편이 낫다.

118

콩코드의 오류(Concorde Fallacy)와 관련 없는 것은?

① 재미없는 영화이지만 요금이 아까워 끝까지 관람한다.
② 잘못된 투자로 판정난 사업도 들인 돈이 아까워 계속 진행한다.
③ 사는 곳에서 멀리 떨어진 아웃렛까지 온 것이 아까워 과소비를 한다.
④ 주문한 음식이 맛이 없었지만 아까워 남기지 않고 다 먹게 된다.
⑤ MBA 과정에 지원할지를 고민할 때 지금 받는 월급은 고려하지 않는다.

119

A 기업의 생산함수는 $Y = L - 100$이고, 노동 1단위당 임금은 1이다. 이에 대한 설명으로 옳은 것은? (단, L은 노동, Y는 생산량, $Y > 0$이다.)

① 노동의 한계생산이 체감한다.
② 노동의 평균생산은 일정하다.
③ 평균비용은 생산량이 늘어남에 따라 처음에는 감소하나 생산량이 일정 수준을 넘어서면 점차 증가한다.
④ 생산량이 일정 수준을 넘어서면 한계비용이 평균비용보다 더 커진다.
⑤ 규모의 경제가 나타난다.

120

A대학은 야간학생을 위한 강의를 열어 수업료를 결정해야 한다. 이때 고려해야 할 비용은?

① 평균비용과 한계비용
② 한계비용과 매몰비용
③ 기회비용과 평균비용
④ 매몰비용과 기회비용
⑤ 한계비용과 기회비용

121

경제학에서 사용하는 비용곡선들 간의 관계에 대한 설명으로 옳은 것은?

① 평균비용이 감소할 때 한계비용은 감소한다.
② 평균고정비용은 산출량과 관계없이 일정하다.
③ 한계비용이 평균비용보다 클 때, 평균비용은 감소할 수 있다.
④ 평균비용은 평균가변비용과 평균고정비용의 합으로 계산한다.
⑤ 평균가변비용이 증가할 때 한계비용은 평균가변비용보다 작다.

122

다음은 한 기업의 단기 한계비용(MC)과 총비용(TC)을 한 평면에 나타낸 것이다. 이 기업이 신생기업으로서 창업 초기에 설비를 구입하였다고 한다면, 다음 중 비용곡선의 개형으로 옳은 것은?

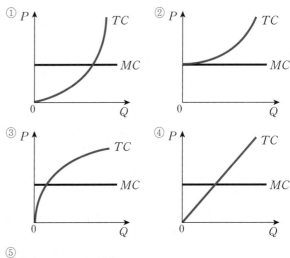

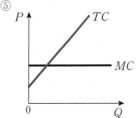

123

단기에서 평균비용과 한계비용 간의 관계에 대한 설명으로 옳지 않은 것은? (단, 총비용함수는 생산량에 대해 3차 함수로 가정한다.)

① 한계비용, 평균가변비용 및 평균비용은 모두 생산량이 증가함에 따라 처음에는 하락하다가 다시 상승한다.
② 한계비용곡선, 평균가변비용곡선 및 평균비용곡선은 모두 동일한 생산량 수준에서 최저점에 이른다.
③ 한계비용곡선은 평균가변비용과 평균비용곡선의 최저점을 통과한다.
④ 한계비용곡선이 평균비용곡선의 최저점을 통과한 이후의 생산량 수준에서는 항상 한계비용이 평균비용보다 크다.
⑤ 한계비용이 평균가변비용보다 크면 평균가변비용이 상승한다.

124

다음 자료에 나타난 갑 기업에 대한 설명으로 옳은 것은?

갑 기업은 두 개의 공장 A, B에서 각각 동일한 X재를 생산하고 있으며, 각 공장의 생산량에 따른 총비용은 다음과 같다. 예를 들어, 공장 A에서 1개, 공장 B에서 2개를 생산한다면 갑 기업의 총비용은 6만 원이 된다. (단, 생산된 X재는 모두 판매된다.)

(단위: 만 원)

생산량	1개	2개	3개	4개	5개	6개
공장 A	2	8	18	32	50	72
공장 B	1	4	9	16	25	36

① 7개를 생산한다면 공장 A에서 3개, 공장 B에서 4개를 생산해야 한다.
② 생산량을 6개에서 7개로 늘리는 데 드는 추가적인 비용은 10만 원이다.
③ X재 한 개를 추가로 생산하는 데 드는 비용은 증가하다가 감소한다.
④ X재의 시장 가격이 8만 원이라면 최대 이윤은 24만 원이다.
⑤ 하나의 공장을 폐쇄해야 한다면 공장 B를 폐쇄해야 한다.

125

기업의 생산요소에 대한 옳은 설명을 〈보기〉에서 모두 고른 것은?

〈보기〉

가. 등량곡선과 등비용선이 접하는 모든 점에서 이윤극대화가 이루어진다.
나. 노동의 한계생산력이 자본의 한계생산력보다 큰 경우 노동 고용은 늘리고 자본 투입량은 줄이는 것이 비용을 감소시킨다.
다. 임금과 자본의 임대료가 같은 경우 비용을 최소화하려면 노동과 자본의 한계생산력이 같도록 노동과 자본을 고용해야 한다.

① 가   ② 나
③ 다   ④ 나, 다
⑤ 가, 나, 다

126

비용곡선에 대한 옳은 설명을 〈보기〉에서 모두 고른 것은?

〈보기〉

가. 평균비용이 일정하면 한계비용도 일정하다.
나. 한계비용이 일정하면 평균비용도 일정하다.
다. 총비용이 일정하면 한계비용도 일정하다.
라. 총비용이 일정하면 평균비용도 일정하다.

① 가, 나   ② 가, 다
③ 나, 라   ④ 가, 나, 다
⑤ 가, 다, 라

127

비용곡선에 대한 옳은 설명을 〈보기〉에서 모두 고른 것은?

〈보기〉
가. 한계비용이 평균비용보다 작은 구간에서 생산량을 감소시키면 평균비용이 감소한다.
나. 고정비용이 없는 경우에 한계비용이 일정하면 평균비용과 한계비용은 일치한다.
다. 노동이 유일한 가변요소인 단기에서 한계비용과 노동의 한계생산은 역(−)의 관계가 있다.
라. 고정비용이 증가하면 한계비용도 증가한다.
마. 장기 평균비용곡선이 우하향하는 구간에서는 규모의 경제가 존재한다.

① 가, 라
② 다, 마
③ 가, 나, 다
④ 나, 다, 마
⑤ 나, 라, 마

128

생산비용에 대한 옳은 설명을 〈보기〉에서 모두 고른 것은?

〈보기〉
가. 규모의 경제가 발생하는 경우 평균비용이 감소한다.
나. 평균비용이 증가하는 구간에서는 한계비용이 평균비용보다 크다.
다. 규모에 대한 수익 불변이면 장기 평균비용과 장기 한계비용이 일치한다.
라. 범위의 경제가 존재하는 경우에는 자연독점이 발생할 가능성이 높다.
마. 평균생산물이 극대이면 평균비용이 극소가 되며, 한계생산물이 극대일 때 한계비용이 극소가 된다.

① 가, 나
② 가, 나, 다
③ 가, 라, 마
④ 나, 다, 마
⑤ 다, 라, 마

129

다음 표는 갑이 운영하는 구두 가게에서 발생한 월간 수입과 비용을 정리한 것이다. 이에 대한 분석으로 옳지 않은 것은?

(단위: 만 원)

수입		비용	
구두 판매	㉠	중간재 구입	150
구두 수선	200	직원 월급	200
		월세	40
		대출 이자	60
계	950	계	450

① 이윤은 500만 원이다.
② ㉠에 들어갈 금액은 '750'이다.
③ 생산 활동으로 새롭게 창출된 가치는 800만 원이다.
④ 생산요소에 대한 대가로 분배된 금액은 800만 원이다.
⑤ 소비자가 구두를 구입하기 위해 지출한 금액은 950만 원이다.

130

생산함수와 관련된 내용으로 옳지 않은 것은?

① 고정투입요소의 존재 여부로 단기와 장기를 구분한다.
② 고정투입요소가 존재하는 기간은 단기이다.
③ 일반적으로 생산함수의 측정기간이 1년 이상이면 장기로 간주할 수 있다.
④ 단기에는 고정투입요소와 가변투입요소가 공존한다.
⑤ 생산함수로부터 총생산물, 한계생산물을 파악할 수 있다.

131

다음 표는 어느 기업의 ○○ 재화의 판매량에 따른 평균수입과 평균비용을 나타낸다. 4개를 판매하고 있는 기업이 이윤을 극대화하기 위한 판단으로 옳은 것은?

(단위: 만 원)

판매량	1개	2개	3개	4개	5개	6개
평균수입	6	6	6	6	6	6
평균비용	6	4	4	5	6	7

① 이윤은 판매량이 1개 또는 5개일 때 극대화된다.
② 평균수입이 평균비용보다 높으므로 판매량을 늘려야 한다.
③ 평균수입이 평균비용보다 낮으므로 판매량을 줄여야 한다.
④ 판매량을 5개로 늘릴 경우 이윤이 증가하므로 판매량을 늘려야 한다.
⑤ 판매량을 3개로 줄일 경우 이윤이 증가하므로 판매량을 줄여야 한다.

132

다음 자료에 대한 옳은 분석을 〈보기〉에서 고른 것은?

A 기업은 노동력을 투입하여 X재와 Y재를 생산한다. A 기업의 하루 노동 투입량에 따른 X재와 Y재의 생산량은 다음 표와 같다. 단, X재의 가격은 1,000원, Y재의 가격은 2,000원이고, 노동자 1명당 하루 임금은 1만 원이며, 생산된 X재와 Y재는 모두 판매된다.

(단위: 명, 개)

노동 투입량	1	2	3	4	5	6
X재 총생산량	8	20	33	37	40	42
Y재 총생산량	5	13	19	23	25	26

〈보기〉

가. A 기업이 하루에 얻을 수 있는 최대 이윤은 1만 원이다.
나. 노동자를 X재 생산에 3명, Y재 생산에 3명 투입할 때 이윤이 최대가 된다.
다. X재 가격이 2배가 되면 X재 생산에 투입하는 노동자를 1명 늘리는 것이 합리적이다.
라. Y재 가격이 2배가 되면 Y재 생산에 투입하는 노동자를 1명 늘리는 것이 합리적이다.

① 가, 나 　　　　　② 가, 다
③ 나, 다 　　　　　④ 나, 라
⑤ 다, 라

CHAPTER 05 | 시장이론

133 54회 기출

시장의 종류에 대한 다음 설명 중 옳지 않은 것은?

① 과점시장에서는 카르텔이 형성될 수 있다.
② 게임이론으로 완전경쟁시장을 설명할 수 있다.
③ 진입장벽이 존재하면 독점시장이 생긴다.
④ 시장은 판매자의 수를 기준으로 구분할 수 있다.
⑤ 완전경쟁시장에서 생산자와 소비자는 가격수용자(Price-taker)이다.

134 78회 기출

이동통신사 A는 모바일 서비스를 독점적으로 제공한다. 이 회사의 서비스를 사용하는 소비자 (가) ~ (마)의 지불용의는 아래 〈표〉와 같으며, 서비스 제공에 따른 한계비용 및 고정비용은 0이다. 이동통신사 A의 이윤 극대화 결과와 관련한 설명 중 옳지 않은 것은?

소비자	모바일
(가)	9
(나)	0
(다)	5
(라)	7
(마)	2

① 이동통신사 A의 이윤은 15이다.
② 이동통신사 A의 이윤은 수입과 같다.
③ 이동통신사 A는 모바일 서비스 가격을 7로 설정한다.
④ 이동통신사 A의 모바일 서비스를 구매하는 소비자는 총 3명이다.
⑤ 소비자 (마)는 이동통신사 A의 모바일 서비스를 구매하지 않는다.

135 50회 기출

완전경쟁기업의 경영자가 생산량을 Q로 결정하였다. 기업의 경영자가 예상하는 단기 이윤의 크기는?

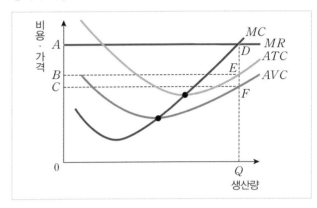

① $0CFQ$
② $0BEQ$
③ $0ADQ$
④ $BCFE$
⑤ $BADE$

136 54회 기출

컴퓨터 제조기업인 A와 B는 사무실 정보화를 위한 네트워크 시스템의 판매를 계획하고 있다. 각 기업은 빠른 고성능 시스템(H)이나, 저성능 시스템(L)을 모두 개발할 수 있다. 시장조사를 한 결과, 각 선택에서 각 기업이 얻을 수 있는 이윤은 (A 기업 이윤, B 기업 이윤) 순으로 다음 표에 나타났다. 다음 중 옳은 것은?

A 기업＼B 기업	고성능(H)	저성능(L)
고성능(H)	(45, 40)	(15, 60)
저성능(L)	(55, 20)	(20, 25)

① 이 게임에서 내쉬균형은 2개이다.
② A 기업은 B 기업이 고성능 시스템(H)을 개발할 때, 저성능 시스템(L)을 개발해야 한다.
③ B 기업의 우월전략은 A 기업의 전략에 관계없이 고성능 시스템(H)을 개발하는 것이다.
④ (저성능, 저성능)은 내쉬균형이 아니다.
⑤ 내쉬균형은 A, B 기업 모두 고성능 시스템(H)을 개발하는 것이다.

137 60회 기출

각 시장구조와 관련된 다음 설명 중 옳은 것을 〈보기〉에서 모두 고르시오.

─〈보기〉─
가. 완전경쟁시장에서 시장수요곡선은 균형가격에서 수평으로 나타난다.
나. 완전경쟁시장의 한 기업이 현재 손실을 보고 있다면 단기에 항상 생산을 중단해야 한다.
다. 독점적 경쟁시장의 기업들은 우하향하는 수요곡선에 직면하기 때문에 가격이 한계비용보다 높지만, 진입과 퇴출이 자유롭기 때문에 장기적으로 0의 경제적 이윤을 얻는다.
라. 과점시장에서 기업들이 협조하지 않고 각자 생산량을 결정한다면 시장생산량은 완전경쟁시장에 비해 적고, 독점시장에 비해 많다.

① 가, 나　　　　　　② 가, 라
③ 나, 다　　　　　　④ 나, 라
⑤ 다, 라

138 50회 기출

다음 지문을 읽고 괄호 A, B, C에 들어갈 용어를 순서대로 옳게 연결한 것은?

가격차별이란 동일한 제품과 서비스에 대해 소비자마다 가격을 다르게 책정하는 것을 의미한다. 가격차별의 대표적인 예로는 학생할인, 영화관의 조조할인 등이 있다. 가격차별의 종류에는 구매하는 재화나 서비스의 수량에 따라 가격을 다르게 책정하는 (A) 가격차별, 그리고 각각의 소비자에게 소비자의 최대 지불용의(Maximum Willingness to Pay)만큼을 가격으로 선정하는 (B) 가격차별이 있다. (B) 가격차별의 경우 (C)이라고 불리기도 한다. (A) 가격차별과 (B) 가격차별의 차이는 독점기업이 소비자의 효용함수에 대해 정확하게 알고 있는지 여부에 달려 있다.

① 1급 – 2급 – 완전가격차별
② 2급 – 1급 – 완전가격차별
③ 2급 – 1급 – 불완전가격차별
④ 3급 – 2급 – 불완전가격차별
⑤ 3급 – 2급 – 완전가격차별

139 53회 기출

독점적 경쟁기업이 완전경쟁기업과 공통적으로 지니는 특징을 〈보기〉에서 고른 것은?

─〈보기〉─
가. 장기적으로 이윤이 0이다.
나. 개별기업은 시장에서 가격 결정에 영향을 미치지 못한다.
다. 한계비용과 한계수입이 일치하는 곳에서 생산한다.
라. 장기적으로 총평균비용곡선의 최저점에서 생산한다.

① 가, 나　　　　　　② 가, 다
③ 나, 다　　　　　　④ 나, 라
⑤ 다, 라

140 78회 기출

아래 신문기사를 읽고, ㉠~㉤과 관련한 설명 중 옳지 않은 것은?

㉠ 항공권 가격은 기본운임과 공항세, 유류할증료로 구성된다. ㉡ 항공권 가격은 일반적으로 수요·공급 논리에 좌우된다. 다만, 수익 극대화를 위한 항공사들의 '가격 마케팅'에 따라 항공권 가격은 천차만별이다. 재고가 없는 항공권 특성상 출발 전까지 빈 좌석을 얼마나 최소화하느냐에 따라 수익이 좌우되기 때문이다. ㉢ '좌석이 100개이면 가격도 100개이다.'는 말이 있을 정도다. … (중략) … ㉣ 등급에 따라 마일리지가 얼마나 적립되는지, 좌석 승급이 가능한지, 예약 변경 및 취소가 가능한지, 수수료가 얼마인지 등이 달라진다. 가격이 싼 좌석일수록 부가서비스 혜택이 적다. 항공사들이 마케팅 차원에서 파격적인 가격에 판매하는 '얼리버드' 항공권이 이런 유형이다. 환불 또는 좌석 승급이 일절 불가능하다. 일반적으로 항공사들은 초기엔 낮은 등급의 항공권을 판매하다가 ㉤ 출발 기한이 얼마 안 남은 상황에선 고가 항공권을 판매한다. 항공권을 일찍 예약하면 가격이 저렴하다고 알려진 것도 이 때문이다.

– ○○ 경제신문, 2022. 10. 6.

① ㉠: 기업 활동을 위한 최소한의 비용으로 구성되어 있다.
② ㉡: 성수기에는 항공권 가격이 비싼 이유이다.
③ ㉢: 1급 가격차별이 연상된다.
④ ㉣: '공짜 점심은 없다.'는 문구가 적절한 표현이다.
⑤ ㉤: 해당 항공권은 수요의 가격탄력성이 높기 때문이다.

141 51회 기출

단기완전경쟁시장에서 조업하는 두 기업 A, B의 시장가격 변화에 따른 생산량이 다음과 같다. 이에 대한 설명으로 옳은 것은?

가격	생산량	
	A	B
52	12	15
51	10	13
50	8	11
49	0	9
48	0	0

① A의 한계비용이 B의 한계비용보다 작다.
② 가격이 48일 때 B의 가변비용은 판매수입 이상이다.
③ 가격이 49일 때 A의 판매수입은 고정비용 이상이다.
④ 가격이 50일 때 A는 양의 이윤을 얻고 있다.
⑤ 모든 가격대에서 B의 이윤이 A의 이윤보다 크다.

142 52회 기출

완전경쟁시장에 참여하는 기업과 독점기업의 이윤극대화 조건은 동일하지만, 독점기업의 생산량은 완전경쟁시장의 생산량보다 적다. 그 이유에 대한 설명으로 옳은 것은?

① 완전경쟁시장의 기업과 달리 독점기업이 추가로 판매하기 위해서는 종전 판매량의 가격도 함께 낮춰야 하기 때문이다.
② 독점기업은 혼자 생산하기 때문에 한계비용이 더 빨리 상승하기 때문이다.
③ 독점기업의 평균비용이 완전경쟁시장의 기업들보다 높기 때문이다.
④ 독점기업이 진입장벽을 유지하기 위해 많은 비용을 지출하기 때문이다.
⑤ 완전경쟁시장의 기업들은 이윤극대화가 아닌 매출(수입)극대화를 추구하기 때문이다.

143 78회 기출

아래의 해당 시장에 관한 특징을 〈보기〉에서 고르면?

학생들이 다니는 학원도 무수히 많이 존재하지만 학원이 제공하는 강의 수준이 다르기 때문에 학생들 각자의 기준에 따라 선택하고 소비한다. 즉, 해당 재화나 서비스에 대해 '단골'이 된다. 우리가 주변에 흔히 볼 수 있는 미용실의 경우도 소비자가 헤어디자이너의 맞춤화된 서비스, 거리, 광고, 가격 조건 등을 다른 미용실과 비교하여 하나의 단골집을 선택한다.

─〈보기〉─
가. 제품차별화
나. 비가격 경쟁
다. 역선택
라. 가격수용자

① 가, 나
② 가, 다
③ 나, 다
④ 나, 라
⑤ 다, 라

144 50회 기출

다음에 제시된 티셔츠 기업 A의 시장 조사 결과와 상황을 고려하여 이 기업의 이윤극대화 생산량과 가격을 각각 계산하면?

수요: $P = 1,000 - 10Q$
한계수입: $MR = 1,100 - 20Q$
한계비용: $MC = 100 + 20Q$
* 단, P는 가격(원), Q는 생산량(장)을 나타낸다.

① 이윤극대화 생산량: 20장, 이윤극대화 가격: 800원
② 이윤극대화 생산량: 25장, 이윤극대화 가격: 750원
③ 이윤극대화 생산량: 40장, 이윤극대화 가격: 600원
④ 이윤극대화 생산량: 43장, 이윤극대화 가격: 570원
⑤ 이윤극대화 생산량: 44장, 이윤극대화 가격: 560원

145

단기에서 완전경쟁기업과 독점기업에 대한 설명으로 옳지 않은 것은?

① 평균비용 이하로 가격이 내려갈 경우 조업을 중단할 것이다.
② 한계비용과 한계수입이 일치하는 곳에서 공급량이 결정된다.
③ 독점기업은 별도의 공급곡선이 존재하지 않는다.
④ 완전경쟁기업의 경우에는 $P=MC$이지만, 독점기업의 경우에는 $P>MC$이다.
⑤ 완전경쟁기업이 직면하는 수요곡선은 수평이지만, 독점기업의 경우에는 우하향한다.

147

다음은 완전경쟁시장의 단기비용곡선이다. 이에 대한 설명으로 옳은 것은? (단, AC는 평균비용, AVC는 평균가변비용, AFC는 평균고정비용, MC는 한계비용을 의미한다.)

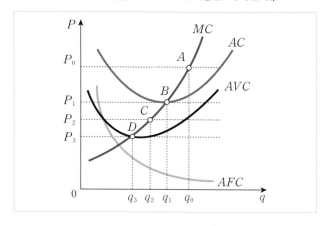

① A점에서는 초과 이윤이 존재하지 않는다.
② B점에서 기업은 q_2만큼 생산한다.
③ 가격과 평균비용(AC)이 일치하는 B점은 조업중단점이다.
④ C점은 기업이 생산활동을 계속될 경우 손실을 줄일 수 있으므로 계속해서 조업활동을 하는 것이 유리하다.
⑤ D점은 계속 생산활동을 이어가야 하는 점이다.

146

독점기업에 대한 설명으로 옳지 않은 것은?

① 독점기업의 한계수입은 가격에 미치지 못한다.
② 독점가격은 수요의 가격탄력성이 클수록 높아진다.
③ 독점기업은 시장을 분할하여 가격차별을 행할 수 있다.
④ 독점기업이 공급하는 생산량은 완전경쟁시장의 공급량에 비해 적다.
⑤ 독점기업에 대한 법인세 부과는 그 기업의 공급량에 영향을 주지 못한다.

148

A 기업은 재화의 생산과 판매를 독점적으로 하고 있다. A 기업이 독점하고 있는 시장에 대한 설명으로 옳은 것은?

① A 기업은 시장을 독점하고 있기 때문에 기술 혁신에 대한 유인이 전혀 없다.
② A 기업은 가격결정권을 지키기 위해 필요한 추가적 비용을 발생시킬 용의가 있다.
③ A 기업은 완전경쟁시장에 있다면 이윤극대화 조건은 지금과 다를 것이다.
④ A 기업의 독점지배를 막기 위해 재화에 일정한 세금을 부과하는 것이 정당화된다.
⑤ A 기업이 완전가격차별을 하더라도 완전경쟁시장과 비교해서 효율적이지 못하다.

149

완전경쟁시장과 독점기업의 기본적인 차이에 대한 설명으로 옳은 것은?

① 경쟁기업은 어떤 주어진 가격으로 그가 원하는 만큼 판매할 수 있는 반면 독점기업은 가격인하가 필요하다.
② 독점기업은 초과 이윤을 얻는 가격을 항상 요구할 수 있는 반면 경쟁기업은 그런 이윤을 결코 얻지 못한다.
③ 완전경쟁기업이 직면하는 수요의 탄력성은 독점기업이 직면하는 수요의 탄력성보다 작다.
④ 독점기업은 이윤극대화를 추구하지만 경쟁기업은 가격과 평균비용의 일치를 추구한다.
⑤ 독점기업이 정하는 가격은 한계비용보다 높은 반면 완전경쟁시장가격은 한계비용보다 낮다.

150

독점적 행동이 문제가 되는 것은 독점력을 이용해 생산량을 줄이고 품질을 낮추며 값을 올리는 경우이다. 이에 대한 설명으로 옳지 않은 것은?

① 진입과 퇴출이 자유로운 개방된 시장에서는 독점이 생겨날 위험성이 낮다.
② 시장점유율이 높다고 해도 자유경쟁이라면 품질개선이나 원가절감 등을 위해 노력한다.
③ 진입과 퇴출이 존재하는 경우 나쁜 품질의 재화를 비싸게 팔면 잠재적인 경쟁자들이 시장에 진입한다.
④ 시장점유율이 높은 것은 독점의 결과가 아니라 혁신의 결과일 수도 있다.
⑤ 시장점유율이 높거나 대규모인 기업은 자동적으로 독점적 행동을 하게 된다.

151

다음 표는 어느 동네의 휘발유 가격을 조사한 것이다. 이를 통해 추론한 내용으로 옳은 것을 〈보기〉에서 고른 것은?

구분 주유소	리터당 휘발유 가격	하루 판매량
갑	1,800원	2,000L
을	1,750원	1,500L

〈보기〉

가. 취급하는 휘발유의 품질은 동질적일 것이다.
나. 갑 주유소와 을 주유소는 완전경쟁관계에 있다.
다. 갑 주유소의 시장점유율이 상대적으로 높다.
라. 휘발유 수요는 가격 이외의 다른 요인에 의해서도 결정된다.

① 가, 나   ② 가, 다
③ 나, 다   ④ 나, 라
⑤ 다, 라

152

다음은 A 외식업체의 샐러드 바 메뉴와 관련된 가격표이다. 이에 대한 옳은 설명을 〈보기〉에서 고른 것은?

구분	가격	비고
평일 점심	17,800원	월요일부터 금요일까지 (오전 11시~오후 4시까지)
평일 저녁	21,400원	월요일부터 금요일까지 (오후 6시~저녁 11시까지)
주말	22,400원	토요일, 일요일, 공휴일 어린이 9,900원
어린이	9,900원	초등학생
	5,900원	미취학아동

〈보기〉

가. 동일 메뉴임에도 불구하고 요일별, 시간대별 가격차별화를 통해 이윤이 더 커질 것을 기대하고 있다.
나. A 외식업체는 해당 업종에서 독점업체일 것이다.
다. 경제적 후생 측면에서 볼 때 이와 같은 가격차별화는 이용 고객에게 긍정적일 수 있다.
라. A 외식업체가 제공하는 샐러드 바에 대한 수요의 가격탄력성은 주말에 가장 크다.

① 가, 나   ② 가, 다
③ 가, 라   ④ 나, 다
⑤ 나, 라

153

가격차별에 관한 설명으로 옳은 것은?

① 1급 가격차별과 완전가격차별은 서로 다른 개념이다.
② 2급 가격차별의 경우, 어느 두 구매자가 서로 다른 양을 산다 하더라도 그들이 지불하는 단위당 가격은 항상 동일하다.
③ 3급 가격차별의 경우, 한 구매자가 지불하는 단위당 가격은 그가 얼마나 사느냐에 따라 언제나 달라진다.
④ 3급 가격차별의 경우, 수요의 가격탄력성이 큰 소비자는 수요의 가격탄력성이 작은 소비자에 비해 더 낮은 가격을 지불한다.
⑤ 1급 가격차별의 경우, 그 시장에서 발생하는 소비자잉여는 극대화되지만 생산자잉여는 항상 0이 된다.

154

어떤 통신회사는 초고속인터넷과 IPTV서비스를 2명의 고객에게 판매한다. 고객별로 가격차별을 할 수 없으며, 분석의 편의상 초고속인터넷과 IPTV서비스의 공급비용은 0이라고 가정하자. 두 고객의 최대 지불용의 금액이 다음 표와 같을 때 옳은 것은?

구분	최대 지불용의 금액	
	초고속인터넷	IPTV
고객 A	200	100
고객 B	300	60

① 초고속인터넷과 IPTV서비스를 결합하여 판매하는 경우 얻을 수 있는 최대 이윤은 600이다.
② 초고속인터넷과 IPTV서비스를 결합하여 판매하는 경우 얻을 수 있는 최대 이윤은 660이다.
③ 초고속인터넷과 IPTV서비스를 결합하여 판매하는 경우 얻을 수 있는 최대 이윤은 800이다.
④ 초고속인터넷만 판매할 때 얻을 수 있는 최대 이윤은 300이다.
⑤ IPTV서비스만 판매할 때 얻을 수 있는 최대 이윤은 160이다.

155

자연독점(Natural Monopoly)의 특성에 대한 설명으로 옳지 않은 것은?

① 진입장벽을 제거함으로써 해당 재화의 시장구조를 독점에서 경쟁시장으로 전환시킬 수 있다.
② 개별기업 간 최소 효율 규모의 차이가 크고, 시장수요가 큰 경우에는 자연독점이 되기 쉽다.
③ 개별기업에서 규모의 경제가 존재할 경우에는 자연독점이 성립될 개연성이 높다.
④ 자연독점하에서 한계비용 가격설정, 즉 수요가격과 한계비용이 일치될 경우 채산성을 맞출 수 없다.
⑤ 자연독점은 경쟁을 통해 '경쟁 상대방'을 몰아내고 사후적으로 독점적 위치에 오른 것으로 해석할 수 있다.

156

다음 유통업체들의 가격경쟁 상황을 보고 추론하기 어려운 것은?

신세계 이마트의 12개 생필품 가격인하 선언으로 촉발된 대형마트 업계의 가격인하 전쟁이 불붙고 있다. 롯데마트는 14일 "이마트가 신문에 가격을 내리겠다고 광고한 상품에 대해서는 단돈 10원이라도 더 싸게 판매하겠다."라고 발표했다. 홈플러스도 가격에서 밀리지 않겠다고 발표했다. 이에 맞서 이마트는 15일 추가 가격인하 품목을 공개하겠다면서 재반격에 나섰다. '빅3' 대형마트 간 자존심을 건 가격인하 경쟁이 본격화하고 있는 것이다. 이마트의 가격인하 방침 발표 후 일부 품목의 가격은 일주일 새 40% 넘게 떨어졌다.

① 우리나라 대형마트 시장은 과점 상태에 있다.
② 기업들이 납품가격보다 더 낮게 판매가격을 낮추는 경우는 없다.
③ 대형 유통업체의 가격경쟁은 소비자들에게 이득이 된다.
④ 대형 유통업체의 가격경쟁은 상품을 납품하는 중소 공급업체에 피해를 주기도 한다.
⑤ 과점기업이라도 공정한 가격경쟁을 하면 초과 이윤이 없는 상태까지 완전경쟁 상태와 유사해진다.

157

다음 그림은 A, B, C, D 시장의 특징을 분석한 것이다. 옳게 추론한 사람들로 짝지어진 것은?

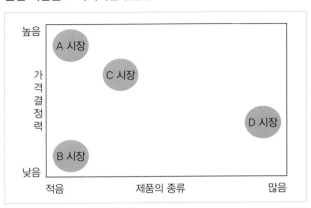

완호: A 시장에 속한 기업들은 시장지배력이 다른 시장들에 비해 가장 크다.
정미: B 시장에서는 카르텔이 형성되기 쉽다.
영훈: C 시장의 진입장벽이 D 시장보다 크다.
은정: D 시장에 속한 기업들이 제품 차별화를 잘 할수록 가격 결정력이 떨어진다.

① 완호, 정미   ② 완호, 영훈
③ 완호, 은정   ④ 정미, 은정
⑤ 영훈, 은정

158

다음 자료를 보고 옳게 판단한 사람을 모두 고른 것은?

A군과 B양은 서로 좋아하는 감정이 있는데, 사랑고백을 할지 그대로 친구로 지낼지 고민하고 있다. 사랑을 고백하는 데에는 30의 비용이 들며, 두 사람 모두 커플이 되어 각각 100의 효용을 얻는다고 한다. 반면, 두 사람이 그대로 친구로 남게 되면 각각 30의 효용만을 얻을 뿐이다.

B양＼A군	고백		현상유지	
고백	70	70	70	100
현상유지	100	70	30	30

현무: A군이 고백을 한다면 B양은 현상유지하는 것이 이익을 극대화하는 전략이야.
나래: 현무가 말하는 게 바로 내쉬전략이란 말이야!
기안: 어라? 내쉬균형은 2개인데?
코쿤: A군과 B양이 서로 고백하는 것이 우월전략이겠네.
장우: 이 게임에서 내쉬균형은 파레토 최적 상태야.
광규: 여기서 파레토 최적은 아무 상관없는 이야기 아닌가요?

① 현무, 나래, 광규
② 현무, 코쿤, 장우
③ 기안, 코쿤, 광규
④ 현무, 나래, 기안, 장우
⑤ 나래, 기안, 코쿤, 장우

159

완전경쟁시장의 한 기업이 단기적으로 초과 이윤을 내고 있다고 하자. 이 기업의 이윤극대화 행동으로부터 유추할 수 있는 사실로 적절한 것은?

① 이 기업은 장기적으로도 초과 이윤을 낼 것이다.
② 이 기업이 산출량을 늘리면 총평균비용이 감소할 것이다.
③ 이 기업의 현재 한계비용은 총평균비용과 같다.
④ 시장가격은 이 기업의 현재 한계비용보다 높다.
⑤ 이 기업이 산출량을 늘리면 한계비용이 증가할 것이다.

160

다음 빈칸 ㉠, ㉡에 들어갈 말로 옳은 것은?

> 자연독점에서는 평균비용이 (㉠)하므로 한계비용곡선은 평균비용곡선보다 (㉡).

	㉠	㉡
①	감소	위에 놓여 있다
②	감소	아래에 놓여 있다
③	증가	위에 놓여 있다
④	증가	아래에 놓여 있다
⑤	일정	위에 놓여 있다

161

완전경쟁하에 있는 개별기업에 대한 설명으로 옳은 것은?

① 한계수입과 한계비용이 일치하는 점에서 이윤극대화 생산량을 결정하게 되고, 이 점에서 가격과 평균수입도 한계비용과 일치하게 된다.
② 단기의 총공급곡선은 평균비용곡선의 최저점보다 높은 단기 한계비용곡선으로 나타나게 된다.
③ 장기의 총공급곡선은 평균비용곡선의 최저점보다 높은 장기 한계비용곡선이 되며, 이에 따라 수평의 공급곡선을 가지게 된다.
④ 개별기업이 직면하는 시장 수요곡선은 수요 법칙이 성립되는 우하향의 곡선이 된다.
⑤ 완전경쟁시장에서 활동하는 기업들은 재화를 변화시켜 초과 이윤을 실현할 수 있다.

162

자장면 한 그릇의 한계비용이 4,000원이고, 자장면에 대한 수요가 다음과 같다고 할 때, 옳지 않은 것은?

가격(원)	수량(그릇)
9,000	5
8,000	6
7,000	7
6,000	8
5,000	9
4,000	10
3,000	11

① 자장면 시장이 완전경쟁이라면, 시장균형가격은 4,000원이다.
② 자장면 시장이 독점이라면, 생산량은 5그릇이다.
③ 자장면 시장이 독점이라면, 독점이윤은 25,000원이다.
④ 독점의 경우에는 완전경쟁에 비해 생산량이 5그릇 감소한다.
⑤ 한계비용이 6,000원으로 오르면 독점의 경우에는 생산량이 줄어드나 완전경쟁의 경우에는 생산량이 변하지 않는다.

163

독점기업이 동일한 제품을 여러 가지 가격으로 판매하는 가격차별을 하는 경우가 있다. 이러한 현상에 대한 설명으로 옳지 않은 것은?

① 독점기업이 기본료와 함께 사용료를 부과하는 이부가격제를 실시하면 소비자잉여가 독점기업으로 이전되어 이윤이 증가된다.

② 모든 개별 소비자의 지불용의 가격을 알고 있다면 독점기업은 완전가격차별을 실시하여 모든 소비자잉여를 독점기업의 이윤으로 차지하며 이 경우 효율적인 자원 배분이 이루어진다.

③ 재판매가 불가능해야 가격차별이 성립된다.

④ 3급 가격차별은 1급 가격차별에 비해 자중손실이 크다.

⑤ A 소비자 집단의 수요가 B 소비자 집단의 수요보다 더 가격탄력적이라면 독점기업은 B 소비자 집단보다 A 소비자 집단에 더 높은 가격을 부과한다.

164

전기, 가스, 상수도 등 공공서비스는 흔히 자연독점의 성격을 갖고 있다. 이 산업에서 평균비용 가격설정 방식을 채택하는 이유로 옳은 것은?

① 자원의 효율적 배분을 위해

② 모든 국민이 공공서비스를 이용할 수 있도록 하기 위해

③ 한계비용에서 가격을 설정하면 자연독점기업이 손실을 보기 때문에

④ 한계비용에서 가격을 설정하면 자연독점기업의 비용절감 유인이 부족하기 때문에

⑤ 평균비용으로 가격을 설정할 경우 효율성과 형평성을 함께 달성할 수 있기 때문에

165

A, B와 같은 시장 구조의 일반적인 특징으로 옳은 것은?

A: 주식 시장에서 개인은 갑 회사의 주식 가격에 영향을 미칠 수 없다. 현재의 가격으로 갑 회사의 주식을 사거나 팔려는 사람이 많아 누구도 현재의 가격보다 싼 가격으로 사거나 비싼 가격으로 팔 수 없기 때문이다.

B: 을 항공사는 승객들을 여행 목적에 따라 여행 승객과 출장 승객으로 분류하여 항공료에 차등을 둔다. 대체로 여행 승객보다 출장 승객들이 더 비싼 항공료를 부담할 용의가 있으므로 을 항공사는 이들에게 더 높은 항공료를 책정하여 이윤을 늘리려고 한다.

	A	B
①	진입장벽 존재	다수의 공급자
②	소수의 공급자	자유로운 시장 진입
③	자유로운 시장 진입	소수의 공급자
④	이질적인 재화	진입장벽 존재
⑤	다수의 공급자	자유로운 시장 진입

166

경쟁관계에 있는 두 기업이 있다. 각 기업이 어떤 제품을 10톤씩 생산해서 판매한다면 8억 원씩의 이윤을 가질 수 있고, 20톤씩 생산해서 판매한다면 6억 원씩의 이윤을 가질 수 있다. 그리고 한 기업이 10톤을 생산해서 판매할 때 다른 기업은 20톤을 생산해서 판매한다면, 각각 5억 원과 10억 원의 이윤을 가질 수 있다. 이 상황에서 우월전략균형은?

① 각 기업이 10톤씩 생산하는 것

② 각 기업이 20톤씩 생산하는 것

③ 한 기업이 10톤을 생산하고, 다른 기업이 20톤을 생산하는 것

④ 여기서는 우월전략균형이 존재하지 않음

⑤ 각 기업이 어떤 방식으로 생산하든 무관함

167

다음 밑줄 친 ㉠~㉢에 대한 설명으로 옳지 않은 것은?

진입장벽은 시장 구조를 ㉠ 완전경쟁시장과 ㉡ 독점시장으로 구분하는 요인 중 하나이다. 진입장벽은 ㉢ 특허권, 규모의 경제 등으로 인해 발생한다.

① ㉠에서는 개별 공급자가 시장 가격을 정할 수 있다.
② ㉡에는 신규 기업에 대한 진입장벽이 존재한다.
③ ㉢은 기술 혁신에 대한 경제적 유인을 부여하기 위한 것이다.
④ 동일한 제품이라면 가격은 시장 구조가 ㉠일 경우보다 ㉡일 경우에 높다.
⑤ 동일한 제품이라면 생산량은 시장 구조가 ㉠일 경우보다 ㉡일 경우에 적다.

168

독점적 경쟁시장은 한 산업 내에 제품들이 서로 다양하게 차별화되어 있고 각 제품들은 한 기업에 의해서만 공급되는 시장을 의미한다. 독점적 경쟁시장에 대한 설명으로 옳지 않은 것은?

① 각 기업들은 단기적으로 이윤을 볼 수 있다.
② 시장 진입과 탈퇴가 자유롭게 이루어지는 장기에서 각 기업들은 가격과 한계비용이 일치하게 설정한다.
③ 장기적으로 각 기업들은 단위 생산원가를 최저 수준으로 하는 최적 생산 규모에 비해 생산은 더 적게 한다.
④ 독점적 경쟁시장에서는 생산비 이외에 과다한 홍보 경쟁으로 과다한 광고비 지출이 이루어질 수 있다.
⑤ 독점적 경쟁시장이 비용면에서는 부정적이지만 소비자 수요의 다양성을 충족시킨다는 면에서는 긍정적이다.

169

다음에 나타난 시장 형태에 대한 설명으로 옳지 않은 것은?

D 교수는 자택 근처와 학교 주변에 미용실이 많이 있음에도 불구하고 20년째 다니던 K 이용원을 고집한다. 요즘 유행하는 미용실에도 가봤지만, K 이용원만큼 자신의 머리 모양을 마음에 들게 손질하는 곳이 없기 때문이다. 무엇보다 머리를 자른 이후에 면도 서비스를 제공하는 곳이 없었다. 수염이 너무 빨리 자라 하루에도 여러 번 면도가 필요한 D 교수에게는 이러한 추가 서비스는 K 이용원을 계속해서 찾게 되는 원인이 되었다.

① 제공되는 상품이 다소 이질적이다.
② 이러한 시장의 장점은 저렴한 상품 가격에 있다.
③ 기업은 자기 고객에 대해 어느 정도 시장 지배력을 가진다.
④ 소비자들은 자신의 만족을 위해 더 높은 가격을 지불할 용의가 있다.
⑤ 각 기업은 매출 증대를 위해 광고에 많은 노력을 기울인다.

170

다음은 어떤 국가의 정유시장 상황과 독점규제 및 공정거래에 관한 법률 조항이다. 다음의 법률을 근거로 정유시장의 특징에 대한 설명으로 적절한 것은?

> 일정한 거래 분야에서 시장점유율이 다음 각 호의 어느 하나에 해당하는 사업자(일정한 거래 분야에서 연간 매출액 또는 구매액이 40억 원 미만인 사업자는 제외한다)는 시장지배적 사업자로 추정한다.
> 1. 하나의 사업자의 시장점유율이 100분의 50 이상
> 2. 셋 이하의 사업자의 시장점유율의 합계가 100분의 75 이상. 다만, 이 경우에 시장점유율이 100분의 10 미만인 자를 제외한다.
>
> 〈정유시장의 기업별 점유율〉
> • S사: 32.0%
> • G사: 28.1%
> • H사: 15.6%
> • O사: 11.3%
> • 기타: 13.0%

① 기업 간 상호 의존도가 낮다.
② 규모의 경제를 실현하기가 어렵다.
③ 공급자가 시장에 미치는 영향력이 크다.
④ 소비자의 다양한 욕구를 충족시키기가 용이하다.
⑤ 개별 기업이 시장가격에 영향을 주기 어렵다.

171

다음 글에서 설명하는 내용의 사례로 적절하지 않은 것은?

> 기업은 같은 상품이라도 소비자에 따라 수요의 가격탄력성이 다를 때 이를 이용하여 가격을 차별적으로 설정할 수 있다. 왜냐하면 기업은 수요의 가격탄력성이 작은 소비자에게는 높은 가격을 매기고, 수요의 가격탄력성이 큰 소비자에게는 낮은 가격을 매겨 이윤을 증가시킬 수 있기 때문이다.

① □□ 극장의 관람료가 7,000원인데, 첫 회는 4,000원이다.
② ☆☆ 놀이 공원 입장료의 경우 성수기에는 15,000원, 비수기에는 10,000원이다.
③ △△ 백화점은 10만 원인 구두를 세일 기간 동안 반값인 5만 원에 판매한다.
④ 두 지역을 오가는 KTX의 동일 좌석 요금이 주말에는 32,000원인데, 주중에는 26,000원이다.
⑤ ○○섬을 운항하는 유일한 교통수단인 여객선의 일반석 운임 18,000원이 섬 주민들에게는 5,000원으로 할인된다.

CHAPTER 06 | 노동시장과 소득분배

172 74회 특별 기출

조세(tax)에 관한 설명 중 옳은 것은?

① 부가가치세는 간접세이다.
② 소득세 제도는 자동안정화장치와 무관하다.
③ 우리나라는 국세에 비해 지방세의 비중이 더 크다.
④ 세율이 일정하다면 수요와 공급이 비탄력적일수록 경제적 순손실이 커진다.
⑤ 세율이 계속 높아질수록 정부의 조세 수입은 증가해 재정 적자 완화에 도움이 된다.

173 79회 기출

<표>는 A국과 B국의 지니계수에 대한 연도별 자료이다. 이와 관련한 설명 중 옳지 않은 것은?

구분	2020년	2021년	2022년
A국	0.48	0.43	0.40
B국	0.40	0.45	0.39

① 2020년 A국은 B국보다 소득의 불평등 수준이 높다.
② 2021년 B국은 A국보다 로렌츠곡선이 대각선에 멀어진 상태이다.
③ 2022년 A국의 소득분배가 전년보다 개선됐다.
④ A국은 소득불평등을 완화하기 위한 복지정책을 펼쳤을 것으로 보인다.
⑤ B국은 소득불평등 수준이 계속 개선되었다.

174 54회 기출

소득분배에 대한 다음 설명 중 옳은 것은?

① 10분위분배율은 저소득층과 고소득층 간의 소득분배를 나타내는 지표이다.
② 소득분배가 평등할수록 로렌츠곡선은 대각선에서 멀어진다.
③ 지니계수가 1이면 완전 평등하다.
④ 소득분배가 완전히 불평등하다면 지니계수는 0이 된다.
⑤ 10분위분배율과 지니계수 및 5분위분배율 모두 평등지표로서 값이 커질수록 평등하다.

175 56회 특별 기출

다음은 A국과 B국의 지니계수 추이를 나타낸 것이다. 이에 대한 설명이나 추론으로 적절하지 않은 것은?

구분	2017년	2018년	2019년
A국	0.30	0.35	0.40
B국	0.40	0.32	0.31

① A국과 B국의 지니계수는 0과 1 사이의 값을 가진다.
② B국의 로렌츠곡선은 45° 대각선에 점차 멀어지는 모습일 것이다.
③ A국은 소득불평등도가 심화되는 반면, B국은 소득불평등도가 줄어들고 있다.
④ A국이 소득불평등도를 줄이려면 부의 소득세제를 도입할 필요가 있다.
⑤ B국이 소득불균형을 해소하기 위해 과도하게 누진세를 도입했을 경우 근로의욕이 저하되는 문제점이 나타날 수 있다.

176 62회 기출

다음 지문은 캐나다의 한 연구소가 캐나다의 소득분배의 변화를 조사한 결과이다. 이 통계의 의미는 무엇인가?

"1990년 소득 하위 20%에 속한 캐나다인 중 2009년 같은 그룹에 속한 사람은 13% 밖에 남아 있지 않았다."며, "나머지 87%는 19년간 소득이 늘어나 상위 그룹으로 움직였다."고 말했다.

① 기술 축적의 효과를 입증한 통계
② 가난의 세습을 입증한 통계
③ 통계수치는 아무런 의미가 없는 수치
④ 빈익빈 부익부를 입증하는 통계
⑤ 가난한 사람도 부자가 될 수 있다는 것을 입증하는 통계

177 51회 기출

다음은 한 나라의 계층별 소득세율의 변화를 나타낸 것이다. 적절한 설명을 〈보기〉에서 모두 고른 것은?

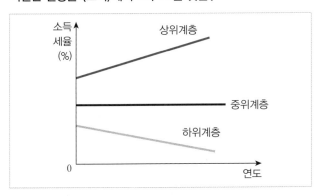

〈보기〉

가. 누진세의 성격이 강화되고 있다.
나. 소득불평등을 완화시키고자 노력하는 방향으로 세제가 변화되어 왔다.
다. 세제 변화는 상위계층의 근로의욕을 점차 고취시켰을 것으로 보인다.
라. 간접세의 비중이 점차 커짐으로써, 조세저항이 많았으리라 생각된다.

① 가, 나   ② 가, 다
③ 나, 다   ④ 나, 라
⑤ 다, 라

178 62회 기출

다음은 A국과 B국의 로렌츠곡선이다. 이에 대해 잘못 설명한 것은?

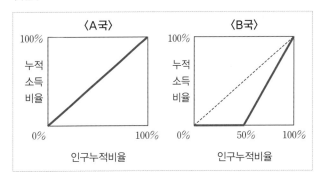

① A국은 B국에 비해 소득의 불평등이 크지 않다.
② B국의 경우 하위 50% 계층은 소득이 없다.
③ A국의 지니계수는 B국의 지니계수보다 높은 값을 가진다.
④ 이 자료만으로 A국과 B국의 노동소득분배율을 파악하기 어렵다.
⑤ A, B국 모두 지니계수가 0~1 사이 값을 가진다.

179 61회 기출

다음은 갑국과 을국의 2017~2019년 사이의 지니계수 추이를 나타낸 것이다. 이에 대한 설명이나 추론으로 적절하지 않은 것은?

구분	2017	2018	2019
갑국	0.35	0.37	0.40
을국	0.41	0.37	0.35

① 갑국과 을국의 지니계수는 1을 초과하는 값을 가질 수 없다.
② 갑국은 소득불평등도가 줄어드는 반면 을국은 소득불평등도가 늘어나고 있다.
③ 갑국의 지니계수 추이를 개선하려면 누진세제를 도입할 필요가 있다.
④ 을국의 로렌츠곡선은 45° 대각선에서 점차 가까워지는 모습일 것이다.
⑤ 두 국가 모두 누진세를 도입했을 경우 근로의욕이 저하되는 문제점이 나타날 수 있다.

180 50회 기출

노동시장이 경쟁적일 경우, 다음 중 단기적으로 임금 하락을 유발하는 것은?

① 이민자의 유입
② 제품 가격의 상승
③ 노동 수요의 증가
④ 노동생산성의 증가
⑤ 노동과 자본이 서로 대체 요소일 경우 자본 가격의 상승

181 79회 기출

아래는 중국 경제와 관련한 인터뷰 일부이다. 이를 바탕으로 가장 알맞은 신문기사 제목을 고르면?

> • 중국 부상이 정점에 달했다는 분석이 나옵니다. 가장 큰 문제는 무엇인가요?
> 중국의 노동 인구 교육이 문제입니다. 사람들은 이런 문제를 잘 알지 못하고, 그 중요성도 간과하고 있습니다. 역사적으로 노동 인구의 교육 수준이 낮은 국가가 선진국으로 발돋움한 적이 없습니다.
> • 중국 노동 인구의 교육 수준은 어느 정도인가요?
> 중국에선 15~64세에 해당하는 노동 인구의 70%가 고등학교 문턱도 밟아보지 못했습니다. 읽기 능력이 떨어지는 데다 수학, 과학을 잘 알지 못합니다. 이런 인구가 중국에 5억 명이나 됩니다.
> • 그동안은 큰 문제가 되지 않았나요?
> 지금까지는 노동 인구의 낮은 교육 수준이 문제가 되지 않았습니다. 가난한 국가에서 중간 소득 국가로 발전하는 과정에선 단순히 읽고 쓸 줄 알고, 규율을 지킬 수 있는 좋은 근로자만 있으면 됐기 때문입니다. 중국은 그동안 초등교육만으로 좋은 생산직 근로자를 많이 양성할 수 있었습니다. 하지만 고등교육을 받지 못한 사람들이 화이트 칼라나 전문직이 될 수는 없습니다.
>
> － ○○ 경제신문. 2023. 1. 5.

① 중국, 노동의 한계생산성 점차 증가할 것으로 예상
② 생산가능인구과 잠재성장률 하락으로 위기에 빠진 중국
③ 중국, 화이트칼라와 블루칼라 직종 간 갈등 심해져
④ 노동 인구의 교육 수준 낮은 중국, 중진국 함정에 빠질 수도
⑤ 투키디데스 함정의 중국, 노동 인구 문맹률을 높여야

182

조세에 대한 옳은 설명을 〈보기〉에서 고른 것은?

〈보기〉

가. 모든 세금은 담세자와 납세자가 동일하다.
나. 지방정부가 부과하는 조세를 국세라고 한다.
다. 세금은 사용 목적에 따라 보통세와 목적세로 구분한다.
라. 조세란 국가가 강제적으로 거두는 세금이며, 세금 납부는 국민의 의무이다.

① 가, 나   ② 가, 다
③ 나, 다   ④ 나, 라
⑤ 다, 라

183

1972년 노벨경제학상을 수상한 케네스 애로는 개인 효용함수에 대한 연구로 유명하다. 그는 '어떠한 집단적 의사결정도 민주적인 동시에 합리적일 수는 없다.'라는 투표의 역설을 수리적으로 입증함으로써 민주적 의사결정에 내재하는 모순을 지적했다. 애로우가 분석한 이 정리는?

① 불확정성의 원리   ② 불가역성의 원리
③ 코즈의 정리   ④ 불가능성의 정리
⑤ 불가용성의 정리

184

다음 표는 전체 인구 4명씩으로 구성된 작은 두 섬나라 A와 B의 소득분포를 보여 준다. 이에 대한 설명으로 옳은 것은? (단, A와 B의 두 국가 모두 소득은 곧 GDP이다.)

해당 인구	1명	1명	1명	1명
섬나라 A국의 소득	10	11	30	49
섬나라 B국의 소득	5	10	40	45

① A국의 국내총생산(GDP)이 B국의 국내총생산(GDP)보다 많다.
② A국과 B국의 소득분배 공평성 정도는 같다.
③ 하위 50%의 소득 점유율은 A국이 B국보다 낮다.
④ A국과 B국의 로렌츠곡선을 그리면 서로 교차한다.
⑤ A국의 지니계수와 B국의 지니계수는 같은 값을 가진다.

185

다음은 E국의 전체 가구 분위별 평균 소득자료이다. 이에 대한 설명으로 옳은 것은? (단, 모든 분위의 가구별 구성원 수는 동일하다.)

구분	2023년	2024년
1분위	5	15
2분위	5	15
3분위	10	15
4분위	30	15
5분위	50	40

① 2024년에 10분위분배율은 전년 대비 4배 증가하였다.
② 2024년 전체 인구의 80%는 소득분배가 균등하다.
③ 2023년과 2024년의 로렌츠곡선은 교차한다.
④ 인구누적비율 40% 구간에서 2023년의 로렌츠곡선이 2024년의 로렌츠곡선보다 완전균등분배선에 더 가깝다.
⑤ 인구누적비율 80~100% 구간에서 2023년의 로렌츠곡선이 2024년의 로렌츠곡선보다 완전균등분배선에 더 가깝다.

186

다음 표는 A~E국의 지니계수를 나타낸 것이다. 이에 대한 옳은 설명을 〈보기〉에서 모두 고른 것은?

A국	B국	C국	D국	E국
0.75	0.28	0.45	0.92	0.15

─〈보기〉─
가. D국의 소득이 가장 균등하게 분배되어 있다.
나. E국의 로렌츠곡선은 A국에 비해 완전균등분배선에 근접해 있다.
다. B국과 C국의 로렌츠곡선은 서로 교차할 수 있다.

① 다
② 가, 나
③ 가, 다
④ 나, 다
⑤ 가, 나, 다

187

지니계수에 대한 설명으로 옳지 않은 것은?

① 소득분배의 불평등 정도를 나타낸다.
② 로렌츠곡선으로부터 계산할 수 있다.
③ 0에서 1 사이의 값을 가진다.
④ 0에 가까울수록 소득분배가 균등하다.
⑤ 경제성장률과 항상 반비례의 관계를 갖는다.

188

다음 그림을 통해 알 수 없는 것은?

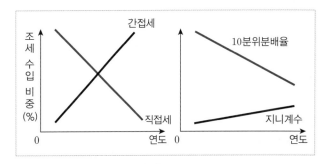

① 조세 부담의 역진성이 강화되고 있다.
② 소득분배의 불평등이 심화되고 있다.
③ 다른 조건이 일정하다면, 조세 수입 비중의 변화가 소득분배에 영향을 끼칠 수 있다.
④ 10분위분배율을 통해 국가 전체의 소득분배 상태가 악화되고 있음을 알 수 있다.
⑤ 지니계수의 변화를 통해 로렌츠곡선이 완전균등분배선에서 멀어지고 있음을 알 수 있다.

189

소득분배에 대한 설명으로 옳은 것은?

① 지니계수의 크기는 0과 0.5 사이에 있다.
② 지니계수의 크기는 로렌츠곡선으로부터 도출할 수 있다.
③ 간접세 비중이 증가하면 지니계수가 낮아진다.
④ 소득세에 종합소득세제를 도입하면 로렌츠곡선이 대각선에서 멀어진다.
⑤ 누진세제를 강화하면 10분위분배율이 낮아진다.

190 78회 기출

어떤 국가의 올해 지니계수가 작년보다 낮아졌다고 한다. 이를 가장 잘 설명한 것은?

① 파레토 효율이 달성되었다.
② 로렌츠곡선이 45°선에 가까워졌다.
③ 올해 국민소득이 작년보다 훨씬 작아졌다.
④ 올해 노동소득분배율이 점점 불균등해졌다.
⑤ 생산가능곡선이 왼쪽으로(안쪽으로) 이동했다.

191

소득분배에 관한 설명으로 옳지 않은 것은?

① 소득의 계층적 분배문제는 시장기구에 의해 해결하기 힘들다.
② 생산성의 변화는 소득의 기능적 분배에 영향을 준다.
③ 임금이 상승하면 노동분배의 몫은 항상 증가한다.
④ 지니계수의 값이 증가했다는 것은 소득의 계층별 분배가 악화되었음을 나타낸다.
⑤ 앳킨슨지수에는 상대적 불평등 기피도가 명시적으로 도입되었다.

192

지대, 경제적 지대 및 준지대에 대한 설명으로 옳지 않은 것은?

① 리카도에 따르면 쌀값이 비싸지면 그 쌀을 생산하는 토지의 지대도 높아진다.
② 경제적 지대는 토지뿐만 아니라 공급량이 제한된 노동, 기계 설비 등 모든 종류의 시장에서 나타날 수 있다.
③ 생산요소가 받는 보수 중에서 경제적 지대가 차지하는 비중은 수요가 일정할 때 공급곡선이 탄력적일수록 작아진다.
④ 마샬의 준지대는 장기에 소멸되어 존재하지 않는다.
⑤ 준지대는 산출량의 크기와는 관계없이 총고정비용보다 크다.

193

다음 그림에서 생산요소의 경제적 지대와 전용수입을 표시한 부분은?

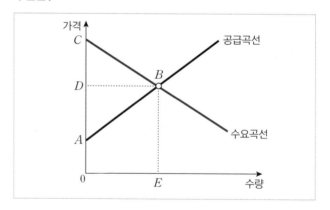

	경제적 지대	전용수입
①	$\triangle ABD$	$\square A0EB$
②	$\triangle CAB$	$\square A0EB$
③	$\square DBE0$	0
④	$\triangle CBD$	$\triangle ABD$
⑤	$\square DBE0$	$\square A0EB$

194

지대를 추구하는 행위라고 볼 수 없는 것은?

① 행정수도 이전 후보지에 대한 부동산을 대량으로 매입하는 행위
② 중국으로부터 깨를 밀수하는 행위
③ 대한축구협회가 파리올림픽 예선을 통과한 축구팀에 포상금을 지급하는 행위
④ 보건복지부가 의대입학정원을 제한하는 행위
⑤ 로스쿨 도입 이후 로스쿨 배출 인원을 제한하고자 하는 행위

195

다음 그림은 갑국의 소득 5분위별 소득 점유 비율의 변화를 나타낸 것이다. 이에 대한 옳은 분석을 〈보기〉에서 고른 것은?

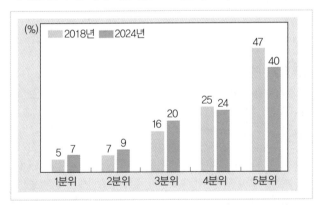

〈보기〉
가. 지니계수는 다소 높아졌을 것이다.
나. 2024년 10분위분배율은 0.4이다.
다. 5분위의 소득은 10% 이상 감소하였다.
라. 소득분배의 불평등 정도가 개선되었다.

① 가, 나   ② 가, 다
③ 나, 다   ④ 나, 라
⑤ 다, 라

196

다음 표는 소득 수준이 비슷한 A~D국의 현재 상태를 경제적 특징에 따라 분류한 것이다. 이에 대한 적절한 추론을 〈보기〉에서 고른 것은?

경제적 평등의 정도 ＼ 정부 개입의 정도	약함	강함
낮음	A국	B국
높음	C국	D국

〈보기〉
가. A국은 B국보다 정부 규제가 많을 것이다.
나. A국은 C국보다 빈부 격차가 클 것이다.
다. B국은 D국보다 사회 보장 제도가 더 발달되어 있을 것이다.
라. C국은 D국보다 '보이지 않는 손'에 의한 자원 배분에 더 의존할 것이다.

① 가, 나   ② 가, 다
③ 나, 다   ④ 나, 라
⑤ 다, 라

197

다음은 소득세와 소비세 변화를 나타낸 것이다. 이에 대한 설명으로 옳은 것은?

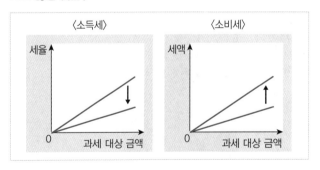

① 소득세에 적용되는 비례세의 세율이 낮아졌다.
② 소득세를 통한 소득재분배 효과가 강화되었다.
③ 소비세의 변화는 갑국 물가의 하락요인으로 작용한다.
④ 상품의 가격에 상관없이 소비세 세율의 증가 폭은 동일하다.
⑤ 소득세와 소비세의 변화 모두 조세 부담의 형평성을 강화시킨다.

CHAPTER 07 | 시장 실패와 정부 실패

198 52회 기출

공공재의 성격에 관한 설명으로 옳은 것은?

① 해안가 작은 마을에서 울린 지진해일 경보 사이렌은 공공재이다.
② 공공부문이 어떤 재화를 공급한다면 그것은 공공재가 되기 위한 충분조건이다.
③ 무임승차 문제는 소비의 경합성으로 인해 발생하며 정부가 그 재화를 공급해야 하는 이유가 된다.
④ 어떤 재화의 소비가 배제 불가능하더라도 비경합적이면 시장을 통해 그 재화를 공급할 수 있다.
⑤ 공공재 중 비순수공공재가 존재하는데 비경합성과 배제성을 가진 경우에만 해당한다.

199 79회 기출

표는 경합성과 배제성을 기준으로 재화를 A~D로 분류한 것이다. 이와 관련한 설명 중 옳지 않은 것은?

구분		경합성	
		있음	없음
배제성	있음	A	B
	없음	C	D

① A는 C와 달리 가격을 지불해야 소비할 수 있다.
② B의 사례로 막히지 않는 유료 도로가 있다.
③ 공공 목초지는 C에 해당한다.
④ A와 달리 D는 시장에서 과다공급되는 문제가 발생한다.
⑤ D는 무임승차 문제가 발생할 수 있다.

200 53회 기출

애덤 스미스가 말한 '보이지 않는 손'에 의해 시장경제는 균형을 달성한다. 하지만 여러 경우에 있어 이러한 시장균형이 깨지는 시장 실패가 나타난다. 시장 실패와 관련된 경제현상을 설명한 다음의 예 중 적당하지 않은 것을 고르면?

① 가격담합 등으로 시장가격이 왜곡되는 경우 소비자는 손해를 보게 된다.
② 공해와 같은 부정적 외부효과가 있는 경우 시장가격은 실제 적정가격과 다르게 형성된다.
③ 소수의 기업에 의한 독과점으로 인해 이러한 기업들은 막대한 이윤을 취하고 소비자는 높은 가격으로 물건을 사게 된다.
④ 기업과 소비자 간의 정보의 비대칭성으로 인해 효율적인 수준의 시장가격이 형성되지 못한다.
⑤ 갑작스러운 흉년으로 인한 농산물 가격 인상에 정부가 제때 대처하지 못해 시장가격이 폭등하는 시장 실패가 일어난다.

201 61회 기출

아래 기사를 읽고, 기사의 내용과 관련 있는 경제개념을 〈보기〉에서 모두 고르면?

한때 프랑스 파리의 자랑거리였던 공용 전기차와 공용 자전거가 퇴출 위기에 몰렸다. 주인이 없는 자원을 함부로 쓰는 이용자들의 이기적 행태에다 효율적이지 못한 관리체계 등의 문제가 겹치면서 운영사 적자가 눈덩이처럼 불어났기 때문이다.

〈보기〉

가. 독점출현 나. 경합성
다. 범위의 경제 라. 공유자원의 비극
마. 비배제성

① 가, 나, 다 ② 나, 다, 라
③ 다, 라, 마 ④ 가, 다, 마
⑤ 나, 라, 마

202 54회 기출

두 사람 A, B만이 있는 시골 마을에 가로등을 세우기 위해 각자에게 가로등에 대한 지불의사를 조사해 보니 각자의 가로등에 대한 수요곡선은 다음과 같이 조사되었다 하자. $D_A = 12 - 4P$, $D_B = 17 - P$(P는 가격, D는 수요임) 시골 마을 면사무소는 가로등에 대한 지불의사에 기초해 두 사람에게 세금을 매겨 필요 비용을 조달하기로 했다. 각자 내어야 할 세금으로 옳은 것은? (가로등의 한계비용은 5이고 사람들은 자신의 가로등에 대한 선호를 진실되게 말한다고 가정)

① A의 세금 2, B의 세금 3
② A의 세금 3, B의 세금 2
③ A의 세금 1, B의 세금 4
④ A의 세금 4, B의 세금 1
⑤ A의 세금 0, B의 세금 5

203 50회 기출

다음은 경제학의 한 분야인 공공선택이론이 보는 시각이다. 아래 설명 중 이와 거리가 먼 것은?

정치도 일종의 경제적 행위이며 비즈니스의 하나이다. 보이지 않는 손은 정치의 세계에선 그 기능을 상실해 주인·대리인의 문제(Principal – Agent Problem)가 발생한다.

① 시장이 실패하더라도 정부가 함부로 시장에 개입하면 안 된다.
② 정부와 정치인들은 공익을 위해 노력하는 개인들이 모인 집단이다.
③ 정치인들의 선심 정책으로 인해 정치적 경기순환이 나타나기도 한다.
④ 정치의 세계에서 주인과 대리인 문제를 막으려면 정치인에 대한 감시와 감독을 강화해야 한다.
⑤ 유권자는 국가 전체에 이익이 되더라도 자신에게 돌아오는 이익이 적으면 무시하는 경향이 있다.

204 53회 기출

재화의 성격을 구분하는 배제성과 경합성에 대한 설명으로 옳지 않은 것은?

① 다른 사람이 재화를 소비하는 것을 막을 수 있다면 배제성이 있다.
② 일반적으로 재산권이 있는 재화들은 배제성이 있다.
③ 누군가 재화를 소비하면 다른 사람이 이 재화를 소비할 수 없게 되는 경우 경합성이 없다.
④ 배제성과 경합성이 있는 재화들은 대부분 시장의 가격기능에 의한 효율적인 자원배분이 가능하다.
⑤ 지적재산권은 배제성이 없는 새로운 지식, 기술 등에 인위적으로 배제성을 부여하는 방법이다.

205 51회 기출

다음 글의 (가)에 들어가기에 적절하지 않은 것은?

시장 기능이 원활하게 작동하면 자원이 효율적으로 배분된다. 그러나 ___(가)___ 하는 경우에는 시장이 예외적으로 자원을 효율적으로 배분하지 못하는 시장 실패 현상이 발생한다.

① 금리가 급등락
② 과점기업이 담합
③ 외부경제가 발생
④ 무임승차 현상이 발생
⑤ 정보가 비대칭적으로 존재

206 54회 기출

전염병에 걸린 사람은 주변 사람들에게 병을 옮길 수 있는 부정적인 영향을 미치지만, 일반적으로 주변 사람들에게 그에 대한 대가를 지불하지는 않는다. 다음 중 이와 경제학적 의미가 가까운 현상은?

① 자동차의 배기가스가 대기를 오염시킨다.
② 스마트폰의 등장으로 관련 산업이 급성장하였다.
③ 한여름 해수욕장의 파라솔 가격은 평소보다 비싸다.
④ 탁 트인 공원에서 민간 기업이 불꽃놀이를 개최한다.
⑤ 국제 유가가 하락해도 국내 휘발유 가격은 변함없다.

207 52회 기출

아래 지문에서 (A)와 (B)에 들어갈 단어를 순서대로 바르게 나열한 것은?

독감예방주사는 접종한 사람뿐만 아니라 그 주변사람들도 독감에 걸릴 확률을 떨어뜨린다. 예방주사의 접종을 원하는 개인이 모든 접종비용을 부담할 경우, 독감예방주사를 접종한 사람의 수는 사회적 최적의 수보다 (A) 것이다. 이는 예방주사 접종의 모든 (B)이(가) 구매자에게 귀속되지 않기 때문이다.

    (A)   (B)
① 많을   편익
② 적을   편익
③ 많을   비용
④ 적을   비용
⑤ 많을   유인

208 53회 기출

갑과 을은 이 지역의 두 명뿐인 주민이며, 다음 그림은 공공재 X에서 얻는 두 사람의 한계편익과 사회적 한계편익을 나타낸다. 사회적 한계비용은 P_3에서 일정하다. 이에 대한 분석으로 옳지 않은 것은?

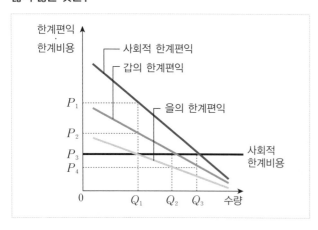

① 갑이 X재에 대해 을보다 더 높은 가치를 부여하고 있다.
② 사회적 한계편익 곡선은 갑과 을의 한계편익 곡선의 수직 합이다.
③ Q_2에서 사회적 한계편익은 사회적 한계비용보다 크다.
④ Q_3에서 갑은 P_4까지 지불할 용의가 있다.
⑤ 사회적 최적 생산 규모는 Q_1이다.

209 60회 기출

다음은 소비의 특성에 따라 재화를 분류해 놓은 표이다. 배제성은 없으나 경합성은 가진 재화는 무엇이라고 하는가?

구분	경합성	비경합성
배제성	자동차	케이블 TV
비배제성	무료 도로	국방

① 열등재   ② 공유재
③ 클럽재   ④ 순수 공공재
⑤ 순수 사적재

210 79회 기출

시장경제 측면에서 공유지의 비극을 해소하기 위한 방안으로 가장 적절한 것은?

① 횡재세 부과
② 재산권 부여
③ 자원 균등 분배
④ 리니언시 시행
⑤ 정부 행정력 동원

211 56회 특별 기출

다음 중 정부가 시장에 개입할 수 있는 근거로 적절하지 않은 것은?

① 기업의 무단 폐수 방출
② 배추의 초과 공급 발생
③ 일부 기업의 담합
④ 도덕적 해이 발생
⑤ 공유지의 황폐화

212 78회 기출

아래 신문기사를 읽고, ㉠~㉤에 대한 학생들의 설명 중 옳지 않은 것은?

국회에서 논의 중인 전기통신사업법 개정안은 유튜브, 넷플릭스 등 대규모 트래픽을 발생시키는 해외 ㉠ 콘텐츠 제공업자(CP)에게 ㉡ 망 사용료를 부과하는 내용을 골자로 한다. 콘텐츠 사용 증가로 늘어난 네트워크 투자 부담을 대형 CP도 함께 져야 한다는 논리다. 네이버, 카카오 등이 망 사용료를 내는 것과 달리 구글, 넷플릭스는 망 사용료를 내고 있지 않다. ㉢ 통신 3사 관계자는 "글로벌 빅테크의 인터넷 ㉣ 무임승차를 방치하면 국내 인터넷 생태계에 ㉤ 공유지의 비극이 발생할 것"이라고 지적했다.

– ○○ 경제신문, 2022. 10. 13.

① 가영: ㉠이 등장하면서, 코로나19 시기 경제가 셧다운 되었어도 문화 소비 활동이 가능했지.
② 나영: ㉡은 망 중립성에 관한 ㉠과 ㉢의 갈등을 촉발시켰지.
③ 다영: ㉢을 인터넷 서비스 제공업자(ISP)라 부르지.
④ 라영: ㉢이 구축한 망에 해외 ㉠을 배제할 수 없기 때문에 ㉣이 나타나지.
⑤ 마영: ㉤을 해결하기 위해 일종의 재산권이라 할 수 있는 ㉡을 부과하자는 것이 ㉠의 입장이지.

213 78회 기출

아래 그림은 외부(불)경제를 나타낸다. 이와 관련한 설명 중 옳은 것은?

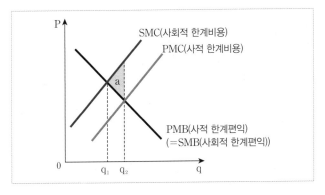

① 시장에서는 q_1에서 균형거래량이 결정된다.
② a에 대한 해결방안은 정부의 가격규제가 유일하다.
③ a는 과소생산의 사회적 후생의 감소분을 나타낸다.
④ 피구세는 균형거래량을 q_1으로 이동시킬 수도 있다.
⑤ 외부경제로 사회적 한계비용보다 사적 한계비용이 크다.

214 78회 기출

재화는 배제성과 경합성에 따라 4가지로 구분된다. 이와 관련한 설명 중 옳은 것은?

① 막히지 않는 도로는 배제성을 가지고 있는 재화이다.
② 경합성과 배제성을 모두 가지고 있는 재화를 사적재라고 한다.
③ 비배제성은 여러 사람이 재화를 동시에 사용할 수 있는 성질이다.
④ 무임승차는 재화가 배제성을 가지고 있기 때문에 나타나는 현상이다.
⑤ 공유지의 비극이 나타나는 이유는 비경합성을 가지고 있는 재화가 배제성도 가지고 있기 때문이다.

215

다음 빈칸 ㉠~㉣에 들어갈 용어는?

인터넷 유료 강좌는 수강료를 지불한 사람만 수강할 수 있으므로 (㉠)을 띤다. 그러나 한 수강생이 수업하는 것은 다른 수강생이 수강하는 것에 영향을 주지 못하므로 (㉡)을 띤다. 따라서 인터넷 유료 강의는 (㉢)라고 할 수 있다. 반면에 MOOC(Massive Open Online Class)는 누구나 접근이 가능하고, 자신의 청강이 다른 수강생의 청강에 아무 영향을 주지 않으므로 (㉣)(이)라고 할 수 있다.

	㉠	㉡	㉢	㉣
①	비배제성	비경합성	공공재	공유자원
②	비배제성	경합성	클럽재	공공재
③	배제성	비경합성	클럽재	공유자원
④	배제성	비경합성	클럽재	공공재
⑤	배제성	비경합성	공공재	공유자원

216

코즈의 정리에 대한 설명으로 옳지 않은 것은?

① 코즈의 정리는 외부성을 해결하기 위해 개인 간의 자율적인 거래를 주장한다.
② 재산권을 부여한다면 개인 간의 협상을 통해 외부성이 해결될 수 있다.
③ 개인 간의 협상은 협상 당사자의 수가 많아질수록 성사되기 어렵다.
④ 민간 경제주체들이 협상에 대한 비용이 비싸다고 느낀다면 정부는 단지 비용을 낮춰주기 위해 노력해야 한다.
⑤ 코즈의 정리에 따라 협상이 이루어지지 않는 경우, 정부가 직접 규제해야만 한다.

217

정부가 시장에 대해 간섭할 근거로 적절하지 않은 경우는?

① 정보 비대칭
② 독과점 기업의 등장
③ 외부효과
④ 일시적인 초과 수요
⑤ 공공재의 부족

218

외부성에 관한 설명으로 옳은 것은?

① 어떤 재화의 생산에 의해 외부불경제가 발생한다면 사적 최적 생산량은 사회적 최적 생산량에 비해 적다.
② 외부불경제가 문제되는 것은 사적 비용과 사회적 비용 간에 차이가 발생하기 때문이다.
③ 외부경제의 경우에는 정부 개입의 근거가 되지 않지만, 외부불경제가 있을 경우에는 정부가 개입할 필요가 있다.
④ 외부불경제의 경우는 시장 실패를 야기하지만, 외부경제의 경우는 그렇지 않다.
⑤ 외부성은 항상 당사자 간에 대칭적으로 발생한다.

219

외부성의 사례에 해당하지 않는 것은?

① 서울 강남에서 시작된 아파트 투기 열풍이 전국적으로 확산되면서 많은 사람들이 그로 인해 뜻하지 않은 재산상의 이득이나 피해를 보는 일
② 한 은행이 뱅크런을 경험하면 여러 다른 은행도 뱅크런을 경험할 가능성이 높아지는 점
③ 한 신간도서의 광고가 기발하여 많은 사람들의 폭발적 호응을 얻으면서 밀리언셀러가 된 경우
④ 신문에 난 미담을 읽고 많은 사람의 마음이 훈훈해지는 일
⑤ 인근 지역에 신규 공장 건립으로 인해 빨래를 밖에서 건조시킬 수 없게 된 경우

220

다음은 현재 5톤의 폐수를 방출하고 있는 공장이 방출량을 줄이는 데 필요한 비용과 방출이 줄었을 경우 인근 주민들이 느끼는 복지의 개선을 화폐 단위로 보여 주는 표이다. 공장의 폐수 방출 감소량이 0톤인 경우, 사회적으로 최적 수준인 폐수 방출량에 비해 사회후생은 얼마나 감소하겠는가?

폐수 배출 감소량(톤)	0	1	2	3	4	5
폐수 감소 비용(원)	0	100	220	360	520	690
주민의 복지 개선(원)	0	200	350	480	600	700

① 0원
② 80원
③ 100원
④ 120원
⑤ 130원

221

외부효과로 인한 비효율적 자원배분을 개선하는 방법으로 적절하지 않은 것은?

① 정부가 교육기관에 보조금을 지급하거나 민간인이 교육기관에 기부금을 낸다.

② 외부경제를 초래하는 새로운 기술에 대해 특허권을 제공함으로써 기술 개발자에게 법적으로 유효한 재산권을 인정해 준다.

③ 외부효과에 관련된 당사자가 많고 거래비용이 클 경우에는 정부가 개입하지 않고 자발적인 협상을 하도록 한다.

④ 과수원과 양봉업자의 경우와 같이 외부효과를 주고받는 두 기업이 합병을 한다.

⑤ 정부가 오염 배출권을 경매를 통해 팔고, 오염 배출 기업들 사이에 이를 거래할 수 있게 한다.

222

외부성의 해결방안 중 '코즈의 정리'가 현실성이 떨어지는 이유로 적절하지 않은 것은?

① 거래비용
② 외부성의 측정
③ 이해당사자의 규모
④ 투명한 정보
⑤ 협상능력의 차이

223

한 방에서 살고 있는 세민과 태경은 실내 흡연 문제로 대립하고 있다. 흡연자인 세민은 담배를 1개비 피움으로써 500원만큼의 효용을 얻으며, 비흡연자인 태경은 세민의 흡연으로 인해 600원만큼의 비효용을 얻는다. '코즈의 정리'가 타당하다면, 다음 중 나타날 수 없는 현상은?

① 이 방의 주인이 세민일 때 태경으로부터 세민에게로 자금의 이전이 발생한다.

② 이 방의 주인이 태경일 때 세민은 담배를 피우지 못한다.

③ 이 방의 주인이 세민이더라도 세민은 담배를 피우지 않을 것이다.

④ 이 방의 주인이 태경이면 세민으로부터 태경에게로 자금의 이전이 발생한다.

⑤ 이 방의 주인이 누구든지 상관없이 세민은 담배를 피우지 못한다.

224

다음 사례에 대한 코즈의 정리로 옳은 것은? (단, 거래비용은 없다고 가정한다.)

> 피아노학원이 위치한 어느 상가에 명상수련원이 생겼다. 피아노학원은 오전 10시부터 오후 6시까지 8시간 동안 교습할 권리가 있으며, 시간당 5,000원의 순이익을 낸다. 그렇지만 명상수련원은 피아노 소음으로 인한 불편을 겪고 있다. 특히 수강생이 몰리는 10시부터 12시까지 2시간 동안 소음의 피해가 가장 큰데, 명상수련원은 이 2시간 동안 피아노 강습을 하지 않는 조건으로 소음 발생권을 가진 피아노학원에 최대 13,000원까지 지불할 의사가 있다.

① 피아노학원이 명상수련원과 상관 없이 교습을 계속하는 것이 효율적이다.

② 피아노학원이 명상수련원의 입장을 고려하여 자발적으로 1시간 동안 강습을 하지 않는 것이 더 효율적이다.

③ 시장 실패에 해당하므로 정부가 개입하여 피아노학원에 1시간 동안 강습을 제한하는 것이 음(-)의 외부효과로 인한 비효율성을 줄이는 방법이다.

④ 시장 실패에 해당하므로 정부가 개입하여 피아노학원에 2시간 동안 강습을 제한하는 것이 음의 외부효과로 인한 비효율성을 줄이는 것이다.

⑤ 명상수련원이 피아노학원에 10,000원을 지불하여 2시간 동안 강습을 하지 않도록 함으로써 비효율성을 줄일 수 있다.

225

공유지의 비극에 대한 설명으로 옳은 것은?

① 배제성과 경합성이 모두 있는 재화에서 발생한다.

② 배제성은 있으나 경합성이 없는 재화에서 발생한다.

③ 배제성은 없으나 경합성이 있는 재화에서 발생한다.

④ 배제성과 경합성이 모두 없는 재화에서 발생한다.

⑤ 공공재의 자연독점의 경우 발생하는 현상이다.

226

다음 밑줄 친 조치의 근거로 들 수 있는 경제 개념을 〈보기〉에서 고른 것은?

> 예전에 주파수는 아무나 사용할 수 있었다. 그 결과, 주파수 자원은 한정된 반면 이를 이용하여 자신의 방송신호를 송신하려는 방송국들은 너무 많아서 방송신호 간에 간섭이 생겼고, 결국 청취자들이 방송신호를 제대로 수신하지 못하는 상황이 발생했다. 이에 따라 1927년 미국 의회는 '라디오 법'을 제정하여 라디오 방송 간에 전파 간섭이 발생하지 않도록 했다.

〈보기〉
가. 공공재
나. 공유자원
다. 외부효과
라. 시장지배력

① 가, 나
② 가, 다
③ 나, 다
④ 나, 라
⑤ 다, 라

227

공공재와 공유자원에 대한 옳은 설명을 〈보기〉에서 모두 고른 것은?

〈보기〉
가. 공공재는 비배제적이고 비경합적이며, 공유자원은 비배제적이지만 경합적이다.
나. 공유자원이 과다하게 사용되어 고갈되는 공유자원의 비극은 외부불경제를 발생시킬 수 있다.
다. 무임승차자 문제는 공공재의 시장 공급량을 효율적 수준보다 작게 하는 결과를 초래한다.

① 가
② 가, 나
③ 가, 다
④ 다, 라
⑤ 가, 나, 다

228

다음 자료에 대한 분석으로 옳은 것은?

> 그림은 갑국 사람들의 전염병 예방 접종에 대한 수요곡선과 예방 접종 비용, 정부의 예방 접종에 대한 1인당 보조금을 나타낸다. 한 명의 추가 접종이 창출하는 외부효과의 크기는 동일하며, 정부는 이로 인해 발생하는 긍정적 외부효과만큼 예방 접종에 대한 보조금을 지원한다. (단, 갑국 인구는 5백만 명이고, 예방 접종은 1인당 1회만 받는다.)

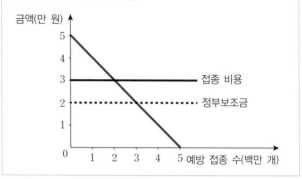

① 정부 지원이 없을 때의 접종자 수는 3백만 명이다.
② 정부 지원이 없을 때의 접종자 수는 사회적 최적 수준보다 많다.
③ 정부 지원이 없을 때의 접종자 수보다 정부 지원에 따른 추가 접종자 수가 많다.
④ 정부 지원에도 불구하고 갑국 사람 모두가 접종받는 것은 아니다.
⑤ 정부 지원에도 불구하고 외부효과로 인한 시장 실패는 해소되지 않는다.

229

공공재에 대한 설명으로 옳지 않은 것은?

① 시장 실패에 해당한다.
② 비경합성으로 인해 무임승차의 문제가 발생한다.
③ 공공재에 대한 경제 전체의 수요함수는 개별수요함수를 수직으로 합하여 얻는다.
④ 공공재에 대한 사용에 혼잡이 있는 경우, 공유자원의 성격을 갖게 된다.
⑤ 국방, 경찰, 소방 서비스 등이 해당한다.

230

갑, 을 두 사람은 좁은 사무실에서 함께 일하고 있는데, 갑은 애연가이지만, 을은 담배 연기를 무척 싫어한다. 갑의 한계편익과 한계비용, 을의 한계피해가 다음 그림과 같다고 할 때, 이에 대한 설명으로 옳은 것은?

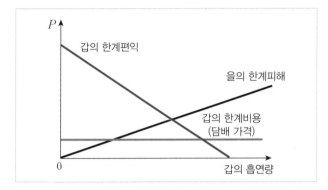

① 갑과 을에게 담배 연기는 사적재이다.
② 갑이 담배를 피울 때 사회적 한계비용은 갑의 사적 한계비용보다 크다.
③ 사무실 내에서는 담배를 절대 피우지 못하도록 규제할 때 두 사람의 총편익은 가장 커진다.
④ 갑은 한계편익과 한계비용의 차이가 가장 큰 수준에서 흡연량을 결정한다.
⑤ 갑과 을이 협상을 통해 효율적인 수준에 도달할 가능성은 없다.

231

다음 밑줄 친 부분의 근거로 적절한 것은?

어느 나라에서 A 음료 시장점유율이 1위인 회사가 B 음료 시장점유율 1위인 회사를 인수·합병하겠다는 계획을 발표하였다. 소비자 단체는 이러한 인수·합병이 독과점을 형성할 것이라고 주장하고 있다.

① A 음료는 여름에, B 음료는 겨울에 잘 팔린다.
② A 음료의 맛과 향은 B 음료와 큰 차이가 있다.
③ A 음료의 가격이 오른 시기에는 B 음료가 잘 팔렸다.
④ A 음료는 청년층이, B 음료는 장년층이 선호한다.
⑤ A 음료와 B 음료를 섞어 먹는 사람들이 늘어나고 있다.

232

다음 자료에 대한 옳은 설명을 〈보기〉에서 고른 것은?

㉠ 독감 백신을 접종하는 사람들이 많을수록 독감 인플루엔자의 번식이 억제되어 ㉡ 주변 사람들이 독감에 걸릴 가능성이 줄어든다. 그런데 사람들이 독감 백신의 접종 여부를 결정할 때 자신의 편익만 고려한다면, 사회적으로 ㉢ 비효율적인 결과가 나타날 가능성이 높다. 따라서 정부는 사회적으로 효율적인 결과가 나타날 수 있게 ㉣ 필요한 조치를 취해야 한다.

〈보기〉
가. ㉠은 ㉡에 부정적 외부효과를 준다.
나. ㉢는 사회적 최적 수준보다 독감 백신을 더 적게 접종하는 현상으로 나타난다.
다. 보건소의 무료 독감 백신 접종은 ㉣에 해당한다.
라. 위의 자료와 유사한 사례로 경쟁시장에서 기업들이 비용절감을 통해 이윤극대화를 추구하는 것을 들 수 있다.

① 가, 나   ② 가, 다
③ 나, 다   ④ 나, 라
⑤ 다, 라

[233~234] 다음 정부 역할의 변화 과정을 보고 물음에 답하시오.

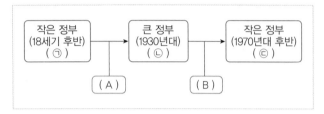

233

㉠~㉢ 시기에 대한 설명으로 옳지 않은 것은?

① ㉠ 시기에는 '보이지 않는 손'의 기능을 신봉하였다.
② ㉡ 시기에는 정부의 중립적 역할을 중시하였다.
③ ㉢ 시기에는 애덤 스미스의 이론에 바탕을 둔 고전경제학의 원리를 다시 강조하게 되었다.
④ 세계 대공황은 ㉠에서 ㉡로 전환하는 계기가 되었다.
⑤ ㉡과 ㉢의 시기는 혼합경제체제에 해당한다.

234

A는 ㉠으로 인해 나타난 문제이고, B는 ㉡으로 인해 나타난 문제이다. 그 사례를 바르게 짝지은 것은?

	A	B
①	관료주의	공기업 민영화
②	독과점 폐해	정부의 지나친 간섭
③	공공재 부족	외부효과
④	소득불균형	독과점 폐해
⑤	공기업 민영화	관료주의

235

다음 사례에 대한 옳은 분석을 〈보기〉에서 모두 고른 것은? (단, 주어진 조건만 고려한다.)

갑과 을은 같은 아파트의 위층과 아래층에 살고 있다. 갑이 집에서 러닝머신을 사용하여 운동을 할 경우 을은 소음으로 고통에 시달리는데, 이를 금액으로 환산하면 매월 30만 원에 해당한다. 갑은 아래층 을의 동의를 받지 못하면 집에서 운동을 할 수 없다. 갑이 집에서 운동을 하지 못할 경우에는 집 앞의 스포츠센터에서 매월 40만 원의 비용을 부담하고 운동하려고 한다. 어디에서 운동을 하든 갑이 느끼는 만족도는 40만 원으로 일정하다. 갑은 집에서 운동하는 것에 대해 을과 협상하려고 한다.

〈보기〉
가. 집에서 러닝머신을 사용하는 갑의 운동은 외부경제를 발생시킨다.
나. 갑이 을에게 매월 35만 원을 지불하고 집의 러닝머신을 이용하는 것은 갑에게 이익이다.
다. 매월 31만 원을 지불하겠다는 갑의 제안을 을이 수용할 때, 갑과 을의 이익의 합계는 10만 원이다.
라. 협상 타결을 할 때 얻게 되는 갑과 을의 이익의 합계는 갑이 스포츠센터를 이용할 때 얻게 되는 갑과 을의 이익의 합계보다 크다.

① 가, 나   ② 나, 다
③ 나, 라   ④ 가, 다, 라
⑤ 나, 다, 라

236

다음 자료에 대한 설명으로 옳은 것은?

외부효과가 발생하고 있는 X재와 Y재 시장의 상황은 다음과 같다. (단, 두 재화는 수요와 공급 법칙을 따른다.)
• X재 시장: 소비에 따른 사적 편익보다 사회적 편익이 크다.
• Y재 시장: 생산에 따른 사적 비용보다 사회적 비용이 크다.

① X재 시장에서 과다 소비의 문제가 나타나고 있다.
② Y재 시장에서 긍정적 외부효과가 발생하고 있다.
③ X재의 사례로는 공사 과정에서 주택가 주변에 소음과 먼지를 발생시키는 건축물을 들 수 있다.
④ Y재 시장은 시장 균형가격보다 높은 수준에서 최고가격제를 시행하여 사회적 최적 거래량을 달성할 수 있다.
⑤ X재와 Y재 시장은 모두 사회적 최적 수준의 가격이 시장 균형가격보다 높다.

CHAPTER 08 | 정보경제

237 52회 기출
다음 지문에서 (   )에 들어갈 가장 적합한 단어는?

중고차 시장에서 판매자는 재화의 품질을 잘 알고 있지만, 구매자는 그 재화의 품질을 알지 못한다고 하자. 이때 판매자는 품질에 대비 최고의 가격을 받아 수익을 극대화하고자 하는 반면, 구매자는 품질을 모르기 때문에 가격 대비 저품질 중고차를 구입하는 일이 많다. 이 상황에서는 고가의 고품질 중고차가 거래되지 않고 저가의 저품질 중고차만 판매된다. 이렇게 정보의 비대칭성 때문에 소비자들이 원하지 않는 상대방과 거래하게 되는 상황을 (   )(이)라고 한다. 이 상황이 계속 반복되면 점점 더 시장에서 거래되는 중고차들 품질이 낮아지다가, 결국 시장 자체가 무너질 수 있다.

① 역선택　　　　　　② 대리인 문제
③ 도덕적 해이　　　　④ 죄수의 딜레마
⑤ 공유지의 비극

238 62회 기출
다음 제시문에서 설명하는 내용과 관련 있는 것을 〈보기〉에서 모두 고르면?

주식회사 연상기업의 대표이사 달콩이는 회사의 이윤이 높아지기를 희망하고 있다. 연상기업의 기업문화는 사원 알콩이로 대표되는데, 알콩이는 아침에 출근하여 자신이 할 일만을 대충 끝낸 후, 신문과 인터넷을 통해 주말에 무엇을 할지 계획하며 일과를 보내는 것을 최고의 인생 목표로 삼고 있다. 대표이사인 달콩이는 이러한 기업문화를 청산하여 이윤 창출을 높이기 위해 기존의 임금체계를 바꿔 성과와 임금을 연계하는 방안과, 인터넷 사용시간 제한 및 직원 출입증 배부를 통한 출퇴근 업무시간 관리를 강화시키려는 '연상기업 혁신안'을 추진하려고 한다.

───〈보기〉───
가. 비대칭정보　　　　나. 숨은 특성
다. 숨은 행동　　　　　라. 주인-대리인 문제
마. 빛 좋은 개살구　　　바. 감시·감독의 문제

① 가, 나, 라　　　　　② 가, 다, 라
③ 다, 라, 바　　　　　④ 가, 다, 라, 바
⑤ 나, 다, 라, 바

239 51회 기출
'도덕적 해이'의 예로 보기 어려운 것은?

① 근로자가 근무를 소홀히 하는 것
② 공장 신축용으로 대출받아 주식에 투자하는 것
③ 건강보험 가입자가 건강관리를 게을리하는 것
④ 선출된 공무원이 공익을 돌보지 않고 사익을 추구하는 것
⑤ 중고차 구매자가 판매되는 차량의 사고 여부를 정확히 알 수 없는 것

240 50회 기출
자동차보험 상품은 다양한 보험료 및 자기부담금 체계로 구성되어 있다. 이와 같은 체계를 사용함으로써 보험회사가 기대할 수 있는 효과와 거리가 먼 것은?

① 비대칭정보 문제 해결에 도움이 된다.
② 고객의 운전 성향에 대한 정보를 선별할 수 있다.
③ 신호 보내기를 통해 역선택 문제를 해결할 수 있다.
④ 사고 위험이 낮은 고객과 높은 고객을 차별화할 수 있다.
⑤ 보험 가입자가 위험한 운전 행위를 줄이는 동기가 발생한다.

241 74회 특별 기출

아래 지문의 경제 상황에 대한 설명으로 옳지 않은 것은?

> 한약재 시장에 국산과 중국산일 확률이 각 50%이며, 국산 한약재의 가치는 1천만 원, 중국산 한약재의 가치는 2백만 원이다. 한약재 구매자는 국산과 중국산을 식별할 능력이 없다.

① 비대칭 정보로 인한 문제가 발생한다.
② 신호 보내기를 통해 문제를 완화할 수 있다.
③ 역선택 문제로 한약재 시장에서 시장 실패가 발생한다.
④ 구매자는 한약재에 1천만 원 이상을 지불할 의향이 없다.
⑤ 장기적으로 한약재 시장에는 레몬 상품이 지배적으로 많을 것이다.

242 60회 기출

다음 사례에서 갑의 선택과 A국 중고차 시장 변화에 대한 추론이 옳은 것은? (단, 제시된 상황 외의 조건은 일정하다.)

> A국에 거주하는 갑은 최근 중고차를 사려고 한다. A국의 중고차 시장에는 2,000만 원 가치의 좋은 차 100대와 1,000만 원 가치의 나쁜 차 100대가 있다. A국의 중고차 구매자는 어떤 차가 좋은 차인지 구별해 낼 수 없고, 좋은 차와 나쁜 차가 반반씩 있다는 것만 알고 있다.

① 갑은 1,500만 원을 초과하는 가격을 제시하지 않을 것이다.
② A국 중고차 시장과 같은 상황은 도덕적 해이의 경우이다.
③ 중고차 판매자는 1,500만 원 이하에는 판매하려고 하지 않을 것이다.
④ 시간이 지나면 A국 구매자들은 좋은 차와 나쁜 차를 구별할 수 있을 것이다.
⑤ 시간이 지나면 A국 중고차 시장의 가격은 1,500만 원 수준으로 일정해질 것이다.

243

시장 실패 중 정보의 비대칭과 관련이 있는 것은?

① 통신사는 사용하는 데이터 사용량에 대해서 각자 다른 요금제를 매겨 가격차별한다.
② 기업들이 매연과 오수를 아무렇게나 배출하자 정부가 환경 규제를 실시한다.
③ 주민들이 모금하여 기념비를 만들려고 하는데 충분한 돈이 모이지 않는다.
④ 녹지와 공원이 사회적으로 필요한 것보다 부족하게 조성된다.
⑤ 고객들은 성능과 신뢰성이 불투명한 인터넷 쇼핑몰 상품을 구매하지 않는다.

244

다음 빈칸에 들어갈 용어로 알맞은 것은?

> 남에게 알려지지 않은 질병을 갖고 있는 사람이 질병이 없는 사람에 비해 건강보험에 가입할 가능성이 높다는 사실은 (   )의 예이다.

① 역선택   ② 감시
③ 골라내기   ④ 신호 보내기
⑤ 비합리적 행동

245

다음 자료에서 지혜와 보아가 생각하는 것과 같은 문제를 해소할 수 있는 방안을 〈보기〉에서 골라 바르게 나열한 것은?

교사: 최근 정부는 상환 능력은 있는데 신용이 좋지 않아 일반 은행을 이용하기 어려운 사람들의 자활을 돕기 위해 무담보·무보증으로 대출을 해 주는 '미소금융제도'를 도입했어요. 오늘은 이에 대해 토론해 볼까요?
지혜: 우리나라에서 미소금융제도가 필요한 이유는 저신용자를 위한 대출 시장이 미약하기 때문이에요. 담보와 거래실적이 부족한 저신용자의 경우, 은행이 차입자의 상환 능력과 상환 의지에 대한 정보를 가지고 있지 않아 차입자가 높은 이자를 부담한다고 해도 선뜻 대출을 해 줄 수 없겠죠.
보아: 담보나 보증이 없는 상황에서 차입자가 돈을 갚을 유인이 있을지 의문이 들어요.

〈보기〉
가. 기업이 임원의 보수 중 일부를 스톡옵션으로 제공한다.
나. 주식 시장에 상장된 기업은 기업의 정보를 충분히 공시하도록 한다.
다. 중고차 시장에서 전문지식을 보유한 딜러가 품질보증서를 발급한다.
라. 자동차보험에 가입한 운전자가 교통사고를 내면 수리비의 일부를 보험가입자가 부담하게 한다.

	지혜	보아
①	가, 나	다, 라
②	가, 다	나, 라
③	가, 라	나, 다
④	나, 다	가, 라
⑤	나, 라	가, 다

246

중고차 시장에 중고차 200대가 매물로 나와 있다. 그중 100대는 성능이 좋은 차이고, 100대는 성능이 나쁜 차이다. 성능이 좋은 차를 매도하려는 사람은 600만 원 이상에 판매하려 하고, 성능이 나쁜 차를 매도하려는 사람은 400만 원 이상에 판매하려 한다. 이 중고차 시장에서 중고차를 구매하려는 잠재적 구매자는 무한하다. 구매자들은 성능이 좋은 차는 900만 원 이하에 구매하려 하고, 성능이 나쁜 차는 500만 원 이하에 구매하려 한다. 중고차의 성능에 관한 정보를 매도자는 알고 있지만 구매자는 알지 못한다. 이 시장에는 어떤 균형이 존재할까?

① 모든 중고차는 700만 원에 거래되는 균형이 존재한다.
② 좋은 중고차만 900만 원에 거래되는 균형이 존재한다.
③ 좋은 중고차는 900만 원에 거래되고, 나쁜 중고차는 500만 원에 거래되는 균형이 존재한다.
④ 어떤 균형도 존재하지 않는다.
⑤ 해당 조건만으로는 균형을 확인할 수 없다.

247

주인-대리인 이론(Principal-agent Model)을 적용하기에 적절하지 않은 것은?

	주인	대리인
①	주주	회사 사장
②	회사 사장	직원
③	스포츠 구단주	프로스포츠 선수
④	병원장	환자
⑤	국민	국회의원

248

역선택에 대한 설명으로 옳지 않은 것은?

① 역선택은 정보를 가지고 있지 않은 자의 자기선택 과정에서 생기는 현상이다.
② 교육 수준이 능력에 관한 신호를 보내는 역할을 하는 경우 역선택의 문제가 완화된다.
③ 정부에 의한 품질인증은 역선택의 문제를 완화시킨다.
④ 역선택 현상이 존재하는 상황에서 강제적인 보험프로그램의 도입은 후생을 악화시킨다.
⑤ 건강보험회사, 뷔페레스토랑 등은 역선택에 직면할 가능성이 높다.

249

정보의 비대칭성(Information Asymmetry)에 대한 원인, 문제, 사례 및 해결책이 바르게 연결된 것은?

	원인	문제	사례	해결책
①	숨겨진 특징	도덕적 해이	중고차 시장	강제보험
②	숨겨진 특징	역선택	신규차 시장	성과급
③	숨겨진 행위	도덕적 해이	주인과 대리인	감시 강화
④	숨겨진 행위	역선택	노동시장	최저임금
⑤	숨겨진 특징	역선택	노동시장	최저임금

250

도덕적 해이에 대한 옳은 설명을 〈보기〉에서 모두 고른 것은?

〈보기〉
가. 불완전하게 감시를 받는 대리인이 자기의 이익을 좇아 행동하는 경향을 말한다.
나. 고용의 경우에 도덕적 해이를 줄이기 위해 감시·감독을 강화하거나 보수 지급을 연기하기도 한다.
다. 건물주가 화재보험에 가입한 후 화재예방설비를 적정 수준보다 부족하게 설치하는 경향을 보이는 것은 도덕적 해이에 해당한다.

① 가   ② 가, 나
③ 가, 다   ④ 나, 다
⑤ 가, 나, 다

251

역선택과 관련된 설명으로 옳은 것은?

① 화재보험에 가입한 건물주가 화재예방을 위한 비용 지출을 줄인다.
② 상해의 위험이 높은 사람일수록 상해보험에 가입할 가능성이 높다.
③ 소비자의 소득이 증가할수록 수요가 감소하는 재화가 있다.
④ 국민소득이 증가할수록 지출 중 식품비의 비중이 감소한다.
⑤ 채용 전과 채용 후의 상황이 다른 것은 역선택 때문이다.

252

도덕적 해이에 관한 옳은 설명을 〈보기〉에서 모두 고른 것은?

〈보기〉
가. 본인-대리인 문제는 도덕적 해이의 한 예이다.
나. 보험계약에서 사고 피해액의 일정 비율을 가입자가 부담하면 도덕적 해이의 문제가 완화된다.
다. 보험계약에서 통계적으로 사고가 날 확률이 높은 집단에 속한 사람에게 비싼 보험료를 요구하는 것은 도덕적 해이의 문제를 완화시킨다.
라. 개인의 실적에 따라 성과급을 지급하는 것은 도덕적 해이의 문제를 완화시킨다.

① 가, 나   ② 가, 다
③ 다, 라   ④ 가, 나, 라
⑤ 나, 다, 라

253

정보의 비대칭성과 관련된 내용으로 적절하지 않은 것은?

① '악화가 양화를 구축한다(Bad money drives out good).'는 그레샴의 법칙으로 역선택의 전형적인 사례이다.
② 모든 운전자에게 자동차보험에 의무적으로 가입하도록 강제하면 저위험형보다 고위험형이 유리해진다.
③ 전 국민에게 의료보험에 강제로 가입하도록 하는 것은 도덕적 해이를 방지하기 위한 조치이다.
④ 자동차보험의 경우에 사고손실액에 대해서 보험가입자와 보험회사가 공동부담하면 도덕적 해이 현상이 줄어든다.
⑤ 주인-대리인 문제의 예로는 국회의원에 당선된 후 뇌물을 받고 정부기관에 압력을 행사하여 부당하게 일을 처리하는 것을 들 수 있다.

254

금리자유화가 추진되면 금리의 가격기능이 회복되기 때문에 자금 시장에서 초과 수요현상이 발생하지 않을 것으로 생각되었으나 현실적으로 볼 때 금리자유화가 이루어진 이후에도 시중에서 자금의 초과 수요현상은 계속되고 있다. 이에 대한 설명으로 옳지 않은 것은?

① 이와 같은 현상이 발생하는 근본적인 이유는 정보의 비대칭성 때문이다.
② 시중에서 자금의 초과 수요가 존재함에도 불구하고 은행들이 대출금리를 인상하지 않는 것은 금융시장에서 역선택을 방지하기 위해서이다.
③ 은행들이 대출이자율을 인상할 경우 은행의 수익은 오히려 감소하기 때문에 은행들은 대출이자율을 인상하지 않는다.
④ 금융시장에서 신용할당이 발생하는 이유는 이자율을 인상하면 높은 리스크를 가진 기업만이 대출을 원하게 되어 은행들이 직면하는 위험이 증가하기 때문이다.
⑤ 신용할당현상은 신호발송과 선별을 통해 완전히 해소될 수 있다.

255

정보의 비대칭성과 관련된 경제적 현상에 대한 설명으로 옳지 않은 것은?

① 화재보험회사에서 화재가 발생했을 때, 손실의 일부만을 보장해 주는 제도를 도입한 것은 도덕적 해이(Moral Hazard) 문제를 완화시키기 위해서이다.
② '유인설계'를 잘 할 경우, '도덕적 해이' 문제를 어느 정도 완화시킬 수 있다.
③ 정보를 많이 가진 측의 감추어진 특성으로 인해 발생하는 문제를 '역선택'이라고 한다.
④ '신호발송'이란 정보를 가진 쪽에서 자발적으로 자신의 특성을 알리려는 노력이고, '선별'이란 불완전한 정보를 가진 쪽이 그에게 주어진 자료와 정보를 이용하여 상대방의 특성을 파악하려는 것이다.
⑤ 정부가 자동차보험의 책임보험을 의무적으로 가입하도록 하면 '역선택'의 문제를 방지할 수 있지만, 이는 사고 위험성이 높은 사람에게는 불리한 제도이다.

256

전문경영인과 주주 사이의 대리인 문제를 해소하기 위한 현실적 장치가 아닌 것은?

① 경영권 시장에서 인수·합병 위협
② 경영자에 대한 교체 압력
③ 스톡옵션 등의 경영자보상계획
④ 주주총회에서 주주의결권 부여
⑤ 은행 등 채권자의 발언권 강화

257

도덕적 해이의 예로 옳지 않은 것은?

① 사고 가능성이 높은 운전자가 조건이 좋은 자동차종합보험에 자진 가입한다.
② 화재보험에 가입한 피보험자가 화재방지 노력을 게을리한다.
③ 정액월급을 받는 고용사장이 골프를 많이 친다.
④ 공동생산을 할 때 동료들의 눈을 피해 게으름을 피운다.
⑤ 세무조사 가능성이 낮은 개인사업자가 소득을 낮게 보고하여 탈세를 한다.

258

다음 밑줄 친 ㉠~㉣ 중 옳지 않은 부분을 모두 고른 것은?

> 철수: 난 왜 이렇게 도덕적 해이와 역선택의 구분이 어렵지?
> 영희: 뭐가 어려워? 간단하게 생각하면 되잖아. ㉠ 모두 정보의 비대칭 때문에 생기는 현상인데 ㉡ 도덕적 해이는 정보를 더 많이 가진 쪽이 정보의 비대칭을 이용해 이득을 취하는 것이고, ㉢ 역선택은 정보를 덜 가진 쪽이 정보의 비대칭 때문에 원하는 대로 선택을 하지 못하는 것이지.
> 철수: 아. 그럼. ㉣ 뷔페에 적게 먹는 손님보다 많이 먹는 손님이 주로 오는 것은 손님이 자신의 먹는 양에 대한 정보의 비대칭성을 이용해 이득을 얻으니까 주인 입장에서는 도덕적 해이겠네.
> 영희: 그렇지.

① ㉣
② ㉡, ㉢
③ ㉡, ㉣
④ ㉡, ㉢, ㉣
⑤ ㉠, ㉡, ㉢, ㉣

259

다음은 애덤 스미스의 『국부론』의 일부분이다. 애덤 스미스의 논지를 가장 잘 설명한 것은?

주식회사는 고용된 이사들에 의해 경영되는데, 그들은 태만하고 낭비적이다. 주식회사의 업무는 늘 이사회에 의해 관리된다. 이사회는 자주 여러 면에서 주주총회의 통제를 받는다. 그러나 주주들의 대부분은 좀처럼 그 회사의 사업을 아는 체하지 않고, 회사에 파벌이 없는 한 회사의 사업에 관여하려 하지 않으며, 이사회가 적절하다고 생각하는 배당금을 반년이나 1년 단위로 받는 것으로 만족한다. 성가신 일이나 일정 금액 이상의 위험이 없기 때문에, 만일 합명회사라면 결코 그들의 재산을 걸고 위험한 사업을 벌이지 않을 많은 사람들이 주식회사에서는 모험사업가가 되려고 한다. 그러므로 주식회사는 어떤 합명회사가 자랑하는 것보다 더 많은 자본을 끌어들인다. 남해회사(South Sea Company)의 영업자본은 한때 3,380만 파운드 이상에 달했다. 잉글랜드은행의 주식자본금은 현재 1,078만 파운드에 달한다. 그러나 주식회사의 이사들은 자기 자신의 돈이 아닌 다른 사람들의 돈의 관리자이기 때문에, 합명회사의 공동경영자가 자기의 돈을 감독하는 만큼의 주의력으로 남의 돈을 감독하기를 도저히 기대할 수 없다. 부자의 집사와 마찬가지로 그들은 작은 일에 신경을 쓰는 것은 주인의 명예에 불리하다고 생각하여 작은 일에는 신경을 쓰지 않는다. 따라서 주식회사의 업무처리에서는 태만과 낭비가 있게 마련이다. 이 점 때문에 외국 무역에 종사하는 주식회사는 개인 모험 사업가들과 경쟁해서 뒤지게 된 것이다. 주식회사는 어떤 배타적인 특권 없이는 거의 성공할 수 없었고, 배타적인 특권을 가지고도 자주 성공하지 못했다. 일반적으로 그들은 배타적인 특권이 없는 경우 무역에 실패했으며, 배타적인 특권이 있는 경우에는 무역을 잘못 관리했을 뿐 아니라 무역을 제한하였다.

① 주식회사는 시장경제의 꽃이다.
② 남해회사와 같은 형태의 기업이 많아야 한다.
③ 무역은 배타적 특권을 기초로 경영되어야 한다.
④ 소유 및 경영의 분리는 기업경영의 태만을 조장한다.
⑤ 거대자본을 끌어들이기 위해서는 합명회사가 좋다.

260

정보경제학적 관점에서 금융시장의 신용할당이 존재하는 이유로 옳은 것은?

① 이자율을 낮게 유지해 금융기관이 수요자를 선별하여 대출하기 때문에 발생한다.
② 비제도금융시장의 존재로 인해 신용할당 현상이 발생한다.
③ 금융기관의 정책금리와 금융시장의 균형이자율이 일치하지 않기 때문이다.
④ 자금수요자에 따라 대출자금의 회수가능성과 신용도 등이 다르기 때문이다.
⑤ 신용할당은 도덕적 해이와 무관하다.

코이라는 물고기는
어항에서 5센티,
연못에서 20센티,
강물에서는 1미터까지 자랍니다.

코이는 어떤 물에서 살지 선택할 수 없지만
사람은 선택할 수 있습니다.

꿈은 사람이 선택하는 환경입니다.

– 조정민, 『사람이 선물이다』, 두란노

PART

02

거시경제

한눈에 보는 학습 중요도 & BEST 출제 키워드

구분	학습 중요도(10점 만점)	BEST 출제 키워드
CHAPTER 01 국가경제활동의 측정	8	• 경제 순환도와 국민계정, 삼면등가의 원칙 • 국내총생산의 종류
CHAPTER 02 총수요와 총공급곡선	8	• 총수요와 총수요곡선 • 총공급과 총공급곡선 • 단기 · 장기 거시경제 균형
CHAPTER 03 화폐와 국민경제	8.5	• 화폐의 기능, 종류 및 통화지표 • 부분지급제도, 본원통화, 신용창조 • 고전학파, 케인스의 화폐수요이론
CHAPTER 04 재정정책과 통화정책	9	• 총수요관리정책의 종류 • 재정정책과 통화정책의 정책시차
CHAPTER 05 물가와 인플레이션	7	• 물가와 물가지수 • 인플레이션의 원인 및 종류
CHAPTER 06 실업	7	• 실업의 정의와 유형 • 실업 관련 지표
CHAPTER 07 필립스곡선	6.5	• 필립스곡선의 개념 • 단기와 장기의 필립스곡선 • 적응적 기대와 합리적 기대
CHAPTER 08 경기변동, 경제성장, 경기지수	6	• 경기변동의 의미, 형태 및 발생원인 • 경제성장의 의미, 특징, 종류 및 발생요인 • 경기지수의 필요성 및 종류

※ 학습 중요도와 BEST 출제 키워드는 출제빈도 분석과 출제기준 자료를 바탕으로 수록했습니다.

261
61회 기출

아래 자료를 통해 알 수 있는 갑국의 2019년도 경제성장률은?

〈갑국의 명목GDP와 GDP디플레이터〉

구분	명목GDP	GDP디플레이터
2018년	200억 달러	100
2019년	250억 달러	125

① 0%
② 2.5%
③ 5%
④ 7.5%
⑤ 10%

262
52회 기출

다음은 국내총생산(GDP)에 대한 정의이다. ㉠~㉤에 대한 설명이 옳은 것은?

국내총생산(GDP)은 ㉠한 국가의 국경 안에서 ㉡일정 기간 생산된 ㉢최종 생산물의 가치를 ㉣시장가격으로 계산하여 모두 더한 것이다. ㉤인구가 많은 국가는 국내 총생산도 커지는 경향이 있다.

① ㉠-한 국가의 국경 안에서 자국민이 생산한 것만 포함한다.
② ㉡-작년에 생산한 중고품은 올해 거래하더라도 올해 GDP에 포함하지 않는다.
③ ㉢-서비스는 제외하고 유형의 재화만 포함한다.
④ ㉣-집에서 길러 먹는 채소도 시장가격으로 계산해서 포함한다.
⑤ ㉤-인구가 많은 국가일수록 평균적 소득 수준이 크다.

263
54회 기출

다음 그림은 2005년부터 2017년까지의 우리나라의 명목GDP와 실질GDP의 전년 대비 변화율을 나타낸다. 이에 대한 분석으로 옳은 것을 〈보기〉에서 모두 고르면? (단, 2010년을 기준연도로 한 GDP디플레이터는 불변가격을 사용하였다.)

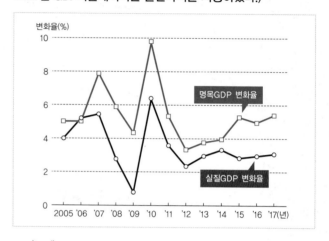

〈보기〉
가. 2005년의 실질GDP가 가장 낮았다.
나. 2010년의 명목GDP가 가장 높았다.
다. 인플레이션율은 2006년에 가장 낮았다.
라. 경제성장률은 명목GDP 변화율을 이용하여 측정할 수 있다.

① 가, 나
② 가, 다
③ 나, 다
④ 나, 라
⑤ 다, 라

264
53회 기출

실질GDP가 한 나라의 후생수준을 충분히 반영하지 못한다. 그 근거로 타당하지 않은 것은?

① 실질GDP는 분배 측면을 충분히 반영하지 못한다.
② 실질GDP는 환경 파괴를 잘 반영하지 못한다.
③ 실질GDP는 여가 시간을 제대로 반영하지 못한다.
④ 실질GDP는 공립학교 교육과 같은 서비스를 잘 반영하지 못한다.
⑤ 실질GDP는 교통 혼잡으로부터 발생하는 비용을 잘 반영하지 못한다.

265 78회 기출

국내총생산(GDP)과 관련한 설명 중 옳은 것은?

① 수출이 증가할수록 GDP는 증가한다.
② 전업주부의 가사노동은 GDP에 포함된다.
③ 기준연도에서 실질GDP와 명목GDP는 일치하지 않는다.
④ 해외에서 근무하는 내국인 근로자가 생산한 가치는 GDP에 포함된다.
⑤ A년도에 생산한 제품이 다음 연도인 B년도에 판매되면, B년도 GDP에 포함된다.

266 79회 기출

한국의 국내총생산(GDP)이 증가하는 경우를 〈보기〉에서 고르면?

〈보기〉
가. 미국 기업이 한국에 공장을 지어 자동차를 생산한다.
나. 미국인이 한국에 체류하면서 한국계 기업에서 근무한다.
다. 한국 기업이 미국에 공장을 지어 반도체를 생산한다.
라. 한국인이 미국에 체류하면서 한국계 기업의 지점에서 근무한다.

① 가, 나   ② 가, 다
③ 나, 다   ④ 나, 라
⑤ 다, 라

267 79회 기출

자동차 회사 A는 2021년 100대의 소형차를 생산하여 한 대당 가격을 2,000만 원으로 책정하여 내놓았다. 그러나 2021년에 팔리지 않고 2022년 초에서야 모두 팔렸다. 이때 국내총생산(GDP)의 계산과 관련한 설명 중 옳은 것은?

① 2021년 GDP와 2022년 GDP가 각각 20억 원 증가한다.
② 2021년 GDP와 2022년 GDP가 각각 10억 원 증가한다.
③ 2021년 GDP는 20억 원 증가하고, 2022년 GDP는 20억 원 감소한다.
④ 2021년 GDP는 20억 원 증가하고, 2022년 GDP에는 아무런 영향이 없다.
⑤ 2021년 GDP에는 아무런 영향이 없고, 2022년 GDP는 20억 원 증가한다.

268 50회 기출

특정 분기에 국내총생산(GDP)은 0.5% 증가했는데, 국민총소득(GNI)은 2.5% 감소하였다고 하자. 이에 대한 원인 중 옳지 않은 것은?

① 국민들의 실질적인 소득 수준은 감소하였다.
② 경상수지의 적자가 더 커졌을 가능성이 높다.
③ 국내총생산이 서비스 부문을 중심으로 증가하였다.
④ 수출 제품의 가격보다 수입품의 가격이 더 상승하였다.
⑤ 환율이 급격히 상승하여 국민들의 대외구매력이 감소하였다.

269 53회 기출

아래 그래프는 2014년부터 2018년도까지 갑국의 경제성장률 변화를 나타낸 것이다. 이를 보고 옳게 추론한 것을 고르면?

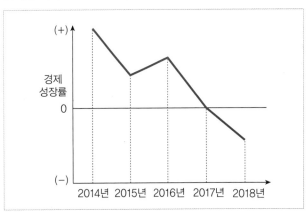

① 2015년의 GDP는 2016년보다 크다.
② 2016년과 2017년의 GDP의 크기는 같다.
③ 2018년의 GDP는 2016년 GDP보다 크다.
④ 2014년과 2016년 사이에 GDP가 가장 큰 해는 2015년이다.
⑤ 다른 여건이 일정하다고 가정할 때, 실업자 수가 증가했을 것으로 예상되는 시기는 2017년이다.

270 78회 기출

그림은 우리나라 1인당 국민총소득(GNI) 증가율과 경제성장률 추이를 나타낸다. 2021년의 통계 수치와 관련한 대화 중 옳지 않은 내용은?

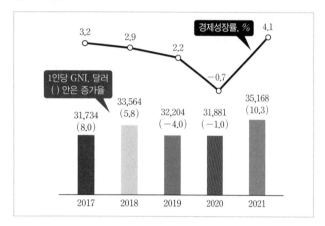

① 가영: 실질GDP가 증가했을 거야.
② 나영: 원화 가치가 상승한 영향이 있을 거야.
③ 다영: 국외순수취 요소소득이 감소했기 때문일 거야.
④ 라영: 우리나라는 전년보다 국가 경제 규모가 늘어났을 거야.
⑤ 마영: 인구증가율이 국민총소득 증가율보다 낮아서일 거야.

271 78회 기출

아래 통계 자료의 빈칸 ㉠과 ㉡에 들어갈 금액의 합을 구하면?

〈갑국의 경제 통계 자료(2021년)〉
• 실질 국내총생산(GDP): 7,000억 달러
• 실질 국민총생산(GNP): 9,000억 달러
• 실질 국민총소득(GNI): 9,300억 달러
• 교역 조건 변화에 따른 실질 무역 이익: (㉠   )
• 해외수취요소소득: 3,500억 달러
• 해외지불요소소득: (㉡   )
*실질GNI = 실질국내총생산(GDP) + 해외순수취요소소득 + 교역 조건 변화로 인한 실질 무역 이익

① 1,200억 달러   ② 1,400억 달러
③ 1,600억 달러   ④ 1,800억 달러
⑤ 2,000억 달러

272

국민계정에 포함되는 것은?

① 기존 주택의 매매
② 복지제도에 대한 정부의 이전지출
③ 가계의 수입품 소비
④ 귀속임대료
⑤ 정부의 국채 이자 상환액

273

국민소득이 5,000이고, 소비가 2,500, 정부지출이 1,000, 조세수입이 1,000인 A 경제의 민간저축과 국민저축은?

	민간저축	국민저축
①	1,500	2,000
②	1,500	2,500
③	1,500	1,500
④	2,500	1,500
⑤	2,500	2,000

274

다음은 GDP와 GNI의 관계를 설명하는 내용이다. 가장 바르게 표현한 것을 고르면?

① 국가 간 생산요소의 이동이 없다면 GDP는 GNP보다 클 수밖에 없다.
② 교역조건이 악화될 경우 GDP가 GNI보다 크다.
③ 교역조건이 개선될 경우 GDP가 GDI보다 작다.
④ 자국민이 해외에서 벌어들인 소득이 외국인이 우리나라에서 벌어간 소득보다 클 때 GDP는 GNI보다 크다.
⑤ 자국민이 해외에서 벌어들인 소득이 외국인이 우리나라에서 벌어간 소득보다 작을 때 GDP는 GNI보다 크다.

275

다음 대화에서 밑줄 친 내용의 효과에 대한 설명으로 옳게 이야기하고 있는 사람은?

> 2025년 봄 어느 날에 로나는 여름을 대비하기 위해 에어컨을 구입하려고 백화점 가전매장을 찾았다.
>
> 로 나: 에어컨을 구입하려고 왔어요. 제품에 대한 소개를 받을 수 있을까요?
>
> 판매원: 기능은 최신 에어컨과 큰 차이가 없으면서 가격만 20% 저렴하게 출시된 제품이 있습니다. 바로 이 제품입니다.
>
> 로 나: 어떻게 기능이 다 똑같은데 가격만 저렴할 수가 있죠?
>
> 판매원: 네, <u>작년에 중국에서 생산된 에어컨인데 재고로 남아 있어 올해 한국 매장에서 팔기 시작했습니다.</u> 오래된 모델도 아닌 데다가 가격이 20%나 저렴하니 훨씬 합리적인 선택이실 겁니다.
>
> 로 나: 네, 그 제품으로 주세요.

① 찬명: 작년에 중국에서 생산된 에어컨이 올해 한국으로 건너왔으니까 한국의 2025년 GDP는 증가할 거야.

② 두만: 2024년에 한국의 수출이 증가하지만, 2025년에는 수입과 수출에 아무런 변화가 없을 거야.

③ 동진: 2024년 한국의 GNP는 증가하고, 2025년 한국의 GDP는 그대로일 거야.

④ 성희: 중국의 경우를 보면 2025년에 수출이 증가하고, GDP는 그대로일 거야.

⑤ 소윤: 2024년 중국은 재고투자의 증가로 GDP가 증가하고, 2025년은 수출의 증가로 GDP가 증가하게 될 거야.

276

다음 자료를 통해 추론할 수 있는 내용으로 적절하지 않은 것은?

(단위: 조 원)

구분	2023년	2024년
민간소비지출(C)	80	160
민간투자지출(I)	30	40
정부지출(G)	40	60
순수출(NX)	30	0

① 2023년과 2024년 민간소비지출이 차지하는 비중은 동일하다.

② 2023년과 2024년에 민간소비지출의 증가율은 100%이다.

③ 2024년에 수출과 수입은 같다.

④ 2023년과 2024년 기간 중 해외부문은 GDP 증가에 기여하지 못하였다.

⑤ 위의 표를 통해 전체 GDP에서 수입이 차지하는 비중은 파악할 수 없다.

277

GDP의 개념과 관련하여 옳지 않은 것을 〈보기〉에서 고른 것은?

> ─〈보기〉─
> 가. 외국인기업이 국내에서 생산한 것은 우리나라의 GDP로 측정된다.
> 나. 가계의 신규주택구입은 민간소비지출에 해당한다.
> 다. 주부의 가사서비스는 GDP에 포함되지 않는 반면, 가사도우미의 가사서비스는 GDP에 포함된다.
> 라. 사회보장을 위한 보조금은 정부지출(G)에 포함된다.
> 마. GDP는 일정 기간 동안 생산된 최종 재화와 서비스의 시장가치의 합을 의미한다.

① 가, 나   ② 가, 마

③ 나, 라   ④ 다, 라

⑤ 다, 마

278

다음 자료에 대한 설명으로 옳은 것은?

> 2024년 2분기(4~6월) 갑국의 실질국민총소득(GNI)은 증가세로 전환됐다. 반면, 명목GNI 증가율은 2년 3개월 만에 가장 낮은 수준으로 떨어졌고, 총저축률도 하락했다.

〈갑국의 실질국민총소득(GNI) 추이〉

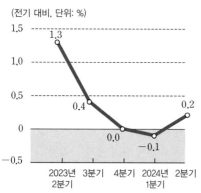

(전기 대비, 단위: %)

1.3 / 0.4 / 0.0 / −0.1 / 0.2

2023년 2분기 · 3분기 · 4분기 · 2024년 1분기 · 2분기

① 일국: 2023년 3분기에는 GNI가 감소한 것을 확인할 수 있어.
② 민호: 2024년 2분기에 GNI가 전기 대비 증가한 것은 실질국외순수취요소소득이 증가했기 때문일 거야.
③ 효민: GNI는 국민들의 실질구매력을 의미하는 지표이기 때문에 2024년 2분기에 갑국 국민들이 체감하는 구매력 증가는 꽤 클 거야.
④ 나나: 명목GNI 증가율이 2년 3개월 만에 가장 낮은 수준으로 떨어졌다니 2024년 2분기가 가장 낮은 명목GNI 수준이겠구나.
⑤ 민종: 2024년은 갑국의 실질무역손실 규모가 큰 해였어. 그렇기 때문에 실질무역손실이 국외순수취요소소득의 증가폭보다 클 거야.

279

GDP의 문제점에 대한 설명으로 옳지 않은 것은?

① GDP는 여가를 반영하지 못한다.
② GDP는 지하경제를 반영하지 못한다.
③ 주부의 가사서비스는 GDP에 포함되지 않는 반면, 가사도우미의 서비스는 GDP에 포함되는 등 측정의 일관성이 부족하다.
④ 실질GDP의 단기적인 변화에는 자국민이 외국에서 생산한 금액이 반영된다.
⑤ GDP는 생산의 증가와 함께 나타나는 환경오염과 같은 질적 요인들을 반영하지 못한다.

280

다음 표는 종이와 연필만을 생산하는 국가의 가격 및 생산량을 나타낸 것이다. 이에 대한 설명으로 옳지 않은 것은?

(단위: 원, 개)

구분	2023년		2024년	
	가격	생산량	가격	생산량
종이	30	150	35	120
연필	15	200	40	300

* 단, 기준연도는 2023년임

① 실질경제성장률은 8%이다.
② 2023년에 명목GDP와 실질GDP는 동일하다.
③ 2024년에 실질GDP는 8,100원이다.
④ 2023년에 GDP디플레이터는 약 197.5이다.
⑤ GDP디플레이터를 활용하면 기준연도와 당해연도의 물가 변화 정도를 확인할 수 있다.

281

다음은 북한의 경제상황을 나타내는 신문기사이다. 이를 바탕으로 북한과 러시아의 GNI 및 GDP에 대한 설명으로 옳은 것은?

〈△△신문〉

북한이 러시아에 노동력을 수출, 외화벌이를 하고 있다고 뉴욕타임스가 18일 보도했다. 러시아와 북한정부 간 계약에 따라 현재 극동 러시아 지역에서 건설노동자로 일하고 있는 북한주민은 1만 명에 달하며, 3년 계약기간 동안 매달 4백 달러 이상을 벌어 3백 달러를 북한당국에 주고 있다고 이 신문은 전했다. 매달 최소 3백만 달러가 북한당국으로 흘러가는 셈이다. 러시아는 건설현장의 일손이 부족하기 때문에 외국인 노동자에 의존할 수밖에 없는 실정이며, 북한 출신들은 일을 잘한다는 평가를 받고 있다. 술과 담배를 하지 않고 성실하다는 소문도 났다. 최근 '달프레스'라는 현지 신문에는 북한 노동자를 '빠르고, 싸고, 자질이 뛰어나다'고 소개하는 광고가 자주 실리고 있다고 뉴욕타임스는 전했다. 하지만 러시아 안에서 북한 노동자들의 삶의 질은 열악하다고 이 신문은 소개했다. 야간 부업을 포함해 하루 평균 16시간을 일하고, 월급을 쓰지 않고 모아 고향으로 가져가느라 건설현장에서 숙식을 해결하는 경우가 대부분이라는 것이다.

① 북한주민이 러시아에서 벌어들인 외화는 북한 GNI와 GDP 모두에 포함된다.
② 북한주민이 러시아에서 벌어들인 외화는 북한 GNI에는 계산되지 않으나 러시아 GNI에는 포함된다.
③ 북한주민이 러시아에서 벌어들인 외화는 북한 GDP에는 포함되지 않으나 러시아 GNI에는 포함된다.
④ 북한주민이 러시아에서 벌어들인 외화는 북한의 GNI와 GDP 모두에 포함되지 않는다.
⑤ 북한주민이 러시아에서 벌어들인.외화는 북한 GDP와 러시아의 GNP 모두에 계산되지 않는다.

282

GDP가 증가하는 경우를 〈보기〉에서 모두 고른 것은?

〈보기〉

가. 지하경제 양성화 조치의 일환으로 세무조사가 강화되었다.
나. 맞벌이 부부가 급증함에 따라 대부분의 젊은 부부가 자녀를 어린이집에 맡긴다.
다. 부동산시장의 침체로 아파트 분양가는 물론 주택임대료가 급감하였다.
라. 부동산시장 회복을 위한 LTV, DTI 완화에 대한 기대로 주가가 상승하였다.
마. 전국의 그린벨트 해제가 가속화됨에 따라 농지가격이 급상승하고 있다.

① 가, 나   ② 가, 라
③ 다, 마   ④ 가, 나, 라
⑤ 가, 라, 마

283

다음 표는 A국의 경제지표를 나타낸 것이다. 이에 대한 옳은 분석을 〈보기〉에서 고른 것은? (단, 기준연도는 2022년이다.)

연도	2022년	2023년	2024년
실질GDP	10,000원	15,000원	20,000원
전년 대비 GDP 디플레이터 상승률	10%	15%	10%

〈보기〉

가. 명목GDP가 가장 높은 연도는 2024년이다.
나. 2023년에는 실질GDP가 명목GDP보다 크다.
다. 2024년에 실질GDP 증가율은 명목GDP 증가율보다 높다.
라. 2022년에는 실질GDP와 명목GDP가 같다.
마. 2024년에 GDP디플레이터는 110이다.

① 가, 나   ② 가, 다
③ 가, 라   ④ 가, 마
⑤ 나, 라

284

다음 자료에 대한 옳은 설명을 〈보기〉에서 고른 것은?

> 우리나라의 국민소득을 나타내는 경제 지표는 (가)와 (나)가 존재한다.
> (가) 한 나라 안에서 일정 기간 생산된 모든 최종 재화와 서비스의 가치를 시장가격으로 평가
> (나) 외국에서든 자국에서든 한 나라의 국민들이 일정 기간 동안 생산 활동을 통해 벌어들인 소득을 측정하는 지표

〈보기〉

가. 우리나라에서 생산하여 외국에 수출한 자동차는 우리나라의 (가)에 포함되지 않는다.
나. 외국 기업이 우리나라에서 생산한 냉장고는 우리나라의 (가)에 포함된다.
다. 우리나라 프로야구 리그에서 뛰는 외국인 선수의 연봉은 우리나라의 (나)에 포함된다.
라. 우리나라 기업이 국내에서 생산한 반도체는 우리나라의 (가)와 (나)에 모두 포함된다.

① 가, 나
② 가, 다
③ 나, 다
④ 나, 라
⑤ 다, 라

285

다음은 2020~2024년 사이의 A국 GDP갭에 관해 다룬 신문 기사이다. 이에 대해 잘못 설명하고 있는 사람은?

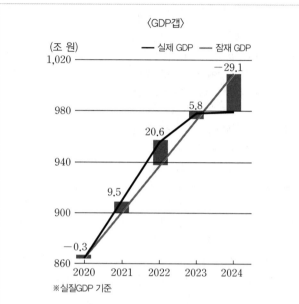

〈GDP갭〉

> A국 중앙은행은 지난주 '국내총생산(GDP) 갭(gap)이 하반기에는 플러스로 돌아설 것으로 예상된다.'며, '물가안정 기조가 흔들리지 않도록 통화정책을 운용하겠다.'고 말했다.

① 순한: A국은 2020년 경기침체상태에서 2023년까지 경기과열상태였다가 2024년 다시 경기침체로 돌아섰다는 것을 알 수 있어.
② 신우: 2022년 이후 점차 GDP갭이 작아지다가 결국 (−) 상태로 돌아선 이유는 코로나19로 인한 경제 전반의 충격에서 찾아볼 수 있어.
③ 재흠: 2025년에 GDP갭이 다시 (+)로 돌아서는 경우 물가안정 기조를 유지하겠다고 하는 걸 보니 경기호황일 때 물가 상승의 우려가 나타날 수 있나 봐.
④ 경태: 잠재GDP는 비교적 정확하게 파악할 수 있기 때문에 중앙은행의 예측이 정확할 거라고 생각해.
⑤ 영환: 경기호황의 신호로 GDP갭을 활용하지만, 보조지표로 GDP디플레이터를 함께 살펴보면 도움이 될 거 같아.

286

GDP에 대한 설명으로 옳지 않은 것은?

① 정품 소프트웨어 사용을 권장하는 캠페인과 함께 불법 소프트웨어 사용에 대한 처벌 수위를 높일 경우 GDP를 높일 수 있다.
② 성매매, 마약거래, 담배밀수 등의 불법행위도 GDP 집계에 포함하면 더 현실적인 GDP를 산정할 수 있다.
③ 실제로 GDP에 지하경제를 반영하는 것은 쉽지 않다.
④ GDP는 비록 한계가 존재하지만 현존하는 가장 완벽한 지표로 아직까지 대안적인 지표들이 활용되지는 않고 있다.
⑤ 세무조사 강화 방침은 지하경제 양성화에 도움을 주기 때문에 GDP 증가에 효과적인 수단이다.

287

2023년 A국가의 명목GDP가 450억 원이었고, 2024년에는 900억 원으로 증가하였다. 동일한 기간 GDP디플레이터가 100에서 150으로 상승했다면, 이 기간 동안의 실질GDP 증가율은? (단, 기준연도는 2023년이다.)

① 25%   ② 33.3%
③ 50%   ④ 75%
⑤ 100%

288

국민소득계정에서 투자에 포함되지 않는 것은?

① 상품재고
② 새로운 설비의 구입
③ 새로운 전산장비의 구입
④ 신규주택에 대한 지출
⑤ M&A

289

밀을 생산하는 농가에서 밀가루 회사에 밀을 500만 원에 팔았다. 밀가루 회사는 밀을 가루로 빻아 밀가루로 만든 다음 제빵업자에게 650만 원에 팔았다. 이 제빵업자는 밀가루를 사용해 빵 900만 원어치를 만들어 소비자들에게 팔았다. 이 경우 밀을 생산하는 농가에 의해 창출된 GDP는?

① 500만 원   ② 650만 원
③ 1,150만 원   ④ 900만 원
⑤ 2,050만 원

290

다음 표는 갑국의 경제 지표를 나타낸 것이다. 이에 대한 분석으로 옳지 않은 것은? (단, 물가지수는 GDP디플레이터로 측정한다.)

구분	2022년	2023년	2024년
명목GDP(만 달러)	100	110	120
GDP디플레이터	100	100	120

① 2022년과 2024년의 실질GDP는 변함이 없다.
② 2023년 물가는 전년 대비 10% 상승하였다.
③ 2023년에 전년 대비 실질GDP 증가율과 명목GDP 증가율은 동일하다.
④ 2023년의 경제규모가 가장 크다.
⑤ 2024년은 2023년에 비해 경제성장률이 더 낮다.

291

다음은 2019년 이후 A국의 GDP디플레이터와 소비자물가상승률의 추이를 나타낸 그래프이다. 이에 대한 설명으로 옳은 것을 〈보기〉에서 모두 고른 것은?

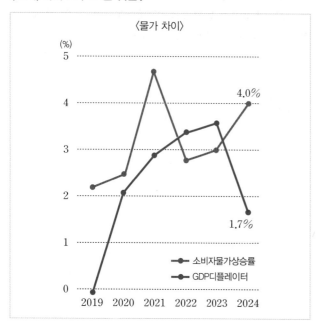

〈물가 차이〉

〈보기〉

가. GDP디플레이터 상승률이 낮아진 것은 수입품의 가격이 국산품보다 큰 폭으로 올랐기 때문이다.
나. 2024년의 GDP디플레이터와 소비자물가상승률 간의 차이는 2019년 이후 가장 크다.
다. GDP디플레이터의 구성품목과 소비자들이 자주 접하는 품목은 다르기 때문에 체감물가는 차이가 날 수 있다.

① 다
② 가, 나
③ 가, 다
④ 나, 다
⑤ 가, 나, 다

292

다음 자료에 대한 옳은 설명을 〈보기〉에서 고른 것은?

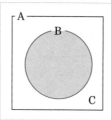

A: 한 국가 내에서 실제로 이루어진 모든 생산
B: 한국은행이 조사해 발표한 국내 총생산
C: A−B

〈보기〉

가. A에는 외국인이 국내에서 생산한 최종생산물이 포함된다.
나. B에는 국내에서 사용되는 수입품이 포함된다.
다. C에 해당하는 생산도 국민들의 후생 수준에 영향을 미친다.
라. 지하경제의 규모가 커질수록 A에 대한 B의 비중이 증가할 것이다.

① 가, 나
② 가, 다
③ 나, 다
④ 나, 라
⑤ 다, 라

293

다음 자료는 폐쇄 경제의 GDP 구성을 나타낸 것이다. 이에 대한 설명으로 옳지 않은 것은?

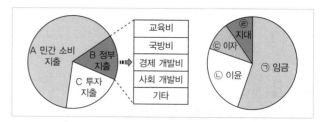

① 두 그림은 국민소득을 지출과 분배 측면에서 나타낸 것이다.
② A는 ㉠~㉣에서 얻은 소득을 바탕으로 한다.
③ B의 사회 개발비에는 복지에 대한 지출이 포함된다.
④ C에 대한 보상은 ㉢이다.
⑤ 상장된 주식을 사는 것은 C의 사례에 해당하지 않는다.

CHAPTER 02 | 총수요와 총공급곡선

294 56회 특별 기출

GDP의 구성요소 중 투자에 대한 설명으로 바르지 않은 것은?

① 주식 투자도 중요한 투자 활동이다.
② GDP를 결정하는 데 영향을 준다.
③ 투자는 경기변동에 큰 영향을 준다.
④ 외국인의 국내 공장 건설은 국내 투자 증가로 이어진다.
⑤ 이자율은 기업 투자 결정의 중요한 요인이다.

295 56회 특별 기출

다음 중 총수요를 증가시키는 요인으로 볼 수 없는 것은?

① 정부의 재정지출 증가
② 환율 하락으로 인한 수입 증가
③ 중앙은행의 기준금리 인하
④ 기업의 투자 증가
⑤ 가계의 소비지출 증가

296 53회 기출

다음 중 총수요를 증가시키는 요인으로 보기 어려운 경우는?

① 정부가 예산을 조기 집행하였다.
② 미국에서 한국산 휴대폰 수요가 증가했다.
③ 한국은행이 정책금리(기준금리)를 인하했다.
④ 해외를 방문하는 한국의 여행객들이 급증했다.
⑤ 한국산 부품을 사용하는 중국산 완제품의 해외 수출이 증가했다.

297 74회 기출

총수요에 대한 설명 중 옳은 것은?

① 이자율과 투자는 정(+)의 관계이다.
② 총수요는 이자율의 영향을 받지 않는다.
③ 총수요에서 변동성을 크게 하는 요인은 소비보다는 투자이다.
④ 화폐의 중립성이 성립한다면 화폐량의 증가가 총수요의 증가를 가져온다.
⑤ 개방경제일 때, 한 국가에서 생산한 상품의 총수요는 소비, 투자, 정부지출, 수출로 구성되어 있다.

298 54회 기출

총수요곡선이 우하향하는 이유를 케인스이론에 따라 제대로 설명한 것은?

① 물가가 하락하면 경쟁을 촉발하여 총생산이 증가
② 물가가 하락하면 이자율이 하락하여 투자가 증가하고 이는 총수요를 증가시킴
③ 물가가 하락하면 상대가격에 변화가 생겨 이를 혼동한 생산자의 공급 증가
④ 물가가 하락하면 기대 물가상승률이 하락하여 총수요가 증가
⑤ 물가가 하락하면 실질임금이 올라 노동공급이 증가함에 따라 총생산이 증가

299 79회 기출

아래 지문을 읽고, (A), (B)와 관련한 설명 중 옳지 않은 것은?

> A국의 주요 시중은행의 총대출 대비 중소기업 대출 비중이 40%를 넘어섰다. 중소기업·자영업자들이 팬데믹의 충격을 받은 탓이다. 이자 비용도 벌지 못하는 (A) 좀비기업이 늘고 있는 가운데 앞으로 한계에 달한 중소기업들이 한꺼번에 부실화할 수 있다는 우려도 커지고 있다. … (중략) … 전문가들은 "무작정 유동성만 공급하면 경제주체들의 (B) 도덕적 해이를 유발할 수밖에 없다."고 했다. 또한, "세계적으로도 부실기업 대출이 대폭 늘었는데 지원 대상 범위를 좁혀 독자적으로 생존 가능한 기업에 지원을 집중할 필요가 있다."고 지적했다.

① 이자보상배율이 1 미만을 지속하면, 잠재적으로 (A)가 될 가능성이 높아진다.
② (A)에 대한 지원이 늘어나면, 정작 유동성 지원이 필요한 기업이 흑자 도산하는 경우가 나타난다.
③ (A)의 파산이 늘어나면, Y=C+I+G+(X−M)에서 I에 부정적인 영향을 준다.
④ (A)의 (B)가 발생하면, (A)는 빚을 갚지 않고 위험한 투자를 하는 등 방만한 경영을 하게 된다.
⑤ (B)를 해결하기 위해서는 신호발송(Signaling)과 선별(Screening)이 필요하다.

300 77회 특별 기출

아래는 총수요와 총공급 곡선을 나타낸 그림이다. 이때 균형점 E_1서 E_2로 이동하게 된 원인과 영향을 알맞게 짝지으면?

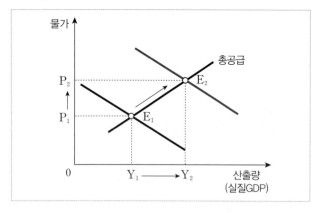

	원인	영향
①	정부지출 증가	채무자 유리
②	순수출 감소	연금 생활자 불리
③	기업투자 증가	채권자 유리
④	기준금리 인하	임금 근로자 유리
⑤	가계 소비 감소	실물자산 보유자 불리

301 62회 기출

미국의 기준금리 인상으로 한미 간 기준금리가 역전되었다고 하자. 이로 인한 영향으로 옳지 않은 것은?

① 한국은행 또한 기준금리를 올려 대응할 필요가 있기 때문에 우리나라 부동산 시장의 위축을 불러올 가능성이 높다.
② 우리나라 기업의 수출 가격경쟁력이 증가할 것이다.
③ 우리나라에서 미국으로 자본이 유출될 것이다.
④ 기업의 달러 표시 채무부담이 감소할 것이다.
⑤ 상대적으로 원화 가치가 낮아질 것이다.

302

현재 균형국민소득이 장기균형에서의 국민소득과 같다. 이 상황에서 순수출 감소의 효과를 총수요–총공급 모형을 통해 분석한 것으로 옳지 않은 것은?

① 주어진 물가수준에서 총수요곡선이 좌측으로 이동한다.
② 새로운 단기균형에서 국민소득은 이전의 균형보다 낮다.
③ 새로운 단기균형에서 물가수준은 이전의 균형보다 낮다.
④ 시간이 흐르면 장기에는 물가가 하락하며 단기 총공급곡선이 우측으로 이동한다.
⑤ 시간이 지나면 장기 총공급곡선도 단기 총공급곡선과 함께 우측으로 이동한다.

303

물가수준과 국내총생산(GDP)의 관계를 보여 주는 총수요곡선이 우하향하는 이유로 옳은 것은?

① 물가가 하락할 때 실질임금이 상승하여 노동공급이 증가한다.
② 물가가 하락할 때 이자율이 하락하여 총수요가 증가한다.
③ 물가가 하락할 때 자국 통화의 가치가 상승하여 순수출이 감소한다.
④ 물가가 하락할 때 화폐의 실질가치가 하락하여 소비가 감소한다.
⑤ 물가가 하락할 때 소비자 자산의 구매력이 감소하여 소비지출이 감소한다.

304

승수가 3일 때 정부지출이 30만큼 증가하는 동시에 독립투자가 10만큼 감소한 상황을 가정해 보자. 이때 균형국민소득은 얼마만큼 변화하는가?

① 30   ② 40

③ 50   ④ 60

⑤ 80

305

다음 대화에 대한 분석 및 추론으로 가장 적절한 것은?

> 유정: 최근 우리 경제의 경우 민간소비의 감소가 지속되어 디플레이션의 우려가 있어 이에 대한 정부 대책이 필요해요.
> 현희: 최근의 물가 하락은 국제 원자재 가격 하락이 근본 원인이기 때문에 디플레이션에 대한 우려를 가질 필요가 없어요.

① 유정은 총수요의 감소가 디플레이션을 초래한다고 보고 있다.

② 유정은 확대 통화정책보다 긴축 통화정책을 지지할 것이다.

③ 현희는 실질GDP가 감소할 것으로 예상하고 있다.

④ 현희는 총공급의 감소를 물가 하락의 원인으로 보고 있다.

⑤ 유정과 현희가 진단하는 경제상황이 동시에 나타나면 스태그플레이션이 발생할 것이다.

306

승수효과(Multiplier Effect)에 대한 설명으로 옳지 않은 것은?

① 승수효과는 구축효과에 의해 상쇄된다.

② 소비함수의 변동이 심하다면 승수효과를 명확히 알 수 없다.

③ 독립지출의 증가 이후에는 승수효과를 기대할 수 없다.

④ 소비나 정부지출의 증가가 있더라도 공급 측면에 문제가 있을 경우 승수효과는 발생하지 않을 수 있다.

⑤ 현실적으로 승수효과는 소득의 획득과 처분의 연쇄과정을 거치는 긴 시간이 지나야 나타난다.

307

다음 빈칸 ㉠~㉢에 들어갈 내용으로 옳은 것은?

> 그림은 총수요곡선과 총공급곡선 그리고 잠재GDP를 보여 주고 있다. 그림에서 경제 상태는 (㉠) 갭을 보여 주고 있다. 잠재GDP를 달성하기 위해서는 정부투자를 (㉡)시켜야 하고 (또는) 조세를 (㉢)시켜야 한다.

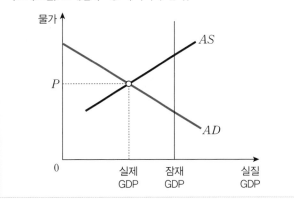

	㉠	㉡	㉢
①	디플레이션	증가	감소
②	인플레이션	감소	감소
③	인플레이션	증가	감소
④	디플레이션	감소	증가
⑤	인플레이션	증가	증가

308

A 연구소에서는 경기가 부진한 이유를 연구한 결과 기업투자의 부족이 가장 큰 원인이라고 밝혀냈다. 투자의 관점에서 기업이 투자를 늘리지 않는 이유를 설명한 것으로 옳지 않은 것은?

① 글로벌 금융위기 이후 경제 내의 불확실성이 커졌다.

② 물가 상승에 대한 우려 때문에 한국은행이 금리를 충분히 낮추지 못하고 있다.

③ 기업이 투자자금을 금융시장에서 조달하는 데 장애물이 많다.

④ 현재는 불황 상태이지만 가까운 미래에 경기회복이 기대된다.

⑤ 자본의 한계생산이 낮다.

309

A국은 폐쇄경제로, 국민소득의 구성요인 중 순수출이 존재하지 않는다. 한편, 소득수준에 따른 소비는 다음과 같이 변화한다. 투자와 정부지출은 소득수준과 무관하게 각각 400으로 주어져 있을 때 이에 대한 설명으로 옳지 않은 것은?

국민소득	2,500	2,600	2,700	2,800	2,900
소비	1,500	1,590	1,680	1,770	1,860

① 균형국민소득은 500이다.
② 총소비함수의 기울기는 0.8이다.
③ 한계저축성향은 0.1이다.
④ 한계소비성향은 0.9이다.
⑤ 소득이 3,000일 때, 소비는 1,950이다.

310

다음 그림에 나타난 국민경제의 균형점 이동에 대한 설명으로 옳은 것은?

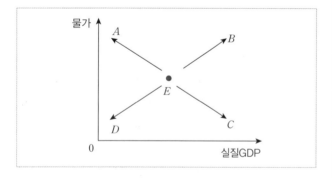

① E에서 D로 이동할 경우 실업률은 감소한다.
② 순수출이 감소할 경우 E에서 A로 이동한다.
③ E에서 C로 이동할 경우 인플레이션이 나타난다.
④ 기술 발전으로 생산량이 증가할 경우 E에서 C로 이동한다.
⑤ 원유 가격 상승으로 생산비가 상승할 경우 E에서 B로 이동한다.

311

국가경제에 다음과 같은 충격이 발생했을 때 총수요-총공급곡선을 활용한 우리나라의 균형점은 어떻게 변화하는가?

- 미국경제의 회복세로 미국인들이 우리나라 제품에 대한 소비를 늘리고 있다.
- 우리나라 정부는 침체된 경기를 부양시키기 위해 정부지출을 증가시키고 있다.
- 환율의 상승으로 외국에서 우리나라 제품의 가격경쟁력이 높아졌다.

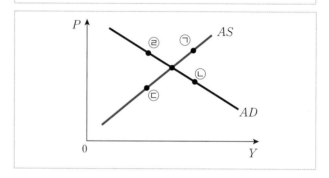

① ㉠   ② ㉡
③ ㉢   ④ ㉣
⑤ 움직이지 않는다.

312

다음은 경제 신문기사의 제목과 가계순저축률 추이 그래프이다. 이를 보고 잘못 추론한 사람은?

- 노후에 대한 불안감, 60대 자살 급증
- 취업과 동시에 노후를 고민하라
- 가구당 빚 약 5,300만 원, 노후대책 불안 커져
- 한국도 '일본형 소비불황' 그림자
- 연평균 기업소득 증가율, 90년대 대비 20% 이상 증가

〈가계순저축률 추이〉

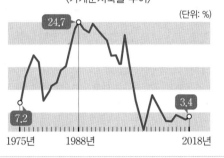

① 세연: 세계에서 가장 빠르게 고령화가 진행되고 있는 우리나라는 노후에 대한 불안감으로 소비도 낮은 거 같아.
② 은비: 그럼에도 불구하고 저축이 낮아지고 있다는 것은 소득이 그만큼 줄어들었다는 이야기일 거야.
③ 승룡: 맞아. 가계 빚이 1,000조를 넘어가면서 원리금 상환 부담이 커진 데다가, 복지체계 강화에 따른 연금부담이 늘어나면서 가계의 실질소득이 줄어든 탓일 거야.
④ 성선: 뿐만 아니라 저성장 이력효과와 급속한 고령화도 소득 감소의 원인일 거야. 일본형 소비불황의 그림자가 보인다는 신문기사에서 이를 확인할 수 있어.
⑤ 동진: 이러한 현상은 성장의 문제일 뿐 분배구조의 문제와 무관할 거야.

313

다음은 총수요곡선이 우하향하는 이유에 대해 나눈 대화들이다. 옳은 설명을 하고 있는 학생들끼리 짝지어진 것은?

영호: 물가수준이 바뀌면 소비자들이 보유한 부의 가치가 변하기 때문에 수요곡선이 우하향하는 거야.
경희: 이자율의 변화도 원인 중의 하나야. 물가가 상승해서 개별상품의 가격이 상승하면 더 많은 화폐가 필요하게 되고, 이는 이자율을 높이는 역할을 하게 돼. 이처럼 이자가 상승하면 개인이든 기업이든 투자를 줄이기 때문에 총수요가 감소하게 되는 것이지.
재석: 물가가 상승하면 우리나라 제품의 가격이 상승해 결국 수출가격이 높아지고, 상대적으로 수입품의 가격이 하락하게 돼. 이는 순수출이 작아져 총수요가 감소하는 요인으로 작용하게 되는 거지.

① 영호
② 경희
③ 영호, 경희
④ 영호, 재석
⑤ 영호, 경희, 재석

314

다음 총공급곡선에 대해 옳은 설명을 하고 있는 학생들끼리 짝지어진 것은?

로나: 단기 총공급곡선은 우상향하는 반면, 장기 총공급곡선은 수직의 모양이야.
완주: 맞아. 단기 총공급곡선이 우상향하는 이유는 다른 모든 조건이 일정하다고 가정하면, 기업들은 물가가 상승할 때 더 많은 제품을 생산해 수익을 내고 싶어 하기 때문이야.
윤범: 장기 총공급곡선은 한 국가경제의 생산요소들이 정상적으로 사용된다면 달성 가능한 수준인 완전고용산출량 수준에서 수직인데, 만약 완전고용산출량이 증가할 경우 장기 총공급곡선은 좌측으로 이동해.

① 로나
② 완주
③ 로나, 완주
④ 로나, 윤범
⑤ 로나, 완주, 윤범

315

총수요곡선의 이동요인에 대한 설명으로 옳지 않은 것은?

① 채권이나 부동산 등의 자산가치 상승은 총수요곡선을 우측으로 이동시킨다.
② 미래의 소득증가가 예상되는 경우 현재의 소비를 늘리게 되어 총수요곡선은 우측으로 이동한다.
③ 통화공급의 증가는 투자의 증가를 통해 총수요곡선을 우측으로 이동시킨다.
④ 경기를 부양하기 위한 정부의 재정지출 증가도 총수요곡선을 우측으로 이동시킨다.
⑤ 기대수익은 아직 실현된 수익이 아니므로 현재의 소비에 영향을 미치지 못해 총수요곡선의 이동과 무관하다.

316

다음 밑줄 친 변화가 향후 영국의 경제 상황에 미칠 영향에 대한 설명으로 옳은 것은?

> 영국의 기준금리는 늦어도 10년 안에 5%로 인상될 수 있다고 뱅크 오브 잉글랜드 부총리가 29일 전망했다. 부총재는 스카이뉴스 회견에서 "금리 인상이 점진적으로 이뤄질 것"이라고 말했다. 그는 "앞으로 5~10년 안에 금리가 5%까지 오를 것으로 보는 것이 타당하다."고 내다봤다. BOE는 지난 5년 동안 기록적으로 낮은 0.5%의 금리를 유지해왔다. BOE 총재는 앞서 "금리가 언제 오를 것이냐보다는 더 큰 그림에 관심을 두는 것이 바람직하다."고 강조했다.
>
> – 한국경제신문

① 영국의 총수요가 감소한다.
② 영국의 소비지출이 증가한다.
③ 영국의 물가상승 압력이 커진다.
④ 영국기업의 국내투자가 증가한다.
⑤ 영국으로부터 자본유출이 증가한다.

317

다음 자료에 대한 분석으로 옳지 않은 것은?

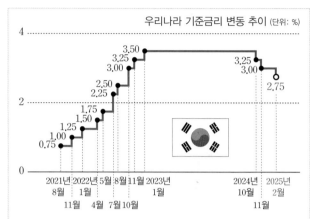

우리나라 기준금리 변동 추이 (단위: %)

한은 금융통화위원들은 이날 금융통화위원회에서 만장일치로 금리를 인하했다. 한발 더 나아가 향후 3개월 내 추가로 금리를 낮출 가능성을 열어두자는 의견도 나왔다. 한국은행 총재는 연말 연 2.25%까지 기준금리가 낮아질 수 있다고 시사하면서 2~3회 기준금리 인하 가능성이 있다는 것을 가정하고 있다고 설명했다. 한편, 이번 금리인하로 한국과 미국의 금리차는 1.75%p까지 확대되었다.

① 2023년 1월 이후 금리가 동결된 것은 국내외 경제의 불확실성과 복잡성으로 인해 금리를 인상할 수도, 인하할 수도 없었던 상황임을 예상할 수 있다.
② 2024년 10월 이후부터 우리나라의 경기부양 압력이 강해졌음을 알 수 있다.
③ 미국과의 금리차 확대에도 불구하고 기준금리를 인하한 것은 외국 자본 이탈 우려에도 수출증진에 따른 경기 부양이 우선되고 있음을 알 수 있다.
④ 기준금리의 장기간 동결은 결국 투자 부진을 야기해 우리나라 경제에 악영향을 미친다는 점을 보여준다.
⑤ 기준금리의 결정은 중앙은행의 고유권한임을 엿볼 수 있다.

03 | 화폐와 국민경제

318 62회 기출

통화량 증감의 방향성이 다른 하나를 고르시오.

① 민간이 현금통화비율을 증가시킨다.
② 중앙은행이 본원통화를 증가시킨다.
③ 시중은행이 초과 지급준비금을 낮춘다.
④ 시중은행이 중앙은행으로부터 차입을 늘린다.
⑤ 중앙은행이 시중은행에 대한 지급준비율을 낮춘다.

320 79회 기출

고전학파가 주장하는 화폐중립성이 성립한다고 할 때 일어날 수 있는 현상으로 가장 적절한 것은?

① 가계 부문의 저축률이 급격히 증가한다.
② 가계 부문의 신용카드 사용액이 증가한다.
③ 총소비의 비중 중 내구재의 소비가 늘어난다.
④ 기업이 금융자산에 비해 설비투자의 비중을 늘린다.
⑤ 명목변수만의 변화가 소비자들의 구매 결정에 큰 영향을 미치지 않는다.

321 54회 기출

중앙은행의 통화량 조절 정책에 대한 설명 중 옳지 않은 것을 고르시오.

① 선진국에서 법정지급준비율 정책이 자주 사용된다.
② 공개시장조작은 금융발전 정도가 낮은 국가에서는 효과적이지 않다.
③ 재할인율을 인하하면 시중은행의 지급준비금이 늘어나기 때문에 통화 공급이 증가한다.
④ 법정지급준비율을 인상하면 예금통화승수가 작아져서 통화 공급이 감소한다.
⑤ 중앙은행은 공개시장조작을 통해 법률이나 은행 관련 규정을 변경하지 않고도 통화량을 조절할 수 있다.

319 53회 기출

통화량증가율, 실질경제성장률, 실질이자율이 각각 7%, 4%, 0%일 때, 화폐수량설과 피셔 효과를 이용하여 도출한 내용이다. 다음 중 옳은 것은? (단, 화폐유통속도는 일정하다고 가정한다.)

① 인플레이션율과 명목이자율은 모두 7%이다.
② 인플레이션율은 4%이고, 명목이자율은 11%이다.
③ 인플레이션율과 명목이자율은 모두 5%이다.
④ 인플레이션율은 3%이고, 명목이자율은 7%이다.
⑤ 인플레이션율과 명목이자율은 모두 3%이다.

PART 02 거시경제

322 74회 기출

아래 지문은 화폐의 기능 중 어떤 것에 대한 설명인가?

예를 들면 물물교환 경제에서는 쌀을 가진 사람이 옷을 구하고자 할 때, 자신이 가진 쌀로 얼마만큼의 옷을 살 수 있는지를 알기 위해서는 다른 상품 간의 교환비율까지 모두 알아야 한다. 그러나 화폐 경제에서는 모든 물건의 가치가 같은 화폐 단위로 표시되므로 모든 상품 간의 교환 비율을 즉시 알 수 있다.

① 교환매개   ② 가치저장
③ 지급수단   ④ 재산증식
⑤ 가치척도

323 54회 기출

정책당국이 내년의 실질경제성장률을 6%, 화폐유통속도증가율은 2% 수준으로 예상하고 있다고 가정한다. 정책당국이 내년 물가상승률을 3%로 억제하려면 내년도의 적정 통화증가율은?

① 5%   ② 6%
③ 7%   ④ 8%
⑤ 9%

324 52회 기출

다음 중 시중의 통화량이 증가하는 경우는?

① 재할인율 인상
② 통화승수의 하락
③ 정부의 국채 발행
④ 법정지급준비율의 인하
⑤ 가계의 현금보유비율 상승

325 51회 기출

본원통화를 증가시키는 경우를 모두 고른 것은?

가. 중앙은행이 외환시장에서 외환을 매입하는 경우
나. 중앙은행이 통화안정증권을 매입하는 경우
다. 중앙은행이 시중은행에 대출을 하는 경우
라. 중앙은행이 법정 지급준비율을 인하시키는 경우

① 가, 나   ② 나, 라
③ 가, 나, 다   ④ 가, 다, 라
⑤ 나, 다, 라

326

교환방정식과 피셔방정식이 성립하고, 화폐유통속도가 관습과 제도에 의해 결정되는 경제에서 실질경제성장률이 2%, 통화량 증가율이 4%, 명목이자율이 8%라면 실질이자율은?

① 2%   ② 3%
③ 4%   ④ 5%
⑤ 6%

327

다음 빈칸 ㉠~㉣에 들어갈 말은?

케인스는 화폐수요를 거래적 동기, 예비적 동기 그리고 투기적 동기로 분류하면서 거래적 동기 및 예비적 동기는 (㉠)에 의존하고, 투기적 동기는 (㉡)에 의존한다고 주장하였다. 특히, (㉡)이 낮을 때 채권가격이 (㉢), 투자자의 채권투자 의욕이 낮은 상황에서 투기적 동기에 따른 화폐수요가 (㉣)고 하였다.

	㉠	㉡	㉢	㉣
①	소득	이자율	높고	작다
②	소득	이자율	높고	크다
③	이자율	소득	높고	크다
④	이자율	소득	낮고	작다
⑤	소득	이자율	낮고	크다

328

유동성과 가장 관련 있는 화폐의 기능은?

① 교환의 매개수단
② 회계의 단위
③ 장래지불의 표준
④ 가치의 저장수단
⑤ 위험 회피 수단

329

통화지표에 대한 설명으로 옳지 않은 것은?

① 우리나라는 2002년부터 변경된 IMF의 통화금융통계매뉴얼 기준에 따른 통화지표를 사용하고 있다.
② 협의통화(M_1)는 민간이 보유하고 있는 현금에 예금취급기관의 결제성 예금을 더한 것으로 정의된다.
③ 광의통화(M_2)는 협의통화(M_1)에 2년 이상의 장기 저축성 예금과 시장형 금융상품, 실적배당형 금융상품 등을 합한 개념이다.
④ 광의유동성(L)은 금융기관유동성(L_f)에 기업 및 정부가 발행하는 기업어음, 국공채 등의 유가증권이 추가된다.
⑤ 통화지표는 협의통화(M_1)에서 광의유동성(L_f)으로 갈수록 유동성이 작아지는 경향이 있다.

330

은행에 초과 지급준비금 3조 원이 있다. 이러한 상황에서 한국은행이 법정 지급준비율을 15%에서 20%로 올렸다고 하자. 신용창조액의 감소분은?

① 3조 원   ② 5조 원
③ 7조 원   ④ 9조 원
⑤ 10조 원

331

본원통화와 관련된 설명으로 옳지 않은 것은?

① 본원통화는 화폐발행액과 중앙은행지급준비 예치금의 합으로 이루어진다.
② 공개시장조작, 재할인율, 지급준비율의 변화는 시중통화량의 증감과 밀접하다.
③ 중앙은행이 공개시장에서 국공채를 매입하면 본원통화가 감소한다.
④ 통화승수는 본원통화의 몇 배까지 통화가 창출되는지를 나타내는 개념이다.
⑤ 지급준비제도는 은행들이 고객의 예금인출요구에 응하기 위해 예금액의 일정 부분을 준비금으로 보유하도록 하는 제도를 의미한다.

332

화폐수요이론과 관련된 설명으로 옳지 않은 것은?

① 화폐수량설은 물가수준이 통화량의 크기에 의해 결정된다는 이론이다.
② 교환방정식은 화폐의 기능 중 교환의 매개수단에 초점을 맞춘 이론이다.
③ 현금잔고방정식은 화폐의 기능 중 가치의 저장수단에 초점을 맞춘 이론이다.
④ 화폐유통속도는 거래관습이나 제도에 의해 결정되기 때문에 고정되어 있다.
⑤ 화폐수량설은 고전학파의 화폐수요이론이다.

333

통화승수가 감소하게 되는 상황이 아닌 것은?

① 신용카드 사용의 증가
② 은행의 파산위험으로 예금지급능력이 의심되는 상황
③ 중앙은행의 지급준비율 인상
④ 예금이자율의 하락
⑤ 일주일 앞으로 다가온 설 명절

334

케인스학파의 화폐수요이론에 대한 설명으로 옳지 않은 것은?

① 케인스는 화폐수요의 이유를 거래적, 예비적, 투기적 동기로 구분한다.

② 거래적 동기는 교환의 매개로 활용하기 위해 화폐를 수요하는 것을 의미한다.

③ 예비적 동기는 미래의 불확실성에 대비하기 위한 화폐수요를 의미한다.

④ 케인스는 수익성이 높은 채권을 구입하기 위해 화폐를 수요한다고 주장한다.

⑤ 케인스에 의하면 화폐수요는 소득과 이자율이 높을수록 커진다.

335

2024년 8월 중앙은행은 2023년 2월 이후 기준금리를 13차례 연속 동결하는 결정을 내렸다. 만약 이러한 기조에서 벗어나 경기확장을 위해 기준금리를 인하했을 때 예상되는 결과로 옳지 않은 것은?

① 채권가격의 상승

② 총수요의 증가로 인한 경제성장

③ 실질GDP 증가와 물가 상승

④ 원화가치의 상승

⑤ 통화증가율의 상승

336

다음은 A국의 화폐유통속도를 보여 주는 그래프이다. 이에 대한 해석을 잘못하고 있는 사람은?

① 시현: 화폐유통속도의 하락에는 저금리 기조도 한몫 했을 거야.

② 유연: 금융소득종합과세기준의 하락과 고액권의 발행도 무시할 수 없는 요인이야.

③ 지현: 고액권 발행이 화폐유통속도 하락의 원인이라면, 지하경제 형성의 일등공신이라는 비판도 가능할 것 같아.

④ 태희: 명목GDP를 통화지표인 M_2의 양으로 나누어 화폐유통속도를 구하는 것으로 보아 화폐수요보다 통화공급을 더 면밀히 살펴봐야 할 것 같아.

⑤ 현선: 화폐유통속도가 줄어들면 통화승수도 감소했을 것 같아.

337

다음 중 옳은 설명만을 〈보기〉에서 모두 고른 것은?

〈보기〉

가. 명목GDP가 960조 원, 통화량이 1,200조 원인 경우 화폐유통속도는 0.8이다.

나. 통화량이 800조 원, 화폐발행액이 40조 원이면 통화승수는 20이 된다.

다. 명목GDP가 350조 원, 실질GDP가 200조 원이면 GDP디플레이터는 175가 된다.

라. 중앙은행의 화폐발행액이 10조 원이고, 지급준비율이 10%인 경우 총예금창조액은 100조 원이다.

① 가, 나, 다   ② 가, 나, 라

③ 가, 다, 라   ④ 나, 다, 라

⑤ 가, 나, 다, 라

338

다음은 A국 중앙은행에 대한 자료이다. 옳은 설명을 〈보기〉에서 모두 고른 것은?

〈통화증가율(전년 동월비, 평잔기준) vs 통화승수〉

- 중앙은행에 따르면 통화승수가 19.92배(원계열기준)를 기록하였다. 이는 2005년 2월 19.05배 이후 최저치이다. 계절조정으로 본 통화승수 역시 19.82배로 중앙은행이 통계를 작성하기 시작한 이래로 가장 낮은 수준이다.
- 화폐발행잔액은 63조 3,659억 1,000만 원으로 중앙은행이 통계를 작성하기 시작한 이후 역대 최대치를 기록하였다. 아울러 고액권 발행잔액 역시 40조 6,812억 3,900만 원으로 역시 통계를 작성하기 시작한 2017년 6월 이후 최고치를 경신 중이다.

─〈보기〉─

가. 통화승수의 하락은 화폐발행액과 무관하다.
나. 지급준비예치금의 증가도 통화승수 하락의 원인이 될 수 있다.
다. 중앙은행이 통화량목표제에서 금리목표제로 전환한 것도 통화승수 하락의 원인이 될 수 있다.
라. 시기상 곧 다가올 설 연휴와 통화승수는 무관하다.

① 가, 나   ② 가, 다
③ 나, 다   ④ 가, 나, 다
⑤ 나, 다, 라

339

BIS 자기자본비율에 대한 설명으로 옳지 않은 것은?

① 바젤 Ⅲ에 의한 BIS 자기자본비율은 바젤 Ⅱ와 동일한 8%이다.
② BIS 자기자본비율을 설정하여 규제하는 것은 갑작스런 충격에도 은행이 흔들리지 않도록 하기 위한 조치이다.
③ BIS 자기자본비율은 $\dfrac{\text{자기자본}}{\text{위험가중자산}} \times 100$으로 구해진다.
④ BIS 자기자본비율이 높을수록 외부금융충격에 강하다는 것을 의미하므로 가능한 한 높은 것이 좋다.
⑤ 금융기관의 방만한 운영을 방지하기 위해 마련된 제도이다.

340

다음 ㉠~㉣에 해당하는 화폐공급의 증감을 바르게 표시한 것은?

㉠ 추경예산 편성으로 인해 한국은행에 국채 매입을 요청하였다.
㉡ 은행들의 건전성 강화를 위해 BIS 자기자본비율을 높이고 있다.
㉢ 명절을 앞두고 시중은행들은 개인들의 현금수요 증가에 대비해 한국은행에 현금을 요청하였다.
㉣ 금융위기로 인해 예금자들의 현금 인출이 증가하였다.

	㉠	㉡	㉢	㉣
①	감소	감소	증가	감소
②	감소	증가	감소	감소
③	증가	감소	증가	감소
④	증가	감소	감소	증가
⑤	증가	증가	증가	증가

341

현재 A국의 법정 지급준비율은 5%이다. 한편, 재희는 집 금고에 보관하던 현금 100만 원을 은행에 예금하였다. 은행들은 지급준비금을 제외하고는 모두 대출자금으로 활용한다. 이 경우 은행권 전체의 예금총액 증가분과 통화량 증가분의 차이는?

① 100만 원   ② 150만 원

③ 200만 원   ④ 1,900만 원

⑤ 2,000만 원

342

B국의 은행들은 150조 원의 지급준비금, 국채 250조 원, 고객예금 1,500조 원을 보유하고 있다. B국의 국민들은 현금이 생길 경우 모두 은행에 예금하는 성향을 가지고 있다. 이 경우 은행들의 지급준비율은?

① 8%   ② 10%

③ 12%   ④ 15%

⑤ 20%

343

중앙은행이 A국 은행들에 50조 원을 대출해 준다고 하자. 이 경우 A국의 화폐공급은 최대 얼마나 증가하는가? (단, 지급준비율은 10%이다.)

① 100조 원   ② 200조 원

③ 300조 원   ④ 400조 원

⑤ 500조 원

344

케인스의 화폐수요이론에 대한 설명으로 옳지 않은 것은?

① 거래적 화폐수요와 예비적 화폐수요는 소득과 양(＋)의 관계에 있다.

② 투기적 화폐수요는 이자율과 음(－)의 관계에 있다.

③ 화폐에 대한 수요와 공급이 일치하는 지점에서 이자율이 결정된다.

④ 유동성함정이 발생하면 중앙은행의 통화량 변화에도 시중 이자율은 변동하지 않는다.

⑤ 이자율이 높은 경우 채권의 수익률이 높기 때문에 채권가격이 상승하고, 이는 채권 수요 증가로 이어져 결국 화폐수요가 낮아진다.

345

다음 빈칸 ㉠~㉢에 들어갈 용어로 적절한 것은?

> 채권가격이 더 이상 높아질 수 없을 정도로 상승하여 채권가격이 하락할 것으로 예상되는 경우 사람들은 자산을 채권 대신 화폐 형태로 보유하려고 한다. 따라서 중앙은행이 화폐공급량을 증가시켜도 채권가격은 더 이상 (㉠)하지 않고 (㉡)만 증가한다. 즉, 통화정책의 효과가 없는 (㉢)이/가 발생하게 된다.

	㉠	㉡	㉢
①	상승	화폐수요량	유동성함정
②	상승	화폐공급량	유동성함정
③	하락	화폐수요량	구축효과
④	하락	화폐공급량	구축효과
⑤	하락	화폐수요량	유동성함정

CHAPTER 04 | 재정정책과 통화정책

346 52회 기출

한계소비성향이 0.5일 때, 국민소득을 200만큼 증가시키기 위해서는 정부지출을 어느 정도 늘려야 하는가? (단, 국민소득의 증가는 오직 정부지출에만 영향을 받으며 구축효과 또한 발생하지 않는다고 가정한다.)

① 50
② 100
③ 150
④ 200
⑤ 400

347 52회 기출

다음 중 중앙은행의 통화정책이 실물부문에 영향을 미치는 경로에 대한 설명으로 잘못된 것은?

① 통화량 증가 → 임금 상승 → 기업의 투자 증가 → 총수요 증가
② 통화량 증가 → 이자율 하락 → 투자 증가 → 총수요 증가
③ 통화량 증가 → 환율 상승 → 수출 증가 → 총수요 증가
④ 통화량 증가 → 부동산 가격 상승 → 가계의 소비 증가 → 총수요 증가
⑤ 통화량 증가 → 은행의 지급준비금 증가 → 은행의 대출 증가 → 소비 및 투자 증가 → 총수요 증가

348 56회 특별 기출

다음 중 중앙은행이 국채를 대규모로 매입할 때 나타나기 어려운 현상은?

① 국민소득 증가
② 이자율 하락
③ 통화량 증가
④ 물가 안정
⑤ 투자 증가

349 79회 기출

아래는 한국은행의 통화정책과 관련한 설명이다. (A)~(C)에 들어갈 내용을 알맞게 짝지으면?

> 한국은행의 통화정책이 지향하는 궁극적 목표는 (A)이다. 한국은행이 통화정책을 펼치는 방법 중에는 공개시장에서 (B)을(를) 사고파는 공개시장 조작이 있다. 한국은행은 시중의 이자율을 관찰하고 있다가 이자율이 적정 수준을 벗어나면 공개시장 조작을 실시한다. 예를 들어 이자율이 지나치게 높아서 소비 수요나 투자 수요가 위축되면 (B)을(를) (C)해서 이자율을 낮추는 정책을 펼친다.

	㉠	㉡	㉢
①	물가안정	채권	매도
②	경제성장	채권	매도
③	물가안정	채권	매입
④	경제성장	주식	매입
⑤	물가안정	주식	매도

350 78회 기출

미국 중앙은행(Fed)의 기준금리 인상이 미국 시장에 미칠 수 있는 영향이 아닌 것은?

① 달러화의 가치 하락
② 해외 자본의 유입 증가
③ 미국 상품의 수출 경쟁력 약화
④ 미국으로 수입되는 상품의 증가
⑤ 원자재 수입물가 하락으로 미국 내 물가 하락

351 50회 기출

다음 중 케인스 학파의 입장과 가장 가까운 견해는?

① 시장은 항상 효율적인 결과를 가져온다.
② 시장에서 가격은 충분히 자유롭게 변화한다.
③ 정부정책을 통한 개입은 최소한에 머물러야 한다.
④ 항상 생산요소를 최대한 고용한 상태에서 생산이 이루어지는 것은 아니다.
⑤ 정부가 개입을 할 경우 재정정책보다 통화정책을 통해 하는 것이 바람직하다.

352 53회 기출

국채 발행에 대한 설명으로 옳지 않은 것은?

① 리카도의 대등정리가 성립하게 되면 이자율이 올라가게 된다.
② 전통적인 케인지안은 국채 발행을 통해 조세부담을 경감시켜줄 때, 가처분소득이 그만큼 늘어나 소비 수준을 높일 수 있으므로 총수요가 팽창된다고 본다.
③ 통화주의자들은 국채 발행이 구축효과를 가져오므로 총수요에는 거의 변화가 없다고 본다.
④ 구축효과의 논리에 의하면 재정적자로 인한 팽창효과가 민간 부문의 투자 감소에 의해 상쇄되기 때문에 총수요가 증가하지 않게 된다.
⑤ 리카도의 대등정리에 따르면 적자재정이 총수요에 아무런 영향을 미치지 못한다.

353 77회 특별 기출

중앙은행이 경기침체에 대응하기 위해 화폐공급을 증가시켰다고 하자. 이때, 중앙은행이 의도한 통화정책의 전달경로로 알맞은 것은?

① 이자율 상승 → 투자 감소 → 총수요 감소 → 국민소득 감소
② 이자율 상승 → 투자 감소 → 총수요 증가 → 국민소득 감소
③ 이자율 하락 → 투자 증가 → 총수요 감소 → 국민소득 감소
④ 이자율 하락 → 투자 증가 → 총수요 증가 → 국민소득 증가
⑤ 이자율 하락 → 투자 감소 → 총수요 증가 → 국민소득 증가

354 50회 기출

다음 〈보기〉는 정부와 중앙은행의 거시정책에 대한 평가들이다. 이 중에서 고전학파의 입장으로만 짝지어진 것은?

〈보기〉

가. 정부의 정책은 상황에 따른 재량적 판단보다는 일정한 원칙을 정해 놓고 이를 준수하는 방향으로 시행되어야 한다.
나. 소득과 소비 감소의 악순환이 계속될 때 정부가 계속 손을 놓고 있을 수는 없다. 따라서 소비를 늘릴 수 있도록 정부가 적극 개입해야 한다.
다. 재정정책을 수립하기 위해서는 여러 부처 간의 협의를 거쳐야 하기 때문에 실행되기까지 많은 시간이 소요되므로 적절한 순간에 정책의 효과가 나타나기 어렵다.
라. 정부지출을 늘리면 재정적자가 발생하고 이로 인해 승수효과가 발생할 가능성이 커지기 때문에 정부의 역할에 대한 너무 큰 기대는 하지 않는 것이 마땅하다.

① 가, 나   ② 가, 다
③ 나, 다   ④ 나, 라
⑤ 다, 라

355 50회 기출

A~C국은 자국의 경제 상황에 따라 다음과 같이 통화정책을 사용하고 있다. 이로부터 추론할 수 있는 3개국의 경제 상황으로 옳은 것을 〈보기〉에서 고르면?

A국: 기준금리 3개월 연속 인상
B국: 지급준비율까지 인하
C국: 국공채 대량 매입

〈보기〉

가. A국 정책은 총수요를 확대하는 데 도움이 되었을 것이다.
나. A국 통화는 C국 통화에 비해 가치가 상승할 것이다.
다. B국과 C국의 정책으로 해당국 통화량이 각각 증가했을 것이다.
라. A국에 비해 B국의 경기는 상대적으로 상승 국면에 속해 있을 것이다.

① 가, 나   ② 가, 다
③ 나, 다   ④ 나, 라
⑤ 다, 라

356 78회 기출

아래처럼 기준금리와 빚이 지속적으로 증가한다고 가정하자. 이때 나타날 수 있는 경제 현상 중 옳지 않은 것은? (단, 다른 조건은 일정하다고 가정한다.)

> 한국은행이 기준금리 인상을 단행했다. 기준금리는 10년 만에 3%대로 올라섰다.

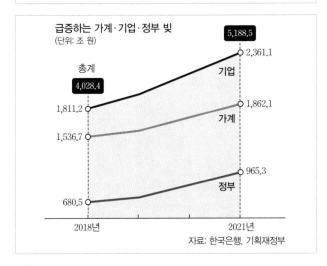

① 한국은행이 기준금리를 인상하면, 대출을 받은 경제주체의 이자 부담은 증가할 것이다.
② 경기선행지수는 지속적으로 하락할 가능성이 높다.
③ 인구 증가가 없다면, 국민 한 사람당 갚아야 할 정부 부채는 점점 늘어날 것이다.
④ 부채가 증가한 가계는 기준금리 인상으로 가처분소득이 감소할 것이다.
⑤ 한국은행이 기준금리를 인상하면, 코픽스(COFIX)는 내려갈 것이다.

357 56회 특별 기출

한국은행은 2019년 7월 기준금리를 아래 신문 기사처럼 조정했다. 이와 관련한 추론으로 옳지 않은 것은?

> 한국은행이 8월 통화신용정책보고서를 통해 향후 통화정책 완화기조를 유지해 나갈 방침이라고 밝혔다. 한국은행이 8일 발간한 통화신용정책 보고서에서 "국내 경제의 성장세가 완만할 것으로 예상되는 가운데 수요 측면에서의 물가 상승 압력이 낮은 수준에 머무를 것으로 전망된다."며 이같이 밝혔다. 한국은행은 2018년 11월 이후 연 1.75%로 유지해 오던 기준금리를 2019년 7월에 0.25%포인트 인하하여 연 1.50%로 운용하고 있다.
>
> – ○○경제신문

① 현재 소비와 투자가 저조한 상태일 것이다.
② 원화 가치가 올라 경기에 도움이 될 것이다.
③ 부의 효과(Wealth Effect)를 기대할 수 있다.
④ 정부는 확장적 재정정책을 실시할 가능성이 높다.
⑤ 경제주체들이 미래를 불투명하게 전망할 경우 경기 부양 효과가 적을 것이다.

358 62회 기출

구축효과(Crowding-out Effect)를 바르게 설명한 것은?

① 정부지출의 확대가 더 많은 수요를 창출한다.
② 재정확대와 총수요의 증가로 실업이 감소한다.
③ 재정지출의 확대가 경제의 자유경쟁을 감소시킨다.
④ 재정정책과 금융정책이 동시에 사용될 때 효과가 상쇄된다.
⑤ 재정지출 증가를 위한 자금조달이 이자율을 상승시켜 민간투자가 감소한다.

359 51회 기출

'유동성 함정'에 대한 설명 중 옳지 않은 것은 무엇인가?

① 중앙은행이 통화량을 늘려도 이자율이 하락하지 않아 통화정책의 효과가 나타나지 않는 상태이다.
② 정부지출이 증가해도 이자율이 상승하지 않기 때문에 재정정책의 효과가 극대화된다.
③ 화폐수요가 이자율에 대해 무한탄력적인 상태이다.
④ 물가 상승에 대한 압력이 크게 나타난다.
⑤ 대표적인 사례로 1930년대 미국의 대공황기를 꼽을 수 있다.

360 53회 기출

다음 지문을 읽고 중앙은행의 대응으로 예상되는 정책은?

> 서울 내 거주하는 30세 이상 남녀 5,000명을 대상으로 설문조사를 한 결과, 지난 1분기 동안 체감물가가 상승했다는 응답이 65%에 달했다. T경제연구소에 따르면 같은 기간 동안 소비자물가지수가 이전 분기 대비 20% 가까이 상승했다고 밝혔다. 실제로 3분기 연속 소비자물가지수는 가파른 상승세를 유지하고 있다.

① 시중은행의 법정지급준비율을 인하한다.
② 공개시장조작을 통해 국채를 매각한다.
③ 외환시장에서 외환을 매입한다.
④ 5만 원짜리 신권 발행량을 늘린다.
⑤ 중앙은행의 재할인율을 인하한다.

361 61회 기출

A국의 중앙은행이 기준금리를 A국 역사상 가장 최저 금리로 내리기로 결정하였다고 하자. 이에 따른 경제적 현상을 추론한 것으로 적절한 것을 〈보기〉에서 고르면?

> ─── 〈보기〉 ───
> 가. 가계의 저축이 감소할 것이다.
> 나. 기업의 투자는 증가할 것이다.
> 다. 외국 자금이 국내로 유입될 것이다.

① 가   ② 가, 나
③ 가, 다   ④ 나, 다
⑤ 가, 나, 다

362 56회 특별 기출

최근 대한민국 경제가 침체기라는 전문가들의 의견이 많다. 다음 중 경기를 활성화하기 위해 정부가 시행할 수 있는 재정정책으로 적절한 것은?

① 중앙은행이 시장에서 국채를 매입한다.
② 기준금리를 인하한다.
③ 확장적인 통화정책을 실시한다.
④ 시중은행의 법정 지급준비율을 인하한다.
⑤ 기업의 법인세를 인하한다.

363 52회 기출

갑국의 중앙은행이 기준금리를 1.5%에서 1.75%로 상향조정하기로 의결하였다. 이로 인해 예상되는 변화를 모두 고르면?

> 가. 채권가격 상승
> 나. 경제성장률 하락
> 다. 통화증가율 하락
> 라. 부동산가격 상승
> 마. 해외자본 유입
> 바. 수출 증가

① 가, 나, 다   ② 가, 라, 마
③ 나, 다, 마   ④ 다, 마, 바
⑤ 라, 마, 바

364 51회 기출

다음은 한국은행의 '통화정책 방향' 보도자료의 내용 일부이다. 지문에 밑줄 친 ㉠~㉤의 단어를 통해 유추할 수 있는 내용 중 옳지 않은 것은?

> • 금융통화위원회는 다음 통화정책 방향 결정 시까지 ㉠ 한국은행 기준금리를 현 수준에서 유지하여 통화정책을 운용하기로 하였다.
> • 앞으로 세계경제의 성장세는 ㉡ 보호무역주의 확산 움직임, 주요국 통화정책 정상화 속도, 미국 정부 정책 방향 등에 영향받을 것으로 보인다.
> • ㉢ 근원인플레이션율은 1% 수준으로 하락하였으며 일반인 기대인플레이션율은 2%대 중후반을 나타내었다.
> • ㉣ 금융통화위원회는 앞으로 성장세 회복이 이어지고 중기적 시계에서 물가상승률이 목표 수준에서 안정될 수 있도록 하는 한편 금융안정에 유의하여 통화정책을 운용해 나갈 것이다.
> • 국내경제가 견실한 성장세를 지속하는 가운데 당분간 ㉤ 수요 측면에서의 물가 상승 압력은 크지 않을 것으로 전망되므로 통화정책의 완화기조를 유지해 나갈 것이다.

① ㉠: 2019년 2월 기준 한국은행 기준금리는 1.75%이다.
② ㉡: 미국 행정부의 무역확장법 232조 적용이 사례에 해당한다.
③ ㉢: 물가에 미치는 단기적, 불규칙적 충격이 제외되어 기조적인 물가 상승 흐름을 포착할 수 있다는 장점이 있다.
④ ㉣: 위원회의 위원은 총 7명으로 통화정책 방향 결정회의는 미국 FOMC의 사례를 따라 1년에 총 8회 시행하며 이때 기준금리를 결정한다.
⑤ ㉤: 스태그플레이션이 이에 해당한다.

365 53회 기출

다음 기사와 그림을 통해 경기상황을 종합하여 볼 때 정부와 중앙은행이 취할 수 있는 정책으로 옳은 것을 〈보기〉에서 모두 고르면?

통계청이 31일 발표한 '2018년 12월 및 연간 산업활동동향'에는 급기야 1970년대 '오일쇼크' 이후 최악의 지표가 등장했다. 현재의 경기상황을 나타내는 동행지수 순환변동치와 6개월 후 경기상황을 보여 주는 선행지수 순환변동치가 작년 6월부터 12월까지 7개월 연속 동반 하락했다는 내용이다. 이는 '1차 오일쇼크' 영향권이었던 1971년 7월부터 1972년 2월까지 8개월 연속 동반 하락한 이후 처음 있는 일이다.

— ○○경제신문, 2019. 2. 1.

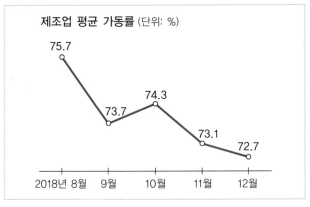

제조업 평균 가동률 (단위: %)

2018년 8월 75.7
9월 73.7
10월 74.3
11월 73.1
12월 72.7

〈보기〉

가. 재할인율 인하
나. 법인세 인상
다. 규제 샌드박스 도입
라. 국공채 매각
마. 투자 세액공제 비율 상향

① 가, 나, 다
② 가, 다, 마
③ 나, 다, 라
④ 나, 라, 마
⑤ 다, 라, 마

366 53회 기출

미국이 양적완화정책을 종료할 때, 우리나라 경제에 미치는 영향이 아닌 것은?

① 국내 주가가 하락할 수 있다.
② 국내 이자율이 상승하여 국내 경기가 위축될 수 있다.
③ 미국의 이자율이 상승하여 국내 자본의 유출이 발생할 수 있다.
④ 원화의 대달러 환율이 상승하여 우리나라의 대미 수출이 증가할 수 있다.
⑤ 우리나라의 외환보유고가 증가하여 국내 통화정책의 안정성에 기여할 수 있다.

367 62회 기출

다음은 A국의 가계신용(가계부채)에 대한 신문 보도들이다. 이에 대한 추론이나 설명으로 옳은 것을 〈보기〉에서 모두 고르면?

• 10월 이후 기준금리 인상될 듯
• 가계부채 사상 첫 1,200조 원 돌파, 빚내서 집 마련한 가구 비상
• 우리나라, 가계가처분소득 대비 개인부채 비율 190%로 육박
• 가계대출 연체율이 0.27%에서 0.35%로 상승

〈보기〉

가. 가처분소득 전부를 빚 갚는 데 쓰면 부채를 모두 갚을 수 있다.
나. 변동금리 대출자의 이자 상환 부담이 증가할 것이다.
다. 신용카드나 할부 판매 이용액은 가계부채에 포함되지 않는다.
라. 금융회사의 건전성 악화가 우려된다.

① 가, 나
② 가, 다
③ 나, 다
④ 나, 라
⑤ 다, 라

368

경기 호황 시 정부와 통화당국이 취할 수 있는 정책 방향을 〈보기〉에서 고른 것은?

─〈보기〉─
가. 통화안정증권 매각
나. 지급준비율 인하
다. 법인세와 소득세의 최고세율 인상
라. 지급준비율 인상
마. 부가가치세 인하

① 가, 나   ② 가, 나, 다
③ 가, 다, 라   ④ 나, 라, 마
⑤ 나, 다, 라, 마

369

경기부양을 위해 정부나 중앙은행이 쓸 수 있는 수단으로 적절한 것은?

① 흑자재정 확대
② 추가경정예산 편성
③ 긴축적 재정정책 실시
④ 재할인율 인상
⑤ 채권 매각을 통한 공개시장조작

370

총수요곡선의 우측 이동요인으로 적절한 것은?

① 조세수입 감소로 인한 정부의 저소득층 보조금 감소
② 환경 관련 세금의 증가로 인한 기업투자의 감소
③ 조세 증가로 인한 개인의 가처분소득 감소
④ 한국은행의 확장적 통화정책으로 인한 이자율 감소
⑤ 금융위기 이후 기업의 채용규모 감소

371

총수요곡선의 좌측 이동요인을 〈보기〉에서 고른 것은?

─〈보기〉─
가. 가계의 한계소비성향 상승
나. 조세의 증가
다. 이자율의 상승
라. 물가의 하락
마. 기업의 투자 감소

① 가, 나   ② 나, 다
③ 가, 나, 다   ④ 가, 나, 라
⑤ 나, 다, 마

372

구축효과에 대한 설명으로 옳은 것은?

① 통화공급량의 감소로 인해 이자율이 상승하고 이로 인해 기업투자가 위축되는 현상을 의미한다.
② 확장적 재정정책이 국채 발행을 통해 이루어질 경우 이자율이 상승해 민간투자가 감소하여 총수요 증가 효과가 작아지는 현상을 의미한다.
③ 적자국채의 발행은 구축효과와 관련이 없다.
④ 명목환율이 하락하는 경우 해외제품의 수입 증가로 국내 총수요가 감소하는 효과를 의미한다.
⑤ 구축효과는 이론상의 내용일 뿐 현실에서는 잘 일어나지 않는다.

373

다음은 A국 2023년 1분기부터 2025년 1분기까지 분기별 국고채 발행 추이를 나타내는 그래프와 이에 대한 설명이다. 이러한 국고채 발행 추이로 인해 발생할 효과를 적절하게 이야기한 사람을 모두 고른 것은?

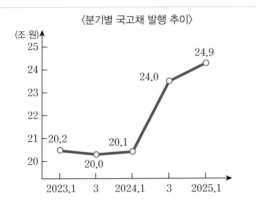

〈분기별 국고채 발행 추이〉

- 2025년 1분기 국고채 발행금액이 24조 9,000억 원으로 2018년 이후 가장 많은 것으로 파악됐다. 당초 국회 승인을 받은 국고채 발행계획 물량 97조 5,000억 원에 비춰 월 8조 원 균등발행 기조도 2월 들어 깨져 재정건전성 악화를 우려하는 목소리가 나오고 있다.
- 정부가 밝힌 '4월 재정동향'에 따르면 2025년 1월 국고채 발행물량은 7조 6,000억 원이며, 2월 9조 원, 3월 8조 3,000억 원이다. 합치면 24조 9,000억 원으로 전년 동기 20조 1,000억 원보다 4조 8,000억 원 많다.

정민: 국고채 발행이 계속해서 증가하고 있다는 사실을 통해 A국의 재정지출이 계속해서 늘어나고 있다는 것을 알 수 있어.

지혜: 재정지출의 재원을 마련하기 위해 발행하는 국채는 결국에는 빚이기 때문에 미래 세대에는 부담이 될 수밖에 없어.

대경: 뿐만 아니라 국채 발행의 증가는 채권가격 하락으로 이어져 시중금리가 상승한다는 문제가 있어. 금리가 오르면 대출이자 부담이 커져서 결국 가계와 기업에 부담이 전가되는 것과 다름없거든.

홍민: 결국, 미래를 내다보면서 증세를 하고 지출을 줄이는 방향으로 국가재정을 운영해야만 재정 롤러코스터를 피할 수 있을 거야.

① 정민
② 대경, 홍민
③ 정민, 지혜, 홍민
④ 지혜, 대경, 홍민
⑤ 정민, 지혜, 대경, 홍민

374

다음은 갑~병국의 경기 안정을 위한 대책이다. 이에 대한 설명으로 옳은 것은?

- 갑국 중앙은행은 재할인율을 인하하였다.
- 을국 중앙은행은 공개 시장에서 국채의 매각을 늘렸다.
- 병국 정부는 소득세율과 법인세율을 인하하였다.

① 갑국에서는 긴축 통화정책을 실시하였다.
② 을국에서는 통화량을 증가시키는 정책을 실시하였다.
③ 병국에서는 경기 과열에 대처하기 위한 정책을 실시하였다.
④ 을국과 달리 갑국에서는 이자율이 하락하는 정책을 실시하였다.
⑤ 갑국과 달리 병국에서는 물가 상승을 유발할 수 있는 정책을 실시하였다.

375

다음의 상황에서 정부지출의 효과가 큰 순으로 나열한 것은?

가. 한계소비성향이 0.6인 상황에서 정부가 지출을 500억 원 증가시켰다.
나. 한계소비성향이 0.3인 상황에서 정부가 지출을 500억 원 증가시켰다.
다. 한계저축성향이 0.8인 상황에서 정부가 지출을 500억 원 증가시켰다.

① 가>나>다
② 가>나=다
③ 가>다>나
④ 나>가>다
⑤ 나>다>가

376

다음과 같은 상황이 전개되었을 때 경제에 미치는 효과로 적절하지 않은 것은?

> 그간 시장에선 기준금리 인상 시점을 하반기로 예상해왔다. 중앙은행장이 바뀐다면 당장 다음달 금통위에서 기준금리 인상을 결정하기는 어렵다고 봤기 때문이다. 하지만 중앙은행장의 연임으로 기준금리 조기인상설에 힘이 실리고 있다. 중앙은행장 교체에 따른 공백기가 없어 통화정책을 연속적으로 펴는 데 무리가 없다고 봐서다. ○○○ 연구원은 "중앙은행장의 연임으로 올해 하반기 한 차례의 금리 인상을 예상했던 시장 기대는 상반기로 시점이 앞당겨졌고 올해 인상횟수도 2회가 될 가능성이 높아졌다."며, "2월 금통위에서 동결결정이 만장일치였기 때문에 5월 인상 가능성이 보다 유력하지만 4월도 배제할 수 없다."고 진단했다.

① 기준금리의 상승으로 기업들의 투자가 감소할 것이다.
② 은행의 대출이 감소하여 기업들의 투자가 감소할 것이다.
③ 채권의 가격이 하락한다.
④ 화폐보유의 기회비용이 증가하여 화폐수요가 감소한다.
⑤ GDP갭이 증가하여 물가가 상승한다.

377

다음의 상황이 실제 현실화되었다고 할 때 국민소득이 감소하는 경우로 적절한 것은?

> 미국발 셰일가스 혁명이 본격화되면서 세계 에너지시장의 지각변동을 예고하고 있다. 저렴한 가스 공급은 물론 향후 국제유가에도 영향이 미칠 것이라는 분석이다. ○○증권 애널리스트가 발표한 보고서에 따르면 미국 내 가스공급량이 증대되면서 가스가격의 원유가격 대비 가격 하락이 나타났고, 저가의 가스를 사용하려는 움직임으로 인해 '탈(脫)석유시대'가 도래하고 있다.

① 기업들이 미래를 대비해 투자를 늘리는 경우
② 소비자들이 소득의 증가에 따라 소비를 늘리는 경우
③ 정부지출 증대에 따른 승수효과가 큰 경우
④ 기업의 기술혁신이 이루어져 총생산이 크게 증가한 경우
⑤ 중앙은행이 이자율을 상승시켜 기업의 투자가 크게 감소한 경우

378

통화량 증가를 가져오는 요인으로 적절한 것은?

① 가계가 현금보유를 줄인다.
② 중앙은행이 재할인율을 인상하였다.
③ 중앙은행이 법정 지급준비율을 인상하였다.
④ 중앙은행이 공개시장조작을 통해 국공채를 매도하였다.
⑤ 국내은행이 국제금융시장에서 자금 차입을 줄였다.

379

다음은 2023년에 나왔던 A국의 경제성장 전망과 중앙은행 회의에서 나온 이야기들이다. 이를 토대로 〈보기〉와 같이 추론하였을 때 그 내용으로 적절한 것끼리 짝지어진 것은?

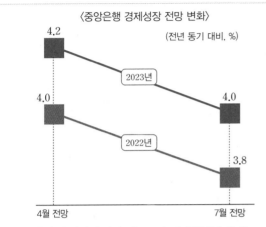

〈중앙은행 경제성장 전망 변화〉

(전년 동기 대비, %)

- 하반기 우리 경제의 하방 리스크가 커짐(중앙은행장)
- 중앙은행, 소비자물가상승률 전망치를 종전 2.1%에서 1.9%로 낮춤
- 2023년 전망치도 4.2%에서 4.0%로 하향 조정
- 코로나19로 인한 내수 침체 여파를 성장률 하향 전망 이유로 거론
- 정부도 경제성장률을 3% 중후반대로 상당 폭 낮출 것으로 예상

〈보기〉

해두: A국의 향후 전망치들이 부정적인 것으로 보아 확장적인 정책이 시행되었을 것임을 예상해 볼 수 있어.

소진: 맞아. 중앙은행장의 발언으로 미루어 볼 때 기준금리가 소폭 하락했을 가능성이 높아.

오석: 중앙은행이 기준금리를 낮춰 확장적인 통화정책을 수립한다면, 정부는 경제 전체의 균형을 맞추기 위해 긴축적인 재정정책을 폈을 가능성도 있지.

재중: 국내 요인 외에도 당시 미국 연방준비제도가 양적 완화를 중단하기로 했다는 소식은 향후 A국의 경제정책 방향에도 영향을 미쳤을 거야.

① 해두, 소진
② 소진, 오석
③ 해두, 소진, 재중
④ 해두, 오석, 재중
⑤ 해두, 소진, 오석, 재중

380

다음 글을 읽고 바르게 이야기하는 사람은?

'샤워실의 바보'라는 말이 있다. 샤워하는 사람이 처음 수도꼭지를 틀었다가 찬물에 깜짝 놀라 반대방향으로 확 돌린다. 그러나 이번엔 뜨거운 물이 쏟아지자 다시 우측으로 확 돌리는 등 좌우로 확확 돌려대는 짓을 조롱하는 뜻이다. 이는 1976년 노벨경제학상을 수상한 밀턴 프리드먼 교수가 중앙은행의 과도한 경제 조작을 비판한 이야기이다.

① 진호: 단기적인 결과만을 바탕으로 통화정책을 활용해서는 안 된다는 것을 의미해.
② 민국: 재정정책이 통화정책보다 우월하다는 것을 의미하는 내용이야.
③ 경애: 통화정책은 단기적인 결과가 아니라 사전에 미리 예상해서 시행해야 한다는 것을 의미해.
④ 지혜: 중앙은행은 모든 경제주체의 의견을 반영할 수 없기 때문에 더 투명하고 합리적인 집행이 필요함을 의미하는 비유야.
⑤ 경서: 좋은 약도 효과가 발휘되려면 시간이 걸리게 마련이지. 정책 시행 초기에는 의도한 효과가 발생하지 않을 수도 있음을 빗댄 내용이야.

381

다음 그림은 A국과 미국의 기준금리 추이를 나타내고 있다. 이에 대한 옳은 추론을 〈보기〉에서 모두 고른 것은?

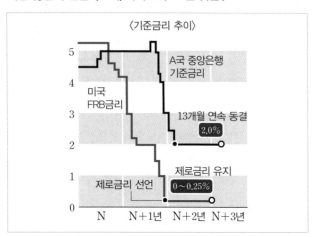

〈기준금리 추이〉

〈보기〉

가. A국 경제는 N년 하반기에 약간의 경기회복세를 보였을 것이다.

나. N년 하반기 이후 미국의 통화정책은 줄곧 확장적인 방향으로 전개되고 있다.

다. N~N+3년 기간 중 A국의 기준금리는 미국의 기준금리보다 변동폭이 작다.

라. A국과 미국 모두 물가 상승에 대한 우려는 하고 있지 않다는 것을 알 수 있다.

① 가, 나, 다   ② 가, 나, 라

③ 가, 다, 라   ④ 나, 다, 라

⑤ 가, 나, 다, 라

382

다음은 A국의 2024년 상반기 실업률 수치와 이에 대한 설명이다. 이를 보고 현재의 상황 및 향후 A국의 정책방향에 대해 추론한 것으로 적절하지 않은 것은?

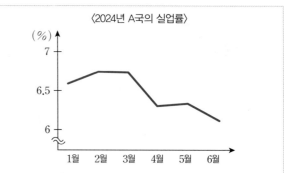

〈2024년 A국의 실업률〉

• A국의 실업률 2008년 금융위기 이전 수치를 처음으로 회복

• 대표 우량기업들의 시장가격을 평균으로 산출하는 주가지수인 산업평균지수는 사상 처음으로 20,000선 달성

• 주택, 자동차 등 개인소비가 꾸준히 증가해 잠정 주택매매지수도 역대 최대폭으로 상승하고 지난달 A국의 자동차 판매량을 연간으로 환산할 경우 8년 만의 최대치임

① 산업평균지수가 20,000선을 넘은 것은 투자자들이 가장 신경을 많이 쓰는 실업률 지표가 좋게 발표되었기 때문이다.

② 앞으로 A국은 양적 완화 정책을 중단하고, 이자율도 점진적으로 상승하게 될 가능성이 높다.

③ 실업률 지표의 감소가 상당수 파트타임 일자리 증가에 의한 것이라면 낮은 실업률 수치가 A국 경제의 건강함을 의미한다고 볼 수는 없다.

④ 그럼에도 각종 A국 경기 지표가 좋아지는 것을 볼 수 있어 A국의 양적 완화 조치는 가까운 미래에 종료될 것이다.

⑤ 실업률 감소, 소비 증가는 A국 경제가 회복되었다는 신호이므로, 하루라도 빨리 이자율을 상승시켜 그간의 초저금리 기조를 전환시켜야 한다.

383

다음 주장과 다른 관점은?

> 정부기능의 비대화로 이전지출이 증대되고 가격구조의 경직성이 높아져 시장기능이 마비되고 시장의 결과가 왜곡된다. 이러한 현상을 통해 왜 실업이 지속적으로 상승하여 엄청나게 높은 수준에 도달하는가에 대한 해답을 얻을 수 있다.

① 균형예산을 추구해야 한다.
② 재정의 자동안정화장치가 제 기능을 발휘하면 오히려 경기 침체가 나타날 수 있다.
③ 통화공급은 장기적으로 준칙에 따라 이루어져야 한다.
④ 국채 발행에 의한 재정지출확대는 구축효과를 유발하므로 실효성이 낮다.
⑤ 가격기구가 제 기능을 발휘하면 국내시장의 가격변화를 통해 국내시장뿐 아니라 국제수지 균형도 이룰 수 있다.

384

밑줄 친 '이 정책'과 관련한 추론으로 가장 적절한 것은?

> 오랫동안 디플레이션과 경기 침체를 경험하고 있는 갑국은 새로운 경제 정책을 추진하고자 한다. 이 정책은 무제한 통화 공급, 강력한 경기 확장 대책 등을 통해 디플레이션과 높은 자국 통화가치에서 탈출하여 갑국 경제를 성장 궤도로 환원하려는 것이다.

① 갑국 경제에서 수입 물가가 지속적으로 하락할 것이다.
② 갑국 제품은 해외 시장에서 가격 경쟁력이 높아질 것이다.
③ 갑국 중앙은행은 이자율 인상을 추진할 것이다.
④ 갑국 중앙은행은 보유하고 있는 외화 매각을 추진할 것이다.
⑤ 갑국 정부는 균형 재정을 달성하고자 노력할 것이다.

385

다음의 갑국 경제 상황에 대한 추론으로 옳은 것을 〈보기〉에서 모두 고른 것은?

> 최근 대외 불확실성이 증폭되면서 갑국 경제에 대한 우려가 커지고 있다. 이에 갑국 정부는 경제성장률 전망치를 낮추고 물가 전망치는 올렸다. 또한 정책의 최우선 과제를 물가 안정에 두기로 선언하는 한편, 대외 위험의 확대로 거시 정책 운용의 입지가 좁아지고 있음을 시인하였다. 이에 대해 A는 시중 금리를 낮출 필요가 있다고 주장하고, B는 공공사업의 규모를 축소해야 한다고 주장한다. C는 유럽 재정 위기 확대가 외국 자본의 급격한 유출로 이어지지 않도록 관리해야 한다고 주장한다.

〈보기〉
가. 갑국 정부는 대규모 확장 통화정책을 실시할 것이다.
나. A는 경제성장률 하락을 우려하고 있다.
다. B는 긴축재정정책의 필요성을 주장한다.
라. C의 우려대로 외국 자본이 유출되면 갑국 통화 가치는 상승하게 된다.

① 가, 나
② 가, 다
③ 나, 다
④ 나, 라
⑤ 다, 라

386

다음은 총수요와 총공급의 흐름을 나타낸 것이다. 총수요와 총공급의 균형을 맞추기 위한 정책으로 (가), (나)를 바르게 연결한 것은?

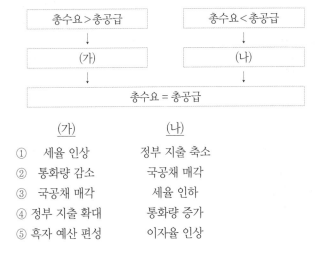

	(가)	(나)
①	세율 인상	정부 지출 축소
②	통화량 감소	국공채 매각
③	국공채 매각	세율 인하
④	정부 지출 확대	통화량 증가
⑤	흑자 예산 편성	이자율 인상

CHAPTER 05 | 물가와 인플레이션

387 53회 기출

예상하지 못한 인플레이션의 영향에 대한 다음 설명 중 옳지 않은 것은?

① 환율을 변동시킨다.
② 가계의 실질 구매력을 감소시킨다.
③ 현금 보유의 기회비용을 감소시킨다.
④ 채무자와 채권자 간 소득재분배가 이뤄진다.
⑤ 상대가격을 혼란시켜 자원의 효율적 배분을 저해한다.

389 51회 기출

다음과 같은 형태의 인플레이션이 발생할 때 나타나는 현상으로 옳지 않은 것은?

> 남미 최대의 산유국 베네수엘라가 '세계에서 가장 비참한 나라'에 꼽히는 수모를 겪었다. 블룸버그통신은 지난해 물가상승률과 실업률로 산정한 베네수엘라의 고통지수가 세계에서 가장 높았다고 4일 보도했다. 베네수엘라의 주력 수출 품목인 원유 가격이 곤두박질친 가운데 물가는 치솟았기 때문이다. … (중략) … 베네수엘라는 지난해 98.3%의 물가상승률과 6.8%의 실업률로 1위를 차지한 데 이어 올해에도 152%에 달하는 초인플레이션과 7.7%의 실업률이 전망되고 있다.

① 기업의 메뉴비용이 크게 증가한다.
② 물가가 전반적으로 빠르게 급상승하지만 높은 단위의 화폐로 전환하면 화폐의 기능을 지속한다.
③ 노동자들은 현금 가치의 급격한 하락으로 생산활동보다 현금관리에 집중하여 전반적인 생산 능력이 감소한다.
④ 위의 인플레이션이 발생하기 전에 대차계약을 체결한 경우, 대여자에게서 차입자로 소득의 이전이 발생한다.
⑤ 조세 수입을 부과하는 시점과 납부하는 시점 간 화폐 가치의 차이로 인해 조세 수입의 실질적인 가치가 크게 감소한다.

388 61회 기출

소비자 물가상승률이 0%대로 낮아지면서 디플레이션(Deflation)의 발생 가능성에 대한 우려가 커지고 있다. 디플레이션에 대한 설명으로 적절한 것을 고르시오.

① 디플레이션이 발생하면 중앙은행은 팽창적 통화정책을 시행한다.
② 디플레이션이 발생하면 빚 상환 부담이 줄어들기 때문에 가계부채 문제가 부분적으로 해결될 수 있다.
③ 디플레이션이 예상되면 가계의 소비는 촉진되기 때문에 기업은 생산을 늘리게 되고 신규투자 및 고용이 증가하게 된다.
④ 디플레이션이 발생하면 실질이자율은 낮아진다.
⑤ 디플레이션은 주요 품목의 물가가 지속적으로 하락하는 현상을 가리킨다.

390 54회 기출

소비자물가지수와 GDP디플레이터에 관한 설명으로 옳지 않은 것은?

① 소비자물가지수는 소비자들이 상대적으로 가격이 높아진 재화 대신 가격이 낮아진 재화를 구입할 수 있다는 점을 감안하지 않는다.
② 수입품은 GDP디플레이터에는 영향을 미치지만 소비자물가지수에는 영향을 미치지 않는다.
③ 소비자물가지수는 새로운 상품의 도입으로 인한 화폐의 구매력 변화를 고려하지 않는다.
④ 소비자물가지수는 재화와 서비스의 질적 변화로 인해 왜곡될 수 있다.
⑤ 소비자물가지수는 기준연도 구입량을 가중치로 사용하므로 물가 변화를 과대평가하는 반면, GDP디플레이터는 비교연도 거래량을 가중치로 사용하므로 물가 변화를 과소평가하는 경향이 있다.

391 50회 기출

소비자물가지수는 실제의 물가보다 과대 측정될 가능성이 있다. 다음 중 그 근거로 볼 수 없는 것은?

① 소비자물가지수는 상품 간 대체성을 무시한다.
② 신제품이 소비자물가지수에 포함되기까지 시간이 걸린다.
③ 가격이 상승한 재화를 덜 구매하는 소비자들의 성향을 무시한다.
④ 소비자물가지수에 포함된 물품의 질적 향상이 무시될 수 있다.
⑤ 소비자물가지수는 소비자가 소비하는 재화들만을 주로 포함한다.

392 79회 기출

다음 지문에서 나타내는 경제지표가 발표되었을 경우, 예측할 수 있는 현상이 아닌 것은?

① 도덕적 해이
② 플라시보 효과
③ 분수 효과
④ 테일러 준칙
⑤ 피터팬 증후군

393 79회 기출

실물 투자에 가장 좋지 않은 명목이자율과 인플레이션율의 조합을 고르면?

	명목이자율	인플레이션율
①	3%	4%
②	1%	0%
③	2%	5%
④	1%	3%
⑤	0%	2%

394

인플레이션의 비용으로 옳지 않은 것은?

① 화폐의 가치가 떨어지므로 사람들은 은행을 자주 방문하게 된다.
② 인플레이션이 발생하면 채권자는 이익을 보기 때문에 대차 거래가 활발해진다.
③ 카탈로그에 상품의 가격을 적어서 고객에게 제공하는 기업은 카탈로그를 재인쇄해야 한다.
④ 인플레이션이 발생하면 실물자산의 가치는 상승한다.
⑤ 인플레이션이 발생하면 채권의 수익률은 감소한다.

395

인플레이션 조세에 관한 설명으로 옳지 않은 것을 〈보기〉에서 모두 고른 것은?

〈보기〉

가. 물가가 상승함에 따라 납세자들이 더 높은 세율 등급을 적용받아 납부하는 소득세이다.
나. 물가가 상승함에 따라 보유하고 있는 통화의 실질가치가 상승할 때 발생한다.
다. 인플레이션으로 인한 화폐의 구매력 상실을 의미한다.
라. 정부가 정부채권을 시중 금융기관으로부터 매입함으로써 발생한 이자율 하락으로 인한 금융자산 가격 하락을 의미한다.
마. 정부가 통화량을 증가시켜 재정자금을 조달할 때 발생한다.

① 가, 나
② 가, 다
③ 가, 나, 라
④ 나, 다, 라
⑤ 다, 라, 마

396

물가지수에 대한 설명으로 옳지 않은 것은?

① 물가상승률이란 일정 기간의 물가를 측정한 결과인 물가지수가 상승하는 것을 의미한다.
② GDP디플레이터의 산정대상이 되는 품목은 GDP에 포함되는 모든 재화와 서비스이다.
③ 소비자물가지수의 산정대상에는 GDP에 포함되는 재화와 서비스뿐만 아니라 수입소비재도 포함된다.
④ 소비자물가지수는 물가지수를 과대평가하는 경향이 있는 반면, GDP디플레이터는 과소평가하는 경향이 있다.
⑤ 소비재의 가격보다 원자재의 가격이 많이 오르는 경우 GDP디플레이터가 소비자물가지수보다 더 커진다.

397

소비자물가지수와 GDP디플레이터에 관한 설명으로 옳지 않은 것을 〈보기〉에서 모두 고른 것은?

〈보기〉

가. 소비자물가지수는 개인별 소비품목 간의 차이가 발생한다는 것을 감안하지 않아 체감물가와 차이가 발생한다.
나. 수입품은 GDP디플레이터에는 영향을 미치지만 소비자물가지수에는 영향을 미치지 않는다.
다. 소비자물가지수는 물가 변화를 과대평가하는 반면, GDP디플레이터는 물가 변화를 과소평가하는 경향이 있다.
라. 소비자물가지수는 급변하는 현실을 제대로 반영하지 못한다.

① 가
② 나
③ 다
④ 가, 나, 라
⑤ 가, 나, 다, 라

398

인플레이션의 영향으로 적절한 것은?

① 예상한 인플레이션이 발생하면 인플레이션 조세가 발생한다.
② 인플레이션을 예상하지 못한 경우 단기에는 고용량과 생산이 늘어난다.
③ 인플레이션을 예상하지 못한 경우 채권자와 채무자 간의 부의 재분배는 이루어지지 않는다.
④ 구두창비용과 메뉴비용은 인플레이션을 예상하지 못한 경우 발생하는 비용이다.
⑤ 예상하지 못한 인플레이션이 발생하면 미리 계약된 임금을 지급하는 기업은 손해를 본다.

399

다음은 미국의 물가상승률을 나타내는 그림과 경제상황을 보여주는 기사이다. 이를 읽고 추론한 것으로 적절하지 않은 것은?

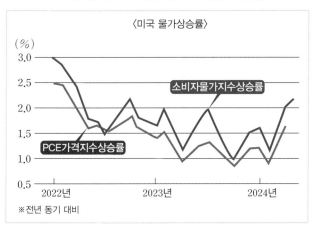

〈미국 물가상승률〉

※전년 동기 대비

인플레이션에 대한 경고는 이미 몇 년 전부터 심심찮게 나왔다. 일부 경제학자들은 경기부양을 위한 미국 중앙은행(Fed)의 양적 완화 및 제로금리정책이 달러화 가치를 떨어뜨려 급격한 인플레이션으로 이어질 수 있다고 경고해 왔다. 하지만 지난 6년간의 통화완화정책에도 불구하고 물가는 좀처럼 오르지 않았다. Fed 의장은 "인플레이션 위험보다는 오히려 디플레이션 위험을 더 걱정해야 한다."고 말하기도 했다. 하지만 미 노동부가 5월 소비자물가지수(CPI)를 발표한 뒤 분위기가 바뀌고 있다. CPI는 지난해 같은 기간보다 2.1% 올라 2022년 10월 이후 가장 높은 상승률을 보였다. Fed의 물가상승률 목표치인 2%를 웃돌았다. Fed가 물가지표로서 선호하는 개인소비지출(PCE) 가격지수도 빠른 상승세를 보이고 있다. 4월 PCE 가격지수는 1년 전보다 1.6% 올랐다. 작년 10월 0.8% 상승에 불과했다는 점을 감안하면 물가상승속도가 상당히 빨라지고 있는 것이다.

① 현재와 같은 인플레이션 추이는 주식과 채권 등 자산가격에 큰 변수로 작용할 것이다.
② 계속되는 인플레이션으로 미국의 금리 인상 시기가 앞당겨질 가능성도 있다.
③ 미국 인플레이션의 원인은 수요견인 인플레이션이다.
④ 물가의 상승은 시장에 부정적인 신호로서 주식시장의 하락세로 이어질 수 있다.
⑤ 물가가 상승하고 있지만 시장에 미칠 충격을 감안해 금리인상은 천천히 이루어져야 할 필요가 있다.

400

다음은 애그플레이션(Agflation)에 대한 설명이다. 이에 대한 옳은 추론을 〈보기〉에서 모두 고른 것은?

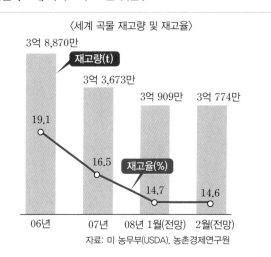

〈세계 곡물 재고량 및 재고율〉

자료: 미 농무부(USDA), 농촌경제연구원

지금 세계의 곡물시장에서는 밀과 콩, 옥수수 가격이 동반 상승하고 있다. 이는 곡물사료 수요는 급격히 증가하는 반면, 생산량은 줄어들고 있기 때문이다. 곡물가격은 2006년 초부터 꾸준히 오르기 시작하여 올 초부터는 급등하는 추세를 보이고 있다. 특히 미국 시카고 선물거래소(CBOT)의 월평균 가격동향을 보면, 2005년 초 평균가격에 비해 2008년 2월 현재 밀은 3.32배, 옥수수는 2.52배, 콩은 2.46배가 상승하여 사상 최고치를 기록하고 있다.

〈보기〉

가. 애그플레이션이란 농산물의 가격이 전체 물가를 끌어올리는 현상을 의미한다. 농업(Agriculture)과 인플레이션(Inflation)이 합쳐진 용어이다.
나. 발생원인으로는 기상이변으로 곡물생산량이 급속히 감소한 점을 생각해 볼 수 있다.
다. 곡물부족 현상은 식량자원주의를 부추겨 농산물의 수출을 제한하게 되고, 이는 농산물가격의 급등으로 이어진다.
라. 다행히 우리나라의 경우 식량자급률이 낮아 애그플레이션의 영향을 덜 받게 될 것이다.

① 가, 나
② 나, 다
③ 가, 나, 다
④ 나, 다, 라
⑤ 가, 나, 다, 라

401

물가에 대한 설명으로 옳지 않은 것은?

① 소비자물가지수가 125라면 화폐가치는 25% 하락한다.
② 화폐의 대내가치는 소비자물가지수로 판단한다.
③ 화폐의 대외가치는 환율로 판단한다.
④ 측정된 물가와 실제 체감물가는 차이가 나기 마련이다.
⑤ 고전학파는 화폐공급량이 물가의 등락을 결정하는 요인으로
　파악했다.

402

다음은 한국은행 금융통화위원회에서 발표한 '통화정책 방향'의 일부이다. 이를 읽고 타당하게 추론한 사람을 〈보기〉에서 모두 고르면?

> 6월 중 농산물 가격의 하락폭이 축소되었으나 석유류 가격의 하락폭이 확대되면서 소비자물가상승률은 전월과 같은 1.7%를 나타내었다. 농산물 및 석유류 제외 근원인플레이션율은 전월의 2.2%에서 2.1%로 소폭 하락하였다. 앞으로 물가상승률은 점차 높아지겠으나 상승압력은 종전 예상에 비해 다소 약할 것으로 보인다. 한편, 수출이 호조를 지속하였으나, 내수 침체 요인들로 인해 성장세가 다소 둔화되었다.

　　──〈보기〉

도희: 석유류 가격의 하락폭 확대는 물가의 하락요인으로 작용
　　할 수 있어.
재현: 앞으로 물가상승률이 점차 높아진다고 하니 부동산을 가지
　　고 있는 사람들은 불리해질 거야.
지교: 향후 이자율이 상승하게 된다면 고정금리보다 변동금리로
　　대출받은 사람이 불리해질 거야.
소현: 6월 중에는 비용인상 인플레이션 요인보다 수요견인 인
　　플레이션 요인이 우세한 것으로 보여.

① 도희, 재현　　　　　　② 도희, 지교
③ 재현, 지교　　　　　　④ 재현, 소현
⑤ 지교, 소현

403

예상하지 못한 디플레이션의 영향으로 적절한 것은?

① 월급쟁이 회사원들의 실질소득이 감소한다.
② 정기예금 가입보다 부동산투자가 수익성이 더 좋다.
③ 화폐의 구매력이 감소한다.
④ 정부의 조세수입이 증가한다.
⑤ 고정금리 대출이 변동금리 대출보다 불리하다.

404

다음의 기사에서 설명하는 경제현상을 해결하기 위한 경제정책으로 적절한 것은?

> • 코로나19 사태를 지나고 나면 침체했던 경기가 살아나는 것이 아니라 오히려 불황과 물가 상승이 겹치는 (　　　　) 위험이 있다는 경고가 나왔다. 스티븐 로치 미국 예일대 교수(전 모건스탠리 아시아 회장)는 6일 파이낸셜타임스 기고를 통해 "세계 중앙은행들은 물가가 과도하게 오를 우려는 없다는 입장을 고수하고 있지만 상황은 변할 수 있다. 1970년대식 (　　　　)이 발생할 가능성도 다분하다."라고 주장했다.
>
> • 로치는 1970년대에 미 연방준비제도에서 연구원으로 일했다. 그는 당시를 회고하며 "1970년대 초 글로벌 경제성장이 원자재 가격 상승을 불러왔고 아랍·이스라엘 전쟁으로 원유 가격은 네 배로 뛰었다. 일할 사람이 부족해 임금까지 오르자, 결국 두 자릿수 물가 상승률과 저성장이 겹친 10년 동안의 (　　　　)이 오고 말았다."라고 썼다.

① 통화량의 증가
② 연구개발에 대한 투자지원
③ 조세의 증대
④ 원자재비축에 대한 세금부과
⑤ 국방비의 증대

405

인플레이션에 대한 설명으로 옳지 않은 것은?

① 피셔방정식에 따르면 예상된 인플레이션은 명목금리에 반영된다.
② 예상된 인플레이션은 예상하지 못한 인플레이션과 달리 부의 재분배에 기여하지 못한다.
③ 중앙은행은 인플레이션을 진정시키기 위해 국공채를 매각한다.
④ 화폐수량설이 성립하더라도 인플레이션과 통화량 증가는 무관하다.
⑤ 화폐유통속도가 불안정하면 통화증가율의 상승은 동일한 정도의 물가 상승의 증가로 연결되지 않는다.

406

다음은 코로나19 시기 우리나라의 전년 동월 대비 소비자물가지수 등락률이다. 4～6월 사이에 필요한 정책을 〈보기〉에서 고르면?

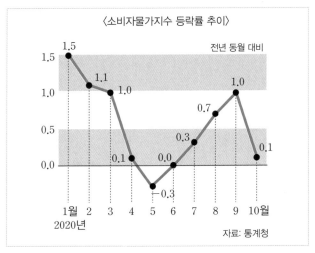

〈보기〉

가. 법인세를 인상한다.
나. 기준금리를 인하한다.
다. 공공투자지출을 줄인다.
라. 적자재정정책을 실시한다.

① 가, 나 　　　　② 가, 다
③ 나, 다 　　　　④ 나, 라
⑤ 다, 라

407

A국의 물가가 10% 상승할 때 임금 상승률은 3% 증가하는 데 그쳤다. 이때 나타나는 현상으로 잘못된 것은?

① 화폐가치 하락
② 메뉴비용 발생
③ 시장교란현상 발생
④ 인플레이션 세금의 발생
⑤ 임금소득자의 구매력 불변

408

다음은 A국의 GDP 증가율과 물가상승률에 대한 내용이다. 이에 대한 추론으로 옳지 않은 것은?

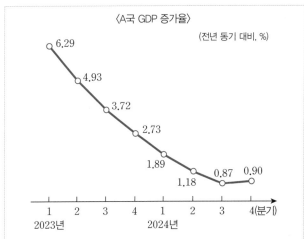

• A국의 중앙은행에 따르면 지난달 소비자물가는 작년보다 6.2% 상승한 것으로 나타났다. A국의 중앙은행의 물가상승률 목표치는 연율 2.5～6.5%이다. 6.2%는 상한선에 거의 근접한 수치이다. 소비자물가는 지난 5개월간 계속 올랐다. 물가상승률 억제를 위한 특단의 조치가 없다면 곧 상한선도 넘어설 가능성이 크다.
• A국의 실업률은 2024년 1월 사상 최저로 떨어졌다.

① 경제성장률은 계속해서 감소하고, 물가 상승은 증가하는 스태그플레이션 상황이다.
② A국에서 개최 예정인 국제 행사는 경기부양에 도움을 줄 것이다.
③ 이러한 추세가 계속되면 서든스톱 현상이 나타날 수 있다.
④ 실업률의 개선으로 보아 향후 물가가 하락할 것이다.
⑤ A국 정부는 현 상황 개선을 위해 확장적 총수요 정책을 펼칠 것으로 예상된다.

409

다음은 '발생 원인에 따른 인플레이션의 종류와 대책'에 대한 조사 결과이다. 옳은 내용을 언급한 사람을 〈보기〉에서 고른 것은?

〈인플레이션의 종류별 원인과 대책〉

종류	원인	대책
수요견인 인플레이션	㉠	㉡
㉢	㉣	경영합리화, 기술혁신 등

〈보기〉

갑: ㉠에는 이자율 인하가 들어갈 수 있다.
을: ㉡의 예로 정부지출의 확대를 들 수 있다.
병: ㉢에는 비용인상 인플레이션이 들어갈 수 있다.
정: ㉣에는 원화가치의 상승이 들어갈 수 있다.

① 갑, 을
② 갑, 병
③ 을, 병
④ 을, 정
⑤ 병, 정

410

다음 표는 인플레이션의 유형 A, B를 정리한 것이다. 이에 대한 설명으로 옳은 것은?

유형	원인	특징
A	총수요의 (㉠)	실질GDP의 (㉡)를 동반함
B	총공급의 (㉢)	실질GDP의 (㉣)를 동반함

① ㉠은 증가, ㉡은 증가이다.
② ㉢은 감소, ㉣은 증가이다.
③ 정부 지출 확대는 A에 대한 대책이다.
④ 소비의 급격한 증가는 B의 원인이다.
⑤ B는 A와 달리 경기 호황기에 나타난다.

411

다음은 A국의 2023~2024년 경제상황을 보여 주는 그래프이다. 이에 대한 추론으로 옳지 않은 것을 〈보기〉에서 모두 고른 것은?

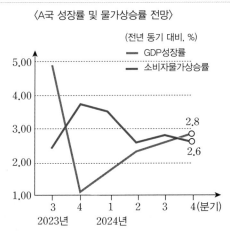

〈A국 성장률 및 물가상승률 전망〉

- 코로나19의 영향으로 인한 신용위기가 점차 실물경제 침체를 본격화하는 데다 유가, 원자재, 곡물가격 등 물가 상승 압력이 본격화되면서 성장동력 자체가 크게 떨어지고 있는 상황이다.
- A국 노동부가 내놓은 지난해 실업보험 청구자수도 37만 3,000명으로 1만 9,000명 증가, 지난달 말 이후 최고치를 기록하였다.

〈보기〉
가. A국의 경제성장은 2023년 급락한 이후 성장세가 점차 둔화되는 반면, 물가상승률은 원자재, 유가 등의 영향으로 상승 압박을 받는 스태그플레이션 상황이다.
나. 기업들의 투자 인센티브가 필요한 상황이다.
다. 경기부양책을 활용하면 지금의 상황은 탈출이 가능하다.

① 가　　　　　　　② 나
③ 다　　　　　　　④ 가, 다
⑤ 가, 나, 다

412

다음 애그플레이션을 유발하는 공급 측 요인과 수요 측 요인을 〈보기〉에서 골라 바르게 묶은 것은?

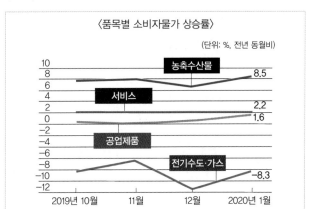

〈품목별 소비자물가 상승률〉
(단위: %, 전년 동월비)

농축수산물 가격 증가세가 계속되면서 애그플레이션이 중요한 문제로 대두되고 있다. 애그플레이션은 농업(Agriculture)과 인플레이션(Inflation)의 합성어로서 농산물 가격 급등에 따른 물가 상승을 의미한다.

〈보기〉
가. 주요 곡물 생산국의 기상 이변
나. 식량 수출국의 자원 민족주의 확산
다. 농업생산량의 감소
라. 중국, 인도 등 신흥 개발도상국의 소득 증가
마. 곡물을 원료로 하는 바이오 에너지 생산의 증가

	공급 측 요인	수요 측 요인
①	가, 나	다, 라, 마
②	다, 라	가, 나, 마
③	가, 나, 다	라, 마
④	가, 나, 마	다, 라
⑤	다, 라, 마	가, 나

413 53회 기출

다음은 우리나라 정부가 고용 동향을 조사하는 흐름도의 일부이다. 이에 대한 설명으로 옳지 않은 것은?

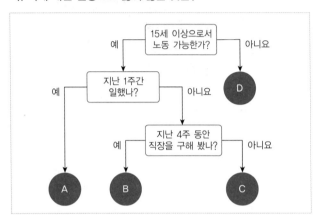

① 1주일에 20시간 일한 무급가족 종사자는 A에 포함된다.
② 1년 후의 공무원 채용에 대비하여 학원만 다니는 사람은 C로 분류된다.
③ 현역으로 의무 복무 중인 군인은 D에 해당한다.
④ 고용률은 {A/(A+B)}×100이다.
⑤ 경제활동인구는 A+B이다.

414 54회 기출

다음 제시된 지문을 통해 추론할 수 있는 내용으로 옳은 것은?

통계청이 28일 발표한 '장래인구특별추계(2017~2067년)' 중위 시나리오에 따르면 총인구는 2017년 5,136만 명에서 2028년 5,194만 명까지 증가한 뒤 2029년부터 감소할 것으로 전망됐다. 2016년 추계 때보다 인구 감소 시점이 3년 앞당겨졌다. 중위 시나리오는 출산율, 기대수명, 국제순이동이 중간 수준을 유지할 것을 가정한 것이다. 출산율은 작년 기준 0.98명에서 2021년 0.86명으로 떨어질 것으로 가정했다. 더 낮은 수준의 출산율을 가정한 저위 시나리오는 훨씬 심각하다. 당장 올해 인구가 정점(5,165만 명)을 찍고, 내년부터 감소할 것이라는 전망이다. 통계청은 저위 시나리오가 현실화될 가능성이 높지 않다고 하지만, 이미 출산율은 정부가 2016년 추계했던 것보다 훨씬 빠른 속도로 떨어지고 있어 장담하긴 어렵다는 게 전문가들의 분석이다.

– ○○경제신문, 2019. 3. 28.

① 장래에 취업률이 감소할 것으로 예상된다.
② 장래에 고용률이 감소할 것으로 예상된다.
③ 장래에 실업률이 감소할 것으로 예상된다.
④ 장래에 경제활동참가율이 감소할 것으로 예상된다.
⑤ 장래에 경제활동인구가 감소할 것으로 예상된다.

415 79회 기출

A국의 총인구가 5,000만 명, 비경제활동인구가 1,000만 명, 취업자가 2,400만 명, 실업자가 600만 명이라고 하자. 이때 경제활동참가율을 구하면?

① 60%   ② 65%
③ 70%   ④ 75%
⑤ 80%

416 53회 기출

실업이 발생하는 이유로 아래의 그림과 같이 노동시장의 균형가격보다 임금이 높은 경우를 생각해 볼 수 있다. 이러한 현상이 발생하는 이유로 가장 거리가 먼 것은?

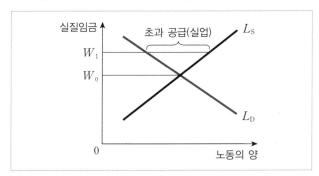

① 구직자의 일자리 탐색비용이 매우 높다.
② 정부에서 법으로 최저임금의 수준을 정해 둔다.
③ 임금이 높은 경우 근로자의 게으름을 줄일 수 있다.
④ 내부근로자들이 노동조합 등을 통해 높은 임금을 유지함으로써 외부근로자의 고용을 막는다.
⑤ 고급인력의 유출을 막기 위해 기업이 균형임금보다 더 높은 임금을 지급한다.

417 78회 기출

단기에는 경제 내에 임금경직성이 존재하므로 총공급곡선은 우상향할 수 있다. 임금경직성이 발생하는 이유를 〈보기〉에서 모두 고르면?

─〈보기〉─
㉠ 명시된 계약임금은 경제여건이 변하더라도 계약기간 동안에는 바뀌지 않는다.
㉡ 최저임금제가 시행되면, 고용자가 반드시 균형임금 수준보다 높은 최저임금을 지급해야 한다.
㉢ 기업이 이윤을 극대화하기 위해 자발적으로 시장보다 높은 실질임금을 지급하는 기업이 있다.

① ㉠   ② ㉡
③ ㉠, ㉢   ④ ㉡, ㉢
⑤ ㉠, ㉡, ㉢

418 62회 기출

그림은 A국의 취업자 수와 비경제활동인구의 연도별 변화를 나타낸다. 이에 대한 옳은 설명을 〈보기〉에서 고른 것은? (단, 생산가능인구는 변함없다.)

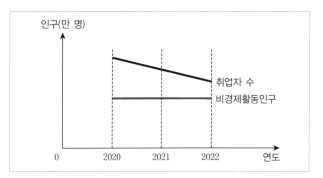

─〈보기〉─
가. 고용률은 증가하였다.
나. 취업률은 감소하였다.
다. 실업률은 증가하였다.
라. 경제활동인구는 2022년에 가장 많다.

① 가, 나   ② 가, 다
③ 나, 다   ④ 나, 라
⑤ 다, 라

419 54회 기출

우리나라의 실업통계에서 실업률이 높아지는 경우는?

① 취업자가 퇴직하여 전업주부가 되는 경우
② 취업을 알아보던 해직자가 구직을 단념하는 경우
③ 직장인이 업무상 재해로 병원에 입원해 있는 경우
④ 대학생이 군복무 후 복학한 경우
⑤ 공부만 하던 대학생이 편의점에서 주당 10시간 아르바이트를 시작하는 경우

420 51회 기출

실업과 관련된 설명 중 옳은 것을 모두 고르면?

> 가. 자연실업률은 경기적 실업이 0인 상태를 의미한다.
> 나. 1주일에 2시간씩 일하고 경제적 대가를 받는 사람은 실업자가 아니다.
> 다. 직장을 구하다가 구직활동을 포기한 사람이 많아지면 실업률은 높아진다.
> 라. 새로운 직장에 곧 취업할 사람은 경제활동인구에 포함된다.
> 마. 아르바이트를 그만두고 군 입대를 하는 청년이 많아지면 실업률은 낮아진다.

① 가, 나, 다   ② 가, 나, 라
③ 나, 다, 라   ④ 나, 다, 마
⑤ 다, 라, 마

421 60회 기출

어느 사회의 고용 지표가 다음 보도 자료와 같이 변했다고 가정할 때, 이에 대한 추론으로 옳은 것은?

> 〈보도 자료〉
> • 경제활동인구와 비경제활동인구, 전년 대비 각 10%씩 증가
> • 실업자 수는 전년과 동일하여 대책 마련 시급

① 고용률은 하락했을 것이다.
② 취업자 수는 감소했을 것이다.
③ 취업자 수는 10% 증가했을 것이다.
④ 15세 이상 인구는 20% 증가했을 것이다.
⑤ 경제활동참가율에는 변화가 없었을 것이다.

422 51회 기출

어느 국가의 인구는 100명이다. 이 중 45명은 풀타임으로 일하고, 20명은 하프타임으로 일한다. 5명은 일자리를 찾고 있으며, 6명은 일은 하고 싶지만 좌절한 나머지 구직활동을 포기했다. 10명은 학생이고, 6명은 주부이고, 8명은 은퇴자이다. 이 국가의 실업률은?

① 약 5%   ② 약 7%
③ 약 11%   ④ 약 14%
⑤ 약 35%

423

A국의 생산가능인구는 30만 명이고, 경제활동인구는 20만 명이다. 실업률은 20%라고 한다. A국의 실업자 수와 고용률은? (단, 소수점 둘째 자리에서 반올림한다.)

	실업자	고용률
①	30,000명	50.3%
②	35,000명	53.4%
③	35,000명	55%
④	40,000명	50.3%
⑤	40,000명	53.3%

424

실업과 관련된 옳은 설명을 〈보기〉에서 모두 고른 것은?

─〈보기〉─

가. 새로운 직장에 곧 취업하게 될 사람은 실업자가 아니다.

나. 1주일에 한 시간씩 일하고 그 대가를 받는 사람은 실업자가 아니다.

다. 직장을 구하다 구직활동을 포기한 사람이 많아지면 실업률은 높아진다.

라. 자연실업률은 경기적 실업이 0인 상태를 의미한다.

마. 아르바이트를 그만두고 학업에 전념하는 대학생이 많아지면 실업률은 낮아진다.

① 가, 마 ② 나, 라

③ 나, 다, 라 ④ 가, 나, 다, 마

⑤ 가, 나, 다, 라, 마

425

다음에 해당하는 실업의 종류와 이에 대한 대책으로 적절한 것은?

> 호주의 장기 청년실업자 수가 글로벌 금융위기 후 3배 가까이 급증한 것으로 나타났다고 호주 언론이 보도했습니다. 호주 언론은 멜버른에 있는 비영리조사기관 '브라더후드 오브 세인트 로런스'의 조사보고서를 인용해 2008년 19,500명이던 호주의 장기 청년실업자 수가 지금은 3배 가까운 56,800명으로 증가했다고 밝혔습니다. 장단기 실업자를 모두 합친 전체 청년실업자 수는 257,000명이었으며, 청년실업률은 12.5%로 호주 전체 실업률 6%보다 2배 이상 높았습니다.

	실업의 종류	대책
①	마찰적 실업	직업훈련
②	구조적 실업	실업보험의 도입
③	경기적 실업	정부지출 증가
④	계절적 실업	구인·구직정보의 제공
⑤	자연실업	노조결성

426

자연실업률에 대한 설명으로 옳은 것은?

① 구직률이 상승하면 자연실업률이 상승한다.

② 자연실업률은 이론상의 개념이므로 실제실업률은 이와 비슷한 경향을 보이지 않는다.

③ 자연실업률은 최대한의 노력을 기울인다면 0으로 만들 수 있다.

④ 자연실업률을 낮추는 방법 중에 하나는 노동시장에 정보를 제공하는 것이다.

⑤ 실업률이 상승하면 자연실업률은 하락한다.

427

자연실업률에 관한 설명으로 옳지 않은 것을 〈보기〉에서 고른 것은?

〈보기〉

가. 자연실업률은 0이 될 수 없다.

나. 자연실업률은 경기적 실업과 마찰적 실업의 합을 의미한다.

다. 실제실업률은 자연실업률을 기준으로 상승·하락하게 하는 '정상적인' 수준의 실업률을 의미한다.

라. 마찰적 실업의 증가는 자연실업률의 증가를 야기한다.

마. 자연실업률은 노동시장이 단기적으로 수렴하는 실업률이다.

① 가, 나   ② 나, 다
③ 나, 마   ④ 다, 라
⑤ 나, 라, 마

428

우리나라의 실업 관련 지표에 대한 설명으로 옳은 것은?

① 경제활동참가율은 생산가능인구 중 취업자의 비중을 의미한다.

② 실업률은 생산가능인구 가운데 실업자의 비중을 의미한다.

③ 고용률은 생산가능인구를, 실업률은 경제활동인구를 기준으로 하기 때문에 고용률이 실업률의 보완지표로 활용되지 못한다.

④ 실업률은 실제보다 낮게 측정되며, 고용의 질을 반영하지 못한다는 단점이 있다.

⑤ 구직을 단념했더라도 경제활동인구에 포함된다.

429

다음 (가)~(라)는 A국의 고용 관련 상황을 나타낸다. 이에 대한 설명으로 옳은 것은? (단, A국의 15세 이상 인구는 일정하다.)

(가) 경기 침체로 인해 갑은 다니던 회사에서 해고되었다.

(나) 구직 활동을 하던 을이 일자리를 구하지 못하여 취업을 포기하였다.

(다) 전업주부인 병이 무료 자원봉사 활동에 참여하였다.

(라) 정은 다니던 회사가 자신의 적성에 맞지 않아 사직하고 다른 회사에 입사 지원서를 제출하였다.

① (가)는 마찰적 실업의 사례에 해당한다.

② (나)는 실업률의 상승요인이다.

③ (다)는 취업률의 상승요인이다.

④ (라)는 경제활동참가율의 하락요인이다.

⑤ (다)와 달리 (라)는 고용률의 변동요인이다.

430

다음은 영화 '빌리 엘리어트'의 내용이다. 다음의 상황에 적합한 실업의 유형은?

아버지는 빌리에게 하루치 복싱 교습비 50센트를 주면서 신신당부한다. "힘든 상황에서 어렵게 만든 돈이다. 아껴 써야 해." 그도 그럴 것이 탄광촌은 기약 없는 파업에 돌입한 상태였다. 영국 정부가 174개 국영 탄광 중 적자를 낸 20곳을 폐쇄하고 2만여 명의 광부를 해고한 데 대한 탄광노조의 대응이었다. 광부인 아버지와 형도 파업에 참여하면서 빌리네 집엔 수입이 뚝 끊겼다. 계속된 파업으로 집에 쌓아둔 석탄이 얼마 남지 않았다는 아버지의 걱정에 빌리의 형은 이렇게 말한다. "걱정 마세요. 조금만 더 버티면 우리가 이겨요." 빌리의 가족이 이렇게 어려워진 이유는 석유 사용이 늘면서 이전에 많이 쓰이던 탄광산업이 쇠락해가고 있었기 때문이었다.

① 마찰적 실업   ② 구조적 실업
③ 계절적 실업   ④ 경기적 실업
⑤ 자발적 실업

431

다음 자료는 A국의 고용상황을 보여 준다. 이를 보고 나눈 대화로 잘못된 것을 〈보기〉에서 모두 고른 것은?

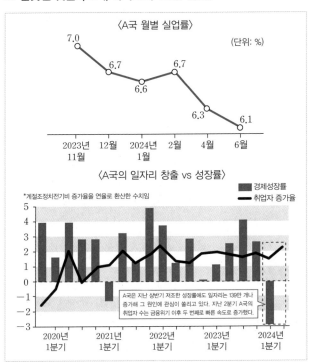

〈A국 월별 실업률〉 (단위: %)

7.0
6.7   6.7
    6.6
          6.3
              6.1

2023년   12월   2024년   2월   4월   6월
11월   1월

〈A국의 일자리 창출 vs 성장률〉

*계절조정치전기비 증가율을 연율로 환산한 수치임

■ 경제성장률
— 취업자 증가율

A국은 지난 상반기 저조한 성장률에도 일자리는 139만 개나 증가해 그 원인에 관심이 쏠리고 있다. 지난 2분기 A국의 취업자 수는 금융위기 이후 두 번째로 빠른 속도로 증가했다.

2020년   2021년   2022년   2023년   2024년
1분기   1분기   1분기   1분기   1분기

〈보기〉

다희: 오쿤의 법칙에 의하면 실업률이 1%p 감소하려면 잠재성장률보다 2%p 더 높은 성장률이 필요한데, A국은 오쿤의 법칙에 위배되는 모습을 보여 주고 있어.

민희: 성장률 저하와 실업률의 감소가 동시에 나타나고 있는 것은 오쿤의 법칙이 잘못되었다는 것이 증명된 셈이야.

장희: 실업률 측정상의 한계 때문이 아닐까? 실업률은 경제활동인구 가운데 실업자의 비율로 측정되는데, 경제가 저성장 기조에 빠져서 점차 직업을 구하기 어려워지면서 구직을 포기하는 사람들은 비경제활동인구로 분류되면서 실업률 지표가 낮아졌을 수 있어.

정훈: 오히려 GDP 측정상의 한계 때문일 수도 있어. 국내총생산은 내수부문과 수출부문으로 구성되는데, 내수부문이 늘어나도 수출부문이 더 큰 폭으로 감소하면 국내총생산이 감소한 것으로 나타나기 때문이지.

순신: 주당 30시간 이상 일하는 근로자에게 의료보험을 의무적으로 제공해야 하는 정책으로 인해 정규직 일자리가 줄어들고 있어. 정규직 일자리 1개를 시간제 일자리 2개가 대체함으로써 전체 실업률 지표가 낮아진 것처럼 보일 수 있어.

① 다희
② 민희
③ 다희, 민희
④ 장희, 정훈
⑤ 장희, 정훈, 순신

432

다음은 A국 통계청에서 2024년 5월 발표한 청년층(15~29세) 부가조사 결과이다. 이를 바탕으로 2024년 5월의 연령대별 실업률, 고용률, 경제활동참가율을 계산하면? (단, 소수점 둘째 자리에서 반올림한다.)

(단위: 천 명, %, %p)

구분	2023년 5월			
	청년층 인구	15~19세	20~24세	25~29세
전체	9,550	3,274	2,945	3,332
경제활동인구	4,133	222	1,423	2,488
취업자	3,826	199	1,307	2,321
실업자	307	23	116	168
비경제활동인구	5,417	3,052	1,522	844

구분	2024년 5월						
	청년층 인구	증감	15~19세	증감	20~24세	증감	25~29세	증감
전체	9,507	-43	3,200	-74	3,031	86	3,276	-56
경제활동인구	4,215	82	245	23	1,484	61	2,486	-2
취업자	3,849	23	232	34	1,334	27	2,283	-38
실업자	366	59	12	-10	150	34	203	35
비경제활동인구	5,292	-125	2,955	-97	1,547	25	790	-53

	15~19세의 경제활동참가율	20~24세의 실업률	25~29세의 고용률
①	7.7	10.1	75.9
②	7.7	10.1	69.7
③	7.3	44.0	8.2
④	7.3	44.0	75.9
⑤	5.1	49.0	75.9

433

다음은 한국은행 연차보고서의 일부이다. 이에 대한 설명으로 옳지 않은 것은?

국내총생산(GDP) 기준 성장률과 취업자수 증가폭이 유사한 흐름을 보였으나, 금융위기 이후에는 상관관계가 눈에 띄게 떨어졌다고 분석했다. 예를 들면 분기 GDP 성장률은 작년 3분기 1.1%에서 4분기 0.9%로 낮아졌지만, 신규 취업자수는 3분기 42만 명에서 4분기 54만 명으로 오히려 늘었다.

① 오쿤의 법칙으로 불리는 실업률과 생산 간의 상관관계가 약화된 것으로 볼 수 있다.
② 인구의 고령화로 인해 노동시장에 50~60대 은퇴연령층이 늘어난 것도 원인 중 하나이다.
③ 금융위기 이후 시간선택제와 같은 일자리 나누기 정책이 활성화된 것도 이유 중 하나이다.
④ 경기회복세가 미약한 가운데 나타나는 고용증가세는 경제 전체의 생산성 정체나 하락으로 이어져 고용 증대를 방해하는 요인이 될 수 있다.
⑤ 오쿤의 법칙이 약화되었다고 해도 소득분배의 불평등에 영향을 미치지는 않는다.

[434~435] 다음 자료를 읽고 물음에 답하시오.

〈자료 1〉
• 15세 이상 인구의 구성

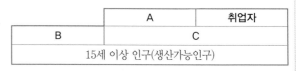

	A	취업자
B	C	
15세 이상 인구(생산가능인구)		

• 고용률 $= \dfrac{취업자}{15세\ 이상\ 인구} \times 100$

〈자료 2〉
• 갑은 최근의 불황으로 실직한 후 재취업이 점차 힘들어져서 두 달 전부터는 아예 일자리를 알아보지 않고 있다.
• 을은 전 직장에서 퇴직한 후 다른 일자리를 찾고 있는 중이며, 일자리를 구할 자신이 있지만 아직 일자리를 얻지 못한 상태이다.

434

〈자료 1〉에 대한 설명으로 옳은 것은? (단, 15세 이상 인구는 일정하다.)

① 경제활동참가율은 (C/B)×100이다.
② 실업률이 증가하면 취업률도 증가한다.
③ B가 증가하면 경제활동참가율도 증가한다.
④ 고용률과 실업률이 증가하면, 경제활동참가율도 증가한다.
⑤ B와 C의 구분 기준은 주당 1시간 이상의 임금 노동 여부이다.

435

〈자료 2〉에 대한 분석으로 옳은 것은?

① 갑은 경기 침체로 인한 A에 해당한다.
② 갑의 결정은 경기 침체기에 실업률을 하락시키는 요인이다.
③ 갑의 사례는 실업률이 고용률보다 고용 시장의 실질적인 상황을 더 정확하게 반영함을 보여 준다.
④ 을은 취업 정보 부족으로 인한 B에 해당한다.
⑤ 경기 호황기에 을과 같은 경우 외에는 A가 존재하지 않는다.

436

잠재GDP와 연관된 실업률은?

① 자발적 실업률　　② 비자발적 실업률
③ 경기적 실업률　　④ 잠재적 실업률
⑤ 자연실업률

437

최근 운동화 제조산업은 스마트팩토리를 통한 생산의 확대로 소프트웨어 기술자에 대한 노동수요가 증가하고, 수작업을 하던 과거 인력에 대한 수요가 감소하였다. 이러한 종류의 실업에 해당하는 것은?

① 마찰적 실업　　② 구조적 실업
③ 계절적 실업　　④ 경기적 실업
⑤ 만성적 실업

438

다음은 신문기사의 일부이다. 이와 관련 있는 실업과 대책으로 적절한 것은?

> 건설경기 침체로 인해 지역 건설사들이 직원채용을 하지 못하면서 관련 학과 대학생들의 취업문마저 닫힌 상태이다. 이에 따라 취업준비를 위해 휴학을 반복하거나 대학원 진학을 고려하는 관련 학과 전공자들이 크게 증가하고 있는 실정이다. 문제는 이 같은 취업난이 언제 해소될지 기약조차 없다는 점이다. 업계 침체가 더욱 장기화될 경우 지역 건설사들의 자연감소가 불 보듯 뻔하기 때문이다. 지역의 C건설사 대표는 "건설업계가 워낙 어려워 현재 근무하는 직원들의 근속도 장담하기 힘든 상황에 신입사원 채용은 생각조차 못하고 있는 회사들이 대부분"이라며, "이렇다 할 호재가 발생하지 못한다면 지역 건설업체 수 급감은 기정사실화될 것"이라고 말했다.

① 마찰적 실업 – 구인구직 사이트의 활성화
② 구조적 실업 – 직업교육훈련
③ 계절적 실업 – 기술개발
④ 경기적 실업 – 정부주도의 건설업 투자
⑤ 자발적 실업 – 복지 예산 확충

439

다음은 우리나라의 실업률 현황을 나타내는 자료들이다. 이에 대한 추론으로 적절하지 않은 것은?

> 지방사립대를 졸업한 김○○(26세) 씨는 요즘 내리 맞선을 보고 있다. 하지만 성과가 별로 없다. 김○○씨는 "맞선 상대들이 맘에 들어 하다가도 직업이 없다는 얘기를 들으면 슬그머니 물러선다."며, "직장을 구하지 못해 시집이라도 빨리 가려는데 맘처럼 잘 안 된다."고 푸념했다. 하지만 김 씨는 누가 불러만 준다면 언제든 일할 준비가 되어 있다. 정부가 집계한 지난해 3분기 우리나라 청년실업률(15~29세)은 7.6%였지만, 이 기간에 실제 청년실업률은 16.7%에 이른다는 분석이 나왔다. 취업을 희망하는 청년 6명 중 1명꼴로 취업이 안 돼 고통받고 있다는 의미이다.

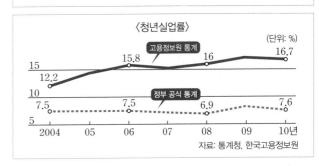

〈청년실업률〉 (단위: %)

자료: 통계청, 한국고용정보원

① 취업을 포기하고 결혼을 하려는 김○○ 씨는 실업자 통계에 포함되지 않는다.
② 정부가 집계한 실업률은 경제활동인구 중 실업자 비중을 계산한 반면 실제 청년실업률은 우리 경제에서 실질적으로 실업 상태에 놓인 사람들까지 포함한 수치이다.
③ 고용정보원이 발표하는 실업률 통계는 구직준비자, 취업준비자, 구직단념자 모두를 포함한 수치로 정부 공식 통계보다 훨씬 높다.
④ 고용정보원의 통계는 정부의 공식 통계가 신뢰성이 낮기 때문에 등장한 것이다.
⑤ 실제실업률을 파악하려는 민간의 통계는 통일된 기준이 없이 작성되었기 때문에 정부 공식 통계 외에 존재하는 다른 통계는 활용하지 않는 것이 좋다.

440

다음은 A국의 취업과 실업에 대한 자료인데, 일부 자료가 전쟁 중에 유실되었다. 아래의 자료를 바탕으로 〈보기〉에서 옳지 않은 것을 고른 것은?

구분	데이터(명)
15세 이상 인구	유실
15세 미만 인구	300
비경제활동인구	200
실업자	100
취업자	유실
경제활동인구	유실
전체 인구	1,000

〈보기〉

가. 생산가능인구는 700명이다.
나. 취업자는 400명이다.
다. 경제활동참가율은 약 57%이다.
라. 실업률은 20%이다.
마. 고용률은 80%이다.

① 가, 나
② 가, 다
③ 나, 다
④ 다, 라
⑤ 다, 마

441

다음의 상황은 A국의 2022년~2024년까지의 고용 현황을 보여 주는 자료이다. 이에 대한 설명으로 옳지 않은 것은?

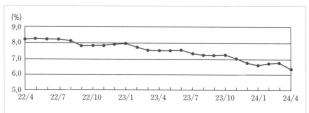

A국 노동통계국이 발표한 4월 고용보고서의 헤드라인은 가히 환상적이었다. 비농업분야 일자리 수(Nonfarm Employment)는 전달보다 28만 8,000개 증가하고 실업률은 전달(6.7%)보다 0.4%p 내린 6.3%로 나타났다. 비농업분야 일자리 수 증가는 시장의 예상(21만 5,000개)을 훌쩍 뛰어넘어 2022년 1월 이후 2년 3개월 만에 최대치를 기록하였다. 실업률 역시 예상치(6.6%)를 크게 밑돌며 2018년 9월 이후 5년 7개월 만에 가장 낮은 수준을 나타냈다. 겉으로 보기에는 이러한 고용상황 개선이 지속된다면 A국 경제는 좌불안석이었던 지난 몇 년간의 더딘 회복을 뒤로 하고 정상 궤도로 들어설 게 분명하다. 하지만 이날 개장 전 발표된 A국 고용 지표 개선 소식으로 상승 출발했던 A국 증시는 이내 하락 반전하며 장을 마쳤다.

① 실업률이 크게 줄었음에도 시장의 반응이 냉담한 원인을 찾기 위해서는 경제활동참가율의 변화를 확인해 볼 필요가 있다.
② 고용률의 변화를 살펴보는 것은 의미가 있다.
③ 인구의 고령화나 젊은 층의 학업연장 성향이 실업률이나 고용률 지표에 미치는 영향은 거의 없을 것이다.
④ 경제활동참가율이 낮다면 근본적인 원인은 노동수요 측면에서도 찾아볼 수 있다.
⑤ 실업률이 감소했더라도 실업자 중 장기실업자의 비중이 얼마나 되는지도 시장의 반응을 결정짓는 요인이 될 수 있다.

CHAPTER 07 | 필립스곡선

442 53회 기출

다음은 필립스곡선을 나타내는 그래프이다. 이에 대한 설명으로 옳지 않은 것은?

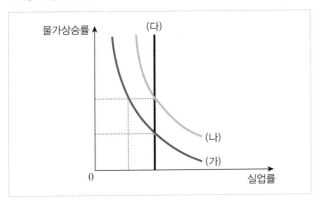

① (가)와 (나)를 단기 필립스곡선이라고 한다.
② (가)와 (나)는 인플레이션과 실업률 간의 상충관계를 보여 준다.
③ 통화량 증가는 장기적으로 물가상승률의 상승을 초래한다.
④ (다)는 장기 필립스곡선이며, 자연실업률 수준에서 수직이다.
⑤ 필립스곡선이 (가)일 때 통화량이 증가하면 단기적으로 (나)로 이동한다.

443 79회 기출

아래 필립스곡선과 관련한 설명 중 옳지 않은 것은?

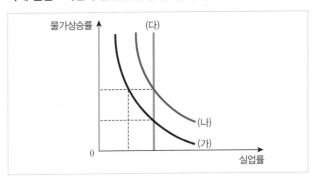

① (가)와 (나)는 단기 필립스곡선이다.
② (가)와 (나)는 인플레이션과 실업률 간의 상충관계를 보여 준다.
③ (다)는 장기 필립스곡선이며, 자연실업률 수준에서 수직이다.
④ (다)를 통해 통화량 증가는 장기적으로 물가 상승만을 초래한다는 점을 알 수 있다.
⑤ 필립스곡선이 (가)일 때 중앙은행이 통화량을 늘리면, 단기적으로 (나)로 바로 이동한다.

444 51회 기출

'루카스 비판(Lucas Critique)'에 대한 설명 중 옳지 않은 것은 무엇인가?

① 정책이 바뀌면 경제활동에 관한 규칙이 바뀌고 그에 따라 사람들의 기대도 바뀌기 때문에 기존에 성립되었던 경제변수들 간의 관계도 바뀌게 된다.
② 정책 변화가 경제에 미치는 효과를 판단할 때에는 새로운 정책에 따라 사람들의 기대가 어떻게 변화하는지를 고려하여야 한다.
③ 경제주체들은 과거의 경험에 기초하여 미래에 대한 기대를 형성하는 경향이 있으므로 과거 자료가 많을수록 미래에 대한 정확한 기대를 형성할 수 있으며 축적된 자료에 대한 면밀한 통계적 분석이 중요하다.
④ 경제주체들의 합리적 기대형성을 포함하지 않는 계량경제모형을 이용하여 거시경제정책의 효과를 평가하는 방식은 오류를 유발할 수 있다.
⑤ 계량모형을 사용할 때 경제주체의 기대형성에 대한 가설을 포함하는 구조모형을 사용하여야 한다.

445 78회 기출

필립스곡선과 관련한 설명 중 옳지 않은 것은?

① 단기 필립스곡선이 장기 필립스곡선보다 완만하다.
② 자연 실업률이 증가하면 필립스곡선은 오른쪽으로 이동한다.
③ 자연 실업률 가설에 따르면 장기 필립스곡선은 수직선이 된다.
④ 단기 필립스곡선은 실업률과 물가상승률 간의 양(+)의 관계를 보여 준다.
⑤ 1970년대 스태그플레이션으로 실업률과 물가상승률 간의 상충관계가 불분명해졌다.

446

소비자가 합리적 기대를 한다고 할 때, 다음 중 옳은 것은?

① 앞으로 경기가 좋아질 것으로 전망하면, 낮은 장기이자율을 요구하게 된다.
② 리카르도 동등성 정리(Ricardian Equivalence Theorem)에 따르면 정부지출이 일정할 때, 현재 세금의 인하는 현재의 소비를 증가시키지 않는다.
③ 현재 소비는 현재 소득에 민감하게 반응한다.
④ 일시적인 감세정책은 같은 크기의 항구적인 감세정책보다 소비에 큰 영향을 끼친다.
⑤ 실질이자율의 상승은 미래 소비의 비용이 증가한다는 의미이므로 현재소비가 증가한다.

447

다음은 단기와 장기의 필립스곡선을 나타낸다. 최초의 균형점이 E점에 있다. 노동자들이 물가가 6%로 상승할 것이라고 예상하고 정부가 시장에 개입하지 않는다면 균형점은 어느 방향으로 움직이는가?

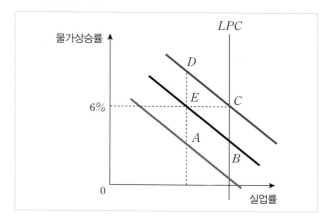

① A ② B
③ C ④ D
⑤ E

448

필립스곡선에 대한 설명으로 옳은 것은?

① 필립스곡선은 물가상승률과 임금상승률 간의 양(+)의 상관관계가 있다는 것을 보여 준다.
② 필립스곡선의 시사점은 물가상승률과 실업률을 동시에 달성할 수 있는 최적정책조합이 존재한다는 것이다.
③ 장기적으로 완전고용과 물가상승률의 목표를 달성할 수 있다.
④ 인플레이션에 대한 기대가 높아지면 필립스곡선은 우측으로 이동한다.
⑤ 필립스곡선은 현실에서 예외를 찾아볼 수 없을 정도로 이론적 적합성이 높다.

449

다음 빈칸 ㉠, ㉡에 들어갈 내용으로 적절한 것은?

필립스곡선의 정책적 시사점은 물가상승률과 실업률을 동시에 낮출 수 없다는 점이다. 하지만 필립스곡선의 모양을 더욱 자세하게 살펴보면, 실업률이 높을 때보다 낮을 때 기울기가 (㉠)는 것을 알 수 있다. 이는 실업률이 낮을 때에는 실업률이 높을 때보다 실업을 줄이기 위해 희생해야 하는 물가상승률이 (㉡)는 것을 의미한다.

	㉠	㉡
①	완만하다	작다
②	완만하다	크다
③	가파르다	작다
④	가파르다	크다
⑤	가파르다	동일하다

450

필립스곡선에 대한 설명으로 옳지 않은 것은?

① 장기 필립스곡선의 기울기는 단기 필립스곡선의 기울기보다 가파르다.
② 기대인플레이션이 상승할 경우 단기 필립스곡선은 우측으로 이동한다.
③ 총수요 – 총공급곡선으로부터 필립스곡선을 도출해내기는 어렵다.
④ 원유 가격의 상승은 필립스곡선의 안정적인 관계를 약화시키는 요인이다.
⑤ 경제가 장기의 상태에 도달하면 실업률을 낮추려는 노력은 물가만 상승시킬 뿐 무력하다는 것을 보여 준다.

451

스태그플레이션을 해결하기 위한 정책으로 적절한 것은?

① 세율의 증대
② 기준금리 인하
③ 사내유보금에 대한 과세
④ LTV · DTI 기준 완화
⑤ 연구개발 투자 지원 강화

452

다음 그래프에서 노동생산성의 향상으로 인해 단기 필립스곡선과 장기 필립스곡선이 움직이는 방향으로 적절한 것은?

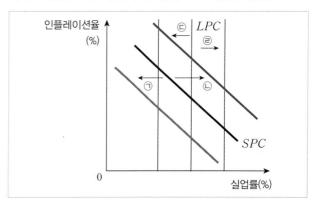

	단기 필립스곡선(SPC)	장기 필립스곡선(LPC)
①	㉠	㉢
②	㉠	㉣
③	㉡	이동하지 않음
④	㉡	㉣
⑤	이동하지 않음	㉢

453

다음은 A국의 통계 자료이다. A국은 인플레이션율을 낮추기 위해 GDP 60조 원을 감소시켰다. A국의 경제 고통지수, 정부가 목표하였던 인플레이션율의 %p 감소분은 각각 얼마인가? (희생률이란, 인플레이션율 1%p를 낮추기 위해 희생해야 하는 GDP의 비율을 의미한다.)

- 실업률: 8.5%
- 인플레이션율: 4%
- 희생률: 3%
- 국내총생산: 1,000조 원

① 15.5%, 2%p
② 15.5%, 6%p
③ 12.5%, 2%p
④ 12.5%, 6%p
⑤ 12.5%, 9%p

454

자연실업률 가설에 대한 설명으로 옳은 것은?

① 자연실업률 가설의 핵심은 확장적인 정책이 결국 경제에 유효하다는 것이다.
② 필립스곡선은 단기와 장기로 구분되지 않는다.
③ 자연실업률 이하로 실업률을 낮추기 위해서는 재정정책보다는 통화정책이 효과적임을 시사한다.
④ 필립스곡선에 '기대인플레이션'이라는 변수를 추가시켰다.
⑤ 자연실업률은 정부의 노력과 경제의 상황이 결합되면 0으로 만들 수 있다.

455

합리적 기대와 적응적 기대에 대한 설명으로 옳은 것을 모두 〈보기〉에서 고른 것은?

〈보기〉

가. 합리적 기대란 경제주체들이 미래에 대한 기대를 형성할 때 이용 가능한 모든 정보를 활용하여 예측하는 것을 의미한다.
나. 적응적 기대란 경제주체들이 미래에 대한 기대를 형성할 때 과거를 기반으로 미래를 예측하는 것을 의미한다.
다. 합리적 기대를 하는 경우 예측오차가 발생하지 않아, 어떤 정책수단도 효과를 발휘할 수 없다.
라. 적응적 기대를 하는 경우 단순히 과거를 바탕으로 미래를 판단하기 때문에 오차를 체계적으로 발생하게 된다.
마. 노동자들이 임금인상을 주장하기 위해 올해의 인플레이션을 예상할 때 작년과 유사하겠다고 생각하는 것이 적응적 기대이다.

① 가, 나　　　　　　② 가, 마
③ 나, 다, 마　　　　④ 다, 라, 마
⑤ 가, 나, 라, 마

456

다음은 신문기사의 소제목으로 살펴본 국제원자재 가격동향이다. 이를 보고 우리나라 경제에 미치는 영향을 필립스곡선상에 나타낸 것으로 적절한 것은?

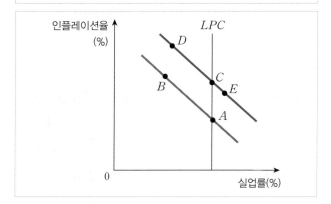

〈○○신문〉
• 천연가스 값 5년 만에 최고
• 브렌트유 110달러 돌파… 서부텍사스산 원유도 100.0달러 기록
• 커피 값 14년 만에 최대폭 상승… 설탕값도 급등세
• 원자재 가격 상승, 일시적인 충격에 그칠 것

① A점 → B점 → C점
② A점 → B점 → D점
③ A점 → C점
④ A점 → E점 → C점
⑤ A점 → E점 → A점

457

다음은 IMF가 발표한 'The DOG That Didn't Bark' 보고서 내용이다. 이를 보고 잘못 이야기하고 있는 사람은?

"이제 물가는 짖지 않는 개와 같다. 극심한 경기불황에도 디플레이션이 심각하지 않았다. 결국, 양적 완화에도 인플레이션(인플레) 우려는 제한될 것이다." 국제통화기금(IMF)의 'The DOG That Didn't Bark' 보고서 내용이다. 하지만 IMF 보고서에는 추가 전제가 있었다. "이것은 중앙은행이 인플레를 막아준다는 확고한 믿음 때문이다." 즉, 물가가 오르면 중앙은행이 기준금리를 올린다는 예상에 기대인플레이션율이 안정적이라는 뜻이다. IMF 보고서에서는 경기상황이나 유동성이 물가상승률과 동떨어진 이유로 필립스곡선이 평탄해진 점을 들었다.

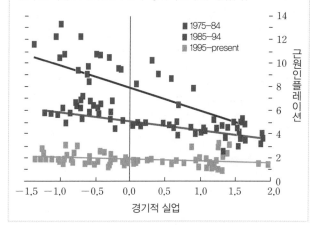

① 연아: 중앙은행의 물가안정 노력에 대한 경제주체의 신뢰가 강하다고 할 수 있어.
② 송해: 그렇기 때문에 현재는 물가가 경제에 악영향을 미칠 수 없다는 의미에서 물가는 '짖지 않는 개'라고 표현한 거야.
③ 희열: 갈수록 필립스곡선이 평평해진 원인은 중국의 값싼 수입품으로 인한 물가안정을 들 수 있어.
④ 승환: 가격경쟁력으로 승부를 보려는 중국기업들의 기술혁신 노력은 무시할 수 없는 수준이야.
⑤ 장훈: 글로벌 금융위기 이후 약화되고 있는 각국의 복지정책 역시 필립스곡선을 평평하게 만든 이유 중의 하나일 거야.

458

다음은 경제신문기사의 일부이다. 이에 대한 옳은 추론을 〈보기〉에서 모두 고른 것은?

실업률이 낮아지는 가운데 물가 상승 압력도 둔해졌다는 분석이다. 실제 10%를 웃돌던 미국의 실업률은 지난달 7.6%까지 낮아졌다. 물가는 상승하기는커녕 하향 안정 추세를 보이고 있다. 올 1~4월 평균 소비자물가상승률은 전년 동기 대비 1.5%이다. 미국의 실업률은 지속적으로 개선될 전망이다. 정부의 경기부양책에 따른 신규 일자리 창출과 구직단념자 증가 등 경제활동참가율 하락이 어우러지면서이다. 물가상승률은 아직 목표치(2.5%)를 밑돌고 있다. 우리나라의 경우도 이와 유사하다. 한국의 소비자물가는 지난해 11월부터 전년 동월 대비 7개월째 1%대 상승률을 보였다. 5월에는 1999년 9월(0.8%) 이후 가장 낮은 수준인 1.0% 상승률을 기록했다. 반면 실업률은 계절요인에 따라 급증한 올 1~3월을 제외하면 3% 안팎으로 낮은 수준이다.

〈보기〉
가. 미국의 경우 인플레이션율과 실업률 간의 안정적인 상관관계가 무너졌다고 볼 수 있다.
나. 글로벌 금융위기 이후 낮아진 경제활동참가율도 필립스곡선이 붕괴된 원인 중의 하나이다.
다. 우리나라는 아직은 실업률과 인플레이션율 간의 음(−)의 상관관계가 안정적인 편이다.

① 가
② 나
③ 가, 나
④ 가, 다
⑤ 가, 나, 다

459

다음은 A국의 핵심부처가 보고한 내용이다. 이에 대해 잘못된 생각을 한 사람은?

• 정책대응을 통해 지난해 대내외적으로 중첩된 어려움 속에서도 물가가 안정되고, 일자리 여건 개선과 함께 사상 최고의 경상수지 흑자를 기록하는 등 그동안의 저성장 흐름을 끊고 위기 이전의 성장 추세에 근접하는 성과를 이루었다고 평가하였음

• 이러한 정책적 노력으로 금년도 우리 경제는 고용이 확대되고 물가가 안정을 지속하는 가운데 경상수지 흑자 기조를 유지하여 세계경제성장률을 상회하는 3.9%의 성장을 이룰 수 있을 것으로 전망하였음

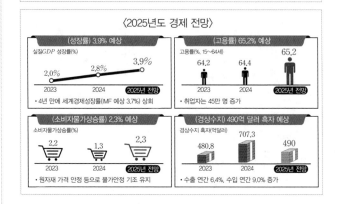

〈2025년도 경제 전망〉

① 희일: 해당 정부부처는 지난해 물가 안정과 노동시장의 안정을 모두 달성하였다고 자평하고 있어.
② 승환: 물가 안정과 노동시장 안정의 원동력이 경상수지 흑자임을 이야기하고 있어.
③ 지호: A국은 물가도 낮고 고용상황도 좋은 국가이므로 필립스곡선의 시사점이 적용되지 않는 국가임을 알 수 있어.
④ 동익: 경상수지 흑자는 자연실업률을 낮출 수 있으므로 낮은 실업률과 낮은 물가라는 결과가 가능했을 거야.
⑤ 종남: 최근에는 높은 물가보다 낮은 물가가 문제인데, 이를 두고 물가 안정이라는 평가를 할 수 있는지는 의문이야.

460

자연실업률 가설(Natural Rate of Unemployment Hypothesis)에 대한 설명으로 옳은 것은?

① 경제주체의 기대인플레이션율 변화는 장기 필립스곡선에 영향을 미친다.
② 확장적인 총수요관리정책의 시행은 자연실업률을 낮출 수 있다.
③ 자연실업률은 단기간에 그 수준이 변경될 수 있다.
④ 단기적으로 실제실업률은 자연실업률보다 낮아질 수 있다.
⑤ 프리드먼-펠프스에 따르면 단기적으로 실업률을 낮추려는 정책이 경제조건에 따라 장기적으로도 영향을 미칠 수 있다.

461

물가가 하향 안정세이고 실업률도 안정된 상태를 보여 실업률과 인플레이션 간에 존재하는 음(-)의 상관관계가 약화될 때, 이의 원인에 대한 설명으로 옳지 않은 것은?

① 원자재 가격 상승 등의 공급 측 요인으로 인해 필립스곡선이 이동하기 때문에 음(-)의 상관관계가 약화될 수 있다.
② 경제주체들의 기대인플레이션이 변화되어 필립스곡선이 이동하기 때문에 음(-)의 상관관계가 약화될 수 있다.
③ 노동시장의 구조변화에 의해 자연실업률이 변할 수 있다.
④ 통화량의 변화에 따라 자연실업률이 변하기 때문이다.
⑤ 이력현상은 자연실업률 변화에 영향을 미치게 된다.

462

필립스곡선이 우하향의 모습을 가지고 있을 때, 이에 대한 옳은 설명을 〈보기〉에서 모두 고른 것은?

〈보기〉
가. 실업률과 인플레이션율 간의 상충관계가 존재한다.
나. 통화정책은 인플레이션율과 실업률 모두에 영향을 미친다.
다. 산출량은 완전고용생산량 수준과 일치하지 않는다.
라. 총공급곡선은 수직의 모습을 갖는다.

① 나
② 가, 라
③ 다, 라
④ 가, 나, 다
⑤ 가, 다, 라

463

다음은 A국 중앙은행이 발표한 '2024년 2월 소비자동향 조사 결과'의 일부이다. 이러한 경우 장단기 필립스곡선에 미치는 영향으로 옳은 것은?

기대인플레이션율이 6개월 만에 하락했다. 중앙은행이 발표한 '2024년 2월 소비자동향 조사 결과'에 따르면 기대인플레이션율은 2023년 5월 2.8%를 기록한 이후 6월 2.9%, 7월 3.0%로 오른 후 8월부터 계속 2.9%를 유지하다가 이번에 2.8%로 떨어졌다. 기대인플레이션 통계를 집계한 이후 가장 낮은 수준이다.

① 단기 필립스곡선은 위쪽으로, 장기 필립스곡선은 우측으로 이동한다.
② 단기 필립스곡선은 위쪽으로, 장기 필립스곡선은 좌측으로 이동한다.
③ 단기 필립스곡선은 위쪽으로, 장기 필립스곡선은 이동하지 않는다.
④ 단기 필립스곡선은 아래쪽으로, 장기 필립스곡선은 이동하지 않는다.
⑤ 장단기 필립스곡선은 모두 좌측으로 이동한다.

08 경기변동, 경제성장, 경기지수

CHAPTER

464 54회 기출

한국 경제발전사를 나타낸 아래 그림에서 표기한 ㉠~㉤ 시기의 특징을 설명한 내용 중 잘못된 것을 고르면?

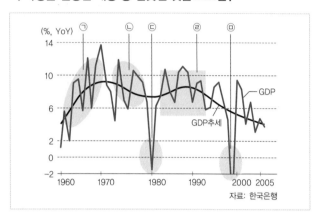

자료: 한국은행

① ㉠: 경부고속도로, 포항제철이 건설되어 경제발전의 토대를 다지는 시기이다.

② ㉡: 중동개발특수를 통해 오일달러를 벌어들인 시기이다.

③ ㉢: 중화학공업에 대한 과잉투자로 인해 물가상승률이 높았던 시기이다.

④ ㉣: 3저 호황이라는 말이 있을 정도로 물가안정과 경제성장이 이루어졌던 시기이다.

⑤ ㉤: 저평가된 원화로 인해 경상수지 적자가 쌓이면서 외환위기의 원인이 되었다.

465 79회 기출

아래는 신문사설의 내용 중 일부이다. 필자가 주장하는 바와 가장 거리가 먼 것은?

유엔무역개발회의(UNCTAD)가 한국의 지위를 개발도상국에서 선진국 그룹으로 변경했다. 1964년 UNCTAD가 설립된 이래 개도국 그룹에서 선진국 그룹으로 이동한 사례는 한국이 처음이다. UNCTAD 무역개발이사회는 한국의 선진국 진입을 만장일치로 합의해 무역과 투자를 통한 성장의 모범 사례라는 점을 확인했다. 한국이 개도국을 졸업해 선진국에 진입한 최초의 국가라고 유엔이 공인한 것이다. … (중략) … 지금의 한국이 있기까지는 여러 요인이 작용했다. 해방 후 50년간 600억 달러에 달했던 국제원조는 한강의 기적을 이루는 마중물 역할을 했고 여기에 정치적 리더십과 기업의 피땀 어린 노력이 어우러져 선진국을 만들어냈다. 무엇보다 한정된 국내 시장보다 세계를 겨냥해 수출주도형 중화학공업 육성 정책을 편 정치적 결단이 주효했고 여기에 기업이 화답하며 삼성전자, 현대자동차와 같은 글로벌 기업이 탄생할 수 있었다.

– ○○ 경제신문, 2021. 7. 5.

① 한국은 해방 후 국제원조를 효율적으로 활용하여 경제성장의 바탕을 마련했다.

② 한국은 신토불이, 자급자족 등 내수를 중심으로 한 경제 모델로 성장했다.

③ 한국은 원조를 받는 나라에서 원조를 주는 나라로 성장했음을 국제적인 인정을 받았다.

④ 한국은 시장경제와 개방정책을 묶은 수출주도형 경제로 한강의 기적을 이뤘다.

⑤ 2차 세계대전 직후 독립한 나라 중 한국만큼 경제적으로 부강해진 나라를 찾아보기 힘들다.

466 79회 기출

아래 신문기사와 그림을 바탕으로 한 설명 중 옳지 않은 것은?
(연한 선이 동행종합지수, 진한 선이 선행종합지수이다.)

> 한국은행이 이날 발표한 '11월 무역지수 및 교역조건'을 보면
> 지난달 수출금액지수는 전년 동월 대비 11.3% 떨어졌다. …
> (중략) … 한은 관계자는 "반도체 등이 포함된 컴퓨터·전자·광
> 학기기 제품(-25.4%)과 화학제품(-17%)을 중심으로 수출액이
> 감소했다."며, "수출 가격 하락세와 전방산업 수요 부진 등의 영
> 향"이라고 설명했다.
>
> – ○○ 경제신문, 2022. 12. 30.

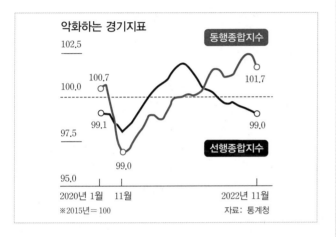

① 선행종합지수의 추이에 따르면, 앞으로 경기침체 국면으로
들어갈 가능성이 높다.

② 2020년 1월~11월 사이 동행종합지수의 하락은 코로나19
의 유행이 큰 영향을 미쳤다.

③ 2020년 11월~2022년 11월 사이의 동행종합지수가 상승
추세인 것과 달리 선행종합지수는 이미 중간 지점에서 하락
한 것은 선행종합지수가 미래의 경기침체를 경고한다는 의
미이다.

④ 전방산업에 대한 수요가 부진한 영향으로 CSI와 BSI 지수는
하락하고, 총수요곡선은 우측으로 이동할 것이다.

⑤ 수출금액지수가 전년 동월 대비 악화했다는 것은 같은 수량
을 팔아도 이전보다 판매수입이 감소했다는 의미이다.

467 53회 기출

한국 경제가 추세적인 경기침체 국면으로 들어섰다는 의견이
언론이나 경제전문가들로부터 자주 나오고 있다. 이에 대한 설
명으로 가장 옳지 않은 것은?

① 2000년대 초반부터 고용, 소비, 투자 등이 축소되고 경제성
장률이 지속적으로 하락하고 있는 현상을 의미한다.

② 일상적인 경기변동 과정에서 불황과는 다른 차원에서의 경
기침체를 의미하는 것으로 향후에도 침체가 이어질 것으로
예상되므로 문제가 심각하다.

③ 경제발전 과정에서 자본축적이 고도화되고 자본의 한계
생산성이 낮아지면서 경제성장률이 하향 안정화되어 가는
과정으로 볼 수 있고 일면 자연스러운 현상일 수도 있다는
전문가의 의견도 있다.

④ 인구고령화로 인하여 생산가능인구가 급격히 감소하여 생산
과 소비가 저하되는 것이 한 원인이다.

⑤ 근본적으로 2008년 미국발 금융위기의 여파로부터 회복이
지연되면서 발생한 현상인데 미국의 경기회복이 진행되면서
우리나라의 저성장 국면 문제는 해결될 것이다.

468 61회 기출

다음 그래프는 A국의 2018년 상반기 BSI(Business Survey Index)의 전망과 실적의 추세를 나타낸 것이다. 이 그래프에 대한 해석으로 가장 옳지 않은 것은?

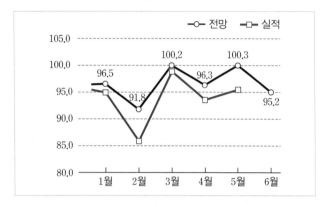

① 6월 BSI 전망 수치는 전월 대비 하락하며 100선을 하회하고 있으며, 상반기에 두 번째로 낮은 수치이다.
② 5월 BSI 전망 수치는 100선을 상회하며 기대감을 보였지만, 5월 BSI 실적 수치는 부진한 것으로 나타났다.
③ BSI 실적 수치는 대체로 전망 수치 아래에 머물고 있다.
④ BSI 전망과 실적의 추이는 대체로 일치한다.
⑤ BSI는 경기 동향에 대해 소비자들의 판단·예측 등의 변화 추이를 관찰하여 지수화한 지표이다.

469 60회 기출

"BSI, CSI 지수가 3분기 연속 100을 넘었다."는 신문기사가 나왔다. 이에 따른 경제현상을 바르게 설명한 것은?

① 고용이 증가한다.
② 기업의 투자가 줄어든다.
③ 소비자의 소비심리가 위축되었다.
④ 한국은행이 기준금리를 인하할 것이다.
⑤ 경제상황을 부정적으로 보는 기업들이 더 많다.

470

경제의 지속적인 성장을 설명하는 모형에서 사용하지 않는 것은?

① 생산성의 지속적 증가
② 규모에 대해 수익이 일정한 근로자 1인당 생산함수
③ 인적자본의 지속적인 축적
④ 기술개발이나 혁신의 증가
⑤ 잠재GDP의 증가

471

다음은 1월 '소비자물가동향'과 '비목별동향'에 관한 자료이다. 이에 대한 분석으로 옳은 것은?

(단위: %)

물가	구분	2024. 1 (2020년 기준)	동향 비목	등락률(2024. 1)	
				전월비	전년 동월비
소비자 물가	지수	112.7	1. 식료품	1.1	5.7
	전월비	0.6	⋮	⋮	⋮
	전년 동월비	3.4	7. 교육	0.3	6.1
생활 물가	지수	114.5	8. 교양오락	0.6	−0.7
	전월비	0.9	9. 교통·통신	0.5	0.4
	전년 동월비	4.3	10. 기타잡비	0.3	1.9

① 전월에 비해 지수물가와 체감물가가 모두 하락하였다.
② 식료품은 전월 대비 등락률이 가장 낮은 것으로 나타난다.
③ 전년도 같은 달에 비해 지수물가보다 체감물가가 조금 더 하락하였다.
④ 전년도 같은 달과 비교하여 교양오락은 물가 상승에 많은 영향을 주었다.
⑤ 학생이 있는 가정은 전년도 같은 달에 비해 물가 상승을 더 민감하게 느꼈을 것이다.

472

경기변동과 관련한 설명으로 옳지 않은 것은?

① 경제심리지수는 경기선행지표이다.
② 경기가 호황이면 장단기 금리 차이가 커지게 된다.
③ 저축보다 투자가 많을 때 경제는 호황 상태가 된다.
④ 수출이 감소하면 내수가 진작되어 경기호황이 온다.
⑤ 투자가 소비보다 경기변동에 더욱 민감하게 반응하는 것이 일반적이다.

473

경기지수에 대한 옳은 설명을 〈보기〉에서 고른 것은?

┌─〈보기〉───────────────────────────────┐
가. 우리나라는 경기종합지수를 대표적인 경기지수로 사용한다.
나. 기업경기실사지수는 200을 기준으로 향후 경기의 향방을
　　판단한다.
다. 소비자동향지수는 긍정과 부정의 응답이 동일한 경우 0의
　　값을 갖는다.
라. 기업경기실사지수는 기업인을, 소비자동향지수는 소비자를
　　대상으로 한 설문조사를 통해 작성된다.
└──────────────────────────────────┘

① 가, 다　　　　　　　② 가, 라
③ 나, 다　　　　　　　④ 나, 라
⑤ 다, 라

474

다음 빈칸 ㉠, ㉡에 들어갈 용어로 적절한 것은?

┌──────────────────────────────────┐
새 고전학파 경제학자들은 기술혁신, 경영혁신, 석유파동 등과
같은 생산물의 (㉠)곡선에 영향을 미치는 요인들이 경기변
동의 주요 원인이라고 주장하였다. 이를 '실물적 경기변동이론'
이라고 한다. 새 케인스학파는 케인스학파의 전통을 이어받아
민간소비(C), 투자지출(I), 순수출(NX) 등 (㉡) 측면에서
충격이 발생하여 경기변동이 발생한다고 주장한다. 기업의 투
자 증가로 총수요곡선이 오른쪽으로 이동하였다고 하자. 케인
스학파는 우상향의 공급곡선을 가정하므로, 생산량이 증가하고
물가가 상승하여 이는 실업의 감소, 소비·저축·투자의 증가로
이어진다.
└──────────────────────────────────┘

	㉠	㉡
①	총수요	총공급
②	총수요	완전고용생산량
③	총공급	총수요
④	총공급	완전고용생산량
⑤	완전고용생산량	총공급

475

다음 그림은 슘페터의 경기변동을 보여 준다. ㉠~㉣에 해당하
는 내용을 〈보기〉에서 고른 것은?

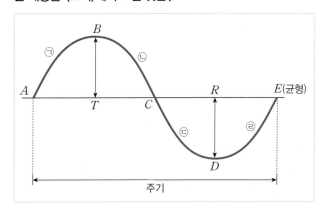

┌─〈보기〉───────────────────────────────┐
가. 성장속도가 둔화되는 구간을 의미한다.
나. 경제가 침체된 상태에 머물러 있다가 다시 회복하여 성장을
　　위한 발판을 마련하는 구간을 의미한다.
다. 경제가 평균보다 높은 수준을 구가하는 단계를 의미한다.
라. 성장의 폭이 감소하던 경제가 결국 성장의 불황 국면으로
　　변모하게 되는 단계이다.
└──────────────────────────────────┘

	㉠	㉡	㉢	㉣
①	가	나	다	라
②	가	나	라	다
③	다	가	라	나
④	다	라	가	나
⑤	라	가	다	나

476

다음은 2024년 7월 한 달간 A국의 주식시장을 보여 주는 지표이다. 향후 A국의 경제를 예측한 것으로 적절하지 않은 것은?

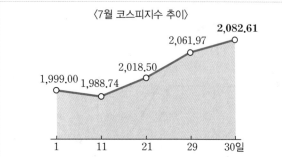

〈7월 코스피지수 추이〉

1,999.00 1,988.74 2,018.50 2,061.97 **2,082.61**

1 11 21 29 30일

경기부양책 힘인가, 기대감이 부풀린 단기 성과인가. 비실대던 증시가 수직상승해 2,100선을 바라보고 있다. 경제지표에서도 일부 청신호가 나오면서 경제회복 기대감이 자라고 있다. 전문가들 사이에서는 경기부양책 발표에 따른 '반짝 효과'라는 분석과 본격적인 성장궤도에 진입하는 '출발선'이라는 시선이 엇갈리고 있다. 30일 코스피는 전날보다 20.64포인트(1.00%) 오른 2,082.61로 장을 마감했다. 4거래일 연속 연중 최고치이다. 시장의 시선은 2016년 5월에 기록했던 2,228.96이라는 사상 최고치의 기록을 경신할 수 있을지에 쏠리고 있다.

① 경기부양책이 효과를 발휘했다고 볼 수 있다.
② 정부의 경기부양에 대한 기대는 외국인의 주식 투자 증가에도 기여했을 것이다.
③ 중앙은행의 기준금리 인하 기대도 시중 자금의 증시 쏠림 현상을 가속화할 가능성이 높다.
④ 코스피지수는 대표적인 동행종합지수로서, 현재 A국의 경기가 호조를 보이고 있음을 알 수 있다.
⑤ 미국의 양적 완화 축소 움직임은 A국의 경기부양책이 단기에 끝날 수 있는 부정적 요인이다.

477

다음 빈칸에 들어갈 용어로 적절한 것은?

약 100년에 걸친 영국, 미국, 독일, 프랑스의 물가와 임금과 같은 가격자료와 석탄, 철강 및 비철금속의 소비, 생산과 같은 물량자료를 연구한 결과 약 40년 내지 60년의 장기순환을 발견하였다. 이러한 장기파동은 자본주의 경제체제가 시작된 이래 계속되어 왔지만 이를 체계적으로 연구한 학자는 없었다. 하지만 연구가 진행되어 제1차 장기파동은 섬유와 직물을 중심으로 한 산업혁명에 의해, 제2차 장기파동은 증기기관과 철강에 의한 철도건설에 의해, 제3차 장기파동은 전기, 자동차, 화학공업에 의한 산업발전에 의해, 그리고 제4차 장기파동은 반도체, 컴퓨터, 생명공학, 신소재에 의해 주도되었음을 밝혀냈다. 이를 (   ) 파동이라고 한다.

① 쥬글라
② 콘트라티에프
③ 키친
④ 슘페터
⑤ 쿠즈네츠

478

다음은 한국경제연구원이 매출액 기준 600대 기업을 대상으로 실시한 기업경기실사지수 조사 결과이다. 다음 〈보기〉에서 옳은 내용을 고른 것은?

〈종합경기 BSI 추이〉

구분	'19.12	'20.1	2	3	4	5	6	7	8	9	10	11	12
종합경기 (전망)	90.0	90.3	92.0	84.4	59.3	61.8	68.9	73.7	81.6	83.5	84.6	99.5	98.9
종합경기 (실적)	90.1	89.3	78.9	65.5	58.8	70.6	74.2	84.2	79.8	84.0	98.7	98.0	–

신종 코로나바이러스 감염증(코로나19) 3차 유행 우려로 우리나라 기업들의 체감경기 상승세가 꺾였다. 25일 한국경제연구원(이하 한경연)이 매출액 기준 600대 기업을 대상으로 실시한 기업경기실사지수(BSI) 조사 결과, 12월 전망치는 98.9이었다. 이는 지난달 전망치(99.5)에 비해 0.6포인트 하락한 수치이다. 부문별로는 내수(98.9), 수출(96.1), 투자(94.7), 자금(99.2), 재고(100.6, 100 이상일 때 부정적 답변을 의미), 고용(93.3), 채산성(95.5) 등 전(全) 부문에서 기준선 아래였다. 업종별로 보면, 비제조업(103.2)은 계절적 요인에 따른 난방 수요 증가·연말 사업 수주 증가가 예상되면서 전기·가스업, 건설업을 중심으로 긍정적 전망을 보였다. 그러나 제조업 체감경기(95.5)는 전달보다 3.6포인트 감소하며 부정적 전망을 이어갔다.

〈보기〉

가. 우리나라의 경우 기업경기실사지수는 한국은행, 전경련, 대한상공회의소 등 다양한 기관에서 제공한다.

나. 2020년 8월의 전망은 코로나19 2차 유행시기가 반영되었다고 추론할 수 있다.

다. 내수부진과 소비심리 위축으로 인해 현재보다 더 과감한 정책이 필요하다.

라. 전반적인 지수 감소에도 불구하고 계절적 요인으로 인해 비제조업은 향후 경제에 대한 기대가 상대적으로 높다.

① 가
② 가, 나
③ 가, 나, 다
④ 가, 다, 라
⑤ 가, 나, 다, 라

479

경기변동의 특징에 해당하는 내용을 〈보기〉에서 고른 것은?

〈보기〉

가. 반복적이면서 비주기적이다.

나. 호황과 불황이 대체로 대칭적이다.

다. 경제의 다양한 변수들이 함께 움직인다.

라. 경기변동은 호황과 불황의 반복이 비지속적인 특징을 갖는다.

① 가, 나
② 가, 다
③ 나, 다
④ 나, 라
⑤ 다, 라

480

다음은 OECD가 발표한 경기선행지수이다. 이에 대해 옳게 분석한 내용을 〈보기〉에서 모두 고른 것은?

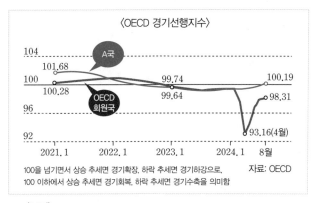

〈OECD 경기선행지수〉

100을 넘기면서 상승 추세면 경기확장, 하락 추세면 경기하강으로, 100 이하에서 상승 추세면 경기회복, 하락 추세면 경기수축을 의미함

자료: OECD

〈보기〉

가. 2024년 1월 이후 A국의 경우 OECD 회원국 전체보다 향후 경기를 낙관적으로 전망하고 있음을 알 수 있다.

나. 2024년 1월 이전 A국의 경기선행지수는 하락추세였으나, 2024년 1월 이후 상승하고 있다.

다. A국의 경기선행지수가 기준점 100을 상회하면서 당장 회복세를 기대해도 좋은 상태라 할 수 있다.

① 가
② 가, 나
③ 가, 다
④ 나, 다
⑤ 가, 나, 다

481

다음은 한국은행이 2022년 9월 발표한 소비자심리지수 추이이다. 이에 대한 옳은 분석을 〈보기〉에서 고른 것은?

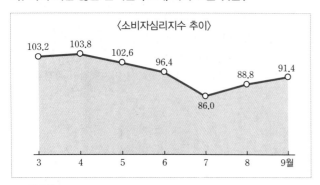

〈소비자심리지수 추이〉

월	3	4	5	6	7	8	9
수치	103.2	103.8	102.6	96.4	86.0	88.8	91.4

〈보기〉

가. 경기종합지수의 수치는 소비자심리지수에 영향을 미치지 않는다.

나. 소비자심리지수는 100을 기준으로 100보다 크면 향후 경기를 낙관적으로 보는 것을 의미한다.

다. 7월의 소비자심리지수는 경기회복세 둔화로 소비자들의 경기인식을 반영한 것이다.

라. 소비자동향지수와 소비자심리지수는 무관한 지표이다.

① 가, 나
② 가, 다
③ 가, 라
④ 나, 다
⑤ 다, 라

482

실물적 경기변동이론의 내용과 관계가 없는 것은?

① 통화정책은 총수요 증가를 통해 실질GDP에 영향을 미칠 수 있다.

② 경기변동에 큰 영향을 미치는 것은 기술충격이다.

③ 경기변동은 균형으로 수렴하는 현상이다.

④ 경기변동은 경제환경의 변화에 경제주체가 합리적으로 대처하기 때문에 일어나는 현상이다.

⑤ 경기변동의 관점에서 실업은 효용극대화에 따른 선택이다.

483

실물적 경기변동이론에서 주장하는 내용으로 옳은 것은?

① 금리의 변동이 경기변동의 주요 원인이다.

② 기술혁신, 경영혁신 등이 경기변동의 주요 원인이다.

③ 경제는 단기와 장기가 있지만, 장기에 우리는 모두 죽는다.

④ 총수요관리정책의 적절한 활용은 경기안정화에 도움이 된다.

⑤ 준칙에 의한 통화정책은 매우 중요하다.

484

다음 그림은 경기순환을 나타내는 것이다. D점에서 E점으로 균형이동할 때 적절한 정책을 〈보기〉에서 고른 것은?

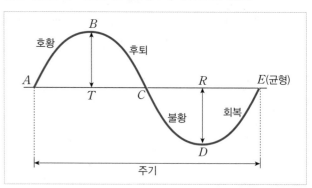

〈보기〉

가. 기준금리 인하

나. 정부의 대출규제 완화

다. 소득세율 인상

라. 통화가치의 인위적인 절상

① 가, 나
② 가, 다
③ 나, 다
④ 나, 라
⑤ 다, 라

485

경제성장에 관한 설명으로 옳지 않은 것은?

① 인구증가율이 높을수록 1인당 소득이 낮은 경향이 있다.
② 저축률이 높을수록 1인당 소득이 높은 경향이 있다.
③ 생활 수준의 향상을 양적인 성장으로 측정할 때 활용하는 대표 지표는 명목GDP 증가율이다.
④ 지적재산권이나 특허권의 도입은 기술혁신을 촉진시킨다.
⑤ 전체 인구 중 취업자 비중이 동일하고 1인당 노동시간이 동일하다면 1인당 평균노동생산성이 높을수록 1인당 국민소득이 높다.

486

미국의 경제학자 쿠즈네츠가 발견한 경제성장의 특징으로 적절하지 않은 것은?

① 1인당 실질GDP와 인구증가율이 높다.
② 노동생산성의 증가율이 높다.
③ 시장과 원자재 확보를 위한 대외진출성향이 강하다.
④ 경제구조의 전환에서 각 단계가 매우 길다.
⑤ 이념상의 개선이 빠르다.

487

경제성장의 요인에 대한 옳은 설명을 〈보기〉에서 고른 것은?

─〈보기〉─
가. 경제성장의 요인 중 투자는 총수요를 감소시키는 요인이다.
나. 저축은 경제성장에 간접적인 영향을 미치지만 기본적으로 무관한 요인이다.
다. 일반적으로 1인당 GDP 상승률이 높을수록 경제성장이 가속화되는 경향이 있다.
라. 기술진보가 이루어지면 동일한 생산요소의 투입으로 더 많은 생산이 가능하기 때문에 경제성장의 주요 요인이다.

① 가, 나 ② 가, 다
③ 나, 다 ④ 나, 라
⑤ 다, 라

488

한국과 북한의 통일로 인해 경제 전체의 노동자 수가 증가했다고 할 때 단기적으로 나타날 경제상황 변화를 〈보기〉에서 고른 것은? (단, 한국과 북한의 노동생산성은 같다.)

─〈보기〉─
가. 노동의 공급 증가로 인한 임금의 하락으로 노동수요가 증가하여 경제 전체의 생산량이 증가한다.
나. 경제 전체의 실질GDP는 증가하고 1인당 실질GDP도 증가한다.
다. 경제 전체의 명목GDP가 증가하고 1인당 실질GDP는 감소한다.
라. 경제 전체의 실질GDP가 증가하고 1인당 실질GDP는 감소한다.

① 가, 나 ② 가, 라
③ 나, 다 ④ 나, 라
⑤ 다, 라

489

다음은 최근 발표된 일련의 경제정책들이다. 이러한 정책들을 시행하기에 가장 적절한 경기순환의 국면은?

• 일자리 창출 종합 대책
• 승용차, 에어컨 등에 대한 특별 소비세 인하
• 고용 창출형 창업 투자 활성화 대책
• 토지규제 완화 방안
• 건설 경기 진작 방안

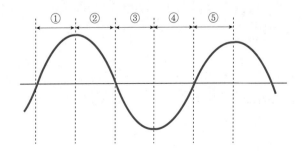

PART

03

국제경제

한눈에 보는 학습 중요도 & BEST 출제 키워드

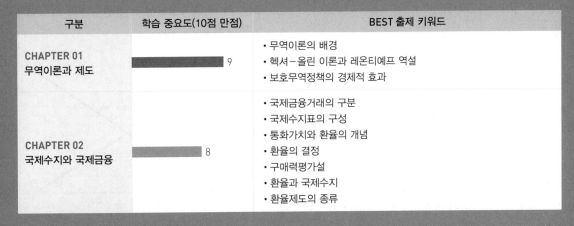

구분	학습 중요도(10점 만점)	BEST 출제 키워드
CHAPTER 01 무역이론과 제도	9	• 무역이론의 배경 • 헥셔−올린 이론과 레온티예프 역설 • 보호무역정책의 경제적 효과
CHAPTER 02 국제수지와 국제금융	8	• 국제금융거래의 구분 • 국제수지표의 구성 • 통화가치와 환율의 개념 • 환율의 결정 • 구매력평가설 • 환율과 국제수지 • 환율제도의 종류

※ 학습 중요도와 BEST 출제 키워드는 출제빈도 분석과 출제기준 자료를 바탕으로 수록했습니다.

CHAPTER 01 | 무역이론과 제도

490 52회 기출

다음 자료는 한국과 중국이 각각 의류와 기계를 1단위씩 생산하는 데 드는 노동력을 비교한 것이다. 이에 대한 분석으로 옳은 것은? (단, 두 나라 간에 생산요소 이동은 없고, 상품 생산에 있어 노동비용만이 필요하다고 가정한다.)

구분	한국	중국
의류(1단위)	9명	10명
기계(1단위)	8명	12명

① 중국은 기계 생산에 있어 비교우위를 가진다.
② 한국은 의류에 비교우위를 가지므로 의류 생산에 특화해야 한다.
③ 중국이 의류와 기계 생산에 있어 모두 절대우위를 가지고 있다.
④ 한국이 중국과 무역을 하면 손해만 보게 된다.
⑤ 한국은 중국에 기계를 수출하고 의류를 수입하는 것이 유리하다.

491 62회 기출

갑국과 을국이 비교우위에 따라 무역을 하면 이후 해당 국가에 미칠 영향으로 옳은 것을 〈보기〉에서 모두 고르면?

〈보기〉
가. 외국 상품이 국내 시장을 왜곡한다.
나. 모든 산업의 근로자는 고용, 실업에서 영향을 받지 않는다.
다. 국내 독점 산업의 진입장벽이 제거되면서 국내 소비자잉여가 증가한다.
라. 다양한 상품을 저렴한 가격에 구매할 수 있다.

① 가, 나   ② 가, 다
③ 나, 다   ④ 나, 라
⑤ 다, 라

492 61회 기출

다음은 K국가가 M재화에 대해 관세를 부과한 그래프이다. 관세 부과로 인해 K국 정부가 얻게 되는 관세수입의 크기에 해당하는 것은? (단, P: 재화의 가격, Q: 재화의 수량, S: 국내 공급곡선, D: 국내 수요곡선, P_0: 관세 부과 전 국내가격, P_1: 관세 부과 후 국내가격)

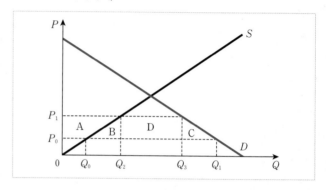

① A   ② C
③ D   ④ B + C
⑤ B + D + C

493 52회 기출

그림은 교역 전 소규모 경제의 국내 자전거 시장을 나타낸다. 이 경제가 자전거를 자유무역하기로 할 때, 이 경제에 대한 분석으로 옳지 않은 것은? (단, A~D는 해당 영역의 넓이를 나타낸다.)

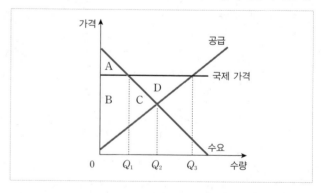

① 자유무역 전 사회 전체의 잉여는 A+B+C이다.
② 자전거 수출량은 $(Q_3 - Q_1)$이다.
③ 교역 후 소비자잉여는 감소한다.
④ 교역 후 생산자잉여는 B+C이다.
⑤ 교역 후 사회 전체의 잉여는 증가한다.

494
51회 기출

소규모 국가의 무역정책에 관한 설명 중 옳지 않은 것은? (단, 해당 국가 내 기업들은 완전경쟁 상태이다.)

① 자급자족을 중단하고 자유무역을 실시하면 후생은 증가한다.
② 수입관세의 부과로 소비자잉여가 감소한다.
③ 수입관세의 부과로 정부수입이 증가한다.
④ 수입관세의 부과로 생산자잉여가 감소한다.
⑤ 수입관세의 부과로 인해 자중손실이 발생한다.

495
54회 기출

다음은 관세와 수입쿼터에 관한 내용이다. 보기 중 옳지 않은 것은?

① 관세는 가격규제이고, 수입쿼터는 수량규제이다.
② 관세부과 정책은 해당 국가의 경제적 총잉여를 항상 감소시킨다.
③ 자국 내 산업 보호가 목적인 경우라면 관세가 쿼터보다 효과적인 정책이다.
④ 수입쿼터양이 설정된 상태에서 국내수요가 증가하면 국내가격이 상승한다.
⑤ 단위당 관세금액이 설정된 상태에서 국내수요가 증가하면 수입량이 증가한다.

496

표는 A국과의 자유무역협정(FTA) 주요 내용이다. 이에 대한 분석으로 옳은 것을 〈보기〉에서 고른 것은?

한국 시장 개방 품목	관세 철폐 시기	A국 시장 개방 품목
양모, 커피 등 9,740개	즉시 철폐	자동차, TV 등 2,450개
토마토, 돼지고기 등 262개	10년 이내	축전지, 청소기 등 1,190개
마늘, 양파 등 373개	뉴라운드 발효 후 논의	–
쌀, 사과, 배 등 21개	제외 품목	세탁기, 냉장고 등 54개

〈보기〉
가. 한국의 자동차 수출은 증가할 것이다.
나. A국과 더 이상의 협상이 필요 없을 것이다.
다. A국은 아무런 조건 없이 시장을 모두 개방하였다.
라. 한국은 협상 과정에서 농산물 개방 정도를 놓고 고심한 흔적이 보인다.
마. 한국은 농민의 피해를 최소화하기 위해 다각적인 대책을 세워야 할 것이다.

① 가, 나, 다　　② 가, 나, 라
③ 가, 라, 마　　④ 나, 다, 마
⑤ 다, 라, 마

497

국가 간 교역의 기본원리에 대한 옳은 설명을 〈보기〉에서 고른 것은?

〈보기〉
가. 각국은 기회비용이 작은 재화를 생산한다.
나. 모든 재화에 절대적인 우위가 한 나라에 있는 교역은 성립하지 않는다.
다. 교역이 이루어지면 한 나라가 이득을 보고 다른 나라는 손해를 본다.
라. 기회비용의 크기가 비교우위를 결정한다.

① 가, 나　　② 가, 라
③ 나, 다　　④ 나, 라
⑤ 다, 라

498

다음 자료에 대한 분석으로 옳지 않은 것은?

갑국과 을국은 모두 노동만을 생산요소로 사용하여 X재와 Y재를 생산하고 소비한다. 교역 시 양국은 각각 비교우위에 있는 재화를 특화한다. 표는 각 재화 1단위를 생산하는 데 필요한 노동시간을 나타낸다.

구분	갑국	을국
X재	2시간	3시간
Y재	4시간	㉠ 9시간

① 갑국에서 X재 1단위 생산의 기회비용은 Y재 1/2단위이다.
② 갑국은 X재와 Y재의 생산에 모두 절대우위를 갖는다.
③ 을국은 X재의 생산에 비교우위를 갖는다.
④ Y재 1단위와 X재 3단위가 교환되면 양국 모두 이득을 얻는다.
⑤ ㉠이 6시간으로 감소하면 양국이 교역으로부터 얻는 이득은 발생하지 않는다.

499

교역조건과 관련된 설명으로 옳지 않은 것은?

① 교역조건이란 한 단위의 수출상품과 수입상품이 교환되는 비율을 의미한다.
② 자국 화폐가치가 떨어지면 교역조건은 악화된다.
③ 교역조건이 나빠지면 항상 국제수지가 악화된다.
④ 이론적으로 교역조건은 상품의 수출입뿐 아니라 서비스 거래까지 포함한다.
⑤ 한 나라의 수출상품과 교환될 수 있는 수입상품의 양이 증가하면 교역조건은 개선된 것이다.

500

한국과 미국은 노동만을 활용해 TV와 휴대폰을 생산한다. 한국은 TV 1대 생산에 15명, 휴대폰 1대 생산에 30명이 필요한 반면, 미국은 각각 12명과 20명이 필요하다. 이러한 상황에 대한 옳은 분석 및 추론을 〈보기〉에서 모두 고른 것은?

〈보기〉
가. 한국은 TV 생산에 절대우위가 있다.
나. 미국은 휴대폰 생산에 절대우위가 있다.
다. 한국은 TV를 수출하고 휴대폰을 수입할 것이다.

① 가
② 가, 나
③ 가, 다
④ 나, 다
⑤ 가, 나, 다

501

같은 양의 자본과 노동으로 A국은 강판 40톤과 타이어 40톤을 생산하는 반면, B국은 강판 20톤과 타이어 32톤을 생산한다. 이에 대한 옳은 분석을 〈보기〉에서 고른 것은?

〈보기〉
가. A국은 타이어를 수입하고 강판을 수출한다.
나. A국은 두 제품 모두 수입한다.
다. 상대가격은 $\left(\dfrac{P_{강판}}{P_{타이어}}\right)_{A국} < \left(\dfrac{P_{강판}}{P_{타이어}}\right)_{B국}$ 이다.
라. A국은 두 제품 모두 수출한다.

① 가, 나
② 가, 다
③ 나, 다
④ 나, 라
⑤ 다, 라

502

다음 빈칸 ㉠, ㉡에 들어갈 내용을 바르게 연결한 것은?

비교우위론은 비교우위의 원인이 생산비의 상대적 차이에서 발생한다고 설명한다. 하지만 이러한 생산비의 차이가 왜 발생하는지에 대해서는 비교우위론은 설명하지 못한다. 이를 설명하는 것이 헥셔-올린 이론이다. 헥셔-올린 이론은 생산함수가 같더라도 (㉠)이 다르면 상품 생산에 투입된 자본과 노동의 비율에 차이가 나기 때문에 생산비의 차이가 발생하게 된다는 이론이다. 한편 헥셔-올린 이론은 기본적으로 노동과 자본 두 개의 생산요소를 가정하고, 이러한 생산요소의 부존량이 일정하며, 국가 간 생산요소 이동은 없다고 가정한다. 또한 생산기술이 두 국가 간에 동일하여 두 재화에 대한 생산함수도 동일하기 때문에 (㉡)을 가정한다.

	㉠	㉡
①	생산요소부존량	규모에 대한 수익 체감
②	생산요소부존량	규모에 대한 수익 불변
③	생산요소부존량	규모에 대한 수익 체증
④	생산요소가격	규모에 대한 수익 불변
⑤	생산요소가격	규모에 대한 수익 체감

503

다음 빈칸에 들어갈 용어로 적절한 것은?

헥셔-올린 이론에 의하면 요소가격이 높은 생산요소가 요소집약도에서 높아야 한다. 즉, 자본의 집약도가 높은 국가는 자본의 수요가 많아져 자본의 가격이 높고, 노동의 가격이 낮아진다. 자본의 집약도가 높은데 노동의 가격이 높다면 이는 헥셔-올린 이론의 주장과 배치되는 현상이 된다. 미국의 경제학자 레온티예프는 미국의 자료를 분석한 결과, 헥셔-올린 이론의 주장과 반대되는 사례를 발견했다. 미국에서 노동이 자본집약적 산업으로 분류되는 현상을 발견한 것이다. 즉, 다른 국가에 비해 자본이 풍부한 국가인 미국이 자본집약적 상품을 수입하고 노동집약적 상품을 수출한다는 결론이 나온 것이다. 이를 ( )이라고 한다.

① 립진스키 정리
② 헥셔-올린 정리
③ 레온티예프 역설
④ 요소가격균등화 정리
⑤ 요소부존도 이론

504

갑국과 을국에서 동일 사양의 TV와 휴대폰의 국내 생산가격 비율이 주어진 식과 같이 갑국보다 을국이 높을 때, 다음 중 옳은 것은?

$$\left(\frac{P_{TV}}{P_{휴대폰}}\right)_{갑국} < \left(\frac{P_{TV}}{P_{휴대폰}}\right)_{을국}$$

① 갑국은 을국에 비해 TV와 휴대폰 생산 모두에 절대우위가 있다.
② 을국은 갑국에 비해 TV와 휴대폰 생산 모두에 절대우위가 있다.
③ 갑국은 TV 생산에, 을국은 휴대폰 생산에 각각 비교우위가 있다.
④ 갑국은 휴대폰 생산에, 을국은 TV 생산에 각각 비교우위가 있다.
⑤ 갑국과 을국 사이에 비교우위가 존재하지 않는다.

505

다음은 대체적 무역이론 중 제품수명주기설의 핵심 아이디어를 보여 준다. ㉠, ㉡에 해당하는 단계를 바르게 연결한 것은?

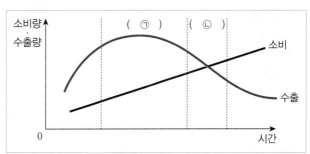

	㉠	㉡
①	개발 단계	성숙 단계
②	개발 단계	쇠퇴 단계
③	개발 단계	표준화 단계
④	성숙 단계	쇠퇴 단계
⑤	성장 단계	표준화 단계

506

다음은 대표적인 두 무역정책을 알 수 있는 신문기사이다. 각 무역정책이 목표로 하는 바로 적절한 것은?

무역협정은 일종의 '경제 블록'이다. 두 나라가 맺을 수도 있고(양자협정), 3개 이상의 나라가 맺을 수도 있다(다자간 협정). 자유무역협정(FTA)은 대표적인 양자협정이다. 협정에 참여한 국가끼리는 서로 관세를 낮추는 특혜를 준다. 그 결과 이들 국가 간에는 교역과 투자가 늘어나게 된다. 협정에 참여하는 나라가 많을수록 경제 블록의 영향력이 세지는 것은 물론이다. 이렇게 해서 다자간 무역협정은 보호주의의 파고를 넘는 데 유력한 돌파구가 되는 것이다. 하지만 같은 이유로 다자간 무역협정이 또 다른 '무역장벽'이 될 가능성도 배제할 수 없다. 협정에 참여하지 않은 국가는 교역에서 상대적으로 불리해지기 때문이다.
– 한국경제신문. 2018년 3월 19일

미국 재무부와 에너지부는 지난 1일 인플레이션 감축법(IRA)의 전기차 세액공제 혜택을 받을 수 없는 FEOC에 대한 세부 규정안을 발표했다. 미국 정부는 배터리 부품, 핵심 광물 원산지 요건을 충족하고, 북미에서 최종 조립된 전기차에 대해 IRA에 따라 최대 7,500달러, 우리 돈으로 약 1,000만 원의 세액공제 혜택을 주고 있다. 이 혜택을 받기 위해 분리막, 전해질 등 배터리 부품은 2024년, 배터리 양극재와 음극재에 들어가는 니켈·리튬·흑연 등 핵심 광물은 2025년부터 FEOC에서 조달하면 안 된다. 이번 발표에는 중국 정부와 관련된 합작회사 지분율이 25% 이상인 경우도 포함됐다. 미국이 자국 반도체 산업 강화를 위해 지난 8월 발효한 '반도체지원법'(칩스법)과 같은 기준을 적용한 것이다.
– 한국경제신문. 2023년 12월 11일

	〈첫 번째 기사〉	〈두 번째 기사〉
①	국내산업 발전	국제분업의 효과
②	국제수지 균형	국제특화의 효과
③	국제수지 균형	소비자 보호
④	국내통화가치 안정	유치산업 보호
⑤	특화의 이익	유치산업 보호

507

자본이 풍부한 미국과 노동이 풍부한 중국이 무역을 하고 있다. 무역 이후 이 두 국가의 요소집약도와 요소가격에 대한 옳은 설명은 모두 몇 개인가?

가. 두 나라의 요소집약도는 모두 낮아진다.
나. 두 나라의 요소집약도는 모두 높아진다.
다. 무역이 이루어지더라도 양국의 요소집약도는 변함없다.
라. 미국의 요소집약도는 높아지고, 중국의 요소집약도는 낮아진다.
마. 중국의 요소집약도는 높아지고, 미국의 요소집약도는 낮아진다.
바. 미국의 자본임대료는 하락하고, 중국의 노동임금은 상승한다.
사. 미국의 자본임대료는 상승하고, 중국의 노동임금은 하락한다.
아. 미국의 자본임대료는 상승하고, 중국의 노동임금도 상승한다.

① 2개
② 3개
③ 4개
④ 5개
⑤ 6개

508

무역이론에 대한 설명으로 옳지 않은 것은?

① 기술격차이론에 따르면 국가 간 상품생산의 비교우위를 결정하는 것은 국가마다 다른 기술 수준 때문이다.
② 제품의 수명주기에 따라 해당 제품의 비교우위가 변할 수 있다.
③ 전통적 무역이론과 제2차 세계대전 이후의 무역이론은 기본 가정이 다르다.
④ 리카도의 비교우위론에 따르면 모든 산업이 절대열위에 있더라도 최소한 하나 이상의 산업에서는 비교우위를 가질 수 있다.
⑤ 헥셔-올린 이론에 따르면 노동이 풍부한 나라가 노동절약적 상품에, 자본이 풍부한 나라가 자본절약적 상품에 비교우위를 갖는다.

509
교역조건에 대한 설명의 진위를 바르게 연결한 것은?

가. 교역조건이란 1단위의 수출상품과 수입상품이 교환되는 비율을 말한다.
나. 자국의 화폐가 평가절상되면 교역조건은 악화된다.
다. 이론적으로 교역조건은 상품뿐만 아니라 서비스 거래까지 포함한다.
라. 한 국가의 수출상품 1단위와 교환될 수 있는 수입품의 양이 증가하면 교역조건은 개선된다.
마. 교역조건이 악화되면 반드시 국제수지의 악화가 뒤따른다.

	가	나	다	라	마
①	○	×	○	×	○
②	○	×	○	○	×
③	×	○	×	○	○
④	×	×	×	○	○
⑤	○	○	○	×	×

510
무역장벽과 관련된 설명으로 옳지 않은 것은?

① 수입허가제는 비관세장벽의 하나이다.
② 상계관세는 자국 상품에 불리한 대우를 하는 나라의 상품에 부과하는 보복의 성격을 가진 관세이다.
③ 농식품에 대한 검수를 샘플검사에서 전수검사로 전환하는 것은 비관세장벽의 하나라고 할 수 있다.
④ 수출자율규제는 수출국이 스스로 특정 상품의 수출이 과도하지 않도록 일정 수준 이하로 억제하는 것이다.
⑤ 반덤핑관세는 덤핑수입으로 인해 피해를 입었거나 우려가 있는 경우 부과하는 관세이다.

511
다음은 영국과 칠레가 섬유와 와인을 생산하는 데 들어가는 노동시간을 나타낸 표이다. 이에 대한 옳은 분석을 〈보기〉에서 고른 것은?

구분	섬유	와인
영국	1시간	2시간
칠레	2시간	8시간

〈보기〉
가. 칠레의 경우 섬유 1단위 생산의 기회비용은 와인 1/4단위이다.
나. 영국의 경우 섬유 1단위 생산의 기회비용은 와인 1/6단위이다.
다. 영국은 와인 생산에 비교우위가 있고, 칠레는 섬유 생산에 비교우위가 있다.
라. 영국은 와인 생산에 절대열위가 있고, 칠레는 섬유 생산에 절대우위가 있다.
마. 칠레의 경우 와인 1단위 생산의 기회비용은 섬유 4단위이다.

① 가, 나　　　　② 나, 라
③ 라, 마　　　　④ 가, 다, 마
⑤ 나, 다, 라

512
표는 우리나라와 미국이 쌀 1kg의 생산과 소고기 1kg의 가공에 투입되는 노동량을 나타낸다. 이에 대한 설명으로 옳지 않은 것은?

구분	쌀	소고기
미국	2명	3명
한국	4명	5명

① 미국의 경우 소고기 1kg 생산의 기회비용은 쌀 3/2kg이다.
② 미국은 쌀 생산에 비교우위를 가진다.
③ 한국은 소고기 생산에 비교우위를 가진다.
④ 한국은 쌀과 소고기 생산 모두에서 비교열위에 있다.
⑤ 무역을 통해 양국 모두의 이익증진에 기여할 수 있다.

513

한국에서 스마트폰 1대를 생산하기 위해서는 6명의 노동력이 필요하고, 카메라 1대를 생산하기 위해서는 8명의 노동력이 필요하다. 한편 일본에서는 스마트폰 1대 생산을 위해서는 10명의 근로자가 필요하고 카메라 1대를 생산하기 위해서는 12명의 노동력이 필요하게 된다. 이에 대한 옳은 분석을 〈보기〉에서 고른 것은?

〈보기〉

가. 일본은 스마트폰과 카메라 생산 모두에서 비교열위에 있다.

나. 일본의 경우 카메라 1대 생산의 기회비용은 스마트폰 $\frac{12}{10}$개이다.

다. 한국은 스마트폰 생산에, 일본은 카메라 생산에 비교우위가 있다.

라. 한국의 경우 스마트폰 1대 생산의 기회비용은 카메라 $\frac{6}{8}$대이다.

마. 일본은 스마트폰과 카메라 생산 모두에서 절대우위를 갖는다.

① 가, 라
② 가, 마
③ 라, 마
④ 나, 다, 라
⑤ 나, 다, 마

514

다음 빈칸 ㉠, ㉡에 들어갈 내용으로 적절한 것은?

A국가는 상대적으로 노동력이 풍부하고 B국가는 상대적으로 자본이 풍부하다. 헥셔-올린 이론에 의하면 경제적 교류가 전혀 없던 양 국가 사이에 자유무역이 이루어지면 무역 이전과 비교하여 A국가의 임금은 (㉠), 이자율은 (㉡).

	㉠	㉡
①	상승하고	하락한다
②	상승하고	상승한다
③	하락하고	하락한다
④	하락하고	상승한다
⑤	변화없고	상승한다

515

다음 자료에 대한 설명으로 옳지 않은 것은?

다른 조건이 동일하다고 할 때, 프랑스산 밀 1kg의 생산 가격은 1달러인 반면 동일한 무게의 영국산 밀 생산가격은 2달러이다.
(가) 프랑스산 감자의 1kg당 생산가격이 5달러인데, 영국산 감자의 생산가격은 1kg당 1달러이다.
(나) 프랑스산 감자의 1kg당 생산가격이 10달러인데, 영국산 감자의 생산가격은 1kg당 15달러이다.

① (가)의 경우 영국은 감자 생산에 특화한다.
② (가)의 경우 프랑스는 밀 생산에 특화한다.
③ (나)의 경우 영국은 감자 생산에 절대우위가 있다.
④ (나)의 경우 프랑스는 밀 생산에 절대우위와 비교우위가 모두 있다.
⑤ 절대우위론에 따르면 (가)의 경우에는 영국과 프랑스의 교역이 가능하지만, (나)의 경우에는 불가능하다.

516

다음은 A국과 B국의 생산가능곡선이다. 이에 대한 설명으로 옳지 않은 것은?

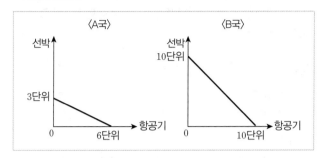

① 두 나라에서 주어진 자원을 사용하여 최대한 생산할 수 있는 선박과 항공기의 양을 보여 준다.
② A국이 선박 2단위, 항공기 1단위를 생산하는 것은 비효율적이다.
③ B국이 항공기 1단위를 더 생산하기 위한 기회비용은 선박 1단위이다.
④ B국이 선박 생산을 포기하고 A국에서 선박을 수입하면 이익이 된다.
⑤ 두 나라는 일정한 조건하에서 교역을 통해 특화의 이점을 누릴 수 있다.

517

다음은 A, B 두 재화에 대한 생산가능곡선을 나타낸다. 이에 대한 옳은 설명을 〈보기〉에서 고른 것은?

갑과 을은 교환을 통한 이득을 추구하고자 한다. 다만, 을은 교환을 통해 한 재화라도 현재보다 소비가 줄어들지 않을 경우에만 갑과 교환을 하겠다고 하였다.

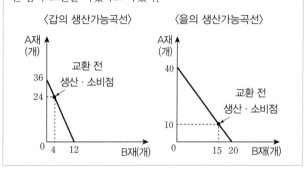

〈보기〉

가. 갑의 경우 B재를 1개 생산하는 데 따른 기회비용은 A재 3개이다.
나. A재와 B재의 교환비율이 1 : 1이라면 을은 갑의 제안을 수락할 것이다.
다. 교환을 통해 갑이 최대로 소비할 수 있는 A재와 B재의 수량은 각각 26개와 5개이다.
라. 두 사람이 비교우위가 있는 재화에 특화한 후 최대로 생산할 수 있는 A재와 B재의 수량은 각각 40개와 12개이다.

① 가, 나
② 가, 다
③ 나, 다
④ 나, 라
⑤ 다, 라

518

다음 그림은 A, B국이 동일한 양의 생산요소를 투입하여 생산할 수 있는 의류와 기계의 양을 나타낸 것이다. 이에 대한 옳은 분석을 〈보기〉에서 모두 고른 것은? (단, 두 나라가 투입한 생산요소의 가격은 동일하다.)

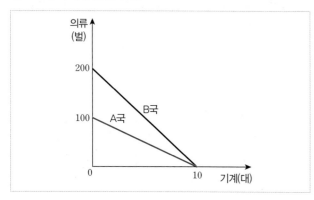

〈보기〉

가. 기계 10대의 생산비는 A국이 B국보다 적다.
나. A국은 기계 생산에, B국은 의류 생산에 비교우위가 있다.
다. 두 나라가 무역을 할 경우 상호 이익이 발생할 수 있다.

① 가
② 나
③ 다
④ 가, 나
⑤ 나, 다

519

다음은 A국과 B국이 휴대전화 1단위와 에어컨 1단위를 생산하는 데 투입되는 노동자 수를 나타낸 것이다. 이에 대한 옳은 분석을 〈보기〉에서 고른 것은? (단, 휴대전화와 에어컨의 교역 조건은 1:1이다.)

상품＼국가	A국	B국
휴대전화	10명	8명
에어컨	12명	5명

〈보기〉

가. A국은 휴대전화 생산에, B국은 에어컨 생산에 절대우위가 있다.
나. A국은 휴대전화를, B국은 에어컨을 특화·생산하는 것이 유리하다.
다. A국이 특화한 상품을 2단위 생산하여 1단위를 교역할 경우, 3명의 노동력 절감 효과를 거둘 수 있다.
라. B국이 특화한 상품을 2단위 생산하여 1단위를 교역할 경우, 특화 상품의 0.6단위에 해당되는 무역 이익을 얻을 수 있다.

① 가, 나
② 가, 다
③ 나, 다
④ 나, 라
⑤ 다, 라

520 52회 기출

아래와 같은 경제 현상을 발생시킬 수 있는 원인에 대해 올바르게 짝지은 것은?

> • 경상수지 적자폭 감소
> • 국내 물가 상승
> • 외채 상환 부담의 증가
> • 해외 여행객 및 해외 유학생 수 감소

① 외국에 대한 원조 감소, 외국인의 국내 투자 증가
② 외국에 대한 원조 증가, 외국인의 국내 여행 증가
③ 외채 상환액 증가, 외국인의 국내 투자 증가
④ 해외 송금(국내→해외) 감소, 차관 도입 감소
⑤ 해외 송금(국내→해외) 증가, 외국인의 국내 투자 감소

521 54회 기출

다음 중 외환보유액이 늘어나는 경우는?

① 수출이 100만 달러 증가하고, 수입도 100만 달러 증가
② 수출이 100만 달러 증가하고, 외국인의 국내 주식 시장에 대한 투자가 100만 달러 증가
③ 수입이 100만 달러 증가하고, 외국인의 국내 주식 시장에 대한 투자가 100만 달러 증가
④ 수입이 100만 달러 증가하고, 내국인의 외국 주식 시장에 대한 투자가 100만 달러 증가
⑤ 내국인의 외국 주식시장에 대한 투자가 100만 달러 증가하고, 외국인의 국내 주식시장에 대한 투자가 100만 달러 증가

522 51회 기출

한 투자자가 미국에서 연 1%로 달러화 자금을 조달해 브라질의 연 10% 1년 만기 금융상품에 투자했다고 하자. 투자 1년 후 브라질 헤알화의 가치는 15% 하락했다. 이 경우 이 투자자의 연간 투자 손익은? (단, 환전수수료와 투자 부대비용은 감안하지 않는다.)

① −6% ② −5%
③ 10% ④ 11%
⑤ 24%

523 79회 기출

5명의 학생이 외환시장에 대한 중앙은행의 개입과 관련한 대화를 하고 있다. 이와 관련하여 옳은 내용을 말한 학생을 모두 고르면? (단, 환율은 달러화 대비 원화 환율이다.)

> • 가영: 외국인의 국내 주식시장에 대한 투자가 늘어나면서 외환공급이 늘어났어.
> • 나영: 그래서 환율이 하락 압력을 받고 있지.
> • 다영: 환율이 하락하면, 수입이 줄어들어 무역수지가 흑자를 기록할 거야.
> • 라영: 그래서 중앙은행이 외환시장에서 달러를 매입하고 있는 거야.
> • 마영: 그렇다면 국내 통화량이 줄어들 텐데.

① 가영, 나영, 다영
② 가영, 나영, 라영
③ 나영, 다영, 라영
④ 나영, 다영, 마영
⑤ 다영, 라영, 마영

524
61회 기출

자료를 분석하여 작성한 아래 제시문 A~C에 들어갈 내용을 올바르게 나열한 것은? (단, 갑국의 경상수지는 상품수지와 서비스수지로만 구성된다고 가정한다.)

〈2019년 갑국의 경상수지〉

• 경상수지 적자 규모: 60억 달러
  ○ 상품수지 (㉠) 규모: (㉡)
    – 상품 수출 총액: 70억 달러
    – 상품 수입 총액: 50억 달러
  ○ 서비스수지 (㉢) 규모: (㉣)
    – 서비스 수출 총액: 50억 달러
    – 서비스 수입 총액: (㉤)

자료를 분석하면 ㉠은 ⎡ A ⎤, ㉢은 ⎡ B ⎤임을 짐작할 수 있고, ㉡, ㉣, ㉤에 들어갈 금액을 모두 합하면 ⎡ C ⎤ 달러임을 알 수 있다.

	A	B	C
①	흑자	적자	180억
②	적자	적자	210억
③	흑자	적자	230억
④	적자	흑자	250억
⑤	흑자	적자	270억

525
50회 기출

아래 그림을 보고, 한국·미국 간 기준금리의 역전으로 인한 영향을 추론했다고 하자. 이 중 옳지 않은 것은?

자료: 한국은행, 미국 연방준비제도

① 상대적으로 원화 가치가 낮아질 것이다.
② 기업의 달러화 표시 채무부담이 감소할 것이다.
③ 우리나라에서 미국으로 자본이 유출될 것이다.
④ 우리나라 기업의 수출 가격경쟁력이 증가할 것이다.
⑤ 한국은행 또한 기준금리를 올려 대응할 필요가 있기 때문에 우리나라 부동산 시장의 위축을 불러올 수 있다.

526 61회 기출

다음 그래프는 원/달러 환율을 나타낸 것이다. 다음 진술 중 가장 적절한 것을 고르시오.

① 외환위기 직전 우리나라의 환율제도하에서는 환율 변동이 없었다.
② 자유변동환율제도 시행 이후 원/달러 환율의 변동성은 안정화되었다.
③ 외환위기 발생 이후 환전하여 미국을 여행하려는 우리나라 사람들은 이익을 보았다.
④ 2006~2007년에는 낮은 환율로 인해 수출 물가와 수입 물가가 모두 높았다.
⑤ 2008~2009년 원/달러 환율의 상승은 미국 서브프라임 모기지 사태에 의해 영향을 받았다.

527 56회 특별 기출

다음 신문기사를 읽고 유추할 수 있는 내용으로 옳지 않은 것은?

> 미중 환율전쟁이 본격화되면서 미국이 무역합의보다 중국 위안화 문제에 화력을 집중하고 있다. 위안화 환율이 달러당 7위안선으로 뛰어오른 뒤부터이다. 미국의 추가관세에 대한 대응으로 중국이 환율을 조작하고 있다는 게 트럼프 행정부의 판단이다. 앞으로 달러화 가치 절하를 위한 금리 인하 압박은 더욱 거세질 전망이다. 도널드 트럼프 미국 대통령은 달러화 가치 절하를 위해 연일 연방준비제도(Fed)에 금리 인하를 압박하고 있다. 트럼프 대통령은 이날 백악관에서 기자들과 만나 "미국은 세계에서 가장 안전한 통화를 갖고 있지만 (달러화 가치가) 너무 강해 제조업을 해치고 있다."며, "연준이 기준금리를 더 낮출 필요가 있다."고 말했다.
>
> – ○○경제신문

① 중국의 위안화 가치가 하락하면 중국 수출기업의 대미 수출이 유리해진다.
② 미국 연준(Fed)의 기준금리 인하는 달러화 가치를 하락시킨다.
③ 중국은 위안화 평가절상을 통해 무역에서 유리한 고지를 선점하려 한다.
④ 미국 달러화는 전 세계 기축통화이다.
⑤ 미국의 기준금리 인하는 수입기업에게 악영향을 줄 수 있다.

528 78회 기출

한국의 수출액은 3,000억 달러이고 수입액은 2,500억 달러라고 하자. 한국인은 해외 자산을 700억 달러 매입하였고, 외국인은 한국에서 거래되는 자산을 800억 달러 매입하였다. 이때 한국의 외환보유액은 어떻게 변하는가?

① 600억 달러 증가
② 600억 달러 감소
③ 400억 달러 증가
④ 400억 달러 감소
⑤ 변화없음

529 60회 기출

다음 그래프처럼 환율(원/달러)이 상승 추세일 때 손해를 보게 될 경제주체는?

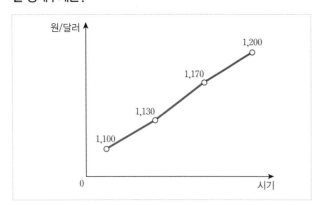

① 미국에 자동차를 수입하여 국내에 판매하는 한국 기업
② 달러화 부채를 적게 가진 한국 정부
③ 해외로 전통차를 수출하는 한국 기업
④ 1박 2일 한국 여행을 계획 중인 외국인
⑤ 한국에서 미국으로 물품을 수입하는 미국 기업

530 54회 기출

다음 그림은 2019년 초부터 최근까지의 국내 원/달러 환율의 추이를 보여 주고 있다. 3월 초 이후의 환율 추이가 지속될 것으로 가정될 경우 예상되는 것으로 옳지 않은 것은?

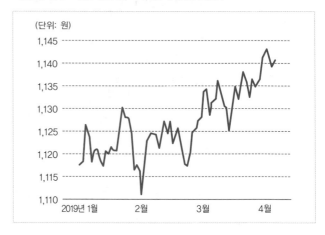

① 미국여행 시기를 앞당기는 것이 유리할 것이다.
② 달러화에 대한 원화의 가치가 하락할 것이다.
③ 미국산 수입 농산물의 국내가격은 상승할 것이다.
④ 국내 기업의 대미 수출품 가격경쟁력이 약화될 것이다.
⑤ 달러 표시 외채의 채무부담이 증가할 것이다.

531 78회 기출

아래 현상을 유발할 수 있는 환율 변동 요인의 조합으로 가장 적절한 것은?

- 수출 호조로 무역수지 적자 폭 축소
- 수입 원자재 가격 상승에 따른 소비자 물가 상승
- 환차손을 우려한 외국인 투자자의 보유 주식 투매로 주가 급락

① 내국인의 해외투자 증가, 외국인 관광객의 국내여행 감소
② 내국인의 해외투자 감소, 외국인 관광객의 국내여행 증가
③ 내국인의 해외여행 증가, 외국인의 국내투자 증가
④ 내국인의 해외여행 감소, 외국인의 국내투자 감소
⑤ 내국인의 해외투자 증가, 외국인의 국내투자 증가

532

61회 기출

아래 ㉠~㉢ 상황으로 인해 나타날 수 있는 갑국의 경제 현상에 대한 추론으로 옳은 것은?

> ㉠ 수출시장에서 경쟁 관계에 있는 을국은 자국 화폐의 평가절하 정책을 시행하기로 하였다.
> ㉡ 불안정한 갑국의 정치 상황으로 인해 외국인 관광객과 유학생 수가 크게 줄었다.
> ㉢ 갑국은 안정적인 에너지 공급을 위해 병국 회사에 대규모의 해외투자를 하기로 하였다.

① 물가가 하락하고 외채 상환 부담도 줄어들게 될 것이다.
② 물가가 상승하고 해외여행을 하려는 사람들의 경제적 부담은 줄어들게 될 것이다.
③ 해외 유학생 자녀를 둔 가정의 경제적 부담은 늘어나지만, 물가는 하락하게 될 것이다.
④ 외채 상환 부담과 해외여행을 하려는 사람들의 경제적 부담 모두 늘어나게 될 것이다.
⑤ 외채 상환 부담은 늘고 해외 유학생 자녀를 둔 가정의 경제적 부담은 줄어들게 될 것이다.

533

62회 기출

표는 각 국가 통화가치의 미국 달러화에 대한 전년 대비 변동률을 나타낸 것이다. 이에 대한 추론으로 옳은 것은? (단, 환율 변동 외에 다른 조건은 고려하지 않는다.)

국가(통화)	통화가치 변동률(%)
중국(위안)	+4.2%
일본(엔)	−6.7%

① 일본인의 미국 여행 경비 부담이 감소했을 것이다.
② 중국 기업의 달러화 표시 외채 상환 부담이 증가했을 것이다.
③ 미국으로 수출하는 중국 제품의 달러화 표시 가격이 하락했을 것이다.
④ 일본으로부터 원자재를 수입하는 미국 기업의 부담이 감소했을 것이다.
⑤ 중국으로 자녀를 유학 보낸 미국 학부모의 학비 부담이 감소했을 것이다.

534

환율을 상승시키는 요인이 아닌 것은?

① 정부의 외환시장 개입으로 달러화 매수
② 외국인 주식 투자 자금의 국내 유입
③ 내국인의 해외여행 증가
④ 국내 물가의 상승
⑤ 경기호황에 따른 설비투자의 확대

535

주요국의 환율이 다음의 표처럼 변화했다면 이에 대한 해석으로 옳지 않은 것은?

구분	2023년 말	2024년 말
원/위안	170	180
원/100엔	1,000	900
위안/달러	8.5	7.5
엔/달러	100	120

① 한국 상품의 대일 수출 가격 경쟁력이 낮아졌다.
② 한국 기업의 엔화 표시 외채 상환 부담이 감소하였다.
③ 미국 사람들은 일본으로 여행을 하는 것이 유리해졌다.
④ 미국에서 부품을 수입하는 중국 기업의 단위당 생산비가 상승했다.
⑤ 자녀를 중국으로 유학 보낸 한국 학부모의 경제적 부담이 증가했다.

536

우리나라 국제수지표에 기록되는 거래가 아닌 것은?

① 국내 기업이 상품을 외국에 수출했다.
② 내국인이 해외여행 중 지역특산품을 구입했다.
③ 내국인이 해외여행을 위해 국내 은행에서 외화를 매입했다.
④ 내국인이 해외 증시에 상장된 외국 기업 주식에 투자해 배당금을 받았다.
⑤ 내국인이 해외 증시에 상장된 외국 기업의 주식을 매입했다.

537

영국이 유럽연합(EU)에서 탈퇴한 직후 영국 통화인 파운드화의 환율 그래프가 아래와 같이 나타났다. 이를 옳게 해석한 사람을 모두 고르면? (단, 그래프의 X축은 날짜, Y축은 1파운드당 달러 가격이다.)

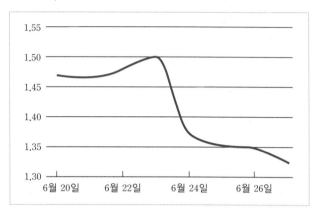

혜리: 파운드화 가치가 폭락했어.
미소: 브렉시트가 시장에서 어느 정도 예상됐었어.
창민: 시장은 브렉시트 탈퇴를 비관적으로 봤어.
철수: 영국 수입업자에게 유리한 국면이야.

① 혜리, 미소 　　　　② 혜리, 창민
③ 미소, 창민 　　　　④ 미소, 철수
⑤ 창민, 철수

[538~539] 다음 내용을 읽고 물음에 답하시오.

영국의 경제잡지 〈이코노미스트(The Economist)〉는 전 세계에 점포를 둔 맥도날드의 빅맥 햄버거 가격을 통하여 각국 통화의 구매력과 환율 수준을 비교 평가하여 '빅맥 지수'를 매년 발표한다. 이 지수는 '환율은 두 나라에서 동일한 상품과 서비스의 가격이 비슷해질 때까지 움직인다.'는 구매력평가설을 근거로 적정 환율을 산출하는 데 활용된다.

국가	빅맥 현지 가격	적정 환율 (빅맥 가격으로 산출한 환율)	각국 통화의 대 달러 실제 환율
미국	4달러	–	–
한국	5,000원	㉠	1,000원/달러
일본	380엔	(가)	90엔/달러
중국	17위안	(나)	6위안/달러

※빅맥지수 = 빅맥의 자국통화단위 가격 ÷ 빅맥의 미국 내 가격

538

다음 빈칸 ㉠과 ㉡에 들어갈 내용을 순서대로 나열한 것은?

한국과 미국의 햄버거 가격이 함의하는 원/달러 간 구매력평가 환율은 (㉠)원/달러이다. 따라서 현재 원화는 구매력평가설에 비추어 보면 (㉡)평가된 것이다.

① 0.008, 과소 　　　　② 0.008, 과대
③ 1,250, 과소 　　　　④ 1,250, 과대
⑤ 1,000, 과소

539

위 자료에 대한 옳은 분석을 〈보기〉에서 고른 것은?

〈보기〉
가. (가)는 90엔/달러를 초과한다.
나. (나)는 6위안/달러를 초과한다.
다. 일본을 방문한 미국인은 빅맥 가격이 자국보다 비싸다고 느낄 것이다.
라. 달러화로 환산한 빅맥 가격은 한국이 가장 싸다.

① 가, 나 　　　　② 가, 다
③ 나, 다 　　　　④ 나, 라
⑤ 다, 라

540

구매력평가설이 성립하기 위한 조건을 〈보기〉에서 고른 것은?

〈보기〉
가. 국가 간 무역장벽이 없어야 한다.
나. 국가 간 자본이동이 자유로워야 한다.
다. 국가 간 상품 운송비용이 거의 없어야 한다.
라. 국가 간 인건비나 재료비의 차이가 없어야 한다.

① 가, 나   ② 가, 다
③ 나, 다   ④ 나, 라
⑤ 다, 라

541

경상수지 적자가 줄어드는 상황이 아닌 것은?

① 국내 투자가 증가한다.
② 국내 저축이 증가한다.
③ 국내 총지출이 감소한다.
④ 정부가 재정적자를 축소한다.
⑤ 자국 통화의 가치를 떨어뜨린다.

542

다음 그래프처럼 원/달러 환율이 상승 추세일 때 이익을 보게 될 사람은?

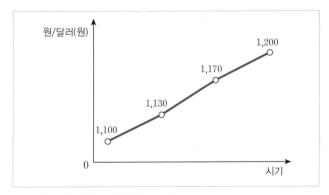

① 한국으로 여행을 계획 중인 미국인
② 달러화 부채를 많이 가진 한국 기업
③ 1박 2일 강원도 여행을 계획하고 있는 내국인
④ 미국에서 자동차를 수입하여 판매하는 수입업자
⑤ 미국에서 학교를 다니는 자녀에게 달러를 송금하고 있는 학부모

543

국내 이자율 하락이 원/달러 환율과 무역수지에 미치는 영향은? (단, 자본이동은 자유롭다.)

① 환율 인상, 무역수지 개선
② 환율 인하, 무역수지 악화
③ 환율 인상, 무역수지 악화
④ 환율 인하, 무역수지 개선
⑤ 환율 불변, 무역수지 불변

544

명목환율이란 양국 화폐 간 상대가격이라고 할 수 있다. 반면, 실질환율이란 같은 상품에 대한 양국 간 상대가격이라고 할 수 있다. 상대적 구매력평가설이 성립하는 경우, 달러 대비 원화의 명목환율 변동폭과 이를 결정하는 한국과 미국의 물가상승률로 바르게 연결된 것은?

	명목환율 변동폭	한국 물가상승률	미국 물가상승률
①	10%	3%	5%
②	8%	4%	4%
③	6%	5%	3%
④	4%	6%	2%
⑤	2%	7%	1%

545

현재 환율은 1달러당 1,000원이고, 100엔당 1,200원이다. 미달러화에 대한 환율이 1달러당 1,200원으로 상승하고, 일본 엔화에 대한 환율이 100엔당 1,000원으로 하락하는 경우, 다음 중 증가할 것으로 예상되는 것은?

① 일본 시장에서 우리나라 휴대폰 수
② 욘사마를 보기 위해 한국으로 오는 일본인 관광객 수
③ 비욘세를 보기 위해 미국으로 가는 일본인 관광객 수
④ 미국 시장에서 일본 자동차의 수
⑤ 미국 어학연수를 가는 한국인 학생 수

546

원/달러 환율이 상승하는 요인을 〈보기〉에서 모두 고른 것은?

〈보기〉
가. 한국은행은 14개월째 동결하던 기준금리를 0.25만큼 낮추었다.
나. 외국인들이 우리나라에서 받은 배당금을 본국으로 많이 송금하고 있다.
다. 외환시장의 안정을 위해 토빈세를 도입했다.
라. 한국에서 발행한 국내 외화 표시 채권에 미국 투자자금이 몰려들고 있다.

① 가, 나   ② 가, 다
③ 가, 나, 다   ④ 가, 다, 라
⑤ 나, 다, 라

547

원/달러 환율 변동에 대한 옳은 설명을 〈보기〉에서 고른 것은?

〈보기〉
가. 환율이 상승하면 수입원자재가격이 상승한다.
나. 환율이 상승하면 외화부채를 가진 기업의 부담이 작아진다.
다. 환율이 상승하면 수출기업이 위축되어 경제성장이 둔화되고 실업이 증가한다.
라. 국내 실질이자율이 상승하면 외화자금의 유입이 증가하여 환율이 하락한다.

① 가, 나   ② 가, 다
③ 가, 라   ④ 나, 다
⑤ 다, 라

548

우리나라 원화가 평가절상될 경우 발생할 수 있는 현상으로 적절한 것은?

① 상품의 수출과 수입이 모두 감소한다.
② 상품의 수입과 수출이 모두 증가한다.
③ 상품 수입이 감소하고, 상품 수출은 변화 없다.
④ 상품 수출이 감소하고, 상품 수입은 증가한다.
⑤ 상품 수출은 증가하고, 상품 수입은 변화 없다.

549

다음 환율에 대한 내용의 진위를 바르게 판단한 것은?

가. 원/달러 환율은 수출품의 가격을 수입품의 가격으로 나눈 것을 의미한다.
나. 1달러당 원화의 교환비율이 상승하면 원화는 평가절하된다.
다. 원/달러 환율이 상승하면 우리나라가 수입하는 미국산 제품의 가격경쟁력이 낮아진다.
라. 빅맥 햄버거의 한국 판매가격이 3,000원이고, 미국은 5달러라면 실제 환율이 1달러당 1,000원인 경우 환율은 원화를 과대평가하고 있는 셈이다.

	가	나	다	라
①	×	×	○	×
②	×	○	○	×
③	×	×	×	×
④	○	○	×	○
⑤	○	×	○	×

550

다음은 우리나라의 수출물가지수와 수입물가지수이다. 이에 대한 옳은 설명을 〈보기〉에서 고른 것은?

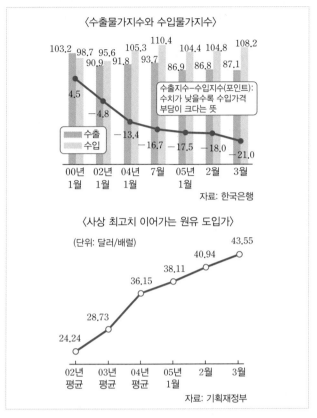

〈수출물가지수와 수입물가지수〉

자료: 한국은행

〈사상 최고치 이어가는 원유 도입가〉

(단위: 달러/배럴)

자료: 기획재정부

〈보기〉

가. 수출물가지수는 낮은 반면 수입물가지수는 높아 교역조건이 악화되고 있음을 알 수 있다.
나. 2005년 3월 원유 가격은 전월 대비 2.61% 상승하면서 고공행진을 이어갔다.
다. 여기에 원/달러 하락요인까지 겹쳐진다면 교역조건은 더욱더 악화될 것이다.
라. 우리나라의 주력 수출품인 반도체 등의 국제 가격 하락도 교역조건 하락의 요인이 될 수 있다.

① 가, 나　　　　　　② 가, 라
③ 가, 나, 다　　　　④ 가, 다, 라
⑤ 나, 다, 라

551

국제수지에 대한 옳은 설명을 〈보기〉에서 모두 고른 것은?

〈보기〉

가. 경상수지는 상품 및 서비스수지, 본원소득수지, 이전소득수지를 합한 것이다.
나. 해외건설공사는 직접투자의 일종으로 자본·금융계정에 속한다.
다. 오차 및 누락은 통계상의 불일치를 조정하기 위해 존재한다.
라. 이전소득수지 역시 소득과 관련된 거래로서, 엄연히 경제적 거래의 하나로 국제수지의 일부이다.
마. 투자의 대가인 배당금이나 이자소득은 자본·금융계정에 속한다.

① 가, 다　　　　　　② 나, 라
③ 가, 다, 마　　　　④ 나, 다, 라
⑤ 나, 라, 마

552

다음은 갑국의 2024년 6월 말 국제수지 자료이다. 이에 대한 설명으로 옳지 않은 것은?

(단위: 억 달러)

경상수지		79.2
	상품수지	66.5
	서비스수지	( )
	본원소득수지	22.3
	이전소득수지	−3.8
자본·금융계정		−98.4

① 서비스수지 적자규모는 이전소득수지 적자규모보다 크다.
② 갑국 상품의 수출액은 수입액보다 많았다.
③ 갑국의 금융자산은 감소하였다.
④ 경상수지 흑자의 요인이 내수부진일 경우 이를 불황형 흑자라고 한다.
⑤ 국내 제조업의 비가격경쟁력 강화는 수입 감소에 영향을 미치기 때문에 경상수지 흑자의 한 요인이다.

553

다음은 A국의 경상수지 추이와 중앙은행 경제통계국장의 발언이다. 이에 대해 옳게 설명한 사람을 〈보기〉에서 모두 고른 것은?

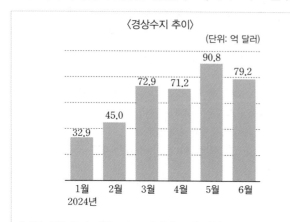

〈경상수지 추이〉

(단위: 억 달러)

1월 2024년: 32.9
2월: 45.0
3월: 72.9
4월: 71.2
5월: 90.8
6월: 79.2

"정부정책 등의 영향으로 2분기에 좋지 않았던 내수가 회복된다면 수입은 늘어나지 않을까 싶다. 7월 수출·수입 모두 플러스 성장세이다. 수입증가율은 높아지는 모습이다."

– 중앙은행 경제통계국장 국제수지(잠정) 발표 후 브리핑

〈보기〉

동현: A국은 2024년 상반기에 재화와 서비스의 수출액이 외국으로부터 수입액보다 작았다는 것을 알 수 있어.

아름: 경상수지 흑자의 원인이 수출의 증가 때문이 아니라 수입의 감소 때문이라면 불황형 흑자라고 볼 수 있어.

성순: 하지만 중앙은행 경제통계국장의 발언에서 볼 수 있듯이 A국의 수입증가율이 높아지고 있다고 하니 불황형 흑자는 아닌 것으로 보여.

지연: A국 제조업의 비가격경쟁요소가 강해지는 것은 수출이 증가하는 주요한 원인 중에 하나일 거야.

① 동현
② 성순
③ 아름, 성순
④ 동현, 성순, 지연
⑤ 아름, 성순, 지연

554

다음 (가) ~ (다)에 나타난 환율 변동을 바르게 연결한 것은?

(가) 우리나라의 기준금리 인상에 대한 기대가 높아지고 있다.
(나) 미국 연방준비제도이사회(FRB)가 금리를 인상할 시점이 가까워지고 있다.
(다) 우리나라는 경상수지 최고치를 기록하였다.

	(가)	(나)	(다)
①	환율 하락	환율 상승	환율 하락
②	환율 하락	환율 하락	환율 상승
③	환율 하락	환율 하락	환율 하락
④	환율 상승	환율 상승	환율 상승
⑤	환율 상승	환율 상승	환율 하락

555

원화 가치를 하락시키는 요인들과 관련 있는 신문기사의 제목을 〈보기〉에서 모두 고른 것은?

〈보기〉

가. 해외부동산 시장 최대 '큰손', 中도 日도 아닌 바로 한국
나. 한-EU FTA에 따라 관세가 추가 인하된 자동차 수출, 경상수지 흑자 견인
다. 해외 큰손들, 사랑해요 한국 주식
라. 정유업 쓸쓸한 수출 1위… 원유 수입액이 훨씬 많아

① 가, 라
② 나, 다
③ 나, 라
④ 다, 라
⑤ 가, 나, 다

556

변동환율제도의 단점에 해당하는 내용을 발표한 사람을 〈보기〉에서 고른 것은?

〈보기〉

민영: 중앙은행은 일정한 환율 수준을 유지하기 위해 인위적인 개입을 하지 않아도 되므로 독립적인 통화정책 운영이 가능해.

혜진: 그뿐만 아니라 신속한 대내외 균형이 시장에서 이루어지기 때문에 안정적인 거시경제정책의 운영이 가능해.

세연: 하지만 국내에서 컨트롤할 수 없는 해외의 충격으로 경제의 불확실성이 증가할 수 있어.

로나: 또한 급격한 환율 변동으로 교역조건이 악화되고, 국내경제의 불안정을 초래할 수 있어.

① 민영, 세연 ② 민영, 로나
③ 혜진, 세연 ④ 혜진, 로나
⑤ 세연, 로나

557

다음 빈칸에 들어갈 내용으로 가장 적절한 것은?

올해 들어 미국 달러화 대비 갑국의 화폐가치가 지속적으로 하락하고 있습니다. 이에 대해 전문가들은 _____을/를 원인으로 보고 있습니다.

① 갑국의 금리 상승
② 갑국의 달러화 수요 감소
③ 갑국의 대미 경상수지 흑자 확대
④ 미국인의 갑국 여행 증가
⑤ 미국인의 갑국 투자금 회수

558

다음 그림을 통해 추론할 수 있는 내용으로 가장 적절한 것은?

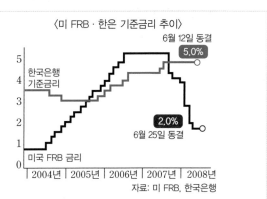

〈미 FRB · 한은 기준금리 추이〉

6월 12일 동결 5.0%
한국은행 기준금리
미국 FRB 금리
6월 25일 동결 2.0%

2004년 | 2005년 | 2006년 | 2007년 | 2008년

자료: 미 FRB, 한국은행

일본은행이 19일 이틀간의 정책회의를 끝내고 기준금리를 현행 0.3%에서 0.1%로 0.2%p 인하하기로 했다고 밝혔다. 기준금리 인하는 7−1 표결로 결정됐다고 일본은행은 밝혔다. 일본은행은 이와 함께 "경제가 악화되고 있다."며, 경제평가도 하향 조정했다.

– 한국경제신문, 2008년 12월 19일

① 2007년 하반기 이후 국내금융시장에서는 달러화 공급이 감소했을 것이다.
② 2007년 하반기 이후 환율이 하락했다면 우리나라의 경상수지 흑자 증가요인으로 작용했을 것이다.
③ 2007년 하반기 이후 우리나라의 원화 표시 국채에 투자한 사람은 미국의 달러화 표시 국채에 투자한 사람보다 더 높은 수익률을 기록했을 것이다.
④ 2008년에 원/엔 환율이 일정하다면 원화 표시 국채보다 엔화 표시 국채에 투자하는 것이 유리했을 것이다.
⑤ 2004~2006년 미국은 경기침체를 경험하고 있었을 것이다.

559

다음에서 갑, 을이 예상하는 1년 후의 환율 변화로 옳은 것은?
(단, 다른 조건은 변함이 없다.)

- 한국인 갑은 국내 채권의 연간 수익률이 10%, 미국 채권의 연간 수익률이 5%임에도 미국 채권을 구입하였다.
- 일본인 을은 다음 달에 가족과 함께 가기로 한 미국 여행을 1년 뒤로 미루었다.

	(갑) 원/달러 환율	(을) 엔/달러 환율
①	상승	불변
②	상승	상승
③	상승	하락
④	하락	상승
⑤	하락	하락

560

다음 대화에 대한 옳은 분석만을 〈보기〉에서 고른 것은?

갑: ㉠ 원/엔 환율 변화 때문에 일본으로 수출하는 제품의 엔화 표시 가격이 올라 걱정이야.
을: 나도 걱정이야. ㉡ 원/달러 환율 변화 때문에 미국에서 연수 중인 아들에게 송금해야 하는 생활비가 지난해보다 100만 원이나 증가했어.

〈보기〉

가. 엔화 대비 원화의 가치가 하락하였다.
나. ㉠으로 인해 우리나라 국민들의 일본 여행 경비 부담이 증가한다.
다. ㉠으로 인해 엔화 표시 외채를 갖고 있는 국내 기업의 상환 부담이 감소한다.
라. ㉡으로 인해 미국에서 부품을 수입하는 국내 기업의 단위당 생산비가 상승한다.

① 가, 다　　　　　② 나, 라
③ 다, 라　　　　　④ 가, 나, 다
⑤ 가, 나, 라

낮에 꿈꾸는 사람은
밤에만 꿈꾸는 사람에게는 찾아오지 않는
많은 것을 알고 있다.

– 에드거 앨런 포(Edgar Allan Poe)

금융·경영·시사상식

한눈에 보는 학습 중요도 & BEST 출제 키워드

구분	학습 중요도(10점 만점)	BEST 출제 키워드
CHAPTER 01 금융 · 경영 · 시사상식	▓▓▓ 7.5	• 자본시장 관련 법 규정 • 분산투자, 포트폴리오 • 주식 정보 읽는 법(PER 등) • 금융시장의 기능 • 주식회사의 작동 원리 • 경영비율(부채비율 등) • 회계의 기본 원리 • 시사경제 상식 • 최신 이슈

※ 학습 중요도와 BEST 출제 키워드는 출제빈도 분석과 출제기준 자료를 바탕으로 수록했습니다.

561 50회 기출

레버리지(Leverage)와 디레버리징(De-leveraging)에 대한 설명으로 옳지 않은 것은?

① 레버리지는 지렛대효과라고도 한다.
② 경기 불황이 예상되면 디레버리징을 선택한다.
③ 레버리지 비율은 기업의 수익성을 보여 주는 지표이다.
④ 레버리지는 경기가 호황일 때 투자 수익률을 높일 수 있다.
⑤ 인플레이션은 채무의 실질 부담을 줄이는 디레버리징효과가 있다.

562 56회 특별 기출

미국과 캐나다, 멕시코가 1994년 체결한 북미자유무역협정(NAFTA)이 25년 만에 새 무역협정인 '이것'으로 대체됐다. 캐나다는 연간 260만 대, 멕시코는 240만 대를 초과하는 수출 차량에 대해 저율할당관세(TRQ), 캐나다는 또 160억 달러 규모의 유제품 시장 일부를 미국에 개방하는 것이 주된 내용이다. NAFTA를 대체하는 무역협정의 이름으로 옳은 것은?

① GATT
② USMCA
③ ASEM
④ ANCOM
⑤ Mercosur

563 51회 기출

다음은 은산분리에 대한 설명이다. (가), (나)에 가장 알맞은 내용은?

> 은산(銀産)분리 규제는 은행법에 근거하고 있다. 은행자본과 산업자본을 구분한다는 뜻으로, 산업자본의 은행지분 보유 한도를 (가)[(가)를 제외한 지분의 의결권 미행사 때는 최대 (나)까지 보유 가능]로 제한하고 있다. 기업 부실이 자칫 은행으로 확산될 수 있다는 우려에서 1982년 처음 도입됐다. 대기업들이 은행을 소유할 경우 은행 돈을 사업 확장에 끌어다 쓸 가능성이 있다는 판단에서이다.

	(가)	(나)
①	3%	6%
②	4%	8%
③	4%	10%
④	5%	12%
⑤	6%	12%

564 79회 기출

미국 3대 주가지수를 〈보기〉에서 모두 고르면?

〈보기〉
가. S&P500 지수　　　나. 항생 지수
다. 다우존스 지수　　　라. 나스닥 지수
마. 닛케이225 지수　　　바. FTSE100

① 가, 나, 다　　　　② 가, 다, 라
③ 나, 다, 마　　　　④ 나, 마, 바
⑤ 다, 라, 바

565 56회 특별 기출

정족수 미달로 주주총회가 무산되지 않도록 하기 위해 참석하지 않은 주주들의 투표권을 행사할 수 있는 일종의 의결권 대리 행사 제도는 무엇인가?

① 백기사
② 섀도 보팅
③ 차등의결권제도
④ 포이즌필
⑤ 그린메일

566 56회 특별 기출

회계의 기본원리에 대한 설명으로 옳지 않은 것은?

① 배당은 기업의 주주에게 이익잉여금을 나누어 주는 것으로, 이익잉여금의 감소를 가져오며 비용으로 분류된다.
② 자산은 기업이 보유하고 있는 경제적 자원이다.
③ 자본은 기업의 자산에 대한 주주의 청구권을 나타낸다.
④ 수익은 기업의 주요 경영활동으로서 재화의 판매, 용역의 제공 등의 대가로 발생하는 자산의 유입 또는 부채의 감소이다.
⑤ 총포괄이익은 당기순이익에 기타포괄손익을 가감한 것이다.

567 50회 기출

다음 지문을 읽고, (A), (B)를 알맞게 나열한 것을 고르면?

> 4차 산업과 같은 신산업계가 원하는 것은 정부의 방임과 규제 개혁이다. 현재 허용 가능한 것만 열거하는 (A)를 장기적으로 금지 항목을 제외한 모든 것을 허용하는 (B)로 바꾸되 그때까지는 한시적으로 인허가, 규제 등을 면제해 주는 규제 샌드박스를 도입하자는 것이다.

	(A)	(B)
①	포지티브 규제	네거티브 규제
②	포지티브 규제	규제비용총량제
③	네거티브 규제	포지티브 규제
④	네거티브 규제	규제비용총량제
⑤	포지티브 규제	그레이존 해소제도

568 62회 기출

다음 신문기사를 읽고, (A), (B)에 들어갈 용어로 알맞은 것을 고르시오.

> 무형경제에선 규모의 경제가 온전히 작동할 수 있다. 특별히 소모되지 않는 소프트웨어나 플랫폼 자체이기 때문이다. 한계비용이 제로(0)이다. 보고서는 "당장 이익이 나지 않더라도 최대한 시장 점유율을 확대하면 결국 이익을 독식할 수 있다는 것"이라고 설명했다. 같은 제품을 사용하는 소비자가 늘수록 효용이 급격히 증가하는 것도 무형경제의 특징이다. 이른바 (A) 효과이다. 예컨대 페이스북 사용자가 1억 4,000만 명에서 14억 명으로 10배 늘었을 때 기업 가치는 40억 달러에서 2,160억 달러로 50배 넘게 뛰었다. (B) 효과도 주목할 만하다. 일정 규모의 사용자를 확보해도 경쟁사로 빠져나가면 소용이 없어서다. 애플이 자체 생태계를 조성해 충성 고객을 확보한 게 (B) 효과를 노린 사례이다.
>
> – ○○경제신문, 2020. 10. 20.

	(A)	(B)
①	앵커링	톱니
②	앵커링	자물쇠
③	네트워크	톱니
④	네트워크	자물쇠
⑤	네트워크	펭귄

569 62회 기출

다음 지문에서 설명하는 (A)는 무엇인가?

> (A)는 위법행위자에게 벌금을 부과해 이 자금으로 피해 투자자들을 돕는 구제 목적의 펀드를 일컫는다. 정부 당국이 자본시장에서 물의를 일으킨 금융사로부터 징수한 벌금을 국고에 귀속하지 않고 해당 자금을 기금 형태로 조성한 뒤, 자본시장에서 금융상품의 불완전판매나 사기 사건이 발생할 경우 피해자에게 기금으로 보상하는 구제 목적펀드이다. 소액 다수 투자자가 피해를 입어도 현실적으로 소송을 제기하는 것이 어려운 점을 보완하는 데 활용할 수 있으며 금융사의 위법행위를 억제하는 효과를 낼 수 있다.

① 인컴펀드
② 그린펀드
③ 사모펀드
④ 페어펀드
⑤ 퀀텀펀드

570 62회 기출

창업 초기 기업의 경우 대규모 투자를 위해 자금을 유치하는 경우 창업주의 지분 비율이 감소하게 된다. 이로 인해 경영권이 불안해질 수 있다. 따라서 최대 주주나 경영진이 실제 보유 지분보다 많은 의결권을 행사할 수 있도록 하는 제도를 무엇이라고 하는가?

① 의결권 신탁　　　　② 섀도 보팅
③ 차등의결권　　　　④ 집중투표제
⑤ 의결권 승수

571 62회 기출

다음 기사를 읽고, 빈칸이 지칭하는 기업명으로 적절한 것을 고르시오.

음원, 영상 웹툰 등 (　　　) 앱 장터에서 유통되는 디지털 콘텐츠 가격이 내년부터 줄줄이 오를 전망이다. (　　　)이(가) 자사 앱 장터에서 판매되는 모든 콘텐츠에 수수료 30%를 강제하면서이다. 정부가 관련 법 위반 여부를 검토하겠다고 나섰지만 국내 법 적용 자체가 쉽지 않을 것이라는 분석이 나온다. … (중략) … 국내 스타트업업계에서는 수수료 비용 부담이 커지고, 상품 가격 상승으로 매출이 감소할 것으로 우려하고 있다. 그렇다고 (　　　)의 수수료 방침을 거부하기는 쉽지 않다. (　　　) 앱 장터의 국내 모바일 콘텐츠 시장에서 점유율이 압도적이기 때문이다. 한국 모바일산업연합회에 따르면, 지난해 국내 (　　　) 앱 장터에서 발생한 결제액은 5조 9,996억 원으로 시장 점유율이 63.4%에 달했다.

－ ○○경제신문. 2020. 9. 30.

① 틱톡　　　　　　　② 구글
③ 아마존　　　　　　④ 화웨이
⑤ 넷플릭스

572

최근 30배 가량 뛰었던 ○○제약이 자사주를 다음의 방식으로 처분해 급락하는 일이 있었다. 증권시장에서 가격과 물량을 사전에 정해놓고, 일정 지분을 묶어 일괄 매각하는 방식은?

① 정리매매　　　　　② 반대매매
③ 블록딜　　　　　　④ 재정거래
⑤ 차익거래

573

사채로 발행되었지만, 특정 조건이 충족될 경우 소유자의 요청에 의해 주식으로 전환 가능한 채권은?

① CB　　　　　　　② BW
③ ETN　　　　　　④ ELS
⑤ ETF

574

COVID19의 확산으로 정립된 근무형태로 개인여건에 따라 근무시간과 형태를 조절할 수 있는 제도를 통칭하는 말은?

① 골디락스　　　　　② 유연근무제
③ 임금피크제　　　　④ 타임오프제
⑤ 체크오프제

575

최근 서울지역의 부동산 거래로 비수도권 지역의 부동산 매매 수요가 급증하는 현상은?

① 승수효과　　　　　② 풍선효과
③ 분수효과　　　　　④ 기저효과
⑤ 트리클다운효과

576

은행의 예금 가운데 중앙은행이 의무적으로 적립해야 하는 비율을 의미하는 용어는?

① 지급준비율　　　　② 최저한세율
③ 코픽스　　　　　　④ 소득대체율
⑤ 한계소비성향

577

채권의 한 종류로서 이자만 지불하고 만기를 연장할 수 있는 채권은?

① 전환사채　　　　　② 영구채
③ 기업어음　　　　　④ 회사채
⑤ 국공채

578

버크셔해서웨이의 회장이며, 가치투자와 장기투자를 강조한 사람은?

① 트럼프　　　　　　② 카멀라 해리스
③ 짐 로저스　　　　　④ 워런 버핏
⑤ 마리아나 마추카토

579

서울 아파트 시장에서 주로 목격할 수 있는 현상으로 '공황구매'라고도 하며, 향후 가격이 더 상승할 것이라는 전망하에 서둘러 구입하는 현상은?

① 쇼트 셀링　　　　　② 패닉바잉
③ 펀드런　　　　　　④ 팬데믹
⑤ 뱅크런

580

예산의 성립 이후 발생한 사유로 인해 이미 정해진 예산에 변경을 가하는 예산은?

① 추가경정예산　　　② 준예산
③ 본예산　　　　　　④ 불균형예산
⑤ 수정예산

581

코로나19로 인해 개인이 보유한 재산이나 근로 여부 등과 무관하게 모든 국민에게 무조건 일괄적인 금액을 지급하는 소득은?

① 국민총소득　　　　② 명목소득
③ 기본소득　　　　　④ 가처분소득
⑤ 국내총생산

582

주식 가운데 보통주에 비해 일정 비율만큼 배당을 더 받지만, 그 대신 기업 경영과 관련한 의결권이 없는 주식은?

① 자사주　　　　　　② 배당주
③ 우선주　　　　　　④ 황금주
⑤ 보통주

583

최근 미국은 중국 국적의 '이 회사'를 겨냥한 수출규제를 단행했다. 세계 최대 통신장비 업체이자 스마트폰도 제조하는 이 회사는?

① 틱톡
② 화웨이
③ 알리바바
④ 디디추싱
⑤ 바이두

584

반도체 설계업체로부터 일감을 받아 위탁생산하는 기업으로, TSMC, 삼성전자 등이 대표적이다. 이러한 기업을 무엇이라고 하는가?

① 팹리스
② 파운드리
③ 유니콘기업
④ 테마주
⑤ 데카콘기업

585

코로나19로 외국인 투자자의 팔자 현상이 가속화되자 개인 투자자들이 대규모 매수세를 이어간 상황을 동학농민운동과 이것이 결합된 신조어가 탄생되었다. 이것은 무엇인가?

① 황소
② 비둘기
③ 백조
④ 개미
⑤ 매

586

비영리조직과 영리기업의 중간 형태로 사회적 목적을 추구하면서 영업활동을 수행하는 기업의 종류는?

① 블루기업
② 좀비기업
③ 사회적기업
④ 한계기업
⑤ 블랙기업

587

본원적 경쟁 전략 가운데 원가의 차이를 통해 경쟁력을 확보하는 전략은?

① 원가우위 전략
② 차별화 전략
③ 집중화 전략
④ 시장침투 전략
⑤ 다각화 전략

588

죽음을 미리 준비하는 사람이 많아지면서 생겨난 서비스업을 가리키는 용어는?

① 디커플링
② 슈카스 산업
③ 루이스 전환점
④ 트리핀 딜레마
⑤ 오퍼레이션 트위스트

589

다음 설명에 해당하는 용어는?

> 국가 또는 투자자의 재원을 바탕으로 특허권을 사들인 후에 특허를 필요로 하는 기업에 특허를 사용할 수 있도록 빌려주면서 수익을 창출하는 것

① 인터페이스
② 창의자본
③ 특허전문관리회사
④ 대여권
⑤ 기술의 표준화

590

보호무역주의의 수단으로 적절하지 않은 것은?

① 반덤핑관세
② 상계관세
③ 보복관세
④ FTA
⑤ 수입허가제

591

다음에서 설명하는 용어는?

> 증권브로커가 차입한 자금으로 우량기업의 주식과 같은 유가증권의 투자를 늘리는 행위나 금리가 낮은 국가에서 빌려 금리가 높은 국가의 금융자산에 투자하는 행위이다.

① 캐리코스트
② 주당순이익
③ 캐리 트레이드
④ 헤지
⑤ 기업어음

592

황금낙하산에 대한 설명으로 옳은 것은?

① 기업의 여러 사업부문 중에서 핵심적인 사업부를 매각한다.
② 적대적 합병, 매수를 어렵게 만드는 조치를 정관에 규정한다.
③ 적대적 M&A에 대비하여 최고경영자가 자신이 받을 권리를 고용계약에 기재한다.
④ 일시에 피인수기업의 상당한 지분을 매입 후에 매수기업의 경영자에게 기업매수의 의사를 전달하는 방법이다.
⑤ 경영진을 두려움에 빠뜨린 다음에 매수가격과 조건을 제시하는 방법이다.

593

부동산과 IT 기술의 합성어로, 혁신적인 부동산 관련 서비스를 제공하는 새로운 산업을 지칭하는 용어는?

① 핀테크
② 섭테크
③ 프롭테크
④ 리걸테크
⑤ 레그테크

594

후방통합(Backward Integration)에 대한 설명으로 옳은 것은?

① 제조 기업이 원재료의 공급업자를 인수·합병하는 것을 말한다.
② 제조 기업이 제품의 유통을 담당하는 기업을 인수·합병하는 것을 말한다.
③ 기업이 같거나 비슷한 업종의 경쟁사를 인수하는 것을 말한다.
④ 기업이 기존 사업과 관련이 없는 신사업으로 진출하는 것을 말한다.
⑤ 완성차 업체가 완성차 탁송 업체를 인수·합병한 것을 예로 들 수 있다.

595
다음에서 설명하는 경제 용어는?

> 자원 배분이 더 이상 효율적으로 될 수 없는 상태를 말한다. 한 사람의 후생을 증가시키기 위해서는 반드시 다른 사람의 후생을 감소시켜야만 하는 상태를 의미한다.

① 티핑 포인트
② 턴 어라운드
③ 파레토 효율
④ 더블 딥
⑤ R의 공포

596
산업재산권의 존속기간에 대한 설명으로 옳지 않은 것은?

① 특허권: 등록일 후 출원일로부터 20년
② 실용신안권: 등록일 후 출원일로부터 15년
③ 디자인권: 등록일로부터 20년
④ 상표권: 등록일로부터 10년
⑤ 상표권: 10년마다 갱신이 가능

597
2019년 우리나라는 '이 수치'가 10년 만에 가장 큰 폭으로 떨어졌다. 국민의 전반적인 생활 수준을 보여 주는 이 지표는?

① 국내총생산
② 1인당 국민총소득
③ 상대적 빈곤율
④ 관리재정수지
⑤ 국내순생산

598
주가가 주당 100만 원이 넘는 '초우량 주식'을 가리키는 말은?

① 테마주
② 황제주
③ 황금주
④ 우선주
⑤ 보통주

599
재무상태표 등식은?

① 자산 = 부채 + 자본
② 자산 = 부채 − 자본
③ 자산 = 부채 + 자산
④ 자산 + 부채 = 수익 + 비용
⑤ 자산 + 비용 = 부채 + 수익

600
다음 기사에서 설명하고 있는 매년 1월 1일을 기준으로 국토교통부가 발표하는 것은?

> 정부는 24일 관계부처 합동으로 올해 표준단독주택 ○○○○ 상승률을 발표했다. 전국의 표준 단독주택 22만 가구의 ○○○○ 상승률은 평균 9.13%로 지난해(5.51%)의 2배 가까이 올랐다. 최근 10년 동안 연간 4~5% 수준 변동률을 보였으나 올해는 10%에 근접했다. 2005년 이후 최고 수준이다. 지난해 주택 가격이 급등했던 서울은 표준주택의 ○○○○도 두자릿 수로 올랐다. 올해 17.75% 올라 지난해(7.92%)보다 10%포인트 가까이 상승했다. 대구(9.18%)와 광주(8.71%), 세종(7.62%), 제주(6.76%) 등 전국 대부분 지역이 가파르게 올랐다. 산업 불황의 여파로 집값이 전국에서 가장 많이 떨어진 경남의 ○○○○ 상승률은 0.69%를 나타냈다.

① 과세표준
② 귀속재산
③ 공시지가
④ 개발부담금
⑤ 보유세

끝이 좋아야 시작이 빛난다.

– 마리아노 리베라(Mariano Rivera)

여러분의 작은 소리
에듀윌은 크게 듣겠습니다.

본 교재에 대한 여러분의 목소리를 들려주세요.
공부하시면서 어려웠던 점, 궁금한 점,
칭찬하고 싶은 점, 개선할 점, 어떤 것이라도 좋습니다.

에듀윌은 여러분께서 나누어 주신 의견을
통해 끊임없이 발전하고 있습니다.

에듀윌 도서몰 book.eduwill.net
• 부가학습자료 및 정오표: 에듀윌 도서몰 → 도서자료실
• 교재 문의: 에듀윌 도서몰 → 문의하기 → 교재(내용, 출간) / 주문 및 배송

2025 에듀윌 TESAT 영역별 600제

발 행 일	2025년 3월 29일 초판
편 저 자	David Kim
펴 낸 이	양형남
개 발	정상욱, 조희진
펴 낸 곳	(주)에듀윌
등록번호	제25100-2002-000052호
주 소	08378 서울특별시 구로구 디지털로34길 55 코오롱싸이언스밸리 2차 3층
I S B N	979-11-360-3838-8

www.eduwill.net
대표전화 1600-6700

87개월, 785회
베스트셀러 1위 달성

합격생이 말하는 단기 고득점의 1등 공신!
제대로 만든 교재라면 합격이 빨라집니다

에듀윌 TESAT 한권끝장

에듀윌 TESAT 영역별 600제
(기출문제 208제 포함)

에듀윌 TESAT
8회분 기출문제집

2025 최신판

에듀윌 TESAT
영역별 600제
기출 208제 포함
+무료특강

정답 및 해설

eduwill

2025 최신판

에듀윌 TESAT
영역별 600제
기출 208제 포함
+무료특강

PART

01

미시경제

CHAPTER 01 | 경제학의 기초

문제 P.16

01	④	02	③	03	④	04	⑤	05	①
06	②	07	①	08	⑤	09	②	10	③
11	④	12	④	13	②	14	⑤	15	⑤
16	②	17	③	18	②	19	②	20	④
21	②	22	⑤	23	③	24	②	25	⑤
26	②	27	②	28	③	29	⑤	30	②
31	④	32	④	33	④	34	③	35	③
36	④	37	②	38	⑤	39	⑤	40	⑤

01 정답 ④

| 해설 | 제시된 자료를 바탕으로 A~C 선택에 대한 편익, 기회비용 및 순편익을 나타내면 다음과 같다.

(단위: 원)

구분	A	B	C
편익	14,000	12,000	9,000
명시적 비용	10,000	10,000	8,000
암묵적 비용	2,000	4,000	4,000
기회비용	12,000	14,000	12,000
순편익	2,000	−2,000	−3,000

④ A의 순편익은 2,000원이고, C의 순편익은 −3,000원이다. 따라서 순편익은 A가 C보다 크다.

| 오답피하기 | ① 편익에서 명시적 비용을 뺀 값은 A의 경우 4,000원, B의 경우 2,000원, C의 경우 1,000원으로, C가 가장 작다.
② B를 선택할 때의 암묵적 비용은 4,000원, C를 선택할 때의 암묵적 비용은 4,000원이다. 따라서 B와 C를 선택할 때의 암묵적 비용은 같다.
③ C 선택의 기회비용은 12,000원이고, B 선택의 기회비용은 14,000원이다. 따라서 B의 선택의 기회비용이 가장 크다.
⑤ 갑은 A를 선택한다.

02 정답 ③

| 해설 | 저축의 역설은 구성의 오류를 나타내는 사례로, 개별 경제주체에게는 합리적인 행위가 국가 전반에는 비합리적일 수 있음을 보여 준다. 저축은 소비를 미래로 미루는 행위로 개별 경제주체 입장에서는 합리적인 행위이지만, 모든 경제주체가 절약을 할 경우에는 국가 전체의 소비가 감소하여 생산이 감소하고 이는 실업과 소득 감소로 이어져 다시 소비가 줄어드는 악순환에 빠질 수 있다.
③ 저축의 증가는 장기적으로는 기업 투자의 원천이 되어 총수요곡선을 우측으로 이동시킬 수 있다.

03 정답 ④

| 해설 | ④ 해외자본의 투자는 국내자본을 증대시킬 수 있기 때문에 장기적으로 경제성장에 도움이 될 수 있다.

04 정답 ⑤

| 해설 | 시장경제체제는 무엇을, 얼마나, 어떻게 생산하여 누구에게 분배할 것인가의 문제를 시장을 통해 해결하는 경제체제이다.
⑤ 시장을 통해 해결한다는 것은 시장에서의 수요자와 공급자가 만나는 지점에서 형성되는 균형가격이 주는 신호에 의해 경제문제를 해결한다는 것을 의미한다. 시장 가격을 중심으로 자신의 이익을 극대화하기 위해 노력하는 과정에서 사회 전체의 효율성이 극대화되는 현상을 시장경제체제에서의 사회적 분업이라고 한다.

| 오답피하기 | ① 시장경제를 통해 달성할 수 있는 가치는 효율성이다.
② 시장경제에서 모든 경제주체는 자신의 이익을 극대화하기 위해 노력한다고 가정한다.
③ 시장경제체제에서는 이기적인 경제주체의 자유로운 의사결정이 자원배분의 효율성을 극대화하기 때문에 정부의 개입은 비효율을 야기한다고 본다.
④ 중앙은행의 통화정책은 총수요가 부족한 단기에 경기회복을 위해 화폐발권의 독점력을 가진 중앙은행이 취할 수 있는 경기부양책이다.

05 정답 ①

| 해설 | ① 토머스 맬서스는 인구는 기하급수적으로 증가하는 반면, 식량은 산술급수적으로 증가하므로 인구 증가로 인해 인류가 충격적 빈곤 상태에 빠질 것으로 예측한 바 있다. 그러나 기술의 발전으로 식량의 생산이 인구 증가 속도를 훨씬 앞질렀으며, 이후 인류는 오히려 풍요로워졌다.

06 정답 ②

| 해설 | 생산가능곡선은 한 국가에 존재하는 부존자원을 최대한 활용했을 때 생산 가능한 두 재화의 생산조합을 나타낸다. 생산가능곡선상에 위치한 점들은 모두 효율적인 생산조합이고, 생산가능곡선 안쪽의 점은 비효율적인 생산조합이며, 생산가능곡선 밖의 점은 현재의 부존자원과 기술 수준으로 달성할 수 없는 생산조합이다.
가. 생산가능곡선은 부존자원량이 많아지거나 기술이 개발되는 경우 우측으로 이동한다. 생산가능곡선의 우측 이동은 경제성장을 의미한다. 경제성장은 잠재GDP의 증가를 의미하고, 잠재GDP는 한 국가 경제가 달성할 수 있는 최대 실질GDP 수준을 의미한다. 따라서 실질GDP가 증가하였음을 알 수 있다.
다. 모든 부존자원을 Y재 생산에 투입할 경우의 생산량은 (가), (나) 모두 동일하지만 X재 생산 기술의 발달로 부존자원을 Y재에 더 투입할 수 있게 되었으므로 Y재의 생산량도 함께 증가한다.

| 오답피하기 | 나. A점과 B점은 모두 효율적이다.
라. 생산가능곡선의 접선의 기울기의 절댓값은 X재 한 단위 생산을 위해 포기해야 하는 Y재 생산량을 의미한다. 기울기가 가파르다는 의미는 X재 한 단위 생산을 위해 포기해야 하는 Y재 생산량이 많음을 의미한다. 보기 '라'에서는 Y재를 한 단위 생산하는 기회비용을 묻고 있으므로 기울기 절댓값의 역수로 파악해야 한다. 즉, X재 한 단위 생산의 기회비용은 B점에서 더 크므로 Y재 한 단위 생산의 기회비용은 A점에서 더 크다.

07 정답 ①

| 해설 | A는 가계, B는 기업에 해당한다.
① (가)는 가계가 생산요소시장에 생산요소를 제공하여 받은 대가이다.

| 오답피하기 | ② 공공재는 무임승차의 문제로 인해 시장에 맡겨둘 경우 과소생산의 문제가 발생하므로 정부가 주도적으로 생산한다.
③ (다)는 가계가 제공한 생산요소가 생산요소시장을 거쳐 기업의 생산과정에 참여하는 것이다.
④ 가계는 생산물시장에서 수요자, 생산요소시장에서 공급자 역할을 수행한다.
⑤ 소비와 생산이 분리되기 이전인 전통사회에서 가계는 생산에 참여하는 주체이면서 곧 소비자였다.

08 정답 ⑤

| 해설 | 대체적 용도를 가진 희소자원의 사용에 대한 연구는 희소한 자원이 가장 크게 역할할 수 있는 용도로 활용할 수 있도록 고민해야 한다는 것을 의미한다.
⑤ 경제학은 국가적인 자원 활용에 대한 대표성이 특정 단체나 이해관계자들에게만 있다고 전제하지 않는다. 모든 개별경제 주체의 욕망에 따라 자원의 희소성이 결정되고, 이를 가장 경제적으로 합리적인 용도로 활용할 때 국가 경제 전체의 효율성이 개선된다는 것이 경제학의 기본 전제이다.

| 오답피하기 | ① 희소한 자원의 배분이 얼마나 경제적 효율성을 높이는 방향으로 활용되는가에 따라 전체 사회의 삶의 질이 달라질 수 있다.
② 희소한 자원을 생산과정에 활용해 더 많은 생산물, 더 많은 일자리, 더 높은 삶의 질로 연결하려는 것이 경제적 효율성 높은 자원 활용 방법의 하나이다.
③ 모든 자원이 하나의 용도로만 쓰일 수 있다면 여러 선택지를 두고 고민할 필요가 없어지므로, 즉 선택의 문제에서 자유로울 수 있으므로 기회비용을 고려하지 않은 선택이 가능하다. 따라서 경제학은 단순해진다.
④ 수요가 높은 재화 생산에 희소한 자원의 투입 비중을 늘릴수록 국민경제의 순환이 빨라지고 커질 수 있다.

09 정답 ②

| 해설 | ② 애덤 스미스가 이야기한 '보이지 않는 손'의 원리는 완전경쟁시장을 전제로 한다. 이는 시장가격기구의 자동 조절 기능을 의미하며, 이를 위해서는 경제주체들의 이기심에 기반을 둔 자율적인 의사결정, 사유재산을 보장하는 제도가 뒷받침되어야 한다.

10 정답 ③

| 해설 | 희소성이란 욕망에 비해 이를 충족시켜 줄 재화의 부존량이 상대적으로 부족한 현상을 의미한다.
③ 희소성이 발생하는 근본적인 원인은 욕망을 충족시켜 줄 가용자원이 부족하기 때문이다. 이로 인해 다양한 선택의 문제가 발생하고, 경제적 비용이 발생한다.

| 오답피하기 | ① 국가 간 생산방식의 차이는 희소성으로 인해 발생한 결과이다.
② 정부가 재화와 서비스 생산에 대해 규제를 시행하는 것은 희소성의 결과이다. 희소성은 무엇을, 어떻게 생산하여 누구에게 분배할 것인가의 경제문제를 야기하고, 정부의 규제는 이를 해결하는 방법 중 하나이다.
④ 소득분배는 희소성으로 인해 발생하는 경제문제 중 하나이다.
⑤ 희소성은 욕망에 대비한 상대적 문제이다.

11 정답 ④

| 해설 | ④ 경제문제가 발생하는 이유는 자원의 희소성 때문이다. 자원은 인간의 욕구에 비해 부족하기 때문에 선택의 문제에 직면한다.

| 오답피하기 | ⑤ 맬서스는 인구의 증가는 기하급수적인데 식량의 증가는 산술급수적이어서 인류는 멸망한다고 주장하였지만, 기술의 발전으로 맬서스의 우려는 현실이 되지 않았다.

12 정답 ④

| 해설 | 정부의 명령과 통제에 따라 자원 배분이 이루어지는 경제체제는 계획경제체제이다. 따라서 A는 계획경제체제, B는 시장경제체제이다.
④ 시장경제체제는 계획경제체제보다 시장에서의 경제적 유인을 강조한다.

| 오답피하기 | ① 시장경제체제는 시장에 의한 자원배분을 중시한다.
② 계획경제체제에서도 희소성의 문제가 발생한다.
③ 시장경제체제에서는 원칙적으로 생산수단의 사적 소유를 인정한다.
⑤ 시장경제체제는 경제문제의 해결 기준으로 형평성보다 효율성을 중시한다.

13 정답 ②

| 해설 | 미시경제학은 개별 시장의 효율성 및 균형에 관한 학문이다.
② 거시경제학은 국가 전체를 분석의 대상으로 삼는다. 경기 변동은 거시경제학의 분석 분야 중 하나이다. 거시경제학은 단기적인 경기 변동을 최소화하여 실업과 인플레이션을 통제하면서 장기적인 경제성장을 추구한다.

| 오답피하기 | ①③⑤ 산업 구조, 기업 행동, 시장의 효율성은 미시경제학의 연구 분야이다. 미시경제학은 가계와 기업 등의 개별 경제주체들 간의 상호 영향과 행위 등에 의한 재화와 서비스, 가격, 거래량, 각 시장 구조의 균형점 등을 설명하고 연구하는 학문이다.
④ 소비자 행동은 일부는 미시경제학이면서 경영학의 한 분야이다.

14 정답 ⑤

| 해설 | ⑤ 갑돌이가 A 회사를 선택할 경우 B 회사와 C 회사의 입사는 포기해야 하는데, 이 중 급여가 가장 많은 회사는 C 회사이다. 따라서 A 회사 선택의 기회비용은 250만 원이다.

15 정답 ⑤

| 해설 | ⑤ 시장경제는 모든 주체가 자신들의 이익을 위해 의사결정을 하며, 특정 주체의 인위적인 개입을 통해 재산권을 제약하지 말 것을 요구한다.

16 정답 ②

| 해설 | 가. 시장경제체제에서는 가격을 바탕으로 희소한 자원이 적재적소에 배분한다.
다. 경제적 자유와 사유재산권이 보장될 때 이기적 개인의 경제적 효율성이 사회 전체적으로 확장된다.

| 오답피하기 | 나. 경제적 자유를 통해 효율성을 추구할 수 있다.
라. 생산자들 간에 경쟁이 이루어지면 가격이 하락하고 자원배분이 효율적으로 이루어진다.

17 정답 ③

| 해설 | ③ 시장은 효율성을 극대화하는 데 효과적이지만, 공정한 분배와는 관련이 없다. 시장은 효율성의 가치는 극대화할 수 있지만, 완전하고 공평한 분배가 가능해진다고 볼 수 없다.

18 정답 ③

| 해설 | ③ 구성의 오류란 개별 경제주체들의 행동을 경제 전체로 확대해서 추론할 때 발생하는 오류이다. 미시경제학적인 결론을 항상 거시경제학적으로 설명할 수 없다. 이러한 오류를 방지하기 위해서는 두 가지의 관점을 고려하여 경제학을 연구해야 한다.

| 오답피하기 | ①②④⑤ 미시경제학은 개별 경제주체의 의사결정과 상호작용을 연구하고 주로 부분 균형에 대해 연구한다. 반면, 거시경제학은 경기변동이나 장기 성장, 국민경제와 같은 총합적인 경제 개념을 주로 탐구하고 일반 균형을 고려한다.

19 정답 ②

| 해설 | 매몰비용은 한 번 지불하면 다시 회수할 수 없는 비용을 의미한다.
② 현실에서 대표적인 매몰비용은 광고비와 연구·개발(R&D) 비용이다. 이 비용들은 일단 지출되고 나면 회수할 수 없는 비용이기 때문이다.

20 정답 ④

| 해설 | ④ 기업의 해외 이전과 같은 부존자원의 감소는 생산가능곡선을 안쪽으로 이동시키는 요인이다. 따라서 생산가능곡선상에서 이동이 이루어지는 것이 아니라 생산가능곡선 자체가 이동하게 된다.

| 오답피하기 | ① 생산가능곡선상에 있는 점 A는 자원을 효율적으로 사용하여 생산이 이루어진 경우이다.
② 독점기업의 경우 완전경쟁시장에 비해 적은 이윤극대화 생산량이 결정되며, 이는 생산가능곡선 안쪽(점 B)에 나타난다.
③ 점 D의 경우 현재는 달성하기 어려운 생산 수준이지만, 생산 요소의 증가나 기술의 진보가 이루어지면 달성이 가능하다.
⑤ 생산가능곡선 접선의 기울기의 절댓값은 기회비용을 의미한다. X재 생산의 기회비용은 A점이 C점보다 크다.

> **관련 개념 짚어보기**
>
> **생산가능곡선:** 경제 내에 존재하는 기술과 생산에 필요한 자원들을 동원하여 최대로 생산할 수 있는 재화의 조합을 나타낸 곡선이다. 생산가능곡선상의 점들은 경제 내에 존재하는 기술과 생산요소를 모두 활용하여 최대한의 생산이 이루어지는 효율적인 점이다. 한편, 생산가능곡선 안쪽의 점들은 최대 생산량을 달성하지 못한 비효율적인 상태이고, 생산가능곡선 바깥쪽의 점들은 현재의 자원과 기술 수준으로는 달성할 수 없는 상태이다.

21 정답 ②

| 해설 | 실업은 생산의 중요한 요소인 노동이 모두 고용되지 못하는 상황으로 최대 생산량을 달성하지 못하는 상태이다.
② 한 경제가 보유한 생산요소를 모두 생산에 활용하지 못하는 비효율적인 상태일 경우 생산가능곡선 안쪽에 있다.

22 정답 ⑤

| 해설 | A는 희소성만 존재하고, B는 희소성과 희귀성이 모두 존재하며, C는 희귀성만 존재한다. 한편, D는 희소성과 희귀성이 모두 존재하지 않으므로 자유재이다.
다. 깨끗한 물은 과거에는 부존량이 욕망보다 풍부하여 대가없이 이용할 수 있는 자유재였지만, 오늘날에는 환경오염으로 인해 부존량이 줄어들어 자유재로서의 특성이 사라지고 있다.
라. 유명 화가의 원작은 희소성과 희귀성이 모두 존재한다.

| 오답피하기 | 가. 자유재는 희소성이 없는 재화를 의미한다.
나. 경제재는 희소성이 있는 재화를 의미한다. 절대적인 부존량을 의미하는 희귀성과 무관하다.

23 정답 ③

| 해설 | ③ 뮤지컬 티켓을 위해 지출한 비용은 매몰비용이므로 이후의 의사결정에서 고려하지 않아야 한다. 앞으로의 의사결정만을 고려하는 합리적인 주장을 한 사람은 철수와 병수이다.

24 정답 ②

| 해설 | 가. A 신문은 계획경제체제에서 시장경제체제의 요소들을 받아들이자 생산성이 높아졌음을 보여 주고 있다.
다. B 신문은 시장경제체제의 요소들을 도입하면서 발생하는 경제적 문제(기회비용)들을 보여 주고 있다.

25 정답 ④

| 해설 | ④ 시험을 앞두고 공부를 더 할지 휴식을 취할지를 고민하여 결정하는 것은 기회비용을 고려한 합리적인 결정으로 볼 수 있다.

| 오답피하기 | ① 영화 입장료는 이미 지출되어 회수할 수 없는 비용이므로 매몰비용이다. 의사결정에 영화 입장료가 고려되었다면 이는 합리적인 의사결정이라고 할 수 없다.
② 대학 진학의 기회비용은 대학 진학을 위해 포기한 대안들이다.
③ 경제적 비용은 명시적 비용과 암묵적 비용의 합이다. 수강료와 교통비는 명시적 비용에 해당한다. 암묵적 비용이 추가로 고려되어야 한다.
⑤ 책값은 이미 지출되어 회수할 수 없는 비용이므로 책값 때문에 책을 끝까지 읽은 것은 합리적이지 않다.

26 정답 ②

| 해설 | ② 자유방임형 부모는 작은 정부를 의미한다. 작은 정부는 애덤 스미스가 강조했던 '보이지 않는 손', 즉 시장가격기구의 자동 조절에 대한 믿음이 바탕이 된 정부 유형이다.

| 오답피하기 | ① 대공황은 균형을 찾는 시장의 힘이 작동하지 않아 발생한 사건이다.
③ 우두머리형 부모는 큰 정부에 해당한다.
④ 석유 파동으로 인해 정부 역할의 한계가 나타나면서 다시 작은 정부로 회귀하였다.
⑤ 자유방임형 부모는 시장 기능을 활용하여 효율적인 자원 배분을 추구하는 것이므로 시장 실패와 관련 없다.

27 정답 ②

| 해설 | 선박 생산의 기술 혁신이 일어날 경우 선박의 생산비용이 낮아져 더 많은 선박을 만들 수 있다. 이는 자동차 1대를 생산하기 위해 포기해야 하는 선박의 양이 증가함을 의미한다.
② 선박과 자동차 생산의 기회비용은 변화한다.

| 오답피하기 | ①⑤ 자동차 생산의 기회비용은 증가하고, 선박 생산의 기회비용은 감소한다.
③ 생산가능곡선의 기울기는 생산물 간 교환비율이다. 생산가능곡선상의 위치에 따라 기울기는 달라진다.
④ 시간이 지남에 따라 자본이 축적되거나 기술이 발전하면 생산가능곡선은 바깥쪽으로 이동한다. 이로 인해 교환비율이 달라질 수 있다.

28 정답 ③

| 해설 | ③ 국부란 일정 시점에서 한 나라 국민이 소유한 부의 총액을 의미한다. 따라서 국부는 특정 시점을 기준으로 집계되는 저량변수이다.

| 관련 개념 짚어보기 |

경제변수 ┬ 유량변수: 일정 기간이 정의되어야 의미 있는 정보의 전달이 가능한 변수이다.
　　　　　예 국내총생산, 저축, 수요, 소비, 투자
　　　　└ 저량변수: 일정 시점이 정의되어야 의미 있는 정보의 전달이 가능한 변수이다. **예** 환율, 국부

29 정답 ⑤

| 해설 | 나, 라. 제시된 주장은 실제 경제가 움직이는 원리와 관련 있으므로 '실증경제학'의 내용으로 볼 수 있다. 외국기업의 국내 진출을 저지할 경우 해당 분야의 국내 고용은 증가할 수 있겠지만, 외국에서는 우리나라의 기업을 규제할 수 있다. 즉, 특정 분야의 국내 기업 보호가 경제 전체의 고용 증대로 연결될 것이라고 볼 수는 없다. 이는 특정 분야에서 성립하던 것이 전체로 확장하면 성립하지 않는 '구성의 오류'와 관련 있다.

| 관련 개념 짚어보기 |

• **규범경제학(Normative Economics)**: 경제가 어떻게 움직여야 하는지에 대한 처방을 내리는 경제학의 분야이다. 예를 들어 '간접세 인상은 정부 재정 수입 확충에는 도움이 되지만 서민들의 세금 부담을 가중시킬 수 있다. 간접세율을 올려야 하는가?'에 대한 대답을 찾는 분야이다.
• **실증경제학(Positive Economics)**: 실제로 경제가 움직이는 원리를 설명하는 경제학의 분야이다. 예를 들어 '간접세율을 1%p 상승시키면 조세 수입은 얼마나 증가하는가?'에 대한 답을 찾는 분야이다.
• **인과의 오류(Post hoc Fallacy)**: 선후관계를 인과관계로 착각하는 오류이다.
• **구성의 오류(Fallacy of Composition)**: 부분에서는 성립하던 것이 전체로 확장되면 성립하지 않는 오류이다.

30 정답 ②

| 해설 | 경제체제란 경제문제를 해결하는 방식으로 계획경제체제와 시장경제체제가 대표적이다. 제시된 상황에서는 계획경제체제에서 시장경제체제의 요소를 받아들이는 경제개혁 상황이 나타나고 있다.
가. 사유재산을 일부 인정하고 기업 자체 결산과 같은 자율권을 부여하는 개혁 과정을 통해 자본주의 시장경제체제로 변모했음을 알 수 있다.

다. 시장 원리를 적용해 가격을 결정하는 것으로 보아 개인과 기업에 대한 경제적 유인이 확대되었음을 알 수 있다.

| 오답피하기 | 나. 해당 국가에서는 시장원리를 적용하지만 당국이 가격을 결정하기 때문에 초과 수요가 발생하는 경우 반드시 가격 상승으로 이어질 것이라고 보기 어렵다.
라. 시장원리의 도입은 기업이 시장의 상황을 염두에 두고 의사결정을 할 유인을 제공한다.

31 정답 ④

| 해설 | ④ A국은 모든 자원을 선박 혹은 항공기 생산에 투입할 경우 선박 3대 혹은 항공기 6대를 생산할 수 있다. 즉, A국의 경우 선박 1대 생산의 기회비용은 항공기 2대이고, 항공기 1대 생산의 기회비용은 선박 $\frac{1}{2}$대이다. B국의 경우 선박 1대 생산의 기회비용은 항공기 1대이다. 따라서 B국은 항공기 생산을 포기하고 A국으로부터 항공기를 수입하면 이득이 발생한다.

32 정답 ④

| 해설 | ④ 주말 여가 시간에 낚시를 포기하고 등산을 가는 것은 한정된 시간에 무엇을 할지를 고민하는 문제로, 이는 '무엇을, 얼마나 생산할 것인가', 즉 생산물의 종류와 양의 문제이다.

| 오답피하기 | ① ⊙은 희소성이다. 다이아몬드가 물보다 비싼 이유는 희소성 때문이다.
② 정부가 한정된 예산으로 임대주택을 건설할지, 도로를 건설할지를 고민하는 것은 '무엇을, 얼마나 생산할 것인가'의 문제이다.
③ 어떤 제품을 생산하는 데 노동 투입을 증가시킬지, 공장 자동화 설비를 이용할지를 결정하는 것은 '어떻게 생산할 것인가'의 문제이다.
⑤ 분배 문제는 형평성과 효율성 모두를 고려해야 한다.

33 정답 ④

| 해설 | ④ 자동차 1단위 생산의 기회비용은 C점이 E점보다 크다.

| 오답피하기 | ①② 생산가능곡선상에 있는 점은 효율적인 생산을 보여 주는 반면, A점은 비효율적으로 생산되었음을 보여 준다.
③ B점은 C점의 기울기보다 완만하므로 쌀 1단위 생산의 기회비용이 C점보다 작다.
⑤ ㉮ 곡선이 ㉯ 곡선처럼 되려면 생산요소가 증가하거나 기술이 발전해야 한다. 그림의 상황은 자동차 생산을 위한 생산요소가 증가하거나 기술이 발전하여 자동차 생산이 증가한 경우이다.

34 정답 ③

| 해설 | 가. 모든 경제 문제를 시장의 기능 '보이지 않는 손'이 해결할 수 있다는 것은 가장 완전한 시장경제체제와 관련 있다(D).
나. 자본주의 자체를 인정하지 않는 주장으로 완전한 계획경제체제에 가깝다(A).
다. 시장경제체제를 기본으로 하면서 보안이 필요하다는 주장이다(C).
라. 계획경제체제를 기본으로 하면서 시장경제체제의 일부 요인들을 받아들일 수 있다는 주장이다(B).

35 정답 ③

| 해설 | ③ 소비자들이 X재를 더 선호하면 Y재 생산이 감소하고 X재 생산이 증가하므로 생산가능곡선상에서의 이동으로 나타난다. 즉, 생산가능곡선의 기울기와 관련 없다.

| 오답피하기 | ①④ 생산가능곡선은 생산의 특징에 따라 원점에 대해 볼록(기회비용 체감)하기도 하고, 오목(기회비용 체증)하기도 하며, 직선(기회비용 일정)의 모양이기도 하다.
② 규모의 경제가 발생하면 해당 재화를 1단위 추가로 생산할 때 포기해야 하는 다른 재화의 수량이 감소하여 기회비용이 체감하므로 원점에 대해 볼록한 모양이다.
⑤ 리카도의 비교우위론에서는 기회비용이 일정하다고 가정한다.

관련 개념 짚어보기

- **규모의 경제**: 생산 규모가 확대될수록 장기 평균비용이 감소하는 현상이다.
- **비교우위론**: 각국이 상대국보다 상대적으로 저렴하게 생산할 수 있는 재화 및 서비스를 특화하여 교환할 경우 양국의 이득이 증가한다는 이론이다.

36 정답 ④

| 해설 | 경제문제란 무엇을 얼마나, 어떻게 생산하여 누구에게 분배할 것인가의 문제를 의미한다. 제시문에 나타난 경제문제는 '무엇을, 얼마나 생산할 것인가'의 문제이다.
가. 무엇을, 얼마나 생산할 것인가의 문제는 효율성이 강조되는 경제문제로, 자원의 배분과 관련 있다.
나. 시장경제체제는 경제문제를 시장의 가격기구를 통해 해결하는 방식을 의미한다.
다. 경제문제의 해결이 필요한 근본적인 이유는 자원의 희소성으로 인해 모든 것을 다 할 수 없고 선택해야 하기 때문이다.

| 오답피하기 | 라. 리쇼어링이란 자국 기업의 본국 회귀 현상을 의미한다. 중국 진출 기업이 우리나라로 돌아오는 현상은 중국의 인건비 상승으로 더 이상 생산기지로서의 매력도가 높지 않기 때문이다. 이는 '어떻게 생산할 것인가'의 문제와 관련 있다.

관련 개념 짚어보기

리쇼어링(Reshoring): 해외에 나가 있는 자국 기업들이 본국으로 회귀하는 현상을 의미한다. 인건비가 저렴하거나 시장이 인접한 해외로 생산기지를 옮기는 오프쇼어링(Offshoring)의 반대말이다.

37 정답 ②

| 해설 | ⓐ는 가계, ⓑ는 정부, ⓒ는 생산요소, ⓓ는 공공재이다.
가. 가계는 소비의 주체로, 효용의 극대화를 추구한다.
다. 생산요소의 규모와 질적 수준은 기업의 생산성을 결정하는 핵심 요인이다. 생산요소의 규모에 따라 생산의 규모가 달라지고, 질적 수준에 따라 동일한 생산요소의 양이라 하더라도 더 많은 생산이 가능해지기 때문이다.

| 오답피하기 | 나. 정부는 가계와 기업으로부터 징수한 세금을 이용하여 공공재를 공급한다. 정부가 공공재 생산을 통해 시장실패를 막을 수 있지만, 공공재 생산의 목적이 민간 경제활동을 조절하고 통제하는 데 있지는 않다.
라. 공공재와 공공서비스의 종류와 양에 따라 조세가 결정되는 것은 아니다.

38 정답 ⑤

| 해설 | ⑤ 바나나 1개 생산의 기회비용은 사과 0.5개이다. 즉, 바나나 1개 생산을 늘리기 위해서는 사과 0.5개를 포기해야 한다.

| 오답피하기 | ① 사과 1개를 추가로 생산하기 위해서는 바나나 2개를 포기해야 한다.
② 모든 자원을 투입했을 때 생산할 수 있는 사과의 최대 생산량은 4개이다. 바나나 4개와 사과 8개를 동시에 생산할 수 없다.
③ 사과 2개와 바나나 4개의 생산은 생산가능곡선상의 점 A에 해당하므로 효율적인 생산 가능 지점이다.
④ 생산가능곡선의 기울기가 일정하므로 사과 1개 추가 생산에 따른 기회비용은 일정하다.

39 정답 ⑤

| 해설 | 다. Y재 생산은 c점에서보다 b점에서 증가한 반면, X재는 변함이 없다. 따라서 Y재 1단위 생산의 기회비용은 0이다.
라. 현재 점 d는 생산가능곡선 밖의 점이기 때문에 A 기업이 생산할 수 없다. 하지만 기술이 발전되면 생산가능곡선이 바깥으로 이동하여 점 d에서 생산이 가능해진다.

| 오답피하기 | 가. 생산가능곡선으로 대체재 여부를 알 수 없다.
나. 생산가능곡선에서 X재 1단위 생산의 기회비용은 생산가능곡선의 기울기로 나타난다. 따라서 점 a에서 X재 1단위 생산의 기회비용은 Y재 20/100 단위가 된다.

40 정답 ⑤

| 해설 | ⑤ 정부가 기업에 공공재를 제공한다면 기업도 정부에 기업이 생산한 재화, 서비스와 같은 실물을 제공할 수 있다.

| 오답피하기 | ① 재화와 서비스는 실물의 흐름과 관련 있고, 지출 국민 소득은 화폐의 흐름과 관련 있다.
② 일반적으로 가계는 기업에 생산요소(노동, 토지, 자본)를 제공하고 그 대가로 임금, 이자, 지대를 받는다. 이때 두 화살표 모두 실물 혹은 화폐의 흐름을 나타내야 한다.
③ 정부가 가계나 기업에 제공해 줄 수 있는 것은 공공서비스 혹은 보조금이다. 다만, 공공서비스는 공공재로서 특정 주체가 아닌 모든 경제주체가 이용할 수 있다. 따라서 ⓒ이 보조금이라면, ⓗ도 보조금이 되어야 한다.
④ 기업이 정부에 제공하는 것이 조세라면, 가계는 정부에 화폐의 흐름인 조세를 제공해야 한다.

CHAPTER 02 | 수요 및 공급이론

41	④	42	④	43	④	44	①	45	①
46	⑤	47	⑤	48	④	49	③	50	①
51	④	52	①	53	⑤	54	④	55	②
56	②	57	②	58	①	59	③	60	③
61	⑤	62	①	63	④	64	②	65	①
66	②	67	④	68	③	69	⑤	70	④
71	④	72	②	73	①	74	⑤	75	③
76	⑤	77	①	78	③	79	③	80	②
81	①								

41 정답 ④

│해설│ ④ 초과 공급은 공급이 수요보다 많은 상황으로 초과 공급이 발생하면 가격이 하락한다. 가격이 균형 수준까지 낮아지면 수요량과 공급량이 일치하므로 균형을 회복하게 된다.

42 정답 ④

│해설│ D는 수요곡선을, S는 공급곡선을 의미한다. 수량-가격 평면에서 곡선의 이동은 가격 이외의 요인이 변할 때 발생한다. 문제에서는 우하향하는 수요곡선과 우상향하는 공급곡선이 모두 우측으로 이동하고 있다.
④ 향후에 가격이 상승할 것으로 예상되는 경우 현재의 소비를 늘리기 마련이다. 따라서 가격 상승 예상은 수요의 증가요인이다. 한편, 다른 모든 조건이 일정할 때 생산비가 하락하면 공급이 증가할 수 있다.

│오답피하기│ ① 해당 재화의 가격 변화는 곡선상에서의 이동을 야기한다. 곡선 자체를 이동시키는 요인은 가격 이외의 요인들이다.
② 특정 재화의 선호가 변화할 경우 곡선이 이동할 수 있다. 선호가 증가할 경우 수요가 증가할 수 있다. 한편, 생산비의 상승은 생산을 줄이는 선택을 유인한다.
③ 선호의 감소는 수요의 하락요인이며, 생산비 상승은 공급의 감소요인이다.
⑤ 소비자들의 소득 증가는 수요를 증가시킨다. 한편, 가격 상승 예상은 수요의 증가요인이지, 공급과는 무관하다.

43 정답 ④

│해설│ ④ 균형가격에서의 소비자잉여는 (A+B+E)이고, 생산자잉여는 (C+D+F)이다. P_0로 가격상한이 설정된 후 소비자잉여는 (A+B+C)이고, 생산자잉여는 D가 된다. 따라서 소비자잉여의 변화는 C-E, 생산자잉여의 변화는 -C-F이므로 사회적잉여의 순손실분(자중손실)의 크기는 이를 더한 E+F가 된다.

관련 개념 짚어보기

> **가격상한제**: 시장에서 결정된 가격이 너무 높다고 판단되어 정부가 최고 가격을 설정하고 그 이상 가격을 책정하지 못하도록 하는 제도이다.

44 정답 ①

│해설│ 공급곡선이 $Q=500$인데, 이는 공급량 500에서 수직인 공급곡선 형태이다. 이는 공급의 가격탄력성이 완전 비탄력적임을 의미한다. 따라서 세금이 부과되더라도 균형거래량은 바뀌지 않는다. 균형거래량의 변화가 발생하지 않으므로 자중손실 역시 발생하지 않는다.

45 정답 ①

│해설│ 수요의 가격탄력성은 가격 변화에 수요량이 얼마나 민감하게 반응하는지를 나타낸다.
① 대체재가 많다는 것은 가격이 상승한 재화를 대신할 재화가 많다는 것을 의미한다. 대체재가 많을수록 가격 변화에 수요량이 민감하게 반응하므로 수요의 가격탄력성이 커진다.

│오답피하기│ ② 수요의 가격탄력성은 공급의 변화와 무관하다.
③ 직선의 수요곡선은 해당 가격 수준에서 수요량이 무한대임을 의미한다. 단위 탄력적인 수요곡선은 수요의 가격탄력성이 1로, 직각쌍곡선의 형태이다.
④ 수요량을 예측하는 기간이 짧을수록 가격 변화에 수요량이 대응할 여유가 적으므로 수요의 가격탄력성은 작아진다.
⑤ 소득과 수요의 가격탄력성은 직접적인 연관은 없다. 다만, 소득에서 재화 소비가 차지하는 비중이 커질수록 수요의 가격탄력성은 커진다.

46 정답 ⑤

│해설│ 국제 원자재 X재의 공급이 감소하면 X재의 가격이 상승한다. X재의 가격 상승은 X재를 핵심 원료로 하는 Y재의 공급 감소요인이 된다.
다. Y재의 공급 감소로 인해 Y재 시장에서 소비자 잉여는 감소할 것이다.
라. Y재 수요의 가격탄력성이 탄력적이라면, 가격상승률보다 수요량 감소율이 더 커 소비자 총지출액은 감소할 것이다.

│오답피하기│ 가. Y재의 공급 감소로 인해 Y재의 가격은 상승할 것이다.
나. Y재의 공급 감소로 인해 Y재의 거래량은 감소할 것이다.

47 정답 ⑤

│해설│ 시장균형점은 수요와 공급이 만나는 지점을 의미한다. 문제에서 두 지점 모두 동일한 공급곡선상에 위치한다고 전제하였으므로 A지점에서 B지점으로의 변화는 수요곡선이 우측으로 이동한 결과이다.
⑤ 보완 관계에 있는 재화의 가격이 하락할 경우 X재의 수요는 증가한다.

│오답피하기│ ① 생산비는 공급곡선의 이동요인이다.
② 소비자 소득의 감소는 수요곡선의 좌측 이동요인이다.
③ 소비자 기호의 감소는 수요곡선의 좌측 이동요인이다.
④ 대체 관계에 있는 재화의 공급이 증가할 경우 대체재의 가격이 하락하며 이는 X재의 수요 감소요인이 된다.

48 정답 ④

│해설│ ④ 제시문에 나타난 감자 시장에서는 감자의 공급이 감소함을 보여준다. 이는 공급곡선의 좌측 이동요인이다. 이에 따라 가격이 상승하고, 거래량이 감소한다.

49 정답 ③

| 해설 | 수요의 가격탄력성은 가격 변화에 수요량이 얼마나 민감하게 반응하는지를 나타낸다.

가. 대체재가 존재할 경우 해당 재화를 대신하여 사용할 대안이 존재하는 것이므로 가격 변화에 대해 수요량이 민감하게 반응한다.

나. 재화의 구매비용이 소득에서 차지하는 비중이 클수록 가격 변화에 대해 수요량이 민감하게 반응한다.

| 오답피하기 | 다. 단기에는 가격이 변화하더라도 수요량을 변화시킬 여유가 없어 수요의 가격탄력성이 작게 나타나지만, 장기에는 가격 변화에 대응할 여유가 더 많아 수요의 가격탄력성이 크게 나타난다.

50 정답 ①

| 해설 | 원자재 X재의 가격이 하락하면 X재를 생산요소로 하는 Y재의 공급은 증가한다.

가. Y재의 공급 증가로 인해 가격이 하락하면 소비자잉여가 증가할 것이다.

나. Y재의 수요가 가격에 민감하다면 가격 하락 시 수요량이 더 큰 폭으로 증가하므로 소비자 총지출액은 늘어날 것이다.

| 오답피하기 | 다. Y재의 공급이 증가하므로 Y재의 가격은 하락할 것이다.

라. Y재의 공급이 증가하므로 Y재의 거래량은 증가할 것이다.

51 정답 ④

| 해설 | ④ 시장에 최고가격제와 같은 규제가 없다면 장기에는 시장의 자기조정 메커니즘에 의해 수요와 공급이 일치하여 균형을 형성한다.

| 오답피하기 | ① 가격하한제란 균형가격보다 높은 수준에서 정부가 정한 최저가격 이하로 가격을 설정하지 못하게 규제하는 제도이다.

②③ 임대료가 시장균형보다 낮게 거래되는 원인이 최고가격제와 같은 규제가 원인이라면 임대료는 계속해서 시장균형보다 낮게 유지될 수 있지만, 인위적인 규제가 아닌 다른 요인이라면 '보이지 않는 손'의 힘에 의해 장기적으로는 시장가격수준으로 가격이 상승할 것이다.

⑤ 임대료 상한제로 인해 임대료를 높은 금액으로 받을 수 없기 때문에 인위적으로 공급을 늘릴 유인이 없다.

52 정답 ①

| 해설 | ① 가격통제 이전에 30만 명이었던 고용 규모는 10만 명으로 감소하여 20만 명의 근로자가 일자리를 잃게 된다.

| 오답피하기 | ② 10만 명의 근로자가 시간당 8,500원을 벌게 된다.

③ 가격통제 이전에 30만 명의 근로자가 시간당 7,000원의 임금을 받아 21억 원의 총소득을 얻었지만, 가격통제 이후에는 10만 명의 근로자가 시간당 8,500원의 임금을 받으므로 총근로소득은 8억 5천만 원으로 감소한다.

④ 근로자잉여는 가격통제 이전의 경우 10억 5천만 원(= 7,000원×30만 명× $\frac{1}{2}$)이고, 가격통제 이후의 경우 5억 7천 5백만 원(= (3,000원×10만 명)+ (5,500원×10만 명× $\frac{1}{2}$)}이다.

⑤ 정부의 가격통제는 총잉여의 감소로 나타난다.

53 정답 ⑤

| 해설 | A재와 B재는 교차탄력성이 0보다 크므로 대체 관계이며, A재와 C재는 교차탄력성이 0보다 작으므로 보완 관계이다.

다. B재 공급이 감소하면 가격이 상승하므로 대체재인 A재의 수요는 증가한다. 따라서 A재의 보완재인 C재 수요가 증가한다.

라. C재 공급이 감소하면 가격이 상승하므로 보완재인 A재의 수요는 감소하고 가격은 하락한다.

| 오답피하기 | 가. A재 공급이 증가하면 가격이 하락하므로 대체재인 B재의 수요는 감소한다.

나. B재 공급이 증가하면 가격이 하락하여 수요 증가를 야기한다. 이에 따라 대체재인 A재 수요는 감소하고 가격은 하락한다.

54 정답 ④

| 해설 | ④ '가'점은 수요의 가격탄력성이 1보다 큰 지점이다. 즉, 수요의 가격탄력성이 탄력적인 지점으로 가격이 상승하면 수요량이 더 큰 폭으로 감소한다. 따라서 '가'점에서 가격을 올리면 수입이 감소한다.

| 오답피하기 | ① '가'점은 탄력적인 지점이므로 수요의 가격탄력성이 1보다 크다.

② '다'점은 비탄력적인 지점으로 수요가 가격에 대해 민감하지 않은 필수재가 주로 해당한다.

③ '나'점은 단위 탄력적인 지점으로 수요의 가격탄력성이 1이다. 즉, 수요량의 변화율과 가격의 변화율이 동일한 지점이다.

⑤ 직각쌍곡선에서 수요의 가격탄력성은 언제나 1이다.

55 정답 ②

| 해설 | ② 담배와 껌은 경쟁적인 관계로, 대체 관계에 있다. 담배의 가격이 상승할 시 이의 대체재인 껌의 수요가 증가하여 껌의 균형가격과 균형거래량이 증가한다. 담배가격의 인상은 자일리톨 껌 수요의 증가($D_1 \rightarrow D_2$)로 이어지고, 수요의 증가는 가격 상승과 판매수입의 증가로 이어진다. 따라서 균형점은 $E \rightarrow A$로 이동한다.

56 정답 ②

| 해설 | 최저임금은 최저가격제의 대표적인 사례이다. 최저가격제란 시장에서 결정된 임금이 너무 낮아 균형가격을 상회하는 수준에서 최저가격을 설정하고, 이 가격 미만으로는 가격을 설정하지 못하도록 강제하는 제도이다.

② 균형가격 이상으로 가격이 상승한다는 것은 노동의 수요자 입장에서는 수요량을 줄이고, 노동의 공급자 입장에서는 공급량을 증가시키는 요인으로 작용한다. 따라서 시장에서 초과 공급이 발생한다. 노동시장에서의 초과 공급은 실업을 의미한다.

| 오답피하기 | ① 급격한 임금 상승은 기업의 인건비 부담 증가로 나타난다. 이러한 부담의 증가는 노동수요 감소로 이어져 실업률 상승 원인이 된다.

③ 임금은 기업의 비용 가운데 가장 큰 비중을 차지한다. 이러한 비용 증가는 상품 가격에 전가되어 전반적인 물가 인상을 야기할 수 있다.

④ 고용이 보장된 집단의 경우 최저임금의 증가는 소득의 증가로 이어져 소비 증가 및 경제활성화에 기여할 수 있다.

⑤ 노동수요가 이전에 비해 줄어들면서 저숙련 노동자나 청년에게 일자리 기회가 줄어들고, 생산성 증가에 기여하기 어려운 장년층의 일자리 역시 감소한다.

57 정답 ②

| 해설 | 소비자잉여는 지불용의 가격에서 실제 지불한 가격을 뺀 차액이다. ② 피자의 가격이 5,000원이고, 5,000원보다 더 높은 지불용의를 가진 경우는 첫 번째와 두 번째 팬이다. 따라서 소비자잉여는 5,000원(= 10,000원 − 5,000원) + 2,000원(= 7,000원 − 5,000원)으로 7,000원이다.

58 정답 ①

| 해설 | ① 최저임금 설정 이전의 소비자잉여는 A+B+E이고, 생산자잉여는 C+D+F이다. 최저임금 설정 이후의 소비자잉여는 A이고, 생산자잉여는 B+C+D이다. 따라서 소비자잉여의 변화분은 −B−E, 생산자잉여의 변화분은 B−F이다. 경제적 순손실은 이를 더한 E+F가 된다.

59 정답 ③

| 해설 | 다. A지역은 가격이 상승함에 따라 총판매수입이 증가하고 있고, B지역은 가격이 상승함에도 총판매수입은 변함이 없으며, C지역은 가격이 상승함에 따라 총판매수입이 감소하고 있다. 따라서 X재 수요의 가격탄력성은 A지역의 경우 비탄력적이고, B지역의 경우 단위 탄력적이며, C지역의 경우 탄력적이다.
라. 수요의 가격탄력성은 대체재가 많을수록 커지므로 X재의 대체재가 가장 많이 존재하는 지역은 수요의 가격탄력성이 큰 C지역일 가능성이 크다.

| 오답피하기 | 가. X재 수요의 가격탄력성은 C지역보다 A지역이 작다.
나. B지역에서 X재 수요의 가격탄력성은 A지역보다 크고, C지역보다 작다.

60 정답 ③

| 해설 | 제시된 그림은 국산 자동차의 공급이 증가하고 있음을 보여 준다.
나바. 종업원 임금의 하락과 원자재의 가격 하락은 공급의 증가요인이다.
다. 생산 기술의 발달은 공급의 증가요인이다.

| 오답피하기 | 가. 국민소득의 증가는 수요의 증가요인이다.
라. 수입 자동차의 가격 하락은 대체 관계에 있는 국산 자동차의 수요를 감소시킨다.
마. 국산 자동차 선호 증가는 수요의 증가요인이다.

61 정답 ⑤

| 해설 | ⑤ 실내 경기장에서 구입하는 음료수의 수요의 가격탄력성은 비탄력적이므로 음료수 가격을 인상하면 공급자의 판매수입은 증가할 것이다.

| 오답피하기 | ① 경기에 몰입하는 관중들은 가격에 대해 비탄력적으로 소비할 것이다.
② 음료수의 대체재가 적을 것이다. 대체재가 적을수록 수요의 가격탄력성은 비탄력적이다.
③ 음료수의 수요곡선은 매우 가파를 것이다. 즉, 수평보다 수직에 가깝다.
④ 음료수 판매를 위한 공급자의 시장 진입은 어려워질 것이다. 관중을 대상으로 한 시장에 음료수를 납품하는 공급자들끼리 담합을 통한 과점을 형성할 가능성이 크기 때문이다.

62 정답 ①

| 해설 | A 재화의 가격이 상승하면서 동시에 거래량이 증가하였다. 이를 통해 수요곡선이 우측으로 이동하였음을 알 수 있다. 수요의 변동요인에는 연관재의 가격 변화, 소득 변화, 미래 가격에 대한 예상 변화, 선호의 변화, 소비자 수의 변화 등이다.
① A 재화와 대체 관계에 있는 재화의 가격이 상승하면 A 재화의 수요가 증가하여 가격이 상승하고 거래량이 증가한다.

> **관련 개념 짚어보기**
> • **수요량의 변동**: 재화 가격의 변화에 따른 거래량의 변동이다(수요 곡선상의 이동).
> • **수요의 변동**: 재화 가격 이외의 요인에 의한 거래량의 변동이다(수요 곡선 자체의 이동).

63 정답 ③

| 해설 | 수요의 교차탄력성이란 해당 상품의 수요량이 연관재의 가격 변화에 얼마나 민감하게 반응하는지를 나타내는 개념이다. 수요의 교차탄력성이 0보다 크면 대체재 관계, 0보다 작으면 보완 관계라고 할 수 있다.
③ 잉크젯프린터와 잉크카트리지는 보완 관계에 있으므로 수요의 교차탄력성은 0보다 작다.

| 오답피하기 | ① 가격이 1% 변할 때 수요량이 4% 변했다면 수요의 가격탄력성은 4이다.
② 기펜재는 열등재의 특수한 경우로, 소득이 증가할 때 오히려 수요량이 감소하는 재화이다. 소득이 증가할 때 수요량이 증가하는 재화는 정상재이다. 소득의 증가분만큼 수요량이 증가하지 않았더라도 소득과 수요량의 변화 방향이 일치한다면 이는 정상재이다.
④ 수요의 소득탄력성에 따라 정상재와 열등재로 구분할 수 있다. 수요의 소득탄력성이 0보다 크면 정상재, 0보다 작으면 열등재이다.
⑤ 수요의 가격탄력성을 통해 필수재인지 사치재인지를 구분할 수 있다. 정상재와 열등재를 구분할 수 있는 기준은 수요의 소득탄력성이다.

> **관련 개념 짚어보기**
> **탄력성**: 독립변수가 변할 때 종속변수가 얼마나 변하는지를 나타내는 개념이다. 수요의 가격탄력성은 가격의 변화에 따라 수요량이 얼마나 민감하게 반응하는지를 나타내며, 수요의 교차탄력성은 다른 재화의 가격 변화가 해당 재화의 수요량에 미치는 영향을 나타낸다.

64 정답 ②

| 해설 | 가. A재는 공급의 가격탄력성이 1보다 작다. 즉, 가격 변화에 공급량이 둔감하게 반응하는 재화로, 공산품보다 농산물에 가깝다.
다. 생산 요소를 구하기 쉽거나, 생산 기간이 짧을수록 공급의 가격탄력성이 커진다. 공급의 가격탄력성은 C재가 B재보다 민감하므로, 즉 가격 변화에 공급량을 보다 큰 폭으로 변화시킬 수 있으므로 C재는 B재보다 생산 기간이 짧다.

| 오답피하기 | 나. 가격 변화에 따른 판매수입의 변화는 수요의 가격탄력성과 관련 있다.
라. 소득에서 차지하는 지출의 비중에 따라 수요의 가격탄력성이 결정된다. 공급의 탄력성은 소득에서 차지하는 지출의 비중과 무관하다.

65 정답 ①

| 해설 | ① 소비자잉여의 변화가 없다는 의미는 소비자가 직면한 가격과 수요량이 변화하지 않았음을 의미한다. 이는 세금이 소비자에게 전가되지 않았음을 의미한다. 즉, 소비자가 수요에 대한 가격탄력성이 완전 탄력적이어서 가격이 조금이라도 오르면 소비량을 0으로 줄이기 때문에 공급자가 모든 세금을 치렀음을 의미한다. 따라서 담배 수요가 가격에 대해 완전 탄력적인 상황임을 알 수 있다.

| 오답피하기 | ② 담배 공급은 가격에 대해 완전 비탄력적이다. 가격과 무관하게 일정량이 공급되어야 소비자잉여가 일정할 수 있다.
③ 수요의 가격탄력성이 완전 탄력적이므로 담배의 수요곡선은 수평이다.
④ 담배 수요의 가격탄력성은 완전 탄력적이다.
⑤ 세금부과는 가격과 관련 있으며, 소비자의 기호와 무관하다.

66 정답 ②

| 해설 | 수요의 소득탄력성이 0보다 크면 정상재, 0보다 작으면 열등재이다. 수요의 교차탄력성이 0보다 크면 대체 관계, 0보다 작으면 보완 관계에 있다.
가.마. X재 수요의 소득탄력성은 양(+)의 값이고, X재의 수요의 교차탄력성은 음(−)의 값이므로 X재는 정상재이면서 Y재와 보완 관계임을 알 수 있다.
라. Y재는 열등재이면서 X재와 보완 관계이다.

67 정답 ④

| 해설 | ④ 쌀의 가격이 내려도 소비량에 거의 변화가 없는 것은 일상생활에 반드시 필요하기 때문에 가격이 올라도, 내려도 필요한 양만큼 꼭 구매해야 하는 것이다. 이는 쌀의 수요의 가격탄력성이 비탄력적임을 보여 준다. 한편, 쌀은 농산품의 특성상 가격에 민감하게 반응하여 공급할 수 없다. 이는 쌀의 공급의 가격탄력성이 비탄력적임을 보여 준다.

68 정답 ②

| 해설 | 갑국에서는 스마트폰 공급 증가로 인해 노트북 컴퓨터의 판매가 줄고 있으므로 스마트폰과 노트북 컴퓨터가 대체 관계에 있음을 알 수 있다. 한편, 을국에서는 스마트폰 보급 증가로 인해 노트북 컴퓨터의 판매가 증가하고 있으므로 스마트폰과 노트북 컴퓨터가 보완 관계에 있음을 알 수 있다.
가. 갑국에서 스마트폰의 공급 증가로 인해 스마트폰의 가격이 하락하면 대체재인 노트북 컴퓨터의 수요는 감소한다.
다. 보완 관계는 '바늘 가는 데 실 간다.'라는 속담으로 표현할 수 있다.

69 정답 ③

| 해설 | ③ 셰일가스와 원유는 대체 관계에 있다. (가)의 경우 산유국들이 원유 공급을 늘리게 되면 원유 가격이 하락하고 이에 대체재인 셰일가스 수요는 감소하여 거래량이 감소하고 가격이 하락한다. (나)의 경우 셰일가스 채굴 시간이 단축되면 셰일가스의 공급이 증가하여 가격이 하락한다.

70 정답 ④

| 해설 | ④ 소득의 증가로 인해 감자튀김의 수요가 감소하고, 이에 따라 감자튀김과 보완 관계에 있는 토마토 케첩의 수요는 감소한다.

| 오답피하기 | ① 소득의 증가는 감자튀김의 수요 감소를 야기한다.
②⑤ 소득의 감소는 감자튀김의 수요를 증가시켜 감자튀김의 가격이 상승하고 거래량이 증가한다. 이에 따라 감자튀김 판매점의 판매수입은 증가한다.
③ 소득이 감소하면 감자튀김의 수요가 증가하여 수요곡선이 우측으로 이동한다.

71 정답 ④

| 해설 | 제시된 균형점의 변화는 수요곡선의 이동이 있을 때 나타날 수 있다.
④ A의 가격 변화는 수요곡선상의 변화를 야기하므로 제시된 관찰치와 같은 균형점 변화가 나타날 수 없다.

| 오답피하기 | ① 소득의 증가는 수요곡선의 이동요인이다.
②⑤ 대체재인 B의 공급 변화는 B의 가격에 영향을 미쳐 A의 수요 변화를 야기할 수 있다.
③ 수요의 변동이란 수요곡선의 이동을 의미한다.

72 정답 ②

| 해설 | ② 수요의 가격탄력성이 1보다 클 때 가격의 변화율보다 수요량의 변화율이 크다. 따라서 가격이 상승할 때 더 큰 폭의 수요량 감소가 나타나 총수입이 감소하고, 가격이 하락할 때 더 큰 폭의 수요량 증가가 나타나 총수입이 증가한다. 즉, 가격과 총수입은 반대로 움직인다.

| 오답피하기 | ① 판매자의 총수입은 수요의 가격탄력성과 관련 있으며, 공급의 가격탄력성과 무관하다.
③ 소득의 일정 비율을 항상 도서 구입에 사용한다면 소득탄력성은 1이다.
④ 정상재는 소득이 증가할수록 수요가 증가하는 재화로, 필수재와 사치재 모두가 포함된다. 따라서 소득이 감소할 때 정상재 구입액이 소득에서 차지하는 비중은 커질 수도, 감소할 수도 있다.
⑤ 교차탄력성은 대체 관계의 경우 0보다 크고, 보완 관계의 경우 0보다 작다.

73 정답 ①

| 해설 | 세금 부과 전에 폭죽은 1,300원에서 수요량과 공급량이 8개로 일치하므로 균형을 이룰 것이다.
• 판매자에게 세금을 부과하는 경우(A): 판매자에게 개당 600원의 세금이 부과되면 폭죽 한 개 판매로 판매자가 실제로 얻는 금액과 구매하는 금액 사이에 600원의 차이가 발생한다. 이 차이만큼 판매자는 세금으로 납부한다. 따라서 구매자의 수요가격보다 판매자의 공급가격이 600원 더 비싸면서 수요량과 공급량이 일치하는 수준인 1,100원의 수요가격과 1,700원의 공급가격에서 거래량이 4개로 일치한다. 600원의 세금을 납부하는 것은 판매자이므로 수요자로부터 받은 가격은 1,700원에서 결정된다. 따라서 세금 부과 전에 비해 가격은 400원 상승하고, 거래량은 4개 감소한다.
• 구매자에게 세금을 부과하는 경우(B): 구매자에게 600원의 세금이 부과되면 폭죽 한 개를 얻기 위해 구매자가 실제로 지출하는 금액과 판매자가 공급하는 가격 사이에 600원의 차이가 발생한다. 이 차이만큼이 곧 세금이다. 따라서 구매자의 수요가격보다 판매자의 공급 가격이 600원 더 싸면서 수요량과 공급량이 일치하는 수준에서 새로운 균형이 형성된다. A 방안의 경우와 동일하게 1,100원의 수요가격과 1,700원의 공급가격이 4개의 거래량에서 만난다. 하지만 이 경우 600원의 세금을 납부하는 것은 구매자이므로 판매자가 받는 가격은 1,100원에서 결정될 것이다. 따라서 세금 부과 전에 비해 가격은 200원 하락하고, 거래량이 4개 감소한다.

74 정답 ⑤

| 해설 | ⑤ 수요와 공급에 의해 형성되는 것은 가격만이 아니다. 임금과 이자율, 환율 모두 수요와 공급에 의해 결정된다. 시장경제체제의 핵심은 가격이다. 가격이 신호의 기능을 담당하여 초과 공급과 초과 수요를 해소하고 균형을 형성하는 것이다. 즉, 노동시장, 화폐시장, 외환시장에서 임금, 이자율, 환율과 같은 가격변수가 보내는 신호에 의해 균형이 형성되는 것이다.

75 정답 ③

| 해설 | 배춧값 파동으로 인한 부작용을 줄이기 위해 수입배추와 무에 적용되는 관세를 낮추고, 배추 대신 양배추 김치를 먹는 상황을 보여 주고 있다.
③ 필수재는 수요의 가격탄력성이 비탄력적이므로 배춧값 폭등으로 인해 오히려 배추 농가의 수입은 증가되었을 것이다.

| 오답피하기 | ① 배춧값 폭등으로 인해 대체재인 무와 양배추 수요가 증가하여 가격이 상승할 것이다.
② 중국산 배추의 관세 인하 및 수입으로 배추 공급이 증가하여 국내 배추 가격은 하락할 것이다.
④ 배추의 공급과 수요가 모두 감소하면 총잉여는 감소한다.
⑤ 고춧가루와 젓갈 등은 배추와 보완 관계에 있다. 따라서 배추 가격의 상승은 보완재의 수요 감소로 이어져 가격이 하락할 것이다.

76 정답 ⑤

| 해설 | ⑤ 제시된 현상은 모두 수요 증가에 공급이 탄력적으로 반응하지 못하기 때문에 발생한다. 연중 지속되지 않는 이벤트 수요에 맞춰 공급이 상시 대응할 수 없고, 갑작스럽게 생산 규모를 늘릴 수 없는 특성으로 인해 공급이 비탄력적이어서 나타나는 현상이다.

77 정답 ①

| 해설 | 소비자잉여는 소비자가 지불하고자 하는 최대 의사 금액에서 실제 지불한 금액을 뺀 값을 의미한다.
① 공급이 감소하면 가격이 상승하고 거래량이 감소하여 소비자잉여는 감소한다.

| 오답피하기 | ② 수요가 증가하면 가격이 상승하고 거래량이 증가하여 소비자잉여는 증가한다.
③ 수요의 가격탄력성이 클수록 수요곡선이 완만하기 때문에 소비자잉여는 작아진다.
④ 공급의 가격탄력성은 소비자잉여와 직접적인 연관이 없다.
⑤ 정부가 보조금을 지급하면 소비자잉여가 증가할 수 있으나 자원이 비효율적으로 배분된다. 따라서 소비자잉여를 늘리는 정책이 반드시 자원 배분의 효율성을 높이지는 않는다.

78 정답 ③

| 해설 | ③ 수평 형태의 완전 탄력적인 수요곡선은 소비자잉여가 0이다.

| 오답피하기 | ① 가격이 동일한 경우 수요가 탄력적일수록 소비자잉여는 작아진다. 다음 그림에서 기울기가 완만한 D_2는 수요의 가격탄력성이 큰 곡선이고, D_1은 수요의 가격탄력성이 작은 곡선이다. D_2의 경우 소비자잉여는 B 영역이며, D_1의 경우 소비자잉여는 (A + B) 영역이다.

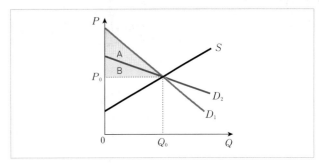

②④⑤ 소비자잉여는 공급곡선과 무관하고, 수요곡선과 관련 있다.

79 정답 ③

| 해설 | ③ 밴드왜건효과는 '편승효과'라고도 하는데, 다른 사람들이 어떤 재화를 많이 소비하면 이러한 분위기에 편승하여 소비량이 늘어나는 현상이다. 고가 명품의 경우 특정 상품에 대한 소비가 증가하면 오히려 다르다는 점을 보여 주기 위해 수요가 줄어드는 '속물효과(Snob Effect)'가 나타날 가능성이 크다.

| 오답피하기 | ① 유통 구조에서 붙는 수수료가 다른 나라에 비해 높은 것은 문제의 상황이 발생할 수 있는 요인이다.
② 고가의 수입 청바지를 입는다는 자부심 때문에 브랜드를 찾는다고 하였으므로 고가의 마케팅이 가격 상승을 가져온다고 할 수 있다.
④ 수입원가가 낮음에도 불구하고 높은 가격을 책정한다는 것은 수요의 가격탄력성이 낮다는 것을 의미한다. 이는 공급자의 협상력이 더 높은 상황임을 나타낸다. 따라서 본사의 장악력이 높을 것이라고 추론할 수 있다.
⑤ 세금 정책은 가격 상승을 야기할 수 있는 요인이다.

80 정답 ②

| 해설 | ② A씨의 총수입은 일정 금액의 수수료에 운행건수를 곱한 값으로 산정된다. A씨의 경우 수입이 특정 지점에 도달하면 영업을 종료하는데, 이는 수수료가 증가하는 비율만큼 운행건수가 감소한다는 의미가 된다. 즉, 임금의 변화 정도와 동일하게 노동공급을 변화시키기 때문에 탄력성의 크기는 1이며, 임금과 노동의 변화 방향이 반대이므로 음(−)의 값을 갖는다.

81 정답 ①

| 해설 | ① 닭고기는 소고기와 대체 관계에 있으며, 닭고기와 오리고기 또한 대체 관계에 있다.

| 오답피하기 | ② 열등재는 소득이 증가했을 때 소비를 줄이는 재화이다. 제시문을 통해서는 오리고기가 열등재임을 알 수 없다.
③ 닭고기 수요가 증가한 것은 불황에 따른 소고기 수요의 감소에 있으므로 경기변동에 민감한 재화라고 할 수 있다.
④ 제시문을 통해 알 수 없는 내용이다.
⑤ 닭고기의 가격 상승은 초과 수요 때문이고, 오리고기의 가격 하락은 초과 공급 때문이다.

82	①	83	④	84	④	85	③	86	④
87	③	88	⑤	89	①	90	④	91	④
92	①	93	①	94	①	95	①	96	③
97	④	98	⑤	99	⑤	100	④	101	①

82 정답 ①

I 해설 I 소비자잉여는 지불용의 가격에서 실제 지불한 가격을 뺀 차액으로, 소비를 통해 실제 소비자가 느낀 순만족을 표현하는 개념이다. 따라서 지불용의가 지불해야 하는 금액 이하로 낮아지면 소비하지 않는다. 소비를 통해 느끼는 만족보다 그 대가가 크다는 것을 의미하기 때문이다.
① 햄버거의 가격은 3,000원인 반면 지불용의는 소비 개수에 따라 달라진다. 소비량이 많아짐에 따라 지불용의는 10,000원 → 7,000원 → 4,000원 → 2,000원으로 감소한다. 따라서 소비는 지불용의가 햄버거 가격보다 높은 3개를 소비할 때까지 이어진다. 그 결과 소비자잉여의 총합은 7,000원(10,000원-3,000원)+4,000원(7,000원-3,000원)+1,000원(4,000원-3,000원)으로 12,000원이다.

83 정답 ④

I 해설 I 한계대체율은 기하학적으로 무차별곡선 접선의 기울기 값을 의미한다. 이는 X재 한 단위 소비를 늘리기 위해 Y재 소비를 얼마나 줄여야 하는지를 나타낸다.
가. 한계대체율이 체감한다는 의미는 무차별곡선의 형태가 원점에 대해 볼록한 형태임을 의미한다.
다. 원점에 대해 볼록한 무차별곡선상에서는 총효용이 동일하다면, 하나의 상품에 소비 비중이 치우친 극단적인 소비조합보다 X와 Y가 골고루 들어간 상품조합을 더 선호한다.
라. 동일한 무차별곡선상에는 한 재화의 소비가 줄어들면 다른 재화의 소비가 주는 주관적 만족의 크기가 커진다. 한계대체율이 체감한다는 것은 X재 생산이 증가함에 따라 Y재 소비량으로 표현한 X재의 주관적 만족의 크기가 감소한다는 것을 의미한다.

I 오답피하기 I 나. 같은 무차별곡선상의 모든 점은 X재와 Y재의 소비조합만 다를 뿐 모두 동일한 총효용을 나타낸다. 하지만 소비 한 단위 추가로 인한 총효용의 증가분을 의미하는 한계효용은 지점에 따라 다르다.

84 정답 ④

I 해설 I ④ '친구 따라 강남 간다.', '남들이 구매하는 제품은 나도 구매해야 한다.'는 다른 사람의 소비에 영향을 받는 현상을 빗대어 표현한 것으로, 이는 밴드왜건 효과에 해당한다.

I 오답피하기 I ① 기저 효과는 경제지표나 통계치를 해석할 때 비교 기준이 되는 이전 수치에 따라 수치의 변화율이 과장되거나 왜곡되는 현상을 의미한다.
② 파레토 법칙은 전체 결과의 약 80%가 원인의 20%에서 발생한다는 경험적 법칙으로, 이탈리아 경제학자 빌프레도 파레토가 발견하였다.
③ 파랑새 증후군은 현재 자신이 가진 것에는 만족하지 못하고 더 나은 미래나 이상적인 행복을 찾아 끊임없이 헤매는 심리 상태를 의미한다.

⑤ 피터팬 증후군은 중소기업에 제공되는 보호와 보조의 효과를 계속해서 누리기 위해 대기업으로 성장하기를 꺼려하는 현상을 의미한다.

85 정답 ③

I 해설 I X재는 효용을 주고, Y재는 효용을 주지 못하는 재화이다.
③ X재와 Y재가 동시에 증가하는 경우 동일한 무차별곡선에 위치할 수 있으므로 반드시 개인의 효용이 증가하는 것은 아니다.

I 오답피하기 I ① X재의 소비량이 늘어날수록 효용이 증가한다.
② Y재의 소비량이 늘어날수록 효용은 감소한다.
④ (X재 1개, Y재 3개), (X재 3개, Y재 7개)가 있는 무차별곡선보다 (X재 2개, Y재 5개)가 있는 무차별곡선이 더 아래쪽에 있으므로 더 큰 효용을 준다.
⑤ Y재는 효용을 주지 못하는 재화이므로, X재만 10개 갖는 경우가 더 큰 효용을 준다.

86 정답 ④

I 해설 I 나라. 5개까지 먹었다는 것은 5개까지 효용이 증가했음을 의미한다. 6개에서 먹기를 중단했으므로 6개부터 효용의 감소가 시작되었음을 알 수 있다.

I 오답피하기 I 가. 6개를 소비했을 때 총효용은 감소하지만 총효용이 음(-)이 된다고 단정할 수 없다.
다. 콩쥐는 5개까지 먹고 멈췄으므로 6개째부터 총효용은 감소한다.

87 정답 ③

I 해설 I ③ 보복 소비는 소비를 통해 얻을 수 있었던 효용을 누리지 못하다가 코로나19 등으로 인한 사회적 제약이 완화되면서 그동안 누리지 못했던 효용을 소비를 통해 폭발시키는 현상이다.

I 오답피하기 I ① 동조 소비는 주변 사람들로부터 소외되지 않기 위해 개인의 필요와 무관하게 하는 소비로, 청소년들이 특정 브랜드의 점퍼를 구입하는 현상이 대표적이다.
② 유효 소비는 마음속에 있는 소비욕구 자체가 아닌 실제로 금전적 지출이 동반된 수요를 의미한다.
④ 핀볼효과는 사소한 사건 혹은 발명이 서로 연결되면서 그 효과가 증폭되어 세상을 변화시키는 역사적인 사건을 만들어내는 현상을 의미한다.
⑤ 베블런효과는 과시욕이나 허영심을 충족하기 위한 소비로, 가격이 오를수록 소비량이 증가하는 현상을 의미한다.

88 정답 ⑤

I 해설 I 갑의 용돈은 9달러이고, X재와 Y재의 가격은 각각 개당 3달러이므로 구입할 수 있는 조합은 (X재 3개, Y재 0개), (X재 2개, Y재 1개), (X재 1개, Y재 2개), (X재 0개, Y재 3개)이다. (X재 3개, Y재 0개)인 경우 총만족감은 450, (X재 2개, Y재 1개)인 경우 총만족감은 530, (X재 1개, Y재 2개)인 경우 총만족감은 540, (X재 0개, Y재 3개)인 경우 총만족감은 480이다.
다. X재 1개와 Y재 2개를 구입할 때 총만족감이 540으로 가장 크다. 따라서 X재 1개와 Y재 2개를 구입하는 것이 합리적이다.

라. 갑의 용돈이 6달러로 감소할 경우 구입할 수 있는 조합은 (X재 2개, Y재 0개), (X재 1개, Y재 1개), (X재 0개, Y재 2개)이다. (X재 2개, Y재 0개)인 경우 총만족감은 350, (X재 1개, Y재 1개)인 경우 총만족감은 380, (X재 0개, Y재 2개)인 경우 총만족감은 340으로, (X재 1개, Y재 1개)를 구입할 때 총만족감이 가장 크다. 따라서 용돈이 6달러로 감소할 경우 X재 1개, Y재 1개를 구입하는 것이 합리적이다.

| **오답피하기** | 가. X재만 3개 구입할 때 총만족감은 450이고, Y재만 3개 구입할 때 총만족감은 480으로, Y재만 구입할 때가 X재만 구입할 때보다 크다.
나. X재 1개 추가 소비에 따라 만족감은 200 → 150 → 100으로 감소한다.

89 정답 ①

| **해설** | ① 소비자잉여와 생산자잉여를 합한 총잉여가 극대화될 때, 이를 효율적이라고 한다.

90 정답 ④

| **해설** | 무차별곡선은 동일한 효용을 가져다 주는 소비조합을 나타내는 곡선이다. 따라서 같은 무차별곡선상의 점들은 소비조합만 다를 뿐 동일한 효용수준을 나타낸다.
④ A점에서의 접선의 기울기는 $\dfrac{MU_{우유}}{MU_{김밥}}$로 정의된다. 접선의 기울기가 매우 가파르므로 김밥의 한계효용보다 우유의 한계효용이 크다.

| **오답피하기** | ① 동일한 무차별곡선상의 점은 동일한 효용을 나타내므로 A점과 C점의 만족도는 같다.
② D점은 A, B, C점과 동일한 무차별곡선상에 위치하지 않으므로 A, B, C점과 다른 효용 수준을 가진다.
③ 예산선이 주어지지 않았으므로 비용에 대한 정보를 알 수 없다.
⑤ 동일한 무차별곡선상에 위치하면서 김밥 소비를 한 단위 늘릴 수 있는 유일한 방법은 우유의 소비를 줄이는 방법이다.

91 정답 ④

| **해설** | 원점에 대해 볼록하고 우하향하는 무차별곡선은 두 재화가 양(+)의 효용을 주는 경우를 나타낼 때이다.
④ 새로운 무차별곡선이 기존보다 오른쪽에 있다면 이는 기존보다 더 많은 소비묶음을 연결한 곡선이다. 따라서 더 많은 소비묶음은 더 높은 효용을 주는 소비묶음의 집합이라고 할 수 있다.

| **오답피하기** | ① 원점에 대해 볼록하고 우하향한다는 것은 한계대체율이 체감한다는 것을 의미한다.
② 두 재화의 평면에 나타낸 무차별곡선이 원점에 대해 볼록하고 우하향하면, 두 재화의 양이 많을수록 소비묶음은 선호된다. 따라서 북동쪽에 있는 소비묶음이 남서쪽에 있는 소비묶음보다 선호된다.
③ 이행성이란 선호의 우선순위가 일관되는 특성을 의미한다. 제시된 무차별곡선이 교차하지 않는다면 이행성을 충족한다.
⑤ 두 재화의 상대 가격이 변하는 것은 예산선에 영향을 주는 것으로 무차별곡선과 관련이 없다.

92 정답 ①

| **해설** | 과목별로 1시간의 공부 시간이 증가할 때 얻을 수 있는 점수의 변화는 다음과 같다.

투입시간	경영학	경제학	회계학
0 → 1시간	45	45	37
1 → 2시간	19	17	20
2 → 3시간	18	16	19
3 → 4시간	9	15	18

① 처음 1시간을 투입했을 때 가장 높은 점수를 얻을 수 있는 방법은 경영학 혹은 경제학을 공부하였을 때이다. 다음 1시간을 투입했을 때는 경영학이나 경제학 중 처음 1시간 투입 때 공부하지 않은 과목을 선택하면 가장 높은 점수를 얻을 수 있다. 3번째 시간은 회계학에 투입할 경우 37점을 얻게 된다. 4번째 시간은 회계학에 투입할 경우 20점을 얻을 수 있고, 5번째 시간은 경영학 혹은 회계학에 투입했을 경우 19점을 얻을 수 있다. 6번째 시간은 5번째 시간 투입 때 선택하지 않은 과목을 공부하면 가장 높은 점수를 얻을 수 있다. 이런 방법으로 한 시간 더 추가했을 때 효용이 가장 큰 과목을 선택하여 10시간을 구성하면 경영학 3시간, 경제학 3시간, 회계학 4시간임을 알 수 있다.

93 정답 ①

| **해설** | ① 제시된 그림은 완전보완재의 무차별곡선이다. 왼쪽 장갑과 오른쪽 장갑이 대표적인 예이다. 왼쪽 장갑과 오른쪽 장갑이 각각 1씩이 있을 때의 효용 수준과 (왼쪽 장갑 1개, 오른쪽 장갑 10개), (왼쪽 장갑 10개, 오른쪽 장갑 1개)가 있을 때의 효용은 동일하다. 따라서 L자형의 무차별곡선이 도출된다.

| **오답피하기** | ②④ 무차별곡선은 원점에서 멀수록 더 높은 효용 수준을 나타낸다. 따라서 B가 A보다 더 높은 효용 수준을 나타낸다.
③ 동일한 무차별곡선상의 점들은 동일한 효용 수준을 나타낸다. 따라서 K와 J의 효용 수준은 동일하다.
⑤ 500원짜리 2개와 천 원짜리 한 장이 주는 만족은 완전히 동일하다. 이를 완전대체재라고 한다. 완전대체재의 무차별곡선은 우하향의 직선으로 나타난다.

94 정답 ①

| **해설** | 알코올 중독자에게 술 이외의 재화는 어떠한 만족도 가져다 주지 못하기 때문에 다른 재화는 모두 중립재이다.
① 중립재는 효용을 가져다 주지 못하고 술만이 효용을 증가시키므로 X재(술)─Y재(술 이외의 재화) 평면에서 그려지는 무차별곡선은 Y축과 나란한 수직선 모양으로 그려진다.

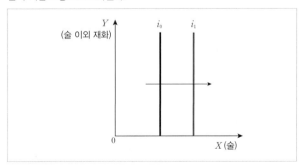

95 정답 ①

| 해설 | ① 무차별곡선이 원점에 대해 볼록한 모양을 갖는 것은 한계효용체감의 법칙으로 인해 무차별곡선을 따라 오른쪽으로 내려갈수록 무차별곡선의 기울기가 완만해지기 때문이다. 즉, X재의 소비량이 증가할수록 포기해야 하는 Y재의 양이 감소한다는 의미이다.

96 정답 ③

| 해설 | 완전대체재란 A 재화와 B 재화 가운데 어느 재화를 소비하더라도 완전히 동일한 만족을 얻을 수 있는 재화를 의미한다.
③ 철수가 콜라 20병과 사이다 20병을 구입한 것으로 보아 콜라와 사이다 한 병의 가격이 동일하다는 것을 알 수 있다. 완전대체재의 경우 두 재화가 주는 효용의 차이가 없기 때문에 콜라 혹은 사이다 중 어느 하나의 가격이 저렴하다면 철수는 저렴한 재화만을 구입할 것이다.

97 정답 ④

| 해설 | 완전대체재란 두 재화의 소비로부터 얻을 수 있는 효용이 완전히 동일한 재화를 의미한다. 완전대체재의 무차별곡선은 직선의 형태로 나타난다.
④ 100원짜리 동전과 500원짜리 동전은 언제나 5 : 1의 비율로 대체될 수 있다. 따라서 100원짜리 동전과 500원짜리 동전은 완전대체재라고 할 수 있으므로 무차별곡선은 우하향하는 직선의 형태로 나타난다.

98 정답 ⑤

| 해설 | ⑤ 가격이 850원이면 갑은 2개를, 을은 1개를 소비하고, 병은 3개까지 생산할 의사가 있다. 이 경우 갑의 소비자잉여는 200원이고, 을의 소비자잉여는 50원이다. 따라서 갑의 소비자잉여가 을의 소비자잉여보다 150원만큼 크다.

99 정답 ⑤

| 해설 | 효용극대화를 위해서는 1원당 한계효용이 같아질 때까지 X재와 Y재의 소비량을 결정하면 된다. 이를 '한계효용균등의 법칙'이라고 한다.
⑤ X재의 가격이 10, Y재의 가격이 20이므로 1원당 한계효용$\left(\dfrac{MU_X}{P_X} = \dfrac{MU_Y}{P_Y}\right)$

을 구해 보면 다음과 같다.

1원당 한계효용	1개	2개	3개	4개	5개	6개
$\dfrac{MU_X}{P_X}$	$\dfrac{10}{10}$	$\dfrac{9}{10}$	$\dfrac{8}{10}$	$\dfrac{7}{10}$	$\dfrac{6}{10}$	$\dfrac{5}{10}$
$\dfrac{MU_Y}{P_Y}$	$\dfrac{5}{10}$	$\dfrac{4}{10}$	$\dfrac{3}{10}$	$\dfrac{2.5}{10}$	$\dfrac{1.5}{10}$	$\dfrac{1}{10}$

따라서 X재는 6개, Y재는 1개 소비할 때 효용이 극대화됨을 알 수 있다.

100 정답 ④

| 해설 | 제시문의 소비행태는 과시형 소비로, 베블런효과라고도 한다. 이는 상류층 소비자들에 의해 이루어지는 소비행태로, 수요 법칙이 적용되지 않는다. 즉, 가격이 오르는데도 수요가 증가하는 현상이 나타난다. 이는 자신의 경제력을 과시하기 위한 수요가 존재하기 때문에 발생한다.
④ 가짜 상표는 과시형 소비 심리를 반영하여 확산된다. 가짜 상표는 자신을 과시하고 싶은 욕구를 보다 저렴하게 충족시켜 주기 때문이다.

| 오답피하기 | ①② 밴드왜건효과는 '친구따라 강남간다.'는 속담으로 표현할 수 있다. 이는 많은 사람들이 소비할 경우 나도 덩달아 소비에 편승하는 현상으로, 모방 소비라고도 한다.

101 정답 ①

| 해설 | ① 세금 부과의 원칙과 관련하여 가장 중요하게 검토해야 하는 사항은 경제학이 추구하는 두 가지 원칙이다. 즉, 효율성과 형평성에 대한 고민이다. 효율성은 자원배분으로 표현되고, 형평성은 소득재분배로 표현할 수 있다. 일반적으로 간접세의 경우 조세부담의 역진성이 발생하여 직접세보다 바람직하지 않은 방식으로 알려져 있다.

| 오답피하기 | ② 소비억제의 경우 경제순환에 악영향을 미칠 수 있으므로 고려해야 할 사항이라 할 수 없다. 한편, 생산증대의 경우 세금 부과로 악화될 수 있는 측면이고 공급에 한정된 논의여서 조세 부과 시 고려해야 할 종합적인 고민과 어울리지 않는다.
④ 세수증대효과의 경우 조세 부과의 효과로 검토가 필요한 사항임은 분명하지만, 이는 국민경제에 미치는 영향이 아닌 정부가 조세 부과로 얻을 수 있는 효과에 해당한다.

CHAPTER 04 | 생산자이론

문제 P.43

102	①	103	②	104	②	105	⑤	106	③
107	③	108	③	109	②	110	①	111	②
112	①	113	③	114	②	115	②	116	③
117	③	118	⑤	119	⑤	120	⑤	121	④
122	⑤	123	②	124	④	125	②	126	④
127	④	128	②	129	⑤	130	③	131	⑤
132	④								

102 정답 ①

| 해설 | 규모의 경제란 생산량이 증가할수록 장기 평균비용이 감소하는 현상을 의미한다.
① 생산량이 증가할수록 장기 평균비용이 감소하는 모습은 장기 평균비용곡선이 우하향하는 구간으로 표현된다.

| 오답피하기 | ② 규모의 경제를 누리는 기업의 장기 총비용곡선은 생산량이 증가할수록 총비용이 증가하는 모습으로 나타난다. 기하학적으로 원점에서 장기 총비용곡선에 그은 직선의 기울기 값이 장기 평균비용이므로 완만하게 증가하는 장기 총비용곡선은 우하향하는 장기 평균비용곡선과 같은 의미이다.
③④ 규모의 경제는 규모수익 체증의 특성을 갖는다. 생산요소 투입을 a배 증가하면 생산량은 a배 초과로 증가한다. 즉, 평균비용이 감소한다.
⑤ 노동 투입 한 단위 추가에 따른 상품 생산의 증가분을 측정하기 위해서는 다른 생산요소의 투입이 고정되어 있어야 한다. 즉, 이는 단기의 개념이다. 규모의 경제는 모든 생산요소의 투입이 가변적인 장기의 개념이다. 따라서 노동 투입 한 단위 증가에 따른 추가 생산의 증가분은 알 수 없다.

103 정답 ②

| 해설 | ② 4개를 16,000원에 판매할 경우 64,000원의 총수입을 얻을 수 있고, 3개를 17,000원에 판매할 경우 51,000원의 총수입을 얻을 수 있다. 따라서 4개 생산의 한계비용은 13,000원(= 64,000원 − 51,000원)이다.

104 정답 ②

| 해설 | ○○기업의 생산량에 따른 비용을 나타내면 다음과 같다.

총 생산량	총 고정비용	총 가변비용	총비용	평균 가변비용	평균 비용	한계 비용
0		B: 0	400만 원			
1	A: 400		480만 원			E: 60
2			540만 원	C: 70	D: 270	

- A: 총생산량이 0일 때의 총비용이 400이므로 총고정비용은 400만 원이다.
- B: 총비용은 총고정비용 + 총가변비용이므로 B는 0원이다.
- C: 2단위를 생산할 때 총가변비용은 140만 원(= 540만 원 − 400만 원)이므로 평균가변비용은 70만 원이다.
- D: 2단위를 생산할 때 총비용은 540만 원이므로 평균비용은 270만 원이다.
- E: 1단위에서 2단위로 한 단위를 증가시킬 때의 비용은 60만 원이므로 E는 60만 원이다.

105 정답 ⑤

| 해설 | ⑤ 기업은 재화 생산에 필요한 시장 거래 중 일부는 내부화하고, 일부는 외주화를 통해 기존 인력의 생산성 증가를 도모하는 편이 효율적이다.

| 오답피하기 | ① 기업의 목표는 이윤 극대화이다.
②③ 기업의 손실은 다양한 이유에도 불구하고 소비자 선택을 받지 못한 결과로 볼 수 있다.
④ 기업은 외부 거래 비용과 내부 조직화 비용을 비교하여 비용이 비슷해지는 수준에서 규모를 결정하게 된다.

106 정답 ③

| 해설 | ③ 재료비로 매달 300만 원, 매월 100만 원의 임금을 지급하며, 근로자 1명의 월 평균 생산량이 40개이므로 200개를 판매하기 위해서는 5명의 근로자가 필요하다. 즉, 인건비 총액은 500만 원이다. 따라서 총비용은 300만 원(재료비) + 500만 원(인건비) = 800만 원이므로 손해를 보지 않기 위해서는 개당 4만 원의 가격이 책정되어야 매출이 800만 원이 되어 손해를 보지 않는다.

107 정답 ③

| 해설 | 한계비용과 한계수입이 일치할 때 이윤이 극대화된다. 제시된 자료를 바탕으로 노동자 수에 따른 수입과 비용을 나타내면 다음과 같다.

(단위: 명, 잔/주, 달러)

노동자 수	생산량	가격	총수입	총비용 (400달러)	총비용 (700달러)	한계수입	한계비용 (400달러)	한계비용 (700달러)
0	0		0	0	0	−	−	−
1	200		800	400	700	800	400	700
2	350	4	1,400	800	1,400	600	400	700
3	450		1,800	1,200	2,100	400	400	700
4	500		2,000	1,600	2,800	200	400	700

③ 노동자 임금이 주당 400달러일 때 카페 주인은 노동자 3명을 고용하는 것이 합리적이고, 노동자 임금이 주당 700달러로 상승하면 카페 주인은 노동자 1명을 고용하는 것이 합리적이다.

108 정답 ③

| 해설 | ③ 규모에 대한 수익체증은 생산요소의 투입을 두 배 늘릴 때 산출량이 두 배 이상 증가하는 것을 말한다.

| 오답피하기 | ① 규모에 대한 수익체증은 U자형의 그래프로 표현된다. 즉, 레퍼곡선을 뒤집어 놓은 모양이다
② 규모에 대한 수익체증은 생산요소의 투입을 두 배 늘릴 때 산출량이 두 배 이상 증가하는 현상이다.
④⑤ 규모에 대한 수익체증은 고정투입요소가 불변이라는 가정하에 가변투입요소의 투입을 증가시켰을 때 성립하는 단기의 개념이다.

109 정답 ②

| 해설 | 노동과 자본의 투입량을 a배로 늘릴 때 산출량이 a배보다 크게 상승하는 현상을 규모수익체증이라고 한다. 규모수익체증이 발생할 때 규모의 경제가 나타난다. 즉, 생산량이 증가할수록 평균비용이 감소하는 현상이 발생한다.
가. 규모의 경제란 산출량이 증가할 때 평균비용이 감소하는 현상이다. 규모수익체증 현상이 나타날 때 규모의 경제가 발생한다.
다. 규모의 경제가 존재할 때 자연독점이 발생한다.

| 오답피하기 | 나. 범위의 경제란 두 기업이 각각 생산하는 것보다 한 기업이 모두 생산하는 경우 생산비를 낮출 수 있는 현상을 의미한다.
라. 비대칭정보 현상은 특성이나 행동에 대한 정보가 불균등한 상황을 의미한다. 규모의 경제는 완전한 정보의 가정, 즉 비대칭정보 현상이 없다는 것을 전제로 한다.

110 정답 ①

| 해설 | 가. 생산량이 증가할수록 평균고정비용은 감소하고, 평균가변비용은 감소하다가 증가한다.
나. 한계비용은 평균비용의 최저점을 아래에서 위로 통과한다.

| 오답피하기 | 다. 한계비용은 평균가변비용의 최저점을 통과한다. 따라서 평균가변비용이 최소일 때 한계비용과 평균가변비용이 일치한다.
라. 단기에 한계비용곡선이 상승하는 이유는 수확체감의 법칙이 작용하기 때문이다.

111 정답 ②

| 해설 | 손익분기점은 가격이 평균비용과 일치할 때 형성된다. 평균비용(AC)을 구하기 위해서는 총비용(TC)이 도출되어야 한다. 총비용(TC)은 총고정비용(TFC)과 총가변비용(TVC)의 합으로 도출된다.
② 총고정비용은 1억 원이고, 총가변비용은 개당 10,000원이므로 총비용은 다음과 같다.
$$TC = 100,000,000 + 10,000Q$$
평균비용은 총비용을 생산량으로 나누어 산출된다.
$$AC = \frac{TC}{Q} = \frac{100,000,000 + 10,000Q}{Q} = \frac{100,000,000}{Q} + 10,000$$
손익분기점에서는 가격과 평균비용이 일치하므로 이때의 생산량은 10,000개가 된다.
$$\frac{100,000,000}{Q} + 10,000 = 20,000 \rightarrow \frac{100,000,000}{Q} = 10,000$$
따라서 생산량(Q)은 10,000개이다.

112 정답 ③

| 해설 | 제시된 자료를 바탕으로 머그잔 생산량에 따른 수입 및 비용을 나타내면 다음과 같다.

(단위: 개, 원)

생산량	총수입	한계수입	총생산비용	한계비용	평균비용
0			120,000		
1	18,000	18,000	131,000	11,000	131,000
2	36,000	18,000	143,000	12,000	71,500
3	54,000	18,000	157,000	14,000	약 52,333
4	72,000	18,000	174,000	17,000	43,500
5	90,000	18,000	195,000	21,000	39,000

③ 이윤 극대화 생산량은 한계비용과 한계수입이 일치하는 지점이고, 차선으로는 한계수입이 한계비용보다 높으면서 거의 동일한 지점이다. 따라서 이윤 극대화 생산량은 4개이다. 생산량이 4개일 때 총수입보다 총비용이 많으므로 음(−)의 이윤을 얻는다.

113 정답 ③

| 해설 | ③ 생산함수가 규모에 대해 수익이 체감한다면, 생산요소를 투입할수록 생산요소가 산출하는 한계생산물의 증가 폭이 감소한다. 따라서 생산요소 1단위를 더 넣으면, 그 전에 넣었던 생산요소 1단위보다 한계생산물은 감소한다. 그러나 한계생산물이 생산요소 1단위보다 더 크게 늘었다면 총생산량과 평균생산량은 증가할 수 있고, 한계생산물이 생산요소 1단위보다 더 적게 늘었다면 총생산량과 평균생산량은 감소할 수 있다.

| 오답피하기 | ① 한계생산물이 양(+)의 값이라면 총생산량이 항상 감소하는 것은 아니다. 생산요소를 투입하면 총생산은 그 전보다 증가하기 때문이다.
② 한계생산물은 음(−)의 값을 가질 수도 있고, 양(+)의 값을 가질 수도 있다.
④⑤ 한계생산물은 증가할 수도 있고, 감소할 수도 있다. 총생산량과 평균 생산량도 한계생산물의 증가나 감소에 따라 증가하거나 감소한다.

114 정답 ③

| 해설 | ③ 약국 경영을 위해 발생하는 명시적 비용은 각종 경비 200만 원과 가사 도우미 임금 100만 원이다. 한편 암묵적 비용은 자기소유 점포를 약국 경영에 사용하지 않고 다른 사람에게 임대했더라면 받을 수 있었던 임대료 150만 원과 지훈이가 약국을 운영하지 않고 다른 약국의 약사로 일했더라면 받을 수 있었던 월급 300만 원이다. 즉, 경제적 비용은 750만 원(=200만 원+100만 원+150만 원+300만 원)이다. 따라서 경제적 이윤은 약국 개업의 수입 800만 원에서 기회비용 750만 원을 뺀 50만 원이다.

| 오답피하기 | ① 가사도우미가 받은 임금은 서비스 제공(생산)에 대한 대가이므로 GDP에 포함된다.

115 정답 ②

| 해설 | ② 명시적 비용은 새로운 사업에 투자한 2,000만 원이고, 암묵적 비용은 회사에 취직했더라면 받을 수 있었던 월급여 500만 원과 빌딩을 자신의 사업에 사용하지 않고 다른 사람에게 임대했더라면 받을 수 있었던 임대료 1,200만 원이다. 즉, 경제적 비용은 3,700만 원(=2,000만 원+500만 원+1,200만 원)이다. 사업으로 벌 수 있는 총수입 3,500만 원보다 기회비용이 크기 때문에 사업을 포기하는 것이 합리적이다.

116 정답 ⑤

| 해설 | 비용을 계산하는 기준이 지훈이는 지출한 돈이고, 성훈이는 기회비용이다. 즉, 지훈이는 선택한 상품의 가격만을 따지는 반면 성훈이는 선택으로 인해 포기한 만족 가운데 가장 큰 값을 비용으로 계산한다는 의미이다.
⑤ 초콜릿을 선택하는 경우 지훈이는 비용을 2,000원으로 인식하고, 성훈이는 초콜릿을 선택함으로 인해 포기한 과자와 아이스크림이 주는 효용 중에 값이 큰 아이스크림 2,500원을 비용으로 인식한다. 지훈이는 초콜릿을 통해 2,500원의 만족을 얻고, 성훈이는 3,000원의 만족을 얻으므로 지훈이의 순만족은 500원(= 2,500원 − 2,000원), 성훈이도 500원(= 3,000원 − 2,500원)의 순만족을 얻는다.

| 오답피하기 | ① 모든 상품의 가격은 2,000원이므로 지훈이는 무엇을 구매하든 2,000원의 비용이 든다고 생각한다.
② 성훈이는 과자를 사먹는 경우 과자를 선택함으로 인해 포기한 아이스크림과 초콜릿이 주는 효용 가운데 값이 큰 초콜릿 3,000원을 비용으로 인식한다. 한편, 초콜릿을 사먹는 경우라면 포기한 과자와 아이스크림이 주는 효용 중 값이 큰 아이스크림 2,500원을 비용으로 인식한다. 따라서 동일한 비용이라 생각하지 않는다.
③ 지훈이는 아이스크림을 사먹는 경우 총만족은 2,300원이고 비용은 2,000원이므로 순만족은 300원이다. 한편, 초콜릿을 먹는 경우 총만족은 2,500원이고 비용은 2,000원이므로 순만족은 500원이다. 따라서 편익은 동일하지 않다.
④ 성훈이는 아이스크림을 먹는 경우 인식하는 비용은 포기한 과자와 초콜릿이 주는 효용 중에 큰 값인 3,000원을 비용으로 인식한다. 한편, 초콜릿을 먹는 경우에는 포기한 아이스크림과 과자가 주는 효용 중 큰 값인 2,500원을 비용으로 인식한다. 따라서 동일한 비용이라 생각하지 않는다.

117 정답 ③

| 해설 | ③ 혜영이의 러닝머신 사용의 기회비용은 10만 원이다. 헬스클럽 등록 비용이 월 10만 원이기 때문이다. 한편, 혜영이의 러닝머신 사용으로 인한 준수의 불편함은 5만 원이다. 준수가 매월 8만 원어치의 과일상자를 받았을 때 준수의 순편익은 3만 원(=8만 원−5만 원)이고, 혜영의 순편익은 2만 원(=10만 원−8만 원)이다. 따라서 순편익의 합계는 5만 원이다.

| 오답피하기 | ② 혜영이가 러닝머신 사용의 대가로 매달 8만 원의 만족을 느낄 수 있는 과일상자를 준수에게 주면 혜영은 헬스클럽을 가지 않고 러닝머신을 이용할 수 있다. 준수가 느끼는 불편함보다 과일상자의 만족이 클 뿐만 아니라 헬스클럽 등록 비용보다 저렴하기 때문이다.
⑤ 준수의 고통이 15만 원이라면 8만 원의 편익을 주는 과일상자로는 해결할 수 없으며, 15만 원 이상의 선물을 해야 한다. 따라서 10만 원짜리 헬스클럽을 등록하는 편이 낫다.

118 정답 ⑤

| 해설 | ⑤ MBA 과정을 지원할지, 계속 회사를 다닐지를 고민하는 것은 기회비용을 고려한 선택에 해당한다.

관련 개념 짚어보기

콩코드 오류(Concorde Fallacy): 콩코드는 영국의 브리티시 에어웨이즈와 프랑스의 에어프랑스가 합작으로 만든 세계 최초의 초음속 여객기이다. 한때 각광을 받았지만, 지나친 투자비와 낮은 연비로 경제성에 문제가 있었고, 운행 중 지나친 소음과 환경 파괴의 문제가 발생하였다. 이로 인해 콩코드 비행기 생산을 중단해야 한다는 평가가 많았다. 하지만 해당 프로젝트를 주도한 사람들이 이미 너무 큰 규모의 투자를 했기 때문에 모든 것을 포기하고 빠져나올 수 없었다. 즉, 이미 지출하여 회수할 수 없는 비용인 '매몰비용(Sunk Cost)'으로 인해 합리적인 의사결정을 하지 못한 것이다. 산업 심리학자들은 이러한 현상을 '콩코드 오류'라고 한다.

119 정답 ⑤

| 해설 | ⑤ A 기업의 생산함수는 $Y=L-100$이고, 비용은 노동비용만 존재하므로 총비용은 $L=Y+100$이 된다. 평균비용은 총비용을 총생산량으로 나눈 값이므로 $AC=\dfrac{L}{Y}=1+\dfrac{100}{Y}$이다. 따라서 생산량이 증가할수록 평균비용이 감소하는 규모의 경제가 나타난다.

| 오답피하기 | ① 노동의 한계생산은 총생산함수를 노동으로 미분하여 구해지며, 1로 일정하다.

$$MP_L=\frac{\Delta Y}{\Delta L}=F(L+1,\ \overline{K})-F(L,\ \overline{K})=1$$

② 노동의 평균생산은 총생산함수를 총노동투입량으로 나누어 구할 수 있다. 노동의 투입량이 늘어날수록 노동의 평균생산은 증가한다.

$$AP_L=\frac{Y}{L}=1-\frac{100}{L}$$

④ 한계비용은 총비용을 생산량으로 미분하여 구해지며, 평균비용은 생산량으로 나누어 구해진다. 따라서 평균비용이 한계비용보다 크다.

$$\cdot\ MC=\frac{\Delta TC}{\Delta Y}=\frac{\Delta(Y+100)}{\Delta Y}=1$$

$$\cdot\ AC=\frac{TC}{Y}=\frac{Y+100}{Y}=1+\frac{100}{Y}$$

120 정답 ⑤

| 해설 | 경제적으로 합리적인 의사결정을 위해서는 기회비용은 고려하고 매몰비용은 고려하지 않아야 한다. 즉, 어떤 선택으로 인해 포기하게 되는 가치보다 높은 가치를 얻을 수 있는 선택을 해야 하며, 이를 위해서는 되돌릴 수 없는 비용은 고려하지 않고 한 단위 더 생산할 때 발생하는 비용을 기준으로 해야 한다는 것이다. 한계비용이란 한 단위 추가적인 생산으로 인한 총비용의 증가분이며, 기회비용은 어떤 선택으로 인해 포기한 가치 가운데 가장 큰 값을 의미한다.
⑤ 한계비용과 기회비용은 합리적인 의사결정을 위해 반드시 고려해야 한다.

121 정답 ④

| 해설 | ④ 평균비용은 총비용을 산출량으로 나누어 계산한다. 따라서 평균비용은 평균가변비용과 평균고정비용의 합이다.

$$AC=\frac{TC}{Q}=\frac{TFC+TVC}{Q}=AFC+AVC$$

| 오답피하기 | ① 평균비용이 감소하는 구간에서 한계비용은 감소하다가 증가한다.
② 평균고정비용은 산출량이 증가할수록 감소한다.
③ 한계비용이 평균비용보다 큰 구간에서 평균비용은 증가한다.
⑤ 평균가변비용이 증가하는 구간에서 한계비용은 평균가변비용보다 위에 위치한다.

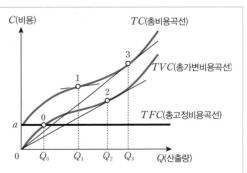

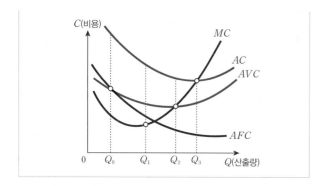

122 정답 ⑤

| 해설 | ⑤ 신생기업이 창업 초기에 설비를 구입하는 상황은 고정비용이 존재하는 단기의 상황이다. 고정비용의 존재는 총비용곡선이 원점에서 출발할 수 없음을 의미한다. 생산량이 0인 경우에도 고정비용이 존재하기 때문이다. 한편, 한계비용은 기하학적으로 총비용곡선의 접선의 기울기를 의미한다. 총비용곡선이 원점에서 출발하지 않고 있으며, 총비용곡선 접선의 기울기인 한계비용 역시 직선의 총비용곡선에서 도출될 수 있는 수평선의 형태로 나타난다.

123 정답 ②

| 해설 | ② 곡선마다 최저점은 모두 다르다. 평균가변비용이 최소점을 지나 상승하는 구간에서는 평균고정비용의 감소분이 평균가변비용의 증가분보다 커 평균비용은 감소한다. 따라서 평균비용이 최소가 되는 생산량은 평균가변비용이 최소가 되는 생산량보다 많다.

| 오답피하기 | ① 평균고정비용을 제외하고는 모두 U자형의 모양을 갖는다.
③ 한계비용곡선은 평균비용곡선과 평균가변비용곡선의 최저점을 통과한다.
④ 한계비용은 평균가변비용곡선의 최저점 위에 위치한다.
⑤ 한계비용곡선이 평균가변비용의 최저점을 통과하며 상승하기 때문에 평균가변비용보다 한계비용이 큰 구간에서는 언제나 평균가변비용은 상승한다.

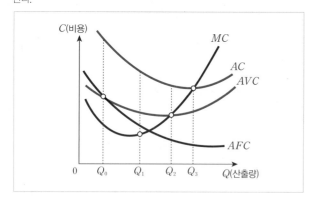

124 정답 ④

| 해설 | 어느 공장에서 생산할지의 문제는 한계비용에 의해 결정된다. 공장 A와 공장 B의 한계비용은 다음과 같다.

(단위: 만 원)

생산량	1개	2개	3개	4개	5개	6개
MC_A	2	6	10	14	18	22
MC_B	1	3	5	7	9	11

1개 생산할 때에는 B 공장에서 생산된다. 따라서 총비용은 1이다.
2개 생산할 때에는 B 공장에서 첫 번째가, A 공장에서 두 번째가 생산된다. 따라서 총비용은 3(=1+2)만 원이다.
3개 생산할 때에는 B 공장에서 첫 번째가, A 공장에서 두 번째가, B 공장에서 세 번째가 생산된다. 따라서 총비용은 6(=2+4)만 원이다.
4개 생산할 때에는 B 공장에서 첫 번째가, A 공장에서 두 번째가, B 공장에서 세 번째가, B 공장에서 네 번째가 생산된다. 따라서 총비용은 11(=2+9)만 원이다.
5개 생산할 때에는 B 공장에서 첫 번째가, A 공장에서 두 번째가, B 공장에서 세 번째가, B 공장에서 네 번째가, A 공장에서 다섯 번째가 생산된다. 따라서 총비용은 17(=8+9)만 원이다.
6개 생산할 때에는 B 공장에서 첫 번째가, A 공장에서 두 번째가, B 공장에서 세 번째가, B 공장에서 네 번째가, A 공장에서 다섯 번째가, B 공장에서 여섯 번째가 생산된다. 따라서 총비용은 24만 원이다.
7개 생산할 때에는 B 공장에서 첫 번째가, A 공장에서 두 번째가, B 공장에서 세 번째가, B 공장에서 네 번째가, A 공장에서 다섯 번째가, B 공장에서 여섯 번째, B 공장에서 일곱 번째가 생산된다.

(단위: 만 원)

생산량	1개	2개	3개	4개	5개	6개	7개
TC	1	3	6	11	17	24	33
TR	8	16	24	32	40	48	56

④ X재의 시장 가격이 8만 원이라면 총수입과 총비용을 통해 이윤을 나타내면 다음과 같다. 따라서 최대 이윤은 24만 원이다.

(단위: 만 원)

생산량	1개	2개	3개	4개	5개	6개	7개
TC	1	3	6	11	17	24	33
TR	8	16	24	32	40	48	56
π $(TR-TC)$	7	13	18	21	23	24	23

| 오답피하기 | ① 7개를 생산한다면 A 공장에서 2개, B 공장에서 5개가 생산된다.
② 생산량을 6개에서 7개로 늘릴 때 총비용의 증가분은 9만 원(24만 원 → 33만 원)이다.
③ 한계비용은 지속적으로 증가한다.

(단위: 만 원)

생산량	1개	2개	3개	4개	5개	6개	7개
TC	1	3	6	11	17	24	33
MC	–	2	3	5	6	7	9

⑤ 공장 B는 한계비용이 공장 A보다 작으므로 하나의 공장을 폐쇄해야 한다면 공장 A를 폐쇄하는 것이 유리하다.

125 정답 ③

| 해설 | 다. 한계생산력 균등의 법칙이란 노동과 자본의 1원당 한계생산력이 일치하도록 노동과 자본을 투입해야 한다는 것을 말한다. 따라서 임금과 자본의 가격이 동일하다면, 한계생산력이 같도록 노동과 자본을 고용해야 한다.

| 오답피하기 | 가. 접하는 모든 점이 아닌 등량곡선의 접선의 기울기와 등비용선의 기울기가 일치하는 점에서 이윤극대화 혹은 비용극소화가 달성된다.
나. 노동의 한계생산력과 자본의 한계생산력이 아닌 노동과 자본의 1원당 한계생산력을 비교해야 한다.

126 정답 ②

| 해설 | 가. 생산량이 증가할 때 평균비용이 일정하면 한계비용도 일정하다.
다. 총비용이 생산량과 관계없이 일정하다면 한계비용은 항상 0이다.

| 오답피하기 | 나. 한계비용이 일정하다고 해서 평균비용이 일정한 것은 아니다. 예를 들어 총비용함수가 $TC=100+20Q$로 주어져 있다면 한계비용은 20으로 일정하나 생산량이 증가할수록 평균비용은 지속적으로 감소한다.
라. 총비용이 일정하면 생산량이 증가할수록 평균비용은 지속적으로 낮아진다.

127 정답 ④

| 해설 | 나. 고정비용이 없는 경우 한계비용이 일정하면 총비용곡선은 원점에서 우상향하는 직선이다. 따라서 원점과 총비용곡선을 연결한 직선의 기울기인 평균비용과 한계비용이 일치한다.
다. 단기에 노동의 한계비용과 노동의 한계생산은 대칭적으로 반비례한다.
마. 장기 평균비용곡선이 우하향하는 구간에서는 생산량이 증가할수록 평균비용이 하락하는 규모의 경제가 나타난다.

| 오답피하기 | 가. 한계비용이 평균비용보다 작으면 생산량과 평균비용이 반비례하므로 생산량이 감소하면 평균비용이 상승한다.
라. 고정비용은 생산량과 무관한 비용으로 한계비용에 영향을 끼치지 않는다.

128 정답 ②

| 해설 | 가. 규모의 경제란 생산량이 증가할수록 장기 평균비용이 감소하는 현상을 의미한다.
나. 한계비용은 평균비용의 최저점을 아래에서 위로 통과한다. 따라서 평균비용이 증가하는 구간에서는 한계비용이 평균비용보다 크다.
다. 규모에 대한 수익 불변이란 생산요소가 a배 증가할 경우 생산량이 a배 증가하는 경우를 의미한다. 규모에 대한 수익 불변이 발생하는 구간은 장기평균비용과 장기 한계비용이 일치하는 지점이다. 균형점의 좌측에서는 규모에 대한 수익 체증이, 우측에서는 규모에 대한 수익 감소가 나타난다.

| 오답피하기 | 라. 범위의 경제란 한 기업이 여러 가지 상품을 함께 생산할 때 따로 생산할 때보다 더 낮은 비용으로 생산이 가능한 현상을 의미한다. 자연독점은 범위의 경제가 아닌 규모의 경제가 존재할 때 발생할 가능성이 높다.
마. 평균생산물이 극대일 때 극소가 되는 것은 평균가변비용이며, 한계생산물이 극대일 때 한계비용은 극소가 된다.

129 정답 ⑤

| 해설 | ⑤ 소비자가 구두 구입을 위해 지출한 금액은 갑이 구두를 판매하고 얻은 수입과 일치하므로 750만 원이다.

| 오답피하기 | ③ 150만 원의 재료 구입을 통해 950만 원의 가치를 창출해 냈으므로 새롭게 창출된 가치는 800만 원이다.
④ 생산요소에 대한 대가에는 임금 200만 원, 이자 60만 원, 월세 40만 원의 합인 300만 원과 구두 수선 및 판매를 통해 얻은 이윤인 500만 원이 포함된다. 따라서 생산요소에 대한 대가로 분배된 금액은 800만 원이다.

130 정답 ③

| 해설 | ③ 개별 기업의 경우 단기와 장기는 생산요소 가운데 고정투입요소가 존재하는지의 여부로 구분한다. 따라서 1년 이상을 장기로 간주하는 등의 기준은 존재하지 않는다.

| 오답피하기 | ① 경제학에서 단기와 장기는 고정투입요소의 유무로 판단한다.
② 단기에는 생산요소 중 고정투입요소가 존재하는 기간이며, 장기는 생산요소 모두가 가변투입요소인 경우이다.
④ 생산자이론에서 단기란 고정생산요소가 존재하는 기간이다. 단기에는 고정생산요소와 가변생산요소가 모두 존재하고, 장기에는 가변생산요소만이 존재한다.
⑤ 생산함수는 생산요소와 생산량 간의 관계를 정의한다. 즉, 생산요소의 투입으로 얼마만큼의 총생산물이 발생하는지를 알 수 있다. 한편, 한계생산은 생산량 증가에 따른 총생산의 증가분이므로 한계생산물도 파악이 가능하다.

131 정답 ⑤

| 해설 | 이윤극대화 생산량은 한계수입과 한계비용이 일치하는 점에서 형성된다. 한계수입과 한계비용이 일치하는 지점이 없을 경우 한계수입과 한계비용이 동일한 점에 가장 가까우면서 한계수입이 한계비용보다 큰 지점에서 이윤이 극대화된다.

(단위: 개, 만 원)

판매량	1	2	3	4	5	6
평균수입	6	6	6	6	6	6
평균비용	6	4	4	5	6	7
총수입	6	12	18	24	30	36
총비용	6	8	12	20	30	42
이윤	0	4	6	4	0	−6
한계수입		6	6	6	6	6
한계비용		2	4	8	10	12

⑤ 판매량이 3개인 경우 이윤이 극대화된다. 따라서 현재 4개를 판매하고 있으므로 판매량을 3개로 줄일 경우 이윤이 증가한다.

| 오답피하기 | ① 이윤은 판매량이 1개 혹은 5개일 때 최소가 된다.
②③ 판매량 증가를 위한 의사결정 기준은 한계비용과 한계수입이다.
④ 판매량이 5개일 때 한계수입은 6이고, 한계비용은 10이므로 생산을 늘릴수록 이윤이 감소한다.

132 정답 ④

| **해설** | A 기업이 X재와 Y재 생산을 통해 얻을 수 있는 이윤은 다음과 같다.

(단위: 명, 개, 원)

노동 투입량	1	2	3	4	5	6
X재 총생산량	8	20	33	37	40	42
X재 총수입	8,000	20,000	33,000	37,000	40,000	42,000
X재 총비용	10,000	20,000	30,000	40,000	50,000	60,000
X재 이윤	-2,000	0	3,000	-3,000	-10,000	-18,000

(단위: 명, 개, 원)

노동 투입량	1	2	3	4	5	6
Y재 총생산량	5	13	19	23	25	26
Y재 총수입	10,000	26,000	38,000	46,000	50,000	52,000
Y재 총비용	10,000	20,000	30,000	40,000	50,000	60,000
Y재 이윤	0	6,000	8,000	6,000	0	-8,000

나. X재의 경우는 노동자 3명을 투입할 때 이윤은 3,000원으로 최대가 되고, Y재의 경우 노동자 3명을 투입할 때 이윤은 8,000원으로 이윤은 최대가 된다.

라. Y재 가격이 2배가 되면 이윤의 변화는 다음과 같다.

(단위: 명, 개, 원)

노동 투입량	1	2	3	4	5	6
Y재 총생산량	5	13	19	23	25	26
Y재 총수입	20,000	52,000	76,000	92,000	100,000	104,000
Y재 총비용	10,000	20,000	30,000	40,000	50,000	60,000
Y재 이윤	10,000	32,000	46,000	52,000	50,000	44,000

노동자를 3명에서 4명으로 1명 증가시키는 것이 합리적이다.

| **오답피하기** | 가. A 기업이 하루에 최대 얻을 수 있는 이윤은 X재로부터 3,000원, Y재로부터 8,000원으로 11,000원이다.

다. X재 가격이 2배가 되면 이윤의 변화는 다음과 같다.

(단위: 명, 개, 원)

노동 투입량	1	2	3	4	5	6
X재 총생산량	8	20	33	37	40	42
X재 총수입	16,000	40,000	66,000	74,000	80,000	84,000
X재 총비용	10,000	20,000	30,000	40,000	50,000	60,000
X재 이윤	6,000	20,000	36,000	34,000	30,000	24,000

따라서 노동자의 수는 그대로 유지하는 것이 합리적이다.

CHAPTER **05** | 시장이론

문제 P.51

133	②	134	③	135	⑤	136	②	137	⑤
138	②	139	②	140	⑤	141	②	142	①
143	①	144	③	145	①	146	②	147	④
148	④	149	①	150	⑤	151	⑤	152	②
153	④	154	①	155	①	156	②	157	②
158	④	159	③	160	⑤	161	⑤	162	⑤
163	⑤	164	③	165	③	166	②	167	①
168	②	169	②	170	③	171	⑤		

133 정답 ②

| 해설 | ② 게임이론은 전략적인 상황에서의 의사결정을 분석하는 이론이다. 게임이론은 과점시장 내 기업들 간의 전략적인 의사결정을 분석하는 데 주로 활용된다.

| 오답피하기 | ① 과점시장 내의 기업들은 소수만 존재하고, 서로의 전략이 영향을 미치기 때문에 담합 혹은 카르텔 형성을 통한 독점화 욕구가 존재한다.
③ 독점시장은 경쟁기업이 해당 시장으로 진입하지 못하는 요인에 의해 형성된다. 이 요인을 진입장벽이라고 한다. 진입장벽은 생산요소에 대한 접근성, 특허권 등으로 인해 형성된다.
④ 시장은 무수히 많은 판매자가 존재할 경우 완전경쟁시장, 판매자가 유일할 경우 독점시장으로 구분된다. 판매자가 많으면서 판매하는 재화나 서비스가 차별적인 경우 독점적 경쟁시장이며, 판매자가 소수인 경우 과점시장이라고 한다.
⑤ 가격수용자는 시장에서 수요와 공급에 의해 결정된 가격을 기업이 그대로 받아들이는 경우를 의미한다. 완전경쟁시장에는 무수히 많은 판매자가 완전히 동질적인 상품과 서비스를 판매하므로 가격수용자로 행동한다.

134 정답 ③

| 해설 | 독점기업은 한계수입과 한계비용이 일치할 때 이윤 극대화 생산량을 결정하고 그때 소비자 지불용의를 살펴 독점 가격을 결정한다. 한계비용이 0이므로 소비자 지불용의를 보면서 가장 이윤이 높을 수 있는 가격을 선택하면 된다. 따라서 이윤 극대화 가격은 5가 된다.
③ 가격을 7로 설정할 경우 (가)와 (라) 소비자만이 구입대상이 되어 이윤이 작아진다.

| 오답피하기 | ① 가격을 5로 설정하면 (가), (다), (라)가 구입하므로 이윤은 150이다.
② 총비용이 0이므로 이윤과 수입이 일치한다.
④ 이윤 극대화를 위한 가격이 5이므로 지불용의를 고려했을 때 소비자는 (가), (다), (라) 3명이다.
⑤ 소비자 (마)는 지불용의가 20이므로 가격이 5일 경우 구매하지 않는다.

135 정답 ⑤

| 해설 | 이윤극대화 생산량은 한계수입과 한계비용이 일치하는 지점에서 결정된다.
⑤ 완전경쟁시장의 기업들은 수많은 공급자가 동질적인 상품을 공급하기 때문에 시장균형가격을 그대로 받아들이는 가격수용자로 행동하고, 그 때문에 한계수입과 가격이 일치한다. 따라서 이윤극대화 생산량은 $P=MC$인 점에서 결정되고, 이는 Q에 해당한다. 한편, 이윤은 총수입(TR)에서 총비용(TC)을 제한 값으로 결정되고, 평균비용(AC)은 총비용을 생산량으로 나눈 값$\left(AC=\dfrac{TC}{Q}\right)$이므로 총비용은 평균비용에 생산량을 곱하여 결정된다$(TC=AC \times Q)$. 총수입은 $\square 0ADQ$의 면적이고, 총비용은 $\square 0BEQ$의 면적이므로 이윤은 $\square BADE$로 결정된다.

136 정답 ②

| 해설 | ② A 기업이 고성능 네트워크를 개발할 경우 B 기업은 저성능 네트워크를 개발할 때 60의 이윤을 얻을 수 있으므로 최선이다. A 기업이 저성능 네트워크를 개발할 경우에도 B 기업은 저성능 네트워크를 개발할 때 25의 이윤을 얻을 수 있으므로 최선이다. B 기업이 고성능 네트워크를 개발할 경우 A 기업은 저성능 네트워크를 개발하면 55의 이윤을 얻을 수 있으므로 최선이다. B 기업이 저성능 네트워크를 개발할 경우 A 기업은 저성능 네트워크를 개발하면 20의 이익을 얻을 수 있으므로 최선이다. 따라서 (저성능, 저성능)에서 균형이 형성되고, 어떤 경우에도 저성능 네트워크 개발이 가장 유리하므로 우월전략균형이 된다. 따라서 A 기업과 B 기업은 각자의 선택과 무관하게 저성능 네트워크를 개발하는 선택이 최선이다.

| 오답피하기 | ①④ 내쉬균형은 항상 우월전략균형인 것은 아니지만 우월전략균형은 내쉬균형이다. 제시된 사례에서 균형은 (저성능, 저성능) 한 개이다.
③ A 기업과 B 기업 모두 저성능 네트워크 개발이 우월전략이다.
⑤ 내쉬균형은 모두 저성능 네트워크를 개발하는 것이다.

137 정답 ⑤

| 해설 | 다. 독점적 경쟁시장에서는 수많은 공급자가 조금씩 차별화된 상품을 생산하기 때문에 생산한 상품의 가격을 설정할 수 있다. 이는 수요곡선이 우하향하는 형태임을 의미한다. 따라서 독점기업과 같이 한계비용보다 높은 가격 설정이 가능하지만, 진입과 퇴출이 자유로운 장기에는 완전경쟁시장에서와 마찬가지로 경제적 이윤이 0인 장기무이윤 현상이 나타난다.
라. 과점시장에서 기업들이 협조하지 않고 각자 생산량을 결정한다면 생산량은 독점기업보다 많고 완전경쟁시장보다 적은 수준에서 결정된다.

| 오답피하기 | 가. 완전경쟁시장에서는 수많은 공급자가 동질적인 상품을 판매하므로 생산한 상품의 가격을 설정할 수 없으며, 시장에서 결정된 가격을 받아들이는 가격설정자로 행동한다. 따라서 이들이 직면하는 수요곡선은 시장가격 수준에서 수평이다. 하지만 해당 상품에 대한 시장의 수요곡선은 일반적인 우하향의 형태를 갖는다.
나. 완전경쟁시장의 기업들이 단기에 손실을 보더라도 가격 수준이 평균가변비용의 최저점보다 높은 상황이라면 조업을 이어가는 것이 유리하다. 이는 조업을 중단하더라도 발생한 고정비용보다 손해의 크기가 작기 때문이다.

138 정답 ②

| 해설 | ② 가격차별이란 동일한 상품과 서비스에 다른 가격을 책정하는 전략을 의미한다. 가격차별은 3급, 2급, 1급 가격차별로 구분된다. 3급 가격차별은 소비자의 수요의 가격탄력성을 직접적으로 알고 있는 경우에 실시하는 가격차별이다. 수요의 가격탄력성이 낮은 소비자에게는 높은 가격을, 높은 소비자에게는 낮은 가격을 책정한다. 2급 가격차별은 소비자의 수요의 가격탄력성을 간접적으로 알고 있는 경우에 실시하는 가격차별이다. 2급 가격차별을 위해서는 장애물을 설정하여 소비자의 수요의 가격탄력성을 파악하는 방법이다. 쿠폰을 가져오면 할인을 해 주는 방식이나 편의점의 2+1 등이 대표적이다. 1급 가격차별은 개별소비자의 최대지불용의를 모두 파악하여 이에 맞는 가격을 설정하는 가격차별을 의미한다. 1급 가격차별의 경우 소비자잉여와 생산자잉여의 합인 총잉여가 완전경쟁 수준과 동일하다. 다만, 그 구성에서 소비자잉여는 존재하지 않고 모두 생산자잉여로 구성된다. 따라서 이를 완전가격차별이라고 한다.

139 정답 ②

| 해설 | 독점적 경쟁시장은 완전경쟁과 독점시장의 특징을 모두 갖는다.
가. 독점적 경쟁시장과 완전경쟁시장은 무수히 많은 공급자가 존재하면서 진입과 퇴출이 자유로워 장기에 정상이윤만 경험하는, 즉 장기무이윤 현상을 경험한다.
다. 이윤극대화 생산량은 한계비용과 한계수입이 일치하는 지점에서 형성된다.

| 오답피하기 | 나. 독점적 경쟁시장 내의 기업들은 서로 조금씩 차별화된 제품을 판매하므로 가격 설정이 가능하지만, 완전경쟁시장 내의 기업들은 완전히 동질적인 제품을 판매하므로 가격수용자로 행동하여 가격 결정에 영향을 미치지 못한다.
라. 완전경쟁시장에서는 장기적으로 총비용곡선의 최저점에서 생산되지만, 독점적 경쟁시장은 우하향의 수요곡선을 가지고 있으므로 총비용곡선의 최저점보다 왼쪽에서 생산된다.

140 정답 ⑤

| 해설 | ⑤ 출발기한이 얼마 안 남은 상황에서 고가 항공권을 판매하는 것은 해당 항공권의 경우 수요가 가격에 비탄력적이기 때문이다.

| 오답피하기 | ① 가격은 생산을 위해 필요한 다양한 비용들을 반영하여 결정된다. 항공서비스에는 기본운임과 공항세, 유류할증료가 반영되어 결정된다.
② 성수기에는 수요가 많아 가격이 높아진다.
③ 다양한 정보를 활용하여 소비자 지불용의에 맞는 가격책정을 하는 가격차별은 1급 가격차별이다.
④ 어떤 좌석을 선택하든 하나의 옵션을 선택하면 포기하는 옵션이 존재한다는 면에서 선택에는 반드시 포기하는 가치가 있다는 의미의 '공짜 점심은 없다.'는 문구가 적절하다.

141 정답 ②

| 해설 | 완전경쟁시장의 단기에서 기업들은 손해를 경험했다고 해서 무조건 조업을 중단하지 않는다. 조업 중단 여부와 무관하게 고정비용이 발생하기 때문에 조업을 계속할 때 손해의 크기가 고정비용보다 작으면 손해를 경험하더라도 계속 조업활동을 수행한다. 가격이 평균비용과 평균가변비용 사이에 위치할 경우 손해의 크기가 조업활동을 중단했을 때의 고정비용보다 작아 조업활동을 계속하는 것이 유리하며, 가격이 평균가변비용 아래 형성될 때에는 조업활동을 중단하는 것이 유리하다.
② 가격이 48일 때 B는 조업활동을 중단하는 것으로 미루어 보아 48의 가격 수준은 B의 평균가변비용보다 아래 위치하고 있음을 알 수 있다. 이는 해당 생산량 수준에서의 가변비용이 판매수입 이상임을 의미한다.

142 정답 ①

| 해설 | 시장의 형태와 무관하게 이윤극대화 생산량은 한계수입과 한계비용이 일치하는 지점에서 이루어진다.
① 완전경쟁시장에서는 기업이 직면하는 수요 곡선이 시장가격 수준에서 수평이기 때문에 가격과 한계비용이 일치하는 수준에서 이윤극대화 생산량이 결정된다. 반면, 독점기업이 직면하는 수요 곡선은 완전경쟁기업과 달리 우하향한다. 이는 추가 판매를 위해서는 종전 판매량의 가격도 함께 낮추어야 함을 의미한다. 따라서 독점기업이 추가로 판매하기 위해서는 완전경쟁시장의 생산량보다 작아진다.

143 정답 ①

| 해설 | 제시된 시장은 독점적 경쟁시장이다. 독점적 경쟁시장은 무수히 많은 공급자가 약간씩 차별화된 상품을 판매하는 시장이다.
가. 독점적 경쟁시장에서는 제품차별화가 이루어진다. 다른 경쟁기업보다 조금씩 차별화된 제품을 판매한다.
나. 독점적 경쟁시장의 기업들은 가격경쟁은 지양한다. 가격경쟁이 심화될 경우 무이윤 현상이 가속화될 수 있기 때문이다.

| 오답피하기 | 다. 역선택은 독점적 경쟁시장에서의 단골 문제와 관련 없다.
라. 독점적 경쟁시장의 기업들은 시장지배력을 가지므로 가격설정자로 행동한다.

144 정답 ②

| 해설 | ② 이윤극대화 생산량은 한계수입과 한계비용이 일치하는 점에서 생산된다. 이렇게 결정된 생산량을 수요곡선에 대입하면 이윤극대화 가격 수준을 파악할 수 있다.
- 이윤극대화 생산량: $MR = MC$
  $1,100 - 20Q = 100 + 20Q$, $40Q = 1,000$
  $\therefore Q = 25$
- 이윤극대화 가격: $P = 1,000 - 10Q \rightarrow 1,000 - (10 \times 25) = 750$원

145 정답 ①

| 해설 | ① 완전경쟁기업의 경우 가격이 평균비용 이하로 내려가더라도 평균가변비용보다 가격이 높다면 조업을 중단했을 때 발생하는 고정비용의 크기를 줄일 수 있기 때문에 조업을 계속한다. 따라서 가격이 평균가변비용과 평균비용 사이에 위치할 경우 조업을 계속한다. 하지만 가격이 평균가변비용보다 낮아지면 손실을 줄이기 위해 조업을 중단한다.

| 오답피하기 | ② 모든 기업들의 이윤극대화 생산량 조건은 한계수입과 한계비용이 일치할 때 형성된다.
③ 독점기업은 시장수요곡선을 보면서 공급량을 결정할 뿐 별도의 공급곡선이 존재하지 않는다.
④ 완전경쟁기업의 경우 가격과 한계수입이 일치하기 때문에 $P = MC$이지만, 독점기업은 가격과 한계수입이 일치하지 않아 한계비용보다 높은 수준에서 가격이 결정된다.
⑤ 완전경쟁기업은 가격수용자로 행동하는 탓에 시장가격수준에서 수평인 수요곡선에 직면하지만, 독점기업은 시장수요곡선이 곧 직면하는 수요곡선이므로 우하향의 수요곡선을 갖는다.

146 정답 ②

| 해설 | ② 독점기업은 수요의 가격탄력성에 영향을 받는다. 소비자가 가격에 민감할수록 가격을 높게 책정할 수 없으므로 수요의 가격탄력성이 클수록 독점기업의 이윤은 감소한다.

| 오답피하기 | ① 독점시장은 공급자가 하나만 존재하는 시장으로, 독점기업이 인식하는 수요곡선이 곧 시장 수요곡선이 된다. 따라서 $MR=MC$인 지점에서 생산량을 결정하고 이때 수요곡선을 살펴보면서 가격을 설정한다. 따라서 가격은 한계수입보다 커진다($P>MR=MC$).
③ 독점기업은 동일한 상품에 상이한 가격을 책정하는 가격차별을 통해 독점 이윤을 극대화할 수 있다.
④ 한계비용과 한계수입이 교차하는 독점균형생산량에서는 가격이 한계수입보다 크다. 이는 가격을 나타내는 수요곡선과 시장공급을 나타내는 독점기업의 한계생산비용곡선이 교차해 균형가격과 균형공급량을 결정하는 완전경쟁시장에 비해 생산량은 적고 가격은 높다는 것을 의미한다.
⑤ 기업은 세후 이윤을 극대화하기 위해 한계수입과 한계비용이 일치하도록 할 것이며, 이때 독점기업의 수요곡선과 한계비용곡선에는 변함이 없다. 따라서 법인세 부과 여부는 독점기업의 생산량에 영향을 주지는 못한다.

147 정답 ④

| 해설 | ④ C점에서는 손실을 보지만 조업을 계속하는 것이 손실을 최소화할 수 있으므로 유리하다. 단기에는 고정비용이 존재하기 때문에 손실이 발생하더라도 계속해서 사업활동을 수행하는 것이 유리한 경우가 존재한다. 이는 조업을 중단할 경우 단기에 존재하는 고정비용만큼 손해가 발생하지만 손실을 보더라도 조업을 계속하면 고정비용보다 적은 손해를 볼 수 있기 때문이다.

| 오답피하기 | ① A점에서는 가격이 평균비용보다 높으므로 초과 이윤이 발생한다.
② 완전경쟁시장에서는 가격(P)과 한계비용(MC)이 일치하는 지점에서 이윤극대화 생산량이 결정되므로 q_1만큼 생산된다.
③ B점은 손익분기점이다.
⑤ D점은 조업중단점으로 생산활동을 중단하는 게 유리하다.

148 정답 ②

| 해설 | 독점기업은 진입장벽의 존재로 인해 해당 시장의 유일한 생산자로 존재할 수 있다. 독점기업의 경우 생산자잉여를 극대화할 수 있는 가격을 설정할 수 있다. 그 결과 생산량은 완전경쟁기업에 비해 작고, 가격은 높아진다.
② A 기업은 독점력을 유지하기 위해, 즉 진입장벽을 유지하기 위해 추가적 비용을 발생시키며 다양한 노력을 기울일 것이다.

| 오답피하기 | ① 시장 독점으로 인해 기술 혁신의 유인이 적을 수도 있으나, 독점을 유지하기 위한 혁신의 유인이 커질 수도 있다.
③ A 기업이 완전경쟁시장에 있더라도 이윤극대화 조건은 $MR=MC$이다. 다만, 이윤극대화 생산량에서 가격을 설정할 때 소비자의 지불용의를 고려한 최대의 가격을 부과한다.
④ A 기업의 독점지배를 막기 위해 재화에 일정한 세금을 부과할 경우 세금이 소비자에게 전가되기 때문에 소비자는 더 높은 가격에 상품을 구매할 수밖에 없어 자원배분의 비효율이 커지게 된다.
⑤ A 기업이 완전가격차별을 할 수 있다면 경제적 순손실은 0이 되므로 완전경쟁시장과 같이 효율적이다.

149 정답 ①

| 해설 | ① 완전경쟁기업은 수많은 공급자가 완전히 동일한 상품을 판매하며, 시장참여자 모두가 완전한 정보를 갖고, 시장으로의 진입과 퇴출이 자유로운 시장이다. 경쟁기업은 시장가격 수준에서 수평인 수요곡선에 직면하며, 이는 주어진 가격 수준에서 얼마든지 판매할 수 있음을 의미한다. 반면, 독점기업은 시장에 유일한 공급자이므로 시장수요곡선이 곧 독점기업이 직면하는 수요곡선이 된다. 그 결과 판매량을 늘리기 위해서는 가격인하가 필요하다.

| 오답피하기 | ② 독점기업이라 하더라도 이윤극대화 생산량 수준에서 소비자들의 지불용의를 살펴 가격을 책정한다. 이를 통해 초과 이윤을 얻을 수 있다. 반면, 완전경쟁기업은 단기에 초과 이윤을 경험할 수 있지만 장기에는 시장진입과 퇴출이 자유로워 경제적 이윤이 0이다.
③ 독점기업이 직면하는 수요곡선은 우하향인 반면, 완전경쟁기업이 직면하는 수요곡선은 수평선이다. 이는 완전경쟁기업이 직면하는 수요의 가격탄력성은 매우 탄력적임을 알 수 있다. 즉, 독점기업이 직면하는 수요의 탄력성은 완전경쟁기업이 직면하는 수요의 탄력성보다 작다.
④ 모든 기업은 이윤극대화를 추구한다.
⑤ 완전경쟁기업의 가격은 한계비용과 일치한다.

150 정답 ⑤

| 해설 | ⑤ 시장점유율만으로는 독점적 행동을 설명할 수 없다. 해당 시장에서 독점적으로 공급하는 기업이라 하더라도 대체재가 존재한다면 독점력을 갖기 어렵다.

| 오답피하기 | ① 진입과 퇴출이 자유로운 시장에서는 경쟁이 발생한 가능성이 높아지므로 독점의 가능성이 낮아진다.
② 시장점유율이 높더라도 경쟁이 존재하는 상황에서는 품질개선 및 원가절감 노력을 통해 경쟁우위를 점하려는 노력이 존재한다.
③ 진입과 퇴출이 자유로운 상황에서 나쁜 품질의 재화를 비싸게 판매한다면 잠재적인 경쟁자들이 시장에 진입한다.
④ 시장점유율이 높은 이유는 독점이 원인일 수도 있지만, 아무도 하지 않은 길을 걸어가 성공한 혁신의 결과일 수도 있다.

> **관련 개념 짚어보기**
>
> **독점기업의 이익 극대화**: 생산자가 직면하는 수요곡선이 곧 시장수요곡선이기 때문에 $MR=MC$인 지점에서 생산량을 결정하고, 해당 생산량과 수요곡선이 만나는 점에서 가격을 설정하여 독점이익을 극대화한다.

151 정답 ⑤

| 해설 | 다. 갑 주유소의 하루 판매량이 더 많은 것으로 보아 상대적으로 시장 점유율이 높음을 알 수 있다.
라. 갑 주유소의 휘발유 가격이 더 높음에도 불구하고 더 많이 팔리는 것은 가격 이외의 요인에 의해 시장점유율이 결정됨을 보여 준다.

| 오답피하기 | 가, 나. 갑 주유소와 을 주유소의 판매가격이 다르므로 완전경쟁시장이 아니다. 따라서 품질이 동질적이라고 볼 수 없다.

152 정답 ②

| 해설 | 가. 주말에는 수요의 가격탄력성이 작은 고객이, 평일 점심에는 수요의 가격탄력성이 큰 소비자들이 찾아오므로 요일별, 시간대별 가격차별화를 통해 이윤을 높일 수 있다.
다. 소비자에 따라 수요의 가격탄력성이 다르기 때문에 해당 가격차별은 소비자 후생 증진에 도움이 된다.

| 오답피하기 | 나. 가격차별은 독점력이 존재하는 기업이 효과적으로 시행할 수 있지만, 해당 업체가 독점기업인지 여부는 알 수 없다.
라. 주말에 가격이 가장 높은 것으로 보아 주말 이용 고객들의 수요의 가격탄력성이 가장 작음을 알 수 있다.

153 정답 ④

| 해설 | 가격차별은 독점기업이 이윤을 극대화하기 위해 시행하는 것으로, 시장을 구분할 수 있고 시장 간에 재판매가 불가능해야 한다. 가격차별은 1, 2, 3급의 가격차별로 구분된다.
④ 3급 가격차별은 소비자의 수요의 가격탄력성에 따라 가격을 다르게 책정하는 것으로, 수요의 가격탄력성이 큰 소비자에게는 더 낮은 가격을, 작은 소비자에게는 더 높은 가격을 책정한다.

| 오답피하기 | ① 1급 가격차별은 생산자인 기업이 수요자의 소비 패턴을 완전히 파악하고 있어 상품을 1단위씩 나누어 각각의 소비자에게 다른 가격을 부과하는 것으로, 완전가격차별이라고도 한다.
② 2급 가격차별은 상품을 그룹별로 구분하여 같은 상품에 다른 가격을 부과하는 형식의 가격차별이다. 2급 가격차별하에서는 구매량에 따라 가격이 달라진다.
③ 3급 가격차별은 소비자를 그룹별로 구분하여 다른 가격을 부과하는 방식의 가격차별이다. 구매량과 관련 있는 것은 2급 가격차별이다.
⑤ 1급 가격차별은 완전가격차별이라고 하며, 소비자잉여가 모두 생산자잉여로 귀속되어 소비자잉여는 0이 된다.

154 정답 ①

| 해설 | ① 초고속인터넷의 가격을 200으로 책정해야 고객 A와 B 모두에게 판매할 수 있다. 이 경우 총수입은 400이다. 동일하게 IPTV도 60에 가격을 책정해야 두 명 모두에게 판매할 수 있고 이 경우 총수입은 120이다. 따라서 합은 520이다. 초고속인터넷과 IPTV서비스를 두 서비스를 묶어 판매할 경우 고객 A는 300까지, 고객 B는 360까지 지불할 의사가 있다. 따라서 묶어 판매한 가격을 300으로 책정하면 총 600의 총수입을 얻을 수 있다.

| 오답피하기 | ④ 초고속인터넷만 A와 B 모두에게 판매하여 최대 이윤을 얻기 위해서는 200에 판매해야 한다. 이때 최대 이윤은 400이다.
⑤ IPTV서비스를 A와 B 모두에게 판매하여 최대 이윤을 얻기 위해서는 60에 판매해야 한다. 이때 최대 이윤은 120이다.

155 정답 ①

| 해설 | 자연독점은 독점의 한 형태이지만, 다른 독점의 형태와 달리 규모의 경제로 인해 발생하는 독점이다. 전력, 가스, 수도 등과 같이 기반시설비용이 많이 투입되는 산업에서 주로 발생한다.
① 자연독점은 고정비용이 매우 커 하나의 기업만 존재하는 것이 효율적인 경우이다. 이때 진입장벽을 제거하는 등 독점기업을 강제로 분할하고 경쟁시키는 조치가 있을 경우에는 고정비용이 중복으로 투자되어 비효율이 발생한다. 자원 배분이 효율적인 경쟁시장으로 변모되지 못하고 자원 배분의 비효율만 커지게 된다.

| 오답피하기 | ②③ 최소 효율 규모의 차이가 클수록 자연독점이 발생하기 쉽다. 최소 효율 규모란 규모의 경제가 존재하는 경우 어느 지점까지는 생산량 증가에 따른 평균비용 하락이 나타나지만 설비용량에 걸맞은 수준까지 생산량이 늘어나면 생산단가의 하락이 멈추게 되는데, 이때의 생산 규모를 '최소 효율 규모'라고 한다.

④ 독점기업은 한계비용과 한계수입이 일치하는 점에서 이윤극대화 생산량을 결정하지만, 가격은 해당 생산량에서 수요자가 지불할 의사가 있는 최대 금액을 설정한다. 따라서 가격은 가격과 한계비용이 일치하는 지점보다 더 높은 점에서 결정된다.
⑤ 자연독점은 낮은 평균비용으로 경쟁한 결과 다른 경쟁자들이 시장에서 퇴출되어 자연적으로 형성된 독점을 의미한다. 따라서 사후적인 독점이라 할 수 있다.

156 정답 ②

| 해설 | ② 베르트랑 모형에 따르면 서로의 상품이 완전대체재일 때에는 가격이 (납품가격보다 더 낮은) 한계비용과 같아질 때까지 가격경쟁을 벌이게 된다. 이 경우 이윤이 0이 되는 상황, 즉 완전경쟁시장의 상태와 유사해지는 결과가 초래된다.

157 정답 ②

| 해설 | ② A 시장은 가격결정력이 높고 제품의 종류가 하나뿐인 독점시장으로, 시장지배력이 크다. B 시장은 제품이 모두 동질적이고 가격결정력이 없는 완전경쟁시장이다. C와 D 시장은 각각 과점 시장과 독점적 경쟁시장에 해당한다. 과점시장(C)은 아주 약간 차별화된 제품과 독점보다 약한 가격결정력이 존재하는 시장으로, 시장 내 기업 간 밀접한 의존관계를 갖고 있어 카르텔이 형성되기 쉽다. 독점적 경쟁시장(D)은 다수의 생산자가 차별화된 제품을 생산하고 있어 기업이 가격 결정력을 갖기 때문에 제품차별화를 잘할수록 가격결정력이 높아진다.

158 정답 ④

| 해설 | ④ 내쉬전략은 각 경기자가 상대의 전략에 따라 자신의 보수를 더 크게 하는 전략이며, 내쉬균형은 각 경기자의 내쉬전략으로 이루어진 쌍을 의미한다. 제시된 자료에서 내쉬균형은 (A군 고백, B양 현상유지), (A군 현상유지, B군 고백)의 2개가 된다. 한편, 우월전략은 각 경기자가 상대의 전략에 관계없이 항상 자신의 보수를 더 크게 하는 전략이며, 우월전략균형은 각 경기자의 우월전략으로 이루어진 쌍이다. 제시된 자료에서 우월균형전략은 존재하지 않는다. 어떤 경우에도 항상 자신의 보수가 가장 큰 경우는 성립하지 않는다. 또한 내쉬균형에서의 총효용은 170으로 다른 어떤 경우보다 보수의 합이 크기 때문에 파레토 최적이라 할 수 있다.

> **관련 개념 짚어보기**
>
> • **내쉬전략**: 상대방의 전략이 정해져 있을 때 자신의 이익을 극대화시키는 전략을 의미한다.
> • **내쉬균형**: 어느 누구도 이러한 전략을 변경할 유인이 없는 상태를 의미한다.
> • **우월전략균형**: 상대방이 어떠한 전략을 선택하든 관계없이 자신의 이익이 커지는 전략을 우월전략이라고 하며, 이러한 우월전략을 변경할 유인이 없는 상태를 의미한다.
> • **파레토 최적**: 다른 사람의 효용 손실 없이는 자신의 효용을 증가시킬 수 없는 상태를 의미한다.

159 정답 ⑤

| 해설 | 완전경쟁시장의 기업은 장기에는 0의 이윤을 경험하지만, 단기에는 초과 이윤을 얻을 수 있다.
⑤ 제시된 완전경쟁시장의 한 기업은 초과 이윤을 내고 있으므로 평균비용이 한계비용보다 낮다. 따라서 이 기업은 산출량을 늘릴 때 한계비용이 증가하는 상황에 있다.

| 오답피하기 | ① 경쟁시장에서 초과 이윤은 단기적으로만 존재한다.
② 기업이 산출량을 늘리면 총평균비용은 증가한다.
③ 한계비용과 같은 것은 한계수입(=가격)이다. 균형점에서 한계비용은 평균비용보다 크다.
④ 초과 이윤을 얻고 있으므로 평균비용보다 시장가격이 높은 상황이다. 완전경쟁시장에서 한계비용은 가격과 일치한다.

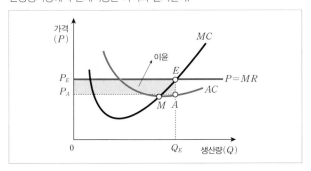

160 정답 ②

| 해설 | 생산량을 늘릴수록 평균비용이 감소하는 특성이 진입장벽으로 작용하여 독점이 형성되는 경우를 자연독점이라고 한다.
② 한계비용곡선은 평균비용곡선의 최저점을 아래에서 위로 통과하므로 평균비용이 감소하는 구간에서 한계비용곡선은 평균비용곡선보다 아래에 위치한다.

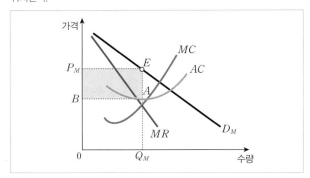

161 정답 ①

| 해설 | ① 한계수입이 한계비용보다 크면 생산량을 늘리고, 한계수입이 한계비용보다 작으면 생산량을 줄이기 때문에 완전경쟁하에서 이윤극대화 생산량은 한계수입과 한계비용이 일치하는 지점에서 결정된다.

| 오답피하기 | ②③ 완전경쟁시장의 단기공급곡선은 평균가변비용곡선의 최저점을 상회하는 구간의 한계비용곡선이다. 한편, 장기공급곡선은 평균비용곡선의 최저점을 상회하는 구간에서의 한계비용곡선이다. 따라서 일반적인 경우 우상향의 형태를 갖게 된다.
④ 개별기업이 직면하는 시장 수요곡선은 수평선이다.
⑤ 완전경쟁시장은 기업들이 완전히 동질적인 상품을 동일한 가격에 판매하는 시장으로, 진입과 퇴출이 자유롭다. 따라서 재화를 변화시켜 초과 이윤을 실현시킨다는 것은 완전경쟁시장의 정의에 맞지 않는다.

162 정답 ⑤

| 해설 | ⑤ 한계비용이 6,000원으로 상승하면 독점기업은 6그릇일 때 $MR<MC$가 되어 5그릇만 생산하지만, 완전경쟁기업은 $P=MR=MC$일 때 생산량을 결정하므로 8그릇을 생산하여 기존보다 2그릇이 줄어든다.

(단위: 원, 그릇)

가격	수량	총수입	한계수입
9,000	5	45,000	–
8,000	6	48,000	3,000
7,000	7	49,000	1,000
6,000	8	48,000	−1,000
5,000	9	45,000	−3,000
4,000	10	40,000	−5,000
3,000	11	33,000	−7,000

| 오답피하기 | ① 자장면 시장이 완전경쟁시장이라면 $P=MR=MC$가 성립하므로 시장가격은 4,000원이 된다.
② 독점기업의 이윤극대화 생산량은 $MR=MC$인 지점에서 결정된다. 6그릇일 때 $MR<MC$가 되어 독점기업은 이윤이 감소하기 때문에 5그릇만을 생산하게 된다.
③ 독점기업인 경우 5그릇을 생산하므로 총수입이 45,000원, 총비용이 20,000원이다. 따라서 이윤은 25,000원이다.
④ 완전경쟁기업은 가격과 한계비용이 같을 때까지 생산하므로 10그릇을 생산하게 되어 독점에 비해 5그릇이 많다.

163 정답 ⑤

| 해설 | 가격차별이란 동일한 상품 및 서비스에 다른 가격을 책정하는 것을 의미한다. 수요자의 가격탄력성을 직접적으로 알 수 있는 경우 시행하는 가격차별을 3급 가격차별이라고 하고, 수요자의 가격탄력성을 간접적으로 파악하여 가격차별을 실시하는 경우를 2급 가격차별이라고 한다.
⑤ 가격에 민감한 소비자에게는 낮은 가격을, 가격에 둔감한 소비자에게는 높은 가격을 설정해야 독점 이윤이 극대화된다. 따라서 A 소비자 집단에 낮은 가격을, B 소비자 집단에 높은 가격을 부과해야 한다.

| 오답피하기 | ① 이부가격제는 2급 가격차별의 대표적인 사례이다. 2급 가격차별을 통해 소비자잉여는 독점기업으로 이전된다.
② 모든 소비자의 지불용의 가격을 알고 있어 모든 소비자 개개인에 맞는 가격설정을 할 수 있는 경우를 1급 가격차별이라고 한다. 1급 가격차별의 소비자잉여는 모두 생산자잉여로 귀속되지만, 총잉여는 완전경쟁시장에서의 잉여 수준과 마찬가지로 가장 효율적이다.
③ 재판매가 가능해질 경우 기업이 아닌 소비자들이 차익을 누릴 수 있으므로 재판매가 불가능해야 가격차별이 성립된다.
④ 1급 가격차별은 모든 잉여가 생산자에게 귀속되기 때문에 자중손실이 0이므로 3급 가격차별은 1급 가격차별에 비해 자중손실이 크다.

164 정답 ③

| 해설 | 전기, 가스, 상수도 등의 공공서비스는 자연독점이 발생하는 산업이다.
③ 공공서비스는 기반시설에 투입되는 고정비용이 커 생산량이 증가할수록 평균비용이 감소한다. 평균비용이 감소할 때 한계비용은 평균비용보다 작다. 따라서 가격을 한계비용과 동일하게 책정하는 한계비용 가격설정 방식을 사용하게 되면 가격이 평균비용보다 낮아 손실이 지속적으로 누적되어 자연독점기업은 시장에서 살아남지 못한다. 이럴 경우 공공서비스를 이용할 수 없기 때문에 자연독점기업의 경우 평균비용 가격설정 방식을 활용한다.

165 정답 ③

| 해설 | ③ A는 완전경쟁시장이다. 즉, 무수히 많은 수요자와 공급자가 동질적인 상품을 거래하고 있어 개별 주체가 상품 가격 결정에 영향력을 행사할 수 없다. 자유로운 시장 진입과 퇴출은 완전경쟁시장의 주요 특징 중 하나이다. 이로 인해 장기에 이윤이 발생하지 않는 '장기 무이윤' 현상이 발생한다. B는 독점시장이다. 독점시장은 해당 상품의 공급 주체가 하나이기 때문에 가격 설정력이 존재한다. 따라서 동일한 상품에 다른 가격을 책정하는 가격차별이 가능하다.

166 정답 ②

| 해설 | 두 기업을 A와 B라고 하고 생산량에 따른 이윤을 보수행렬로 나타내면 다음과 같다.

기업 A \ 기업 B	10톤	20톤
10톤	(8, 8)	(5, 10)
20톤	(10, 5)	(6, 6)

② 기업 B가 10톤을 생산하면 기업 A는 20톤을 생산하는 것이 유리하고, 기업 B가 20톤을 생산하면 기업 A는 20톤을 생산하는 것이 유리하다. 한편, 기업 A가 10톤을 생산하면 기업 B는 20톤을 생산하는 것이 유리하고, 기업 A가 20톤을 생산하면 기업 B는 20톤을 생산하는 것이 유리하다. 즉, 기업 A와 B 모두가 20톤을 생산하는 것이 우월전략이 된다.

167 정답 ①

| 해설 | ① 완전경쟁시장은 무수히 많은 수요자와 공급자가 동질적인 상품을 거래하고 있으므로 개별 경제주체가 상품 가격 결정에 영향력을 행사할 수 없다. 또한 진입장벽이 없으므로 시장으로의 진입과 퇴출이 자유롭다.

| 오답피하기 | ②④⑤ 독점시장은 제품을 공급하는 주체가 하나이기 때문에 완전경쟁시장일 때보다 제품을 생산할 수 있는 양이 적고 진입장벽이 높아 상품 가격도 더 높다.

168 정답 ②

| 해설 | 독점적 경쟁시장은 완전경쟁시장에 가까우면서도 독점의 특징을 갖는 시장이다. 산업 안에 수많은 기업이 존재하고 이들이 자유롭게 진입과 퇴출을 할 수 있는 반면, 독점기업과 같이 차별화된 제품을 생산하여 시장지배력을 갖는다.
② 독점적 경쟁시장은 장기무이윤을 경험한다. 완전경쟁시장처럼 시장진입과 탈퇴가 자유롭기 때문이다. 하지만 장기의 가격은 한계비용보다 높게 설정된다.

| 오답피하기 | ① 어떤 시장의 형태든지 단기적으로는 이윤을 볼 수 있다.
④ 독점적 경쟁기업은 자기 제품의 차별성을 홍보하고 강조해야 다른 기업과의 경쟁에서 이길 수 있기 때문에 광고 등의 비가격경쟁을 한다.
⑤ 독점적 경쟁시장에서는 가격이 한계비용을 초과한다. 독점기업과 같이 $MR=MC$인 점에서 생산량을 결정하지만 가격은 이보다 높게 형성하여 이윤을 최대화하기 때문이다. 따라서 사회적 순손실이 발생한다. 이는 초과 생산설비가 존재하는 것으로도 확인할 수 있다. 초과설비란 평균비용이 최소가 되는 산출량과 현재 산출량과의 차이를 의미한다. 따라서 완전경쟁시장보다 비용이 더 발생하지만 소비자 수요의 다양성을 충족시키는 면에서는 긍정적이다.

169 정답 ②

| 해설 | 제시문에 나타난 시장 형태는 독점적 경쟁시장이다. 독점적 경쟁시장은 약간 차별화된 상품의 생산을 통해 가격설정권이 존재한다는 점에서 독점시장의 특성을 갖지만, 다수의 생산자와 소비자가 존재하고, 시장으로의 진입과 퇴출이 자유롭다는 점에서 완전경쟁시장의 특징도 갖는다.
② 가격설정권을 갖기 때문에 독점적 경쟁시장에서는 낮은 가격이 책정되기보다 조금 높은 가격이 책정되지만, 소비자는 그 대가로 다양한 상품을 구입할 수 있다.

| 오답피하기 | ① 독점적 경쟁시장은 수많은 공급자가 조금씩 차별화된 제품을 판매한다.
③ 모든 기업은 경쟁자와 조금씩 차별화된 제품을 통해 나름의 지배력을 행사한다.
④ 소비자들은 차별화된 서비스를 누리기 위해 더 높은 가격을 지불할 용의가 있다. 기업마다 차별화된 제품을 공급하므로 다양한 상품 가운데 하나를 소비자가 선택할 수 있다.
⑤ 독점적 경쟁시장의 기업들은 차별화 정도가 아주 크지 않기 때문에 가격보다는 광고나 홍보 등의 비가격경쟁을 선호한다.

170 정답 ③

| 해설 | 제시된 국가의 정유시장 상위 3사는 법률에 해당하는 시장지배적 사업자이다. S사, G사, H사의 시장점유율 합계가 75%를 넘기 때문이다.
③ 독과점시장의 경우 해당 재화 및 서비스 공급자가 하나 혹은 소수이므로 공급자가 시장에 미치는 영향력이 매우 크다.

| 오답피하기 | ① 과점시장은 기업 간 상호 의존도가 높다. 소수의 기업만이 시장 내에 존재하기 때문에 한 기업의 의사결정이 다른 기업에 영향을 미쳐 기업 간 상호 의존도가 높다.
② 규모의 경제로 인한 진입장벽은 독점 형성의 원인이다. 독점기업의 경우 규모의 경제를 실현하기가 용이하다.
④ 독과점시장은 소비자의 다양한 욕구를 충족시키기 어렵다.
⑤ 독과점시장에서는 개별 기업이 시장가격에 영향을 미치기 용이하다. 개별 기업의 공급량이 곧 시장 전체의 공급 수준과 유사하기 때문이다.

171 정답 ⑤

| 해설 | 가격차별이 성립하기 위해서는 소비자 유형별로 각기 다른 수요의 가격탄력성을 고려하여 서로 다른 가격이 책정되어야 한다.
⑤ 여객선의 일반석 할인은 섬 마을 주민에게 혜택을 주기 위한 것이지, 수요의 가격탄력성을 기준으로 한 소비자집단 구분과 거리가 멀다.

| 오답피하기 | ① 영화관의 조조할인은 수요의 가격탄력성이 탄력적이기 때문에 실시하는 가격차별이다.
② 같은 놀이기구 서비스임에도 비수기에 수요의 가격탄력성이 더 크기 때문에 가격차별을 실시한다.
③ 세일 기간 행해지는 할인은 고객들의 수요의 가격탄력성을 감안한 가격차별이라 할 수 있다.
④ 주말과 주중에 KTX 좌석에 대한 각기 다른 수요의 가격탄력성을 고려한 가격책정이다.

CHAPTER 06 | 노동시장과 소득분배

문제 P.62

172	①	173	⑤	174	①	175	②	176	⑤
177	①	178	③	179	②	180	①	181	④
182	⑤	183	④	184	④	185	②	186	④
187	⑤	188	④	189	②	190	②	191	③
192	⑤	193	①	194	③	195	④	196	④
197	④								

172 정답 ①

| 해설 | ① 부가가치세는 대표적인 간접세이다. 간접세는 소득수준과 무관하게 모든 사람들에게 동일하게 부과되어 소득이 낮은 사람에게 실질적으로 더 큰 부담을 주는 세금이다. 이를 '조세부담의 역진성'이라고 한다.

| 오답피하기 | ② 소득세는 소득구간에 따라 세율이 누진적, 비례적으로 증가하므로 소득재배에 자동적으로 영향을 미치는 자동안정화장치 역할을 한다.
③ 국세는 중앙정부가 징수하는 세금이며, 지방세는 지방정부가 징수한다. 우리나라는 국세가 지방세보다 비중이 더 크다.
④ 세율이 일정할 때 수요와 공급이 비탄력적일수록 수요자 혹은 공급자는 세금만큼 높아진 가격을 그대로 받아들인다. 이에 따라 소비자 혹은 생산자잉여가 감소하여 총잉여는 감소한다.
⑤ 세율이 높아질 때 특정 구간에서는 조세수입이 증가하지만 일정 수준을 넘어서게 되면 조세수입은 감소한다. 이를 그림으로 나타낸 것이 '래퍼곡선'이다.

173 정답 ⑤

| 해설 | 지니계수는 경제 전체의 소득불평등도를 나타내는 지표로, 그 값이 작을수록 평등한 소득분배 상태임을 나타낸다. A국은 매년 지니계수가 개선되는 반면 B국은 2021년 악화되었다가 다시 개선되는 모습을 보이고 있다.
⑤ B국의 소득불평등은 2021년 악화되었다가 다시 개선되었다.

| 오답피하기 | ① 2020년에 B국의 지니계수는 A국보다 낮아 소득불평등 정도는 B국이 A국보다 낮다.
② 지니계수는 로렌츠곡선이 대각선에 가까울수록 작은 값을 갖는다. 2021년에 B국의 지니계수가 A국보다 크기 때문에 B국의 로렌츠곡선이 A국보다 대각선에서 멀리 떨어져 있다.
③ 2022년에 A국의 지니계수는 전년보다 낮아졌으므로 소득분배가 개선되었다.
④ A국의 지니계수가 지속적으로 낮아지고 있으므로 A국에서 소득불평등을 완화하기 위한 복지정책이 시행되었음을 유추할 수 있다.

174 정답 ①

| 해설 | ① 10분위배율은 한 나라의 모든 가구를 소득 크기에 따라 10등분하여 최하위 40% 계층과 최상위 20% 계층의 소득점유율을 비교한 값이다. 이는 저소득층과 고소득층 간의 소득분배를 나타내는 지표라 할 수 있다.

| 오답피하기 | ② 로렌츠곡선은 소득분배가 균등할수록 대각선에 가깝고, 대각선에서 멀어질수록 소득분배가 악화됨을 보여 준다.
③④ 지니계수는 로렌츠곡선이 보여 주는 소득분배의 균등도를 숫자로 표현한 지수이다. 0에 가까울수록 균등한 소득분배를, 1에 가까울수록 불균등한 소득분배를 나타낸다.
⑤ 5분위배율은 한 국가의 모든 가구를 소득 크기에 따라 5등분하여 상위 20%의 소득과 하위 20%의 소득을 비교한다. 다만, 10분위배율은 분모에 상위계층의 소득이 위치하는 반면, 5분위배율은 분자에 상위계층의 소득이 위치하여 계수의 해석이 반대로 이루어진다. 5분위배율은 그 값이 작을수록 소득이 균등하게 분배된 상태를, 그 값이 클수록 불균등한 상태를 의미한다.

175 정답 ②

| 해설 | 지니계수는 소득분배지표로, 0~1 사이의 값을 가지며, 0에 가까울수록 소득분배가 균등함을 나타낸다. 로렌츠곡선은 소득분배가 균등할수록 45° 대각선(완전균등선)에 가까워진다.
② B국의 지니계수는 점차 개선되고 있으므로 로렌츠곡선은 완전균등선인 대각선에 점차 가까워지는 모습일 것이다.

| 오답피하기 | ① 지니계수는 0과 1 사이의 값을 갖는다.
③ A국의 지니계수는 증가하고 있고, B국의 지니계수는 감소하고 있으므로 소득불평등도는 A국의 경우 심화되는 반면, B국은 줄어들고 있다.
④ 부의 소득세제란 개인의 소득이 최저 생계비나 소득 공제액에 미치지 못할 때 최저생계비와 실제 소득 사이의 차액을 정부가 보조하는 세제를 의미한다. A국은 소득분배가 점차 악화되고 있으므로 부의 소득세제를 통한 보완이 필요하다.
⑤ B국의 경우 소득분배가 개선되고 있으므로 이런 상황에서 과도하게 누진세를 도입하면 근로의욕이 저하되는 문제가 나타날 수 있다.

176 정답 ⑤

| 해설 | ⑤ 가난한 사람이 소득 상위 계층으로 이동했다는 사실을 통해 가난한 사람도 부자가 될 수 있다는 것을 입증하고 있다.

177 정답 ①

| 해설 | 상위계층의 소득세율은 높아지고, 중위계층의 소득세율은 일정하며, 하위계층은 감소하고 있다.
가. 누진세란 소득이 많아질수록 세율도 함께 높아지는 세금부과체계를 의미한다. 상위계층의 소득세율이 높아지고 있고 하위계층의 소득세율이 낮아지고 있으므로 누진세의 성격이 강화되고 있음을 알 수 있다.
나. 누진소득세제는 소득이 많은 사람에게 더 많은 세금을, 소득이 적은 사람에게 더 적은 세금을 징수하여 소득불평등을 완화하는 데 도움을 준다.

| 오답피하기 | 다. 소득이 많아질수록 높은 세금을 부과하는 경우 상위계층은 근로의욕이 상실될 수도 있다.
라. 간접세는 납세자와 담세자가 일치하지 않는 세금으로 간접세의 비중이 커질수록 소득불평등도를 높일 수 있으며, 상품 가격의 일정 부분을 세금으로 책정하므로 조세저항이 직접세에 비해 적다.

178 정답 ③

| 해설 | ③ A국의 지니계수는 0이고, B국의 지니계수는 1/2이다. 따라서 A국의 지니계수는 B국의 지니계수보다 낮은 값을 가진다.

| 오답피하기 | ① A국의 로렌츠곡선은 완전균등선과 일치하므로 완전평등한 소득분배를 보여 주고 있다.
② B국은 하위 50% 계층은 누적소득비율이 0%로 소득이 없는 상태를 보여 주고 있다.
④ 노동소득분배율은 국민소득에서 노동소득이 차지하는 비율을 의미한다. 소득분배의 불평등도를 보여 주는 로렌츠곡선만으로는 이를 파악하기는 어렵다.
⑤ 지니계수는 0부터 1의 값으로 표현된다. A국은 지니계수는 0이며, B국은 0.50이다.

179 정답 ②

| 해설 | 지니계수가 0에 가까울수록 소득분배가 균등함을 나타낸다.
② 갑국의 소득불평등도는 늘어나는 반면 을국은 줄어들고 있다.

| 오답피하기 | ① 지니계수는 0~1 사이의 값으로 나타나며, 클수록 소득분배가 악화됨을 의미하므로 1을 초과하는 값을 가질 수 없다.
③ 누진세제는 소득이 많을수록 더 높은 세율이 적용되는 제도로 소득분배 개선에 기여할 수 있다.
④ 로렌츠곡선은 대각선인 완전균등선으로 가까워질수록 소득분배가 개선됨을 의미한다. 을국의 지니계수가 0에 점점 가까워지므로 로렌츠곡선은 시간이 갈수록 대각선에 가까워질 것이다.
⑤ 소득분배의 개선과 무관하게 소득이 높아질수록 더 많은 세금이 적용된다면, 근로의욕이 낮아지는 부작용이 나타날 수 있다.

180 정답 ①

| 해설 | 임금은 노동수요와 공급에 의해 결정되는 가격변수이다. 노동공급이 증가하거나 노동수요가 감소할 때 임금이 감소한다.
① 노동시장이 경쟁적일 경우 이민자 유입은 노동공급의 증가요인이 되므로 임금을 하락시킨다.

181 정답 ④

| 해설 | ④ 제시된 인터뷰는 중국에서 인력에 대한 교육문제가 존재한다는 내용이다. 그동안은 교육수준이 낮더라도 중국 경제성장에 문제가 없었으나, 중진국의 함정에서 벗어나 선진국으로 발돋움하기 위해서는 교육에 대한 중요성이 강조되어야 한다는 내용이다.

182 정답 ⑤

| 해설 | 다. 세금은 사용 목적에 따라 보통세와 목적세로 구분한다. 보통세는 일반적인 재정수요를 위해 부과되는 조세이며, 목적세는 특별한 목적의 재정수요를 위해 부과되는 조세이다.
라. 조세란 국가나 지방자치단체가 그 경비를 충당할 재력을 얻기 위해 반대급부 없이 일반 국민으로부터 강제적으로 징수하는 금전 혹은 재물이다. 모든 국민은 납세의 의무를 갖는다.

| 오답피하기 | 가. 담세자란 세금을 실질적으로 부담하는 자이고, 납세자는 세금을 납부하는 자이다. 직접세는 세금의 납세자와 담세자가 일치하는 세금으로 소득세, 재산세 등이 이에 해당한다. 한편, 간접세는 납세자와 담세자가 일치하지 않는 세금으로, 부가가치세, 개별 소비세 등이 이에 해당한다.
나. 조세는 징수 주체에 따라 국세(중앙정부)와 지방세(지방정부)로 구분된다.

183 정답 ④

| 해설 | ④ 경제학자 케네스 애로는 일반균형이론과 후생경제학에 크게 공헌한 경제학자로 1972년 노벨경제학상을 받았다. 그는 민주주의가 전제로 하는 합리적 의사결정은 아예 불가능하다는 것을 수학적으로 증명하였다. 그는 사회후생함수가 지녀야 할 바람직한 5가지 조건(완비성, 이행성, 보편성, 파레토원칙, 독립성)을 모두 만족시키는 사회후생함수는 존재하지 않는다고 말했다. 이 중 4가지를 만족시킬 경우 나머지 한 가지 조건을 어길 수밖에 없다는 것이다. 이를 '불가능성의 정리'라고 한다.

184 정답 ④

| 해설 | ④ 총 4명으로 구성된 A국과 B국의 GDP는 모두 100으로, 두 나라의 로렌츠곡선은 다음과 같이 교차한다.

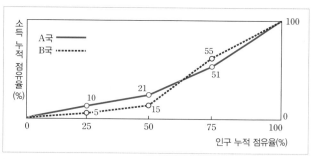

| 오답피하기 | ① A국과 B국의 GDP는 동일하다.
② A국과 B국의 소득분배 공평성 정도가 같다고 할 수 없다.
③ 하위 50%의 소득 점유율은 A국이 21%, B국이 15%로, A국이 B국보다 높다.
⑤ 지니계수는 완전균등분배선과 로렌츠곡선 사이에 해당하는 면적을 완전균등분배선 아래의 면적으로 나눈 소득분배지수이다. 따라서 원점에서 출발하여 반대 끝에 이르는 대각선을 긋고 그 아래 면적과 로렌츠곡선 사이의 면적을 살펴보면 두 국가가 같지 않음을 알 수 있다. 따라서 두 국가의 지니계수 값은 같지 않다.

185 정답 ②

| 해설 | 10분위분배율은 최하위 40%(1~2분위)의 소득점유율을 최상위 20%(5분위)의 소득점유율로 나눈 값이다. 10분위분배율은 2023년의 경우 $0.2\left(=\dfrac{5+5}{50}\right)$이고, 2024년의 경우 $0.75\left(=\dfrac{15+15}{40}\right)$이다.

$$10분위분배율 = \frac{최하위\ 40\%\ 소득\ 계층의\ 소득점유율}{최상위\ 20\%\ 소득\ 계층의\ 소득점유율}$$

② 2024년에는 4분위까지 소득이 동일하여 전체 인구의 80%가 균등한 소득 분배를 경험하고 있다. 로렌츠곡선을 그려보면 다음과 같다.

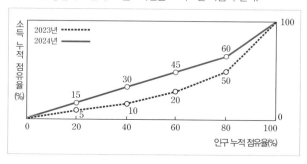

186 정답 ④

| 해설 | 지니계수는 완전균등분배선과 로렌츠곡선 사이에 해당하는 면적을 완전균등분배선 아래의 면적으로 나눈 소득분배지수이다.

나. 지니계수 값이 작으면 완전균등분배선과 로렌츠곡선 사이의 면적이 작다. 즉, 지니계수 값이 작을수록 로렌츠곡선이 완전균등분배선에 근접한 것이다. 따라서 E국(0.15)의 로렌츠곡선이 A국(0.75)에 비해 완전균등분배선에 가깝다.

다. 지니계수의 크기만으로 교차 여부를 단정지을 수 없지만, 교차해도 동일한 값이 도출될 수 있다는 면에서 교차가능성을 배제할 수 없다.

| 오답피하기 | 가. 지니계수가 가장 작은 국가는 E국이다. 따라서 E국의 소득이 가장 균등하다고 볼 수 있다.

187 정답 ⑤

| 해설 | 지니계수는 소득불평등도를 나타내는 대표적인 지표이다. 로렌츠곡선을 통해 직관적으로 확인할 수 있는 소득분배의 불평등을 하나의 수치로 나타냈다는 점에서 큰 의미가 있다.

⑤ 경제성장률이란 일정 기간 동안 발생한 국가 전체 GDP의 증가율을 말하며, 지니계수와는 무관하다.

| 오답피하기 | ①② 지니계수는 경제학자 지니가 소득불평등이 어느 정도인지 하나의 값으로 보여 주지 못하는 로렌츠곡선의 한계를 보완하고자 만든 소득불평등 지표로, 완전균등분배선과 로렌츠곡선 사이의 면적을 완전균등분배선 아래의 면적으로 나눈 값을 의미한다.

③④ 지니계수는 0~1 사이의 값을 갖고, 작을수록 균등한 상태를 나타낸다.

188 정답 ④

| 해설 | ④ 10분위분배율은 0에서 2 사이의 값을 가지며, 값이 클수록 균등한 소득분배를 나타낸다. 하지만 특정 계층의 소득분배 상태만을 확인할 수 있을 뿐 국가 전체로 그 해석을 확대할 수 없다.

| 오답피하기 | ① 조세 부담의 역진성이란 소득이 낮은 계층이 더 많은 세금을 납부하는 것을 의미한다. 조세 수입에서 간접세가 차지하는 비중이 높아지고, 직접세의 비중이 낮아지는 것으로 보아 조세 부담의 역진성이 강화되고 있음을 추론할 수 있다.

② 간접세의 비중 증가로 인한 조세 부담의 역진성은 소득이 적은 사람과 많은 사람에게 동일한 금액의 세금을 부과함으로써 발생하므로 소득분배의 불평등이 심화될 수 있다.

③ 다른 모든 조건이 일정하다면, 간접세 수입 비중이 증가할 경우 소득분배가 악화될 수 있다. 간접세란 납세자와 담세자가 일치하지 않는 세금으로 소득 수준과 무관하게 일정 비율로 책정된다. 따라서 소득이 낮은 자에게 상대적으로 높은 조세 부담률이 적용된다. 이를 '조세 부담의 역진성'이라고 한다.

⑤ 지니계수가 작을수록 로렌츠곡선은 완전균등분배선에 가깝다. 지니계수 값이 커지는 것으로 보아 로렌츠곡선이 완전균등분배선에서 멀어지고 있음을 알 수 있다.

189 정답 ②

| 해설 | ② 지니계수는 완전균등분배선과 로렌츠곡선 사이의 면적을 완전균등분배선 아래의 면적으로 나눈 값으로, 지니계수의 크기는 로렌츠곡선으로부터 도출할 수 있다.

| 오답피하기 | ① 지니계수는 0~1 사이의 값을 갖고, 작을수록 평등한 상태를 나타낸다.

③ 간접세는 부가가치세와 같이 소득의 정도와 무관하게 모든 사람에게 일정한 비율로 책정되는 세금을 의미한다. 따라서 모든 소득 계층의 사람들이 동일한 세금을 적용받기 때문에 소득분배가 불균등해져 지니계수가 높아진다. 이를 '조세의 역진성'이라고 한다.

④⑤ 종합소득세와 누진세는 소득과 비례하여 발생하는 세금으로 균등한 소득분배에 기여하여 로렌츠곡선을 대각선의 완전균등분배선에 가깝게 만드는 요인이 된다. 또한 10분위분배율의 개선에도 기여하게 된다. 10분위분배율은 최하위 40% 계층의 소득점유율을 최상위 20% 계층의 소득점유율로 나눈 값으로, 이 값이 클수록 균등한 소득분배를 나타낸다. 따라서 누진세제 강화는 10분위분배율 값의 증가로 나타난다.

190 정답 ②

| 해설 | 지니계수는 경제의 전반적인 불평등을 측정하는 지표이다. 1에 가까울수록 불평등한 상태를, 0에 가까울수록 평등한 상태를 의미한다.

② 로렌츠곡선에서 45°선은 완전평등선을 의미하는데, 지니계수가 작아졌다는 것은 로렌츠곡선이 45°선에 가까워졌음을 의미한다.

| 오답피하기 | ① 파레토 효율은 누군가의 효율성을 해치지 않고서는 더 이상의 효율성 개선이 어려운 상황을 의미한다. 지니계수의 증감으로는 파레토 효율의 달성 여부를 판단할 수 없다.

③ 지니계수의 변동으로는 국민소득의 증감을 추정할 수 없다.

④ 지니계수가 작아졌다는 것은 소득분배가 보다 평등해졌음을 의미하므로 노동소득분배율이 개선되었다고 볼 수 있다.

⑤ 생산가능곡선은 한 국가가 주어진 자원을 정상적인 범위 내에서 최대한으로 활용했을 때 달성가능한 생산조합을 의미한다. 지니계수의 증감과 생산가능곡선의 이동은 관련이 없다.

191 정답 ③

| 해설 | ③ 임금은 노동시장에서의 수요와 공급에 의해 형성되는 노동력의 가격이다. 임금이 극단적으로 상승할 경우에는 노동을 아무도 수요하지 않아 노동분배의 몫은 0이 될 수 있다.

| 오답피하기 | ① 소득의 계층적 분배문제는 시장기구에 의해 해결할 수 있는 문제가 아니다.

② 소득의 기능적 분배란 생산요소의 한계생산(MP)에 따른 분배이다. 한계생산이 높은 생산요소에 높은 소득을, 낮은 생산요소에 낮은 소득이 분배될 수 있도록 시장이 기능하는 것을 의미한다.

④ 지니계수는 완전균등분배선과 로렌츠곡선 사이의 면적을 완전균등분배선 아래의 면적으로 나눈 값으로, 0~1 사이의 값을 가지며, 0과 가까울수록 평등한 상태를 나타낸다.

⑤ 앳킨슨지수는 현재의 평균소득과 균등분배대등소득을 이용하여 소득분배를 측정하는 것을 의미한다. 균등분배대등소득이란 현재와 동일한 사회후생을 얻을 수 있는 완전 평등한 소득분배 상태에서의 평균소득이다. 앳킨슨지수는 0과 1 사이의 값을 갖고, 1에 가까울수록 불평등한 소득분배 상태를 의미한다.

$$A = 1 - \frac{Y_e}{\overline{Y}} \ (Y_e : \text{균등분배대등소득}, \ \overline{Y} : \text{현재의 평균소득})$$

192 정답 ⑤

| 해설 | 지대는 고정생산요소에 따른 보수이므로 지대의 크기가 고정비용보다 더 크다면 기업은 생산을 하지 않게 된다.

⑤ 준지대는 총수입에서 총가변비용을 뺀 개념이며, 총고정비용과 초과 이윤(또는 손실)의 합으로 계산되므로 총고정비용보다 클 수도 있고 작을 수도 있다.

- **지대**: 공급이 완전히 고정된 생산요소가 얻게 되는 보수를 의미한다.
- **경제적 지대**: 공급이 제한되어 있는 특별히 생산적인 요소에서 발생하는 경제적 잉여로, 생산요소로 인해 실제로 얻는 보수 중 전용수입을 초과하는 부분을 의미한다.
- **전용수입**: 기업의 입장에서 생산요소를 현재 용도로 사용하기 위해 지급해야 하는 최소 비용을 의미한다.
- **준지대**: 단기에 고정투입요소로 인해 얻게 되는 지대를 의미한다.

193 정답 ①

I 해설 I 경제적 지대란 공급이 제한되어 있는 특별히 생산적인 요소에서 발생하는 경제적 잉여로, 생산요소로 인해 실제로 얻는 보수 중 전용수입을 초과하는 부분을 의미한다. 전용수입이란 기업의 입장에서 생산요소를 현재 용도로 사용하기 위해 지급해야 하는 최소 비용이다. 이를 수요와 공급에 적용해 보면, 공급가격은 일종의 기회비용이라 할 수 있다. 즉, 공급자가 생산에 들인 각종 노력과 비용을 생각할 때 최소한으로 받아야 하는 금액을 의미한다.
① 경제적 지대는 기회비용 성격의 전용수입 이상으로 얻는 생산자잉여로서 실제 받은 금액에서 공급가격을 뺀 것으로 표현할 수 있다. 따라서 공급 곡선 아래의 면적($\square A0EB$)은 전용수입을, 공급곡선 위쪽 영역이면서 가격선 아래의 영역($\triangle ABD$)은 경제적 지대를 의미한다.

194 정답 ③

I 해설 I 지대추구행위란 경제적 지대를 얻거나 유지하기 위해 행하는 노력을 의미한다. 즉, 경제적 지대를 얻기 위해 공급량을 인위적으로 제한하는 모든 노력을 의미한다.
③ 예선을 통과한 축구팀에 포상금을 지급하는 행위는 공급을 제한하는 것과 관련 없는 행위이다.

195 정답 ④

I 해설 I 나. 10분위분배율은 상위 20% 계층의 소득점유율 대비 하위 40% 계층의 소득점유율 비중을 살펴볼 수 있는 지표이다. 2024년 상위 20% 계층의 소득 점유율은 40%이고, 하위 40% 계층의 소득 점유율은 16%이다. 따라서 2024년 10분위분배율은 0.4이다.
라. 2018년과 비교하여 2024년에는 상위 20% 계층의 소득 점유율이 감소했고, 하위 40% 계층의 소득 점유율은 높아졌다. 이를 통해 10분위분배율이 개선되었음을 알 수 있다.

I 오답피하기 I 가. 지니계수는 그 값이 작을수록 소득분배가 개선됨을 의미한다. 2018년 대비 2024년에 소득분배가 개선되고 있으므로 지니계수가 낮아졌음을 예상할 수 있다.
다. 제시된 그림을 통해서는 5분위의 소득이 10% 이상 감소했는지 여부를 판단할 수 없다.

196 정답 ④

I 해설 I 정부의 개입이 낮으면서 경제적 평등 정도가 높은 C국이 가장 이상적인 형태이며, 정부 개입 정도가 높으면서 경제적 평등의 정도가 낮은 B국이 정부 실패의 발생 가능성이 가장 높다.
나. 경제적 평등의 정도가 A국은 낮고 C국은 높으므로 빈부 격차는 A국에서 크게 나타날 것이다.
라. 정부 개입의 정도가 약한 C국은 그렇지 않은 D국에 비해 '보이지 않는 손'에 의한 자원 배분에 더 의존할 것이다.

I 오답피하기 I 가. A국은 B국보다 정부 개입의 정도가 약하므로 정부 규제는 A국보다 B국이 많을 것이다.
다. D국이 B국보다 경제적 평등의 정도가 높으므로 B국보다 D국이 사회 보장 제도가 더 발달되어 있을 것이다.

197 정답 ④

I 해설 I ④ 소비세의 변화에서 세액이 과세 대상 금액에 비례하여 증가하는 것은 전과 동일하지만 세액의 증가율이 종전보다 높아졌다. 이는 소비세에 여전히 비례세가 적용되었으며 세율이 종전보다 인상되었다는 것을 의미한다. 이를 통해 상품의 가격에 상관없이 소비세 세율의 증가 폭이 동일하다는 것을 알 수 있다.

I 오답피하기 I ① 소득세는 변화 전후 모두 과세 대상 금액이 증가할 때 세율이 높아지고 있다. 이는 소득세가 비례세제가 아닌 누진세제가 적용되었음을 의미한다.
② 소득세에서는 저소득층과 고소득층의 세율 격차가 줄어들었으므로 소득세를 통한 소득재분배 효과는 악화되었다.
③ 소비세는 간접세로 소비 지출에 부과된다. 소비세의 세율이 인상되면 이는 물가 상승을 초래할 우려가 있다.
⑤ 소득세에서는 저소득층과 고소득층의 세율 격차가 줄어들었으므로 소득세의 변화는 조세 부담의 형평성을 약화시킨다. 또한 소비세는 조세 부담의 역진성이 나타나므로 소비세의 변화 또한 조세 부담의 형평성을 약화시킨다.

CHAPTER 07 시장 실패와 정부 실패

문제 P.68

198	①	199	④	200	⑤	201	⑤	202	⑤
203	②	204	③	205	①	206	①	207	②
208	⑤	209	②	210	②	211	②	212	⑤
213	④	214	②	215	④	216	⑤	217	④
218	②	219	③	220	⑤	221	②	222	④
223	④	224	⑤	225	④	226	③	227	⑤
228	④	229	②	230	②	231	③	232	③
233	②	234	②	235	⑤	236	⑤		

198 정답 ①

| 해설 | ① 해안가 마을의 지진해일 경고 사이렌은 시스템 구축에 비용을 내지 않아도 누구나 들을 수 있고 여러 사람이 경고를 듣는다고 해서 다른 사람이 경고를 들을 가능성이 줄어드는 것도 아니다. 즉, 배제성과 경합성이 모두 없는 공공재라 할 수 있다.

| 오답피하기 | ② 공공부문이 어떤 재화를 공급한다는 점이 공공재의 조건에 해당하는 것은 아니다.
③ 무임승차 문제는 비배제성으로 인해 발생한다.
④ 재화가 비배제적이고 비경합적일 경우 시장을 통한 자원배분은 과소 생산된다.
⑤ 공공재는 완전 비경합성을 갖는 순수공공재와 불완전 비경합성을 갖는 비순수공공재로 구분된다.

199 정답 ④

| 해설 | 재화는 배제성과 경합성을 기준으로 4가지로 나눌 수 있다. 경합성과 배제성이 모두 있는 경우 사적재(A), 경합성과 배제성이 모두 없는 경우 공공재(D), 경합성은 있으나 배제성이 없는 경우 공유자원(C), 배제성은 있으나 경합성이 없는 경우를 클럽재(B)라고 한다.
④ 공공재는 시장에 맡겨둘 경우 무임승차의 문제로 과소생산의 문제가 발생한다.

| 오답피하기 | ① 사적재는 대가를 지불해야 하는 반면, 공유자원은 배제성이 없어 누구나 이용이 가능하다.
② 막히지 않는 유료 도로는 배제성은 있지만, 경합성이 없으므로 B에 해당한다.
③ 공공 목초지는 배제성은 없지만 경합성이 있으므로 C에 해당한다.
⑤ 공공재는 배제성과 경합성이 모두 없어 대가를 지불하지 않고 편익을 누리려고 하는 무임승차 문제가 발생한다.

200 정답 ⑤

| 해설 | 시장 실패는 시장의 자율적인 조정 기능에 자원배분을 맡겼음에도 효율적인 자원배분에 실패하는 현상을 의미한다.
⑤ 갑작스러운 흉년은 시장 실패가 아닌 외생적인 충격으로 인한 공급의 감소에 해당한다. 이는 공급 감소로 인해 공급곡선이 좌측으로 이동하면서 가격이 상승하는 수요−공급 원리에 의한 가격 상승이다.

| 오답피하기 | ①③ 담합이나 독과점으로 시장형태가 불완전해질 경우 독점가격이 형성되어 소비자잉여는 감소한다.
② 외부효과는 어떤 경제주체의 행동이 의도하지 않은 손해나 혜택을 주면서도 이에 대해 대가를 치르지도, 받지도 않아 효율적인 자원배분이 이루어지지 못하는 현상을 의미한다. 부정적인 외부효과가 발생할 경우 사회적 최적 수준보다 과다생산되며, 문제를 발생시킨 당사자가 아닌 사회가 해당 비용을 치름으로써 실제 적정가격보다 더 많은 가격을 지급하게 된다.
④ 정보의 비대칭성은 역선택 혹은 도덕적 해이의 문제를 야기하여 효율적인 자원배분이 이루어지지 않는다.

201 정답 ⑤

| 해설 | 나. 경합성은 한 사람의 소비로 인해 다른 사람의 소비가능성에 제한되는 특성을 의미한다.
라. 공유자원의 비극이란 경합성과 비배제성의 특성으로 인해 발생하는 소비의 남용으로 해당 자원이 고갈되어 아무도 사용하지 못하게 되는 현상을 의미한다.
마. 비배제성이란 대가를 지불하지 않더라도 소비에서 제외할 수 없는 특성을 의미한다. 공유자원은 경합성은 존재하지만, 배제성이 없는 재화이다.

| 오답피하기 | 가. 독점출현은 시장의 구조에서 비롯되는 문제로 공유자원과 무관하다. 공유자원은 시장 실패의 한 요인으로 시장의 구조가 아닌 재화의 특성에서 비롯되는 자원배분의 비효율성 문제이다.
다. 범위의 경제는 공유자원과 무관하다. 범위의 경제는 생산요소를 공유하는 두 재화를 각각의 기업이 생산하는 것보다 하나의 기업이 모두 생산할 경우 보다 효율적일 수 있음을 의미한다.

202 정답 ⑤

| 해설 | 한계비용은 한 단위 추가 생산에 따른 총비용의 증가분을 의미한다.
⑤ 가로등 설치의 한계비용이 5라는 것은 가로등을 하나 설치할 때마다 5만큼의 비용이 발생함을 의미한다. 합리적인 소비 의사결정은 소비자가 한 단위 추가로 소비할 때 얻는 총만족의 증가분이 이를 소비하기 위해 지불해야 하는 대가, 즉 한계비용을 상회할 때 발생한다. 한계편익 곡선은 수요곡선 기울기의 2배이면서 절편은 같은 곡선이 된다. 수요곡선은 다음과 같다.

- $D_A = 12 - 4P \rightarrow P_A = -\frac{1}{4}Q_A + 3 \rightarrow MB_A = -\frac{1}{2}Q_A + 3$
- $D_B = 17 - P \rightarrow P_B = -Q_B + 17 \rightarrow MB_B = -2Q + 17$

편익을 극대화하는 생산량은 한계편익과 한계비용이 일치할 때 결정된다. 따라서 MB_A와 MB_B를 한계비용(MC)인 5와 같다고 놓고 계산하면 소비자 A의 경우 음(−)의 값을 갖고, 소비자 B의 경우 양(+)의 값을 갖는다.

- $MB_A = MC \rightarrow -\frac{1}{2}Q_A + 3 = 5 \rightarrow Q_A = -4$
- $MB_B = MC \rightarrow -2Q_B + 17 = 5 \rightarrow Q_A = 6$

이는 소비자 A의 경우 가로등 설치에 따른 만족보다 대가가 더 크기 때문에 가로등이 필요하지 않다고 판단한다는 것을 의미한다. 따라서 가로등은 소비자 B만 필요하게 되므로 가로등 한 대 설치에 필요한 5의 비용을 B에게 세금으로 부과해야 한다.

203 정답 ②

| 해설 | 공공선택이론이란 공익을 위해 일하는 정치인과 공무원도 이기적인 경제주체라는 전제에서 출발한다. 공익을 위해 일하도록 권한을 받은 정치인과 공무원들이 권한을 받은 이후 사익을 위해 행동하는 도덕적 해이를 보인다는 이론이 공공선택이론이다. 이는 시장 실패를 야기할 뿐만 아니라 정부 실패를 발생시키는 요인이 되기도 한다.
② 정부와 정치인들이 공익을 위해 노력하는 개인들이 모인 집단이라는 말은 공공선택이론이 보는 시각과는 거리가 멀다.

| 오답피하기 | ① 사익을 추구하는 정부와 정치인들이 시장에 개입할 경우 시장 실패를 넘는 더 큰 실패를 야기할 수 있기 때문에 함부로 시장에 개입하면 안 된다.
③ 정치인들은 선거가 가까워질 경우 경제 상황을 좋게 보이게 하기 위해 통화공급을 증가시켜 경기를 부양하지만, 선거가 끝나고 나면 통화공급의 대가로 발생하게 될 물가 상승을 억제하기 위해 긴축적인 정책을 실시한다. 이로 인해 경기가 변동하는 현상을 정치적 경기순환이라고 한다.
④ 주인-대리인 문제의 해결책은 철저한 감시이다. 삼권분립을 통한 견제와 감시는 주인-대리인 문제를 해결하여 균형을 회복하는 정책이라 할 수 있다.
⑤ 유권자 역시 이기적인 경제주체로 사익을 극대화하는 주체이다. 이들은 사회 전체의 이득보다 자신의 이득을 우선시하는 의사결정을 내린다.

204 정답 ③

| 해설 | ③ 경합성이란 한 사람의 소비가 다른 사람의 소비를 제약하는 특성이다. 누군가 재화를 소비하면 다른 사람이 이 재화를 소비할 수 없는 경우 경합성이 있다.

| 오답피하기 | ① 배제성이란 대가를 지불하지 않은 주체를 소비에서 배제할 수 있는 특성이다.
② 일반적인 재화는 모두 대가를 지불하고 소유권을 이전받는 것이므로 배제성이 존재한다.
④ 일반적인 사적재화는 시장에서의 수요와 공급에 의해 형성되는 균형가격 수준에서 가장 효율적인 배분이 이루어진다.
⑤ 재산권이 부여되어 사유화되기 이전의 지식이나 기술 등은 배제성이 부여되지 않아 시장에 과소 공급되는 경향이 있다. 그로 인한 긍정적 외부효과를 해결하고자 도입한 것이 지적재산권으로, 이의 골자는 배제성을 부여하는 데 있다.

205 정답 ①

| 해설 | (가)에는 시장 실패에 관한 내용이 들어갈 수 있다. 시장 실패란 시장이 효율적인 자원배분에 실패하는 현상이다. 시장 형태가 독과점일 때, 외부효과나 공공재, 공유자원, 정보 비대칭성이 존재할 때 발생한다.
① 금리의 급등락은 시장 실패와 관련 없다.

206 정답 ①

| 해설 | 전염병으로 인한 의도하지 않은 피해는 부정적 외부효과(외부불경제)에 해당한다.
① 자동차 운행으로 인해 발생하는 배기가스는 의도하지 않은 대기 오염 등의 피해를 주지만 이에 대해 어떠한 대가도 치르지 않는다.

207 정답 ②

| 해설 | 외부경제(긍정적 외부효과)는 어떤 경제주체의 행동이 제3자에게 의도하지 않은 이득을 주면서도 이에 대해 어떤 대가를 받지 못해 자원배분의 비효율성이 저해되는 현상이다. 외부경제가 존재할 경우 사회적 최적 수준보다 과소 생산된다. 코로나19 백신접종이나 독감예방주사가 대표적이다.
② 주사를 맞는 사람은 자신이 항체를 갖기 위해 맞지만, 자신이 항체를 갖고 바이러스에 걸리지 않음으로써 제3자에게 확산되는 것을 방지할 수 있다. 하지만 개인이 모든 비용을 부담할 경우 접종을 하지 않는 사람들이 존재하게 되고, 이는 사회적 최적 수준보다 적은 접종률을 야기한다. 즉, 예방주사 접종의 모든 편익이 접종자에게 귀속되지 않고 제3자에게도 영향을 미치는 현상이다. 정부는 이를 방지하기 위해 외부경제가 발생하는 현상에 보조금을 지급하여 사회적 최적 수준을 달성하고자 한다.

208 정답 ⑤

| 해설 | ⑤ 사회적 최적 생산 규모는 사회적 한계편익과 사회적 한계비용이 일치하는 Q_3에서 형성된다.

| 오답피하기 | ① 갑의 한계편익 곡선이 을보다 높은 지점에 위치하므로 갑이 을보다 X재에 대해 더 높은 가치를 부여하고 있음을 알 수 있다.
② 공공재는 무임승차의 문제로 인해 수요자의 명확한 지불용의를 알 수 없으므로 개별 수요곡선의 수평 합으로 시장 수요곡선을 도출하지 못하고, 개별 수요곡선의 수직합으로 시장 수요곡선을 도출한다. 즉, 사회적 한계편익 곡선은 갑과 을의 한계편익 곡선의 수직 합으로 도출된다.
③ Q_2의 생산량 수준에서 사회적 한계편익이 사회적 한계비용보다 높다.
④ Q_3의 생산량 수준에서 갑의 한계편익과 일치하는 지점은 P_4이므로 이는 갑이 P_4까지 지불할 용의가 있음을 의미한다.

209 정답 ②

| 해설 | ② 공유재는 배제성은 없지만 경합성이 존재하는 재화로, 소비의 남용이 발생하여 고갈되는 공유지의 비극 현상이 초래된다.

| 오답피하기 | ① 열등재는 소득이 증가할수록 소비가 감소하는 재화이다.
③ 클럽재는 경합성은 없으나 배제성이 존재하는 재화로 케이블 TV가 해당한다.
④ 공공재는 배제성과 경합성이 모두 없는 재화로 국방이 해당한다.
⑤ 사적재는 배제성과 경합성이 모두 존재하는 재화로 자동차가 해당한다.

210 정답 ②

| 해설 | 공유지의 비극은 배제성은 없으나 경합성이 있는 공유자원의 존재로 인해 발생한다.
② 공유자원 문제의 해결은 재산권을 부여하는 것이다. 배제성이 존재하는 구역을 설정할 경우 경합성 있는 자원을 아껴 쓸 유인이 존재하여 자원의 남용문제가 발생하지 않는다.

| 오답피하기 | ① 횡재세는 일정 기준 이상의 이익을 얻은 법인이나 개인에 대해 보통 소득세나 법인세 외로 추가 징수하는 세금으로, 초과이윤세라고도 한다.
③ 자원이 균등하게 분배되더라도 재산권이 명확히 설정되지 않아 배제성이 없고 경합성이 있다면 여전히 문제는 해결되지 않는다.
④ 리니언시(Leniency)는 담합을 적발하기 위한 제도적 장치로, 담합 대상자 중에 자수하는 주체에 대해서는 처벌을 면해주는 제도이다.
⑤ 정부의 행정력을 동원할 경우 어느 정도의 방지는 가능하지만, 시장에 존재하는 개별 경제주체의 자원 남용의 유인을 막을 수 없다.

211 정답 ②

ㅣ해설ㅣ 정부가 시장에 개입할 수 있는 명분이 존재하는 경우는 시장이 스스로 효율적인 자원배분에 실패하는 경우이다. 이 경우를 시장 실패라고 하는데, 시장 실패는 시장의 형태가 독점이나 과점일 때 혹은 외부효과와 공공재 및 공유자원 그리고 정보 비대칭성이 존재할 때 발생한다.
② 배추의 초과 공급은 시장의 수요와 공급에 따른 결과일 뿐 그 자체로 효율적인 자원배분의 실패로 보기 어렵다. 초과 공급은 시장의 자기조정메커니즘(보이지 않는 손의 힘)으로 다시 균형을 회복할 수 있다.

ㅣ오답피하기ㅣ ① 기업의 무단 폐수 방출은 시장을 통해 해결할 수 없는 문제이므로 정부가 개입할 수 있다.
③ 담합은 과점기업들이 하나의 독점기업처럼 행동하는 전략이다. 이 경우 독점의 비효율이 발생하므로 정부가 개입할 수 있다.
④ 수요자와 공급자 간에 행동에 대한 정보가 비대칭적인 경우 도덕적 해이가 발생한다. 수요자의 행동 변화를 공급자는 알지 못하기 때문에 비효율적인 자원배분이 발생한다.
⑤ 공유지는 배제성은 없지만 경합성이 존재하는 재화로, 시장에 맡겨두면 고갈의 문제가 발생한다.

212 정답 ⑤

ㅣ해설ㅣ 제시된 기사는 콘텐츠 사업자의 통신망 무임승차와 관련 있다.
⑤ 콘텐츠 제공업자는 지금처럼 망 사용료를 내지 않고 현재처럼 무임승차하고 싶은 욕망이 있으므로 망 사용료를 부과하자는 것이 콘텐츠 제공업자의 입장으로 볼 수 없다.

213 정답 ④

ㅣ해설ㅣ 외부효과는 어떤 경제주체의 행동이 의도하지 않게 다른 경제주체에 피해 혹은 혜택을 주면서도 대가를 치르지도 대가를 받지도 않아 발생하는 시장 실패 현상이다. 의도하지 않은 피해를 주는 경우를 외부불경제, 혜택을 주는 경우를 외부경제라고 한다.
④ 사회적으로 바람직한 수준은 q_1인데 반해 사적으로는 이보다 높은 q_2 수준에서 결정되어 과다생산되고 있으므로 외부불경제가 나타난다. 피구세 부과를 통해 사적 한계비용을 사회적 한계비용 수준으로 높여줌으로써 시장에서 거래되는 균형거래량을 q_2에서 q_1으로 줄일 수 있다.

ㅣ오답피하기ㅣ ① 시장에서는 사적 한계비용과 사적 한계편익이 일치하는 지점 q_2에서 균형거래량이 결정된다.
② 외부효과로 인해 발생하는 비효율성을 해결하기 위해서는 정부가 개입하는 방법뿐만 아니라 코즈의 정리처럼 시장의 주체들 간에 거래를 통해 해결하는 방안이 존재한다.
③ a는 과다생산으로 인해 발생하는 사회적 후생 감소분이다.
⑤ 외부불경제상황으로 사회적 한계비용이 사적 한계비용보다 크다.

214 정답 ②

ㅣ해설ㅣ 재화는 배제성과 경합성에 따라 4가지로 구분된다. 배제성은 대가를 지급하지 않은 주체를 소비에서 배제할 수 있는 특징, 경합성은 어느 한 주체의 소비가 다른 주체의 소비 가능성을 제한하는 특징을 의미한다.
② 배제성과 경합성이 모두 있는 재화를 사적재, 배제성과 경합성이 모두 없는 재화를 공공재, 경합성은 없고 배제성만 있는 재화를 클럽재, 배제성은 없고 경합성만 있는 재화를 공유자원이라고 한다.

ㅣ오답피하기ㅣ ① 막히지 않는 도로는 경합성이 없는 재화이다.
③ 여러 사람이 동시에 사용할 수 있는 성질을 경합성이라고 한다.
④ 무임승차는 배제성이 없기 때문에 나타나는 현상이다.
⑤ 공유지의 비극은 경합성이 존재하는 재화에 배제성이 없어 자원의 남용이 발생하는 현상이다.

215 정답 ④

ㅣ해설ㅣ ④ 인터넷 유료 강좌의 경우 대가를 지불하지 않은 사람은 강좌를 보지 못하도록 제한할 수 있기 때문에 배제성(㉠)을 띤다. 그러나 서버라는 인프라 구축을 통해 소비 가능한 총량은 무한대에 가까워 한 사람의 소비가 다른 사람의 소비에는 영향을 미치지 않으므로 비경합성(㉡)을 띤다. 경합성은 없지만 배제성이 있는 이러한 재화를 클럽재(㉢)라고 한다. 한편, 경합성과 배제성이 모두 없는 재화를 공공재(㉣)라고 한다.

216 정답 ⑤

ㅣ해설ㅣ 코즈의 정리란 재산권이 명확하고, 거래 당사자 간 협상에 소요되는 비용이 거의 존재하지 않는다면 정부의 개입 없이 당사자 간의 협의로 외부성을 해결할 수 있다는 이론이다.
⑤ 코즈의 정리에 따라 협상이 이루어지지 않을 경우, 정부가 직접적으로 규제할 필요는 없다. 정부의 규제뿐만 아니라 시장을 통한 해결, M&A 등 다양한 방법을 통해 외부효과를 해결할 수 있기 때문이다.

ㅣ오답피하기ㅣ ① 개인 간의 자율적인 거래는 기본적인 전제이다.
② 코즈의 정리는 재산권이 명확해진다면, 개인 간의 협상을 통해 외부성을 해결할 수 있다는 주장이다.
③ 협상 당사자의 수가 많아질수록 협상의 거래비용이 높아지므로 코즈의 정리에 의한 외부효과 해결이 어렵다.
④ 명확한 재산권과 낮은 거래비용은 코즈의 정리의 기본이다. 따라서 정부가 협상비용을 낮춰준다면 코즈의 정리에 의한 외부효과 해결이 가능하다.

217 정답 ④

ㅣ해설ㅣ 시장은 초과 수요와 초과 공급을 해소하며 균형에 도달한다.
④ 일시적인 초과 수요는 정부 개입의 근거로 볼 수 없다.

ㅣ오답피하기ㅣ ①②③⑤ 정부는 시장이 정보의 비대칭, 독과점, 외부효과, 공공재의 존재로 인해 효율적인 자원배분을 달성하지 못하는 시장 실패가 발생하였을 때 시장에 개입한다.

218 정답 ②

ㅣ해설ㅣ ② 외부불경제가 발생하면 사회적 비용보다 사적 비용이 작으므로 사회적 최적 생산량보다 과다 생산된다.

ㅣ오답피하기ㅣ ③ 외부경제의 경우 과소 생산, 외부불경제의 경우 과다 생산이 발생하여 정부 개입이 필요한 상황이 발생한다.
④ 외부경제와 외부불경제 모두 시장 실패를 야기한다.
⑤ 외부효과는 대칭적으로 발생하는 것이 아니라 외부경제 혹은 외부불경제가 일방적으로 발생한다.

외부효과: 경제주체의 경제활동으로 인해 제3자에게 의도하지 않은 혜택을 주거나 손해를 입히면서도 이에 대한 어떠한 대가를 받지도, 주지도 않는 경우를 의미한다. 의도하지 않은 혜택을 주는 경우를 '외부경제', 의도하지 않은 손해를 주는 경우를 '외부불경제'라고 한다.

219 정답 ③

| 해설 | ③ 광고는 시장에서 수요를 늘리기 위한 의도를 가진 행위이다. 따라서 의도하지 않은 효과가 발생하는 외부효과와 관련 없는 사례이다.

220 정답 ⑤

| 해설 | 사회 전체적인 입장에서 폐수 방출 한 단위를 감소시켰을 때 발생하는 비용보다 폐수 방출 한 단위를 감소시켰을 때 증가하는 주민의 복지 개선이 작은 경우에는 폐수를 방출하는 것이 낫다. 한계 비용과 한계 편익을 나타내면 다음과 같다.

폐수 방출 감소량	0톤	1톤	2톤	3톤	4톤	5톤
한계 폐수 감소 비용	0원	100원	120원	140원	160원	170원
한계 주민 복지 개선	0원	200원	150원	130원	120원	100원

⑤ 폐수 감소량이 3톤일 때에는 주민의 복지 개선(130원)이 폐수 감소비용(140원)보다 작아 사회적으로 손실이다. 따라서 사회적 폐수 최적 방출량은 2톤이 된다. 이때의 사회적 순후생은 130원(=350원−220원)이다.

221 정답 ③

| 해설 | ③ 외부효과의 해결 방법에는 정부가 개입하는 방법과 민간이 해결하는 방법이 있다. 사적인 해결은 코즈의 정리로 가능하다. 경제학자 코즈는 재산권이 명확히 설정되고 거래비용이 무시할 정도로 작다면 재산권이 누구에게 귀속되는지와 무관하게 당사자 간 협상을 통해 효율적인 자원배분이 가능하다고 주장했다. 하지만 거래비용이 크다면 민간 스스로 해결할 수 없다.

| 오답피하기 | ① 정부의 개입은 외부불경제의 경우 세금 부과를 통해, 외부경제의 경우 보조금 지급을 통해 사회 적정량만큼 생산될 수 있도록 지원하는 것이다.
② 외부경제는 시장에 맡겨둘 경우 사회적으로 바람직한 수준보다 과소 생산된다. 따라서 생산 유인을 제공해야 한다. 특허권을 통한 재산권 인정은 생산을 늘릴 수 있는 유인으로 기능할 수 있다.
④ 외부효과를 유발하는 경제주체와 영향을 받는 경제주체가 합병하는 것은 외부효과를 내부화하는 방법이다.
⑤ 시장을 개설하는 방법이다. 오염을 배출할 수 있는 권리를 시장에서 매매할 수 있도록 하여 오염 배출에 따른 한계 편익이 가장 큰 기업들이 오염 배출권을 구입하게 함으로써 자원배분의 효율성을 달성하도록 하는 방법이다.

222 정답 ④

| 해설 | ④ 경제학자 코즈는 외부효과로 인해 시장 실패가 존재하는 경우 자원에 대한 재산권이 명확히 설정되고 거래비용이 무시할 정도로 작다면 정부의 개입 없이도 외부효과로 인한 시장 실패를 해결할 수 있다고 주장하였다. 코즈의 정리는 외부성과 관련된 재산권이 명확히 설정되어 있지 않거나 현실적으로 이해당사자가 많고 거래비용이 큰 경우가 많아 협상이 쉽지 않으므로 실제 현실에서의 적용은 어렵다.

223 정답 ④

| 해설 | ④ 흡연권이 세민에게 있다면 태경은 세민에게 600원을 지불하여 금연을 거래할 것이고, 600원은 세민이 흡연으로 인해 얻는 만족(500원)보다 크므로 거래에 임할 것이다. 반면, 금연권이 태경에게 있다면 세민은 자신이 흡연을 통해 얻는 만족(500원)보다 높은 비용(600원)을 지불할 의사가 없으므로 세민은 금연할 수밖에 없다. 따라서 방 주인이 누구인지와 무관하게 금연을 하게 된다. 방 주인이 태경이면 세민에게 자금 이전이 발생하지 않고, 방 주인이 세민이면 600원의 자금이 태경에게 이전된다.

224 정답 ⑤

| 해설 | • 피아노학원은 오전 10시~오후 6시까지 시간당 5,000원의 순이익을 내므로 시간당 기회비용은 5,000원이다.
• 명상 수련원이 2시간 피아노 강습 중단의 대가로 지불할 수 있는 최대 의사금액: 13,000원
• 피아노 강습 2시간 중단의 대가는 10,000원~13,000원 사이에서 결정된다.
⑤ 피아노학원에 10,000원~13,000원 사이의 비용을 지불하여 2시간 강습을 하지 않음으로써 비효율을 줄일 수 있다.

225 정답 ③

| 해설 | 공유자원은 배제성은 없으나 경합성이 있는 재화를 의미한다. 공유지의 비극은 개인의 입장에서 공유자원을 아껴 쓸 유인이 없기 때문에 사회 전체의 관점에서는 공유자원이 남용되어 결국 사라지는 현상을 의미한다.
③ 공유지의 비극은 배제성은 없으나 경합성이 있는 재화에서 발생한다.

226 정답 ③

| 해설 | 나. 제시문의 주파수는 공유자원에 해당한다. 주파수를 이용하려는 방송국들은 누구나 사용할 수 있지만(비배제성), 주파수 자원이 한정되어 방송신호 간에 간섭이 생겨 방송신호를 제대로 수신하지 못하는 상황(경합성)이 발생했기 때문이다.
다. 방송국들은 자신들의 방송을 위해 주파수를 사용했을 뿐 다른 방송국의 신호 간섭을 의도한 행위가 아니므로 의도하지 않은 손실을 주고 있다. 이는 외부효과와 관련 있다.

227 정답 ⑤

| 해설 | 가. 공공재는 비배제성과 비경합성이, 공유자원은 비배제성과 경합성이 특징이다.
나. 공유자원의 무분별한 사용은 의도하지 않은 손실을 가져오는 외부불경제를 발생시킬 수 있다.
다. 공공재는 비배제성과 비경합성으로 인해 무임승차의 문제가 발생한다. 이로 인해 과소 공급의 문제가 발생한다.

228 정답 ④

| 해설 | 정부 보조금이 지급되기 전에는 3만 원에 2백만 명의 예방 접종자가 존재한다. 정부가 보조금을 1만 원씩 지급하게 되면 접종 비용은 2만 원으로 하락하게 되고, 그 결과 예방 접종자는 3백만 명으로 증가하게 된다. 따라서 보조금 지급 전 대비 지급 후 예방 접종자는 1백만 명이 증가하게 된다.
④ 보조금이 지급된다 하더라도 총인구가 5백만 명인 갑국 인구 전체가 예방 접종을 하는 것은 아니다.

229 정답 ②

| 해설 | ② 공공재는 비배제성의 특성으로 인해 무임승차의 문제가 발생하고 사회가 필요로 하는 최적 수준보다 과소 공급되는 시장 실패가 발생한다.

| 오답피하기 | ① 공공재는 대표적인 시장 실패에 해당한다.
③ 공공재는 대가 없이도 소비할 수 있기 때문에 자신의 진실한 선호를 표출하지 않는다. 따라서 소비자들마다 서로 다른 한계편익을 갖게 되고, 이러한 이유로 공공재의 시장 수요곡선은 수평으로 합하여 도출하지 못하고 수직으로 합하여 도출한다.
④ 공공재에 대한 사용에 혼잡이 발생한다는 것은 소비 경쟁이 발생했다는 의미로 경합적이게 됨을 의미한다. 즉, 공공재에 대한 사용에 혼잡이 발생하면 공유자원의 성격을 갖게 된다.
⑤ 국방, 경찰, 소방 서비스 등이 공공재에 해당한다.

230 정답 ②

| 해설 | 담배 연기는 외부성이 있는 재화이다. 갑은 을의 한계피해를 고려하지 않고 자신의 한계편익과 한계비용이 일치하는 지점에서 흡연량을 결정한다. 따라서 사회 전체적으로 바람직한 흡연량 수준보다 더 많은 수준에서 흡연량이 결정된다.
② 갑의 흡연으로 인해 발생하는 사회적 한계비용은 갑의 한계비용과 을의 한계비용이 합쳐진 비용이므로 갑의 사적 한계비용보다 크다.

| 오답피하기 | ① 갑과 을에게 비용과 편익이 발생하는 사적재인 것은 담배 연기가 아니라 담배이다.
③ 완벽한 제재가 총편익을 키우는 것이 아니라 협상을 통해 이해관계를 조절할 때 총편익을 높일 수 있다.
④ 갑의 한계편익과 한계비용이 일치하는 수준에서 균형 흡연량이 결정된다.
⑤ 재산권 설정이 명확하고, 협상의 거래비용이 발생하지 않는다면 협상을 통해 효율적인 수준에 도달할 수 있다.

231 정답 ③

| 해설 | ③ A 음료회사와 B 음료회사가 합병했을 때 독과점이 형성되는 것은 두 음료가 대체 관계에 있음을 의미한다. 대체재의 경우 한 재화의 가격 상승은 다른 재화의 수요 증가로 나타난다.

| 오답피하기 | ①④ 계절과 소비층에 따라 해당 음료에 대한 선호가 다르다면 두 음료의 합병으로 독과점이 형성되지 않는다.
② 맛과 향에 큰 차이가 있는 경우에도 제품 특성으로 인해 시장이 차별화될 수 있기 때문에 독점의 형성요인이 될 수 없다.
⑤ 두 음료를 섞어서 마시는 경우는 보완 관계로 볼 수 있다. 보완 관계의 재화를 생산하는 회사 간 합병은 독과점을 형성하는 요인이 될 수 없다.

232 정답 ③

| 해설 | 나다. 독감 백신 접종은 긍정적 외부효과를 발생시킨다. 즉, 독감 백신 접종자는 접종으로 인해 의도하지 않게 제3자에게 혜택을 주면서도 이에 대한 대가를 받지 않는다. 긍정적 외부효과는 사회적 최적 수준보다 적게 소비되는 특징이 있다. 이에 대한 해결책으로 보건소에서 독감 백신을 무료로 제공하는 것을 들 수 있다. 이는 개인의 독감 접종 비용을 낮춰 주기 때문에 더 많은 사람들이 독감 접종에 참여하게 되어 사회적 최적 수준에 보다 더 가까워질 수 있다.

233 정답 ②

| 해설 | ② ㉡ 시기에는 정부가 직접 수요의 주체로 나서서 대규모 건물과 공공시설물을 짓는 데 일조하게 된다. 이를 '수정 자본주의'라고 한다.

| 오답피하기 | ①④ ㉠ 18세기 후반은 애덤 스미스의 경제관이 지배하던 시기이다. 자원의 배분은 시장의 자유로운 기능에 맡겨 두고 정부는 최소한의 역할을 해야 한다고 생각했다. 이 시기에는 시장의 자유로운 기능을 의미하는 '보이지 않는 손'을 신봉했다. 한편, 대공황을 겪고 난 세계 경제는 시장이 언제나 완벽하게 기능하는 것은 아니라는 점을 알게 되었다. 따라서 정부의 적극적인 역할을 강조하였다.
③⑤ 혼합경제체제란 시장경제체제와 계획경제체제가 결합된 형태를 의미한다. 작은 정부가 다시 유행하게 된 1970년대 후반의 정부형태는 18세기 후반의 자유방임주의 경제와는 달리 혼합경제체제였다.

234 정답 ②

| 해설 | ② 18세기 후반 시장의 기능에만 자원의 배분을 맡겨 두자 독과점 기업이 등장했을 때 시장이 이를 해결하지 못하는 독과점의 폐해가 나타나기 시작하였다. 이를 '시장 실패'라고 한다. 한편, 정부의 적극적인 개입으로 대공황 시기를 잘 돌파했지만, 이후에는 지나친 정부의 간섭으로 오히려 비효율이 커지게 된다. 이를 '정부 실패'라고 한다.

235 정답 ⑤

| 해설 | 나. 갑이 을에게 35만 원을 지급하고 동의를 구할 경우 을이 입는 피해 30만 원보다 크기 때문에 을은 갑의 운동을 허락할 것이다.
다. 갑이 을에게 31만 원을 지급하기로 합의할 경우 갑의 이익은 9만 원(=40만 원−31만 원)이고, 을의 이익은 1만 원(=31만 원−30만 원)으로 합계는 10만 원이다.
라. 협상 타결을 위해 갑이 필요한 금액은 최소 30만 원, 최대 40만 원이다. 이 범위 내에서 갑과 을의 이익의 합계는 10만 원이다. 한편, 갑이 스포츠센터를 이용하게 되면 두 사람 모두 이익은 0이다.

| 오답피하기 | 가. 집에서 러닝머신을 사용하는 갑의 운동은 외부불경제를 발생시킨다.

236 정답 ⑤

| 해설 | ⑤ 소비 혹은 생산 측면과 무관하게 외부효과 발생 시 이를 조정하기 위한 노력은 외부효과 발생 주체에게 의무 혹은 혜택을 부과하게 되고, 이는 시장 가격 상승으로 이어진다.

| 오답피하기 | ① 소비에 따른 사적 편익보다 사회적 비용이 크다면 소비 측면에서의 외부경제가 발생하고, 생산에 따른 사적 비용보다 사회적 비용이 크다면 생산 측면에서의 외부불경제가 발생한다. 외부경제의 경우 과소 소비가, 외부불경제의 경우 과다 생산이 우려된다.
② X재 시장에서는 소비 측면의 외부경제가 나타나 있고, Y재 시장에서는 생산 측면의 외부불경제가 나타나 있다.
③ 생산 측면의 외부불경제는 Y재 사례이다. 공사 과정에서 소음과 먼지를 발생시키는 것은 이로 인한 건설업체의 비용이 사회적 비용보다 작아 이를 방지하지 않을 인센티브가 있기 때문이다.
④ 정부의 개입에 의한 가격 통제는 사회적 최적 거래량을 달성할 수 없다.

237	①	238	④	239	⑤	240	③	241	④
242	①	243	⑤	244	①	245	④	246	①
247	④	248	④	249	③	250	⑤	251	②
252	④	253	③	254	⑤	255	⑤	256	⑤
257	①	258	①	259	④	260	①		

237 정답 ①

| 해설 | ① 중고차 시장에서의 정보 비대칭 상황으로 저가의 저품질 중고차(Lemon)만 거래되는 현상을 보여 주고 있으므로 이는 역선택에 해당한다.

| 오답피하기 | ② 대리인 문제: 개인 또는 단체와 권한을 부여받은 대리인 간의 갈등으로, 대리인이 주인의 이익에 반하고 자신의 이익을 추구하는 방식으로 행동하는 경향을 말한다.
③ 도덕적 해이: 정보 비대칭 상황에서 정보를 많이 가진 자가 행동을 감추고 이기적인 행위를 하는 현상을 말한다.
④ 죄수의 딜레마: 자신의 사리사욕을 가지고 행동하는 두 개인이 사회적으로 최적의 결과를 내지 못하는 역설적인 결정 상황이다.
⑤ 공유지의 비극: 공유지는 집단 전체에게 이익을 주지만, 각 개인이 자신의 이익을 과도하게 추구할 경우 고갈되는 자원이다. 공유지는 공급이 무제한이 아니기 때문에 보충할 수 있는 양보다 많이 사용되면 부족해지거나 더 나아가 사용 자체가 불가능해질 수 있다. 이러한 현상을 공유지의 비극이라고 한다.

238 정답 ④

| 해설 | 제시문에서는 '주인 – 대리인 문제'가 나타나 있다. 이는 도덕적 해이의 형태로, 입사 전에는 회사 일을 열심히 하려는 포부를 밝히지만 입사 후 행동을 바꾸는 것이다. 이는 행동에 대한 정보가 비대칭적이기 때문에 생기는 현상이다. 해결책으로는 감시와 감독을 강화하거나, 직원이 대표와 같은 목표를 갖도록 인센티브 구조를 다시 설계하는 것이다.
가다. 도덕적 해이는 숨은 행동에 대한 정보가 비대칭적으로 존재하여 발생하는 현상이다.
라. 주인 – 대리인 문제는 도덕적 해이의 한 예로, 주인의 이익을 보호하거나 높이기 위해 선임된 대리인이 선임 이후 행동을 바꿔 자신의 이익을 높이기 위해 행동하는 것을 의미한다.
바. 도덕적 해이 문제의 해결은 감시 및 감독을 강화하거나, 주인과 같은 목표를 갖도록 인센티브 구조를 재설계하는 것이다.

| 오답피하기 | 나. 숨은 특성이 비대칭적이어서 발생하는 문제는 역선택이다.
마. 역선택은 수요자와 공급자 간에 존재하는 특성에 대한 정보가 비대칭적인 탓에 질 낮은 것을 비싼 대가로 구입하게 되는 현상을 의미한다. 빛 좋은 개살구가 겉은 맛있어 보이지만, 실제로는 매우 시다는 점에서 역선택과 관련 있다.

239 정답 ⑤

| 해설 | ⑤ 중고차 구매자가 판매되는 차량의 사고 여부를 정확히 알 수 없는 것은 차량 특성에 대한 정보가 수요자와 공급자 간에 비대칭적인 경우 발생하는 역선택의 상황이다.

| 오답피하기 | ① 근로자가 열심히 일하겠다는 다짐으로 취업한 이후 근무를 소홀히 하는 행위는 행동에 대한 정보가 비대칭적인 도덕적 해이의 상황이다.
② 당초 목적과 다른 이유로 대출을 받은 이후에 주식에 투자하는 행위는 대표적인 도덕적 해이이다.
③ 건강보험에 가입하고 난 다음에 건강관리를 소홀히 하는 것은 도덕적 해이의 상황이다.
④ 공익을 위해 노력하겠다는 공약으로 선출된 공무원이 사익을 추구하는 행동 변화를 보이는 것은 도덕적 해이의 상황이다.

240 정답 ③

| 해설 | ③ 보험료 및 자기부담금 제도는 운전자의 사고 발생 시 차량의 확대 수리 등으로 인한 보험료 과다 청구와 같은 도덕적 해이를 방지하기 위한 수단이다. 신호 보내기는 정보를 가진 쪽이 없는 쪽에 정보를 공유하는 것을 말하며 이는 역선택을 방지할 수 있다.

| 오답피하기 | ① 가입자에게도 부담을 부과하는 공동보험제도는 인센티브 재설계를 통해 도덕적 해이를 방지하는 해결책이다.
② 인센티브 체계의 재설계를 통해 도덕적 해이의 가능성이 존재하는 가입자를 걸러낼 수 있어 운전 성향을 간접적으로 선별할 수 있다.
④ 사고 위험이 높은 고객에게는 높은 자기부담금을 부과함으로써 고객의 위험 평가에 따라 차별화할 수 있다.
⑤ 사고로 인한 비용을 고객에게도 부담시킨다면 고객은 사고방지를 위해 노력할 유인이 생기므로 위험한 운전 행위를 줄일 수 있다.

241 정답 ④

| 해설 | 제시문의 상황은 감추어진 특성에 대한 정보가 판매자와 구매자 사이에 비대칭적으로 존재하는 역선택 상황이다.
④ 국산 한약재 가격이 1천만 원에 형성되어 있다는 점은 1천만 원을 지불할 용의가 존재한다는 것을 의미한다.

| 오답피하기 | ① 비대칭정보의 문제가 발생하는 상황으로 감추어진 특성에 따른 정보가 비대칭적인 역선택 상황이다.
② 역선택 상황은 신호보내기와 선별을 통해 문제를 해결할 수 있다.
③ 역선택 문제로 정부의 개입이 존재하지 않음에도 불구하고 효율적 자원 배분에 실패하는 현상이 나타날 수 있다.
⑤ 역선택 상황이 심화되면 사람들은 한약재 시장을 떠나게 되고, 시장에는 중국산 한약재가 2백만 원보다 높은 가격으로 판매되는 결과가 나타날 수 있다. 이를 '레몬시장'이라고 한다.

242 정답 ①

| 해설 | 제시된 중고차 시장에서는 역선택이 발생한다. 역선택은 상품 특성에 대한 정보가 비대칭적으로 존재하여 발생하는 시장 실패 현상이다.
① 좋은 차와 나쁜 차가 절반씩 존재하는 상황에서 최대한으로 지불할 용의가 있는 금액은 1,000만 원과 2,000만 원의 평균금액인 1,500만 원이 된다.

| 오답피하기 | ② 도덕적 해이는 행동에 대한 정보가 비대칭적으로 존재하여 발생하는 시장 실패 현상이다. 중고차 시장의 사례는 상품 특성에 대한 정보의 비대칭 문제이므로 이는 역선택 문제에 해당한다.

③ 중고차 판매자는 상품에 대한 정보를 알고 있으므로 나쁜 차의 경우 1,500만 원 이하로도 판매에 응할 것이다.

④ 시간이 지나더라도 상품 특성에 대한 정보 비대칭성은 해결되지 않는다. 다만, 역선택 상황이 반복되어 손해를 본다면 중고차 시장에서 거래가 이루어지지 않을 것이다.

⑤ 시간이 지나더라도 좋은 차는 2,000만 원, 나쁜 차는 1,000만 원 수준에서 팔릴 것이다.

243 정답 ⑤

| 해설 | ⑤ 인터넷 쇼핑몰 상품을 구매하지 않는 것은 정보의 비대칭성 중 역선택과 관련 있다. 성능과 신뢰성이 불투명한 인터넷 쇼핑몰 상품을 고객들이 구매하지 않는 것은 정보의 비대칭으로 인해 중고차 시장과 같은 레몬시장이 될 가능성이 높기 때문이다.

| 오답피하기 | ① 독점기업의 가격차별에 관한 내용이다. 가격차별이란 동일한 상품에 다른 가격을 책정하는 전략이다.
② 시장 실패 중 외부불경제를 개선하려는 정부정책에 대한 내용이다.
③④ 공공재는 시장 실패의 한 원인이나 외부경제의 한 사례가 되기도 한다. 외부경제가 존재하는 경우 사회적 최적 생산량보다 과소 생산된다.

244 정답 ①

| 해설 | 정보의 비대칭 상황은 감추어진 특성과 감추어진 행동에 의해 발생한다. 감추어진 특성은 어떤 특성과 관련된 정보가 비대칭적인 경우를 의미한다. 감추어진 특성으로 인해 발생하는 문제는 '역선택'이다. 감추어진 행동은 어떤 행동과 관련된 정보가 비대칭적인 경우로, '도덕적 해이'가 대표적이다. 이 둘을 구분하는 방법은 거래 전인지 후인지를 판별하는 것이다. 거래 전의 행동이라면 역선택, 거래 후의 행동이라면 도덕적 해이로 인한 정보 비대칭 상황이 된다.
① 제시된 상황은 보험 가입 전의 상황으로, 역선택의 상황이다.

관련 개념 짚어보기

- **감시**: 도덕적 해이가 나타날 수 있는 상황에서 행동을 숨길 수 있는 사람에 대한 정보를 수집하는 행위로, 이를 통해 정보 비대칭을 완화해 도덕적 해이를 줄일 수 있다.
- **비합리적 행동**: 자신이 더 선호하는 행동이 있음에도 불구하고 덜 선호하는 것을 선택하는 것을 말한다.

245 정답 ④

| 해설 | 지혜는 대출 전의 상황을 묘사하여 역선택을 우려하고 있으며, 보아는 차입 전과 후의 행동이 달라지는 도덕적 해이를 우려하고 있다.
가. 스톡옵션은 전문경영인이 도덕적 해이에 빠지지 않도록 하는 장치이다.
나. 충분한 정보의 제공은 역선택을 막기 위한 방법이다.
다. 품질보증서는 중고차 시장에서 역선택을 방지하기 위한 신호 보내기(신호발송)의 기능을 한다.
라. 수리비의 일부를 보험가입자가 부담하게 하는 공동보험제도는 도덕적 해이를 막기 위한 장치이다.

246 정답 ①

| 해설 | ① 중고차 시장에 좋은 차가 50%, 나쁜 차가 50%이므로 소비자는 평균적인 가격 수준에 매입을 고려한다. 따라서 700만 원(=900만 원×0.5+500만 원×0.5)에 중고차를 구입하고자 한다. 중고차 매도자는 좋은 차

의 경우 600만 원 이상에, 나쁜 차의 경우 400만 원 이상에 판매하려는 마음을 갖고 있으나 정보를 알지 못하는 소비자들이 무조건 700만 원에 구입하므로 굳이 더 낮은 가격에 판매할 이유가 없다. 따라서 판매자들도 중고차를 700만 원에 판매하려고 하기 때문에 모든 중고차가 700만 원에 거래되는 균형이 존재하게 된다.

247 정답 ④

| 해설 | 주인-대리인 문제는 감추어진 행동으로 인해 발생하는 정보 비대칭 문제이다. 이는 어떤 일을 위임한 사람과 위임 받은 사람 간에 정보의 비대칭으로 인해 발생하는 비효율을 의미한다. 여기서 주인이라 함은 대리인에 의해 이익이 보호되거나 증가되어야 하는 사람을 의미한다.
④ 병원장이 환자에게 어떤 일을 맡겨 자신의 이익을 보호하거나 증가시키려는 것은 아니므로 병원장과 환자의 관계는 주인-대리인 관계가 아니다.

248 정답 ④

| 해설 | ④ 역선택이 존재하는 상황에서 강제적인 보험프로그램의 도입은 역선택을 방지해 줌으로써 후생을 증가시킨다.

| 오답피하기 | ①②③⑤ 역선택은 정보의 비대칭 상황 가운데 감추어진 특성에 의해 발생하는 문제이다. 역선택은 정보를 가진 자와 그렇지 못한 자 사이에서 정보를 갖지 못한 자가 잘못된 선택을 하는 경우를 의미한다. 한편, 어떤 상황에서는 교육 수준이 능력에 관한 신호의 역할을 한다. 실제 오랜 기간 지켜볼 수 없는 상황에서 능력을 평가하기 위해 교육 수준을 살펴보면 역선택을 방지할 확률이 높아진다. 정부에 의한 품질인증도 역선택의 문제를 완화시켜 준다.

249 정답 ③

| 해설 | ③ 감추어진 행동의 대표적인 예는 도덕적 해이이며, 이의 대표적인 예는 보험시장과 주인-대리인이다. 해결책으로는 감시를 강화하는 방안이 있으나 비용이 많이 든다는 단점이 있다.

| 오답피하기 | ① 정보의 비대칭 상황은 감추어진 특성과 감추어진 행동에 의해 발생한다. 감추어진 특성의 대표적인 예는 역선택이며, 대표적인 사례는 중고차 시장이다. 이는 강제보험과 같은 신호의 발송을 통해 해결할 수 있다.

250 정답 ⑤

| 해설 | 도덕적 해이는 감추어진 행동으로 인해 발생하는 정보 비대칭 문제이다. 이는 거래 전과 후의 행동이 달라지면서 발생하는 비효율을 의미한다.
가. 주인-대리인 문제를 나타낸다. 주인-대리인 문제는 감추어진 행동으로 인해 발생하는 문제로, 도덕적 해이에 해당한다.
나. 도덕적 해이의 해결책으로 감독을 강화하거나 대가의 지급을 연기하는 방안이 있다.
다. 보험 가입 후에 행동을 변경하는 도덕적 해이의 사례이다.

251 정답 ②

| 해설 | ② 보험 가입 이전에 위험이 높은 사람이 보험에 가입하려고 하는 것이므로 보험회사의 입장에서는 역선택에 해당한다.

| 오답피하기 | ① 보험 가입 이후에 행동을 바꾸는 것은 도덕적 해이에 해당한다.
③ 소득이 증가할수록 수요가 감소하는 열등재에 대한 설명이다.

④ 엥겔법칙에 대한 설명이다.
⑤ 채용 후의 행동을 바꾸는 것은 도덕적 해이에 해당한다.

252 정답 ④

| 해설 | 가. 본인－대리인 문제는 도덕적 해이에 해당한다. 계약 체결 이후에 대리인에 의해 이익이 보호되거나 증가되어야 하는 주인을 위해 대리인이 행동하지 않는 문제이기 때문이다.
나. 공동보험제도는 도덕적 해이의 해결책에 해당한다.
라. 실적에 성과급을 지급하는 것은 임금 계약 체결 이후 나태해지는 것을 방지하기 위한 도덕적 해이의 해결책에 해당한다.

| 오답피하기 | 다. 통계적으로 사고가 날 확률이 높은 사람에게 높은 보험료를 책정하는 것은 보험 계약 전에 역선택을 방지하기 위한 것이다.

253 정답 ③

| 해설 | ③ 전 국민이 의료보험에 의무적으로 가입하도록 하면 보험가입 이전에 건강 상태가 좋지 않은 사람만 보험에 가입하는 역선택은 발생하지 않는다. 하지만 강제로 가입을 하더라도 보험 가입 이후에 행동을 바꾸는 도덕적 해이 현상은 발생할 수 있다.

254 정답 ⑤

| 해설 | 자금의 초과 수요현상은 대부 자금 시장에서 자금의 대부 수요가 공급보다 많음을 의미한다. 금리자유화로 인해 대부 자금 시장에서 초과 수요가 해소되고 균형을 회복할 것이라고 기대했으나 그렇지 못한 이유는 신용할당이 존재하기 때문이다.
⑤ 신용할당이란 금융시장에서 자금의 초과 수요가 존재함에도 불구하고 은행이 이자율을 인상하지 않고 주어진 자금을 기업들에게 선별적으로 배분하는 현상을 의미한다. 기업과 은행들은 정보 비대칭을 줄이기 위해 신호발송과 선별 등의 노력을 할 수 있으나, 그럼에도 불구하고 여전히 정보 전달의 시차는 존재하고 약간의 비대칭은 남게 된다. 이때에도 신용할당이 줄어들 수는 있지만 완전히 해소되지는 않는다.

| 오답피하기 | ②③④ 이자율을 인상할 경우 차입 능력이 있는 기업들은 대부 자금의 수요를 줄이고 차입 능력이 없는 기업들만이 차입을 하려고 하는 역선택의 상황을 피하기 위한 은행의 노력이다. 자금에 대한 초과 수요가 존재하더라도 은행들이 이자율을 인상하지 않는 것이 오히려 은행 자신들에게 유리하므로 이자율을 올리지 않은 채 신용할당을 하는 것이다.

255 정답 ⑤

| 해설 | ⑤ 책임보험의 의무적 가입은 모든 사람이 가입해야 하기 때문에 역선택은 방지할 수 있지만, 모든 소비자가 동일한 보험료를 내기 때문에 사고 확률이 낮아 기존에 더 낮은 보험료를 내던 사람들은 보험료를 추가로 내게 된다. 또 보험료가 어차피 동일하기 때문에 운전자들은 사고 위험을 낮추려는 노력 또한 게을리하게 된다. 따라서 이 제도는 사고 위험성이 높은 사람에게 유리하게 작용할 수 있다.

| 오답피하기 | ① 화재보험회사에서 손실의 일부를 담당하고, 나머지는 보험 가입자에게 전가하는 공동보험제도는 도덕적 해이를 방지하는 방법이다.
② 도덕적 해이는 행동 변화에 대한 인센티브 설계를 통해 해결할 수 있다.
③ 역선택은 감추어진 특성으로 인해 발생하는 정보 비대칭 현상이다.
④ 역선택을 방지하려는 노력 중 신호발송(신호 보내기)이란 정보를 가진 쪽에서 자발적으로 특성을 알리려는 노력이고, 선별(골라내기)은 역선택에 빠지지 않기 위해 상대방의 특성을 파악해 내려는 노력이다.

256 정답 ⑤

| 해설 | 전문경영인과 주주 사이에 발생하는 문제는 주인－대리인 문제이다. 여기서 주인이라 함은 대리인에 의해 이익이 보호되거나 증가되어야 하는 사람을 의미한다.
⑤ 채권자의 발언권 강화는 채권자와 주주 사이의 대리인 문제를 해결하는 장치이지, 전문경영인과 주주 사이의 대리인 문제를 해소하기 위한 장치가 아니다. 주주는 이자액 이상의 수익을 얻을 수 있는 투자만을 하기 때문에 이자액만큼만 수익을 얻을 수 있는 투자안은 기각된다. 주주는 유한 책임을 지기 때문에 채권자의 원금을 회수할 수 없는 위험한 투자에도 투자하려고 한다.

257 정답 ①

| 해설 | ① 사고 발생 가능성이 높은 운전자가 자동차보험에 가입하려는 것은 보험회사 입장에서는 역선택에 해당한다.

258 정답 ①

| 해설 | 역선택하에서 정보를 덜 가진 쪽은 정보의 비대칭으로 인해 원하는 선택을 하지 못한다.
① 뷔페에 많이 먹는 손님들이 주로 오는 것은 주인의 입장에서는 역선택에 해당한다.

259 정답 ④

| 해설 | 제시문은 주식회사에서 고용된 사람들이 차츰 당초 기대와는 달리 태만한 근무 태도를 보이는 것에 대해 지적하고 있다. 이처럼 특정 경제 행위가 거래가 성사된 이후 상대방에 대한 정보가 부족하여 바람직한 의사결정을 내리지 못할 경우를 도덕적 해이라고 한다.
④ 제시문은 소유와 경영의 분리로 인한 경영자들의 도덕적 해이와 관련 있다.

260 정답 ①

| 해설 | 신용할당이란 금리가 자금의 수요와 공급을 일치시키는 균형 수준보다 낮게 결정되어 자금의 초과 수요가 발생하는 경우 금융기관이 자금의 수요자에게 한정된 자금을 나누어주는 현상을 의미한다.
① 스티글리츠와 와이즈는 비대칭정보가 신용할당 발생의 원인이 된다는 이론을 제기하였으며, 금융기관은 이자율을 인상하기보다 자금의 초과 수요가 존재하는 상태에서 건실한 자금수요자를 선별하여 대출하기 때문에 신용할당현상이 발생한다고 주장하였다.

| 오답피하기 | ② 비제도권의 금융시장의 존재와 신용할당은 무관하다. 금융기관이 수요자를 선별하는 이유는 역선택의 상황에 빠지는 것을 방지하기 위해서이다.
③ 신용할당이 발생하는 이유는 돈을 성실히 상환하는 대출자에게 자금의 우선순위를 주기 위해서이다. 금리의 불일치와는 무관하다.
④ 자금수요자에 따라 회수가능성과 신용도는 상이하지만, 그 자체로 인해 신용할당이 발생하는 것은 아니고 이자율을 높일 경우 건실하지 않은 대출자들에게 자금이 대출되는 것을 막기 위해 신용할당이 발생한다.
⑤ 신용할당을 통해 금융기관은 역선택을, 대출기업은 도덕적 해이를 방지할 수 있다.

내 힘에 부치고 내 능력에 넘치는 일이 주어지는 까닭은
내가 업그레이드 될 때가 되었다는 사인입니다.

PART

02

거시경제

CHAPTER 01 | 국가경제활동의 측정

문제 P.86

261	①	262	②	263	②	264	④	265	①
266	①	267	④	268	③	269	②	270	③
271	④	272	④	273	③	274	③	275	④
276	①	277	③	278	②	279	④	280	④
281	⑤	282	①	283	④	284	④	285	④
286	④	287	②	288	⑤	289	④	290	②
291	⑤	292	②	293	④						

261 정답 ①

| 해설 | ① 2018년의 실질GDP는 200억 달러$\left(=\dfrac{200억\ 달러\times100}{100}\right)$, 2019년의 실질GDP도 200억 달러$\left(=\dfrac{250억\ 달러\times100}{125}\right)$이므로 2019년의 경제성장률은 0%이다.

262 정답 ②

| 해설 | 국내총생산은 그 해에 새롭게 생산된 최종 재화만을 집계 대상으로 한다.
② 과거에 생산된 중고품은 올해 거래되더라도 국내총생산에 포함되지 않는다.

| 오답피하기 | ① 국내총생산은 한 국가 내에서 생산된 최종 재화라면 자국민이든 외국인이든 구분하지 않는다.
③ 국내총생산 집계의 대상은 유무형의 재화 모두를 포함한다.
④ 국내총생산은 시장가치로 집계되기 때문에 시장에서 거래되는 재화만을 대상으로 한다.
⑤ 국내총생산의 증가율보다 인구의 증가율이 크다면 1인당 GDP는 작아질 수 있다.

263 정답 ②

| 해설 | 가. 2005년 이후의 실질GDP 변화율은 양(+)의 값이다. 이는 2005년 이후 실질GDP가 증가하고 있음을 의미한다. 따라서 2005년의 실질GDP가 가장 낮다.
다. 2006년의 경우 실질GDP의 변화율이 명목GDP변화율보다 크다. 따라서 인플레이션율은 2006년에 가장 낮다.

| 오답피하기 | 나. 2017년의 명목GDP가 가장 높다.
라. 경제성장률은 실질GDP 변화율을 이용하여 측정할 수 있다.

264 정답 ④

| 해설 | ④ 공립학교 교육과 같은 서비스는 정부지출에 의해 운영되기 때문에 실질GDP에 반영이 가능한 항목이다.

| 오답피하기 | ① 실질GDP는 생산의 효율만을 측정 가능할 뿐 분배 측면을 제대로 평가하지 못한다.

②③ 실질GDP는 생산지표로 환경 파괴나 소비로 인한 주관적 즐거움의 가치를 반영하지 못한다.
⑤ 실질GDP는 교통 혼잡과 같은 사회적 비용을 잘 반영하지 못한다.

265 정답 ①

| 해설 | 국내총생산은 일정 기간 동안 한 국가 내에서 새롭게 생산된 재화와 서비스의 시장가치 총합으로 정의된다.
① 국내총생산은 지출 측면에서 소비와 투자, 정부지출 그리고 순수출(수출-수입)로 구성되므로 수출의 증가는 GDP의 증가로 이어진다.

| 오답피하기 | ② 전업주부의 가사노동은 시장에서 거래되지 않으므로 국내총생산에 포함되지 않는다.
③ 기준연도에서 실질GDP와 명목GDP는 같다.
④ 해외에서 근무하는 내국인 근로자가 생산한 가치는 국내총생산(GDP)에 포함되지 않고, 국민총생산(GNP)에 포함된다.
⑤ A년도에 생산한 제품은 A년도 GDP에 포함된다.

266 정답 ①

| 해설 | 국내총생산은 한 국가 내에서 새롭게 생산한 재화와 서비스의 시장가치의 합이다.
가. 미국 기업이 한국에 공장을 지어 자동차를 생산할 경우 한국의 국내총생산이 증가한다.
나. 미국인이 한국에 체류하면서 한국계 기업에 근무할 경우 이는 한국의 국내총생산 증가에 기여한다.

| 오답피하기 | 다. 한국 기업이 미국에 공장을 지어 반도체를 생산하는 것은 미국의 국내총생산 증가로 이어진다.
라. 한국인이 미국에 체류하면서 한국계 기업의 지점에 근무하는 것은 미국의 국내총생산에 기여한다.

267 정답 ④

| 해설 | ④ 2021년 100대의 소형차를 대당 2,000만 원에 생산했다면 2021년의 국내총생산에 20억 원이 반영된다. 국내총생산은 생산된 해를 기준으로 측정되기 때문에 2021년에 생산된 20억 원은 2022 국내총생산에 영향을 미치지 않는다. 팔리지 않은 자동차 20억 원은 2021년 GDP에는 투자 항목으로 계상되어 그 해에 판매된다면 재고투자는 마이너스(-)가 되고 소비지출이 플러스(+)가 되어 상쇄된다. 하지만 해를 넘어가게 되면 재고여도 2022년 GDP에 반영되지 않는다.

268 정답 ③

| 해설 | 국내총생산은 일정 기간 동안 한 국가 내에서 생산된 재화와 서비스의 시장가치의 합으로 정의된다. 국민총소득은 일정 기간 동안 한 국가 국민이 벌어들인 소득의 총합을 의미한다. 폐쇄경제라면 국내총생산과 국민총생산은 동일하지만, 무역으로 인해 두 값의 차이가 발생하게 된다. 즉, 국민총소득은 국내총생산에 대외순수취요소소득과 교역조건의 변화로 인한 무역손익이 더해진 값과 동일하다.
③ 서비스 부문 중심의 성장이 이루어질 경우 국내총생산과 국민총소득 모두 증가할 수 있다.

| **오답피하기** | ① 국민총소득의 감소는 국민들의 실질적인 소득 수준이 감소했음을 의미한다.
② 경상수지 적자폭이 커질 경우 국내총생산은 증가하더라도 유출되는 소득이 발생하여 국민총소득은 감소할 수 있다.
④ 교역조건이란 수출품 한 단위로 벌어들인 돈으로 구입할 수 있는 수입품의 수량을 의미한다. 수입품의 가격이 더 상승할 경우 수출로 벌어들인 돈으로 구입할 수 있는 수입품 수량이 감소한다. 즉, 교역조건의 변화로 인해 손실이 발생할 수 있음을 의미한다. 이는 국내총생산과 무관한 국민총소득의 감소요인이 될 수 있다.
⑤ 환율이 급격히 상승할 경우 수출품의 가격은 낮아지고, 수입품의 가격이 상승하므로 교역조건이 악화된다.

269 정답 ②

| **해설** | ② 2017년의 경제성장률은 0%이다. 이는 전년 대비 GDP의 변화가 없었음을 의미한다.

| **오답피하기** | ① 2016년의 경제성장률은 양(+)의 값을 나타내고 있고, 이는 2015년 대비 2016년에 GDP가 증가했음을 의미한다.
③ 2018년의 경제성장률은 음(−)의 값이다. 이는 전년 대비 GDP가 감소했음을 의미한다.
④ 2014년과 2016년 사이에 GDP가 가장 큰 해는 2016년이다.
⑤ 경제성장률이 음(−)의 값인 해는 2018년이므로 해당 시기에 실업이 증가했을 것으로 예상된다.

270 정답 ③

| **해설** | 국민총소득은 GDP에 해외순수취 요소소득을 반영한 값이다. GDP는 한 나라의 경제규모 파악하는 데 유용하고, 국민들의 생활수준을 이해하기 위해 1인당 GNI를 활용한다.
③ 2021년에는 GDP와 1인당 GNI가 모두 전년 대비 증가하였다. 따라서 국외순수취 요소소득이 감소하였다고 볼 수 없다.

| **오답피하기** | ① 경제성장률이 전년 대비 4.1% 증가하였으므로 실질GDP는 증가하였다.
② 원화 가치가 상승할 경우 명목환율은 감소한다.
④ 경제성장률이 상승하고 있으므로 경제 규모가 확장되었음을 알 수 있다.
⑤ 1인당 GNI는 GNI를 인구수로 나누어 산정한다. 1인당 GNI가 증가하고 있으므로 인구증가율보다 국민소득 증가율이 높음을 알 수 있다.

271 정답 ④

| **해설** | ④ 실질GNI는 9,300억 달러이고, 실질GDP는 7,000억 달러이며, 해외순수취요소소득은 2,000억 달러(= 9,000억 달러 − 7,000억 달러)이다. 따라서 교역조건 변화로 인한 실질 무역 이익(③)은 300억 달러(= 9,300억 달러 − 7,000억 달러 − 2,000억 달러)이다. 해외순수취요소소득이 2,000억 달러이고, 해외수취요소소득이 3,500억 달러이므로 해외지불요소소득은 1,500억 달러(= 3,500억 달러 − 2,000억 달러)이다. 따라서 ③과 ⓒ의 합은 1,800억 달러이다.

272 정답 ④

| **해설** | 지출 측면에서 국민계정은 크게 민간소비, 민간투자, 정부지출, 순수출로 구성되어 있다.
④ 귀속임대료는 자신 소유의 주택이 주택서비스를 제공하고, 이에 대해 집주인은 임대료를 지불한다고 가정하여 산출한다. 귀속임대료는 민간소비에 포함된다.

| **오답피하기** | ① 기존 주택의 매매는 주택이 건설된 해에 국민계정에 계산됐기 때문에 포함되지 않는다.
② 복지제도에 대한 정부의 이전지출은 재화나 서비스에 대해 지출한 것이 아니므로 국민계정에 포함되지 않는다.
③ 가계의 수입품 소비는 순수출 부분에서 수입액으로 공제되기 때문에 국민계정에 포함되지 않는다.
⑤ 정부의 국채 이자 상환액은 이전지출의 일종으로 국민계정에 포함되지 않는다.

273 정답 ③

| **해설** | ③ 민간저축은 국민소득에서 조세수입을 뺀 가처분소득에서 소비를 뺀 값이다. 따라서 A 경제의 민간저축은 1,500(= 5,000 − 1,000 − 2,500)이다. 정부저축은 조세수입에서 정부구입을 빼야 한다. 따라서 정부저축은 0(= 1,000 − 1,000)이다. 국민저축은 민간저축과 정부저축의 합이다. 따라서 국민저축은 1,500(= 1,500 + 0)이다.

274 정답 ③

| **해설** | 국민총소득(GNI)은 'GDP + 국외순수취요소소득 + 교역조건 변화에 따른 실질무역손익'으로 계산하고, 국내총소득(GDI)은 'GDP + 교역조건 변화에 따른 실질무역손익'으로 계산한다.
③ 교역조건이 개선되면 GDI가 GDP보다 커진다.

| **오답피하기** | ②④⑤ GNI는 국외순수취요소소득과 함께 교역조건 변화에 따른 실질무역손익도 포함되기 때문에 GNI와 GDP의 비교에서 국외순수취요소소득의 변화만으로 크기를 비교할 수 없다.

275 정답 ④

| **해설** | ④ 에어컨은 2024년에 중국에서 생산되어 팔리지 않고 재고로 남았다. 따라서 2024년 중국은 재고투자인 민간투자지출(I)이 증가하여 GDP가 상승했다. 2025년에는 에어컨이 한국으로 수출되면서 중국의 경우 순수출은 증가하지만, 동시에 재고투자가 감소하여 민간투자지출(I)이 감소하게 된다. 따라서 2025년 중국의 GDP는 변하지 않는다.

| **오답피하기** | ③ 국민총생산(GNP)은 일정 기간 동안 한 국가의 국민이 생산한 최종 재화와 서비스의 시장가치의 합으로 정의된다. 제시된 대화만으로는 중국에서 한국인 근로자가 생산을 했는지를 알 수 없으므로 한국의 GNP가 증가했다고 보기 어렵다.

276 정답 ①

| **해설** | ① 2023년 GDP는 180조 원이고, 2024년 GDP는 260조 원이다. 2023년 민간소비지출은 80조 원, 2024년 민간소비지출은 160조 원이므로 2023년과 2024년 소비지출의 비중은 각각 44%와 62%임을 알 수 있다.

| **오답피하기** | ② 민간소비지출은 2023년에 80조 원에서 2024년 160조 원으로 100% 증가율을 보였다.
③④ 2024년의 순수출(수출 − 수입)은 0이므로 수출과 수입이 같음을 추론할 수 있다. 이는 국내총생산의 증가에 기여하지 못하였음을 의미하기도 한다.
⑤ 제시된 표에는 '수출 − 수입'만 제시되어 있기 때문에 수입의 절대치를 알 수 없어 GDP에서 수입이 차지하는 비중은 계산할 수 없다.

277 정답 ③

| 해설 | 나. 가계의 신규주택구입은 민간소비지출이 아니라 민간투자지출에 포함된다. 재고투자와 신규주택구입은 모두 투자에 해당한다.

라. 사회보장을 위한 보조금은 GDP에 포함되지 않는다. 보조금은 아무런 대가 없이 제공되는 이전지출에 해당하기 때문에 경제적 거래로 간주되지 않을 뿐만 아니라 단순한 소유권의 이전에 불과하므로 생산으로 볼 수 없다.

| 오답피하기 | 가. GDP는 자국 영토(Domestic)의 개념이다. 따라서 외국기업의 국내생산활동은 우리나라의 GDP에 포함된다.

마. 국내총생산은 일정 기간 측정되는 유량의 개념이다.

278 정답 ②

| 해설 | 국민총소득(GNI)은 국내총생산(GDP)에 국외순수취요소소득(자국민이 해외에서 생산요소를 제공한 대가로 받은 소득에서 외국인이 국내에서 생산활동에 참여함으로써 발생한 소득을 차감한 것)과 실질무역손익을 더하여 계산된다.

② 2024년 2분기에 전기 대비 GNI가 증가했다면 실질무역손실이 감소하였더라도 더 큰 폭의 국외순수취요소소득 증가가 있었음을 확인할 수 있다.

| 오답피하기 | ① 2023년 3분기에는 GNI 수치가 감소한 것이 아니라 증가세가 둔화된 것이다.

③ 2024년 1분기에 실질 구매력이 감소했다가 2분기에 소폭 상승했으므로 국민들이 체감하는 구매력 증가는 크지 않다.

④ 해당 기간 중에 GNI가 가장 낮은 기간은 2024년 1분기이다.

279 정답 ④

| 해설 | ④ 자국민이 외국에서 생산한 금액은 자국의 GDP가 아니라 자국의 GNP에 반영된다.

| 오답피하기 | ① GDP는 여가를 반영하지 못한다. 예를 들어, 축구를 사랑하는 개인이 축구장에 임대료를 지불하고 축구경기를 할 경우 임대료만이 GDP에 산정될 뿐 축구로 인한 개인의 만족은 계산되지 않는다.

② GDP는 지하경제를 반영하지 못한다. GDP는 시장가격이 형성된 재화와 서비스만을 대상으로 하기 때문에 마약, 밀수와 같은 지하경제활동을 반영하지 못한다는 한계가 존재한다.

③ GDP는 측정의 일관성이 결여된다. 가정주부가 집에서 수행하는 청소, 빨래 등의 가사 일은 GDP에 포함되지 않지만, 동일한 일을 세탁소나 청소부가 수행하면 GDP에 포함된다.

⑤ GDP는 삶의 질을 측정하기 어렵다. 생산이 활발할수록 오염도 함께 진행된다. 하지만 GDP는 환경오염으로 인한 삶의 질의 악화는 반영하지 못한다.

280 정답 ④

| 해설 | 명목GDP는 당해연도 가격과 생산량으로 계산된 GDP를 의미하고, 실질GDP는 기준연도 가격과 당해연도 생산량으로 계산된 GDP를 의미한다. 기준연도가 2023년이므로 2023년과 2024년의 명목GDP와 실질GDP를 계산하면 다음과 같다.

- 2023년 명목GDP = (30원 × 150개) + (15원 × 200개) = 7,500원
- 2024년 명목GDP = (35원 × 120개) + (40원 × 300개) = 16,200원
- 2023년 실질GDP = (30원 × 150개) + (15원 × 200개) = 7,500원
- 2024년 실질GDP = (30원 × 120개) + (15원 × 300개) = 8,100원

④ GDP디플레이터는 $\frac{명목GDP}{실질GDP}$ × 100이므로 2023년에 GDP디플레이터는 100이다.

| 오답피하기 | ①③ 실질경제성장률은 7,500원에서 8,100원으로 8% 성장했음을 알 수 있다.

② 2023년이 기준연도이므로 명목GDP와 실질GDP가 일치한다.

⑤ GDP디플레이터는 당해연도와 비교연도의 물가 변화를 파악할 수 있도록 하는 지표이다.

281 정답 ⑤

| 해설 | GDP는 국내영토를 기준으로 하며, GNP와 GNI는 국민을 기준으로 한다. 북한주민의 활동은 북한에서든, 러시아에서든 북한의 GNP와 북한의 GNI에 포함되며, 북한에서의 경제활동은 북한의 GDP에, 러시아에서의 경제활동은 러시아의 GDP에 포함된다.

⑤ 북한주민이 러시아에서 벌어들인 외화는 러시아의 GDP에 포함되고, 북한의 GNP에 포함된다.

| 오답피하기 | ① 북한주민이 러시아에서 벌어들인 외화는 북한의 GNI에 포함되고, 러시아의 GDP에 포함된다. 북한의 GDP에 포함되기 위해서는 북한 내에서의 경제활동이어야 한다.

② 북한주민이 러시아에서 벌어들인 외화는 북한의 GNI에는 포함되지만, 러시아의 GNI에는 포함되지 않는다.

③ 북한주민이 러시아에서 벌어들인 외화는 북한의 GDP에 포함되지 않으며, 북한의 GNI에는 포함된다.

④ 북한주민이 러시아에서 벌어들인 외화는 북한의 GNI와 북한의 GNP 모두에 포함된다.

282 정답 ①

| 해설 | 가. 세무조사의 강화는 탈세규모의 감소로 이어지고, 이는 지하경제의 양성화라는 목표를 달성할 수 있는 효과적인 조치이다. 이에 따라 GDP에 포함되지 않던 지하경제가 양성화되어 GDP에 포함되므로 GDP는 증가한다.

나. 부부가 직접 자녀를 돌본다면 이는 시장거래에 의해 이루어지는 활동이 아니므로 GDP에 포함되지 않지만, 어린이집의 자녀 돌봄 서비스는 시장에서 거래되는 서비스이므로 GDP에 포함되어 GDP는 증가한다.

| 오답피하기 | 다. 신규주택의 건설이나 주택 임대서비스는 GDP에 포함되는 항목이지만, 임대료의 급감은 GDP의 감소요인으로 작용한다.

라. GDP는 일정 기간(보통 올해 1년) 생산된 최종 재화와 서비스의 시장가치를 대상으로 집계된다. 따라서 주식가격의 상승은 최종 재화와 서비스의 시장가치와 직접적인 연관이 없으므로 GDP에 포함되는 항목이 아니다.

마. 그린벨트 해제로 인한 농지가격의 상승은 당해 생산과 관련이 없으므로 GDP에 포함되지 않는다.

283 정답 ③

| 해설 | GDP디플레이터는 명목GDP를 실질GDP로 나누어 100을 곱해 구할 수 있다. 제시된 자료를 바탕으로 각 연도별 실질GDP, 명목GDP, GDP디플레이터를 구해 보면 다음과 같다.

구분	2022년	2023년	2024년
명목GDP	10,000원	17,250원	25,300원
실질GDP	10,000원	15,000원	20,000원
GDP디플레이터	100	115	126.5

가. 기준연도 이후 매년 명목GDP가 실질GDP보다 크므로 명목GDP가 가장 높은 연도는 2024년이다.

라. 2022년은 기준연도이므로 실질GDP와 명목GDP가 같다.

| 오답피하기 | 나. 2023년에는 명목GDP가 실질GDP보다 크다.

다. 2024년에 실질GDP 증가율은 명목GDP 증가율보다 낮다.

마. 2024년에 GDP플레이터는 126.50이다.

284 정답 ④

| 해설 | (가)는 GDP, (나)는 GNP이다.

나. 우리나라에서 생산한 냉장고는 지역이 한국이므로 우리나라의 GDP에 포함된다.

라. 우리나라 기업이 우리나라에서 생산한 반도체는 우리나라의 GDP와 GNP 모두에 포함된다.

| 오답피하기 | 가. 우리나라에서 생산하여 외국에 수출하는 자동차는 우리나라의 GDP에 포함된다.

다. 우리나라 프로야구에서 뛰는 외국인 선수의 연봉은 외국의 GNP에 포함된다.

285 정답 ④

| 해설 | 잠재GDP는 한 국가가 보유한 생산요소를 정상적인 범위 내에서 최대한으로 활용했을 때 달성 가능한 GDP 수준을 의미한다. 노동과 자본 등의 생산요소의 부존량이 더 많아지거나, 기술의 발달로 기존 생산요소 활용의 생산성을 높일 때 확대 가능하다. 한편, GDP갭은 현재의 GDP 수준이 잠재 GDP 수준과 얼마나 떨어져 있는지를 나타내는 지표이다. 음수인 경우 경기 침체를, 양수인 경우 경기 과열을 짐작할 수 있다.

④ 잠재GDP는 정확한 산정이 어렵다. 중앙은행, 민간 경제연구소, 국책연구 기관도 추정을 통해 어느 정도 추이를 예측할 뿐이다.

| 오답피하기 | ① 2020년 GDP갭이 음수였다가 이후 양수로 전환된 다음 다시 음수로 돌아선다. 이는 경기가 침체되었다가 과열되고, 다시 침체되고 있음을 알 수 있다.

② 코로나19는 많은 노동력을 줄이고, 자본의 투자 유인을 위축시켜 GDP갭을 음수로 만드는 요인이라 할 수 있다. 과거 글로벌 금융위기, 코로나19 모두 같은 요인으로 해석 가능하다.

③ 현재 GDP 수준이 잠재 GDP를 상회할 경우, 경기가 활성화되어 총수요가 증가하고 이는 물가상승의 원인으로 작용할 수 있다.

⑤ GDP 디플레이터는 물가변수로 명목GDP를 실질GDP로 나누어 산정한다. 물가지표가 상승하는 점을 바탕으로 GDP갭을 보다 정확하게 추산할 수 있다.

286 정답 ④

| 해설 | ④ GDP는 당해연도에 생산된 최종 재화와 서비스가 시장에서 거래되지 않는 경우 대상 품목으로 삼을 수 없다. GDP가 최종생산물만을 대상으로 하기 때문에 기업 간의 거래를 포착할 수 없다는 단점을 보완하기 위해 GO(Gross Output)라는 지표가 대안적인 지표로 등장하였다.

| 오답피하기 | ① 우리나라의 경우에는 GDP를 상승시키기 위한 조치의 하나로 불법 소프트웨어 사용 근절 방안을 시행하고 있다.

② 2014년 유럽연합의 국가들은 성매매나 마약거래 등을 GDP 대상에 포함시키겠다는 내용을 발표하였다. 영국과 이탈리아, 일본, 스페인 등이 대표적인 국가들이다.

⑤ 탈세를 방지하기 위한 세무조사 강화는 지하경제를 양성화하는 데 일조해 GDP가 증가하는 효과가 있다.

287 정답 ②

| 해설 | 명목GDP는 당해연도의 가격으로 계산되는 GDP이고, 실질GDP는 기준연도의 가격으로 계산되는 GDP이다.

② 2023년과 2024년의 명목GDP 및 실질GDP를 구해 보면 다음과 같다.

- 2023년 명목GDP = 450억 원

- 2023년 GDP디플레이터 = $\dfrac{\text{2023년 명목GDP}}{\text{2023년 실질GDP}} \times 100$

  $= \dfrac{450억\ 원}{\text{2023년 실질GDP}} \times 100 = 100$

즉, 2023년 실질GDP = 450억 원(기준연도이므로 명목GDP = 실질GDP)

- 2024년 명목GDP = 900억 원

- 2024년 GDP디플레이터 = $\dfrac{\text{2024년 명목GDP}}{\text{2024년 실질GDP}} \times 100$

  $= \dfrac{900억\ 원}{\text{2024년 실질GDP}} \times 100 = 150$

즉, 2024년 실질GDP = 600억 원

따라서 실질GDP 성장률은 약 33.3% $\left(= \dfrac{600억\ 원 - 450억\ 원}{450억\ 원} \times 100\right)$ 이다.

288 정답 ⑤

| 해설 | GDP 항목 중 민간투자지출은 설비투자, 건축투자 그리고 재고투자로 구성된다. 신규주택에 대한 지출은 주거서비스를 생산하는 자본재로 분류되어 민간투자지출 중 건축투자에 포함된다.

⑤ M&A는 소유권의 이전으로, 투자에 포함되지 않는다.

289 정답 ④

| 해설 | GDP는 최종생산물의 시장가치를 합해 도출할 수 있지만, 각 생산단계에서 창출되는 부가가치의 합으로도 도출할 수 있다.

④ 최종생산물을 기준으로 하면 제시된 경제의 GDP는 900만 원이다. 각 단계의 부가가치를 기준으로 GDP를 산정하면 ㉠ 밀 농가 → 밀가루 회사: 500만 원, ㉡ 밀가루 회사 → 제빵업자: 150만 원, ㉢ 제빵업자 → 소비자: 250만 원이다. 따라서 부가가치를 통해 살펴본 제시된 경제의 GDP는 ㉠ + ㉡ + ㉢ = 900만 원으로 동일하다.

290 정답 ②

| 해설 | ② 물가의 변화는 GDP디플레이터로 파악할 수 있다. 전년 대비 2023년에 GDP디플레이터는 변화가 없다.

| 오답피하기 | ① '(명목GDP/GDP디플레이터) × 100 = 실질GDP'이다. 2022년과 2024년에 실질GDP는 각각 100으로 같다.

③ GDP디플레이터가 같으므로 실질GDP 증가율과 명목GDP 증가율은 동일하다.

④ 2023년에 실질GDP가 가장 크므로 2023년에 경제규모가 가장 크다.

⑤ 경제성장률은 실질GDP로 나타난다. 실질GDP는 2023년이 1100이고, 2024년이 1000이므로, 2024년은 2023년에 비해 경제성장률이 낮다.

291 정답 ⑤

| 해설 | 가. 2024년에 GDP디플레이터의 증가율이 전년 대비 하락한 반면 소비자물가상승률이 급증한 것은 수입품의 가격상승률이 국산품보다 컸기 때문이다.

나. GDP에는 수입품이 포함되지 않기 때문에 GDP디플레이터 역시 수입품의 가격변화를 반영하지 못한다. 따라서 수입품의 가격변화가 국산품보다 클 때 제시된 그래프와 같은 모양이 나타날 수 있다. 소비자물가상승률과 GDP디플레이터 간의 차이는 2019년 이후 2024년에 2.3%p로 가장 크다.

다. GDP디플레이터는 가장 포괄적인 물가지수로 다양한 상품이 포함되어 있으나 개별 소비자들이 자주 접하는 상품 품목과 차이가 발생할 수 있으므로 체감물가는 GDP디플레이터와 다를 수 있다.

292 정답 ②

| 해설 | 가. 외국인에 의한 국내 생산은 국내총생산에도 포함되며, 우리나라 내에서 실제 생산된 내역에도 포함될 수 있는 생산이다.

다. 영역 C에 해당하는 생산은 실제 우리나라 내에서의 생산 내역에는 포함되지만, 국내총생산에는 포함되지 않는 내역이다. 주부들의 가사노동, 지하경제에서의 생산 등이 이에 해당한다. 하지만 생산에 해당하므로 실질적으로는 후생 수준에 영향을 미친다. 따라서 최근에는 보조지표들을 사용해 한 국가의 생산을 다양한 측면에서 측정하려는 시도가 활발하다.

| 오답피하기 | 나. 국내총생산에는 수입품이 포함되지 않는다. 수입품은 해외에서 생산되어 국내로 유입되는 상품이기 때문이다.

라. 지하경제는 합법적인 시장에서 거래되지 않기 때문에 GDP에 포함되지 않으므로 지하경제가 커지면 A에 대한 C의 비중이 증가한다.

293 정답 ④

| 해설 | 국민소득은 생산의 측면, 분배의 측면, 지출의 측면에서 동일한 값을 도출해낼 수 있다. 지출 측면의 국민소득은 분배된 소득이 소비되거나 투자한 금액의 합계를 나타내고, 분배 측면의 국민소득은 생산요소 제공의 대가로 얻은 요소소득의 합계를 의미한다.

④ 투자(C)에 대한 보상은 기업의 이윤(ⓒ)이다. 이자는 금융자산 제공에 대한 대가이다. 투자지출은 공장, 기계, 건물 등 고정자본에 대한 지출, 생산에 투입되는 원재료나 재고가 증가하는 것이 포함된다.

02 | 총수요와 총공급곡선

문제 P.95

294	①	295	②	296	④	297	③	298	②
299	⑤	300	①	301	④	302	⑤	303	②
304	④	305	①	306	③	307	①	308	④
309	②	310	④	311	①	312	⑤	313	⑤
314	③	315	⑤	316	①	317	④		

294 정답 ①

| 해설 | 투자란 경제 전체의 실물자본(공장설비, 주택건설 구입 등)의 증가를 의미한다. 재고도 투자에 포함된다.
① 경제학에서 투자는 생산활동 증진에 도움이 되는 지출을 의미하므로 생산활동과 무관한 금융자산 및 실물자산의 거래는 투자에 포함되지 않는다.

295 정답 ②

| 해설 | 총수요는 민간소비와 기업투자, 정부지출 그리고 순수출로 구성된다.
② 환율이 하락할 경우 수출은 감소하고 수입은 증가하여 순수출은 감소한다. 이는 총수요의 감소요인으로 작용한다.

| 오답피하기 | ① 정부의 재정지출 증가는 확장적 재정정책으로 총수요의 증가요인이다.
③ 중앙은행의 기준금리 인하는 투자를 자극하여 총수요가 증가한다.
④ 기업투자가 증가할 경우 총수요가 증가한다.
⑤ 가계의 소비지출 증가는 총수요의 증가로 이어진다.

296 정답 ④

| 해설 | ④ 해외를 방문하는 한국 여행객들의 수요는 총수요에 포함되지 않는다.

| 오답피하기 | ① 정부가 예산을 조기 집행하는 경우 정부지출 증가를 통한 총수요 증가가 나타난다.
② 미국에서 한국산 휴대폰 수요가 증가할 경우 수출이 증가하여 총수요가 증가할 수 있다.
③ 한국은행이 기준금리를 인하할 경우 투자가 증가하고, 이는 총수요 증가로 이어질 수 있다.
⑤ 한국산 부품을 사용하는 중국산 완제품의 해외 수출 증가는 중국시장에서 한국산 부품 수요 증가로 이어져 수출이 증가한다. 따라서 총수요가 증가할 수 있다.

297 정답 ③

| 해설 | 총수요는 한 국가 경제에 존재하는 모든 수요의 총합으로 정의되며, 지출 측면에서 소비와 투자, 정부지출 그리고 순수출의 합으로 계산된다.
③ 총수요에서 가장 큰 비중을 차지하는 요인은 소비이지만, 소비의 변동성을 높이는 요인은 투자이다.

| 오답피하기 | ① 이자율과 투자는 음(−)의 관계이다. 이자율이 높아질수록 이자부담이 늘어 투자는 감소한다.
② 이자율은 투자의 변동이 초래하므로 총수요에 영향을 미친다.
④ 화폐중립성은 화폐의 변동이 실질변수에 영향을 미칠 수 없음을 의미한다. 따라서 화폐량의 증가는 총수요의 증가와 무관하다.
⑤ 개방경제에서 총수요는 수출이 아닌 순수출(수출−수입)에 의해 결정된다.

298 정답 ②

| 해설 | ② 케인스는 총수요곡선이 우하향하는 이유를 자산효과, 이자율효과, 환율효과로 설명하였다. 자산효과는 물가가 하락할 경우 자산의 구매력이 증가하여 소비지출이 증가하는 효과를 의미한다. 이자율효과는 낮은 물가수준이 이자율을 낮추고, 이는 투자를 촉진하여 투자지출이 늘어나게 되는 효과를 의미한다. 환율효과는 자국의 물가가 낮아질 경우 수출 재화의 가격 경쟁력 증가로 수출이 증가하여 총수요가 증가하는 효과이다.

299 정답 ⑤

| 해설 | 좀비기업은 차입금의 이자도 내지 못할 정도로 침체되어 가는 기업을 의미하며, 도덕적 해이는 거래 이후에 행동을 바꿔 효율적인 자원배분이 실패하는 현상이다.
⑤ 도덕적 해이를 해결하기 위해서는 지속적으로 감시하거나 인센티브 구조를 재설계하여 행동 변화의 유인을 제거해 주어야 한다.

| 오답피하기 | ① 이자보상배율은 영업이익을 이자비용으로 나누어 계산한다. 이자배상비율이 낮으면 기업이 이자비용을 감당하는 데 어려움을 겪을 수 있음을 의미한다.
② 한정적인 정부재원을 성장가능성이 거의 없는 좀비기업 지원에 활용할 경우 가능성이 높지만 단기적으로 차입 제약에 직면한 우량 기업이 오히려 도산할 수 있다.
③ 좀비기업 파산이 증가하면 일차적으로 기업 투자가 감소할 수 있지만 장기적으로 자원배분의 효율성을 높여 경제의 선순환을 야기한다.
④ 좀비기업이 범할 수 있는 도덕적 해이의 사례는 차입 이후에 지나치게 위험한 투자를 큰 수익을 목표로 비합리적인 선택을 하여 방만한 경영을 하게 될 수 있다는 것이다.

300 정답 ①

| 해설 | 총수요곡선이 우측으로 이동하면 실질GDP가 증가하고, 물가가 상승한다.
① 정부지출의 증가는 총수요의 증가요인이다. 총수요가 증가하면 물가가 상승하는데, 예상하지 못한 인플레이션은 채무자에게 유리하다.

| 오답피하기 | ② 순수출의 감소는 총수요의 감소요인이다. 물가가 상승할 경우 동일한 명목금액을 받는 연금 생활자는 불리해진다.
③ 기업투자의 증가는 총수요의 증가요인이다. 물가가 상승할 경우 유리한 주체는 채권자가 아닌 채무자이다.
④ 기준금리가 인하될 경우 투자가 증가하여 총수요가 증가한다. 물가가 상승할 경우 명목 가치로 임금을 받는 임금근로자는 불리하다.
⑤ 가계 소비의 감소는 총수요의 감소요인이다. 물가가 상승할 경우 자산가치가 증가하므로 실물자산 보유자는 유리하다.

301 정답 ④

| 해설 | ④ 미국의 기준금리 인상으로 인해 미국의 금리가 우리나라보다 높아지는 기준금리 역전현상이 나타날 수 있다. 기준금리가 역전될 경우 우리나라에 있던 해외투자 자금이 한국을 떠나 미국시장으로 이전할 수 있다. 따라서 환율 상승으로 기업의 달러 표시 채무부담은 증가한다.

302 정답 ⑤

| 해설 | 균형국민소득이 장기균형의 국민소득(자연율 수준의 생산수준)과 같은 상황에서는 단기적인 충격이 있은 후 시간이 지나면 단기균형에서 장기균형으로 회귀하게 된다.
⑤ 장기 총공급곡선의 우측 이동은 잠재GDP의 증가를 의미하는 반면, 단기 총공급곡선의 이동은 단기에 기업 생산의 증가를 의미한다. 따라서 단기 총공급곡선과 장기 총공급곡선은 서로 영향을 받지 않는다.

303 정답 ②

| 해설 | 총수요곡선이 우하향하는 이유는 자산효과와 이자율효과로 구분되며, 여기에 경상수지 및 환율효과를 추가로 고려해 볼 수 있다. 물가가 하락했을 때 자산의 구매력이 상승하여 소비가 증가하는 효과를 '자산효과'라고 한다. 물가가 하락하면 이전과 동일한 현금으로 더 많은 재화와 서비스를 구입할 수 있기 때문에 소비를 늘릴 수 있는 것이다. '이자율효과'란 경제 전체의 물가가 변할 때 소비자 혹은 기업이 보유한 화폐의 구매력에 영향을 미쳐 소비 및 투자지출이 달라지는 현상이다.
② 물가가 하락하여 화폐의 구매력이 상승하면 현재 보유한 화폐의 양으로 더 많은 소비 및 투자지출이 가능해지므로 차입을 줄이게 되고, 이는 이자율 하락요인으로 작용하여 투자의 증가로 연결된다. 즉, 물가의 하락은 총수요를 증가시킨다.

| 오답피하기 | ① 물가의 하락은 실질임금을 상승시키는데, 이는 노동공급의 증가요인이다. 이는 총공급곡선과 관련 있다.
③ 물가가 하락하면 우리나라 상품의 수출가격이 낮아지고, 이는 수출 증가요인이 된다. 따라서 순수출이 증가한다.
④⑤ 물가가 하락하면 화폐의 구매력이 높아져 소비가 증가한다.

304 정답 ④

| 해설 | 승수는 한계소비성향(MPC)과 관련 있다. 한계소비성향은 추가적인 소득이 발생했을 때 얼마만큼의 비율로 소비를 증가시키는지를 나타낸 개념이다. 한계소비성향이 크다는 것은 추가로 발생한 소득에서 소비로 지출되는 비중이 크다는 것을 의미한다. 따라서 한계소비성향이 클수록 승수효과도 커지게 된다. 이를 바탕으로 승수는 다음과 같이 계산된다.

$$승수 = \frac{1}{1 - 한계소비성향}$$

④ 승수가 3이라면 한계소비성향은 약 $0.66\left(\frac{2}{3}\right)$이다. 정부지출은 30만큼 증가($\Delta G = 30$)한 반면, 독립투자는 10만큼 감소($\Delta I$)하여 실질적으로는 정부지출이 20만큼 증가한 것이므로 정부지출 20의 증가로 인한 균형국민소득의 증가분은 $\Delta Y = \Delta G \times \frac{1}{1 - 한계소비성향} = 20 \times 3 = 60$이 됨을 알 수 있다.

승수효과(Multiplier Effect): 국민소득의 구성요소인 소비(C), 투자(I), 정부지출(G), 순수출(NX)이 증가하여 국민소득이 증가하는 경우 일대일의 관계가 성립하지 않는 경우를 의미한다. 예를 들어, 정부지출의 증가가 발생한 경우 이는 국민소득을 증가시키고, 증가된 국민소득은 다시 소비와 투자를 증가시켜 국민소득이 정부지출의 증가분보다 더 큰 폭으로 증가하는 효과를 의미한다.

305 정답 ①

| 해설 | 디플레이션은 물가가 지속적으로 하락하는 현상을 의미한다. 물가는 총수요와 총공급에 의해 결정되므로 총수요가 하락하거나 총공급이 증가하는 경우 물가 하락이 발생한다.
① 유정은 총수요 측면에서의 물가 하락을 설명하고 있다.

| 오답피하기 | ② 유정은 확대 통화정책을 비롯한 총수요 확장정책을 지지할 것이다.
③④ 현희는 총공급 측면에서 비용 감소요인이 발생하여 총공급이 증가한 것이 물가 하락의 원인이라고 설명하고 있으므로 실질GDP의 증가를 예상하고 있다.
⑤ 스태그플레이션은 실질GDP의 감소와 물가 상승이 동시에 일어나는 현상을 의미한다.

306 정답 ③

| 해설 | ③ 소비나 정부지출과 같은 독립지출의 증가는 총수요를 자극하여 총소득을 증가시키며 다시 소비가 증가하는 승수효과를 기대할 수 있다.

| 오답피하기 | ④ 공급 측면에서 원자재 가격 급등과 같은 부정적인 요인이 발생할 경우, 소득의 증가가 소비로 이어지지 않아 독립지출의 증가로 인한 총소득 상승에도 불구하고 승수효과가 발생하지 않을 수 있다.
⑤ 현실에서 승수효과는 긴 시간을 두고 나타난다. 독립지출이 증가하더라도 소득의 획득과 처분의 연쇄과정이 발생해야 하므로 짧은 시간 내에 이루어질 수 없다.

307 정답 ①

| 해설 | ① 실제GDP가 잠재GDP에 미치지 못하고 있다. 실제GDP가 잠재GDP보다 큰 경우 인플레이션 갭이라고 하고, 그 반대의 경우를 디플레이션 갭이라고 한다. GDP갭이 (+)인 경우 실제 경제활동이 한 경제가 정상적으로 달성할 수 있는 최고 수준을 상회하고 있어 경기가 과열된 상태로 물가가 상승할 가능성이 높으므로 인플레이션 갭이라는 이름을 사용하기도 한다. 디플레이션(⊙) 갭이란 실제GDP가 잠재GDP에 미치지 못하는 현상이다. 이러한 경기침체 상황에서는 물가가 하락하는 디플레이션이 우려된다. 따라서 잠재GDP와 실제GDP의 차이에 해당하는 만큼 유효수요를 증가시키는 확장인 재정정책이 필요하다. 정부지출 증가(ⓒ), 조세 감소(ⓒ) 등의 방법이 대표적이다.

308 정답 ④

| 해설 | ④ 기업의 투자는 경기에 선행하는 경향이 있다. 경기회복이 기대된다면 기업은 투자를 늘리게 될 것이다.

| 오답피하기 | ① 경제 내의 불확실성이 작아야 기업의 투자가 살아난다. 이는 기업 입장에서 투자자금을 아무리 낮은 이자율에 차입할 수 있다고 하더라도 수익을 기대할 수 있어야 투자가 이루어지는데, 높은 불확실성으로 인해 투자에 따른 이득의 발생 여부를 판단할 수 없다면 기업은 투자를 하지 않을 것이다.

②③ 일반적으로 기업들의 투자는 이자율이 낮아야 수월해진다. 기업의 투자는 그 규모가 크기 때문에 투자액의 많은 부분을 차입을 통해 충당하는데, 이자율이 낮지 않으면 차입에 따른 비용이 커지기 때문에 투자를 망설이는 요인으로 작용한다. 따라서 이자율이 충분히 낮아야 기업의 투자가 증가될 수 있다.

⑤ 자본의 한계생산이란 자본을 한 단위 투입함으로 인해 발생하는 생산의 증가분을 의미한다. 자본의 한계생산이 낮을 경우 기업은 투자의 유인이 적어 투자를 망설이게 된다.

309 정답 ②

| 해설 | 소비함수를 알기 위해서는 추가적인 소득 중 얼마를 소비하는지를 알아야 하는데 이러한 정보를 담고 있는 것이 '한계소비성향'이다. 한계소비성향은 국민소득과 소비 간의 관계로 도출이 가능하다. 표를 증가분으로 바꾸면 다음과 같다.

국민소득	2,500	2,600	2,700	2,800	2,900
소비	1,500	1,590	1,680	1,770	1,860
국민소득 증가분(ΔY)	–	100	100	100	100
소비 증가분(ΔC)	0	90	90	90	90

② 소득이 100 늘어날 때마다 소비가 90씩 증가하고 있다. 이는 한계소비성향이 0.9라는 것을 의미한다. '소비함수(C) = 고정소비 + (한계소비성향 × 소득)'이다. 위의 정보를 소비함수에 대입함으로써 $C = \overline{C} + 0.9Y$라는 식을 도출할 수 있고, $\overline{C}$가 −750임을 알 수 있다. 즉, 소비함수 $C = -750 + 0.9Y$이다. 따라서 소비함수의 기울기는 0.90이다. 즉, 한계소비성향이 곧 소비함수의 기울기이다.

| 오답피하기 | ① 폐쇄경제인 A국의 균형국민소득은 '소비 + 투자 + 정부지출'로 계산된다. 균형국민소득을 계산하기 위해서는 소비함수, 투자함수, 정부지출에 대해 파악해야 한다. 하지만 이 경제의 투자와 정부지출은 소득수준과 무관하게 각각 400으로 고정되어 있기 때문에 소비함수만을 도출하면 된다. 균형국민소득 $Y = -750 + 0.9Y + 400 + 400 = 50 + 0.9Y$이므로 균형국민소득($Y$)은 500이다.

③④ 한계저축성향은 1−한계소비성향으로 구해진다. 한계소비성향이 0.90이므로 한계저축성향은 0.10이다.

⑤ 소득이 3,000일 때 소비 $C = -750 + (0.9 \times 3,000) = 1,950$이다.

310 정답 ④

| 해설 | A는 물가 상승과 실질GDP 감소, B는 물가 상승과 실질GDP 증가, C는 물가 하락과 실질GDP 증가, D는 물가 하락과 실질GDP 감소에 해당한다.

④ 기술 발전으로 생산량이 증가할 경우 총공급곡선이 우측으로 이동하므로 균형점은 E에서 C로 이동한다.

| 오답피하기 | ① 실질GDP가 감소하므로 실업률은 상승한다.

② 수요곡선이 좌측으로 이동하므로 E에서 D로 이동한다.

③ E에서 C로 이동할 경우 물가가 하락하므로 물가의 지속적인 상승을 의미하는 인플레이션이 발생하지 않는다.

⑤ 공급곡선이 좌측으로 이동하므로 E에서 A로 이동한다.

311 정답 ①

| 해설 | ① 제시된 내용들은 총수요 증가와 관련 있다. 미국경제가 회복될 경우 미국인들의 소비가 증가하고, 그 과정에서 우리나라 상품들도 소비가 증가될 수 있다. 우리나라 입장에서는 수출의 증가로 인한 순수출 증가요인으로 작용하여 총수요곡선이 우측으로 이동한다. 또한 환율의 상승으로 우리나라 제품이 외국시장에서 가격경쟁력을 확보할 경우 순수출이 증가하여 총수요곡선이 증가한다. 침체된 경기를 부양하기 위한 정부의 노력도 총수요곡선을 우측으로 이동시킨다.

312 정답 ⑤

| 해설 | ⑤ 제시된 자료처럼 소득이 감소하는 이유는 성장의 문제뿐만 아니라 분배의 문제도 있다. 연평균 기업소득의 증가율은 20% 이상 급증한 반면, 가계소득은 감소한 점이 이를 잘 나타낸다.

| 오답피하기 | ① 우리나라는 노후에 대한 불안감과 가계 부채로 인해 소비를 높이지 못하고 있다.

② 가계저축을 처분 가능한 가계소득으로 나눈 가계순저축률이 급락하였다. 이는 소득이 늘어나지 않은 것과 관련 있다.

③④ 저축과 소비가 모두 하락하는 이유는 근본적으로 소득이 늘어나지 않는 데 원인이 있다. 가계 빚이 많고, 복지 체계 강화로 인한 연금 부담 등도 큰 원인이며, 저성장 기간이 길어지면서 경제주체들이 성장에 대한 확신을 잃어버려 실제 성장률이 떨어지는 '저성장 이력효과'와 급속한 고령화도 중요한 원인 중 하나이다. 이는 1990년대 일본을 닮은 모습이다.

313 정답 ⑤

| 해설 | 영호. 실질잔고효과(Wealth Effect)에 대해 이야기하고 있다. 물가수준의 변화는 수요자들이 가지고 있는 부의 가치를 변화시킨다. 특히, 가지고 있는 부의 형태가 저축이나 채권의 형태라면 물가의 상승으로 인한 가치 하락은 매우 직접적으로 영향을 받는다. 물가가 높을수록 소비가 줄어들어 총수요가 감소하게 된다. 우하향의 곡선이 이를 나타냄을 알 수 있다.

경희. 이자율효과에 대해 이야기하고 있다. 물가수준이 상승하면 소비자들은 소비를 위해 더 많은 돈을 필요로 하고, 기업 역시 높아진 물가 상승에 맞게 더 많은 임금을 지급하기 위해서는 더 많은 화폐를 필요로 한다. 따라서 물가수준이 높아지면 화폐수요가 높아지고, 화폐수요가 높아지면 이자율이 상승한다. 한편, 이자율이 상승하면 기업은 투자를 줄이게 된다. 이자율은 기업의 입장에서는 수익률이다. 따라서 수익률이 3%인 상황에서는 수익률 7%를 바라보고 투자를 하지만, 이미 수익률이 10%인 상황에서는 투자를 하지 않는다. 또한 소비자들에게 이자율은 차입의 대가이기 때문에 이자율이 상승하면 차입이 원활하지 않아 새 집이나 새 차를 구입하지 않을 것이다. 이처럼 높은 물가수준은 화폐에 대한 수요를 높이고, 이는 이자율을 상승하게 하여 결국 투자와 소비가 줄어 총수요가 감소하게 된다. 이를 반영하는 것이 우하향의 총수요곡선이다.

재석. 무역수지효과에 대해 이야기하고 있다. 물가가 상승할 경우 우리나라 제품의 가격이 상승하여 수출가격이 오르게 되고 이는 수입품의 상대적 가격 하락으로 이어져 순수출이 작아지게 되어 총수요가 감소한다는 것이다. 따라서 이 효과에 의해서도 총수요곡선은 우하향하게 된다.

314 정답 ③

| 해설 | 로나. 거시경제학에서 등장하는 총공급곡선의 형태는 단기에는 우상향의 모양을 갖는 반면, 장기에는 완전고용산출량 수준에서 수직이다.

완주. 단기 총공급곡선은 우상향하게 된다. 단기에는 생산요소의 가격이 변할 수 없기 때문에 물가수준이 높아질 때 생산량을 늘려 더 많은 이윤을 얻을 수 있기 때문이다. 따라서 단기에 기업들은 완전고용생산 수준 이상으로 생산하여 이윤을 높이고자 한다.

| **오답피하기** | 윤범. 장기 총공급곡선은 잠재GDP 수준에서 수직이다. 잠재 GDP는 한 국가가 보유하고 있는 생산자원을 정상적인 범위에서 최대한으로 활용했을 때의 생산량을 의미한다. 모든 생산요소가 정상적으로 활용되는 상태를 '완전고용'이라고 한다. 잠재GDP를 '완전고용생산량'이라고도 하는데, 이는 모든 생산요소가 정상적으로 활용되는 상태를 '완전고용'이라고 하기 때문이다. 따라서 완전고용생산량의 증가는 장기 총공급곡선의 우측 이동을 의미한다.

315 정답 ⑤

| **해설** | ⑤ 향후 투자에 대해 높은 수익이 예상되는 경우 투자가 증가하여 총수요를 증가시키게 되고, 이는 총수요곡선의 우측 이동으로 나타난다. 이러한 기대수익은 미래의 경기상황에 대한 기대, 새로운 기술의 개발, 세금 등에 의해 영향을 받게 된다. 미래에 경기상황이 좋아질 것으로 기대되는 경우 기대수익이 높아질 것을 예상할 수 있는 근거가 되므로 투자를 늘리게 되고, 새로운 기술의 개발 역시 수익 향상에 기여할 수 있는 요인이므로 투자의 기대수익을 높일 것으로 기대할 수 있는 요인이 된다.

| **오답피하기** | ① 소비에 영향을 미치는 요인은 소비자의 부와 소비자의 기대이다. 소비자 부의 변화는 주식이나 채권, 부동산 등의 자산가치 상승이 대표적인 예이다. 자산가치가 증가하게 되면 저축을 줄이고 소비를 늘리게 된다. 이로 인해 총수요가 증가하고 총수요곡선은 우측으로 이동하게 된다.
② 미래에 소득이 증가할 것으로 소비자의 기대가 형성되는 경우 사람들은 소비지출을 증가시킨다.
③ 투자에 영향을 미치는 요인은 실질이자율과 기대수익이다. 통화량이 증가하면 한 경제의 실질이자율이 하락하게 되고 이는 기업들에게는 차입비용의 감소를 의미하므로 투자가 증가해 총수요곡선이 우측으로 이동한다.
④ 정부지출을 변화시켜 총수요에 영향을 미치는 정책을 '재정정책'이라고 한다.

316 정답 ①

| **해설** | ① 신문기사의 내용은 영국의 금리가 향후 5~10년 안에 5%까지 오를 가능성이 있다고 전망하고 있다. 한 국가의 금리가 오르게 되면 기업과 가계 입장에서는 소비와 투자를 줄이게 된다. 특히, 기업의 입장에서 금리는 투자를 위한 차입자금의 대가이기 때문에 일반적으로 이자율의 상승은 투자를 감소시키는 요인으로 작용한다. 따라서 경제 전체의 총수요가 감소하게 된다. 이러한 총수요의 감소는 총수요곡선을 좌측으로 이동시키기 때문에 물가하락 압력이 발생한다. 한편, 영국의 금리 인상으로 인해 해외의 자본들이 더 높은 수익률을 얻기 위해 영국으로 유입될 것이다. 따라서 해외로부터 영국으로 자본 유입이 증가하게 된다. 이는 영국의 명목환율을 하락시키는 방향으로 작용하여 영국의 수출경쟁력을 악화시키는 방향으로 작용하게 될 것이다.

317 정답 ④

| **해설** | 기준금리의 장기간 동결은 금리 변화에 따른 영향이 명확하지 않은 상황에서 내려지는 결론으로 투자 부진의 원인이라 해석할 수 없다. 금리 인하를 통한 경기부양이 필요한 상황이지만, 가계부채, 외화자본 이탈 등 종합적으로 고려할 때 유지가 가장 좋은 선택일 경우 기준금리 동결을 선택한다.

| **오답피하기** | ① 국내외 경제의 불확실성과 금리 인하의 영향이 전방위적으로 우려될 경우 기준금리 동결 조치를 취하게 된다.
② 2024년 10월 이후 기준금리가 낮아지는 모습을 통해 경기부양 압력이 다른 어떤 요인보다 강해지고 있음을 추론할 수 있다.

③ 기준금리는 글로벌 자본의 입장에서는 수익률이 낮아졌음을 의미하므로, 우리나라 시장을 이탈하게 되고 이는 원달러 환율의 상승으로 이어진다. 명목환율의 상승은 수출상품의 가격경쟁력을 높여 단기적으로 순수출 증가로 인한 경기부양을 기대해볼 수 있다.
⑤ 기준금리는 전적으로 중앙은행의 독립적인 권한이다.

318	①	319	⑤	320	⑤	321	①	322	⑤
323	③	324	④	325	③	326	⑤	327	②
328	①	329	③	330	②	331	③	332	④
333	①	334	⑤	335	④	336	④	337	③
338	④	339	④	340	③	341	①	342	②
343	⑤	344	⑤	345	①				

318 정답 ①

| 해설 | ① 현금통화비율은 전체 통화량 중 민간이 보유한 현금의 비중을 나타낸다. 민간이 현금통화비율을 높일 경우 이는 현금을 보유하는 성향이 높아짐을 의미하므로 시중 통화량은 감소한다.

| 오답피하기 | ② 중앙은행의 본원통화 증가는 시중의 통화 공급 증가로 나타난다.
③ 시중은행이 초과 지급준비금을 낮추는 것은 신용창조 규모를 늘린다는 것을 의미하므로 시중 통화량이 증가한다.
④ 시중은행이 중앙은행으로부터 차입을 늘릴 경우 신용창조 규모의 증가로 이어질 수 있다. 이는 통화량 공급 증가로 나타난다.
⑤ 지급준비율은 예금액 중 반드시 남겨둬야 하는 돈의 비율을 의미한다. 지급준비율을 낮출 경우 이는 신용창조 여력이 커지는 것이므로 통화 공급이 증가한다.

319 정답 ⑤

| 해설 | 고전학파의 화폐수요이론은 화폐수량설이다. 이는 교환방정식으로 표현되며 다음과 같다.

$$MV = PY$$
(M: 통화량, V: 화폐유통속도, P: 물가, Y: 실질GDP)

실질경제성장률이 4%, 통화량증가율이 7%, 화폐유통속도가 일정하므로 변화율은 0%이다. 이를 통해 인플레이션율이 3%임을 알 수 있다.

$$MV = PY \rightarrow \dot{M} + \dot{V} = \dot{P} + \dot{Y}$$
($\dot{M}$: 통화량 변화율, $\dot{V}$: 화폐유통속도 변화율, $\dot{P}$: 인플레이션율, $\dot{Y}$: 실질GDP 증가율)

⑤ 피셔방정식에 따르면 명목이자율은 실질이자율과 인플레이션율의 합계로 정해진다. 실질이자율은 0%, 인플레이션율이 3%이므로 명목이자율은 3%이다.

320 정답 ⑤

| 해설 | ⑤ 화폐중립성은 명목변수가 실질변수에 영향을 미치지 않는다는 것으로, 이는 고전학파의 주장이다. 통화량의 증가는 물가만 상승시킬 뿐 실질GDP 증가에 영향을 미칠 수 없다.

| 오답피하기 | ① 가계 부문의 저축률이 증가할수록 장기적으로는 투자의 증가로 이어진다. 이는 화폐중립성과 배치되는 내용이다.

② 신용카드 사용액의 증가는 실물 부문의 변화를 의미한다.
③ 총소비의 비중 중 내구재 소비 증가는 화폐의 중립성과 관련이 없다.
④ 설비투자는 실물 부문이므로 화폐의 중립성과 관련이 없다.

321 정답 ①

| 해설 | ① 금융시스템이 잘 갖춰진 선진국일수록 통화량 조절을 위해 공개시장조작을 활용한다. 공개시장조작은 원하는 만큼의 통화량 조절이 가능하고, 경제 전체의 통화량 총량에 근본적인 변화 없이 시중 통화량을 조절할 수 있어 경제에 미치는 충격이 작다. 또한 중앙은행이 신속하게 조절할 수 있어 선진국일수록 공개시장조작 정책을 선호한다.

| 오답피하기 | ② 공개시장조작은 중앙은행과 시중은행 간의 호흡이 중요하므로 금융발전 정도가 낮을수록 효과적이지 않다.
③ 재할인율은 시중은행이 중앙은행으로부터 대출할 때 적용받는 이자율을 의미한다. 따라서 재할인율을 인하하면 더 많은 대출이 발생하고, 이는 시중은행의 지급준비금 증가로 이어져 통화공급이 증가한다.
④ 법정지급준비율은 총예금 가운데 인출요구에 대응하기 위해 반드시 남겨둬야 하는 지급준비금의 비율을 의미한다. 예금통화승수는 예금된 돈이 대출 과정을 통해 몇 차례 회전했는지를 의미한다. 즉, 예금을 통해 몇 배에 달하는 신용창조가 발생했는지를 나타낸다. 법정지급준비율의 인상은 대출하지 못하고 반드시 남겨둬야 하는 비율이 높아진 것으로 대출 규모가 축소되었음을 의미하므로 낮은 예금통화승수로 표현된다.
⑤ 공개시장조작은 중앙은행의 판단에 따라 시중은행에 물가안정채권을 사거나 판매하는 방식을 통해 통화량을 조절하므로 기타 규정의 변경이 필요하지 않다.

322 정답 ⑤

| 해설 | ⑤ "물건의 가치가 같은 화폐 단위로 표시되므로 모든 상품 간의 교환 비율을 즉시 알 수 있다."에서 화폐의 가치척도의 기능에 대한 설명임을 알 수 있다.

323 정답 ③

| 해설 | 고전학파의 화폐수요이론은 화폐수량설로 이는 $MV = PY$로 정의된다. 즉, 한 국가의 총생산의 가치(PY)는 그 국가에 존재하는 화폐(M)가 유통한 횟수(V)와 같다는 것이다. 해당 수식을 변화율로 바꾸면 다음과 같다.

$$\dot{M} + \dot{V} = \dot{P} + \dot{Y}$$

③ 실질경제성장률($\dot{Y}$)이 6%, 화폐유통속도증가율($\dot{V}$)이 2%, 물가상승률($\dot{P}$)이 3%이므로 통화증가율은 7%이다($\dot{M} + 2 = 3 + 6 \rightarrow \dot{M} = 7$).

324 정답 ④

| 해설 | ④ 법정지급준비율이 인하되면 시중은행은 대출하지 못하고 남겨두어야 하는 예금액의 비중을 낮춰 신용창조 규모를 늘릴 수 있다. 이는 통화량의 증가요인이다.

| 오답피하기 | ① 재할인율을 인상할 경우 시중은행이 중앙은행으로부터의 대출 규모를 줄여 신용창조 규모가 감소하므로 통화량은 감소한다.

② 통화승수는 본원통화의 몇 배로 신용창조가 발생함을 의미한다. 통화승수의 감소는 시중 통화량이 감소한다는 것을 의미한다.
③ 정부가 국채를 발행할 경우 구축효과가 발생하여 이자가 상승하므로 통화량이 감소할 수 있다.
⑤ 가계의 현금보유비율이 상승할 경우 시중에 유통하는 통화가 감소하므로 통화량이 감소할 수 있다.

325 정답 ③

| 해설 | 가. 중앙은행이 외환을 매입하는 경우 그 대가만큼 화폐발행을 증가시키므로 본원통화가 증가한다.
나. 중앙은행이 통화안정증권을 매입하는 경우 그 대가로 원화를 지급하므로 시중 본원통화가 증가한다.
다. 중앙은행의 시중 대출이 증가할 경우 화폐발행이 증가하므로 본원통화가 증가한다.

| 오답피하기 | 라. 법정 지급준비율의 인하는 신용창조를 일으켜 시중 통화량을 증가시킨다.

326 정답 ⑤

| 해설 | 교환방정식은 통화량의 증가가 물가 상승을 야기한다는 것을 나타내며, 피셔방정식은 명목이자율(i) = 실질이자율(r) + 물가상승률(π)을 나타낸다.
⑤ 교환방정식을 증가율로 변환해서 살펴보면 다음과 같이 표현가능하며, 화폐유통속도는 제도와 관습에 의해 결정되므로 그 증가율이 0%라 할 수 있다. 따라서 물가상승률은 2%이다. 이를 피셔방정식에 활용하면 실질이자율은 6%이다.

> • 교환방정식: $P \times Y = M \times V \Rightarrow \dfrac{\Delta M}{M} + \dfrac{\Delta V}{V} = \dfrac{\Delta P}{P} + \dfrac{\Delta Y}{Y}$
> $\Rightarrow \dfrac{\Delta P}{P} = 2\%$
> • 피셔방정식: $i = r + \pi \Rightarrow 8\% = r + 2\% \Rightarrow r = 6\%$

327 정답 ②

| 해설 | ② 케인스는 사람들이 유동성을 선호하기 때문에 화폐를 수요한다고 주장하였다. 케인스는 유동성을 선호하는 이유를 거래적, 예비적, 투기적 동기로 설명했다. 거래적 동기는 소득을 얻는 시점과 지출시점의 시차를 메우고 소득이 발생하지 않는 시점에도 거래를 하기 위해 화폐를 보유하는 것으로 소득이 커지면 거래규모도 커지기 때문에 소득(㉠)에 의존하고 예비적 동기도 예측하기 어려운 미래를 대비하기 위한 것으로 역시나 소득에 의존한다. 한편, 투기적 동기는 수익성 있는 채권을 구입하기 위해 화폐를 보유한다는 내용으로, 투기적 동기는 이자율(㉡)에 의존하게 된다. 채권의 가격이 저렴할 때 구입하고 비쌀 때 되팔아야 유리하므로 채권의 가격이 낮아질 때까지 일시적으로 화폐를 수요한다. 채권의 가격은 이자율과 역(㉢)의 관계를 갖기 때문에 이자율이 낮을 때 채권가격은 높고(㉢) 채권투자 의욕이 낮은 상황에서 투기적 동기에 따른 화폐수요는 크다(㉣).

328 정답 ①

| 해설 | 화폐의 기능에는 교환의 매개수단, 회계의 단위, 장래지불의 표준, 가치의 저장수단이 있다.
① 교환의 매개수단은 화폐의 근본적인 기능으로, 이는 '유동성(Liquidity)'이라는 속성으로 인해 가능하다.

329 정답 ③

| 해설 | ③ 광의통화는 협의통화보다 더 넓은 의미의 통화지표로 협의통화에 단기 저축성 예금과 시장형 금융상품, 실적배당형 금융상품 등을 합한 개념이다. 유동성이 낮은 2년 이상의 장기 금융상품은 제외된다.

| 오답피하기 | ① 우리나라는 2002년부터 IMF가 발표한 새로운 통화금융통계매뉴얼 기준에 의해 협의통화(M_1)와 광의통화(M_2), 그리고 금융기관유동성(L_f)과 광의유동성(L)의 통화지표를 발표하고 있다.
② 협의통화(M_1)는 화폐의 결제 수단 기능이 중시되는 지표로, 민간보유현금, 예금취급기관의 결제성 예금을 더한 것이다.
④ 광의유동성(L)은 한 나라의 경제가 보유하고 있는 전체 유동성의 크기를 측정하기 위한 지표로, '금융기관유동성(L_f) + 기업 및 정부가 발행하는 기업어음 + 회사채 및 국공채 등의 유가증권'으로 계산된다.
⑤ 협의통화(M_1)에서 멀어질수록 유동성이 상대적으로 작아지는 경향이 있다.

330 정답 ②

| 해설 | ② 초과 지급준비금은 지급준비금을 초과하는 예금, 즉 대출에 활용할 수 있는 금액을 의미한다. 대출에 사용가능한 금액은 3조 원이므로 3조 원으로 대출활동을 시작할 경우 최초 A은행은 얼마의 지급준비금을 남겨놓고 3조 원이 남은 것이므로 3조 원 전액 대출이 가능하다. 이를 대출받은 김씨가 B은행에 3조 원을 예금할 경우 B은행은 15%인 4천 5백억 원을 지급준비금으로 남겨놓고, 2조 5천 5백억 원을 다시 대출에 활용한다. 이를 전액 대출받은 이씨가 C은행에 예금하면 C은행은 다시 15%인 3,825억 원을 남겨두고 2조 1,675억 원을 대출한다. 이런 과정이 반복되다 보면 결국 $\dfrac{3조\ 원}{1-0.85}$ = 20조 원이 된다. 한편, 법정 지급준비율을 20%로 올릴 경우에도 동일한 과정이 반복된다. 다만, 각 은행들이 지급준비금으로 남겨둬야 하는 금액이 커진다. 신용창조과정으로 창출되는 통화는 $\dfrac{3조\ 원}{1-0.8}$ = 15조 원이 된다. 따라서 이 두 경우의 신용창조액의 차이는 5조 원이 된다.

331 정답 ③

| 해설 | ③ 중앙은행이 공개시장에서 국공채를 매입하는 경우 본원통화가 증가하고, 국공채를 매각하는 경우 통화량이 감소한다.

| 오답피하기 | ① 본원통화는 민간이 보유한 화폐와 은행이 보관하고 있는 지급준비금(시재금)과 중앙은행 계좌에 보관하는 지급준비금(중앙은행지급준비예치금)으로 구성된다. 이 중 민간보유 화폐와 시재금을 합쳐 '화폐발행액'이라고 한다. 따라서 본원통화는 '화폐발행액 + 중앙은행지급준비예치금'으로 표현이 가능하다.
② 중앙은행은 공개시장조작, 재할인율, 지급준비율의 수단을 통해 시중통화량을 조절한다.
④ 통화승수는 본원통화의 몇 배로 통화량이 창출되는지를 의미한다.
⑤ 예금액 중 일부는 인출요구에 응하기 위해 남겨 두고 나머지 자금을 신용창조에 활용하는 제도가 지급준비금제도이다.

332 정답 ④

| 해설 | ④ 화폐의 유통속도는 일정 기간 생산물을 거래시키기 위해 화폐가 몇 번 회전해야 하는지를 나타내는 개념이다. 거래관습이나 제도 등에 의해 결정되어 매우 안정적인 값을 갖지만, 그 자체가 항상 고정되어 있는 것은 아니다.

| **오답피하기** | ① 화폐수량설은 '물가(P)×실질국민총생산(Y) = 통화량(M) ×화폐 유통속도(V)'와 같이 주어져 일정 기간의 유효통화량(MV)과 거래량 (Y)과 특정가격(P) 수준 사이의 기계적인 관계를 강조한다.
②⑤ 화폐수량설은 화폐를 교환의 매개수단으로만 본다. 화폐이론 중 가장 오래되고 설득력 있는 이론으로, 피셔의 교환방정식에 의한 수량설로서 전통적인 화폐이론이다.
③ 현금잔고수량설은 화폐를 가치의 저장수단으로 간주한다. 이러한 화폐관 으로 인해 화폐 수량설은 지불에 관한 기계적인 측면만을 중요시하고, 현 금잔고수량설은 자산으로서의 화폐를 중요시한다.

333 정답 ①

| **해설** | 통화승수는 신용창조과정을 거쳐 본원통화의 몇 배 이상으로 통화 가 공급되는지를 나타내는 개념이다. 통화승수는 기본적으로 지급준비율의 역수로 구하며, 구체적으로는 다음과 같다.

$$\frac{1}{c+z(1-c)}$$
(c: 현금선호비율, z: 지급준비율)

현금선호비율이 증가하거나 지급준비율이 증가하는 상황에서 통화승수는 감 소한다.
① 신용카드나 전자화폐와 같이 화폐를 대체하는 수단의 사용이 증가하면 현 금보유성향이 감소하여 통화승수는 증가한다.

| **오답피하기** | ② 은행의 파산위험이 가시화될 경우 사람들은 현금을 은행 에 예치하기보다 현금을 더 많이 보유하려 한다. 따라서 현금보유성향이 높 아지고 이는 통화승수의 감소요인으로 작용한다.
③ 중앙은행의 지급준비율 증가는 통화승수의 감소요인이다. 지급준비율이 높아지면 은행들의 입장에서는 대출에 활용할 수 있는 금액이 감소하는 것이므로 신용창조과정을 거쳐 공급되는 통화량이 줄어들게 될 것이다. 이는 곧 통화승수의 감소를 의미한다.
④ 예금이자율이 하락하는 경우 예금자의 입장에서는 현금 보유의 기회비용 이 낮아진 것이므로, 현금을 은행에 예금하려 하기보다 수중에 보유하려 는 성향이 높아진다. 이러한 성향으로 인해 현금보유성향은 통화승수의 감 소요인으로 작용한다.
⑤ 보통 명절이 다가오면 회사에서도 '설 상여'라는 명목으로 임금을 더 지급 한다. 이는 명절이라는 특수한 상황에는 현금보유성향이 높아지기 때문이 다. 따라서 높아진 현금보유성향은 통화승수의 감소요인으로 작용한다.

334 정답 ⑤

| **해설** | 일반적으로 소득이 증가하면 소비도 함께 증가하기 때문에 거래적 화폐수요도 증가하게 된다. 따라서 거래적 화폐수요와 소득은 양(+)의 관계 에 있다. 또 소득이 증가할수록 화폐를 예비적으로 더 많이 보유할 수 있으 므로 예비적 화폐수요가 높아지는 경향이 있다. 즉, 예비적 화폐수요는 소득 과 양(+)의 관계에 있다. 이자율이 낮아지면 가지고 있던 채권을 팔아 화폐보 유량이 증가하고, 이자율이 높아지면 채권을 구입하게 되어 화폐보유량이 감소한다. 이처럼 투기적 동기에 의한 화폐수요는 이자율과 음(-)의 관계에 있다.
⑤ 케인스에 의하면 화폐수요는 이자율과 음(-)의 관계, 소득과 양(+)의 관계 가 있다.

| **오답피하기** | ① 케인스는 유동성 선호의 이유로 거래적 동기, 예비적 동 기, 투기적 동기를 주장하였다.
② 거래적 화폐수요는 화폐를 교환의 매개로 사용하기 위해 화폐를 수요한 다는 것을 의미한다.
③ 케인스는 가계와 기업이 앞으로 있을지 모르는 지출, 즉 불확실한 미래를

위해서도 화폐를 보유한다고 주장했는데, 이를 예비적 화폐수요라고 한다.
④ 화폐는 금융자산 중 유동성이 가장 높은 반면 수익성이 없고, 채권은 유 동성이 작지만 수익성이 높다. 따라서 투기적 화폐수요는 채권을 구입하 기 위해 화폐를 보유한다는 내용이다.

335 정답 ④

| **해설** | ④ 이자율의 하락은 해외자본의 유입 감소를 초래하여 환율이 상승 (원화가치의 절하)하고 경상수지가 개선된다.

| **오답피하기** | ①⑤ 중앙은행이 기준금리를 인하할 경우 통화량이 증가하고 채권가격이 상승한다. 채권가격과 이자율의 음(-)의 상관관계가 존재하기 때 문이다.
②③ 이자율의 하락은 기업의 투자를 증가시키고, 경제 전체의 소비를 증가 시킨다. 기업의 입장에서 이자율은 투자자금 차입에 대한 대가이므로 이 자율의 하락은 더 적은 금액으로 자금을 차입해 투자할 수 있음을 의미하 기 때문이다. 이로 인해 투자가 상승해 국민소득을 증가시키고, 국민소득 의 증가는 물가의 상승을 야기한다.

336 정답 ④

| **해설** | ④ 화폐유통속도는 화폐보유성향과 밀접한 관련이 있으므로 화폐의 공급보다 화폐의 수요와 더욱 밀접한 관계를 갖는다.

| **오답피하기** | ① 어떠한 이유로 돈이 돌지 않는다면 화폐유통속도는 작아 질 수밖에 없다. 그 이유 가운데 하나는 저금리 기조이다. 금리는 차입을 통 해 투자를 수행하는 입장에서는 차입에 대한 대가를 의미하지만, 다른 한편 으로는 수익률을 의미하기도 한다. 따라서 저금리 기조는 투자를 계획하고 있는 누군가에는 낮은 수익률을 의미하고, 이는 투자를 하기보다는 화폐를 그저 보유하려는 성향을 높이게 된다.
② 금융소득종합과세기준의 하락도 화폐보유성향을 높이는 원인이 될 수 있다. 예를 들어 금융소득종합과세의 기준이 4천만 원에서 2천만 원으로 하향 조정되면, 투자자들은 투자규모를 키우기보다 2천만 원까지만 수익이 발 생하도록 조정하고 나머지는 현금을 보유하려는 성향이 강해진다. 또한, 고액권의 등장은 현금 보유를 더욱 수월하게 해주기 때문에 고액권의 발 행은 화폐유통속도의 감소 원인으로 꼽기도 한다.
③ 고액권 발행 이후 화폐가 점점 제도 밖에서 머물게 되어 고액권 발행을 지하경제 형성의 일등공신이라고 비판하기도 한다.
⑤ 화폐유통속도와 통화승수 모두 화폐보유성향과 밀접한 관련을 맺고 있 다. 즉, 화폐보유성향이 커지면 통화승수도 작아진다.

337 정답 ③

| **해설** | 가. 화폐수량설은 '물가(P)×실질국민생산(Y) = 통화량(M)×화폐 유통속도(V)'이다. 좌변은 명목GDP를 의미하고, 우변은 명목GDP만큼을 거 래하려면 경제 내에 존재하는 통화량이 몇 번 회전해야 하는지를 나타낸다. 따라서 '960조 원 = 1,200조 원×화폐유통속도'이므로 화폐유통속도는 0.8임 을 알 수 있다.
다. GDP디플레이터는 $\frac{\text{명목GDP}}{\text{실질GDP}}×100$으로 구할 수 있다. 명목GDP가 350조 원이고, 실질GDP가 200조 원이면 GDP디플레이터는 $\frac{350조 원}{200조 원}×100=$ 175이다.
라. 화폐발행액이 10조 원이고 지급준비율이 10%인 상황에서 최초에 10조 원을 예금한 A은행은 10%에 해당하는 1조 원을 제외한 9조 원을 대출자 금으로 사용한다. A은행으로부터 9조 원을 대출받은 김씨는 9조 원을 B은행에 예금했다. B은행은 10%를 제외한 8조 1천억 원을 대출자금에

활용한다. B은행으로부터 대출받은 이씨는 8조 1천억 원을 C은행에 예금했다. C은행은 다시 8천 1백억 원을 제외한 7조 2천 9백억 원을 대출자금으로 사용한다. 이러한 과정은 끝날 때까지 계속되는데, 이를 신용창조라고 한다. 신용창조로 인한 총예금창조액은 무한등비급수의 합과 같다. 즉, 무한등비급수의 합$=A \times \dfrac{1}{1-r}$로 계산된다. '10조 원$\times \dfrac{1}{1-0.9}=$100조 원'이 된다.

| 오답피하기 | 나. 통화승수는 신용창조과정을 거쳐 본원통화의 몇 배에 해당하는 통화가 공급되었는지를 나타내는 개념이므로 시중에 존재하는 통화량 중에 본원통화의 비율이 얼마인지를 의미한다. 즉, 무한등비급수의 합$=A \times \dfrac{1}{1-r}$로 계산된다. '10조 원$\times \dfrac{1}{1-0.9}=$100조 원'이 된다. 한편 본원통화는 화폐발행액과 시중은행의 지급준비예치금으로 구성되어 있다. 화폐발행액만 나와 있으므로 본원통화는 최소한 40조 원보다 크다는 것을 알 수 있다. 따라서 통화승수는 20보다 작아질 것이다.

338 정답 ③

| 해설 | 나. '본원통화 = 화폐발행액 + 시중은행의 지급준비예치금'으로 구할 수 있다. 즉, 화폐발행액의 증가도 본원통화를 증가시키는 요인이지만 시중은행의 지급준비예치금도 본원통화를 증가시키는 요인 중 하나이다. 따라서 시중은행의 지급준비예치금이 커진 점도 통화승수의 하락 원인으로 추론할 수 있다.
다. 통화량목표제에서 금리목표제로 변경하는 것은 본원통화의 증가 원인이 될 수 있다. 과거에는 통화량을 기준으로 증가율이 일정 범위에서 벗어나면 화폐발행속도를 늦추는 등의 조치를 취했지만 현재는 기준을 금리로 두고 이에 따라 통화량이 자유롭게 조절될 수 있도록 하기 때문에 화폐발행액이 큰 폭으로 증가하여 통화승수가 하락하는 것이다.

| 오답피하기 | 가. 본원통화 대비 몇 배의 통화창출이 이루어졌는가 하는 것이 통화승수이다. 통화승수의 계산은 '광의통화(M2)/본원통화'에 의해 이루어진다. 따라서 광의통화가 작아져도 통화승수는 작아지고, 본원통화가 커져도 통화승수는 작아진다. 화폐발행액이 최대치라는 중앙은행의 설명을 통해 분모인 본원통화에 통화승수 하락의 원인이 있음을 알 수 있다.
라. 현금선호비율이 커지면 통화승수는 작아지는데, 설 연휴와 같은 명절요인이 존재하는 경우 현금선호비율이 높아져 통화승수가 작아진다.

339 정답 ④

| 해설 | ④ BIS 비율을 높이면 은행권의 대출이 줄어들게 되고 이는 시중의 돈이 감소함을 의미한다. 줄어든 돈을 메울 수 있는 가장 좋은 방법은 국내총생산(GDP)의 증가이다. GDP가 커진다는 것은 기업들이 활동을 많이 해서 돈을 많이 번다는 의미이기 때문이다. 그런데 기업들이 활발히 활동하기 위해서는 투자를 많이 해야 하고, 투자를 하려면 기업들은 은행으로부터 대출을 받아야 한다. 하지만 높아진 BIS 비율은 이 과정을 어렵게 만들 것이다. 따라서 무조건적으로 BIS 자기자본비율을 높이는 것이 좋은 것만은 아니다.

| 오답피하기 | ① 바젤 Ⅲ는 국제결제은행이 2010년 9월 13일 확정한 강화된 은행재무건전성기준을 의미하는 것으로 '자본건전성 규제'와 '유동성 규제'가 주요 핵심 과제이다. 바젤 Ⅲ에 따르면 바젤 Ⅱ와 BIS 비율은 8%로 동일하나, 4% 이상으로 설정된 기본 자기자본비율(Tier 1)을 2013년 4.5%, 2014년 6%까지 높인 바 있다.
⑤ BIS 자기자본비율은 금융기관의 방만한 운영을 방지하는 데 도움을 준다.

340 정답 ③

| 해설 | ㉠ 추경예산 편성으로 인한 국채 발행을 한국은행이 매입하게 되면 본원통화와 통화량이 증가한다.
㉡ 은행들의 건전성 강화를 위한 BIS 자기자본비율을 높이게 되면 대출에 활용가능한 자금들이 줄어들고 이는 대출의 감소로 이어져 신용창조규모가 감소한다. 따라서 경제 전체의 통화량이 감소한다.
㉢ 일반적으로 명절이 가까워지면 기업이나 개인들은 현금수요를 늘리게 된다. 평소와 달리 보너스를 현금으로 지급하기도 하고, 자금 결제 수요도 늘어나기 때문이다. 따라서 각 은행들은 늘어날 수요를 파악해 한국은행에 현금을 요청하게 된다. 이렇게 되면 한국은행은 명절자금이란 이름으로 시중은행 등에 현금을 공급한다. 이렇게 공급된 현금은 늘어난 현금수요를 충당하게 된다.
㉣ 금융위기로 인해 예금자들의 현금인출이 증가할 경우 은행들의 초과 지급준비금이 감소하게 되고, 이는 신용창조의 위축으로 이어져 통화량이 감소하게 된다.

341 정답 ①

| 해설 | 신용창조의 총규모는 통화승수를 본원통화(본원적 예금)에 곱하여 계산한다. 본원통화의 몇 배에 해당하는 통화량이 만들어지는지를 나타내는 개념이 통화승수이고, 이러한 과정이 신용창조이기 때문이다. 본원적 예금 증가분은 100만 원이다. 통화승수는 다음과 같이 구한다.

$$\dfrac{1}{c+z(1-c)}$$
$$(c: \text{현금선호비율}, z: \text{지급준비율})$$

① 현금선호비율의 변화가 없다면 통화승수의 증가분은 $\dfrac{1}{0.05}$로 나타낼 수 있다. 따라서 총예금창조액의 증가는 $\dfrac{1}{0.05} \times 100$만 원$=2,000$만 원이다.
한편 통화량은 현금과 예금의 합으로 계산된다. 재희가 100만 원을 예금하여 시중의 현금은 100만 원이 감소하였지만, 100만 원의 예금으로 인해 총 2,000만 원의 예금이 증가하였으므로 예금 전후의 통화량 증가분은 1,900만 원임을 알 수 있다. 따라서 예금총액의 증가분과 통화량의 증가분의 차이는 100만 원이다.

342 정답 ②

| 해설 | ② 은행이 보유한 고객예금은 1,500조 원이고, 지급준비금은 150조 원이다. 따라서 지급준비율은 $\dfrac{150\text{조 원}}{1,500\text{조 원}} \times 100 = 10\%$이다.

343 정답 ⑤

| 해설 | 총화폐공급이 얼마나 증가하는지를 구하기 위해서는 신용창조규모를 파악해야 하고, 이는 통화승수를 구해야 가능하다. 통화승수는 지급준비율의 역수로 구해진다.
⑤ 지급준비율은 10%로 주어져 있으므로 통화승수는 $\dfrac{1}{0.1}$로 100이다. 중앙은행이 은행에 50조 원을 추가로 대출해 주면 통화량은 본원통화의 증가분에 통화승수를 곱한 것만큼 늘어나게 된다. 따라서 500조 원(=50조 원×10)임을 알 수 있다.

344 정답 ⑤

| 해설 | ⑤ 채권의 가격은 이자율이 낮아지면 비싸지고, 이자율이 높아지면 저렴해진다. 따라서 이자율이 낮아지면 보유한 채권을 팔아 화폐보유량이 증가하고 이자율이 높아지면 채권을 구입하게 되어 화폐보유량이 감소하게 된다. 따라서 이자율이 높은 경우 채권의 수익률이 높기 때문에 채권가격이 상승한다는 설명은 옳지 않다.

| 오답피하기 | ① 거래적 화폐수요는 화폐를 교환의 매개로 사용하기 위해 화폐를 수요하는 것을 의미한다. 일반적으로 소득이 증가하면 소비도 함께 증가하기 때문에 거래적 화폐수요도 증가하게 된다. 따라서 거래적 화폐수요와 소득은 양(+)의 관계를 갖는다. 예비적 화폐수요란 가계와 기업이 앞으로 있을지 모르는 예상하지 못하는 지출을 위해 화폐를 보유하는 것을 의미한다. 일반적으로 소득이 증가할수록 화폐를 예비적으로 더 많이 보유할 수 있으므로 예비적 화폐수요가 증가하는 경향이 있다. 따라서 예비적 화폐수요도 소득과 양(+)의 관계에 있다.
② 이자율이 낮아지면 보유한 채권을 팔아 화폐보유량이 증가하고 이자율이 높아지면 채권을 구입하게 되어 화폐보유량이 감소하게 되므로 투기적 화폐수요는 이자율과 음(−)의 관계에 있다.

345 정답 ①

| 해설 | ① 채권가격 상승률이 최고에 달할 경우 이자율은 최저로 떨어지게 된다. 이렇게 이자율이 최저 수준으로 하락하면 경제 전체적으로 최저 수준의 이자율을 계속해서 유지할 수 없을 거라는 기대감이 형성되어 이자율이 곧 상승할 것으로 예상한다. 따라서 이자율이 상승할 때까지 민간의 경제주체들은 보유자산을 전부 현금의 형태로 보유하려고 한다. 이 경우 중앙은행이 아무리 통화공급을 늘려도 모두 민간이 화폐수요로 보유하게 되므로 시중의 이자율은 변하지 않고 채권가격도 상승(㉠)하지 않는다. 결국 화폐수요량(㉡)만 증가하게 된다. 통화정책은 이자율의 변화로 인해 효과를 발휘하는데, 이자율의 변화가 없으므로 통화정책의 효과가 없게 된다. 이러한 상황을 유동성함정(Liquidity Trap)(㉢)이라고 한다.

346	②	347	①	348	④	349	③	350	①
351	④	352	①	353	④	354	②	355	③
356	⑤	357	②	358	⑤	359	④	360	②
361	②	362	⑤	363	③	364	⑤	365	②
366	⑤	367	⑤	368	⑤	369	④	370	④
371	⑤	372	④	373	⑤	374	④	375	①
376	⑤	377	⑤	378	①	379	③	380	①
381	⑤	382	⑤	383	④	384	②	385	③
386	③								

346 정답 ②

| 해설 | 한계소비성향은 추가적인 소득 1원이 발생했을 때 이 가운데 얼마만큼을 소비에 사용하는지를 나타낸다.
② 한계소비성향이 0.5라는 것은 1원 중 0.5원을 소비에 사용한다는 것을 의미한다. 정부지출 증가가 국민소득에 미치는 크기, 즉 정부지출 승수는 $\frac{1}{1-MPC}$이다. 전체적인 국민소득의 증가분은 $\triangle G \times \frac{1}{1-MPC}$로 결정되고, $MPC=0.5$로 주어져 있으므로 이 값이 200이 되기 위해서는 100만큼의 정부지출 증가($\triangle 100$)가 필요하다.

347 정답 ①

| 해설 | ① 명목임금은 계약임금으로 통화량 증가가 임금 상승으로 이어지지 않으며, 임금이 상승하더라도 이는 기업의 생산비용 증가로 인해 투자의 감소요인으로 작용한다.

| 오답피하기 | ② 통화량 증가로 인한 이자율 하락 그리고 이로 인한 실물부문에서의 투자 증가는 통화정책의 일반적인 경로이다.
③ 통화량 증가로 인한 이자율 하락은 해외자본 입장에서 한국 시장의 수익률 하락을 의미한다. 이는 해외자본의 유출로 이어져 외환공급의 감소를 야기한다. 이로 인해 환율이 상승하고, 해외 시장에서 한국 상품의 가격이 낮아져 수출이 증가하며, 이는 총수요의 증가요인으로 작용한다.
④ 통화량 증가로 야기되는 이자율 하락은 자본차입 비용의 감소를 의미한다. 따라서 부동산 수요가 증가할 수 있으며 이는 부동산 가격의 상승압력요인으로 작용한다. 자산가격의 상승은 소비 증가에 영향을 미쳐 총수요 증가를 자극할 수 있다.
⑤ 통화량 증가로 인한 이자율 하락은 은행 입장에서 대출로 인한 수익이 감소했음을 의미하므로 이는 지급준비금의 증가로 이어진다. 한편, 이자율 하락은 자금 수요자 입장에서는 대출의 기회비용이 감소했음을 의미하므로 소비 및 투자의 증가로 이어져 총수요가 증가할 수 있다.

348 정답 ④

| 해설 | ④ 중앙은행이 국채를 대규모로 매입할 경우 시중의 통화량이 증가한다. 통화량이 증가하면 이자율이 하락하고, 이는 투자 확대로 이어져 총수요가 증가한다. 이에 따라 총수요곡선이 우측으로 이동하여 실질GDP가 증가하고 물가가 상승한다.

349 정답 ③

| 해설 | ③ 통화정책의 수단에는 공개시장조작, 재할인율, 지급준비율 정책이 있다. 공개시장조작은 중앙은행이 물가안정채권을 사거나 판매함으로써 시중 통화량을 조절하는 정책이다. 이자율이 지나치게 높을 경우 시중에 풀린 채권을 매입하여 시중에 통화량을 늘리고, 이자율을 낮춘다.

350 정답 ①

| 해설 | ① 기준금리를 인상할 경우 소비와 투자가 위축되어 물가의 하락압력이 작용한다. 물가의 하락은 통화가치 상승으로 이어져 달러화 가치가 상승한다.

351 정답 ④

| 해설 | 케인스는 1930년대 대공황의 원인을 총수요의 부족으로 진단하면서 정부에 의한 인위적인 총수요 증가를 주장하였다. 케인스는 현실에서는 가격변수의 신축적인 움직임이 발생하지 않기 때문에 '보이지 않는 손'이 작동하지 않는다고 하면서 수요가 공급을 창출한다고 주장하였다.
④ 케인스에 의하면 수요가 부족할 경우 기업들은 생산을 줄이고, 고용을 줄이기 때문에 완전고용이 나타나지 않는다. 이를 위해 정부가 인위적으로 총수요를 증가시켜 고용수준을 높이고, 생산을 늘려야 한다고 주장하였다.

| 오답피하기 | ① 고전학파는 '보이지 않는 손'으로 대표되는 시장의 자기조정메커니즘을 신봉하였다. 따라서 균형에서 벗어나더라도 가격의 신축적인 변화를 통해 균형을 회복하므로 시장은 항상 효율적인 결과를 가져온다고 주장하였다.
② 고전학파의 세계에서 항상 균형을 회복할 수 있는 전제는 가격변수의 신축적인 변화이다.
③ 고전학파는 시장의 자기조정메커니즘을 신뢰하기 때문에 자원배분의 의사결정은 시장에 맡겨 둬야 하며, 정부의 개입은 최소화해야 한다고 주장하였다.
⑤ 통화론자는 무분별한 재정정책보다 준칙에 의한 통화정책이 부작용을 최소화하면서 경기를 부양할 수 있다고 주장하였다.

352 정답 ①

| 해설 | ① 경제주체가 합리적으로 예측하게 되면 정부의 정책은 아무런 효과를 볼 수 없다. 리카도는 경제주체가 합리적으로 예측한다면 오늘날 정부지출의 증가를 통한 경기부양은 결국 미래에 납부해야 할 세금의 증가로 이어진다는 사실을 알고 있기 때문에 현재의 정부지출 증가로 인한 소득 증가에 반응하지 않는다고 설명하였다. 따라서 실물변수에는 아무런 영향이 발생하지 않는다.

| 오답피하기 | ② 케인스는 국채 발행을 통한 가처분소득의 증가가 소비의 증가로 이어져 경기부양에 도움이 된다고 설명하였다.
③④ 통화주의자들은 통화정책의 우월성을 설명하면서 재정정책은 구축효과가 발생하므로 효과가 반감된다고 주장한다. 즉, 정부의 국채 발행이 국채시장에서 공급 증가로 이어지고, 이는 국채가격의 하락과 이자율 상승을 야기하여 투자 감소를 초래한다는 것이다. 즉, 정부지출 증가로 인한 총수요 확대가 투자 감소로 인한 총수요 위축으로 상쇄된다는 것이다.

⑤ 리카도의 대등정리에 따르면 정부지출 수준이 일정할 때 그 조달 방법이 조세이든 국채이든 상관이 없기 때문에 적자재정은 총수요에 아무런 영향을 미치지 못한다.

353 정답 ④

| 해설 | ④ 중앙은행은 경기침체라고 판단될 때 확장적 통화정책을 수행한다. 이는 화폐공급 증가로 인한 이자율 인하로 나타난다. 중앙은행이 화폐공급을 확대하면 화폐의 가격인 이자율이 하락한다. 이는 기업의 부채부담이 완화되는 결과로 이어져 투자가 증가한다. 투자는 총수요의 한 요인으로 투자의 증가는 총수요 증가로 이어져 실질GDP가 증가하고, 이는 국민소득의 증가로 이어진다.

354 정답 ②

| 해설 | 고전학파는 '보이지 않는 손'의 힘을 믿으며, 공급이 수요를 창출한다는 세이의 법칙을 믿는다. 이로 인해 시장은 언제나 균형을 회복하며, 가장 효율적인 자원배분을 달성한다고 설명한다.
가. 고전학파는 무분별한 정부의 개입보다 준칙에 의한 정책을 실시해야 부작용을 최소화하면서 경기를 부양할 수 있다고 주장하였다.
다. 고전학파는 재정정책의 무용함을 주장했다. 재정정책은 문제의 인식부터 정책을 실행하기까지의 내부시차가 길기 때문에 적절한 시기에 처방을 내릴 수 있는 수단이 아니라고 지적하였다.

| 오답피하기 | 나. 소비의 감소는 기업 생산의 감소로 이어져 국가 전체의 소득감소로 이어지고 이는 다시 소비의 감소로 이어지는 악순환이 이어진다. 케인스는 총수요의 감소가 경기침체로 이어진다고 진단하고, 정부에 의한 인위적인 총수요 증가를 처방으로 제시하였다.
라. 정부지출의 증가로 재정적자가 발생할 수 있지만, 승수효과를 통한 경기부양이 가능하기 때문에 정부 개입의 정당성을 확보할 수 있는 수단이다. 재정정책의 효과는 직접적이므로 일단 시행되고 나면 효과를 기대할 수 있다.

355 정답 ③

| 해설 | A국은 기준금리를 인상하는 긴축적 통화정책을 실시하고 있으며, B국과 C국은 지급준비율을 내리고, 국공채 매입을 통해 본원통화 공급량을 늘리는 확장적 통화정책을 수행하고 있다.
나. A국의 경우 긴축적 정책으로 총수요가 감소하여 물가가 하락하고, C국의 경우에는 확장적 정책으로 총수요가 증가하여 물가가 상승한다. 따라서 통화가치는 A국이 C국보다 높다.
다. B국은 지급준비율을 인하하여 신용창조 규모를 늘림으로써, C국은 국공채 매입을 통한 본원통화 공급 증가를 통해 시중 통화량 증가에 기여하고 있다.

| 오답피하기 | 가. A국의 기준금리 인상은 투자 감소를 야기하여 총수요가 감소하는 요인으로 작용한다.
라. 긴축적 정책을 실시하는 A국은 경기가 과열될 조짐이 보이는 상황임을, 확장적 정책을 실시하는 B국은 경기가 침체될 조짐이 보이는 상황임을 추론할 수 있다.

356 정답 ⑤

| 해설 | ⑤ 기준금리와 부채가 지속적으로 증가하고 있다. 한국은행이 기준금리를 인상할 경우 이를 기반으로 은행 간 거래 시 적용되는 금리 등이 결정되기 때문에 기준금리가 인상된 상황에서 시장에서 결정되는 코픽스 금리가 내려가기는 어렵다.

| 오답피하기 | ① 기준금리를 인상하면 대출금리가 상승하여 대출자의 부담이 증가할 것이다.
② 기준금리 인상은 소비와 투자에 부정적 영향을 미치기 때문에 경기선행지수는 지속적으로 악화될 것이다.
③ 정부 부채가 지속적으로 높아지고, 1인당 감당해야 할 부채는 커질 수 있다.
④ 가처분소득은 실질적으로 사용할 수 있는 소득을 의미한다. 부채가 증가할 경우 가처분소득이 줄어들 수 있다.

357 정답 ②

| 해설 | 한국은행 통화신용정책보고서에 따르면 현재 경기는 총수요 둔화가 나타나고 있어 기준금리 인하를 통한 총수요 증가가 필요한 시점이라고 설명하고 있다.
② 기준금리를 낮추면 외화의 수요가 증가하여 환율이 상승하게 되고, 이는 원화의 가치가 낮아졌음을 의미한다.

| 오답피하기 | ① 총수요 측면에서의 물가 상승 압력이 낮은 수준이므로 이는 소비와 투자가 둔화되고 있음을 나타낸다.
③ 부의 효과란 물가 상승으로 화폐의 구매력이 낮아져 소비가 둔화되고, 그 결과 실질GDP가 하락하는 현상을 의미한다. 부의 효과는 이자율효과와 함께 총수요곡선이 우하향하는 이유를 설명하는 개념이다.
④ 총수요가 부족한 상황이므로 중앙은행은 확장적 통화정책을, 정부는 확장적 재정정책을 실시할 가능성이 높다.
⑤ 경제주체들이 미래를 불투명하게 전망하거나 부정적으로 전망한다면 유동성 함정에 빠져 확장적 통화정책의 효과가 크지 않을 수 있다.

358 정답 ⑤

| 해설 | ⑤ 구축효과는 재정지출 증가를 위한 국채 발행이 국채시장에서 공급 증가로 작용하고, 이로 인한 국채 가격의 하락이 이자율 상승을 견인하여 민간투자가 감소하는 현상을 의미한다.

| 오답피하기 | ① 승수효과에 대한 설명이다.
② 재정확대와 총수요의 증가는 실질GDP를 증가시켜 실업을 감소시키지만, 구축효과와 관련 없다.
③ 재정지출의 확대가 경제주체들의 자유로운 경쟁을 감소시킨다는 것을 의미하지 않는다.
④ 구축효과는 재정지출의 재원을 국채 발행으로 충당했을 경우 발생하는 현상으로, 금융정책과의 동시 사용으로 인한 결과가 아니다.

359 정답 ④

| 해설 | ④ 유동성 함정은 '돈맥경화'라고 불릴 만큼 시중 화폐 유동성이 높아도 소비나 투자, 즉 총수요로 연결되지 않는 현상이다. 따라서 물가 상승 압력과 무관하다.

| 오답피하기 | ① 이자율이 내려갈 수 있는 한도는 0%이다. 중앙은행이 통화량을 늘려도 이자율이 더는 내려가지 않으므로 통화정책의 효과가 나타나지 않는다.
② 유동성 함정 상황에서는 정부지출 증가를 위한 재원을 국채 발행을 통해 마련하더라도 이미 통화정책으로 인해 채권시장이 극심한 초과 공급 상황이므로 재정정책이 추가적인 영향을 발생시키지 않는다. 즉, 재정정책으로 인한 초과 공급이 추가적인 채권가격 하락에 미치는 영향은 매우 미미하다. 이로 인해 이자율 상승으로 인한 구축효과가 발생하지 않아 재정정책의 효과가 극대화된다.

③ 이자율이 0%에 이를 경우 화폐수요가 극대화된다. 케인스의 유동성 선호설에 따르면 투기적 동기에 의한 화폐수요는 이자율에 반비례하기 때문에 이자율이 낮은 수준에서는 화폐수요가 높아진다. 따라서 화폐수요가 이자율에 무한탄력적이다. 이는 조금만 이자율이 올라도 화폐수요가 감소한다는 것을 의미한다.

⑤ 케인스는 1930년대 대공황 시기에 이자율이 0%에 도달했음에도 소비와 투자가 증가하지 않는 현상을 보고 사람들은 유동성을 선호하기 때문에 화폐를 수요한다고 주장하였으며, 이 가운데 투기적 동기에 의한 유동성 선호가 이자율과 화폐수요 간의 관계를 결정한다고 주장하였다.

관련 개념 짚어보기

> 유동성 함정: 향후 경제에 대해 극도로 부정적인 예측이 존재하는 경우 이자율을 아무리 낮춰도 소비와 투자 증가로 이어지지 않는 현상을 의미한다.

360 정답 ②

| 해설 | 소비자물가지수가 지속적으로 상승하고 있으므로 물가 상승을 억제하기 위해 통화량 감소를 통한 이자율 상승 및 투자 감소를 통한 긴축적인 총수요 정책이 필요하다.

② 중앙은행이 국채를 매각하면 시중은행은 그 대가로 화폐를 지급하므로 시중 통화량이 감소하여 이자율 상승, 투자 감소, 총수요 감소로 인한 물가 하락이 나타난다.

| 오답피하기 | ① 시중은행의 법정지급준비율 인하는 신용창조 규모 확대를 통해 이자율 하락, 투자 증대, 총수요 확대로 이어져 물가가 상승할 수 있다.
③ 중앙은행이 외환시장에서의 외환을 매입하면 그 대가로 화폐를 지급하므로 시중 통화량이 증가하고 이는 이자율 감소, 투자 증가, 총수요 확대로 이어져 물가가 상승할 수 있다.
④ 5만 원짜리 신권 발행량이 늘어날 경우 수요가 증가하여 물가가 상승할 수 있다.
⑤ 중앙은행이 재할인율을 인하할 경우 신용창조 규모가 늘어나 이자율 하락, 투자 증가, 총수요 확대를 통한 물가 상승이 나타날 수 있다.

361 정답 ②

| 해설 | 중앙은행이 기준금리를 최저수준으로 낮췄다는 의미는 명목금리가 0%에 수렴했음을 의미한다.

가. 이자율은 돈의 가격이다. 이자율이 낮아지면 돈의 공급에 해당하는 저축은 감소하고, 수요에 해당하는 투자는 증가한다.
나. 투자는 이자율과 음(-)의 상관관계를 갖는다. 이자율이 감소하면 투자가 증가하고, 이자율이 증가하면 투자는 감소한다.

| 오답피하기 | 다. 이자율은 글로벌 투자자금의 입장에서는 수익률이다. 이자율이 낮아졌다면 이는 수익률의 저하로 인식하여 글로벌 자금은 국내를 이탈한다.

362 정답 ⑤

| 해설 | ⑤ 기업의 법인세 인하는 세율을 통한 재정정책이다. 법인세를 인하할 경우 기업의 투자여력이 증가하여 총수요가 증가할 수 있다.

| 오답피하기 | ① 통화정책 중 공개시장조작에 해당한다. 중앙은행이 시중에서 국채를 매입하면 시중 통화량이 증가하여 이자율이 낮아지고, 투자가 증가하여 총수요가 증가한다.
②③ 기준금리 인하는 통화정책에 해당한다.

④ 통화정책 중 지급준비율 정책에 해당한다. 총예금액 가운데 대출에 사용하지 못하고 남겨둬야 하는 금액의 비율인 지급준비율을 낮출 경우 이전보다 더 많은 금액을 신용창조에 사용할 수 있으므로 통화량이 증가하여 이자율이 낮아지고, 이는 투자 증가로 이어져 총수요가 증가한다.

363 정답 ③

| 해설 | 나. 이자율의 상승은 투자와 소비의 감소를 야기하고 이는 총수요의 감소와 총생산의 감소로 이어지므로 경제성장률 둔화가 나타날 수 있다.
다. 이자율의 상승은 중앙은행의 통화공급 감소를 의미한다. 즉, 통화증가율이 하락한다.
마. 이자율의 상승은 수익률이 높아졌음을 의미하므로 외환시장에서 외환공급의 증가요인이 된다. 따라서 해외자본의 유입요인이 된다.

| 오답피하기 | 가. 이자율과 채권가격은 음(-)의 상관관계를 갖는다. 이자율이 상승하면 채권가격은 낮아진다.
라. 이자율의 상승은 자금차입의 기회비용 증가를 의미하고, 이는 대출수요 감소로 이어져 자산수요를 위축시키고, 이는 자산가격의 하락으로 나타난다.
바. 이자율의 상승으로 인한 해외자본의 유입은 외환시장에서 외환공급의 증가로 인한 환율의 하락을 야기한다. 이는 해외시장에서 자국 상품의 가격이 높아졌음을 의미하므로 수출의 감소요인이 된다.

364 정답 ⑤

| 해설 | 인플레이션이 발생하는 원인으로는 총수요곡선이 우측으로 이동하거나 총공급곡선이 좌측으로 이동하는 경우를 들 수 있다. 전자를 수요견인 인플레이션, 후자를 비용인상 인플레이션이라고 한다.
⑤ 수요 측면에서의 물가 상승 압력은 총수요의 증가로 총수요곡선이 우측으로 이동하는 경우 발생한다. 물가 상승과 경기침체가 동시에 나타나는 스태그플레이션은 총공급곡선이 좌측으로 이동하는 비용인상 인플레이션이 발생할 때 나타날 수 있다.

| 오답피하기 | ① 2019년 2월 기준 한국은행 기준금리는 1.75%이며, 참고로 2022년 2월 기준 한국은행 기준금리는 1.25%이다.
② 미국의 무역확장법 232조는 미국의 통상 안보를 해친다고 판단할 경우 수입량을 제한하고 고율 관세 부과 등을 취할 수 있도록 규정한 법이다.
③ 근원인플레이션율은 원자재와 농산물과 같이 국외요인으로 불규칙성이 큰 요인을 제외하고 물가를 산정한 지수를 의미한다. 국외적 요인을 제외하고 물가 상승을 살펴볼 수 있다.
④ 금융통화위원회는 한국은행 총재를 포함한 7명의 위원으로 구성되며, 매파와 비둘기파로 나뉘어져 경제상황을 인식하고 이에 대한 처방을 통화량과 금리를 통해 내리는 주체이다.

365 정답 ②

| 해설 | 제시된 자료는 경기가 침체된 상황으로 정부의 개입을 통한 경기부양, 즉 총수요확장정책이 요구된다.
가. 재할인율 인하는 시중은행이 중앙은행으로부터 차입을 늘릴 수 있는 요인이 된다. 따라서 신용창조 규모가 확대되고 이는 통화량 증가로 이어져 이자율이 하락하고 투자의 증가요인이 된다. 즉, 재할인율 인하를 통해 총수요 확대가 가능하다.
다. 규제 샌드박스 도입을 통해 제도의 한계로 어려웠던 새로운 시도가 가능해진다. 이는 새로운 수요를 창출할 수 있음을 의미하고, 투자의 증가요인으로 작용할 수 있으므로 총수요 증가에 영향을 미칠 수 있다.
마. 투자 세액공제 비율은 투자에 대해 일정 비율 세금을 줄여주는 제도이다. 투자 세액공제 비율의 상향은 더 많은 투자를 불러일으키는 인센티브가 될 수 있다.

| 오답피하기 | 나. 법인세 인상은 기업의 생산비용 증가요인으로 투자의 감소요인이다. 투자 감소는 총수요의 감소로 이어진다.
라. 국공채를 매각할 경우 시중에 통화량이 감소하고 이는 이자율의 상승을 야기하므로 투자의 감소요인이 된다.

366 정답 ⑤

| 해설 | 양적완화는 정부가 발생한 국채를 중앙은행이 매입하는 방식으로 시중 유동성을 확대하는 방안이다. 미국에서 양적완화가 중단될 경우 미국 시장에서 이자율이 높아질 수 있다. 미국의 이자율이 높아질 경우 글로벌 자본이 높은 수익을 쫓아 미국시장으로 이전할 수 있다.
⑤ 외환자본이 우리나라 시장을 떠날 경우 우리나라의 외환보유고 감소로 이어져 자국 통화정책의 안정성이 낮아질 수 있다.

| 오답피하기 | ① 외환자본이 우리나라를 떠날 경우 우리나라 주가가 하락할 수 있다.
② 외환자본이 국내채권 수요를 줄일 경우 채권가격이 하락하여 이자율이 상승할 수 있다. 이는 국내 경기의 위축요인이 된다.
③ 미국의 이자율 상승은 곧 미국 시장의 수익률 상승을 의미하므로 국내에 있던 자본이 미국시장으로 빠져나갈 수 있다.
④ 외환시장에서 외환공급 감소는 환율 상승요인으로 작용한다. 이는 해외 시장에서 우리나라 상품 가격의 하락으로 이어져 수출이 증가할 수 있다.

367 정답 ④

| 해설 | 나. 변동금리는 기준금리가 달라지면 적용되는 이자율이 달라지는 금리를 의미한다. 변동금리로 대출한 기존 대출자들의 이자부담은 10월 이후 증가할 수 있다.
라. 가계대출 연체율이 상승하고 있는 것으로 보아 원금과 이자의 상환이 잘 이루어지고 있지 않음을 알 수 있다. 이에 따라 금융회사의 건전성이 악화될 수 있다.

| 오답피하기 | 가. 가처분소득을 상회하는 부채 수준으로 인해 가처분소득 전부를 부채 상환에 활용하더라도 모두 갚는 것은 불가능하다.
다. 신용카드나 할부 판매 이용액은 판매신용으로 가계부채에 포함된다.

368 정답 ③

| 해설 | 가다라. 경기 호황 시 경기과열을 막기 위해 정부와 통화당국은 긴축적인 정책을 사용해야 한다. 따라서 정부는 법인세와 소득세의 최고세율을 인상해야 한다. 반면, 통화당국은 통화안정증권을 매각하고 지급준비율을 인상해야 한다.

| 오답피하기 | 나마. 정부는 경기과열을 막기 위해 부가가치세를 인상하는 정책을 검토해야 한다. 통화당국이 경기과열을 막기 위한 목표를 세웠다면 지급준비율을 인상하는 정책을 검토해야 한다.

369 정답 ②

| 해설 | ② 경기가 침체되어 있는 경우 정부는 경기부양을 하기 위해 확장적 재정정책을 사용한다. 확장적 재정정책은 적자재정을 확대한다는 의미이며, 추가경정예산을 편성하여 재정정책을 확대시킬 수 있다. 통화당국은 경기부양을 위해 기준금리를 인하시킨다. 금리를 인하시키기 위해 공개시장에서 채권 매입을 통해 통화량을 증가시키는 방법을 사용하거나 재할인율을 인하시키는 방법을 사용한다.

| 오답피하기 | ①③ 흑자재정 확대와 긴축적 재정정책 실시는 경기 부양책이 아닌 경기 과열을 조절하는 정책이다.
④ 재할인율 인상과 채권의 매각은 긴축적 통화정책이다. 재할인율의 인상은 신용창조 규모의 감소로 시중 통화량 규모가 축소되고 이는 이자율의 상승으로 이어진다.
⑤ 채권의 매각은 시중 통화량을 흡수하는 정책이므로 이자율이 상승한다.

370 정답 ④

| 해설 | 총수요곡선은 소비, 투자, 정부지출, 순수출에 영향을 미치는 요인에 의해 이동한다. 총수요는 소비와 투자, 정부지출 그리고 순수출($Y^d = C + I + G + NX$)로 구성되기 때문이다. 특히 정부지출(G)의 변화를 야기하여 총수요곡선을 이동시키는 정책을 재정정책이라고 하고, 통화량과 이자율의 변화로 투자지출(I)의 변화를 유도하여 총수요곡선을 이동시키는 정책을 통화정책이라고 한다.
④ 확장적 통화정책은 통화공급을 증가시켜 이자율을 낮추는 정책을 의미한다. 이자율의 감소는 기업들에게는 투자를 위한 차입비용의 감소를 의미하므로 기업투자의 증가로 이어져 총수요곡선의 우측 이동요인으로 작용한다.

| 오답피하기 | ① 조세수입은 정부지출과 관련된 내용이다. 정부지출의 재원이 곧 세금이기 때문이다. 따라서 조세수입의 감소는 정부지출 재원의 감소를 의미하고 이는 저소득층에 지급되던 보조금의 감소와 같은 결과를 초래한다. 이는 정부지출의 감소를 의미하기 때문에 총수요곡선의 좌측 이동요인이 된다.
② 환경 관련 세금의 증가는 기업의 입장에서 투자자금의 감소와 같다. 세금의 증가는 기업들의 여유자금 감소와 같은 의미이기 때문이다. 따라서 환경 관련 세금의 증가는 기업의 투자를 감소시키고 이는 총수요곡선의 좌측 이동으로 나타난다.
③ 세금은 개인들에게도 영향을 미친다. 세금 증가는 소비에 활용할 수 있는 소득, 즉 가처분소득의 감소를 의미한다. 소득의 감소는 소비의 감소를 야기하고 이는 총수요곡선의 좌측 이동으로 나타난다.
⑤ 글로벌 금융위기 이후 기업들의 재무 및 수익상황의 악화는 채용규모의 감소로 이어졌다. 이는 기업들이 소비와 투자에 소극적임을 의미한다. 따라서 총수요곡선의 좌측 이동요인으로 작용하게 된다.

371 정답 ⑤

| 해설 | 나. 조세의 증가는 가계의 입장에서는 가처분소득의 감소요인이다. 가처분소득의 감소는 소비의 감소로 이어진다. 따라서 총수요곡선의 좌측 이동요인이 된다.
다마. 이자율의 상승은 기업의 입장에서는 투자를 위한 차입비용의 증가를 의미한다. 따라서 이자율의 상승은 기업들의 차입비용 증가를 의미하고 이는 기업들이 투자에 대해 소극적으로 반응할 수밖에 없음을 의미한다. 따라서 총수요곡선의 좌측 이동요인이 된다.

| 오답피하기 | 가. 가계의 한계소비성향이 상승할 경우 소득의 증가분 중에 저축보다 소비가 차지하는 비중이 높아지기 때문에 소비가 증가한다. 소비의 증가는 총수요곡선의 우측 이동요인이다.
라. 물가는 총수요곡선의 이동과 무관한 개념이다. 물가는 총수요곡선상의 이동요인이고, 물가 이외에 총수요를 구성하는 요소들(소비, 투자, 정부지출, 순수출)에 영향을 미치는 요인들은 총수요곡선의 이동요인이 된다.

372 정답 ②

I 해설 I 구축효과란 정부지출(G)의 증가를 통한 확장적 재정정책의 결과 실질이자율이 상승하여 민간투자가 감소하고, 이로 인해 최초의 총수요 증가분의 일부가 상쇄되는 현상을 의미한다.
② 국채 발행을 통해 재정부족분을 마련할 경우 국채시장에서는 국채의 공급이 증가하게 된다. 국채의 공급은 수요 공급 원리에 의해 국채가격을 낮추는 방향으로 작용한다. 채권의 가격과 이자율은 반대 방향으로 움직인다. 따라서 국채가격의 하락은 이자율을 증가시킨다. 이자율의 증가는 민간기업의 입장에서는 투자에 필요한 자금을 차입하는 비용의 증가를 의미한다. 따라서 민간투자가 감소하여 확장적 재정정책의 효과가 일부 구축되는 현상이 발생한다.

I 오답피하기 I ③ 적자국채의 발행으로 인해 이자율 상승(구축효과)이 발생할 수 있다.
⑤ 구축효과는 이론상의 내용이 아니며 실제 자주 관찰할 수 있는 현상이다.

373 정답 ⑤

I 해설 I 정민. 국고채 발행은 정부가 필요한 지출경비를 충당하기 위해 국내외 경제주체에게 채권을 발행하여 자금을 확보하는 방법이다. 따라서 재정지출이 늘어나고 있음을 유추해 낼 수 있다.
지혜. 국채는 현재 세대가 아닌 미래 세대의 부담이 된다. 국채는 만기가 돌아오는 시점에 빚을 갚는 개념이기 때문에 현재 세대는 국채 발행의 이점을 누리는 한편 미래 세대는 현재 세대의 빚을 갚아야 한다. 어느 정도의 국채 발행을 피할 수는 없지만, 과도한 국채 발행은 미래세대에게 부담을 전가하게 된다.
대경. 조세징수의 증가는 어떤 정권의 정부라 하더라도 피하고 싶은 수단이다. 국민들은 증세에 대해 매우 민감하게 반응할 뿐만 아니라 이는 정치적인 저항으로 쉽게 옮겨가기 때문이다. 따라서 국채 발행을 통해 재정지출 재원을 확보하고자 한다. 하지만 이러한 국채 발행의 증가는 문제점을 내포한다. 우선 이자율의 상승을 야기한다. 국채 발행의 증가는 채권시장에서 공급 증가로 이어지고 이는 채권가격의 하락으로 연결된다. 채권가격의 하락은 이자율의 상승을 야기하고, 이자율의 상승은 가계와 기업에는 자금 차입비용의 증가이기 때문에 부담이 커져 소비와 투자를 줄이게 된다.
홍민. 유럽국가들의 사례에서 알 수 있듯이 재정위기는 오랫동안 누적된 재정적자와 대규모 국채 발행에 의한 과도한 국가채무에 그 원인이 있다. 따라서 너무 늦지 않은 시점에 증세와 함께 재정지출을 줄이기 위한 노력을 기울여야 한다.

374 정답 ④

I 해설 I 재할인율 인하는 확장적 통화정책, 국채의 매각은 긴축적 통화정책, 세율 인하는 확장적 재정정책이다.
④ 재할인율은 일반은행이 중앙은행으로부터 직접 대출할 경우에 적용되는 금리이므로, 이를 낮추면 대출이 활발해질 수 있어 확장적 통화정책으로 기능한다.

I 오답피하기 I ② 국채 매각은 공개시장조작으로, 시중의 통화를 흡수하는 긴축적 통화정책이다. 세율의 인하는 가처분소득의 증가와 투자 여력을 높이므로 확장적 재정정책이다.

375 정답 ①

I 해설 I 정부는 경기가 침체되어 있다고 판단될 때 확장적 재정정책을 통해 경기를 부양시킬 수 있다. 한편, 확장적 재정정책은 총수요곡선을 오른쪽으로 이동시켜 경제 전체의 총수요를 증가시킨다. 이때 총수요의 크기는 정부지출액만큼 증가하는 것이 아니라 이보다 크게 증가하는데, 이를 '승수효과'라고 한다. 승수효과가 클수록 정부지출 증가의 효과가 커진다. 승수효과의 크기는 한계소비성향과 관계가 있다. 정부가 지출을 증가시켜도 이것이 가계에 흘러들어가 소비의 증가로 연결되지 않는다면 총수요는 증가하지 않기 때문이다(한계소비성향은 추가적으로 소득이 증가했을 때 이 중 얼마만큼을 소비로 활용하는지를 나타내는 개념이다). 구체적으로 승수는 $\frac{1}{1-\text{한계소비성향}}$ 로 구한다. 소득 중에 소비되고 남은 것은 저축이라고 한다. 따라서 소득은 소비와 저축으로 구성된다. 승수를 구하는 식의 분모(1 − 한계소비성향)는 한계저축성향이라고 할 수 있다. 따라서 한계저축성향이 낮을수록 승수는 커져 정부지출의 효과가 커진다. 한계저축성향을 낮은 순서대로 나열해 보면 가 > 나 > 다이다. 구체적으로 정부지출은 각각 다음과 같이 증가한다.

가. $\frac{1}{1-\text{한계소비성향}} \times 500$억 원 $= \frac{1}{1-0.6} \times 500$억 원 $= 1,250$억 원

나. $\frac{1}{1-\text{한계소비성향}} \times 500$억 원 $= \frac{1}{1-0.3} \times 500$억 원 $=$ 약 714억 원

다. $\frac{1}{\text{한계저축성향}} \times 500$억 원 $= \frac{1}{0.8} \times 500$억 원 $= 625$억 원

376 정답 ⑤

I 해설 I ⑤ GDP갭은 잠재GDP와 실제GDP 간의 차이를 의미한다. 다른 모든 조건이 일정할 경우 이자율의 상승은 투자의 감소를 야기하여 총수요를 위축시킨다. 이는 GDP의 감소로 이어지므로, 잠재GDP와 실제GDP 간의 간극이 줄어든다. 즉, GDP갭이 감소하여 물가 하락 압력이 발생한다.

I 오답피하기 I ①② 기준금리 인상은 기업의 입장에서는 투자 규모의 축소 요인이다. 금리란 투자의 기회비용이기 때문이다. 즉, 금리 인상은 자금차입에 대한 비용의 증가이기 때문에 투자를 줄이게 된다. 이로 인해 은행의 대출 규모는 감소한다.
③ 채권의 가격과 이자율은 반대 방향으로 움직인다. 이자율이 상승하면 채권의 가격은 하락한다.
④ 화폐는 유동성이 큰 반면 수익성이 존재하지 않는다. 따라서 화폐를 보유한다는 것은 화폐를 투자하여 얻을 수 있는 수익을 포기한다는 것을 의미한다. 저축의 경우도 이자율은 저축으로 인한 이득이다. 즉, 이자율은 화폐보유에 따른 기회비용이 된다. 따라서 이자율의 상승은 화폐수요의 기회비용의 증가이므로 화폐수요가 감소한다.

377 정답 ⑤

I 해설 I 셰일가스는 그 가격이 저렴할 뿐만 아니라 석유를 대체할 수 있는 자원으로 각광을 받고 있다. 이는 기업들의 입장에서는 생산비용을 획기적으로 낮출 수 있는 요인이다. 따라서 경제 전체적으로는 생산이 증가하여 총공급곡선은 우측으로 이동하고 실질GDP는 증가한다. 이러한 긍정적인 상황에도 불구하고 국민소득이 감소하는 경우가 발생한다면 이는 중앙은행이 이자율을 상승시키는 경우를 고려해 볼 수 있다.
⑤ 중앙은행이 이자율을 높일 경우 기업들의 입장에서는 투자에 사용하기 위한 자금 차입의 대가가 상승하는 것이고 이는 투자를 줄이는 방향으로 의사결정을 하게 된다. 이렇게 되면 총수요가 감소하고 이는 총수요곡선의 좌측 이동으로 나타난다. 총수요곡선의 좌측 이동폭이 총공급곡선의 우측 이동폭보다 크다면 국민소득은 감소한다.

| 오답피하기 | ①②③ 총수요곡선의 우측 이동요인이다.
④ 총공급곡선의 우측 이동요인이다.

378 정답 ①

| 해설 | 통화정책의 주요 수단으로는 공개시장조작 정책, 지급준비율 정책, 재할인율 정책이 있다.
① 가계가 현금보유를 줄이게 되면 예금이 늘어나게 되고 이는 은행의 신용 창조가 늘어나게 됨을 의미한다. 따라서 이는 통화량 증가의 요인이 된다.

| 오답피하기 | ② 재할인율은 시중은행이 중앙은행에서 대출받을 때 적용받는 이자율을 의미한다. 재할인율이 인상될 경우 실질이자율이 높아져 경제전체의 통화량이 감소한다. 재할인율이 인상되면 시중은행이 중앙은행으로부터 차입할 때의 비용이 높아지기 때문에 시중은행은 차입을 줄이기 위해 노력한다. 결국 각 은행들의 초과 지불준비금이 감소해 대출여력이 줄어들어 경제 전체의 통화량이 감소한다.
③ 법정 지급준비율은 은행들이 의무적으로 예금액 중 일부를 보유해야 하는 비율을 의미한다. 이때 의무적으로 보유해야 하는 금액을 '지급준비금'이라고 한다. 그리고 예금액 중 지급준비금을 제외한 금액을 '초과 지급준비금'이라고 한다. 예를 들어 지급준비율이 20%라면 고객들이 은행에 예금한 금액 10억 원 중 2억 원은 의무적으로 보유해야 하는 지급준비금이 되고, 나머지 8억 원은 초과 지급준비금으로 고객들에게 대출할 수 있는 금액이 된다. 따라서 지급준비율을 30%로 올린다면 지급준비금은 3억 원이 되고 초과 지급준비금은 8억 원에서 7억 원으로 감소한다. 결국 시중은행들의 대출여력이 감소하고, 이는 경제 전체의 통화량이 감소하여 실질이자율을 상승시키는 결과를 낳는다.
④ 공개시장조작 정책은 중앙은행이 직접 채권시장에 참가하여 금융기관을 상대로 채권을 매입하거나 매각하여 통화량을 조절하는 통화정책수단을 의미한다. 공개시장에서 채권을 매도하게 되면 실질이자율이 높아진다. 중앙은행이 시중의 금융기관을 상대로 채권을 매각하는 경우 금융기관으로부터 그 대가로 화폐를 지급받게 된다. 따라서 시중의 금융기관들이 보유하는 화폐는 그만큼 감소하는데, 이로 인해 경제 전체의 통화량은 감소하게 된다.

379 정답 ③

| 해설 | 해두. 제시된 자료는 모두 경제성장 전망을 당초보다 낮게 평가하고 있으며, 소비자물가상승률 전망치도 4월보다 하락했음을 알 수 있다. 이러한 정보를 종합해 볼 때, 중앙은행과 정부는 각각 확장적 정책을 활용하여 경기를 부양했을 것이라는 점을 예상해 볼 수 있다.
소진. 중앙은행은 확장적 통화정책을 시행할 것이다. 금리를 낮춤으로써 투자 증가를 유도하여 경기를 부양시키려는 계획을 세울 수 있다.
재중. 국외의 요인도 고려 대상이다. 미국이 양적 완화를 중단한다면, 미국 경제의 이자율 상승이 예상된다. 미국 경제의 이자율 상승은 분명 A국 경제에도 영향을 미치기 때문에 향후에는 국외의 요인들도 함께 고려되어야 할 것이다.

| 오답피하기 | 오석. 정부는 확장적 재정정책을 수립했을 가능성이 크다. 정부는 조세와 정부지출의 변화를 통해 거시경제에 개입하는 재정정책을 활용하는데, 다음 연도 성장률 전망을 낮게 잡았다는 점은 이후 중앙은행과 마찬가지로 확장적 재정정책을 수립하여 전개할 가능성이 높다는 것을 의미한다.

380 정답 ①

| 해설 | '샤워실의 바보'는 중앙은행의 과도한 경제조작을 비판하며 밀턴 프리드먼 교수가 이야기한 내용이다. 완전고용을 이끌겠다며 온수 꼭지를 열어 젖혔던 중앙은행이 뜨거운 물(인플레이션)에 놀라 다시 냉수 꼭지를 급격하게 틀어 경제침체와 실업, 빈부격차를 야기하고 있다는 것이다. 따라서 이는 단기적인 결과만을 바탕으로 통화정책을 활용하는 것은 적절하지 않음을 나타내고 있다.

381 정답 ⑤

| 해설 | 가. A국 경제의 금리는 N년 하반기 두 차례에 걸쳐 연속적으로 인상된 것을 볼 수 있다. 이는 이 시기 A국 경제가 회복세로 접어들면서 약간의 과열 상태에 빠지는 것을 우려하여 금리 인상이라는 수단으로 과열양상을 조절하려는 움직임이라고 추론할 수 있다.
나. N년 하반기 이후 미국은 계속해서 금리를 인하하는 확장적 통화정책을 사용하고 있다. 이는 이자율을 낮춰 투자 증가를 유도하여 총수요를 증가시키려는 의도인 것이다. 이러한 기조는 계속 진행되어 N + 1년에는 제로 금리를 선언하기에 이른다.
다. 제시된 그림에서 기준금리의 하락폭을 보면 A국보다 미국의 움직임이 크다는 것을 확인할 수 있다.
라. A국과 미국 모두 계속해서 확장적 통화정책으로 총수요를 진작시키려는 노력을 하고 있다. 이러한 추이로 미루어 보아 물가 상승에 대한 우려는 접어두고 있음을 알 수 있다.

382 정답 ⑤

| 해설 | ⑤ 갑작스러운 금리 인상은 경제에 충격요인으로 작용할 수 있기 때문에 점진적으로 금리를 인상시키는 것이 바람직하다.

| 오답피하기 | ① 제시된 그래프는 증권시장의 산업평균지수와 소비가 상승하고 있음을 보여 줌으로써 A국의 경제가 완연한 회복세에 접어들고 있다는 것을 나타낸다. 실업률 지표는 한 경제의 생산활동이 활발함을 간접적으로 확인할 수 있는 지표가 된다. 따라서 투자자들이 실업률 지표에 민감하게 반응할 수밖에 없다.
② A국의 경기회복세가 뚜렷하다면 A국 정부는 양적 완화 정책을 중단하고 초저금리 기조에서 벗어나기 위해 노력할 것이다.
③ 실업률 지표는 하락하고 있지만 이러한 결과가 안정적인 양질의 일자리가 아닌 파트타임 일자리의 증가로 인한 것이라면 경제의 생산이 활발하다는 신호로 인식할 수 없기 때문에 정책당국자는 실업률 감소의 원인을 면밀하게 살펴봐야 한다.

383 정답 ②

| 해설 | 제시된 내용은 통화론자의 주장이다. 정부지출이 지나치게 증가할 경우 인플레이션을 야기할 수 있고, 반면에 가격을 통제할 경우 가격신축성이 약화되어 가격경직성에 따른 부작용이 발생할 수 있다. 따라서 통화론자들은 정해진 기준, 즉 준칙에 의해 통화정책이 수행되어야 한다고 주장한다.
② 경기가 침체되어 총수요확대정책을 실시하여 실질GDP가 증가할 경우 이는 각 가정의 소득 증가로 이어져 소득세의 증가를 야기하여 조세부담이 증가되고, 오히려 가처분소득이 감소하여 소비 감소와 경기침체로 이어질 수 있다는 케인스학파의 주장이다.

| 오답피하기 | ① 통화론자는 재정정책이 정해진 기준 안에서 이루어져야 한다고 주장하기 때문에 재정 역시 재정수입과 지출이 일치하는 균형예산을 추구해야 한다고 주장한다.

③ 통화론자들은 준칙에 의한 통화정책 운용을 주장한다.
④ 통화론자들은 재정정책의 경우 구축효과로 인해 그 효과가 작으므로, 준칙에 의한 통화정책이 부작용 없이 경기를 부양할 수 있는 방법이라고 주장한다.
⑤ 통화론자들은 수출 증가로 외환유입이 늘어나 통화량이 증가하면 물가가 상승하고, 이는 다시 화폐가치를 낮춰 환율을 상승하게 해 수출은 감소하고 국제수지는 균형을 이루게 된다고 주장한다.

384 정답 ②

I 해설 I 밑줄 친 '이 정책'은 '아베노믹스'라 불린 일본의 경제 확장 정책이라 할 수 있다.
② 오랜 기간 지속된 디플레이션과 저성장 국면을 벗어나기 위한 일본의 적극적인 경기부양정책으로, 무제한의 통화공급, 강력한 경기 확장이라는 표현으로부터도 이를 엿볼 수 있다. 앞으로 환율을 높여(통화가치를 낮춰) 자국 수출품의 가격이 해외시장에서 낮아질 수 있도록 정책을 시행하겠다는 의지를 밝히고 있는 것을 통해 갑국 제품이 해외 시장에서 가격 경쟁력을 확보할 수 있을 것이라고 추론할 수 있다.

385 정답 ③

I 해설 I 나. A는 경제성장률이 하락될 것을 대비하여 금리 인하를 통한 경기부양을 주장하고 있다.
다. B는 정부지출의 감소를 통한 긴축재정정책을 주장하고 있다.

I 오답피하기 I 가. 물가 안정에 최우선 목표를 두는 정책적 의사결정으로부터 갑국 정부는 긴축적 정책을 실시할 것임을 엿볼 수 있다.
라. C는 외국 자본의 급격한 유출로 인해 명목환율이 높아지는 것을 관리해야 한다고 주장하고 있어 자국 통화 가치의 하락을 우려하고 있다.

386 정답 ③

I 해설 I 거시경제에서 총수요와 총공급이 균형을 달성하기 위해서는 정부에 의한 경제안정화 정책이 필요하다.
③ 총수요가 총공급보다 큰 상황에서는 경기가 과열될 우려가 높으므로 총수요 감소 정책이 요구된다. 세율 인상, 정부 지출 축소, 흑자 예산 편성, 국공채 매각 등이 이에 해당하는 정책이다. 총공급이 총수요보다 큰 상황에서는 경기를 부양하는 정책이 필요하다. 정부 지출 확대, 세율 인하 등이 이에 해당한다.

CHAPTER 05 물가와 인플레이션

문제 P.118

387	③	388	①	389	②	390	②	391	⑤
392	①	393	②	394	②	395	③	396	⑤
397	②	398	②	399	④	400	③	401	①
402	②	403	⑤	404	②	405	④	406	④
407	⑤	408	④	409	②	410	①	411	③
412	③								

387 정답 ③

| 해설 | ③ 인플레이션은 지속적인 물가의 상승 현상으로 화폐의 가치를 감소시킨다. 이는 현금 보유의 기회비용이 커진다는 것을 의미한다.

| 오답피하기 | ① 화폐가치의 하락은 외국 화폐와의 상대적인 가치의 변화에도 영향을 미치므로 환율 변화에 영향을 미친다.
② 물가의 상승은 실질소득의 감소를 초래하여 실질 구매력을 감소시킨다.
④ 물가의 상승으로 빌려줬을 때의 화폐가치와 상환받을 때 화폐가치가 상이하여 채무자와 채권자 간의 부의 재분배가 이루어진다.
⑤ 상대가격이 변화하고 이를 의사결정에 반영하지 못하면서 자원의 효율적 배분이 이루어지지 못하는 현상이 발생한다.

388 정답 ①

| 해설 | 디플레이션은 경제의 우울증이라고 부를 만큼 모든 요인들을 침체시킨다. 소비와 투자도 마찬가지이다.
① 디플레이션은 경제에 대한 극도의 암울한 예측에서 비롯되는 경우가 많고 이는 소득 감소와 소비 위축으로 이어져 확장적인 총수요정책이 요구된다.

| 오답피하기 | ② 디플레이션이 발생할 경우 실질적인 채무부담이 증가한다. 100만 원을 빌리던 당시 구입할 수 있었던 재화나 서비스의 양이 물가 하락으로 인해 상환 시점에서 증가하기 때문이다.
③ 디플레이션이 예상되면 가계 소비는 감소한다. 물가의 하락은 기업수입의 저하로 이어지고, 이는 임금과 이자, 지대로 배분되는 금액이 낮아짐을 의미한다. 결국 소비 감소를 야기하기 때문에 경제 전반이 침체된다.
④ 실질이자율은 명목이자율에서 물가상승률을 뺀 값이다. 디플레이션 상황에서는 물가상승률이 음수(−)가 되므로 실질이자율이 상승한다.
⑤ 디플레이션은 전반적인 물가 수준이 지속적으로 하락하는 현상이다.

389 정답 ②

| 해설 | 베네수엘라의 하이퍼인플레이션에 대한 설명이다.
② 물가의 급격한 상승으로 베네수엘라 화폐는 본연의 기능을 수행하지 못하고 있으며, 화폐가 신뢰를 잃은 경우 사람들은 가치가 안정적인 달러화와 같은 제3국의 통화를 활용하여 거래한다.

| 오답피하기 | ① 급격한 물가 상승으로 메뉴비용으로 대표되는 거래비용이 증가한다.
③ 현금 가치의 급격한 하락으로 생산활동에 참여하지 않으며 재산을 비트코인이나 금과 같은 자산으로 바꾸는 현금관리 행위에 주력한다.

④ 급격한 물가 상승으로 화폐의 가치가 급격히 하락할 경우, 물가 상승 이전의 계약에 기초한 임대차계약이 이루어지면 대여자에게서 차입자로 소득의 이전이 발생할 수 있다.
⑤ 조세 수입을 부과하는 시점과 납부하는 시점 사이에 급격한 물가 상승이 발생하면 국가의 조세 수입에도 영향을 미칠 수 있다.

390 정답 ②

| 해설 | ② 소비자물가지수는 일반적으로 많이 활용하는 재화와 서비스가 대상이므로 수입품이 포함되지만, GDP디플레이터는 GDP를 기준으로 도출되므로 수입품은 집계대상에서 제외된다.

| 오답피하기 | ① 소비자물가지수는 라스파이레스 물가지수로 물가가 상승하면 상대적으로 가격이 상승한 재화의 소비를 줄이지만 이를 고려하지 않는다. 라스파이레스 물가지수에 의한 소비자물가지수에서는 소비자가 가격 상승에도 불구하고 기준연도와 같은 수량을 소비한다고 가정하고 물가지수를 작성하기 때문이다. 따라서 소비자물가지수는 실제보다 과대평가된다.
③ 소비자물가지수를 산정하는 대상 품목 및 가격은 5년에 한 번씩 변동하므로 새로운 상품의 도입으로 인한 화폐구매력 변화가 반영되지 않는다.
④ 소비자물가지수는 5년마다 대상 품목이 변화하므로 질적 변화가 반영되지 않는다.
⑤ 소비자물가지수는 5년마다 달라지는 기준연도 구입량을 가중치로 사용하여 과대평가되는 반면, GDP디플레이터는 기준연도 대비 당해 연도의 거래량을 가중치로 사용하므로 물가 변화가 과소평가된다.

391 정답 ⑤

| 해설 | ⑤ 소비자물가지수는 소비자가 주로 사용하는 재화와 서비스의 가격을 측정함으로써 경제 전반의 물가를 측정한다. 이는 과대 측정의 요인이 아닌 현실의 물가를 정확하게 반영할 수 있는 요인이다. 소비자물가지수는 100을 기준으로 이보다 크면 물가의 상승을, 미만이면 물가의 하락을 의미한다.

| 오답피하기 | ① 소비자물가지수는 소비자가 대신하여 구입하는 물품 간의 관계를 반영하지 않음으로써 실제 물가보다 과대 평가될 수 있다. 대체되는 물품의 가격이 낮을 경우 물가는 이보다 낮아질 수 있다.
② 물가 측정을 위한 대상을 5년 주기로 갱신함으로써 신제품이 물가지수에 포함되기에는 시간이 걸려 물가가 과대평가될 수 있다.
③ 소비자들은 가격이 상승하는 재화 구입을 꺼려하므로 체감물가보다 높게 평가될 수 있다.
④ 소비자물가지수는 시장가격으로 측정되는 탓에 질적 향상이 반영되기 어렵다.

392 정답 ①

| 해설 | ① 도덕적 해이는 거래 후에 정보를 더 많이 가진 측이 행동을 바꿔 효율적인 자원 배분에 실패하는 현상을 의미한다. 보험 가입 이후에 사고에 대한 주의를 덜 기울이는 현상은 도덕적 해이에 해당한다.

| 오답피하기 | ② 플라시보 효과는 환자가 실제로 치료 효과가 없는 가짜 약이나 치료를 받았음에도 불구하고, 심리적인 요인으로 인해 상태가 호전되는 현상을 의미한다.

③ 분수효과는 저소득층이나 중산층과 같은 사회의 하위 계층에 대한 경제적 지원과 소비 촉진이 경제 전체에 긍정적인 영향을 미치고, 장기적으로 상위 계층에게도 혜택이 돌아간다는 것이다.
④ 테일러 준칙은 존 테일러(John B. Taylor)가 제시한 통화정책 운영 방침으로, 중앙은행이 경제상황에 따라 기준금리(정책금리)를 어떻게 설정해야 하는지를 공식화한 규칙이다.
⑤ 피터팬 증후군은 중소·중견기업이 보조금 혜택이 사라지면 경영이 어려워지지 않을까 두려워 대기업으로 성장하지 않는 현상을 의미한다.

393 정답 ②

| 해설 | ② 실물 투자는 실질이자율에 의해 결정되고, 명목이자율은 실질이자율에 인플레이션율을 더하여 결정된다. 따라서 실물투자에 가장 좋지 않은 조합은 명목이자율과 인플레이션율의 차가 가장 큰 경우이다.

394 정답 ②

| 해설 | ② 인플레이션이 발생하게 되면 채권자는 손해를 보게 되므로 대차거래는 줄어들게 된다.

| 오답피하기 | ① 인플레이션의 비용 중 구두창 비용에 관한 설명이다.
③ 메뉴판 비용에 대한 설명이다.
④ 인플레이션은 화폐가치의 하락과 실물자산가치의 상승을 유발한다.
⑤ 인플레이션이 발생하면 채권의 수익률은 감소하게 된다. 채권의 수익률은 실질이자율로 계산하는데, 실질이자율은 인플레이션율이 올라가면 작아진다.

395 정답 ③

| 해설 | 가. 인플레이션 조세는 물가 상승에 따른 화폐의 구매력 하락을 의미한다.
나. 통화의 실질가치란 구매력으로, 물가가 상승하면 하락한다.
라. 정부가 시중금융기관으로부터 정부채권을 매입하면, 시중에 통화량이 증가해 이자율이 하락하고, 이는 투자를 증가시켜 물가를 상승시킨다. 인플레이션 조세는 이러한 물가 상승으로 인한 구매력 하락을 의미한다.

| 오답피하기 | 다. 인플레이션 조세란 물가 상승으로 인한 구매력 하락이 마치 조세를 부과하여 가처분소득을 감소시킨 것과 같은 효과를 발생시킨다는 의미에서 붙여진 이름이다.
마. 정부가 통화량 증가를 통해 재정재원을 마련할 경우 인플레이션이 발생한다. 통화량 증가는 이자율을 낮춰 투자를 증가시키고 이는 총수요의 증가로 물가 상승의 원인이 되기 때문이다.

396 정답 ⑤

| 해설 | ⑤ 소비자물가지수에는 소비재 품목들이 포함되지만, GDP디플레이터에는 포함되지 않는다. 생산을 위해 투입되는 중간재나 원자재도 GDP에는 포함되지 않기 때문에 소비재의 가격보다 원자재의 가격이 많이 오르는 경우일지라도 반드시 GDP디플레이터가 소비자물가지수보다 더 큰 폭으로 상승한다고 볼 수 없다.

397 정답 ②

| 해설 | 나. GDP디플레이터는 명목GDP를 실질GDP로 나누어 산출된다. 따라서 GDP디플레이터에는 GDP에 포함되는 국내에서 생산된 최종 재화와 서비스만이 포함된다. 즉, 수입품은 포함되지 않는다. 반면, 소비자물가지수는 도시가계가 일상생활을 영위하기 위해 구입하는 상품가격과 서비스요금의 변동을 종합적으로 측정하기 위해 작성하는 지수이다. 따라서 수입품도 포함된다.

| 오답피하기 | 가. 소비자물가지수는 개인별 소비품목 간의 차이가 발생한다는 점을 감안하지 않는다. 따라서 정부가 발표하는 물가지수와 체감물가가 다르다. 물가지수는 다양한 상품묶음을 대상으로 일정한 기준을 적용하여 최대한 객관적으로 산출하는 평균물가인 데 반해, 체감물가는 개인의 생활패턴에 맞춰 주관적으로 구입하는 재화의 가격에 의해 결정되기 때문에 물가지수와 차이가 발생하게 된다.
다. 소비자물가지수는 기준연도의 재화묶음을 가중치로 사용하여 물가를 측정한다. 그렇기 때문에 기준연도 이후에 재화별로 가격 차이에 따른 대체효과로 발생한 재화묶음의 변동을 반영하지 않는다. 싼 재화가 비싸지면 재화구매량이 적어져 가중치가 낮아져야 하나 기준연도에 설정한 높은 가중치를 그대로 적용하여 물가를 과대평가한다. 그리고 기준연도의 재화묶음이 고정되어 비교연도의 신상품이 재화묶음에 포함되지 못하여 재화와 서비스의 질적 변화가 반영되지 않는다. 반면에 GDP디플레이터는 비교연도의 재화묶음을 가중치로 사용하여 물가를 측정한다. 그래서 소비자물가지수와 반대로 물가를 과소평가한다.
라. 소비자물가지수는 5년을 주기로 가중치와 대상 품목을 조정하고 있는데, 이러한 주기는 현실을 제대로 반영하지 못할 가능성이 있다.

398 정답 ②

| 해설 | ② 경제학에서 단기는 상품의 가격은 자유롭게 변동하는 반면 생산요소의 가격은 변하기 어려운 기간이다. 단기에 물가가 상승했을 때, 단기에 생산요소의 가격인 임금은 고정되어 있으므로 기업들의 입장에서는 실질적인 임금부담이 줄어든 셈이 된다. 명목임금은 그대로이지만 화폐의 실질가치가 하락했기 때문이다. 따라서 기업들은 노동의 수요를 늘린다. 반면, 근로자들의 입장에서는 물가의 상승은 생산요소의 가격이 변할 수 있는 장기에 임금의 상승을 기대할 수 있는 요인이 된다. 따라서 노동의 공급도 증가한다. 이로 인해 고용량이 증가하고, 이는 생산의 증가로 연결된다.

| 오답피하기 | ① 인플레이션 조세는 예상하지 못한 인플레이션이 발생했을 때 일어난다.
③ 경제주체들이 예상하지 못한 물가 상승이 발생하는 경우 채권자와 채무자 사이에 소득이 재분배된다. 인플레이션은 화폐가치의 하락을 의미하기 때문에 현금, 채권 등의 금융자산을 가진 사람과 채권자는 손해를 보는 반면, 실물자산을 가진 사람과 채무자는 이득을 본다. 화폐가치의 하락은 화폐 소유자에게는 실질비용이 된다. 이를 가리켜 '인플레이션 조세(Inflation Tax)'라고 부른다.
④ 구두창비용과 메뉴비용은 인플레이션을 예상하더라도 발생하는 비용이다. 구두창비용은 인플레이션으로 인해 현금보유를 늘려야 해서 더 은행에 자주 가야 하는 비용을 비유적으로 나타낸 것이며, 메뉴비용은 음식점에서 자꾸 가격을 올려야 해서 메뉴판을 고쳐 쓰는 비용을 의미한다.
⑤ 고용주는 실질임금을 기준으로 고용량을 결정한다. 실질임금은 명목임금을 물가로 나누어 계산한다. 예상하지 않았던 인플레이션이 발생하면 실질임금이 하락하여 계약된 임금을 지급한 기업은 이득을 본다.

399 정답 ④

| 해설 | ④ 미국의 상황에서 물가 상승은 주식시장의 긍정적 신호이다. 현 상황에서 물가가 오른다는 것은 경제가 원활히 작동하며 성장하고 있다는 것을 의미하기 때문이다. 따라서 주식시장이 당분간 상승세를 이어갈 가능성이 높다.

| 오답피하기 | ① 인플레이션은 분명 주식과 채권 등 자산가격에 영향을 미친다. 인플레이션이 지속될 경우 미국 중앙은행(Fed)은 이자율을 상승시킬 수 있고 이는 채권가격 하락에 영향을 미치기 때문이다.

② 인플레이션이 지속될 경우 미국의 금리 인상 시기가 앞당겨질 수 있다. 미국의 경우 경기를 부양하기 위해 초저금리인 제로금리를 유지하고 있고, 양적 완화정책을 통해 통화를 경제에 계속해서 공급하고 있다. 지금까지는 이러한 조치에도 불구하고 물가가 상승하지 않아 문제가 되지 않았지만, 물가가 상승하는 경제의 회복 움직임이 보인다면 양적 완화 조치의 중단과 함께 금리를 인상할 수 있을 것이다.

③ 미국의 인플레이션 원인은 수요 측 요인에 의해 발생하는 수요견인 인플레이션이다. 수요견인 인플레이션은 총수요가 증가하여 물가가 상승하는 현상을 의미한다. 수요견인 인플레이션은 비용이 상승함과 동시에 실질국민총생산도 함께 증가하는 특징을 갖는다. 따라서 수요견인 인플레이션은 총수요곡선을 우측으로 이동시키는 요인들에 의해 발생한다. 미국 경제에서 이러한 요인은 통화공급의 증가이다. 통화공급의 증가는 화폐시장에서 이자율을 낮추는 역할을 하게 되고, 이는 투자의 증가를 야기하기 때문에 총수요가 늘어나 총수요곡선은 우측으로 이동하게 되는 것이다. 그 결과 국민소득의 증가와 함께 물가 상승이 나타난다.

⑤ 물가 상승이 지속될 경우 어느 순간에서는 금리를 인상하여 과열 양상을 조절해야 할 것이다. 다만, 너무 급속한 금리의 인상은 시장에서 부정적인 영향을 미칠 수 있으므로 지속적으로 금리를 조금씩 인상시키는 조치가 필요하다.

400 정답 ③

│ 해설 │ 가. 애그플레이션이란 농산물의 가격이 전체 물가를 끌어올리는 현상으로서 농업(Agriculture)과 인플레이션(Inflation)이 합쳐진 용어이다.
나. 곡물가격이 상승하는 원인을 공급 측면에서 보면 지구온난화로 인한 기상이변에서 찾아볼 수 있다. 가뭄과 홍수, 폭설과 태풍 등 기상이변으로 곡물 생산량이 급속히 감소하고 있는 것이다.
다. 곡물부족이 예견됨에 따라 식량자원주의가 점차 확산되는 추세에 있다.

│ 오답피하기 │ 라. 식량자급률이 낮을수록 애그플레이션의 영향을 더 많이 받게 될 것이다.

401 정답 ①

│ 해설 │ ① 소비자물가지수는 100을 기준으로 이보다 높을 경우 물가의 상승을, 이보다 낮을 경우 물가의 하락을 의미한다. 구체적으로 125로 상승했다는 것은 물가가 25% 상승했음을 의미한다. 물가의 변화율과 화폐가치의 변화율은 반드시 일치하는 것은 아니다. 예를 들면, 기존 휘발유 가격이 1,000원이었는데, 현재 1,250원이 되었다면 물가는 25% 상승한 것이다. 1,250원과 1,000원으로 동일한 휘발유를 구입하고 있는 상황이므로 1,250원 × x% = 1,000원, x는 $\frac{1,000원}{1,250원}$ = 0.8로 물가 상승 이전에 비해 20% 구매력 감소가 발생한다.

│ 오답피하기 │ ② 물가지수를 통해 화폐가치의 감소 및 증가를 확인할 수 있다.
③ 환율을 통해 해외통화와의 상대적인 화폐가치를 따져볼 수 있다.
④ 물가는 대상 상품 및 서비스 가격의 가중평균을 통해 결정되고, 대상 품목은 5년마다 교체되지만 체감 물가는 개인의 상황에 따라 변화하기 때문에 측정된 물가와 체감 물가의 차이가 발생한다.
⑤ 고전학파는 물가를 통화량의 증가에 의해 상승하는 변수로 이해하였다.

402 정답 ②

│ 해설 │ 도희. 유가의 가격 하락폭이 확대되고 있는 상황은 인플레이션 압력이 적다. 따라서 물가의 하락 요인으로 작용할 것이다.
지교. 물가 상승의 폭이 커질수록 정부는 기준금리를 인상하고자 하는 압력을 받게 된다. 기준금리가 인상될 경우 고정금리로 대출을 받은 사람이 변동금리로 대출받은 사람보다 유리해진다.

│ 오답피하기 │ 재현. 인플레이션이 발생하면 화폐소득의 경우 실질소득이 감소한다. 인플레이션으로 인해 화폐의 실질가치가 하락하기 때문에 가치의 손실이 발생하게 된다. 따라서 현금소득보다 부동산과 같은 실물자산 형태로 가지고 있는 것이 유리하다.
소현. 6월에는 석유류 가격 등이 하락하며 비용인상 측면의 인플레이션 요인은 다소 약해졌으나 여전히 물가상승률이 상승할 것으로 예측되고 있다. 한편, 내수가 위축되며 성장세가 둔화, 수요견인 측면의 인플레이션 요인도 약한 것으로 나타나고 있다.

403 정답 ⑤

│ 해설 │ ⑤ 디플레이션이 지속되는 경우 중앙은행은 일반적으로 금리를 인하하는 정책을 활용한다. 금리를 인하할 때 투자가 증가하고 이는 총수요의 증가요인이 되어 총수요가 향상될 수 있기 때문이다. 따라서 고정금리 대출이 변동금리 대출보다 불리해진다.

│ 오답피하기 │ ①② 화폐의 가치라는 것은 곧 구매력을 의미한다. 따라서 인플레이션과 반대로 화폐를 보유한 사람이 실물자산을 보유한 사람보다 유리한 상황이 전개된다. 실물자산의 경우 그 가치가 명목 수준과 밀접히 연관되어 있어 물가의 하락과 함께 떨어지지만, 화폐자산의 경우에는 명목 수준은 그대로임에도 실질가치가 상승하기 때문이다. 따라서 고정 월급을 받는 회사원, 정기예금 가입자가 더 유리해진다.
③ 디플레이션은 물가 수준의 지속적인 하락을 의미한다. 이는 화폐의 가치가 상승한다는 것을 의미한다.
④ 디플레이션은 총수요곡선이 좌측으로 이동하는 경기침체기에 발생한다. 따라서 정부나 기업의 수입은 증가하지 않는다.

404 정답 ②

│ 해설 │ 기사의 경제현상은 스태그플레이션이다. 스태그플레이션이란 경기침체와 물가 상승이 동시에 발생하는 현상으로 총공급 측 요인이다. 총공급이 위축되어 총공급곡선이 좌측으로 이동하여 물가가 상승하고 실질GDP가 감소하여 경기침체와 인플레이션이 동시에 발생한다.
② 스태그플레이션이 발생할 경우 총수요정책은 효과가 없다. 총수요확장으로 총수요곡선을 우측으로 이동시킬 경우 실질GDP를 증가시켜 경기침체에서 벗어날 수 있지만, 물가 폭등이 발생한다. 반면 물가를 안정시키기 위해 총수요곡선을 좌측으로 이동시킬 경우 실질GDP가 감소하여 경기침체가 심화된다. 따라서 이에 대한 해결 방안은 총공급곡선을 우측으로 이동시키는 것이다. 하지만 총공급곡선은 정부가 원하는대로 조절할 수 없다. 총공급은 생산의 총합이고, 생산은 기업의 영역이기 때문이다. 따라서 기업이 생산을 원활하게 할 수 있도록 연구개발에 대한 지원을 해주는 것이 해결 방법이 된다.

405 정답 ④

│ 해설 │ ④ 화폐수량설은 교환방정식을 의미한다. 즉, MV = PY이다. 이를 증가율의 개념으로 보면 '통화량증가율+화폐유통속도증가율 = 인플레이션율 + 실질GDP 증가율'이 된다. 여기에서 화폐유통속도와 실질GDP의 증가율은 단기적으로는 00이므로 통화량의 증가율과 인플레이션율의 증가는 서로 비례한다.

│ 오답피하기 │ ① 피셔방정식에 따르면 예상된 인플레이션은 실질이자율에 더해져 명목이자율에 반영된다는 것을 나타낸다(명목이자율 = 실질이자율 + 예상인플레이션율).
② 예상된 인플레이션은 모두 실질이자율에 더해져 명목이자율에 반영되므로 부의 재분배에 기여하지 못한다. 채권자가 채무자에게 예상되는 인플레이션율만큼 더 많은 이자를 받으면 되기 때문이다. 반면, 예상하지 못한 인플레이션이 발생하면 이러한 조정과정을 거칠 수 없기 때문에 부의 재분배가 일어나게 된다.

③ 중앙은행이 공개시장에 국공채를 매각하게 되면 시중에 통화량이 감소한다. 국공채를 팔고 이에 대한 대가로 시중의 통화량을 받기 때문이다. 즉, 시중의 통화를 흡수하는 것이다. 경제에 통화량이 감소하면 이자율이 상승하고, 이자율의 상승은 투자를 감소시켜 총수요가 감소한다. 총수요의 감소는 총수요곡선의 좌측 이동을 야기하여 물가가 하락하고 국민소득이 줄어들게 된다.
⑤ 화폐유통속도는 항상 고정되어 있는 것이 아니라 제도와 관습에 의해 형성되기 때문에 안정적인 개념인데 어떤 이유로 화폐유통속도가 불안정적이면 단기에도 변하게 되므로 통화량증가율과 물가 상승의 안정적인 관계가 깨지게 된다.

406 정답 ④

| 해설 | 코로나19 시기 소비자물가지수가 전년 동월 대비 감소하는 주요 원인은 총수요의 감소이다. 따라서 물가가 하락하는 시기에는 총수요 확장을 위한 정책이 필요하다.
나. 기준금리를 인하하는 확장적 통화정책은 투자의 증가를 통한 총수요 증가를 야기하여 물가 상승에 도움이 된다.
라. 적자재정정책이란 재정수입 대비 재정지출이 더 큰 상황을 의미한다. 이는 정부지출이 증가되었음을 의미한다. 정부지출의 증가는 총수요를 확장시켜 물가를 상승시킨다.

| 오답피하기 | 가. 법인세를 인상할 경우 기업투자가 감소하여 총수요가 위축될 수 있다. 그 결과 총수요곡선이 좌측으로 이동해 물가가 하락할 수 있다.
다. 공공투자지출의 감소는 정부지출의 감소를 의미한다. 정부지출이 감소하면 총수요가 위축되어 물가가 하락할 수 있다.

407 정답 ⑤

| 해설 | ⑤ 인플레이션은 10%인데, 임금 상승률은 3%에 그쳤다. 따라서 임금소득자의 경우 실질적인 임금의 가치가 하락했다고 볼 수 있다.

| 오답피하기 | ① A국은 현재 인플레이션이 발생하고 있다. 인플레이션이란 물가의 지속적인 상승을 의미하는 것으로, 이는 곧 화폐가치의 하락을 말한다.
② 메뉴비용은 예상한 인플레이션이 발생했을 때 나타나는 거래비용을 의미한다. 해당 물가 상승이 예상할 수 있는 인플레이션일 경우 메뉴비용이 발생할 수 있다.
③ 예상하지 못한 인플레이션은 시장교란을 가져온다. 노동자는 명목임금을 기준으로 노동을 공급하고, 고용주는 실질임금을 기준으로 노동을 수요한다. 명목임금과 실질임금 모두 물가를 기준으로 노동공급 및 노동수요를 결정하므로 인플레이션을 예상하지 못할 경우 노동공급과 수요에 대한 효율적인 의사결정이 이루어지지 않아 시장교란현상이 발생할 수 있다.
④ 인플레이션과 관련하여 인플레이션 조세(Inflation Tax)라는 표현을 쓰기도 한다. 인플레이션은 보이지 않지만 조세와 같이 소득의 감소를 야기하기 때문이다.

408 정답 ④

| 해설 | ④ A국의 실업률이 사상 최저로 떨어지면서 오히려 물가 상승 현상은 가속화되고 있다. 고용상황이 좋다 보니 임금 상승으로 이어져 물가도 고공행진하고 있는 것이다.

| 오답피하기 | ①②⑤ 제시된 자료는 2023년과 2024년 경제상황을 보여주고 있다. 당시 A국의 경제성장률 증가폭은 꾸준히 하락하고 있고, 물가는 상승하는 스태그플레이션에 직면해 있었다. 이러한 상황에서 국제행사가 개최된다면 국가 차원의 지출이 수반되어 총수요를 진작하는 데 도움이 된다. 총수요확장은 총수요곡선의 우측이동으로 이어져 스태그플레이션을 벗어나는 데 어느 정도 도움이 된다.

③ A국의 경제성장률이 급하락하는 가운데 물가는 가파른 상승세를 보이고 있기 때문에 외국의 자본유입이 갑자기 멈춘 뒤 일시에 빠져나가는 '서든스톱' 현상이 발생할 수 있다.

409 정답 ②

| 해설 | 갑병. 인플레이션은 수요 측면과 공급 측면에서 발생할 수 있다. 총수요 곡선이 우측으로 이동하는 경우 발생하는 인플레이션을 '수요견인 인플레이션'이라고 하고, 총공급곡선이 좌측으로 이동하여 발생하는 인플레이션을 '비용인상 인플레이션(ⓒ)'이라고 한다. 이자율 인하(㉠), 정부 지출 증가는 총수요를 확장시켜 물가를 상승시키는 수요견인 인플레이션의 원인들이다.

| 오답피하기 | 을. 수요견인 인플레이션 억제를 위해 정부지출을 줄이거나 이자율을 높여야 한다. 즉, 긴축 재정정책과 긴축 통화정책이 필요하다.
정. 비용인상 인플레이션은 원자재 가격 혹은 정부의 세금 및 보조금 정책에 의해 발생한다. 원화가치 상승은 수출을 증가시키는 총수요 요인이다.

410 정답 ①

| 해설 | 인플레이션은 총수요 측면과 총공급 측면의 원인으로 인해 발생한다. 총수요 측면에서 발생하는 인플레이션은 '수요견인 인플레이션', 총공급 측면에서 발생하는 인플레이션은 '비용인상 인플레이션'이라고 한다.
① 수요견인 인플레이션은 총수요곡선의 우측 이동, 즉 총수요의 증가(㉠)로 인해 발생하고, 비용인상 인플레이션은 총공급곡선의 좌측 이동, 즉 총공급의 감소(ⓒ)로 인해 발생한다. 따라서 수요견인 인플레이션은 실질GDP의 증가(ⓒ)를 동반하고, 비용인상 인플레이션은 실질GDP의 감소(ⓔ)를 야기한다.

411 정답 ③

| 해설 | 다. A국의 경제는 성장은 둔화되고 물가는 상승압력을 받는 스태그플레이션 상황에 직면해 있다. 스태그플레이션이 본격화될 경우 총수요확장정책을 활용한다고 해도 물가가 급등하는 결과를 초래하여 물가 상승압력을 억제하는 상황을 개선할 수 없다.

| 오답피하기 | 가. A국은 코로나19로 인해 GDP성장세는 둔화되는 반면 소비자물가상승은 높아지는 스태그플레이션 가능성을 엿볼 수 있는 상황이다.
나. 스태그플레이션의 탈출은 정부의 재정 및 통화정책을 활용한 총수요 측면의 처방이 아닌 기업의 R&D, 투자 등을 통한 총공급 측면의 해법으로 가능하다.

412 정답 ③

| 해설 | 전 세계적으로 농산물 가격의 증가세가 계속되고 있어 애그플레이션이 나타났다. 애그플레이션을 유발하는 요인 중 생산국의 기상 이변, 자원 민족주의 확산, 농업생산량의 감소는 공급 측 요인이며, 수요국의 소득 증가, 새로운 수요처의 등장 등은 수요 측 요인이다.
가. 주요 곡물 생산국의 기상 이변은 생산규모의 감소로 이어져 농산물 가격이 급등할 수 있다.
나. 자원 민족주의의 확산으로 농산물의 수출 및 수입을 줄이고, 자국 생산농산물을 자국민이 소비하는 경향이 짙어지므로 전세계적으로 농산물 공급이 감소해 가격이 급등할 수 있다.
다. 농업생산량이 감소하면 농산물 수급에 차질이 발생하여 농산물 가격이 상승할 수 있다.
라. 개발도상국의 소득 증가는 자국 농산물의 소비 증가를 야기할 수 있다. 그 결과 농산물 가격이 증가한다.
마. 농산물을 원료로 하는 에너지 생산의 증가는 농산물 수요를 증가시켜 농산물 가격 상승으로 이어질 수 있다.

CHAPTER 06 | 실업

문제 P.126

413	④	414	⑤	415	④	416	①	417	⑤
418	③	419	①	420	②	421	⑤	422	②
423	⑤	424	②	425	③	426	④	427	①
428	④	429	⑤	430	②	431	②	432	②
433	⑤	434	④	435	③	436	⑤	437	②
438	④	439	⑤	440	⑤	441	③		

413 정답 ④

| 해설 | A는 취업자, B는 실업자, C는 비경제활동인구, D는 생산가능인구에 속하지 않는 인구이다.
④ 고용률은 생산가능인구 중 취업자의 비중을 의미한다. 즉, {A/(A+B+C)} ×100이다.

| 오답피하기 | ① 무급가족 종사자는 현실에서는 직업이 없는 인구로 간주 되지만, 노동시장 분류에서는 취업자에 포함된다.
② 공무원 시험을 준비하는 사람들은 아직 일할 의사가 없는 인구로 비경제 활동인구에 포함된다.
③ 군인, 재소자 등은 집계 대상에서 제외된다.
⑤ 경제활동인구는 일할 의사와 능력 모두가 있어야 한다. 이를 충족하는 인 구는 A+B이다.

414 정답 ⑤

| 해설 | 제시된 상황은 출산율이 빠르게 감소하고 있음을 보여 준다.
⑤ 출산율 저하에 따른 생산가능인구의 감소는 경제활동인구의 감소로 이어 질 수 있다.

| 오답피하기 | ①②③④ 취업률(고용률)과 실업률은 경제상황에 따라 달라 질 수 있다. 한편, 생산인구의 감소가 경제활동인구의 감소로 이어질 경우, 경우에 따라 경제활동참가율은 증가할 수 있다.

415 정답 ④

| 해설 | ④ 경제활동인구는 3,000만 명(= 취업자 2,400만 명+실업자 600만 명)이고, 비경제활동인구가 1,000만 명이므로 생산가능인구는 4,000만 명이 다. 따라서 경제활동참가율은 75%{=(3,000만 명/4,000만 명)×100}이다.

416 정답 ①

| 해설 | 제시된 상황은 노동의 수요와 공급이 일치하지 않아 발생하는 비자 발적 실업과 관련 있다.
① 구직자의 일자리 탐색비용이 실질임금 향상에 영향을 미치는 것은 아니 다. 탐색비용으로 인한 실업은 자발적 실업이며, 이는 노동공급에 구조적 으로 영향을 미치는 요인이 아니다.

| 오답피하기 | ② 정부가 시장에 개입하여 인위적인 의사결정을 할 경우 자 원배분이 왜곡되어 비자발적 실업이 나타날 수 있다.

③ 시장균형임금보다 더 높은 임금을 제시할 경우 근로자들의 의욕을 높여 더 적은 노동수요로도 동일한 효과를 발생시킬 수 있으므로 실업이 발생 할 수 있다.
④ 노동조합 등의 형태로 나타나는 지대추구행위도 인위적인 노동수요 제한 을 통해 임금을 높은 수준으로 유지하는 방법이므로 노동시장에서의 비 자발적 실업을 야기할 수 있다.
⑤ 고급인력 유출을 막기 위해 임금을 시장균형 수준보다 높은 수준에서 제 시할 경우 노동시장에서는 비자발적 실업이 발생할 수 있다.

417 정답 ⑤

| 해설 | 단기의 총공급곡선은 우상향할 수 있는데, 물가변화에 대한 정보가 고용주와 노동자 사이에 불균등하기 때문이다. 이 때문에 명목임금과 실질임 금의 차이가 발생하여 물가가 상승할 경우 더 많은 고용을 통해 생산을 늘릴 수 있다.
㉠ 물가가 상승할 경우 명목임금은 그대로지만 실질임금은 감소하게 되고, 이는 고용주로 하여금 더 많은 근로자를 채용하여 생산을 늘릴 유인으로 작용한다. 그 결과 물가가 상승할수록 실질GDP가 증가하는 모습, 즉 단 기 총공급곡선이 우상향하는 형태로 나타난다.
㉡ 최저임금제는 상황에 따른 균형변화를 어렵게 만드는 제약으로, 임금경 직성의 한 요인이다.
㉢ 효율성 임금에 대한 내용이다. 균형을 회복하지 못한다는 점에서 임금이 경직적이라고 할 수 있다.

418 정답 ③

| 해설 | 나. 취업률은 경제활동인구에서 취업자가 차지하는 비율이다. 생산 가능인구는 경제활동인구와 비경제활동인구로 구분된다. 생산가능인구는 변 함이 없다는 조건이 주어졌고, 비경제활동인구의 변화가 없으므로 경제활동 인구도 동일하다는 추론이 가능하다. 분모가 일정한 상황에서 분자인 취업자 수가 감소하고 있으므로 취업률은 감소하였다.
다. 실업률은 경제활동인구에서 실업자가 차지하는 비율이다. 경제활동인구 는 실업자와 취업자로 구분되고, 경제활동인구의 변화가 없는 상황에서 취업자 수가 감소하였으므로 실업자 수는 증가하였음을 알 수 있다. 따라 서 실업률은 증가하였다.

| 오답피하기 | 가. 고용률은 생산가능인구에서 취업자가 차지하는 비율이다. 생산가능인구가 변함이 없다는 조건이 주어졌고 취업자 수가 감소하고 있으 므로 고용률은 감소하였다.
라. 생산가능인구는 경제활동인구와 비경제활동인구로 구분된다. 생산가능 인구는 변함이 없다는 조건이 주어졌고 비경제활동인구의 변화가 없으므 로 경제활동인구도 변함이 없다.

419 정답 ①

| 해설 | ① 취업자가 퇴직하여 전업주부가 되는 경우 취업자의 수는 감소하 고 비경제활동인구가 증가하므로 경제활동인구가 감소하여 실업률이 상승하 게 된다.

| 오답피하기 | ② 실업자가 비경제활동인구가 된 것이므로 실업률은 하락한다.
③ 직장인이 병원에 입원 중이라 하더라도 실업자가 되는 것은 아니므로 실 업률은 변하지 않는다.

④ 대학생은 비경제활동인구에 해당하므로 실업률에 영향을 주지 않는다.
⑤ 비경제활동인구인 대학생이 편의점에서 주당 10시간 일을 하게 된다면 경제활동인구인 취업자로 바뀌므로 실업률은 하락한다.

420 정답 ②

| 해설 | 가. 자연실업률은 경기적 실업률이 0인 상태를 의미한다. 즉, 마찰적 실업과 구조적 실업만이 존재하는 실업 상태가 자연실업률이다. 이를 완전고용하의 실업률이라고도 한다.
나. 취업자는 조사기간 중 일주일 동안 1시간 이상 대가를 받고 일한 경제활동인구를 의미한다.
라. 경제활동인구는 일할 의사와 일할 능력이 있는 사람을 기준으로 한다. 곧 취업할 사람은 의사와 능력이 모두 있는 사람으로 간주할 수 있다.

| 오답피하기 | 다. 직장을 구하다가 구직활동을 포기하는 것은 실업자에서 실망실업자, 즉 비경제활동인구로 전환되는 경우이다. 실업률은 '실업자/경제활동인구×100(%)'으로 계산되는데, 실업자에서 비경제활동인구로 전환되는 경우, 분모와 분자 모두 감소하나 분자의 감소율이 분모의 감소율보다 크므로 실업률이 감소한다.
마. 의무복역 군인은 생산가능인구 자체에 포함되지 않는다. 따라서 아르바이트를 그만두고 군에 입대하는 경우, 실업률 측정의 분모인 경제활동인구의 감소로 이어져 실업률이 상승하는 결과를 초래한다.

421 정답 ⑤

| 해설 | ⑤ 경제활동참가율은 생산가능인구에서 경제활동인구가 차지하는 비율이다. 경제활동인구와 비경제활동인구 모두 10%씩 상승했으므로 생산가능인구가 10% 증가했음을 알 수 있다. 분모와 분자 모두 10% 증가했으므로 경제활동참가율은 변화가 없다.

| 오답피하기 | ①② 고용률은 생산가능인구에서 취업자가 차지하는 비율이다. 경제활동인구가 10% 증가한 상황에서 실업자 수는 변화가 없으므로 취업자는 늘어났음을 알 수 있다. 한편, 분모인 생산가능인구도 10% 증가했지만, 취업자의 증가폭이 이보다 크므로 고용률은 상승했을 것이다.
③ 경제활동인구는 10% 증가하고, 이 가운데 실업자는 일정하므로 취업자는 10% 이상 증가했을 것이다.
④ 생산가능인구가 10% 증가했으므로 15세 이상 인구도 10% 증가했을 것이다.

422 정답 ②

| 해설 | 경제활동인구는 취업자 65명(= 풀타임 45명 + 하프타임 20명) + 실업자(구직자) 5명 = 70명이다.

② 실업률(%)은 $\dfrac{\text{실업자 수}}{\text{경제활동인구}} \times 100$으로 구하므로 $\dfrac{5명}{70명} \times 100 =$ 약 7%이다.

423 정답 ⑤

| 해설 | ⑤ 경제활동인구가 20만 명인 국가에서 실업이 20%이면, 실업자는 40,000명이다. 경제활동인구는 실업자와 취업자의 합이므로 취업자는 160,000명이고, 고용률은 (160,000명/300,000명)×100 ≒ 53.3%이다.

424 정답 ②

| 해설 | 나. 주당 1시간 이상 일하는 사람은 취업자로 분류한다.
라. 완전고용 상태에서 실업률을 의미하는 자연실업률은 경기적 실업이 0인 상태를 의미한다. 즉, 마찰적 실업과 구조적 실업만 존재하는 상황이다. 따라서 완전고용이 실업률 0%인 상황을 의미하는 것은 아니다.

| 오답피하기 | 가. 새로운 직장에 곧 취업하게 될 사람은 아직 실업자이다. 일할 의사와 능력이 있음에도 일하지 못하는 사람이기 때문이다.
다. 구직단념자는 일할 의사가 없는 사람으로서 경제활동인구에 포함되지 못하고, 구직단념자의 규모가 커질수록 실업률 전체가 낮아질 수 있다.
마. 아르바이트를 하는 학생은 경제활동인구에 포함되는 취업자이므로 아르바이트를 그만두고 학업에 전념하면 취업자는 감소하여 실업률은 높아지게 된다.

425 정답 ③

| 해설 | ③ 경기적 실업은 총수요가 부족한 경기침체기에 발생하는 실업이다. 수요의 부족은 기업들의 입장에서는 재고의 증가를 의미하고 이는 곧 경기적 실업으로 연결된다. 일반적으로 실업이라고 하면 경기적 실업을 의미한다. 이는 총수요가 확장되어 경기가 좋아지면 경기적 실업에서 벗어날 수 있다는 것을 의미한다. 따라서 정부지출의 증가는 근본적인 대책이 된다. 한편, 실업보험제도나 고용보험제도도 경기침체로 인해 실업이 발생한 경우 보험금을 지급해 실업 상태에서 벗어날 수 있도록 도와주므로 경기적 실업대책의 좋은 예이다.

| 오답피하기 | ① 구인과 구직과정에서 지원자와 기업에 대한 완전한 정보를 얻기가 어려워 채용이 될 때까지 기다리면서 발생하는 실업을 마찰적 실업이라고 한다. 마찰적 실업의 대책은 탐색기간을 줄이는 방법이 필요하다. 따라서 마찰적 실업을 감소시키기 위해서는 구인·구직 정보를 적은 비용으로 어디서든 찾아볼 수 있는 제도적 장치를 마련하는 것이 좋은 방법이다.
② 구조적 실업이란 특정한 분야에 대한 노동수요가 줄어들어서 발생하는 실업을 의미한다. 특정한 분야란 기술의 발달로 저숙련 노동자들에 대한 수요가 감소하는 경우와, 관습이나 편견에 의해 여성 인력에 대한 수요가 적은 경우 등이 포함된다. 이러한 구조적 실업을 감소시키기 위해서는 교육 및 지원이 필요하다. 구조적 실업은 일자리가 부족해서 발생하는 실업이 아니다. 그보다는 기업이 원하는 특성을 근로자가 갖지 못해 발생하는 실업이다. 따라서 직업훈련 기회를 늘리거나 기술훈련을 도와주는 제도의 도입, 지역 및 여성 차별을 없애기 위한 조치 등을 통해 감소시킬 수 있다.

426 정답 ④

| 해설 | ④ 자연실업률은 마찰적 실업과 구조적 실업이 존재하는 상황이다. 구조적인 요인이 없다고 하더라도 마찰적 실업은 언제나 존재한다. 노동시장의 정보가 부족할 경우 마찰적 실업이 심화되어 자연실업률이 상승할 수 있다. 따라서 노동시장의 정보가 충분할수록 자연실업률이 낮아질 수 있다.

| 오답피하기 | ①② 한 국가의 생산요소를 정상적으로 활용했을 때 실현할 수 있는 생산량을 완전고용생산량이라고 하며, 이때의 실업률을 자연실업률이라고 한다. 구직률이 상승할 경우 자연실업률은 하락한다.
③ 자연실업률은 어떤 경우라 하더라도 0이 될 수 없다. 마찰적 실업과 같은 자발적 실업은 정책적인 노력이 있다고 하더라도 통제할 수 없기 때문이다.
⑤ 실업률이 상승하면 자연실업률은 상승한다.

427 정답 ③

|해설| 나. 자연실업률은 마찰적 실업률과 구조적 실업률의 합이다.
마. 자연실업률은 생산요소를 정상적으로 활용했을 때의 실업률이다. 여기에서 정상적이라는 것은 하루 8시간씩 주 5일 일했을 때를 의미한다. 잠을 줄여가면서 하루 12시간씩 주 7일을 일할 수도 있지만, 이는 지속될 수가 없기 때문에 결국 자연실업률 수준으로 수렴하게 된다.

|오답피하기| 가. 마찰적 실업은 자발적 실업으로 정부가 이를 줄이기 위해 어떠한 정책적 노력을 기울인다 해도 0이 될 수 없다.
다. 실제실업률은 자연실업률을 기준으로 상승 혹은 하락하다가 장기적으로는 자연실업률에 수렴하는 것이다.
라. 실제실업률은 자연실업률과 경기적 실업률의 합으로 정의된다. 따라서 마찰적 실업률의 증가는 자연실업률을 증가시킨다.

428 정답 ④

|해설| ④ 긴 구직활동 끝에 구직을 단념하는 사람들이 비경제활동인구로 분류됨으로써 이는 실업률 통계에서 빠지고 있다. 따라서 실업률은 실제보다 낮게 측정된다.

|오답피하기| ① 경제활동참가율은 생산가능인구 중 경제활동인구가 차지하는 비율을 의미한다.
② 실업률은 경제활동인구 중 실업자가 차지하는 비율을 의미한다.
③ 고용률이란 생산가능인구에서 취업자가 차지하는 비율로, 한 경제의 실질적인 고용창출능력을 나타내는 지표이다. 최근 실업률을 보완할 수 있는 지표로 활용되고 있다.
⑤ 경제활동인구는 기본적으로 구직활동을 실제로 하는 사람들만이 포함된다. 구직활동을 실제로 하지 않는 진학준비자, 취업준비생, 심신장애자, 구직단념자 등은 포함되지 않는다.

429 정답 ⑤

|해설| (가)는 경기적 실업, (라)는 마찰적 실업이다. (나)의 구직포기자와 (다)의 주부는 비경제활동인구를 의미한다. 경제활동인구가 되기 위해서는 일할 의사와 능력이 있어야 한다. 특히, 구직포기자는 실업률을 낮추는 요인 중 하나이다. 실업률은 경제활동인구 가운데 실업자의 비중을 의미하는데, 구직포기자는 경제활동인구에 포함되지 않아 실업률의 왜곡요인으로 작용한다.
⑤ 고용률은 생산가능인구를 기준으로 하기 때문에 비경제활동인구는 고용률에 영향을 미칠 수 없다. 따라서 비경제활동인구인 주부와 달리 마찰적 실업 상태에 놓인 사람은 취업자에서 실업자가 된 것이므로 고용률에 영향을 미친다.

430 정답 ②

|해설| ② 제시된 상황에서 빌리 아버지가 실직한 이유는 석유 사용이 늘어나면서 이전에 많이 쓰이던 자원인 석탄의 수요가 줄어들었기 때문이다. 이처럼 산업구조가 변하여 발생하는 실업을 구조적 실업이라고 한다.

|오답피하기| ① 마찰적 실업은 직장을 찾기 위해 일정 기간 실직 상태에 머물게 될 때 발생하는 실업이다.
③ 계절적 실업은 어떠한 산업의 생산이 계절적으로 변동했기 때문에 일어나는 단기적인 실업을 의미한다.
④ 경기적 실업은 총수요의 부족으로 인해 발생하는 실업이다. 수요의 부족은 기업들의 입장에서는 재고의 증가를 의미하고 이는 곧 실업으로 연결된다. 일반적으로 실업이라고 하면 경기적 실업을 의미한다.
⑤ 자발적 실업은 일할 의사는 있으나 현재의 임금수준이 낮다고 생각하여 스스로 실업 상태에 머무르는 실업을 의미한다.

431 정답 ②

|해설| 제시된 자료를 통해 A국은 저성장세가 계속해서 지속되고 있는 반면, A국의 월별 실업률이 감소하고 있음을 알 수 있다. 이는 오쿤의 법칙이 적용되지 않음을 보여 준다.
민희. 오쿤의 법칙과 일치하지 않는 모습이 나타나고 있지만, 실업률 혹은 성장률 집계상의 한계로 인한 결과일 수도 있기 때문에 오쿤의 법칙이 잘못되었다고 판단할 수 없다.

|오답피하기| 다희. 오쿤의 법칙이란 실업률과 생산량 간의 관계를 나타내는 법칙이다. 산출량이 증가할 때마다 실업률이 감소한다는 것으로 자연실업률을 기준으로 실업률이 1%p 상승할 때마다 생산량이 약 2%p 감소한다고 한다. 실업률이 더 낮아지기 위해서는 경제가 잠재성장률보다 더 빠른 속도로 팽창해야 한다는 것이다. 이는 결국 실업률을 1%p 떨어뜨리기 위해서는 잠재성장률보다 2%p 더 높은 성장률이 필요하다는 것이다. 하지만 미국의 상황은 실업률과 성장률이 모두 낮아지고 있어 오쿤의 법칙과 일치하지 않는 결과가 나타나고 있다.
장희. 제시된 결과는 착시효과 때문일 수도 있다. 이는 실업률 측정의 한계에 기인한다. 실업률이란 경제활동인구 중 실업자의 비중을 의미한다. 구직활동을 열심히 하다 도저히 일자리를 구하지 못해 취업을 포기하게 되면 이는 취업자와 실업자로 구분되는 경제활동인구가 아닌 비경제활동인구에 포함되어 실업 수치가 하락할 수 있다. 생산가능인구 중 경제활동인구의 비중을 의미하는 경제활동참가율이 계속해서 하락하는 것도 이러한 추측을 가능하게 한다. 미국의 경제활동참가율이 2년간 전혀 떨어지지 않았다면 미국의 실업률은 더 높았을 것이다.
정훈. 실업률이 아닌 성장률 기준인 GDP 측정상의 한계도 생각해 볼 수 있다. GDP는 내수부문(소비, 투자, 정부지출)과 수출부문(수출-수입)으로 구분된다. 수출이 부진하여 내수 중심의 성장이 지속되어 GDP 성장률 하락세가 증폭될 수도 있다. 따라서 실제는 총생산의 증가가 있었음에도 GDP가 왜곡되어 나타날 수 있다.
순신. 의료보장과 관련된 사업주 부담 강화 정책도 하나의 요인이 될 수 있다. 주당 30시간 이상 일하는 근로자에 대해 의무적으로 의료보험 혜택을 강제할 경우 정규직 일자리를 줄이는 결과로 이어질 수 있다. 줄어든 일자리는 시간제 일자리로 대체되고, 보통 정규직 일자리 한 개가 두세 개의 일자리를 양산하기 때문에 전체적으로 실업률은 낮아진 것으로 집계될 수 있다.

432 정답 ②

|해설| ② 15~19세의 경제활동참가율은 $\dfrac{245}{245+2,955} \times 100 ≒ 7.7\%$이고,

20~24세의 실업률은 $\dfrac{150}{1,484} \times 100 ≒ 10.1\%$이며, 25~29세의 고용률은

$\dfrac{2,283}{2,486+790} \times 100 ≒ 69.7\%$이다.

433 정답 ⑤

|해설| ⑤ 고용 없는 성장은 경제 전체의 생산성 정체나 하락으로 이어져 소득분배의 불평등을 심화시킬 수 있는 우려가 있다. 이러한 대책으로 은퇴 세대가 주로 진입하는 서비스업 부문의 생산성을 높이려는 대책이 필요하다고 한국은행은 언급하고 있다.

| 오답피하기 | ① 한국은행 연차보고서의 핵심은 금융위기 이후 GDP 성장률과 함께 실업률이 하락하고 있다는 점이다. 이는 오쿤의 법칙에서 실업과 생산 간의 상관관계가 약화되었음을 의미한다.

② 한국은행은 오쿤의 법칙이 설명하는 상관관계가 약화되는 원인으로 노동시장에 잔류하는 50~60대 은퇴 연령층이 늘어난 점을 지목했다. 실업상태에 있지는 않지만 생산성이 낮아 경제 전체적으로는 성장률과 실업률이 함께 하락하는 결과를 초래했다는 것이다.

③④ 서비스업 일자리가 늘고 시간선택제 일자리 등으로 일자리 나누기가 확산된 점도 원인으로 꼽았다. 서비스업에는 파트타임 일자리가 많고, 시간선택제로 인해 하나의 일자리가 두 개 혹은 세 개로 나누어져 경제 전체 생산량에는 큰 영향을 미치지 못하면서도 일자리가 늘어난 것처럼 보인다. 이러한 고용 증가세는 고용 증대의 성장요인들을 제약할 수 있다.

434 정답 ④

| 해설 | A는 실업자, B는 비경제활동인구, C는 경제활동인구이다.

④ 고용률은 생산가능인구 중 취업자의 비중이며, 실업률은 경제활동인구에서 실업자가 차지하는 비율이다. 고용률과 실업률이 모두 증가하려면 취업자 수가 증가해야 하고 실업자 수는 더 큰 비중으로 증가해야 한다. 이는 경제활동참가율의 증가를 의미한다.

| 오답피하기 | ① 경제활동참가율은 {C/(B + C)×100}이다.

② 실업률의 증가는 실업자 수의 증가나 경제활동인구의 감소로 나타날 수 있는데, 어느 쪽도 취업률을 증가시키지는 않는다.

③ B가 증가하면 C의 비중이 줄어 경제활동참가율은 감소한다.

⑤ 주당 1시간 이상의 임금노동은 취업자를 결정하는 기준이다.

435 정답 ②

| 해설 | ② 구직포기자들은 실질적으로는 실업자이지만 경제활동인구에서 제외됨으로 인해 실제보다 실업률 지표가 낮아지는 요인으로 작용한다.

| 오답피하기 | ① 일할 능력은 있지만 의사가 없는 비경제활동인구에 해당하며, 이들을 구직포기자라고 한다.

③ 왜곡요인으로 인해 최근에는 고용률 지표를 노동시장지표로 많이 활용한다.

④ 을의 경우는 일할 의사와 능력도 있는 경제활동인구이다. 새로운 일자리를 찾는 중에 실업 상태에 놓인 경우로, 마찰적 실업에 해당한다. 마찰적 실업의 경우 일자리의 공급자와 수요자에게 서로에 대한 정보를 적시에 충분히 제공해 준다면 해소할 수 있는 실업이다.

⑤ 마찰적 실업은 경기가 호황이어도 발생하는 자발적 실업이다.

436 정답 ⑤

| 해설 | ⑤ 잠재GDP(Potential GDP)란 노동 가능한 인구가 완전히 (정상적으로) 고용된 상태에서 집계된 GDP를 의미한다. 즉, 노동과 자본 등 모든 생산요소를 완전히 사용할 경우 달성할 수 있는 최대GDP를 의미한다. 따라서 잠재GDP를 완전고용GDP라고도 한다. 한편, 경제학자들은 완전고용 수준을 달성하면 물가가 높아질 가능성이 높다는 것을 발견했는데, 이로 인해 잠재GDP를 인플레이션을 발생시키지 않고 달성할 수 있는 최대GDP라고도 한다. 이렇게 한 국가의 생산요소를 정상적으로 활용하여 최대한의 생산량을 달성했을 때의 실업률을 자연실업률이라고 한다. 자연실업률은 자발적 실업만이 존재하는 실업이라고 정의되기도 한다.

437 정답 ②

| 해설 | ② 제시된 상황은 구조적 실업의 예이다. 구조적 실업이란 산업구조의 변화로 생산방식이 변화함에 따라 노동수요의 형태가 달라져 발생하는 실업이다.

| 오답피하기 | ① 마찰적 실업이란 자발적 실업으로 더 나은 직업을 얻기 위한 탐색기간에 발생하는 실업을 의미한다.

③ 계절적 실업이란 계절의 변화로 발생하는 실업을 의미한다.

④ 경기적 실업이란 경제의 총수요가 부족하여 발생하는 실업을 의미한다.

⑤ 만성적 실업이란 경기적 실업 다음에 오는 것으로, 만성적인 불황기에 발생하는 장기적이고 비율이 높은 실업이다.

438 정답 ④

| 해설 | ④ 제시된 상황은 건설경기 침체로 인해 건설업계의 실업률이 높아지고 있는 상황을 보여 주고 있다. 건설경기 침체는 건설 수요의 부족으로부터 시작된다. 이처럼 총수요의 부족으로 인해 발생하는 실업을 경기적 실업이라고 한다. 총수요의 부족은 기업들의 입장에서 수입의 저하이기 때문에 인력을 채용할 여력이 없어지고, 심지어는 인력을 감축하게 된다. 이러한 실업의 대책은 총수요가 부족한 상황을 없애주는 것이다. 경기가 좋아지면 실업은 해결될 수 있으므로 정부주도의 건설사업시행 등이 좋은 해결책이 될 수 있다.

439 정답 ⑤

| 해설 | ⑤ 여타의 기관들의 통계는 일관된 기준이 없이 각 기관이 자의적으로 판단하여 통계를 만들어낸다는 문제점이 있다. 그렇지만 실제의 실업률을 예상해보는 데 의미가 있는 통계이기 때문에 활용하지 않기보다 보조지표로서 활용하는 것이 좋다.

| 오답피하기 | ① 김○○ 씨와 같은 구직단념자들은 비경제활동인구로 분류되어 실업률 산정의 대상에서 제외되므로 실업률이 실제보다 낮게 측정되는 문제점이 있다.

②③④ 비경제활동인구를 제외하는 정부실업률과 달리 고용정보원 등 여타의 기관들에서는 별도로 실제실업률을 측정하여 제공하고 있다. 통계청의 실업률 통계가 현실을 제대로 반영하지 못하고 있다고 판단하는 것이다.

440 정답 ⑤

| 해설 | 전체 인구는 15세 이상 인구와 15세 미만 인구로 나뉘므로 15세 이상 인구인 생산가능인구는 700명이다. 생산가능인구는 경제활동인구와 비경제활동인구로 나뉘므로 경제활동인구는 500명이다. 경제활동인구는 취업자와 실업자로 나뉘므로 취업자는 400명이다.

구분	데이터(명)
15세 이상 인구(생산가능인구)	700
15세 미만 인구	300
비경제활동인구	200
실업자	100
취업자	400
경제활동인구	500
전체 인구	1,000

다. 경제활동참가율은 생산가능인구 중 경제활동인구의 비중이므로 $\frac{500}{700} \times$ 100 ≒ 71%이다.

마. 고용률은 생산가능인구 중 취업자의 비중이므로 $\frac{400}{700} \times 100$ ≒ 57%이다.

| **오답피하기** | 라. 실업률은 경제활동인구 중 실업자의 비중이므로 $\frac{100}{500} \times$ 100 = 20%이다.

441 정답 ③

| **해설** | ③ 경제활동참가율의 하락 원인은 구직을 단념한 사람들 외에도 인구의 고령화나 젊은 층의 학업 연장이 주요 원인으로 거론된다. 베이비 붐 세대의 은퇴가 본격화되고 젊은 층에서는 더 나은 일자리를 얻기 위해 학업 단계를 계속해서 높이거나 일자리를 구하지 못해 학교에 계속해서 남아 있는 경향이 높아지고 있다. 이는 경제 전체에 상당한 영향을 미치게 된다.

| **오답피하기** | ① A국의 실업률은 지속적으로 하락하고 있고, 그 폭도 매우 크게 나타나고 있음에도 불구하고 시장의 반응은 냉담한데, 그 원인은 경제 활동참가율에서 찾아볼 수 있다. 실업률이란 경제활동인구 중 실업자의 비중을 의미한다. 실업자가 되기 위해서는 지난 4주 동안 구직을 위한 노력을 기울여야 한다. 계속된 구직 실패로 취업을 포기한 구직자들이 나타나면 이들은 아예 경제활동인구에 포함되지 않아 실업률 산정 대상조차 되지 않게 된다. 따라서 경제활동참가율을 살펴보는 것은 실업률의 감소 원인을 확인해 볼 수 있는 좋은 방법이다.
② 경제활동인구의 감소를 파악해 볼 수 있는 대안적인 지표로 고용률을 생각해볼 수 있다. 고용률은 실업률의 한계를 보완하기 위한 지표로서 생산 가능인구 중 취업자의 비중으로 계산되는 지표이다.
④ 경제활동참가율이 낮아지는 원인을 노동공급뿐만 아니라 노동수요 측면에서도 찾아볼 수 있다. 즉, 노동수요를 담당하고 있는 기업 수요 부문에서 고용 여건이 매우 악화되었다는 것이다.
⑤ 실업률이 감소하더라도 장기실업자의 비중이 높다면 현재 증가한 일자리는 임시직이거나 특정 산업에 편중된 일자리일 수 있으므로 지표의 변화가 실제와 괴리되는 상황으로 해석할 수 있다.

442	⑤	443	⑤	444	③	445	④	446	②
447	③	448	④	449	④	450	③	451	⑤
452	①	453	③	454	④	455	⑤	456	⑤
457	⑤	458	③	459	④	460	④	461	④
462	④	463	④								

442 정답 ⑤

| 해설 | ⑤ 필립스곡선의 이동은 예상 물가상승률에 영향을 받는다. (가)의 필립스곡선에서. 즉 예상 물가상승률이 변하지 않은 상황에서 통화량 증가에 따른 총수요 증가는 단기적으로는 (가)의 필립스곡선을 따라 상방으로 이동한다. 즉, 물가는 상승하고 실업률은 감소한다. 이런 상태가 지속될 경우 사람들은 인플레이션에 대한 예상을 높이게 되고 이는 (나)로의 이동을 초래한다. 따라서 단기적으로는 (가)의 필립스곡선상의 이동이 나타난다.

| 오답피하기 | ① 단기 필립스곡선은 우하향하며, 장기 필립스곡선은 자연실업률 수준에서 수직이다.
② 단기 필립스곡선은 인플레이션율과 실업률 간의 상충관계를 보여 준다.
③ 장기 필립스곡선은 장기 총공급곡선으로부터 도출된다. 이는 통화량 증가로 인한 이자율 하락, 투자의 증가가 수반되어 총수요곡선이 우측으로 이동하더라도 물가만 상승할 뿐 실질GDP에 아무런 영향을 미치지 못함을 의미한다. 이를 화폐의 중립성이라고 한다.
④ 장기 필립스곡선은 자연실업률 수준에서 수직이다.

443 정답 ⑤

| 해설 | 필립스곡선은 실업률과 물가상승률 간에 상충관계를 보여 주는 곡선이다.
⑤ 필립스곡선의 이동은 총수요확대정책의 결과가 아니라 이로 인해 인플레이션에 대한 사람들의 기대가 변할 때 발생한다.

| 오답피하기 | ①② (가)와 (나)는 실업률과 물가상승률 간의 상충관계를 나타내는 단기 필립스곡선이다. 이는 실업률과 인플레이션율을 동시에 낮출 수 없음을 의미한다.
③ (다)는 장기 필립스곡선이다. 잠재GDP 수준에서의 실업률, 즉 물가상승을 가속화하지 않는 실업률이라는 의미의 자연실업률 수준에서 수직이다.
④ 수직의 필립스곡선은 장기에는 통화량의 확대를 통한 총수요 조절은 물가만 상승시킬 뿐 실업률 개선에 도움이 되지 않는다는 것을 의미한다.

444 정답 ③

| 해설 | ③ 루카스는 적응적 기대의 문제점을 지적하며 합리적 기대를 주장하였다. 합리적 기대란 경제주체들이 현재 사용 가능한 모든 정보를 모두 동원해 합리적인 방식으로 미래에 대한 기대를 형성한다는 이론이다.

445 정답 ④

| 해설 | ④ 단기 필립스곡선은 실업률과 물가상승률 간의 음(−)의 상관관계를 보여 준다. 이는 실업률과 물가상승률을 동시에 해결할 수 없음을 의미한다.

| 오답피하기 | ① 장기 필립스곡선이 수직의 형태이므로 단기 필립스곡선이보다 완만하다.
② 「실업률 − 인플레이션율」 평면에서 자연 실업률이 증가하면 필립스곡선은 오른쪽으로 이동한다.
③ 자연 실업률은 잠재GDP 수준에서의 실업률로 장기 필립스곡선은 자연실업률 수준에서 수직이 된다.
⑤ 1970년대 스태그플레이션은 총공급곡선을 왼쪽으로 이동시켜 실질GDP를 위축시키면서도 물가를 높인다. 이는 실업률과 물가상승률을 동시에 높여 단기의 상충관계가 불분명해지는 결과를 낳았다.

446 정답 ②

| 해설 | ② 리카르도식 동등성에 의하면 정부지출이 일정할 때, 현재 세금의 인하는 현재의 소비를 증가시키지 않는다. 소비자는 합리적 기대를 통해 미래에 있을 증세에 대비하여 저축하기 때문이다.

| 오답피하기 | ① 앞으로 경기가 좋아질 것으로 전망하면. 단순기대가설에 의해 높은 장기이자율을 요구하게 된다.
③ 소비자가 합리적 기대를 한다면 현재 소득에 대해서 현재 소비가 둔감하게 된다.
④ 일시적인 감세정책은 같은 크기의 항구적인 감세정책보다 소비에 적은 영향을 끼치게 된다.
⑤ 실질이자율의 상승은 현재 소비의 비용이 증가한다는 의미이므로 현재소비를 감소시킨다.

관련 개념 짚어보기

리카르도 동등성 정리: 정부가 차입으로 충당한 자금으로 제공한 정부지출은 사람들의 소비를 증가시키지 못한다는 이론이다. 사람들은 정부가 빌린 돈을 나중에 갚기 위해서 세금을 인상할 것이라는 점을 알기 때문에 차입에 의존하여 이루어진 정부지출에는 반응하지 않는다는 것을 의미한다. 이는 정부의 지출 및 차입이 제한되어야 한다는 주장의 근거가 된다.

447 정답 ③

| 해설 | ③ 균형점인 E점은 단기 필립스곡선상에 위치하지만 장기 필립스곡선 위에는 위치하지 않는다. 한편, 장기 필립스곡선상에서 6%의 물가상승률 수준은 C점에서 결정되고, 이때의 실업률이 곧 자연실업률이다. 노동자들도 6%의 물가상승률을 예상하고 있다면 장기에는 균형점이 C점으로 이동하게 된다.

448 정답 ④

| 해설 | 필립스곡선은 향후 물가에 대한 기대에 따라 왼쪽 또는 오른쪽으로 이동하게 된다.
④ 인플레이션에 대한 기대가 높아질 경우 필립스곡선은 우측으로 이동하고, 기대가 낮아질 경우 좌측으로 이동한다.

| 오답피하기 | ① 필립스곡선이 보여 주는 실업률과 물가상승률 간의 역(−)의 상관관계는 높은 실업률은 물가상승률의 감소를 야기하고, 낮은 실업률은 물가상승률의 증가를 야기한다.

②③ 필립스곡선은 정책결정자들에게 경제의 '쌍둥이 악'으로 불리는 인플레이션율과 실업률을 동시에 달성할 수 없다는 중요한 정책적 시사점을 전달해 준다.
⑤ 인플레이션은 가속화되면서도 생산이 감소하는 현상이 발생할 수 있다. 즉, 필립스곡선이 이야기하는 인플레이션과 실업률 간의 안정적인 상관관계가 스태그플레이션이 발생하는 경우 성립하지 않게 된다.

관련 개념 짚어보기

필립스곡선: 1950년대 말 영국의 경제학자 필립스가 약 90년 동안의 영국 실업률과 인플레이션 자료를 분석한 결과 이들 간의 역(−)의 상관관계가 존재함을 밝혀냄으로써 소개되었다. 이후에 미국을 비롯한 다른 국가 자료를 사용하여 분석한 결과도 실업률과 인플레이션 간의 안정적인 역의 관계가 존재함을 뒷받침해 주었다.

449 정답 ④

|해설| 1950년대 필립스가 발견해 낸 필립스곡선은 기본적으로 인플레이션과 실업률 간의 역(−)의 상관관계를 보여 준다. 이것이 알려주는 정책적 시사점은 단기적으로는 인플레이션과 실업률을 동시에 낮출 수 없다는 점이다. 하지만 낮출 수 없는 정도가 실업률의 정도에 따라 다르다. 다음은 필립스곡선이다.

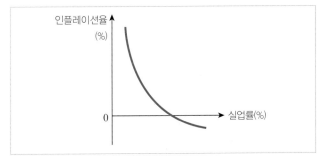

④ 필립스곡선을 보면 실업률이 높을 때보다 낮을 때 기울기가 '가파르다'는 것을 알 수 있다. 이는 실업률이 낮은 수준일 때에는 실업률이 높을 때보다 실업을 줄이기 위해 희생해야 하는 물가상승률이 훨씬 '크다'는 것을 의미한다. 따라서 인플레이션과 실업률 간의 음(−)의 상관관계가 있다는 점에 대해 실업률이 낮은 수준일 때의 실업률 정책이 더 큰 인플레이션을 야기한다는 것을 알 수 있다.

450 정답 ③

|해설| ③ 장기에는 총공급곡선의 모양이 수직이기 때문에 총수요곡선이 아무리 우측으로 이동하더라도 물가만 상승시킬 뿐 생산량 증가에 아무런 영향을 미치지 못한다. 따라서 장기 필립스곡선도 자연실업률 수준에서 수직의 모양을 갖게 되는 것이다. 결국 총수요 – 총공급곡선으로부터 필립스곡선이 도출됨을 알 수 있다.

|오답피하기| ① 단기에는 총공급곡선이 우상향하는 반면, 장기에는 자연실업률 수준에서 수직이다. 필립스곡선도 이를 반영한다. 총공급곡선이 우상향하는 경우 총수요가 증가하여 총수요곡선이 우측으로 이동하면 경제 전체의 생산량이 증가하고 물가가 상승한다.
② 필립스곡선은 인플레이션율과 실업률의 관계를 나타낸 것이다. 이 외의 외부요인이 변동한다면 곡선이 이동하지만, 인플레이션율이나 실업률이 변동한다면 이 변화는 곡선상의 이동으로 나타난다.

④ 원유 가격의 상승은 기업의 생산비용의 증가를 야기하고 이는 한 국가경제의 총공급곡선을 좌측으로 이동하게 만든다. 그 결과 인플레이션은 가속화되면서도 생산이 감소하는 현상이 발생한다. 결국 필립스곡선이 이야기하는 인플레이션과 실업률 간의 안정적인 상관관계가 스태그플레이션이 발생하는 경우 성립하지 않게 된다는 것을 의미한다.
⑤ 장기에는 총수요곡선이 아무리 우측으로 이동하더라도 물가만 상승시킬 뿐 생산량 증가에 영향을 미치지 못한다.

451 정답 ⑤

|해설| ⑤ 스태그플레이션의 해결책은 생산기술을 발전시키는 것이다. 더 적은 석유를 사용해도 동일한 생산량을 만들 수 있는 기술이라든지, 혹은 생산과정에서 혁신적인 기술의 개발로 높아진 원유 가격을 상쇄할 만한 효율적인 방법을 찾는 등 연구개발 투자활동을 활발히 해야 한다. 즉, 생산성을 높이려는 노력이 진행된다면 다시 총공급곡선은 우측으로 이동하여 바람직한 균형 상태를 달성할 수 있다. 따라서 연구개발에 투자할 수 있도록 정부가 장려하는 제도를 운영한다면 스태그플레이션 상황을 풀어나갈 수 있을 것이다.

|오답피하기| ①②③④ 세율이나 정부지출 증가를 통하거나, 기업들이 사내유보금을 쌓아두지 않고 투자를 할 수 있도록 과세를 한다고 해도, 대표적인 부동산 정책인 LTV와 DTI 기준을 완화하여 부동산시장을 활성화시켜 내수를 진작시킨다 하더라도 약간의 생산량 증가가 가능하지만 아주 큰 폭의 물가 상승을 야기하기 때문에 경제에는 여전히 문제가 발생한다.

관련 개념 짚어보기

스태그플레이션: 공급 측 충격으로 인해 경제 전체의 생산량이 감소하면서 물가가 상승하는 현상이다. 더 구체적으로는 원자재 가격 상승과 같은 생산비용상의 문제가 발생할 때 총공급곡선이 좌측으로 이동하여 발생하는 현상이다. 이러한 스태그플레이션은 필립스곡선이 갖는 시사점인 인플레이션율과 실업률 간에 음(−)의 상관관계를 약화시키는 요인으로 작용한다. 실업률과 인플레이션이 모두 커지기 때문이다.

452 정답 ①

|해설| ① 노동수요와 공급, 노동생산성은 기업의 생산과 관련되어 있는 공급 측 요인이다. 노동생산성이 증가했다는 것은 동일한 노동력의 투입으로 더 많은 상품을 생산할 수 있다는 것을 의미하거나, 더 적은 노동력의 투입으로 기존과 동일한 양의 상품을 생산할 수 있다는 것을 의미한다. 어느 경우이든 기업의 입장에서는 더 적은 생산비용으로 생산이 가능해졌음을 의미한다. 따라서 단기 총공급곡선은 우측으로 이동한다. 생산성의 증가는 장기 총공급곡선도 이동시킨다. 생산성의 변화는 동일한 노동력으로 더 많은 생산이 가능함을 의미하기 때문에 경제에 모든 생산 요소가 정상적으로 모두 고용되어 있는 상황에서의 생산량인 완전고용생산량이 증가하게 되는 것이다. 그 결과 장기 총공급곡선이 우측으로 이동하게 된다. 이러한 움직임을 오쿤의 법칙과 연결시켜 보면, 오쿤의 법칙은 산출량이 증가할 때마다 실업률이 감소한다는 것으로 자연실업에서 실업률이 1% 상승할 때마다 산출량이 약 2% 감소한다고 한다. 따라서 한 국가의 생산량이 늘어나게 되면 실업률이 감소하게 되는 것이다. 결국 생산성의 증가로 인해 생산량이 증가하는 경우 단기적으로나 장기적으로 실업이 감소하게 됨을 알 수 있다. 따라서 단기 필립스곡선과 장기 필립스곡선 모두 좌측으로 이동하게 된다.

453 정답 ③

| 해설 | 인플레이션율과 실업률은 경제주체들로 하여금 고통을 느끼게 한다. 이러한 이유로 경제에서는 이 2개의 지표가 합쳐진 수치를 '고통지수(Misery Index)'라고 정의하여 경제주체들의 고통수준을 나타내는 기준으로 활용한다.

> 고통지수 = 인플레이션율 + 실업률

③ A국의 상황에서 고통지수는 인플레이션율 4%와 실업률 8.5%를 더한 12.5%이다. 희생률이 3%라고 하는 것은 인플레이션율 1%p를 낮추기 위해 희생하는 GDP의 비율이다. 즉, 희생률이 3%라는 것은 A국의 경우 인플레이션율 1%p를 낮추기 위해 GDP 30조 원을 희생해야 한다는 것을 의미한다. 생산량과 실업률은 오쿤의 법칙에 의해 음(−)의 상관관계에 있고, 실업률과 인플레이션율은 필립스곡선에 의해 음(−)의 상관관계가 있기 때문이다. 따라서 GDP 60조 원을 희생했다는 것은 인플레이션율을 2%p 낮추는 정책을 활용했다는 것을 알 수 있다.

454 정답 ④

| 해설 | ④ 자연실업률 가설은 예상하지 못한 인플레이션이 0이어야만 실업률이 자연실업률과 같아지는 수직의 모양을 갖는다고 설명하면서 전통적인 필립스곡선에 기대인플레이션이라는 변수를 반영하였다. 이를 '기대부가 필립스곡선'이라고 한다.

| 오답피하기 | ① 단기적으로 실업률을 감소시키려는 총수요확장정책이 장기적으로 실업률이 자연실업률 수준으로 되돌아가고 물가만 상승시키게 됨으로써 자연실업률 가설은 장기적으로 총수요확장정책이 무력하다는 것을 알려준다.

관련 개념 짚어보기

자연실업률 가설: 실업률이 장기에는 결국 자연실업률 수준으로 돌아가 실업률을 낮추려는 노력이 소용이 없다는 가설이다. 정부가 확장적인 총수요관리정책으로 총수요를 증가시킨 경우 단기에는 실업률을 자연실업률 이하로 낮출 수 있다. 이는 근로자들이 앞으로의 인플레이션에 대해 완전하게 예상하지 못했기 때문이다. 그러나 인플레이션을 완전히 예상하게 되는 경우에는 실업률은 자연실업률 수준에서 움직이지 않게 된다.

455 정답 ⑤

| 해설 | 가. 합리적 기대는 경제주체들이 미래에 대한 기대를 형성할 때 이용 가능한 모든 정보를 활용해 미래를 예측하는 방법이다.
나. 적응적 기대는 경제주체들이 미래에 대한 기대를 형성할 때 과거의 자료에서 출발해 예상오차를 조금씩 수정하면서 미래를 예측하는 방법이다.
라마. 근로자들은 임금인상을 주장하기 위해 올해의 인플레이션을 예상하면서 작년과 유사한 추이를 보일 것이라고 예상하고 작년의 물가 상승분만큼의 임금인상을 주장한다. 실제 인플레이션이 예상과 다를 경우 근로자들은 예측오차를 범하게 되는데, 문제는 적응적 기대하에서는 이러한 오차를 한번에 수정할 수 없다. 예를 들어 작년에 인플레이션은 3%이고, 올해 실제 인플레이션은 6%인 경우 3%에서 6%로 예측을 바로 수정하는 것이 아니라 3% → 4%, 4% → 5%, 5% → 6%로 체계적인 오차를 범해가며 수정을 해나가는 것이다. 따라서 근로자들은 화폐환상에 빠지게 된다. 명목가치와 실질가치의 괴리를 파악하지 못하게 되는 것이다.

| 오답피하기 | 다. 합리적 기대는 미래를 예측하는 데 이용 가능한 모든 정보를 활용하기 때문에 예측오차가 발생하지만, 체계적인 오차를 발생시키지 않는다.

456 정답 ⑤

| 해설 | ⑤ 천연가스, 서부텍사스산 원유, 설탕 등은 대표적인 원자재이다. 이러한 대표 원자재 가격의 상승은 우리 경제에 결코 반가운 현상이 아니다. 우리나라 경제는 원자재를 거의 대부분 수입에 의존하기 때문에 원자재 가격 상승은 기업들의 생산비용 증가로 직결된다. 그 결과 총수요−총공급곡선에서 총공급곡선이 좌측으로 이동하여 생산량이 감소하는 반면 물가는 상승하게 된다. 생산량의 감소는 실업률의 증가로 이어진다. 결국 A점에 머물던 경제는 단기적으로 E점으로 이동하게 된다. 생산량의 감소가 실업의 증가로 이어지고, 물가의 상승이 나타난다. E점은 장기적인 균형은 아니다. 이러한 원자재 가격 상승이 계속해서 장기의 상황까지 이어진다면 완전 고용 산출량 수준 자체가 감소하여 자연실업률이 증가한다. 그 결과 장기 필립스곡선이 우측으로 이동해 장기균형은 E점에서 형성될 것이다. 하지만 이러한 원자재 가격의 상승이 지속되지 않고 어느 순간 다시 하락하여 기존의 수준에 근접해진다면 단기 총공급곡선이 우측으로 이동하여 원래의 균형을 되찾게 되고, 이는 단기 필립스곡선의 좌측 이동으로 나타나 경제는 다시 A점에서 균형을 이루게 된다. 따라서 균형점의 이동은 A점 → E점 → A점이 된다.

457 정답 ⑤

| 해설 | ⑤ 글로벌 금융위기 이후 약화되고 있는 각국의 복지정책은 필립스곡선을 평탄하게 만든 요인으로 볼 수 없다. 복지정책이 약화될 경우 실업자들의 구매력을 보완해 줄 수 없기 때문에 금융위기로 늘어난 실업자들로 인해 총수요가 급격히 감소한다. 그 결과 기업들은 생산을 줄이고 이는 실업이 증가하는 결과로 나타나기 때문이다. 따라서 약화된 복지정책은 완만한 필립스곡선의 원인으로 적절하지 않다.

| 오답피하기 | ①② IMF 보고서에는 인플레이션율이 더 이상 올라가지 않는 모습을 '짖지 않는 개'에 빗대어 경제에 악영향을 미치는 요인이 되지 않음을 이야기하고 있다. 이는 경제주체들이 물가 안정을 이루려는 중앙은행의 노력에 큰 신뢰를 갖고 있기 때문에 기대물가상승률이 높지 않다는 점을 하나의 원인으로 꼽을 수 있다.
③④ 중국의 값싼 수입품은 물가를 안정시킨 요인 중 하나이다. 다른 제품에 비해 저렴한 중국산 제품이 경제 전체의 물가를 안정적으로 유지할 수 있도록 도와주는 것이다. 또한 더 적은 비용으로 많은 생산량을 담보하려는 중국기업들의 기술혁신도 무시할 수 없는 요인이다.

458 정답 ③

| 해설 | 가. 제시된 미국의 경제는 실업률은 10%에서 7.6%로 급격히 낮아지면서 물가는 하향 안정세를 취하고 있는 모습을 보이고 있다. 소비자 물가 상승률은 전년 동기 대비 1.5% 상승에 그친 것이다. 1950년대 필립스가 발견한 인플레이션율과 실업률 간에 형성되었던 안정적인 음(−)의 상관관계가 무너졌음을 알 수 있다.
나. 구직을 포기한 사람은 취업의 의사가 없다는 것으로 간주되어 비경제활동인구로 분류되어 경제활동인구가 감소하는 결과를 초래한다. 경제활동인구의 감소는 실업률의 감소도 초래한다. 실업자에 속하던 구직자가 구직을 포기하면서 비경제활동인구로 분류되면 실업자의 수가 감소하기 때문이다. 따라서 실업률이 하락하는 모습을 보이게 된다. 따라서 경제활동참가율이 낮아진 것이 필립스곡선을 붕괴시킨 요인 중 하나가 될 수 있다.

| 오답피하기 | 다. 한국의 소비자물가는 전년 동월 대비 7개월째 1%대의 미미한 상승률을 보이고 있다. 이는 필립스곡선의 의미대로라면 고용 지표의 악화를 불러와야 하는데, 실제로는 실업률과 물가가 따로 움직이고 있음을 볼 수 있다. 계절요인이 포함된 1~3월을 제외하면 실업률이 3% 안팎으로 낮은 수준인 것이다. 따라서 우리나라에서도 인플레이션율과 실업률 사이의 안정적인 음(−)의 상관관계가 약화되고 있음을 알 수 있다.

459 정답 ④

| 해설 | ④ 경상수지 흑자는 총수요곡선의 우측 이동요인으로 실업률을 낮추는 반면, 물가를 상승시킨다.

| 오답피하기 | ① A국 정부는 2024년 경상수지 흑자를 원동력으로 저성장 기조에서 벗어났음을 알 수 있다. 이로 인해 결과적으로 낮은 물가상승률과 높은 취업률을 달성했다는 것이다.
⑤ 디플레이션이 문제가 되는 경우는 경제성장을 저해하는 경우인데 제시된 자료에 따르면 저성장 흐름에서 벗어나 본성장궤도에 올라서고 있다고 하므로 물가 안정은 경제에 도움이 된다.

460 정답 ④

| 해설 | ④ 프리드먼 – 펠프스가 주장한 자연실업률 가설에 따르면 실업률을 낮추기 위한 정부의 총수요관리정책은 단기에는 어느 정도 효과가 있다. 즉, 단기적으로 실업률을 자연실업률 이하로 낮출 수 있다.

| 오답피하기 | ② 오쿤의 법칙에 따르면 생산량이 증가하면 실업률이 감소하기 때문에 총수요확장정책으로 인해 단기적으로는 생산량이 증가하면서 물가가 상승하여 우하향의 필립스곡선이 도출되지만, 장기적으로는 아무리 총수요확장정책을 시행한다고 하더라도 물가 수준만 높일 뿐 생산량에는 영향을 미치지 못해 자연실업률 수준에서 수직인 장기 필립스곡선이 도출된다.
⑤ 실업률을 낮추기 위한 정책은 단기적으로 실업률을 자연실업률 이하로 낮출 수 있지만 장기적으로는 실제실업률이 자연실업률 수준으로 수렴하게 되고, 이후의 실업률을 낮추려는 정책적인 노력들은 실업률에는 영향을 미치지 못하고 물가만 상승시키게 된다.

461 정답 ④

| 해설 | ④ 통화량의 변화는 자연실업률에 영향을 미칠 수 없다. 통화량이 많아지면 경제주체의 기대인플레이션이 높아져 필립스곡선이 이동할 수 있지만, 자연실업률이 변화하는 것은 아니다.

| 오답피하기 | ①② 원자재 가격 상승이나 기대인플레이션의 변화는 대표적인 필립스곡선의 이동요인이다.
③ 자연실업률의 변화도 필립스곡선을 이동시키는 요인이 된다. 자연실업률은 고령화와 같은 노동시장의 구조적인 부문의 영향을 받는다.
⑤ 이력현상은 자연실업률에 영향을 미치는 대표적인 요인이다. 이는 1980년대 미국의 불경기와 1990년 일본의 저성장기를 설명하는 데 주로 적용되는 이론이다. 일본의 노동력, 자본, 기술 등의 요인을 보면 잠재성장률은 3% 수준이지만 1992년 이후의 성장은 1%대를 벗어나지 못하고 있다. 총수요가 위축되면서 실업이 증가하고 실업자는 구직과정에서 취직이 어려워 구직을 포기하게 되고, 기업은 경력이 단절된 지 오래된 노동자를 고용하지 않기 때문이다. 따라서 자연실업률이 상승하게 된다. 이로 인해 일본경제의 기대성장률과 실제성장률 모두 하락하게 된 것이라는 이론이 '이력현상'이다.

> **관련 개념 짚어보기**
>
> **이력현상**: 경기침체 등으로 인해 일시적으로 증가했던 실업이 경기가 회복되어도 다시 줄어들지 않고 높은 수준으로 고착되는 현상을 의미한다.

462 정답 ④

| 해설 | 가. 필립스곡선이 우하향한다는 것은 이 둘 사이에 하나가 증가하면 다른 하나가 감소하는 관계가 존재한다는 것이다. 이를 상충관계(Trade–off)라고 한다.
나. 확장적 통화정책을 실시하는 경우 시장의 이자율이 하락, 투자와 소비를 증가시킴으로써 경기를 부양시켜 실업률을 감소시킬 수 있지만 물가가 상승하는 악영향이 나타난다.
다. 단기의 상황은 산출량이 완전고용산출량에 도달하지 못했음을 의미한다. 산출량이 완전고용산출량에 도달하는 경우를 장기라고 한다.

| 오답피하기 | 라. 필립스곡선 이론은 단기에서만 성립되는데, 이는 장기에서는 필립스곡선이 자연실업률 수준에서 수직이 되기 때문이다. 그리고 단기의 총공급곡선은 우상향의 형태를 갖는다.

463 정답 ④

| 해설 | 전통적인 필립스곡선과 달리 프리드먼–펠프스 모형에서 단기 필립스곡선은 기대인플레이션에 따라 이동하게 된다. 단기 필립스곡선은 인플레이션 기대가 클수록 우측(위쪽)으로 이동하고, 작을수록 좌측(아래쪽)으로 이동하게 된다.
④ 제시된 상황은 A국의 기대인플레이션율이 6개월 만에 하락하고 있음을 나타내고 있다. 따라서 이처럼 낮은 기대인플레이션은 단기 필립스곡선을 좌측(아래쪽)으로 이동시키게 된다. 반면, 장기 필립스곡선은 기대인플레이션과 무관하게 자연실업률 수준에서 수직이 된다. 기대인플레이션은 자연실업률에 영향을 미치지 못하기 때문이다.

CHAPTER 08 경기변동, 경제성장, 경기지수

문제 P.142

464	⑤	465	②	466	④	467	⑤	468	⑤
469	①	470	②	471	⑤	472	④	473	②
474	③	475	⑤	476	④	477	②	478	⑤
479	②	480	②	481	④	482	①	483	②
484	①	485	③	486	④	487	⑤	488	②
489	③								

464 정답 ⑤

| 해설 | ⑤ 고평가된 원화로 인해 경상수지 적자가 계속되면서 단기부채를 감당하지 못하였고, 외환고갈로 인해 경제가 파산하는 현상이 발생하였다.

| 오답피하기 | ① 1960년대는 전쟁으로 인해 소실된 인프라를 다시 구축하여 경제발전의 토대를 만들었던 시기이다. 막대한 정부지출이 존재하였고, 이로 인해 GDP가 증가하였다.
② 1970년대는 중동지역의 개발 수요가 많아 우리나라의 인력과 상품들이 해외로 나가던 시기이다. 수출의 증가가 GDP 상승을 견인하였다.
③ 물가상승률이 가장 높았던 시기이다. 당시 예금 이율이 10%를 넘을 정도로 경기가 과열되었던 시기이다.
④ 경제성장이 안정적으로 나타나고 있다. 저달러·저유가·저금리의 3저 현상으로 경기가 호황을 경험하던 시기이다.

465 정답 ②

| 해설 | ② 한국은 1960년대 수입대체전략을 통해 내수 중심의 전략을 펼쳤으나, 중화학공업으로 선회하여 수출 중심의 전략으로 외환을 벌어들이고, 이를 바탕으로 다시 해외 원자재를 구입하여 또 다른 상품 생산을 이어갈 수 있었다.

| 오답피하기 | ① 한국은 해방 이후 국제원조를 경제 기반 마련에 투자하여 경제성장의 밑바탕을 마련하였다.
③ 한국의 성장 및 전환은 모든 국가가 인정하는 사례이다.
④ 한국은 수출을 통한 단방향 개방에서 외환위기 이후 수입개방을 통한 양방향 개방으로 전환하면서 경쟁우위를 지속적으로 창출해왔다.
⑤ 전 세계적으로 한국과 같은 경제성장을 이룬 국가는 찾아보기 어렵다.

466 정답 ④

| 해설 | ④ 선행종합지수는 하락하는 반면 동행지수는 상승하고 있다. 모든 지표가 부정적인 방향을 나타내고 있고 수출마저 부진하여 총수요곡선이 우측으로 이동할 것이라고 볼 수 없다.

| 오답피하기 | ① 선행종합지수가 100 이하이므로 향후 경기가 침체될 것으로 예상하는 사람들이 많음을 알 수 있다.
② 해당 시기의 지수하락은 코로나19 팬데믹 상황과 관련 있다.
③ 선행지수가 중간에 하락한 것은 미래의 경기침체를 예견하는 것으로 볼 수 있다.
⑤ 수출금액지수는 수출입 전체 금액의 변동을 나타내는 것으로 수출입단가지수와 수출입물량 지수를 곱한 것이다. 이는 같은 수량을 팔더라도 단가의 하락으로 판매수입이 감소함을 의미한다.

467 정답 ⑤

| 해설 | ⑤ 미국의 금융위기 여파가 경기침체의 원인이 될 수는 있지만, 경기침체는 단기적인 문제이다. 경제성장은 장기적인 문제로 내부의 구조적 개선이 동반되지 않으면 발생하지 않는다. 따라서 미국의 경기회복이 단기적으로는 우리나라의 경기개선에 영향을 미칠 수 있지만, 장기적인 경제성장을 추구하는 문제는 별도의 노력이 동반되어야 한다.

| 오답피하기 | ① 지속적인 경기침체가 나타나고 있으며, 이는 고용, 소비, 투자 등의 감소로 인한 성장률 둔화의 모습으로 해석할 수 있다.
② 지속적인 경기침체는 경제구조 전반의 왜곡을 초래하여 중장기적인 저성장 기조로 연결될 수 있다.
③ 모든 한계생산성은 체감하기 마련이다. 현재의 저성장 역시 경제의 고도화로 자본의 한계생산이 체감하는 현상으로 설명이 가능하다.
④ 인구고령화로 인한 생산가능인구의 감소는 저성장의 핵심적인 요인이다.

468 정답 ⑤

| 해설 | ⑤ 기업경기실사지수(BSI)는 기업인을 대상으로 향후 경기에 대한 예상을 묻고 이를 지수화한 것이다.

469 정답 ①

| 해설 | 기업경기실사지수(BSI)와 소비자심리지수(CSI)는 각각 기업가와 소비자에게 향후 경기에 대한 기대를 물어 지표화한 것이다. 모두 100을 기준으로 이보다 높으면 경기에 대한 기대가 긍정적, 낮으면 부정적이라 판단한다.
① 기업가와 소비자 모두 향후 경기를 긍정적으로 평가했으므로 고용의 증가를 예상할 수 있다.

| 오답피하기 | ② 경기에 대한 낙관적인 기대가 형성되면 수익률에 대한 긍정적 평가가 가능하므로 기업의 투자가 증가할 수 있다.
③ 경기에 대한 낙관적 기대는 소득 증가에 대한 기대로 이어져 소비가 증가할 수 있다.
④ 경기에 대한 낙관적 기대는 경기과열로 이어질 수 있어 한국은행은 기준금리를 인상할 가능성이 높다.
⑤ 기업경기실사지수(BSI)가 100을 넘었기 때문에 경제상황을 긍정적으로 보는 기업이 더 많다.

470 정답 ②

| 해설 | ② 정상 상태로 수렴하는 솔로우 모형을 사용하면 지속적인 성장을 할 수 없다. 이는 솔로우 모형이 규모에 대해 수익이 일정한 생산함수를 사용하기 때문이다. 이런 생산함수는 근로자 1인당 생산함수의 한계생산이 체감하는 것을 의미한다. 이로 인해 정상 상태로 수렴하게 되는 솔로우 모형은 장기적인 성장을 설명할 수 없다. 따라서 1인당 생산함수가 규모에 대해 수익이 체증인 경우를 상정하면 이런 솔로우 모형의 한계를 극복할 수 있다.

| 오답피하기 | ① 경제성장은 공급 측 요인이다. 공급이 증가하기 위해서는 생산성의 증가가 뒷받침되어야 한다.
③ 인적자본의 지속적인 축적은 공급의 증가를 야기한다.
④ 기술개발이나 혁신은 생산성을 높이는 대표적인 수단이다.
⑤ 지속적인 성장은 경제성장을. 경제성장은 잠재GDP의 증가를 의미한다.

471 정답 ⑤

| 해설 | 지수물가는 소비자물가지수와 생활물가를 의미하고, 체감물가는 비목별동향을 의미한다.
⑤ 교육비는 전년 동월비가 6.1%로 다른 품목에 비해 크게 상승하였다. 따라서 학생이 있는 가정은 교육비 지출이 높아져 물가 상승을 더 민감하게 느꼈을 것이다.

| 오답피하기 | ① 지수물가와 체감물가는 모두 전월 혹은 전년 동월에 비해 상승하였다.
② 비목 중 전월 대비 등락률이 가장 낮은 품목은 교육과 기타잡비이다.
③ 전년 동월비를 비교하면 지수물가보다 체감물가가 보다 더 크게 상승하였다.
④ 전년 동월에 비해 교양오락은 0.7% 하락해서 물가 상승에 가장 적은 영향을 미쳤다.

472 정답 ④

| 해설 | 경기변동이란 호황과 불황이 반복되는 현상을 의미한다. 경기변동은 경기선행지표, 경기동행지표, 후행지표를 통해 살펴볼 수 있으며, 불황 시에는 정부가 개입하여 총수요확장을, 호황 시에는 경기가 지나치게 과열되지 않도록 조절한다.
④ 수출이 감소하면 순수출이 감소하여 총수요가 감소한다. 총수요가 감소하면 경기가 둔화된다.

| 오답피하기 | ① 경제심리지수는 기업과 소비자를 모두 포함한 민간의 경제상황에 대한 심리를 종합적으로 파악하기 위해 기업경기실사지수(BSI)와 소비자동향지수(CSI)를 합성한 지표로, 2019년 제10차 경기종합지수 개편에서 기존의 소비자기대지수를 대신해 경기선행지표로 들어왔다.
② 경기가 호황인 경우 장기금리가 상승한다. 금리는 돈을 빌리는 입장에서는 비용이지만 투자하는 입장에서는 수익률이다. 장기 대출금리가 상승한다는 것은 장기적으로 경기가 상승할 것으로 예상한다는 것을 의미한다. 따라서 경기가 호황일 것으로 예상하는 경우 장기 대출이 증가하고, 장기 대출 수요의 증가로 인해 장기 대출금리가 상승해 장단기 금리 차이가 커지게 된다.
③ 경제의 균형은 저축과 투자가 일치할 때 형성된다. 자본재는 투자에 의해 증가하고, 투자는 저축에 의해 증가된다. 한편, 투자가 저축보다 많다는 의미는 자본재 증가에 의한 생산이 증가하고 있음을 의미한다. 따라서 투자>저축일 때 경제가 호황 상태에 놓임을 알 수 있다.
⑤ 총수요 가운데 소비가 가장 많은 비중을 차지하지만, 경기변동에 민감하게 반응하는 변수는 투자이다.

473 정답 ②

| 해설 | 가. 경기지수는 실제 경기 상태를 표현하기 위한 수단이다. 우리나라에서 대표적으로 활용하는 경기지수는 선행종합지수, 동행종합지수, 후행종합지수로 구성된 경기종합지수이다.
라. 기업경기실사지수는 기업들의 설문조사, 소비자동향지수는 소비자들의 설문조사를 통해 작성된다.

| 오답피하기 | 나. 기업경기실사지수는 기업들의 설문조사를 통해 작성된다. 기업활동실적 및 계획, 향후 경기전망에 대한 기업가들의 의견을 직접 조사하여 이를 바탕으로 지수화한다. 기업경기실사지수는 100을 기준으로 이보다 크면 경기를 긍정적으로, 이보다 작으면 경기를 부정적으로 보는 업체가 더 많다는 것을 의미한다.

$$\text{업종별 BSI} = \frac{\text{긍정 응답업체 수} - \text{부정 응답업체 수}}{\text{전체 응답업체 수}} \times 100 + 100$$

다. 소비자동향지수는 앞으로 소비자들의 소비지출계획이나 경기전망에 대한 설문조사를 진행하여 이 결과를 지수로 환산한 지표이다. 지수의 계산은 매우 긍정, 다소 긍정, 비슷, 다소 부정, 매우 부정에 가중치를 부여하여 긍정에서 부정을 뺀 수치를 전체 응답가구 수로 나누어 계산한다.

$$CSI = \frac{\text{매우 긍정} \times 1.0 + \text{다소 긍정} \times 0.5 + \text{비슷} \times 0.0 - \text{다소 부정} \times 0.5 - \text{매우 부정} \times 1.0}{\text{전체 응답가구 수}}$$
$$\times 100 + 100$$

따라서 긍정과 부정이 같다고 하더라도 100의 값을 갖게 된다.

474 정답 ③

| 해설 | ⊙ 새 고전학파 경제학자들은 기술혁신, 경영혁신, 석유파동, 기후 등과 같은 생산물의 총공급곡선에 영향을 미치는 요인들이 경기변동의 주요 원인이라고 주장하였다. 이러한 실물적 경기변동이론은 고전학파가 주장한 수직의 총공급곡선을 받아들인다. 총수요 측면은 경기변동을 일으키는 원인이 아니라고 보는 것이다. 기업이 생산부문에서 기술혁신을 달성했다면, 이는 주어진 고용수준에서 노동의 한계생산물이 증가하기 때문에 노동의 수요곡선이 오른쪽으로 이동한다. 이에 따라 실질임금이 상승하고 고용량이 증가한다. 고용량의 증가는 총생산의 증가로 이어지고, 이는 각 가계의 총소비와 총저축을 증가시킨다. 또한 총저축의 증가는 총투자의 증가로 이어진다. 결과적으로 고용, 소비, 저축, 투자, 실질임금이 경기순응적으로 움직이는 것을 볼 수 있다.
⊙ 새 케인스학파의 이론은 케인스학파의 전통을 이어받아 경기변동이 총수요 측면에서 발생한다고 주장한다. 이는 케인스학파의 전통을 이어받아 민간소비(C), 투자지출(I), 순수출(NX) 등 총수요 측면에서 경기변동이 발생한다는 주장이다.

475 정답 ③

| 해설 | 슘페터는 경기변동을 호황 국면, 후퇴 국면, 불황 국면, 회복 국면의 4가지 국면으로 구분하였다.
⊙ 호황 국면은 균형점 A에서 B점까지의 구간을 의미한다. 이 구간은 경제가 평균수준보다 높은 성장을 구가하는 시기이다. 하지만 정점인 B에 다다르면 경제는 성장률이 감소한다.
⊙ 후퇴 국면은 정점 B에서 균형점 C까지 구간을 의미한다. 경제가 언제나 급격한 성장을 지속할 수는 없으므로 시간이 지나면 점차 성장속도가 느려지는데, 후퇴 국면은 이처럼 성장속도가 감속하는 구간이다.
⊙ 불황 국면은 균형점 C에서 저점 D까지 구간을 의미한다. 성장률이 감소하던 경제는 점차 성장률이 0이 되고, 나중에는 마이너스(−) 성장을 하게 된다. 이 구간에 있을 때 불황에 빠졌다고 한다.
⊙ 회복 국면은 저점 D에서 균형점 E까지 구간을 의미한다. 회복 국면에서 점차 경제는 처음 수준으로 회복된다.

476 정답 ④

| 해설 | ④ 코스피지수는 경기종합지수 중 선행종합지수에 해당하는 지표이다. 선행종합지수란 앞으로 경기동향을 예측하기 위한 지표로서 앞으로 경제현상을 가늠해 볼 수 있는 9개 지표들의 움직임을 종합하여 작성한다.

| 오답피하기 | ① 경기부양책을 내놓은 정부의 노력이 시장에서 반응을 이끌어냈다고 볼 수 있다.
② 경기부양 노력은 외국인들로 하여금 향후 A국 경제에 대한 기대감을 높였을 것이다.
③ 중앙은행의 기준금리가 인하될 것이라는 기대 역시 증시 쏠림 현상 가속화의 원인이다. 기준금리가 인하되면 기업들의 투자가 증가되고 이는 주가 상승으로 이어질 수 있기 때문이다.

⑤ 미국의 양적 완화 축소는 A국 정부의 경기부양책 효과를 상쇄할 수 있는 요인이다. 미국의 양적 완화가 축소될 경우 미국의 이자율이 상승하여 A국 주식에 투자되었던 외국 자금이 일시에 빠져나갈 가능성이 높아지기 때문이다.

477 정답 ②

| 해설 | ② 콘트라티에프는 약 100년에 걸친 영국, 미국, 독일, 프랑스의 물가와 임금과 같은 가격자료와 석탄, 철강 및 비철금속의 소비, 생산과 같은 물량자료를 연구한 결과 약 40년 내지 60년의 장기순환을 발견하였다. 그에 의하면 제1차 장기파동은 섬유와 직물을 중심으로 한 산업혁명에 의해, 제2차 장기파동은 증기기관과 철강에 의한 철도건설에 의해, 제3차 장기파동은 전기, 자동차, 화학공업에 의한 산업발전에 의해, 그리고 제4차 장기파동은 반도체, 컴퓨터, 생명공학, 신소재에 의해 주도되었다.

478 정답 ⑤

| 해설 | 가. 기업경기실사지수는 향후 경기에 대한 기업가들의 예상을 조사하여 지수화한 것으로 우리나라의 경우 한국은행뿐만 아니라 전경련, 산업은행, 대한상공회의소 등에서 작성한다.
나. 2020년 8월의 경우 다른 달에 비해 기업경기실사지수가 급감하고 있어 외부적인 충격이 발생했음을 예상할 수 있다. 코로나19가 유행하고 있는 시기임을 감안할 때 2차 유행시기가 반영된 결과라 할 수 있다.
다. 전례 없는 코로나19 위기를 극복하기 위해서는 보다 더 과감한 정책이 필요하다.
라. 비제조업 부문의 경우 계절적 요인에 따른 수요 증가가 예상되면서 다른 부문과는 달리 향후 경기를 긍정적으로 평가한다.

479 정답 ②

| 해설 | 가. 경기변동은 회복 국면과 호황 국면 그리고 후퇴 국면과 불황 국면이 번갈아가며 나타나므로 반복적이고, 그 주기와 진폭은 경기변동의 원인과 종류마다 다르다는 점에서 비주기적이다.
다. 경제에는 다양한 경제변수들이 있다. 주가지수, 채권의 수익률 등 각 분야를 대표하는 다양한 지표들이 있는데, 이들 변수들은 경기변동과 함께 움직이는 경향이 있다. 이를 '공행'이라고 한다.

| 오답피하기 | 나. 일반적으로 경기는 후퇴 및 불황 국면이 진행되는 기간보다 회복과 호황 국면으로 진행되는 시간이 더 길다. 따라서 경기변동은 대칭적이지 않다.
라. 경기변동은 관성적인 성격을 갖는다는 점에서 지속적이다. 한번 경기가 나빠지기 시작하면 상당기간 경기는 계속해서 나빠지고, 어느 시점에서 회복되기 시작하면 상당기간 경기는 좋아지게 된다는 점에서 관성적인 지속성을 갖는다.

480 정답 ②

| 해설 | OECD가 추정하는 경기선행지수는 100을 기준으로 이를 상회하면 경기회복으로 해석하고, 미만이면 경기수축을 의미한다.
가. A국의 경우 2024년 1월 이후 경기선행지수가 상승하여 8월에는 100을 상회하는 회복세를 보였지만, OECD의 경우 2024년 1월 이후 급격한 하락세를 보이고 있어 A국 경제를 OECD 회원국 전체보다 낙관적으로 전망하고 있음을 알 수 있다.
나. 2024년 1월 이전에 A국의 수치는 줄곧 100 미만으로 수치가 낮아지고 있어 지속적인 경기침체를 예상하고 있음을 알 수 있지만, 2024년 1월 이후에는 수치가 높아져 8월에는 100을 회복할 만큼 경기를 긍정적으로 예상하고 있다.

| 오답피하기 | 다. 경기선행지수가 100을 상회하면 경기회복을 의미하는 것은 맞지만, 당장 회복세를 진단하기에는 이르다.

481 정답 ④

| 해설 | 나. 소비자심리지수는 소비자들이 경제상황에 대해 갖고 있는 심리를 종합적으로 나타내는 지수이다. 이 값이 100보다 크면 경기를 낙관적으로 보는 소비자가 비관적인 소비자보다 더 많음을 의미한다. 한편, 소비자심리지수는 소비자동향지수 중 6개 주요지수를 이용해 산출한다. 소비자동향지수는 앞으로 소비자들의 소비지출계획이나 경기전망에 대한 설문조사를 진행하여 이 결과를 지수로 환산한 지표이다. 과거 통계청에서 작성했으나, 2008년 이후 한국은행에서 '소비자동향조사'로 작성하여 공표하고 있다.
다. 7월의 소비자심리지수는 경기회복세 둔화로 인해 소비자들의 경기인식에 영향을 미친 것으로 보인다.

482 정답 ①

| 해설 | ① 새 고전학파 경제학자들은 기술혁신, 경영혁신, 석유파동, 기후변화 등과 같은 생산물의 총공급곡선에 영향을 미치는 요인들이 경기변동의 주요 원인이라고 주장하였다. 이를 '실물적 경기변동이론'이라고 한다. 이러한 실물적 경기변동이론은 고전학파가 주장한 수직의 총공급곡선을 받아들인다. 총수요 측면은 경기변동을 일으키는 원인이 아니라고 보는 것이다. 실물적 경기변동이론을 주장하는 학자들에게 경기변동은 경제주체들의 최적화 행동의 결과이다. 실업도 효용극대화에 따른 선택이고, 경기변동은 균형의 이동 과정일 뿐이다.

483 정답 ②

| 해설 | ② 실물적 경기변동이론은 새 고전학파 경제학자들이 주장한 이론으로, 기술혁신, 경영혁신, 석유파동, 공급충격 등과 같은 총요소생산성의 변화요인들이 경기변동의 주요 원인이라고 주장하였다.

| 오답피하기 | ③ 장기에 우리는 모두 죽는다는 표현은 케인스학파들이 고전학파의 장기라는 개념의 비현실성을 꼬집는 표현이다.
④ 실물적 경기변동이론에서는 사람들이 모두 정책에 대해 즉각적으로 반응하고, 현재의 균형은 각 경제주체의 최적화 결과이므로 총수요관리정책이 경기안정화에 도움을 주지 않는다고 주장한다. 이는 자유방임주의를 지지하는 주장이다.
⑤ 준칙에 의한 통화정책은 통화론자의 주장이다.

484 정답 ①

| 해설 | D점에서 E점으로의 이동은 회복 국면을 의미한다. 경기가 불황에 빠져 있다가 점차 성장세로 돌아서는 국면인 것이다. 이러한 국면에서는 경제 전체의 총수요가 증가하여 경제 전반이 활성화되도록 정부가 정책적인 지원을 해야 한다.
가. 기준금리 인하는 투자와 소비의 증가를 가져오므로 경제활성화에 도움이 된다.
나. 정부의 대출규제 완화는 소비 진작에 도움이 된다.

| 오답피하기 | 다. 소득세율 인상은 개별 경제주체의 가처분소득 감소를 야기하기 때문에 소비의 여력이 감소하고 이는 경제 전반의 총수요 증가에 부정적인 요인으로 작용한다.
라. 통화가치의 절상은 환율의 하락을 의미한다. 환율의 하락은 해외시장에서 우리나라 제품의 가격경쟁력을 약화시켜 순수출이 감소하기 때문에 이는 경기부양에 도움이 되는 정책이 아니다.

485 정답 ③

| 해설 | ③ 명목GDP 증가율은 생활 수준의 향상을 양적인 측면에서 파악할 때 적절한 지표가 아니다. 생활 수준을 비교하기 위해서는 실질GDP의 증가분을 활용한다.

486 정답 ④

| 해설 | 경제성장에 대한 연구로 노벨경제학상을 수상한 미국의 경제학자 쿠즈네츠(S. Kuznets)는 지난 2세기 동안 선진국에서 일어난 경제성장을 분석한 결과 다음의 6가지 특징을 발견하였다. 먼저 1인당 실질GDP와 인구의 증가율이 높다는 점이다(①). 인구의 증가율과 1인당 실질GDP가 높기 위해서는 GDP의 증가율이 인구증가율보다 빠르게 이루어졌음을 알 수 있다. 또한 노동생산성의 증가율이 높다(②). 인구증가율로 나타나는 양적인 측면뿐만 아니라 질적인 측면인 노동생산성도 높다는 것이다. 한편, 시장과 원자재 확보를 위한 대외진출성향이 강하다는 점을 발견했다(③). 국내 시장에 머무르지 않고, 자국이 갖는 한계를 보완하기 위해 해외시장과 원자재 공급선을 계속해서 확보해 나간다는 의미이다. 그리고 경제구조의 전환율이 높다는 점도 발견했다. 농업에서 비농업 부문으로, 소규모 개인기업에서 대규모 회사기업으로, 농촌에서 도시로 경제의 구조적 변동이 일어난다는 것이다. 마지막으로는 이념상의 개선이 빠르다는 것이다(⑤). 사회, 경제, 이념상의 전환이 높아 전통적 관행 대신 합리적 활동이 주를 이루고, 기회, 소득 측면에서 평등이 촉진되며 이로 인해 사회제도와 개인의 행태가 개선된다는 것이다.

487 정답 ⑤

| 해설 | 다. 경제성장은 실질GDP가 증가하는 것을 의미한다.
라. 기술진보가 이루어지면 동일한 노동량과 노동시간이 투입되어도 생산이
　　증가할 수 있다.

| 오답피하기 | 가. 경제성장의 주요 요인 중 투자는 총수요의 증가를 야기하여 국민소득을 증가시키는 효과가 있다.
나. 저축은 경제성장의 주요 요인이다.

488 정답 ②

| 해설 | 가. 한국과 북한의 통일이 이루어지면 경제 전체의 노동자 수가 증가하여 노동시장에서 노동공급의 증가를 초래한다. 그 결과 임금이 하락하게 되고, 이는 노동수요의 증가요인으로 작용하여 경제 전체의 생산량이 증가하게 된다.
라. 노동의 공급이 증가하면 실질GDP가 증가한다. 그러나 인구의 증가로 인
　　해 1인당 실질GDP는 감소한다.

489 정답 ③

| 해설 | ③ 제시된 정책들은 일자리 창출과 특별소비세 인하를 통한 소비 증가를 유도하고, 투자 활성화 대책을 통해 투자를 늘리며, 각종 규제 완화를 통해 경기부양을 꾀하고 있다. 이는 경기순환 중 침체 국면에서 시행할 경우 효과를 발휘할 수 있다.

| 오답피하기 | ④ 제시된 정책들이 회복기에 시행되더라도 어느 정도 효과를 발휘할 수 있지만, 회복기는 이러한 정책 수단 없이도 경기가 좋아지는 단계로서, 전방위적인 정책이 반드시 필요하지 않다.

간절히 원하는 사람은 결코 핑계를 찾지 않고
반드시 방도를 찾습니다.

- 조정민, 『인생은 선물이다』, 두란노

국제경제

CHAPTER 01 | # 무역이론과 제도

문제 P.152

490	⑤	491	⑤	492	③	493	④	494	④
495	③	496	③	497	②	498	④	499	③
500	④	501	②	502	②	503	③	504	③
505	⑤	506	⑤	507	①	508	⑤	509	②
510	②	511	④	512	④	513	④	514	①
515	③	516	④	517	②	518	⑤	519	④

490 정답 ⑤

| 해설 | ⑤ 한국은 의류 1단위 생산에 9명, 기계 1단위 생산에 8명이 필요하고, 중국은 의류 1단위 생산에 10명, 기계 1단위 생산에 12명이 필요하다. 한국은 기계 생산에 비교우위가 있고, 중국은 의류 생산에 비교우위가 있다. 즉, 한국은 기계 생산에 특화하여 수출하고, 중국은 의류 생산에 특화하여 수출하면 양국 모두 이득을 누릴 수 있다.

- 의류$_{Kor}$: 기계$_{Kor}$ = 9 : 8 → 9기계$_{Kor}$ = 8의류$_{Kor}$ → 기계$_{Kor}$ = $\frac{8}{9}$의류$_{Kor}$,

  의류$_{Kor}$ = $\frac{9}{8}$기계$_{Kor}$

- 의류$_{CH}$: 기계$_{CH}$ = 10 : 12 → 10기계$_{CH}$ = 12의류$_{CH}$ → 기계$_{CH}$ = $\frac{12}{10}$의류$_{CH}$,

  의류$_{CH}$ = $\frac{10}{12}$기계$_{CH}$

| 오답피하기 | ① 중국은 의류 생산에 비교우위가 있다.
② 한국은 기계 생산에 비교우위가 있다.
③ 중국은 의류와 기계 생산 모두에 절대열위가 있다.
④ 비교우위에 근거한 무역은 양국 모두가 이득을 얻을 수 있다.

491 정답 ⑤

| 해설 | 다. 비교우위에 따라 무역을 할 경우 다양한 상품을 저렴한 가격에 구매할 수 있고, 국내 독점 사업의 진입장벽이 제거되면서 국내 소비자잉여가 증가한다.

| 오답피하기 | 가. 외국 상품이 국내시장에 들어와 자원배분의 효율성을 개선시킬 수 있다.
나. 비교우위를 가진 상품의 수입은 국내시장에서 고용이나 실업에 영향을 미칠 수 있다.

492 정답 ③

| 해설 | ③ 관세가 부과되면 가격 상승으로 인한 생산자잉여 증가분은 A, 소비자잉여 감소분은 A + B + C + D가 된다. 한편, 정부의 관세수입은 D만큼 증가하므로 자중손실의 크기는 B + C가 된다.

493 정답 ④

| 해설 | ④ 교역 후 생산자잉여는 B+C+D이다.

| 오답피하기 | ① 자유무역 이전의 총잉여는 A+B+C이다.
② 국제가격 수준에서는 수요량은 Q_1이고, 공급량은 Q_3이므로 $Q_3 - Q_1$만큼 수출한다.
③ 교역 이후 소비자잉여는 A로 감소한다.
⑤ 교역 이후 총잉여는 D만큼 증가한다.

494 정답 ④

| 해설 | ④ 국제경제학에서 소규모 국가(소국)란 국제가격에 영향을 미치지 못하는 국가를 의미하고, 대규모 국가(대국)란 국제가격에 영향을 행사하는 국가를 의미한다. 소국과 대국의 관세를 이용한 무역정책은 그 효과가 다르다. 소국의 관세 부과는 국제가격을 변화시키지 못하고 국내가격만을 상승시키지만, 대국의 관세 부과는 국제가격을 하락시켜 교역조건을 개선시키는 이득을 발생시킨다. 다음 그림에서 소국에서 수입관세를 부과할 경우, 자국에서 상품가격을 상승시켜 생산자잉여가 증가(+A)한다. 소국에서 수입관세 부과의 효과는 생산자잉여의 증가와 정부수입의 증가로 나타나지만, 소비자잉여를 감소시켜 사회 전체적으로는 자중손실이 발생(−B−D)한다.

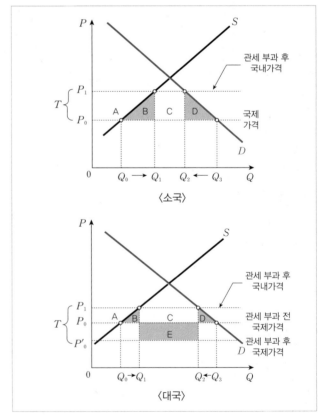

〈소국〉

〈대국〉

| 오답피하기 | ① 자유무역은 양국 기업 간의 경쟁으로 각국 소비자들에게 더 다양하고 좋은 상품을 저렴하게 이용할 수 있는 기회를 제공한다. 생산자들은 자원을 효율적으로 활용하게 되므로 자유무역을 실시하면 후생이 증가한다.
② 소국에서의 수입관세 부과는 자국에서 상품가격을 상승시켜 소비자잉여가 감소(−A−B−C−D)한다.
③ 소국에서 수입관세 부과는 정부의 수입을 증가(+C)시킨다.

495 정답 ③

| 해설 | 관세와 수입쿼터는 보호무역정책의 대표적인 수단이다. 관세는 수입품에 부과하는 조세를 의미하고, 수입쿼터는 정부가 정한 수입 총량 및 할당량 범위 내에서 수입량을 결정하는 제도이다.
③ 관세의 경우 수입이 국가에 귀속되지만, 수입쿼터의 경우 생산자에게 직접 귀속되기 때문에 수입쿼터가 관세보다 효과적인 정책이다.

| 오답피하기 | ① 관세는 수입품의 가격을 높임으로써 국내 생산자가 해외의 경쟁자보다 유리한 위치에 있도록 지원한다. 이로 인해 국내 소비자들은 수입품에 높은 가격을 지불하게 된다. 수입쿼터는 수량에 영향을 미치지만, 수량을 제한할 경우 수입품의 국내가격이 국제가격보다 상승하여 국내 생산자들은 이득을 보게 되어 관세와 유사한 효과를 갖는다.
② 관세를 부과하면 국내 생산자들에게는 유리하지만, 소비자들은 그만큼 비싼 가격에 직면하게 되어 소비자잉여가 감소한다. 그리고 소비자잉여의 감소분이 생산자잉여의 증가분보다 크기 때문에 총잉여는 감소한다.
④ 수입량이 정해지면 더 이상 공급이 존재하지 않기 때문에 수요가 증가하면 가격이 상승한다.
⑤ 관세금액이 결정된 상태에서 높아진 금액에도 불구하고 수요가 증가한다면 수입량이 증가할 수 있다.

496 정답 ③

| 해설 | 가. A국은 한국산 자동차, TV 등의 품목에 대해 관세의 즉시 철폐를 약속했으므로 자동차 수출은 증가할 것으로 예상할 수 있다.
라. 한국은 A국의 쌀, 사과, 배 등 우리 농산물에 직접적인 영향을 줄 수 있는 농산품에 대해서는 제외 품목으로 분류하여 농산물 개방 정도를 놓고 고심한 것으로 보인다.
마. A국과의 FTA 협상에서는 농산품을 제외 품목으로 두었지만 앞으로의 FTA 과정에서 농산물 개방 압력은 계속될 것이므로 다각적인 대책이 필요하다.

497 정답 ②

| 해설 | 가라. 비교우위는 기회비용의 관점에서 바라본 무역의 발생 원인이다. 즉, 절대적인 생산비의 차이가 무역을 발생시키는 것이 아니라 상대적으로 저렴하게 생산할 수 있는 산업에 비교우위가 형성된다는 것이다. 각국은 이처럼 생산의 기회비용이 작은 산업에 특화하여 다른 국가에 수출함으로써 이득이 증대된다.

| 오답피하기 | 나. 한 국가의 모든 산업이 절대열위에 놓이더라도 비교우위에 따라 교역이 이루어진다.
다. 자유무역으로 인한 교역이 지속될 수 있는 이유는 양국 모두가 이득을 보기 때문이다. 리카르도의 국제무역모형은 무역 발생 이전보다 무역 발생 이후 사회 전체적인 잉여가 증가함을 보여 준다.

498 정답 ④

| 해설 |

$$X_갑 : Y_갑 = 2 : 4 \rightarrow Y_갑 = 2X_갑$$
$$X_을 : Y_을 = 3 : 9 \rightarrow Y_을 = 3X_을$$

④ 상대적인 생산비를 비교하면 갑은 Y재 생산에, 을은 X재 생산에 비교우위를 갖는다. 을국은 Y재 1단위를 얻기 위해 X재 3단위보다 적게 교환해야 이득을 얻을 수 있다. 따라서 Y재 1개와 X재 3개를 교환하면 갑국은 이득을 얻지만 을국은 그렇지 못하다.

| 오답피하기 | ① 갑국의 생산비는 X : Y=2 : 4이다. 따라서 $X = \frac{1}{2}Y$이므로 X재 1단위의 기회비용은 Y재 $= \frac{1}{2}$ 단위가 된다.
② 갑국은 X재와 Y재 모두 을국보다 적은 노동력으로 생산 가능하므로 절대우위를 갖는다.
③ 갑국과 을국의 상대적인 생산비를 비교를 통해 갑은 Y재에, 을은 X재 생산에 비교우위를 갖는다는 점을 알 수 있다.
⑤ ㉠이 6시간으로 감소되면 상대비율이 동일해져 교역의 이득이 존재하지 않는다.

499 정답 ③

| 해설 | 교역조건이란 한 단위 수출액으로 구입할 수 있는 수입품의 양을 의미한다.
③ 환율이 상승하는 경우 교역조건은 악화되지만, 해외시장에서 자국 상품의 가격경쟁력이 높아져 수출이 증가하고, 자국시장에서 수입 상품의 가격경쟁력이 낮아져 수입이 감소하므로 국제수지는 개선될 수 있다.

| 오답피하기 | ① 교역조건이란 한 단위 수출액으로 구입할 수 있는 수입품의 양을 의미한다. 이를 한 단위의 수출상품과 수입상품이 교환되는 비율로 표현하기도 한다.
② 자국 화폐가치의 하락은 환율의 상승이다. 이는 해외시장에서 수출상품의 가격을 낮추고, 자국시장에서 수입상품의 가격을 높이므로 교역조건은 악화된다.
④ 교역조건의 대상에는 유형의 상품은 물론 무형의 서비스도 포함된다.
⑤ 교역조건의 개선이란 수출상품 한 단위로 구입할 수 있는 수입상품의 양이 많아지는 것을 의미한다.

500 정답 ④

| 해설 | 제시된 상황을 표로 나타내면 다음과 같다.

구분	TV	휴대폰
한국	15명	30명
미국	12명	20명

나. 휴대폰 생산에 필요한 인력은 한국이 30명, 미국이 20명이므로 미국이 저렴하게 생산 가능하다. 휴대폰 생산의 절대우위는 미국에게 있다.
다. 한국과 미국의 TV 및 휴대폰의 생산비를 살펴보면 미국은 휴대폰 생산에, 한국은 TV 생산에 비교우위가 있음을 알 수 있다. 따라서 한국은 TV를 수출하고, 휴대폰을 수입한다.

$$TV_{한국} : 핸드폰_{한국} = 15 : 30 \rightarrow 핸드폰_{한국} = 2TV_{한국}$$
$$TV_{미국} : 핸드폰_{미국} = 12 : 20 \rightarrow 핸드폰_{미국} = \frac{5}{3}_{미국}$$

| 오답피하기 | 가. 한국은 TV 생산에 15명이 필요한 반면, 미국은 12명이면 생산 가능하므로 미국이 TV 생산에 절대우위가 있다.

501 정답 ②

| 해설 | A국과 B국이 각각 강판과 타이어 1톤을 생산하는 데 투입되는 생산요소를 나타내면 다음과 같다.

국가 \ 상품	타이어	강판
A국	$\dfrac{1}{40}$	$\dfrac{1}{40}$
B국	$\dfrac{1}{32}$	$\dfrac{1}{20}$

따라서 국가별 비교우위는 다음과 같이 계산된다.

- A국: 타이어$_{A국}$: 강판$_{A국}$ $\Rightarrow$ $\dfrac{1}{40}$: $\dfrac{1}{40}$ $\Rightarrow$ 타이어$_{A국}$: 강판$_{A국}$
- B국: 타이어$_{B국}$: 강판$_{B국}$ $\Rightarrow$ $\dfrac{1}{32}$: $\dfrac{1}{20}$ $\Rightarrow$ 타이어$_{B국}$: $\dfrac{20}{32}$강판$_{B국}$

가. A국은 강판 생산에, B국은 타이어 생산에 비교우위가 있다. 따라서 A국은 타이어를 수입하고 강판을 수출한다.

다. 비교우위론은 노동가치설에 기반한다. 노동가치설이란 상품의 가치는 노동의 투입량에 의해서만 결정된다는 이론이다. 비교우위론에서 제품의 가격은 노동의 투입량에 비례한다.

$$\left(\frac{P_{강판}}{P_{타이어}}\right)_{A국} = \left(\frac{40}{40}\right)_{A국} < \left(\frac{P_{강판}}{P_{타이어}}\right)_{B국} = \left(\frac{32}{20}\right)_{B국}$$

$\left(\dfrac{P_{강판}}{P_{타이어}}\right)_{A국}$는 1이고, $\left(\dfrac{P_{강판}}{P_{타이어}}\right)_{B국}$는 1.60이다.

502 정답 ②

| 해설 | ② 헥셔–올린 이론은 생산함수가 같더라도 생산요소부존량이 다르면 상품 생산에 투입된 자본과 노동의 비율에 차이가 나기 때문에 생산비의 차이가 발생하게 된다는 이론이다. 헥셔–올린 이론은 생산기술이 두 국가 간에 동일하여 두 재화에 대한 생산함수가 동일하므로 규모에 대한 수익이 불변한다고 가정한다. 규모에 대한 수익 불변이란 생산규모가 커지더라도 평균생산비용이 변하지 않는 경우를 의미한다.

503 정답 ③

| 해설 | ③ 제시문은 레온티예프 역설에 관한 내용이다.

| 오답피하기 | ① 립진스키 정리는 어느 생산요소의 부존량이 증가하면 그 요소를 집약적으로 사용하는 재화의 생산량은 증가하지만 다른 재화의 생산량은 감소한다는 이론이다.
② 헥셔–올린 이론은 생산함수가 같더라도 생산요소의 부존량이 다르면 상품생산에 투입된 자본과 노동의 비율에 차이가 나기 때문에 생산비의 차이가 발생하게 된다는 이론이다.
④ 헥셔–올린 모형의 가정 중에 재화의 무역은 자유롭지만 생산요소의 이동은 불가능하다는 가정이 있다. 요소부존도 이론에 의해 비교우위가 발생하고 이로 인해 비교우위에 있는 상품들의 교역이 A국과 B국 사이에 자유롭게 이루어지면 결국 양국의 제품가격과 생산요소의 가격이 같아지게 된다. 이를 '생산요소가격균등화'라고 하는데, '헥셔–올린 제2정리'라고도 한다.

⑤ 헥셔–올린 이론은 무역이 발생하는 원인을 요소부존도의 차이라고 설명한다. 헥셔–올린 제1정리인 요소부존도 이론에 의하면 각국은 상대적으로 풍부한 생산요소를 지닌 상품 생산에 특화한다. 각국은 비교우위에 있는 재화는 수출하고 비교열위에 있는 재화는 수입한다. 이처럼 요소부존량의 차이 때문에 비교우위가 발생하고 이로 인해 무역이 발생한다는 것이 '요소부존도 이론'이고, '헥셔–올린 제1정리'라고도 한다.

504 정답 ③

| 해설 | ③ 상대가격을 기준으로 볼 때 갑국의 TV가격이 을국의 TV가격보다 낮다. 따라서 갑국은 TV 생산에 비교우위가 있고, 을국은 휴대폰 생산에 비교우위가 있음을 알 수 있다.

505 정답 ⑤

| 해설 | ⑤ 제품수명주기설은 제품의 수명주기를 개발, 성장, 성숙(표준화), 쇠퇴의 4단계로 구분한다. A국이 개발 단계에서 신제품을 생산하기 시작한다고 가정해 보자. 처음 개발된 제품은 기술이 앞선 국가가 비교우위를 갖게 되고 생산능력이 증가함에 따라 국내소비보다 생산량이 많아져 외국으로 수출을 한다. 표준화 단계에 이르면 생산기술보다 저렴하게 생산할 수 있는 국가가 비교우위를 갖는다. 따라서 개발도상국인 B국에서도 생산이 가능해져 A국과 B국의 경쟁이 치열해진다. 제품이 표준화되면 노동력이 풍부한 B국이 비교우위를 확보해 A국은 B국으로부터 수입을 하게 된다.

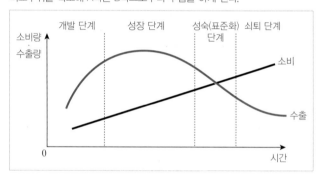

506 정답 ⑤

| 해설 | ⑤ 제시된 첫 번째 기사는 무역정책 중 자유무역정책과 관련된 내용이고, 두 번째 기사는 보호무역정책에 대한 내용이다. 자유무역론은 국가가 수출입을 통제하지 않고 자유롭게 두었을 때 모두가 이득이 된다는 이론이다. 무역을 자유롭게 두면 각국이 비교우위를 갖는 상품을 교역하기 때문에 자원의 효율적인 배분을 달성할 수 있다고 주장한다. 즉, 특화의 이익이 가능하다고 주장한다. 반면, 보호무역론은 자국의 산업을 육성하기 위해 국가 주도로 수입을 규제하려는 무역정책이다. 보호무역정책을 시행하는 이유는 유치산업의 보호와 고용의 안정, 국가안보상의 이유 때문이다. 향후 국가발전에 도움을 줄 수 있는 산업이더라도 초기 상태에서는 비교열위에 놓여 수출할 수 없어 성장하기가 어려우므로 이를 막기 위해 국가가 해당 산업과 관련된 상품 수입을 막음으로써 유치산업을 성장시키자는 주장이 유치산업 보호론이다.

507 정답 ①

| 해설 | 마아. 자유무역이 이루어지면 자본이 풍부한 미국에서는 상대적으로 자본의 임대료가 상승한다. 따라서 $\left(\dfrac{w}{r}\right)$가 낮아지게 된다($r$: 임대료, w: 임금). 반면 노동이 풍부한 중국에서는 상대적으로 임금이 상승하게 된다. 따

라서 $\left(\dfrac{w}{r}\right)$가 높아지게 된다. 미국에서는 $\left(\dfrac{w}{r}\right)$가 낮아지며 상대적으로 가격이 하락한 노동을 많이 투입하게 되어 무역 이후에는 미국에서 요소집약도$\left(\dfrac{K}{L}\right)$가 무역 이전보다 낮아진다. 반면, 중국에서는 $\left(\dfrac{w}{r}\right)$가 높아지므로 중국의 생산자들은 상대적으로 가격이 하락한 자본을 많이 사용하게 되어 요소집약도 $\left(\dfrac{K}{L}\right)$가 무역 이전보다 높아지게 된다.

508 정답 ⑤

| 해설 | ⑤ 헥셔–올린 이론은 생산함수가 같더라도 생산요소의 부존량이 다르면 상품 생산에 투입된 자본과 노동의 비율에 차이가 나기 때문에 생산비의 차이가 발생하게 된다는 이론이다. 각국은 상대적으로 풍부한 생산요소를 지닌 상품 생산에 특화하여 생산한다. 이렇게 비교우위가 결정되면 각국은 비교우위에 있는 재화는 수출하고 비교열위에 있는 재화는 수입한다.

| 오답피하기 | ① 기술격차이론은 기술수준의 차이로 비교우위가 발생한다고 본다.
② 제품수명주기설은 제품의 수명주기를 개발, 성숙, 표준화, 쇠퇴의 4단계로 구분하여 상이한 제품수명주기로 인해 비교우위가 발생할 수 있음을 보여 준다.
③ 제2차 세계대전 이후 무역이론은 큰 틀에서 변화가 발생한다. 무역이론의 가정 자체가 변경된 것이다. 전통적 무역이론이 완전경쟁시장과 국가마다 동일한 생산기술을 가정한 데 반해 대체적 무역이론은 독점적 경쟁시장과 국가마다 상이한 생산기술을 가정하기 시작한 것이다. 대체적 무역이론의 대표적인 이론으로는 기술격차이론과 제품수명주기설을 들 수 있다.
④ 리카도는 한 국가가 다른 국가에 비해 두 가지 재화의 생산에 모두 절대열위에 있더라도 어떤 한 재화를 상대적으로 다른 국가에 비해 저렴하게 생산할 수 있다면 이 재화 생산에 특화함으로써 국가 간의 생산량 합계가 무역 이전에 비해 증가하게 된다고 주장한다. 즉, 상대적으로 낮은 비용으로 생산하는 제품은 수출하고, 상대적으로 높은 비용으로 생산하는 제품을 수입하면 모두가 무역으로부터 이득을 보게 된다는 것이다. 이처럼 상대적으로 낮은 비용으로 생산할 수 있는 것을 비교우위라고 한다.

509 정답 ②

| 해설 | 가. 교역조건이란 한 나라의 상품과 다른 나라의 상품이 교환되는 비율을 의미한다. 이는 수출품 가격을 수입품 가격으로 나누어서 계산된다.

$$\text{교역조건} = \frac{\text{수출품 가격}}{\text{수입품 가격}} \times 100$$

나. 화폐의 절상은 명목환율의 하락을 의미한다. 이 경우 달러화 표시 수출품 가격은 상승하고, 수입품 가격은 낮아진다. 그 결과 교역조건은 개선된다.
다. 교역조건에 포함되는 대상은 수출과 수입의 대상이 되는 재화와 서비스 일체이다.
라. 수입품의 양이 증가했다는 것은 수출품 가격은 상승하고 수입품의 가격이 하락한 것을 말한다. 이는 교역조건의 개선으로 이어진다.
마. 교역조건의 악화가 반드시 국제수지의 악화로 연결되는 것은 아니다. 수출품 가격이 해외에서 저렴해져 수출량이 증가할 수 있기 때문이다.

510 정답 ②

| 해설 | ② 상계관세는 보조금을 지원받아 가격경쟁력이 높아진 수입물품으로 인한 국내 산업의 피해를 막기 위해 부과하는 관세이다. 이는 생산물의 제조, 생산 혹은 수출에 직·간접적으로 부여된 보조금을 상쇄할 목적으로 부과되는 특별관세이다.

| 오답피하기 | ① 수입허가제는 재화를 수입함에 있어 정부의 허가를 받도록 하는 제도로, 비관세장벽 중 하나이다.
③ 샘플검사가 아닌 전수검사를 실시한다는 것은 수출 과정을 면밀히 감시하겠다는 의미이므로, 더 철저한 준비가 필요하다. 이처럼 수출 거래비용을 높이는 행위는 비관세장벽으로 작용한다.
④ 수출자율규제는 수출국이 자율적으로 수출물량을 일정 수준 이하로 억제하도록 하는 제도이다.
⑤ 수입국 정부는 덤핑수입으로 인해 실질적 피해를 입었거나 입을 우려가 있는 경우 국내산업을 보호하기 위해 덤핑 차액 이하에 상당하는 관세를 부과하는데, 이를 '반덤핑관세'라고 한다.

관련 개념 짚어보기

- **관세장벽**: 수입억제를 위해 높은 관세를 부과하는 것으로, 대표적으로 반덤핑관세, 상계관세, 보복관세가 있다.
- **비관세장벽**: 수입허가제, 수입할당제, 협정무역, 수출자율규제의 4가지 유형이 있다.

511 정답 ④

| 해설 | 가. 마. 칠레의 경우 섬유 1단위 생산의 기회비용은 와인 $\dfrac{2}{8}\left(=\dfrac{1}{4}\right)$단위이고, 와인 1단위 생산의 기회비용은 섬유 4단위이다.
다. 섬유 1단위 생산의 기회비용은 영국의 경우 와인 $\dfrac{1}{2}$단위이고, 칠레의 경우 와인 $\dfrac{1}{4}$단위이다. 와인 1단위 생산의 기회비용은 영국의 경우 섬유 2단위이고, 칠레의 경우 섬유 4단위이다. 따라서 영국은 와인 생산에, 칠레는 섬유 생산에 비교우위가 있다.

| 오답피하기 | 나. 영국의 경우 섬유 1단위 생산의 대한 기회비용은 와인 $\dfrac{1}{2}$단위이다.
라. 영국은 섬유와 와인 생산 모두에서 절대우위에 있다.

512 정답 ④

| 해설 | ④ 미국은 쌀과 소고기 생산 모두에서 절대우위에 있고, 한국은 절대 열위에 있다.

| 오답피하기 | ① 미국의 경우 소고기 1kg을 생산하기 위해 포기해야 하는 쌀은 3/2kg이다.
②③ 쌀 1kg 생산의 기회비용은 미국의 경우 소고기 2/3kg이고, 한국의 경우 소고기 4/5kg이다. 소고기 1kg 생산의 기회비용은 미국의 경우 소고기 3/2kg이고, 한국의 경우 소고기 5/4kg이다. 따라서 미국은 쌀 생산에, 한국은 소고기 생산에 비교우위가 있다.
⑤ 비교우위론에 의하면 무역을 통해 양국 모두 이익을 얻을 수 있다.

513 정답 ④

| 해설 | 제시된 상황을 표로 나타내면 다음과 같다.

구분	스마트폰	카메라
한국	6명	8명
일본	10명	12명

한국에서 스마트폰과 카메라의 생산비는 '스마트폰 : 카메라 = 6 : 8'이므로 6카메라 = 8스마트폰이고, 카메라 1대의 가치는 1.3스마트폰과 동일하다. 즉, 카메라 1대 생산을 위해서는 스마트폰 1.3대의 생산을 포기해야 한다. 일본에서는 스마트폰과 카메라의 생산비는 '스마트폰 : 카메라 = 10 : 12'이므로 카메라 1대는 1.2스마트폰의 가치와 동일하다. 즉, 카메라 1대 생산을 위해서는 스마트폰 1.2대 생산을 포기해야 한다. 따라서 일본은 카메라 생산에, 한국은 스마트폰에 비교우위가 있다.
나. 일본에서 카메라 1대의 생산을 위해서는 1.2대의 스마트폰을 포기해야 한다.
다. 카메라 1대 생산을 위해 일본은 1.2대의 스마트폰을, 한국은 1.3대의 스마트폰 생산을 포기해야 하므로 일본은 카메라에, 한국은 스마트폰 생산에 비교우위가 있다.
라. 한국의 경우 스마트폰 1대 생산의 기회비용은 카메라 $\frac{6}{8}$대이다.

| 오답피하기 | 가. 일본은 카메라에 비교우위가 있다.
마. 한국은 스마트폰과 카메라 생산 모두에서 절대우위가 있다.

514 정답 ①

| 해설 | ① 자유무역이 이루어지면 자본이 풍부한 B국에서는 상대적으로 자본의 임대료(이자율)가 상승한다. 따라서 $\left(\frac{w}{r}\right)$가 낮아지게 된다(r: 임대료, w: 임금). 반면, 노동이 풍부한 A국에서는 상대적으로 임금이 상승하게 된다. 따라서 $\left(\frac{w}{r}\right)$가 높아지게 된다. B국에서는 $\left(\frac{w}{r}\right)$가 낮아지며 상대적으로 가격이 하락한 노동을 많이 투입하게 되어 무역 이후에는 B국에서 요소집약도$\left(\frac{K}{L}\right)$가 무역 이전보다 낮아진다. 반면, A국에서는 $\left(\frac{w}{r}\right)$가 높아지므로 A국의 생산자들은 상대적으로 가격이 하락한 자본을 많이 사용하게 되어 요소집약도$\left(\frac{K}{L}\right)$가 무역 이전보다 높아진다. 생산요소집약도$\left(\frac{K}{L}\right)$는 B국의 경우는 낮아지고, A국의 경우는 높아진다. 따라서 A국가의 임금은 상승하고 이자율(자본의 임대료)은 하락한다.

515 정답 ③

| 해설 | (가), (나)에 해당하는 감자 생산비용을 비교하여 절대우위 및 비교우위를 나타내면 다음과 같다.

(가)의 생산비용 비교

구분	프랑스	영국
밀	1달러	2달러
감자	5달러	1달러

(나)의 생산비용 비교

구분	프랑스	영국
밀	1달러	2달러
감자	10달러	15달러

③ (나)의 경우 프랑스는 밀과 감자 생산 모두에 절대우위가 있다.

| 오답피하기 | ①②④ (가)의 경우 프랑스는 밀 생산에 절대우위와 비교우위가 있고, 영국은 감자 생산에 절대우위와 비교우위가 있다. (나)의 경우 프랑스는 밀과 감자 생산 모두에 절대우위가 있고, 밀 생산에 비교우위가 있으며, 영국은 감자 생산에 비교우위가 있다.
⑤ (가)의 경우 영국과 프랑스가 각각 감자와 밀 생산에 절대우위가 있으므로 교역이 이루어진다. 그러나 (나)의 경우 프랑스가 감자와 밀 생산 모두에 절대우위가 있으므로 교역이 이루어지지 않는다.

516 정답 ④

| 해설 | A국은 항공기 1대를 추가 생산에 따른 기회비용은 선박 0.5대이고, B국은 항공기 1대 추가 생산에 따른 기회비용은 선박 1대이다. 따라서 A국은 항공기 생산에, B국은 선박 생산에 비교우위가 있다. 리카도에 따르면 비교우위에 있는 상품 생산에 특화하여 수출할 경우 양국 모두의 이익이 증대된다.
④ B국은 선박을 수출하고 항공기를 수입하는 것이 이득이 된다.

| 오답피하기 | ② A국의 경우 선박 2단위와 항공기 1단위를 생산하는 것은 비효율적이다. A국은 선박 2대를 생산하면서 항공기 4대를 생산할 수 있기 때문이다.

517 정답 ②

| 해설 | 가. 갑의 경우 B재 1개 추가 생산 시 A재 생산을 3개 포기해야 한다.
다. 갑은 A재 생산에, 을은 B재 생산에 비교우위가 있으므로 갑이 A재만 생산할 경우 36개를 생산할 수 있고, 을은 B재만 생산할 경우 20개를 생산할 수 있다. 을은 현재 소비를 줄일 의사가 없으므로 A재 10개와 B재 15개는 반드시 소비해야 한다. 따라서 교환을 통해 갑이 소비할 수 있는 최대 수량은 A재는 26개, B재는 5개이다.

| 오답피하기 | 나. 을이 B재만을 20개를 생산하고, 원래의 소비량을 유지하기 위해 15개를 소비하고 나면 B재 5개가 남는다. A재와 B재가 1:1로 교환할 경우 A재 5개를 얻게 되므로, 10개를 소비해야 하는 을은 교환에 응하지 않을 것이다.
라. 비교우위가 있는 재화에 특화한 후 최대로 생산할 수 있는 수량은 A재 36개, B재 20개이다.

518 정답 ⑤

| 해설 | 나. 기계 1대 생산의 기회비용은 A국의 경우 의류 10벌이고, B국의 경우 의류 20벌이다. 따라서 A국은 기계 생산에, B국은 의류 생산에 비교우위가 있다.
다. A국은 기계 생산에 특화하여 10대를 생산하고, B국은 의류 생산에 특화하여 의류 200벌을 생산하여 서로 교환하면 무역의 이득을 누릴 수 있다.

| 오답피하기 | 가. 기계 10개를 만드는 데 들어가는 생산요소의 양과 가격이 같기 때문에 생산비는 동일하다.

519 정답 ④

| 해설 | 나. 휴대전화 1단위 생산의 기회비용은 A국의 경우 에어컨 10/12단위이고, B국의 경우 에어컨 8/5단위이다. 에어컨 1단위 생산의 기회비용은 A국의 경우 휴대전화 12/10단위이고, B국의 경우 휴대전화 5/8단위이다. 따라서 A국은 휴대전화 생산에, B국은 에어컨 생산에 비교우위가 있다.
라. B국이 에어컨 2단위를 생산하여 휴대전화 1단위와 교환할 경우 노동력 5명으로 휴대전화를 생산하는 것이므로, 노동력 3명만큼의 교역 이익이 발생한다. 노동력 3명은 에어컨 0.6단위를 만들 수 있는 가치에 해당한다(에어컨 1대 × 3/5).

| 오답피하기 | 가. B국이 A국보다 휴대전화와 에어컨 모두를 저렴하게 생산할 수 있으므로 B국이 휴대전화와 에어컨 생산 모두에 절대우위가 있다.
다. A국이 특화한 휴대전화를 2단위 생산하여 에어컨 1대와 교환할 경우 10명으로 에어컨을 생산한 것이므로 2명의 노동력 절감 효과를 볼 수 있다.

CHAPTER 02 | 국제수지와 국제금융

문제 P.161

520	⑤	521	②	522	①	523	②	524	③
525	②	526	⑤	527	③	528	①	529	①
530	④	531	①	532	④	533	④	534	④
535	④	536	③	537	②	538	④	539	②
540	②	541	①	542	①	543	①	544	④
545	④	546	③	547	③	548	④	549	②
550	④	551	①	552	⑤	553	⑤	554	①
555	①	556	⑤	557	⑤	558	③	559	③
560	③								

520 정답 ⑤

| 해설 | 제시된 상황은 환율이 상승하는 경우이다. 즉, 경상수지 적자폭 감소, 국내 물가 상승, 외채 상환 부담의 증가, 해외 여행객 및 해외 유학생 수 감소를 발생시킬 수 있는 원인은 환율 상승이다.
⑤ 해외 송금의 형태로 외환유출이 발생하고, 외국인 자본도 해외로 빠져나가면 환율이 상승하게 된다.

521 정답 ②

| 해설 | ② 수출의 100만 달러 증가는 경상수지 흑자, 외국인의 국내 주식시장에 대한 투자 100만 달러 증가는 자본수지 흑자이므로 이는 모두 외환보유액을 증가시킨다.

522 정답 ①

| 해설 | ① 연 1%의 이자로 달러화를 조달하여 연 10% 이율의 1년 만기 금융상품에 투자한 경우 수익률은 9%이다. 이후 브라질 헤알화의 가치가 15% 하락했다면, 최종 수익률은 -6%(=9%-15%)가 된다.

523 정답 ②

| 해설 | 가영. 외국인이 국내 주식에 많이 투자할수록 우리나라 외환시장에는 더 많은 외환이 유입되므로 외환공급이 증가한다.
나영. 외환시장에서 외환공급이 증가하면 명목환율은 하락한다.
라영. 무역수지 적자를 방지하기 위해서는 중앙은행은 외환시장에서 외환을 인위적으로 매입한다.

| 오답피하기 | 다영. 환율이 하락하면 수출이 감소하고 수입이 증가하여 무역수지는 적자가 예상된다.
마영. 외환을 매입하면 국내 통화량은 증가한다. 외환을 구입하는 과정에서 중앙은행이 국내 통화를 지급하기 때문이다.

524 정답 ③

| 해설 | ③ 수출이 수입보다 많으므로 상품수지는 20억 달러 흑자이고, 경상수지가 60억 달러 적자이므로 서비스수지는 80억 달러 적자이다. 서비스

수출 총액이 50억 달러이므로 서비스 수입의 총액은 130억 달러 적자이다. 따라서 흑자(㉠), 20억 달러(㉡), 적자(㉢), 80억 달러(㉣), 130억 달러(㉤)가 된다.

525 정답 ②

| 해설 | ② 미국의 기준금리가 한국을 넘어서고 있다. 이로 인해 한국에 투자되었던 외화자본이 미국으로 빠져나가게 된다. 이는 한국외환시장에서 원/달러 환율의 상승요인으로 작용한다. 달러당 1,000원에서 1,200원으로 증가할 경우 외화 표시 부채를 가진 기업은 1달러 상환에 더 많은 원화가 필요하므로 채무부담이 증가한다.

| 오답피하기 | ① 원/달러 환율의 상승은 원화가치의 하락으로 이어진다.
③ 미국의 기준금리 상승은 자본의 입장에서 수익률의 상승이므로 우리나라 시장에서 외환이 미국으로 빠져나간다.
④ 원/달러 환율의 상승은 미국 시장에서 한국 상품의 가격이 낮아져 우리나라 기업의 수출경쟁력이 높아진다.
⑤ 외환자본의 유출을 막기 위해 우리나라도 기준금리를 올릴 경우 주택담보대출 비율이 높은 우리나라 시장에서 대출자금 수요의 감소로 이어져 부동산 시장이 위축될 수 있다.

526 정답 ⑤

| 해설 | ⑤ 2008~2009년의 금융위기는 미국의 서브프라임 모기지 사태에서 비롯된 것으로, 달러화의 수요는 증가하고 공급은 감소하여 발생하였다.

| 오답피하기 | ① 외환위기 직전 우리나라 또한 관리변동환율제를 채택하여 환율 변동이 존재하였다.
② 자유변동환율제도를 시행하면 외환수급 상황이 환율에 그대로 반영되므로 원/달러 환율의 변동이 심해진다.
③ 원/달러 환율의 상승은 미국 달러 구입을 위해 더 많은 원화가 필요함을 의미하므로 우리나라 사람들은 상대적으로 손해를 본 셈이다.
④ 원/달러 환율이 낮을 경우 해외에서 우리나라 상품은 비싸지는 반면 우리나라 시장에서 수입품은 저렴해진다.

527 정답 ③

| 해설 | ③ 중국은 자국 상품의 해외시장 가격경쟁력 확보를 위해 환율을 인위적으로 올리고 있다. 한편, 미국은 이를 막기 위해 연방준비제도에 금리 인하를 압박하고 있다. 미국이 금리를 낮추면 외화자본이 미국시장을 빠져나와 다른 국가로 유출되기 때문이다. 이 경우 달러화 가치가 낮아져 미국 상품의 해외시장 가격경쟁력이 높아지게 된다. 중국은 위안/달러 환율을 상승시켜 무역에서 유리한 고지를 선점하려 한다. 즉, 이는 위안화의 가치를 인위적으로 평가절하시킨다는 것을 의미한다.

| 오답피하기 | ① 위안화 가치가 하락하면, 즉 위안/달러 환율이 상승하면 미국 시장에서 중국상품의 가격이 저렴해져 수출이 증가할 수 있다.
② 미국 연준이 기준금리를 낮추면 외화자본이 미국을 빠져나가 다른 나라 통화 대비 달러화 환율이 상승하고, 이는 달러화 가치의 하락을 의미한다.
④ 미국 달러화는 전 세계 통화가치의 기준이 되고, 무역에서 공통결제수단으로 활용되는 기축통화이다.
⑤ 미국의 기준금리 인하는 달러화 가치의 하락으로 이어져 수출에서는 유리하지만, 수입상품의 가격은 비싸져 수입기업에게는 악영향이 될 수 있다.

528 정답 ①

| 해설 | ① 수출액이 3,000억 달러, 수입액이 2,500억 달러이므로 외환보유액 증가분은 500억 달러이다. 외국인의 한국 자산 매입으로 800억 달러를 벌어들이고 한국인의 외국 자산 매입으로 700억 달러가 빠져나갔으므로 외환보유액 증가분은 100억 달러이다. 따라서 외환보유액은 총 600억 달러 증가하게 된다.

529 정답 ①

| 해설 | ① 원/달러 환율이 상승하면 미국에 자동차를 수입할 때 더 많은 원화가 필요해지므로 한국 기업은 손해를 본다.

| 오답피하기 | ② 원/달러 환율이 상승하면 상환을 위해 필요한 원화가 많아진 상황이므로 달러화 부채를 적게 가질수록 경우 손해가 적다.
③ 원/달러 환율이 상승하면 해외로 전통차를 수출하는 한국 기업은 수출 시 받은 달러화를 더 많은 원화로 환전할 수 있으므로 이익을 본다.
④ 한국 여행을 계획 중인 외국인의 경우 환전할 수 있는 원화가 많아지므로 이익을 본다.
⑤ 원/달러 환율이 상승하면 한국산 물품이 미국에서 가격이 하락하므로 한국에서 미국으로 물품을 수입하는 미국 기업은 이익을 본다.

530 정답 ④

| 해설 | 그림은 원/달러 환율이 상승하여 원화 가치가 하락하고 있음을 보여 준다.
④ 원/달러 환율이 상승하면 수출가격이 낮아져 국내 기업의 대미 수출품의 가격경쟁력은 향상될 것이다.

| 오답피하기 | ① 미국여행을 가급적 서두르는 것이 유리하다. 시간이 지날수록 동일한 미국 여행 경비를 위해 더 많은 원화가 필요해지기 때문이다.
② 원/달러 환율 상승은 원화 가치의 하락을 의미한다.
③ 원/달러 환율이 상승하면 미국산 수입 농산물의 국내가격은 상승한다.
⑤ 원/달러 환율이 상승하면 달러화 표시 외채 부담이 증가한다.

531 정답 ①

| 해설 | 제시된 현상은 환율 상승이다. 수출이 개선되고, 수입 원자재 가격이 상승하고 있다는 것은 원화 가치가 하락하여 명목환율이 상승하였음을 의미한다.
① 내국인들의 해외투자가 증가할 경우 외환시장에서 외환수요가 증가하고, 외국인 관광객이 국내 여행을 줄일 경우 외환시장에서 외환공급이 감소한다. 외환수요가 증가하고 외환공급이 감소하면 환율은 상승한다.

| 오답피하기 | ② 내국인의 해외투자 감소는 외환수요의 감소요인이고, 외국인 관광객의 국내 여행 증가는 외환공급의 증가요인이다.
③ 내국인의 해외여행 증가는 외환수요의 증가요인이고, 외국인의 국내투자 증가는 외환공급의 증가요인이다.
④ 내국인의 해외여행 감소는 외환수요의 감소요인이고, 외국인의 국내투자 감소는 외환공급의 감소요인이다.
⑤ 내국인의 해외투자 증가는 외환수요의 증가요인이고, 외국인의 국내투자 증가는 외환공급의 증가요인이다.

532 정답 ④

| 해설 | 을국이 평가절하 정책을 실시하는 것은 을국이 의도적으로 환율을 높여 갑국으로의 수출에서 유리한 위치를 차지하고 있음을 의미한다. 따라서

갑국은 수출에 어려움을 겪게 된다(㉠). 갑국을 찾는 외국인 관광객과 유학생의 감소는 갑국으로 유입되는 외환공급이 감소함을 의미한다(㉡). 대규모 해외투자의 경우 외환의 수요가 증가한다(㉢).
④ 외환공급이 줄어들고 외환수요는 늘어 환율이 인상될 가능성이 높다. 환율이 인상되면 외채 상환 부담과 해외여행을 하려는 사람들의 경제적 부담은 모두 늘어날 것이다.

533 정답 ④

| 해설 | 위안화는 달러화에 비해 통화가치가 높아졌고, 엔화는 낮아졌다. 이는 중국 입장에서는 위안화/달러 환율이 낮아졌음을 의미하고, 일본 입장에서는 엔/달러 환율이 높아졌음을 의미한다.
④ 엔/달러 환율이 상승하였으므로 일본 원자재를 수입하는 미국 기업의 부담은 감소할 것이다.

| 오답피하기 | ① 엔/달러 환율이 상승하였으므로 일본인의 미국 여행 경비 부담은 증가할 것이다.
② 위안화/달러 환율이 하락하였으므로 중국 기업의 달러화 표시 외채 상환 부담은 감소할 것이다.
③ 위안화/달러 환율이 하락하였으므로 미국으로 수출하는 중국 제품의 달러화 표시 가격은 상승할 것이다.
⑤ 위안화/달러 환율이 하락하였으므로 중국으로 자녀를 유학 보낸 미국 학부모의 학비 부담은 증가할 것이다

534 정답 ②

| 해설 | ② 외국인 주식 투자 자금이 국내에 유입될 경우 외환시장에서 외환공급이 증가하여 환율이 하락한다.

| 오답피하기 | ① 정부가 외환시장에 개입하여 달러화를 구입할 경우 외환시장에 달러화 공급이 감소하여 환율이 상승한다.
③ 내국인의 해외여행이 증가할 경우 외환수요가 증가하여 환율이 상승한다.
④ 국내 물가의 상승은 원화가치를 하락시킨다. 통화가치와 명목환율은 반대로 움직이므로 명목환율은 상승한다.
⑤ 설비투자의 확대는 총수요의 증가를 야기하고, 이는 물가를 상승시켜 원화가치를 하락시키므로 환율이 상승한다.

535 정답 ④

| 해설 | 통화가치는 원화 < 위안화, 원화 > 엔화, 위안화 > 달러화, 엔화 < 달러화이다. 즉, 통화가치는 위안화 > 원화 > 달러화 > 엔화 순이다.
④ 위안화는 달러화에 비해 가치가 높아졌다. 이는 미국에서 부품을 수입하는 중국 기업의 경우 과거 1달러 부품의 수입을 위해 8.5위안이 필요했지만 이제는 7.5위안만 있으면 수입이 가능하다. 즉, 단위당 생산비가 낮아졌다.

| 오답피하기 | ① 100엔당 1,000원에서 900원으로 하락하였다. 이는 우리나라 상품 1,000원짜리가 100엔에 팔렸지만 이제는 900원짜리가 100엔에 팔린다는 것을 의미한다. 즉, 과거의 1,000원짜리는 100엔보다 높은 가격표를 달게 된다. 수출경쟁력이 낮아진다.
② 한국기업이 엔화 표시 외채가 있는 경우 상환 부담이 감소한다. 과거 1,000원이 있어야 100엔을 갚을 수 있었지만 이제는 900원만 있으면 충분하기 때문이다.
③ 1달러당 100엔에서 120엔으로 상승하였다. 과거 1달러를 가지고 일본에서 100엔을 쓸 수 있었지만 이제는 120엔을 쓸 수 있다. 미국인들의 일본여행이 유리해진 것이다.

⑤ 1위안은 170원에서 180원으로 증가하였다. 자녀를 중국에 유학 보낸 경우 과거 1위안으로 보내기 위해서는 170원만 있으면 가능했지만 이제는 180원이 필요하다. 경제적 부담이 증가했다.

536 정답 ③

| 해설 | ③ 내국인이 해외여행을 위해 국내은행에서 외화를 매입한 행위는 아직 금전적 거래가 국경을 넘어 행해진 것이 아니므로 국제수지표의 기록 대상이 아니다.

| 오답피하기 | ① 국내 기업이 상품을 외국에 수출한 것은 상품수지에 기록된다.
② 해외여행 중 구입한 지역특산품은 상품수지에 기록된다.
④ 외국 기업 주식에 투자하여 받은 배당금은 본원소득수지에 기록된다.
⑤ 외국 기업 주식의 매입은 자본·금융계정에 기록된다.

537 정답 ②

| 해설 | 혜리. 1파운드당 달러는 하락하고 있다. 이는 파운드화 가치의 하락을 의미한다.
창민. 파운드 가치가 하락한다는 것은 파운드/달러 환율의 상승을 의미한다. 이는 영국시장에 있던 외환자본이 모두 빠져나갔음을 의미한다. 즉, 달러화 자금이 영국시장을 빠져나간 것이다. 브렉시트로 영국시장을 비관적으로 본 결과이다.

| 오답피하기 | 미소. 사전에 예상되었다면 곧바로 파운드 가치가 폭락하는 일은 없었을 것이다. 예상했다면 의사결정에 미리 반영되어 점진적으로 떨어졌을 것이다.
철수. 파운드 가치의 폭락은 환율의 상승으로 나타난다. 환율의 상승은 영국에서 수입상품의 가격 상승으로 이어지기 때문에 수입업자에게 불리하다.

538 정답 ④

| 해설 | 구매력평가설은 모든 상품의 가격은 동일해야 한다는 일물일가의 법칙에 기반을 둔 환율결정이론이다.
④ 현재 빅맥의 가격이 미국에서 4달러, 우리나라에서 5,000원이면, 구매력평가설에 의한 환율은 1달러당 1,250원이어야 한다. 실제 환율이 달러당 1,000원이므로 현재 원화는 과대평가된 것이다.

539 정답 ②

| 해설 | 가. 빅맥이 미국에서 4달러, 일본에서 380엔이므로 구매력평가설에 의한 적정 환율은 달러당 95엔이다.
다. 현재 환율이 달러당 90엔이다. 따라서 구매력평가설에 의하면 엔화는 과대평가되어 있다. 환율이 95엔까지 상승해야 한다. 따라서 일본을 방문한 미국인은 빅맥 가격이 자국보다 비싸다고 느낄 것이다.

| 오답피하기 | 나. 빅맥이 미국에서 4달러, 중국에서 17위안이므로 구매력평가설에 의한 적정 환율은 달러당 4.25위안이다.
라. 달러화로 환산한 빅맥 가격은 중국이 가장 낮다.

540 정답 ②

| 해설 | 가다. 구매력평가설이 성립하기 위해서는 국가 간 무역장벽이 없어 무역이 자유로운 상태이어야 하며, 국가 간 상품 운송비용이 거의 없어야 한다. 운송비로 인한 가격변화가 발생하면 일물일가에 기반을 둔 구매력평가설이 성립하지 않기 때문이다.

541 정답 ①

| 해설 | 경상수지 적자는 우리나라가 해외에 판매한 재화나 서비스 금액보다 수입한 재화나 서비스 금액이 더 큰 것을 의미한다.
① 국내 투자가 증가하면 우리나라의 총수요가 증가하여 총소득이 높아진다. 그 결과 소비가 증가하고, 수입품에 대한 소비도 높아지면서 경상수지 적자 폭은 커진다.

| 오답피하기 | ②③ 국내 저축의 증가와 국내 총지출의 감소는 우리나라의 소비가 감소함을 의미한다. 소비의 감소는 해외 상품에 대한 소비 감소, 즉 수입의 감소로 이어지므로 경상수지 적자 폭이 줄어드는 역할을 한다.
④ 정부의 재정적자 축소는 정부지출이 감소함을 의미한다. 이는 곧 우리나라의 총소득이 감소함을 의미하고, 총소득의 감소는 소비의 감소로 이어져 수입이 감소하므로 경상수지 적자 폭이 줄어든다.
⑤ 자국 통화의 가치 하락은 명목환율의 상승을 의미한다. 명목환율의 상승은 해외시장에서 우리나라 상품의 가격을 낮추는 반면, 우리나라 시장에서는 수입품의 가격을 높인다. 따라서 경상수지 적자가 감소한다.

542 정답 ①

| 해설 | 원/달러 환율이 상승하고 있다. 이는 1달러와 맞바꾸는 원화의 양이 많아졌음을 의미한다. 즉, 원화 가치가 하락한 것이다.
① 한국으로 여행을 계획 중인 미국인은 이전보다 더 적은 달러화로 한국 여행이 가능하다. 과거 1달러를 환전하면 1,100원의 원화만 사용할 수 있었지만, 이제는 1,200원의 원화를 사용할 수 있기 때문이다. 달러화 부담이 감소한 것이다.

| 오답피하기 | ② 달러화 부채를 많이 가진 한국기업은 불리하다. 과거 1,100원만 있으면 1달러를 상환할 수 있었지만, 이제는 1,200원이 있어야 1달러를 상환할 수 있다.
③ 명목환율이 상승할 경우 해외시장에서 우리나라 상품의 가격이 낮아져 가격경쟁력이 높아진다. 즉, 수출이 증가하여 우리나라 경제 전체의 총소득이 증가하고, 이는 총수요 증가로 이어진다. 그 결과 물가가 상승하여 화폐 구매력이 낮아진다. 1박 2일 여행을 계획하는 내국인은 물가 상승으로 인해 이전보다 더 많은 화폐가 필요하다.
④ 미국에서 자동차를 수입하는 경우 과거 1,100원으로 1달러어치 수입이 가능했지만, 이제는 1달러어치 수입을 위해 1,200원이 필요하다.
⑤ 미국에서 학교에 다니는 자녀에게 송금하는 경우 과거 1달러의 용돈을 주기 위해서는 원화 1,100원만 필요했지만, 이제는 1,200원이 필요하다.

543 정답 ①

| 해설 | ① 국내 이자율 하락에 따라 자본이 더 높은 수익을 위해 유출되면, 원화의 절하를 유발한다. 즉, 환율이 인상된다. 환율의 상승으로 해외시장에서 자국 상품의 가격경쟁력이 높아져 무역수지가 개선된다.

> **관련 개념 짚어보기**
>
> **국제수지:** 경상수지, 자본수지, 금융계정으로 구성된다. 무역수지는 경상수지의 항목으로 상품수지와 서비스수지를 합한 것이다. 환율이 인상되면 순수출이 개선되어 무역수지가 개선된다.

544 정답 ④

| 해설 | 상대적 구매력평가설은 장기균형 상태에서 상품의 가격이 모든 국가에서 같아야 한다는 일물일가설을 반영한다.

④ 상대적 구매력평가설이 성립한다면 실질환율의 변화율은 0이 된다. 따라서 명목환율의 변동폭은 자국 물가상승률과 외국 물가상승률의 차이인 4%(= 6% − 2%)만큼으로 결정된다.

| 오답피하기 | ① 한국 물가상승률이 3%이고, 미국 물가상승률이 5%라면 명목환율의 변동폭은 −2%로 예상된다.
② 한국 물가상승률이 4%이고, 미국 물가상승률이 4%라면 명목환율의 변동폭은 0%로 예상된다.
③ 한국 물가상승률이 5%이고, 미국 물가상승률이 3%라면 명목환율의 변동폭은 2%로 예상된다.
⑤ 한국 물가상승률이 7%이고, 미국 물가상승률이 1%라면 명목환율의 변동폭은 6%로 예상된다.

545 정답 ④

| 해설 | ④ 엔/달러 환율이 상승하여 미국 시장에서 일본 자동차의 가격경쟁력이 높아지므로 미국 시장에서 일본 자동차 수는 증가할 것이다.

| 오답피하기 | ① 원/엔 환율이 하락하여 일본 시장에서 우리나라 휴대폰의 가격경쟁력이 낮아지므로 일본 시장에서 우리나라 휴대폰 수는 감소할 것이다.
② 원/엔 환율이 하락하므로 일본인의 욘사마 관광은 줄어들 것이다.
③ 엔/달러 환율이 상승하므로 미국으로 가는 일본인 관광객 수는 줄어들 것이다.
⑤ 원/달러 환율이 상승하므로 미국으로 어학연수를 떠나는 우리나라 학생들의 수는 감소할 것이다.

546 정답 ③

| 해설 | 가. 한국은행이 기준금리를 낮추게 되면 환율은 상승한다. 기준금리가 낮아지면 외국투자자의 입장에서는 수익률이 낮아지므로 외화공급곡선이 좌측으로 이동하게 되어 환율이 상승한다.
나. 외국인들이 우리나라에서 받은 배당금을 본국으로 송금하는 경우 우리나라에 있는 외화가 외국으로 빠져나가므로 외화공급곡선이 좌측으로 이동하게 되어 환율이 상승한다.
다. 토빈세는 단기성 외화거래에 부과하는 세금을 의미한다. 토빈세를 부과하게 되면 우리나라에 투자해서 이익을 얻으려는 외국자본들의 유입이 둔해진다. 즉, 토빈세의 부과는 외국투자자본의 수익률이 낮아지는 결과를 초래하므로 외화공급곡선이 좌측으로 이동하게 되어 환율이 상승한다.

| 오답피하기 | 라. 한국에서 발행한 국내 외화 표시 채권에 미국 투자자금이 몰려들 경우 우리나라 외환시장에서 외화의 공급이 증가하게 되어 환율이 하락한다.

547 정답 ③

| 해설 | 가. 환율이 1달러당 1,000원에서 1,200원으로 상승할 경우 수입원자재 1달러가 1,000원에 팔렸지만, 이제는 1,200원에 팔린다. 따라서 수입원자재가격이 상승한다.
라. 국내 실질이자율이 상승하면 외환시장에서 외화공급곡선이 우측으로 이동하여 환율이 하락한다.

| 오답피하기 | 나. 환율이 상승하면 외화부채를 가진 기업의 부담이 커진다.
다. 환율이 상승하면 우리나라 상품의 수출이 증가하는데, 이는 경제성장에 기여하여 실업률 하락이라는 긍정적인 결과를 낳을 수 있다.

548 정답 ④

| 해설 | 평가절상은 자국의 통화가치가 상승한 것을 의미한다.
④ 평가절상이 되면, 즉 원화 가치가 상승하면 환율은 하락한다. 환율이 하락하면 상품의 수출은 감소하고, 수입은 증가한다.

549 정답 ②

| 해설 | 가. 원/달러 환율은 원화로 표시한 달러화의 상대가격을 의미한다. 즉, 달러화 1단위를 구입하기 위해 원화 얼마만큼과 교환할 수 있는지를 나타내는 개념이다(X).
나. 1달러당 원화의 교환비율이 상승하면 원화는 평가절하된다. 1달러를 예전에는 1,000원과 교환할 수 있었는데, 이제는 1,200원이 필요하다면 이는 원화 1원당 가치가 낮아진 것이다(O).
다. 원/달러 환율이 상승하면 외국시장에서 우리나라 상품의 가격경쟁력이 높아지고, 우리나라 시장에서 수입품 가격경쟁력은 낮아진다(O).
라. 한국에서 빅맥이 3,000원이고, 미국에서 5달러라면 구매력평가설에 의한 적정 환율은 1달러당 600원이 되어야 한다. 하지만 실제로 1달러당 1,000원에 환율이 형성되어 있다면 이는 실제보다 우리나라의 원화가 달러화에 비해 평가절하되어 있음을 의미한다. 즉, 원화의 가치가 달러화에 비해 과소평가되었음을 말한다(X).

550 정답 ④

| 해설 | 가. 우리나라의 수입물가지수는 점차 상승하는 반면, 수출물가지수는 계속해서 낮은 수준이므로 교역조건은 악화되고 있다.
다. 제시된 상황에서는 원유 도입가가 높아지고 '수출지수−수입지수'가 낮아지고 있다. 이는 원유가격의 상승을 제품가격에 반영하여 올릴 수 없기 때문에 나타나는 현상이다. 이러한 상황에서 원/달러까지 하락할 경우 수출로 벌어들이는 금액이 감소하기 때문에 교역조건은 보다 악화된다.
라. 우리나라 주력 수출품인 반도체, LCD 등의 국제 가격이 하락하면 수출가격이 떨어지게 된다.

| 오답피하기 | 나. 2005년 3월 원유 가격은 배럴당 43.55달러로 전월보다 약 6.4%(전월 대비 2.61달러 상승) 오르며 사상 최고치 행진을 이어갔다.

관련 개념 짚어보기

교역조건 : 한 나라의 상품과 다른 나라의 상품이 교환되는 비율로, 구체적으로는 수입품의 단위로 표시한 수출품의 상대 가격을 의미한다. 이러한 교역조건은 $\dfrac{\text{수출가격지수}}{\text{수입가격지수}} \times 100$으로 구할 수 있다.

551 정답 ①

| 오답피하기 | 나. 해외건설공사는 서비스수지에 포함된다.
라. 이전소득수지란 거주자와 비거주자 간에 아무런 대가 없이 주고받은 거래의 차이를 의미한다. 이는 경제적으로 의미를 갖는다고 보기 어렵지만, 소득과 관련된 거래이므로 경상수지에 기록한다.
마. 본원소득수지는 국내 거주자와 비거주자 간에 급료 및 임금 또는 투자의 대가로 받은 배당금이나 이자소득의 차액을 의미한다.

552 정답 ⑤

| 해설 | ⑤ 국내 제조업의 비가격경쟁력 강화는 불황 국면 가운데에서도 수출의 증가를 가져오는 요인이다.

| 오답피하기 | ① 경상수지는 상품수지, 서비스수지, 본원소득수지, 이전소득수지의 합이므로 서비스수지는 5.8억 달러 적자를 기록하였다. 따라서 이전소득수지 적자규모보다 서비스수지 적자규모가 크다.
② 상품수지와 본원소득수지는 흑자이고, 서비스수지와 이전소득수지는 적자이다. 따라서 갑국 상품의 수출액이 수입액보다 많았다.
③ 자본·금융계정은 적자로서 갑국의 금융자산은 감소하였다.
④ 경상수지 흑자의 요인이 내수부진일 경우 이는 수출이 증가하여 수출액이 수입액을 상회하는 것이 아니라 수입액이 감소하여 수출액이 수입액을 넘어서는 흑자가 발생했음을 의미한다. 이러한 흑자를 '불황형 흑자'라고 한다.

553 정답 ⑤

| 해설 | 아름. 수입액이 감소하여 수출액이 수입액을 넘어서는 흑자를 불황형 흑자라고 한다.
성순. 중앙은행 경제통계국장이 국제수지 발표 후 문제와 같은 발언을 한 이유는 A국의 경제가 불황형 흑자가 아님을 밝히기 위함이라고 할 수 있다.
지연. 국제시장에서 A국 기업의 비가격경쟁력 향상은 A국 제품 수요를 높일 수 있는 수단으로 수출의 증가를 야기하여 경상수지 흑자를 가져올 수 있다.

| 오답피하기 | 동현. 경상수지의 흑자는 A국 재화의 서비스 수출액이 외국으로부터 수입액보다 크다는 것을 의미한다.

554 정답 ①

| 해설 | 가. 우리나라의 기준금리 인상에 대한 기대가 높아지면 환율이 하락한다. 기준금리는 우리나라에 투자를 하려는 외국인들의 입장에서는 수익률이다. 따라서 수익률이 높아지면 더 많은 외국자본이 우리나라 시장에 투자를 하려 하고, 이는 우리나라 외환시장에서 공급 증가로 나타나 환율이 하락한다.
나. 미국 연방준비제도이사회가 금리를 올린다면 우리나라 외환시장에 들어와 있던 외국자본이 우리나라에서 미국으로 빠져나갈 가능성이 높다. 그 결과 우리나라 외환시장에서 공급곡선이 좌측으로 이동하여 환율이 상승한다.
다. 계속되는 경상수지 흑자는 환율의 하락요인이다. 경상수지 흑자는 수출로 벌어들이는 외화가 많아짐을 의미하고 이는 우리나라 외환시장에서 외화공급곡선을 우측으로 이동시켜 환율이 하락한다.

555 정답 ①

| 해설 | 가. 해외부동산 투자의 증가는 외화의 수요를 증가시켜 환율의 상승요인으로 작용한다.
라. 원유가격의 상승은 외화의 수요를 증가시켜 환율의 상승요인으로 작용한다.

| 오답피하기 | 나. 경상수지 흑자는 외화의 공급을 증가시켜 환율의 하락요인으로 작용한다.
다. 외국자본의 한국 주식 구입은 외화의 공급을 증가시켜 환율의 하락요인으로 작용한다.

556 정답 ⑤

| 해설 | 세연. 변동환율제도의 가장 큰 단점은 경제의 불확실성이 증가된다는 점이다. 변동환율제도에서는 경제주체들의 외화 수요와 공급에 의해 환율이 수시로 변동하기 때문에 불확실성이 높아진다.
로나. 변동환율제도의 단점은 교역조건의 변화이다. 교역조건은 우리나라 상품 1단위 수출로 얼마만큼의 외국상품을 수입할 수 있는지를 나타낸다.
변동환율제도하에서 급격한 환율변동은 국내경제의 불안정을 초래할 수

있다. 급격하게 환율이 상승하는 경우 순수출을 크게 증가시켜 총수요 증가에 기여하지만 이는 국내의 인플레이션을 초래하게 된다.

| 오답피하기 | 민영. 혜진. 변동환율제도하에서는 국제수지 적자 혹은 흑자가 발생하더라도 자동적으로 이를 조정하여 균형을 찾게 된다. 따라서 중앙은행의 인위적인 개입이 없어도 되고, 대내외 균형이 신속하게 이루어진다는 장점이 있다.

관련 개념 짚어보기

변동환율제도: 외환시장에서 외화의 수요와 공급에 의해 환율이 결정되는 제도를 의미한다. 수요와 공급에 어떠한 제약이 가해질 경우 효율적인 자원배분이 어려워지기 때문에 외화시장에 정부가 개입하지 않는 방식이다.

557 정답 ⑤

| 해설 | 화폐가치가 지속적으로 하락하고 있다는 것은 명목환율이 지속적으로 상승하고 있다는 의미이다. 환율의 상승은 외환의 수요곡선이 우측으로 이동하거나 외환의 공급곡선이 좌측으로 이동할 때 발생한다. 갑국의 금리 상승은 환율 하락요인이다.
⑤ 미국인의 갑국 투자금 회수는 환율 상승요인이다.

558 정답 ③

| 해설 | ③ 2007년 하반기 이후 우리나라의 기준금리가 미국보다 높다. 이는 우리나라 국채의 수익률이 미국 국채의 수익률보다 높다는 것을 의미한다. 따라서 원화 표시 국채에 투자하는 것이 달러화 표시 국채에 투자하는 것보다 유리하다.

| 오답피하기 | ① 2007년 하반기 이후 금리는 우리나라가 미국보다 높으므로 우리나라로 달러화 유입이 증가했을 것이다.
② 환율이 하락하면 수출은 감소하고 이는 경상수지 적자요인이 된다.
④ 2008년 우리나라의 기준금리는 5%인 반면 일본의 기준금리는 0.3%이다. 따라서 원화 표시 국채에 투자하는 것이 엔화 표시 국채에 투자하는 것보다 유리하다.
⑤ 2004~2006년 미국의 기준금리가 상승하고 있으며, 이자율은 증가하고 있다. 일반적으로 기준금리가 인상되면 투자가 감소하여 총수요가 작아진다. 기준금리를 인상했다는 것은 경기가 계속해서 과열 상태에 있었다는 것을 의미한다.

559 정답 ③

| 해설 | ③ 국내 채권의 수익률이 좋음에도 불구하고 미국 채권을 구입한 것은 1년 후 달러화의 가치가 상승하여 원화로 환전 시보다 유리하다는 판단을 했기 때문이다. 따라서 원/달러 환율은 상승할 것이다. 반면, 일본인 을이 미국 여행을 미룬 것은 1년 후에 더 싸게 여행을 할 수 있다는 판단을 했기 때문이다. 즉, 1년 후 달러화 가치가 하락하여 더 적은 엔화로 여행을 할 수 있다고 전망한 것이다. 따라서 엔/달러 환율은 하락할 것이다.

560 정답 ③

| 해설 | 다. 원/엔 환율이 하락할 경우 엔화 표시 외채 상환 부담이 줄어든다.
라. 원/달러 환율의 상승은 미국에서 부품을 수입하는 기업에게 불리하다.

| 오답피하기 | 가. 엔화 대비 원화의 가치가 상승하였다.
나. 원/엔 환율이 하락하면 원화의 가치가 상승하므로 우리나라의 일본 여행 경비 부담은 감소한다.

PART

04

금융·경영·시사상식

CHAPTER 01 금융·경영·시사상식

문제 P.176

561	③	562	②	563	③	564	②	565	②
566	①	567	①	568	④	569	④	570	③
571	②	572	③	573	①	574	②	575	②
576	①	577	③	578	④	579	③	580	①
581	③	582	③	583	②	584	②	585	④
586	③	587	①	588	②	589	②	590	④
591	③	592	③	593	②	594	①	595	③
596	②	597	③	598	②	599	①	600	③

561 정답 ③

| 해설 | ③ 레버리지 비율은 기업이 타인자본에 얼마나 의존하고 있는지를 나타낸다. 유동성 비율과 함께 재무위험을 측정하는 비율로 수익성과 무관하다.

| 오답피하기 | ① 레버리지는 지렛대라는 용어로 '지렛대효과'로 불린다. 지렛대를 이용하면 더 큰 힘을 낼 수 있듯이 차입을 통해 투자 수익률을 극대화하는 투자기법을 의미한다.
② 디레버리징이란 빚을 상환하여 차입의 비용을 낮추는 전략을 의미한다. 경기 불황 시에는 차입의 대가가 수익성보다 커질 수 있으므로 디레버리징을 선택한다.
④ 레버리지 전략은 차입의 대가보다 수익성이 더 큰 경기 호황기에 효과적인 전략이다.
⑤ 인플레이션은 채권자에서 채무자로 부의 이전이 발생해 실질적인 채무의 부담이 감소하므로 차입의 일부를 청산한 것과 같은 효과가 발생한다.

562 정답 ②

| 해설 | ② 미국·멕시코·캐나다 자유무역협정(USMCA: US−Mexico−Canada Agreement)에 대한 설명이다. 북미 3개국으로 구성된 자유무역협정(NAFTA)은 1994년 정식발효되었다. 하지만 트럼프 대통령 취임 이후 미국의 일자리가 NAFTA 협정에 의해 사라지고 있다고 주장하며 재협상을 시작하였고, 그 결과 새롭게 합의한 무역협정의 이름이 미국·멕시코·캐나다 자유무역협정(USMCA)이다.

| 오답피하기 | ① 관세 및 무역에 관한 일반협정(GATT: General Agreement on Tariffs and Trade)은 1947년 제네바에서 23개국이 모여 체결된 국제적인 무역협정으로 무역장벽(관세, 수출입 규제)을 제거하려는 목적을 갖는다.
③ 아시아·유럽정상회의(ASEM: Asia−Europe Meeting)는 아시아 유럽정상회의로 아시아 10개국과 유럽연합 15개국의 대표들이 모여 2년에 한 번씩 개최한다. 논의 분야는 정치, 경제 및 사회, 문화를 비롯한 다양한 포괄적 협력을 추구한다.
④ 안데스공동시장(ANCOM: Andean Community)은 라틴아메리카의 안데스 제국에 속하는 5개 국가(콜롬비아, 페루, 에콰도르, 볼리비아, 칠레)의 지역 경제통합을 의미한다. 역내 무역장벽 철폐와 공동관세 적용을 목적으로 한다.
⑤ 메르코수르(Mercosur)는 '남미공동시장'을 뜻한다. 정회원국으로는 브라질, 아르헨티나, 우루과이, 파라과이, 베네수엘라(2016년에 회원자격 정지)가 가입해 있으며, 남미 국가 간 무역장벽을 없애기 위해 1991 발족되었다.

563 정답 ③

| 해설 | 은산분리 규제는 산업자본이 금융시장을 잠식하는 것을 막기 위한 제도이다. 해당 규제에 의하면 산업자본은 의결권이 있는 은행지분의 4%까지만 보유할 수 있다. 다만, 의결권 미행사를 전제로 금융위원회의 승인을 받으면 최대 10%까지 보유 가능하다.

564 정답 ②

| 해설 | 미국의 3대 주가지수는 S&P500, 다우존스, 나스닥 지수이다.
가. S&P500 지수는 미국을 대표하는 500개의 대형 상장 기업으로 구성된 주가지수이다.
다. 다우존스 지수는 미국을 대표하는 30개의 대형 기업으로 구성된 주가지수이다.
라. 나스닥 지수는 주로 기술주 중심으로 구성된 미국의 주가지수이다.

| 오답피하기 | 나. 항생 지수는 홍콩의 주가지수이다.
마. 닛케이225 지수는 일본을 대표하는 주가지수이다.
바. FTSE100은 영국을 대표하는 주가지수이다.

565 정답 ②

| 해설 | ② 섀도 보팅은 의결권 대리행사 제도로, 정족수 미달로 주주총회가 무산되지 않도록 하기 위해 참석하지 않은 주주들의 투표권을 행사할 수 있는 제도이다. 참석하지 않은 주주들을 참석한 것으로 간주하되 투표한 주주들의 찬성 및 반대비율로 나누어 표결에 영향을 미치지 못하도록 하는 제도이다. 2017년 2월 폐지되었다.

| 오답피하기 | ① 백기사는 매수대상기업의 경영자에게 우호적인 기업 인수자를 의미한다. 적대적 M&A의 대상이 된 기업이 적당한 방어수단이 없을 경우 우호적인 제3자에게 도움을 요청하게 되는데, 백기사는 이 우호적인 제3자를 의미한다.
③ 차등의결권제도는 적대적 M&A에 대한 기업의 경영권 방어수단의 하나로, 보유한 지분율 이상의 의결권을 행사할 수 있는 제도이다.
④ 포이즌필은 적대적 인수합병 시도가 있을 때 기존 주주들에게 시가보다 싼 가격에 지분을 매수할 수 있는 권리를 부여하여 적대적 인수합병 기업의 지분 확보를 어렵게 만드는 것을 의미한다.
⑤ 그린메일은 특정회사의 경영권을 위협할 수 있는 수준까지 지분을 매입한 이후에 경영권이 취약한 대주주에게 높은 가격에 팔아 프리미엄을 챙기는 그린메일러들이 보내는 편지를 의미한다.

566 정답 ①

| 해설 | ① 배당은 이익잉여금을 나누어 주는 것으로, 배당은 비용으로 분류되지 않고 잉여금의 처분에 해당한다. 즉, 모든 수익, 비용을 다 반영한 후 발생한 당기순이익을 이익잉여금으로 대체한 뒤에 주는 단순한 이익처분이므로 비용이 아니다.

567 정답 ①

| 해설 | ① 포지티브 규제는 금지를 원칙으로 하지만, 법률에 언급된 사항에 한해서는 예외적으로 허용하는 체계를 의미한다. 성문법 중심의 국가들이 채용하는 방식이다. 네거티브 규제는 포지티브 규제의 반대이다. 언급된 금지 사항을 제외하면 모두 허용하는 방식이다. 관습법 중심의 국가들이 채용하는 방식이며, 오늘날과 같이 변화의 양상이 다양하고 빨라 제도가 뒤처지는 경우 효과적인 방식으로 평가된다.

| 오답피하기 | ② 규제비용총량제란 새로운 규제를 신설할 때에는 규제신설로 인해 예상되는 비용을 기준으로 기존의 규제를 폐지하여 전체적인 규제로 인한 비용이 증가하지 않도록 관리하는 제도를 의미한다.
⑤ 그레이존 해소제도란 어떤 사업을 시작할 때 해당 사업이 어떤 규제를 받을지에 대해 주무부처가 미리 확인해 주는 제도로, 사업의 예측가능성을 높여준다.

568 정답 ④

| 해설 | ④ 플랫폼이란 양면시장적 특성을 가진다. 즉, 한쪽의 이용자가 많아질수록 반대편의 이용자 혜택이 올라가고, 반대편의 이용자가 많아질수록 또 한쪽 이용자의 편익이 높아지는 유형의 시장을 의미한다. 이처럼 한쪽의 이용자가 다른 쪽 이용자의 편익을 높이는 효과를 '네트워크 효과'라고 한다. 양면시장은 네트워크 효과를 바탕으로 한 기하급수적인 성장이 높은 시장지배율을 창출하고, 이는 양면의 소비자로 하여금 플랫폼을 이탈하지 못하는 '자물쇠(고착) 효과'를 야기한다. 이 두 가지 특성으로 인해 플랫폼 비즈니스의 독점화 논란이 발생한다.

569 정답 ④

| 해설 | ④ 페어펀드(Fair Fund)는 투자자를 보호하기 위한 조치 중 하나로, '공정배상기금'으로 표현되기도 한다. 이는 위법행위를 한 행위자들에게 과징금을 부과하여 자금을 모으고, 이를 통해 피해자들을 돕는다는 아이디어이다. 소액 다수 피해자의 경우 피해를 입더라도 정보의 부족, 비용 부담 등의 문제로 소송을 제기하기 어렵기 때문에 이를 보호할 수 있으며, 금융권의 위법행위를 방지하는 효과가 있다.

| 오답피하기 | ① 인컴펀드(Income Fund)란 채권, 리츠, 주식의 배당, 분배금 등 다양한 인컴을 투자 대상으로 하는 펀드이다. 자산가격 자체보다 인컴수익에 초점을 맞춰 운용한다.
② 그린펀드(Green Fund)란 국제통화기금이 조성한 펀드로, 탄소배출권 감소와 지구온난화 방지에 대한 국제적 합의를 바탕으로 조성한 펀드이다. 지구온난화로 가뭄, 홍수, 질병 등의 문제에 직면한 저개발 국가의 지원을 목적으로 한다.
③ 사모펀드(Private Equity Fund)란 소수의 투자자로부터 모은 자금을 운용하는 펀드로, 비공개로 투자자를 모집한다. 주로 기관투자자들이나 고액 자산가가 모집 대상이다.
⑤ 퀀텀펀드는 헤지펀드의 하나로, 1969년 조지 소로스와 짐 로저스가 설립했다.

570 정답 ③

| 해설 | ③ 차등의결권은 주당 의결권이 복수로 부여되는 주식이라는 의미에서 '복수의결권'이라고도 한다. 이는 경영권 방어 수단의 하나로, 일부 주주의 지배권을 강화하는 제도이다.

| 오답피하기 | ① 의결권 신탁은 다수 주주가 의결권을 1인 혹은 다수에게 양도하고, 권한을 양도받은 자는 주주의 이익을 위해 의결권을 행사하는 제도이다.

② 섀도 보팅(Shadow Voting)은 주주총회에 참석하지 않은 주주들에 대한 처리 방식이다. 즉, 참석하지 않은 주주도 투표한 것으로 간주하되, 참석한 주주들의 찬성과 반대 비율대로 표를 나눠 표결에 영향을 미치지 않도록 하는 제도이다.
④ 집중투표제는 주주총회에서 기업 이사 선출을 위한 투표 제도로, 3% 이상의 지분을 보유한 주주가 주주총회에서 투표를 요청하면, 표를 많이 얻은 순서대로 이사를 선출하는 제도이다.
⑤ 의결권 승수는 총수의 현금투입지분 대비 실제 지배력 행사지분의 비율을 의미한다. 즉, 대기업총수가 계열회사 순환출자 등을 통해 의결권을 행사하는 주식지분이 총수가 실제로 가지고 있는 주식지분의 몇 배가 되는지를 나타낸다.

571 정답 ②

| 해설 | ② 구글은 최대 매출의 30%를 수수료로 가져가는 인앱결제 정책을 내세우면서 독과점 논란을 불러 일으켰다. 우리나라 정부는 2021년 9월 14일 「전기통신사업법」을 개정하여 인앱결제를 강제하는 것을 금지하였다.

572 정답 ③

| 해설 | ③ 블록딜이란 주식을 대량으로 매도할 때 주식시장에 영향을 미치지 않도록 장이 끝난 이후 지분을 넘기는 거래를 의미한다. 이를 통해 장이 열려있는 시간에는 주가가 급격히 하락하는 것을 막을 수 있으나 다음 날 주가가 하락하는 경우가 많다.

| 오답피하기 | ① 정리매매란 상장폐지가 결정된 종목을 보유한 투자자에게 정리할 수 있도록 기회를 준 이후에 상장을 폐지하는데, 이처럼 마지막 유동성의 기회를 활용하는 매매를 정리매매라고 한다.
② 반대매매란 차입을 통해 주식을 매입한 이후 빌린 돈을 만기내에 갚지 못할 경우 증권사가 고객의 의사와는 무관하게 주식을 강제로 처분하는 것을 의미한다.
④⑤ 재정거래 또는 차익거래는 동일한 상품이 시장 간에 상이할 경우 저렴한 시장에서 구입하여 가격이 비싸게 형성된 시장에서 판매하는 것을 의미한다.

573 정답 ①

| 해설 | ① 환사채(CB: Convertible Bond)란 회사채와 주식의 중간 형태의 채권이다. 발행 당시에는 회사채이지만, 주식으로 전환 가능한 권리가 부여된 채권이다. 전환 이전에는 회사채로서 이자를 받을 수 있고, 전환 후에는 주식으로서 이익을 얻을 수 있다.

| 오답피하기 | ② 신주인수권부사채(BW: Bond with Warrant)란 미리 정해진 가격으로 주식을 청구할 수 있는 회사채를 의미한다. 워런트란 주식이나 채권, 외환 등의 정해진 수량을 미리 정해진 가격으로 구입할 수 있는 권리를 의미한다. 회사채에 이러한 워런트가 붙은 채권을 신주인수권부사채라고 한다.
③ 상장지수증권(ETN: Exchange Traded Note)이란 기초자산의 가격변동에 따라 수익이 결정되는 채권을 의미한다. 수수료가 적고, 중위험·중수익 투자 수단으로 구분된다.
④ 주가연계증권(ELS: Equity-linked Securities)이란 주가지수에 특정 주식의 가격을 연동해 놓은 것을 의미한다.
⑤ 상장지수펀드(ETF: Exchange Traded Fund)란 인덱스 펀드와 뮤추얼 펀드의 특성을 결합한 상품이다. 주식, 채권, 통화, 원자재 등의 가격지수를 따라가는 것이 목표인 인덱스펀드의 지분을 거래소에 상장하여 일반주식처럼 거래하도록 한 금융상품이다.

574 정답 ②

| 해설 | ② 유연근무제란 근로자가 개인 여건에 따라 일할 시간과 장소를 조절할 수 있는 제도를 의미한다.

| 오답피하기 | ① 골디락스란 경제성장률이 높으면서도 물가가 상승하지 않은 이상적인 경제 상태를 의미한다.
③ 임금피크제란 정년 보장의 대가로 일정 연령을 시작점으로 단계적으로 임금을 줄여나가는 제도이다.
④ 타임오프제란 노조업무만 수행하는 노조전임자에게 임금을 주면서도 근로시간을 면제해 주는 제도이다.
⑤ 체크오프제란 사용자가 조합원의 임금에서 일괄 공제 형식으로 조합비를 거둔 이후에 노동조합에 건네는 제도를 의미한다.

575 정답 ②

| 해설 | ② 풍선효과란 풍선이 한 곳을 누르면 다른 곳이 팽창되는 것처럼 하나의 문제가 해결되면 다른 문제가 생겨나는 현상을 의미한다.

| 오답피하기 | ① 승수효과란 독립지출의 증가가 총수요와 총소득을 자극하여 소비가 증가하고, 이는 다시 총수요와 총소득을 자극하여 실질GDP가 연쇄적으로 증가하는 현상을 의미한다.
③ 분수효과란 저소득층의 소득 증가가 경제활성화로 이어지는 현상을 의미한다.
④ 기저효과란 특정 시점의 경제상황을 평가할 때 비교의 기준으로 삼는 시점에 따라 주어진 경제상황을 달리 해석하게 되는 현상을 의미한다.
⑤ 트리클다운효과는 낙수효과로도 표현된다. 즉, 효율성에 초점을 맞춘 전략으로 물이 위에서 아래로 떨어지듯이 대기업을 성장시키면, 이와 연관된 중소기업이 성장하고 일자리도 창출되어 경제 전체가 좋아지는 현상을 의미한다.

576 정답 ①

| 해설 | ① 지급준비율이란 예금액 가운데 대출에 사용하지 못하고 의무적으로 남겨둬야 하는 금액의 비중으로, 고객들의 인출요구에 대응하기 위해 남겨둬야 하는 금액을 의미한다.

| 오답피하기 | ② 최저한세율은 다양한 공제제도로 인해 기업의 세금이 지나치게 낮아지는 것을 막기 위해 기업 소득 가운데 일정 비율(대기업 15%, 중소기업 12%)을 반드시 납부하도록 규정한 세율이다.
③ 코픽스란 우리나라 8개 은행들이 제공한 자금조달 관련 정보를 기초로 산출되는 것으로 주택담보대출 금리를 정할 때 기준이 되는 금리이다.
④ 소득대체율이란 국민연금 가입자가 가입 기간의 평균소득을 기준으로 퇴직 이후에 수령하는 연금지급액을 의미한다.
⑤ 한계소비성향이란 소득이 한 단위 증가할 때 소비가 얼마만큼 증가하는지를 나타낸다.

577 정답 ②

| 해설 | ② 영구채는 만기가 없는 채권이다. 만기가 존재하지 않아 이자만 계속 납부하면 만기를 연장할 수 있다. 영구채는 부채가 아닌 자본으로 분류되는 신종자본증권이다.

| 오답피하기 | ① 전환사채(CB: Convertible Bond)란 회사채와 주식의 중간 형태의 채권이다. 발행 당시에는 회사채이지만, 주식으로 전환가능한 권리가 부여된 채권이다. 전환 이전에는 회사채로서 이자를 받을 수 있고, 전환 후에는 주식으로서 이익을 얻을 수 있다.

③ 기업어음이란 기업이 자금을 조달하기 위해 발행하는 단기 채권을 의미한다. 보통 1년 이내로 규정되며 이자율은 연 40% 이내로 변동금리가 적용된다.
④ 회사채란 기업이 자금조달을 위해 직접 발행하는 채권으로 회사수익 규모와 무관하게 일정률의 이자가 지급되는 채권이다.
⑤ 국공채란 국가나 지방자치단체가 발행하는 채권이다.

578 정답 ④

| 해설 | ④ 워런 버핏은 버크셔해서웨이를 기반으로 세계 최고의 부자가 되었으나 검소한 생활을 유지한다. 서브프라임 모기지 위기 당시 버핏의 투자는 논란이 있었으나 고수익의 결과를 낳았다.

579 정답 ②

| 해설 | ② 패닉바잉이란 불안심리에 의해 가격과 관계없이 발생하는 매점·매석 현상을 의미한다. 막대한 규모의 거래량과 가격의 급상승이 함께 나타나는 특징이 있다.

| 오답피하기 | ① 쇼트 셀링이란 공매도라고도 한다. 공매도는 없는 주식을 판다는 의미로 주가가 떨어질 것을 예상되는 주식을 빌려 판매한 뒤, 실제 주가가 내려가면 주식을 사서 빌린 주식을 갚는 투자기법이다.
③ 펀드런은 투자자들이 펀드의 부실을 우려하여 한날 한시에 환매를 요청하는 현상이다.
④ 팬데믹은 전염병의 전세계적인 확산을 의미한다.
⑤ 뱅크런은 금융시장의 불안 징후를 느낀 예금자들이 한꺼번에 몰려 예금을 인출하는 사태를 의미한다.

580 정답 ①

| 해설 | ① 추가경정예산이란 헌법 제56조에 따라 예산부족이나 특별한 사유로 인해 본예산을 변경하여 다시 정한 예산을 의미한다.

| 오답피하기 | ② 준예산이란 잠정예산을 의미한다. 새로운 회계연도가 시작될 때까지 예산이 결정되지 못할 경우 정부는 일정 범위 내에서 이전 회계연도 예산에 준하여 집행하는데, 이때의 예산을 준예산이라고 한다.
③ 본예산이란 정식예산으로 회계연도 개시 전에 정상적인 절차에 따라 확정된 예산이다.
⑤ 수정예산이란 정부가 국회에 예산을 제출한 후 아직 예산이 의결되기 전에 정부가 제출한 예산안을 수정한 것이다. 확정 이후에 수정하는 추가경정예산과 다르다.

581 정답 ③

| 해설 | ③ 기본소득이란 국가가 모든 사회구성원들에게 어떠한 조건없이, 정기적으로 지급하는 현금 소득을 의미한다. 구성원 모두 인간다운 삶을 보장한다는 '기본권' 차원에서 출발한 개념이다.

| 오답피하기 | ① 국민총소득이란 한 나라의 국민이 생산활동에 참여한 대가로 받은 소득의 합계를 의미한다.
② 명목소득이란 화폐단위로 측정한 소득으로, 현재의 물가지수로 표시한 금액이 명목소득이다.
④ 가처분소득이란 총소득에서 세금을 제하고 남은 금액으로 의미한다.
⑤ 국내총생산이란 일정 기간 한 국가 내에서 새롭게 생산된 재화와 서비스의 시장가치의 합으로 정의된다.

582 정답 ③

| 해설 | ③ 우선주란 보통주보다 우선하여 배당이나 잔여재산의 분배를 받을 수 있는 권리가 있는 주식이다. 일반적인 경우 기업 경영에 대한 의결권이 없으며, 보통주보다 가격이 낮게 형성된다.

| 오답피하기 | ① 자사주란 회사가 자기의 재산으로 발행한 주식을 취득하여 보유하는 주식이다. 원칙적으로 자기주식의 취득은 금지되지만, 상장법인의 경영권 보호를 목적으로 발행주식 총수의 5% 이내에서만 취득 가능하다.
② 배당주란 현금배당 대신 주주들에게 나눠주는 주식이다. 주가에 비해 배당액이 너무 커 1년 만기 정기예금의 금리보다 높은 수익이 기대되는 종목이다.
④ 황금주란 단 한 주만으로도 기업의 중요한 의사결정에 반대할 수 있는 권리를 가진 주식을 의미한다.
⑤ 보통주란 일반적인 주식을 의미한다. 특별한 권리내용이 없는 일반적인 보통의 주식을 의미한다.

583 정답 ②

| 해설 | ② 화웨이는 전 세계 140여개 국에 거점을 둔 중국의 대표적인 다국적IT기업이다. 미국 상무부는 화웨이가 설계한 모든 반도체를 제재함으로써 사실상 세계의 모든 반도체 제조사가 화웨이와 거래할 수 없도록 조치하였다.

| 오답피하기 | ① 틱톡은 짧은 동영상을 제작·공유할 수 있는 소셜네트워크서비스이다. 중국 바이트댄스사가 개발하여 전 세계에서 인기를 끌고 있다.
③ 중국의 인터넷 쇼핑 관련 기업이다. 마윈이 1999년에 설립한 기업으로, 중국의 아마존이라고 불린다.
④ 디디추싱이란 중국판 우버이다. 2015년 2월 텐센트와 알리바바 그룹이 투자한 그룹이 합병하여 탄생하였다.
⑤ 바이두란 알리바바, 텐센트 등과 함께 중국을 대표하는 IT기업으로 중국 최대 인터넷 검색 사이트이다.

584 정답 ②

| 해설 | ② 파운드리란 반도체 산업에서 반도체 제조만을 담당하는 기업을 의미한다. 퀄컴이나 인텔 등의 회사가 주문한 반도체를 전문 생산하는 기업을 의미한다. 다품종 소량생산을 특징으로 한다. TSMC와 삼성전자가 대표적인 파운드리 기업이다.

| 오답피하기 | ① 팹리스란 반도체 설계와 판매에 전문화된 기업이다. 팹리스에서 주문과 설계 데이터를 파운드리에 넘겨 생산한다.
③ 유니콘기업은 기업 가치 1조 원 이상의 비상장 스타트업 기업을 의미한다.
④ 테마주란 증권시장에 영향을 주는 사건이 발생할 때 이에 따라 주가가 움직이는 종목을 의미한다.
⑤ 데카콘기업은 기업가치 100억 달러가 넘는 신생 벤처기업을 의미한다.

585 정답 ④

| 해설 | ④ 동학개미운동에 대한 설명이다. 외국인 투자자들이 팔자 현상이 가속화되어 주가가 급락하자, 개인 투자자들이 적극적인 매수세로 대응하였다. 이를 1894년에 일어난 동학농민운동에 빗댄 동학개미운동이라는 신조어가 탄생하였다.

586 정답 ③

| 해설 | ③ 사회적기업이란 비영리조직과 영리기업의 중간 형태로, 사회적 목적을 추구하면서 영업활동을 수행하는 기업이다. 영리기업이 이윤 추구를 목적으로 하는 데 반해, 사회적기업은 사회서비스의 제공 및 취약계층의 일자리 창출을 목적으로 한다.

| 오답피하기 | ② 좀비기업이란 회생할 가능성이 없음에도 정부 또는 채권단의 지원을 받아 간신히 파산을 면하고 있는 기업이다.
④ 한계기업이란 재무구조가 부실해 영업활동을 통해 벌어들이는 이익으로 금융비용도 감당하지 못하는 등 상대적 경쟁력을 상실함으로써 더 이상의 성장에 어려움을 겪는 기업이다.
⑤ 블랙기업이란 비합리적인 노동을 청년들에게 강요하는 기업이다.

587 정답 ①

| 해설 | ① 원가우위 전략은 조직 내의 모든 분야에서 원가를 낮춰 경쟁사보다 싸게 공급하여 경쟁력을 확보하는 전략이다.

| 오답피하기 | ② 차별화 전략은 경쟁사와는 독창적인 제품으로 경쟁우위를 확보하는 전략이다. 이는 제품의 독창성을 무기로 넓은 범위의 시장을 공략한다. 넓은 시장을 다시 작은 시장으로 세분화하여 적합한 제품을 공급해야 하므로, 소품종 제품을 대량생산하는 원가우위기업에 비해 가격경쟁력이 떨어지는 전략이다.
③ 집중화 전략은 시장을 세분화하여 경쟁사보다 낮은 원가를 기반으로 경쟁우위를 차지하거나 제품의 독창성으로 경쟁우위를 확보하는 전략이다. 집중화 전략은 특정 시장을 대상으로 삼는 전략이다.

588 정답 ②

| 해설 | ② 슈카스(終活) 산업은 일본에서 자기 삶을 아름답게 마무리하게 위해 생겨난 서비스업으로, 장례식장을 스스로 예약하거나 수의를 미리 맞추고, 납골 방식과 위치를 선택한다.

| 오답피하기 | ① 디커플링은 국가와 국가, 또는 한 국가와 세계의 경기 등이 같은 흐름을 보이지 않고 탈동조화되는 현상을 의미한다.
③ 루이스 전환점은 개발도상국이 초기에 값싼 농촌 인력을 기반으로 성장하다가, 이들의 고임금화로 경제성장이 둔화되는 현상을 의미한다.
④ 트리핀 딜레마는 브레튼우즈 체제하에서 미국이 직면했던 범세계적·보편적 가치와 국가적 이해관계 간 상충관계를 의미한다. 여타 국가들의 국제거래결제를 뒷받침하기 위해 미국이 기축통화인 달러화 공급을 계속 늘리면 결국 달러화 가치 하락으로 인해 기축통화로서의 국제적 신용도가 위태로워지는 진퇴양난의 상황을 의미한다.
⑤ 오퍼레이션 트위스트는 중앙은행이 단기에 국채를 판 돈으로 장기 국채를 매입하여 장기 금리를 낮춤으로써 경기를 부양하는 통화정책이다.

589 정답 ②

| 해설 | ② 창의자본이란 아이디어나 특허권을 매입한 뒤 부가가치를 높여 지식을 필요로 하는 기업에게 라이센싱하여 수익을 창출하는 자본을 의미한다.

| 오답피하기 | ① 인터페이스란 사물과 사물 사이 또는 사물과 인간 사이의 경계에서, 상호 간의 소통을 위해 만들어진 물리적 매개체나 프로토콜을 말한다.
④ 대여권은 저작자가 자기 저작물을 제3자가 대여하는 것을 금할 수 있는 권리이다.
⑤ 기술의 표준화란 기술격차가 선발기업과 후발기업 간에 사라진 것을 의미한다.

590 정답 ④

| 해설 | ④ 자유무역협정(FTA)은 자유무역을 촉진하는 제도이다. 다자 간의 자유무역협정 체결을 원칙으로 했으나, 이행이 원활하지 않자 양자 간에라도 자유무역협정을 체결하도록 하였다.

| 오답피하기 | ① 반덤핑관세란 수입국 정부가 덤핑수입으로 인해 피해를 입었거나 입을 우려가 있을 경우 국내산업을 보호하기 위해 관세를 부과하는 것을 말한다.
② 상계관세란 상대국의 보조금 지급으로 인한 자국의 피해를 막기 위해 부과할 수 있는 합법적인 조치이다.
③ 보복관세는 자국 상품에 대해 불리한 대우를 하는 나라의 상품에 대한 보복의 성격을 가진 관세이다.
⑤ 수입허가제는 특정 상품을 수입할 때 정부의 허가를 받도록 하는 제도이다.

591 정답 ③

| 해설 | ③ 캐리 트레이드는 금리가 비교적 낮은 국가로부터 투자자금을 차입하여 금리가 높은 국가에서 자산을 운용하는 거래 방법으로, 고금리국가의 통화에 투자하여 이익을 얻는 투자 방법이다.

| 오답피하기 | ① 캐리코스트는 상품시장에서 상품을 보유하는 데 소요되는 비용이며, 증권시장에서는 투자자가 증권을 보유하는 데 소요되는 이자비용 등을 의미한다.
② 주당순이익은 1주당 세후 순이익을 의미한다.
④ 헤지란 현재 보유 또는 장래 보유 예정인 현물 또는 선물의 불확실한 가격변화에 대해 시장에서 반대되는 포지션을 취함으로써 가격변동위험을 한정시키는 것을 말한다.
⑤ 기업어음은 기업이 자기신용을 바탕으로 단기자금을 투자자로부터 직접 조달하기 위해 발행하는 약속어음이다.

592 정답 ③

| 해설 | ③ 황금낙하산은 적대적 M&A에 대비하는 대표적인 전략으로, CEO가 임기 전에 물러나게 될 경우 거액의 퇴직금, 스톡옵션, 일정 기간 동안의 보수와 보너스 등을 받을 권리를 고용계약 시 반영하여 인수 비용을 높이는 방법이다.

| 오답피하기 | ① 왕관의 보석에 대한 설명이다. 핵심사업부를 매각하여 매수의도를 저지하는 전략이다.
② 정관수정 전략이다. 정관에 적대적 합병과 매수가 어렵도록 하는 조치를 규정하는 전략이다.
④ 새벽의 기습에 대한 설명으로, 이는 사전 경고 없이 목표 기업의 경영진에 매수 제의를 하고 신속한 의사결정을 재촉하는 것이다. 곰의 포옹과 유사한 전략이다.
⑤ 곰의 포옹에 대한 설명으로, 이는 적대적 인수합병 과정에서 끊임없이 경영권을 넘길 것을 강요하는 전략이다.

593 정답 ③

| 해설 | ③ 프롭테크는 부동산(Property)과 기술(Technology)의 합성어로, 부동산 시장에 혁신적인 기술이나 새로운 비즈니스 모델을 제공하는 서비스산업이다. 중개 및 임대, 부동산 관리, 프로젝트 개발 등 부동산 관련 영역 전반이 대상이다.

| 오답피하기 | ① 핀테크란 금융과 정보기술의 합성어로, IT기술이 합쳐진 금융서비스 산업을 의미한다.

② 섭테크란 감독(Supervision)과 기술(Technology)의 합성어로 금융감독원의 주 업무인 감독에 기술을 접목시켜 감독과 검사를 효율적으로 수행하는 기술분야이다.
④ 리걸테크란 법률과 기술의 결합어로 인공지능을 활용한 법률 서비스 영역을 의미한다.
⑤ 레그테크란 규제(Regulaton)와 기술(Technology)의 합성어로서 정보통신기술을 활용하여 법규 준수, 준법 감시, 내부통제 등의 규제 준수 업무를 효율화하는 기술을 의미한다.

594 정답 ①

| 해설 | ① 수직적 통합은 가치사슬상의 전후의 연관 활동분야를 동시에 운영하는 것을 의미하며, 전방통합과 후방통합으로 구분된다.

| 오답피하기 | ② 제조기업이 유통기업을 인수합병하는 것은 전방통합의 대표적인 예이다.
③ 비슷한 업종의 경쟁사를 인수하는 것은 수직적 통합이 아닌 수평적 통합의 사례이다.
④ 새로운 사업분야에 진출하는 것은 다각화의 사례이다.
⑤ 완성차 업체가 완성차 탁송 업체를 인수·합병한 것은 전방통합의 사례이다.

> **관련 개념 짚어보기**
>
> • **전방통합**: 기업이 유통 부문에 대한 소유권과 통제능력을 획득하는 경우이다.
> • **후방통합**: 기업이 투입요소에 대한 소유권을 갖고 이를 통제할 수 있는 능력을 획득하는 경우이다.

595 정답 ③

| 해설 | ③ 어떤 자원 배분 상태가 실현가능하고, 다른 배분 상태와 비교했을 때 이보다 효율적인 배분이 불가능하면, 이 배분 상태를 파레토 효율이라고 한다. 즉, 한 사람의 후생 증가를 위해서는 다른 사람의 후생을 감소시켜야만 하는 상태를 의미한다.

| 오답피하기 | ① 티핑 포인트란 어떤 현상이 서서히 진행되다가 작은 요인으로 한 순간 폭발하는 것으로, 균형을 이루던 것이 깨지고 나면 급속도로 특정 현상이 퍼지거나 우세해지는 현상을 의미한다.
② 턴 어라운드란 기업회생을 의미한다. 구조조정과 리스트럭처링, 리엔지니어링 등의 과정이 포함된다.
④ 더블 딥이란 경기침체 후 회복기에 접어들었다가 다시 침체에 빠지는 이중침체를 의미한다.
⑤ R의 공포에서 R은 경기침체인 Recession의 약자이다. 즉, 경기침체로 인한 공포를 의미한다.

596 정답 ②

| 해설 | ② 산업재산권은 산업영역에서의 기여에 대한 보호를 본질로 하며, 산업경제와 관계가 깊은 지식재산권을 의미한다. 실용신안권은 산업상 이용할 가능성이 있는 물품의 형상, 구조 또는 조합한 것 등에 관한 구체적인 기술적 목적과 구성 및 효과에 의해 체계적으로 형성된 무형의 고안을 보호하는 권리이다. 등록일로부터 권리가 발생하며, 출원일 후 10년까지 존속된다.

| 오답피하기 | ① 특허권은 자연법칙을 이용한 기술적 창작으로서 발명 수준이 고도한 발명에 대해 부여되는 권리이다. 이 권리는 등록한 날로부터 특허출원일 후 20년까지 존속된다.

③ 디자인권은 공업소유권의 범주에 속하는 배타적, 독점적 효력을 갖는 절
  대권을 의미한다. 디자인권은 독특한 형상, 모양, 색채가 있는 물품의 외
  관에 부여되는 권리로, 등록출원일 후 20년까지 존속된다.
④⑤ 상표권은 식별력 있는 상표 또는 서비스 표에 부여되는 권리이다. 상표
  권은 등록 후 10년까지 존속되지만 다른 산업재산권과 달리 갱신 절차를
  거쳐 10년씩 존속기간을 연장할 수 있다.

597 정답 ②

| 해설 | ② 1인당 국민소득이란 1인당 평균소득으로 실제 우리나라 국민들
의 전반적인 생활수준을 대표하는 지표이다. 2019년 10년 만에 가장 낮은
수치인 3만 2천 115달러로 잠정 집계되었다. 이는 금융위기 이후 가장 큰 폭
의 감소였다. 2020년에도 코로나19의 충격으로 1인당 국민소득의 감소가
예상되었으나 환율 요인으로 가까스로 3만 달러를 유지하고 있다.

| 오답피하기 | ① 국내총생산이란 일정 기간 동안 한 국가 내에서 새롭게
생산된 재화와 서비스의 시장가치의 합이다.
③ 상대적 빈곤율이란 전체 인구에서 소득이 중위소득의 50% 미만인 계층
  이 차지하는 비율을 의미한다.
④ 관리재정수지란 통합재정수지에서 사회보장성기금을 제외한 것을 의미
  한다.
⑤ 국내순생산이란 국내총생산에서 고정자본소모를 제외한 값을 의미한다.

598 정답 ②

| 해설 | ② 흔히 1주당 100만 원이 넘는 기업 주식을 '황제주'라고 한다. 일
반 사람들은 1주당 100만 원이 넘는 주식을 사기가 어렵고 막상 사더라도
구입 규모를 크게 가져갈 수도 없다. 황제주라고 비유하는 이유는 일반인에
게 접근성이 낮기 때문이다.

| 오답피하기 | ① 테마주는 주식시장에 새로운 이슈가 등장하여 증권시장에
영향을 주는 큰 일이 발생할 때 이에 따라 움직이는 주식 종목군을 의미한다.
③ 황금주는 적대적 M&A에 대응하기 위해 1주만 갖고 있더라도 거부권을
  행사할 수 있는 권리를 가진 주식을 말한다.
④ 우선주는 이익이나 배당, 잔여재산의 분배와 관련하여 우선적 지위가 인
  정된 주식이다.
⑤ 보통주는 우선주에 대비되는 주식으로, 일반적인 주식을 의미한다. 주식
  소유자는 주주총회에 참석하여 기업의 주요 경영 사항에 대해 의결권을
  행사하고 배당을 받고, 발행되는 신주를 인수하는 등 주주로서의 권리를
  행사한다.

599 정답 ①

| 해설 | ① 재무상태표는 일정 시점 현재 기업실체의 재무상태에 대한 정보
를 제공하는 재무제표이다. 재무상태표는 자산과 부채 및 자본으로 구성된
다. 자산의 총액은 항상 부채 총액과 자본 총액의 합과 일치해야 하기 때문에
이를 '회계등식' 또는 '재무상태표 등식'이라고 한다.

600 정답 ③

| 해설 | ③ 공시지가는 국토교통부 장관이 조사·평가하여 공시한 토지의 단
위면적당 가격이다. 1989년 토지 공개념이 도입되면서 행정자치부의 과세시
가표준액, 건설교통부의 기준시가, 국세청의 기준시가, 감정원의 감정시가 등
을 일원화시켜 1989년 7월부터 시행한 것이다.

| 오답피하기 | ① 과세표준은 세금을 부과하기 위한 기준으로, 과세 대상의
가격, 수량, 중량, 용적 등의 기준을 의미한다. 과세표준을 화폐 단위로 표시하
면 종가세가 되고, 과세물건의 수량, 중량, 용적으로 표현하면 종량세가 된다.
② 귀속재산은 미군정에 몰수된 일제강점기 시절 일본인 소유의 농지, 주택,
  기업 등의 재산을 의미한다.
④ 개발부담금은 개발사업에 따라 발생하는 개발이익을 환수하기 위한 목적
  으로 부담·징수하는 부담금이다.
⑤ 보유세는 납세의무자가 보유하고 있는 부동산에 부과하는 조세이다.

내가 꿈을 이루면
나는 누군가의 꿈이 된다.

- 이도준

정답 및 해설

2025 최신판

에듀윌 TESAT
영역별 600제

기출 208제 포함

+무료특강

고객의 꿈, 직원의 꿈, 지역사회의 꿈을 실현한다

에듀윌 도서몰
book.eduwill.net

• 부가학습자료 및 정오표: 에듀윌 도서몰 > 도서자료실
• 교재 문의: 에듀윌 도서몰 > 문의하기 > 교재(내용, 출간) / 주문 및 배송

에듀윌에서만 누릴 수 있는 역대급 기출 수록량!

에듀윌이 업계 최고의 한경TESAT
기출 서비스를 제공합니다

한권끝장
160문제

영역별 600제
208문제

역대급 총
1,008
문제 수록!

8회분
기출문제집
640문제

업계 최초 대통령상 3관왕,
정부기관상 19관왕 달성!

2010 대통령상   2019 대통령상   2019 대통령상

대한민국 브랜드대상   국무총리상   문화체육관광부   농림축산식품부   과학기술정보통신부   여성가족부장관상
국무총리상   장관상   장관상   장관상

서울특별시장상   과학기술부장관상   정보통신부장관상   산업자원부장관상   고용노동부장관상   미래창조과학부장관상   법무부장관상

2004
서울특별시장상 우수벤처기업 대상

2006
부총리 겸 과학기술부장관 표창 국가 과학 기술 발전 유공

2007
정보통신부장관상 디지털콘텐츠 대상
산업자원부장관 표창 대한민국 e비즈니스대상

2010
대통령 표창 대한민국 IT 이노베이션 대상

2013
고용노동부장관 표창 일자리 창출 공로

2014
미래창조과학부장관 표창 ICT Innovation 대상

2015
법무부장관 표창 사회공헌 유공

2017
여성가족부장관상 사회공헌 유공
2016 합격자 수 최고 기록 KRI 한국기록원 공식 인증

2018
2017 합격자 수 최고 기록 KRI 한국기록원 공식 인증

2019
대통령 표창 범죄예방대상
대통령 표창 일자리 창출 유공
과학기술정보통신부장관상 대한민국 ICT 대상

2020
국무총리상 대한민국 브랜드대상
2019 합격자 수 최고 기록 KRI 한국기록원 공식 인증

2021
고용노동부장관상 일·생활 균형 우수 기업 공모전 대상
문화체육관광부장관 표창 근로자휴가지원사업 우수 참여 기업
농림축산식품부장관상 대한민국 사회공헌 대상
문화체육관광부장관 표창 여가친화기업 인증 우수 기업

2022
국무총리 표창 일자리 창출 유공
농림축산식품부장관상 대한민국 ESG 대상

2025 에듀윌 TESAT
영역별 600제
기출 208제 포함 +무료특강

1 핵심이론(3강)+공부법(1강) 무료특강
이용경로 에듀윌 도서몰(book.eduwill.net) ▶ 동영상강의실 ▶ 'TESAT' 검색

2 기출문제 2회분
이용경로 에듀윌 도서몰(book.eduwill.net) ▶ 도서자료실 ▶ 부가학습자료 ▶ 'TESAT' 검색

고객의 꿈, 직원의 꿈, 지역사회의 꿈을 실현한다

정가 26,000원

9 791136 038388
ISBN 979-11-360-3838-8

에듀윌 도서몰 | • 부가학습자료 및 정오표: 에듀윌 도서몰 > 도서자료실
book.eduwill.net | • 교재 문의: 에듀윌 도서몰 > 문의하기 > 교재(내용, 출간) / 주문 및 배송